"법원 경매계장"이 알려주는 부동산경매실무 특별 노하우!
법원경매전문가 만들기 프로젝트 제1탄!

우계장의 특급 경매실무 ②

서울중앙지방법원
참여관 우 금 도

진원사

머리말

먼저 (우계장의) 특급 경매실무 ❶권에 보내주신 독자분들의 과분한 사랑에 진심으로 감사드리며, ❶권에 이어 ❷권으로 인사를 드리게 되었다.

천학비재의 부끄러운 졸작임에도 ❶권의 출간 이후 경매학원 등의 기본교재로 많이 사용되었고, 일반 경매투자자분들을 비롯하여 경매컨설팅 등 경매업무종사자, 법조실무자분들에게서 많은 호평을 받았다. 그 호평 중에서도 "책을 참 잘 썼다"는 말이 저자에게 있어 가장 듣기 좋은 말이다. 왜냐하면 저자의 그 간의 연구와 노력들이 비로소 평가를 받기 때문일 것이다.

❶권의 머리말에서도 밝혔듯이, 이 책은 법원경매 초보투자자가 아닌 경매고수를 위한, 즉 지속적인 경매투자자를 위한 책으로 광범위한 궁(宮) 안의 법원경매 실무 내용 중에서 오로지 입찰희망자 및 낙찰자와 관련된 부분위주로 정리한 것이다.

다시 말하면 경매계장의 노하우를 바탕으로 낙찰자 등이 많이 알면 알수록 경매투자 리스크로부터 완전히 벗어날 수 있게 하기 위한 것으로 시중의 경매책에서는 한번도 보지 못한 내용들과 실전사례를 많이 담고 있다.

따라서 법원경매 초보투자자분들은 시중의 경매소설을 많이 탐독하고 경매학원의 수강 등으로 경매공부의 기초를 쌓거나 낙찰을 받아본 경험으로 "경매(법률)마인드"를 갖춘 후에 이 책을 공부하기 바란다. 나아가 처음부터 책의 내용을 전부 이해하려고 하지 말고 가볍게 반복하여 읽으며, 경매투자시 문제가 생겼을 때 해당되는 부분을 집중적으로 찾아 해결의 실마리를 푸는 방법이 좋을 것이다.

이번 ❷권에서는 ❶권에 계속 이어 가압류에 대한 권리분석과 배당사례, 매각대금 납부 이후의 절차와 실무 내용, 즉 매각대금의 납부시기, 납부방법, 매각대금의 미납시 재매각의 절차, 매각대금의 미납시 입찰보증금을 찾을 수 있는 방법, 집합건물의 낙찰자와 상가 등 관리주체 간의 전소유자의 체납관리비의 분쟁시 손해를 최소화하며 풀어가는 방법, 낙찰자와 상가관리단 간의 관리비 소송 과정 · 판결문, 매각대금의 납부 후 낙찰 받은 부동산의 점유자 등을 상대로 한 인도명령과 그 해결법, 임차인

등 점유자와 관련한 인도명령에 있어 주요 사례, 주택임대차보호법 · 상가건물임대차보호법과 권리분석, 임차인과 관련된 각 배당사례 등을 실었다.

❷권은 ❶권보다 더 쉽게 쓰려고 노력하였고 독자분들의 ❷권 출간의 독촉으로 원래 맘먹은 것보다 욕심을 자제하여 양을 많이 줄였다.

애당초 법원 경매계장의 자존심과 노하우를 바탕으로 최고의 경매실무서를 써보려는 생각에서 시작한 집필작업을 2년여 만에 마쳤으나 여전히 아쉬운 부분들이 보인다. 혹 잘못된 부분이나 없는지 두렵기도 하다. 이런 부분들은 계속 더 연구 · 보완하여 더 좋은 책으로 인사드릴 것을 약속드린다.

이번 ❷권의 출간에 있어서도 감사드릴 분들이 많다.

먼저 진원사의 양진수 사장님과 편집에 고생을 많이 하신 편집부 직원분들께 깊은 감사를 드린다.

저자에게 부동산경매를 연구하기에 좋은 환경을 만들어 주신 서울중앙지방법원 배광국 부장판사님과 황성미, 양소은 판사님, 자기 일에 최선을 다해 준 박성종 실무관님, 김진희 속기사님, 권오복 민사국장님, 조순희 민사합의1과장님께 감사드린다.

민사집행의 스승이신 서울중앙지방법원 윤경 부장판사님과 서울동부지방법원 이홍욱 사법보좌관님, 성남지원 박준의 사법보좌관님, 서울중앙지방법원 서용일 · 오종인 사무관님과 자료수집 등에 적극협조하여 주신 전국법원의 경매계장님들, 특히 서울동부지방법원 홍성기 계장님, 서울서부지방법원 강호형 계장님, 서울남부지방법원 이병선 계장님, 서울북부지방법원 배덕규 계장님, 수원지방법원 심갑희, 정주식 계장님, 부천지원 김종갑 계장님께 지면을 통하여 깊이 감사드린다.

그리고 송파구 잠실에서 "빌딩 114. com"을 운영하시면서 경매컨설팅업계의 선두를 달리고 계시는 CEO/디벨로퍼 장희복 형님, 최근 서초동에서 정통의 경매학원을 운영하며 탁월한 권리분석으로 매달 세건 이상의 물건을 꼬박 꼬박 낙찰 받고 있는 실전경매고수 이진호 아우, 오랜 기간 금융업에 종사하시고 현재는 매각잔금 대출업무와 경매학원의 운영에도 관여하고 계신 이석범 사장님, 엘미의 최정현 사장님, 이태식 교수님, 김명진 형님, 김길태 사무장님, 경매 등 업무에 활발한 활동을 펼치고 계시는 김정남 사장님, 김성자 · 유재일 · 김광혜 님과 특강이나 메일로 만나 뵐 수 있었던 분들 및 저자를 기억하여 주시는 모든 분들과 출간의 기쁨을 같이 하고자 한다.

마지막으로 법무사 사무실을 운영하고 있는 아내 박순자 법무사와 공주 가영 · 선영과도 출간의 기쁨을 같이 하면서, 한권의 졸저가 경매로 큰 부자되기를 원하는 법원경매투자자와 경매컨설팅 등 경매업무종사자, 경매학원의 강사, 교수, 법조실무자 분들에게 법원경매실무 문제를 풀어가는 경매 사전이 되었으면 한다.

2009. 12.

서울중앙지방법원에서

書光 禹 金 到

법 령 약 어

- 법(민집법) : 민사집행법
- 규 칙 : 민사집행규칙
- 집시규칙 : 집행관법시행규칙
- 민 소 법 : 민사소송법
- 민소규칙 : 민사소송규칙
- 민 조 법 : 민사조정법
- 행 소 법 : 행정소송법
- 인 지 법 : 민사소송등인지법
- 인지규칙 : 민사소송등인지규칙
- 부 등 법 : 부동산등기법
- 부등규칙(부등법시행규칙) : 부동산등기법시행규칙
- 가 소 법 : 가사소송법
- 주 보 법 : 주택임대차보호법
- 상 보 법 : 상가건물임대차보호법
- 형 소 법 : 형사소송법
- 소 심 법 : 소액사건심판법
- 가 담 법 : 가등기담보등에관한법률
- 민사관할규칙 : 민사 및 가사소송의 사물관할에 관한 규칙
- 집 건 법 : 집합건물의 소유 및 관리에 관한 법률

차 례

제38강 가압류의 권리분석

제39강 매각대금의 지급

第40강 매수인의 대금지급의무불이행과 법원경매계의 조치 및 재매각

第41강 부동산관리명령

第42강 매각대금지급 후의 처리 ❶
소유권취득의 시기·범위·성격과 경매절차의 하자(흠)와 소유권취득 여부

第43강 매각대금지급 후의 처리 ❷
매각대금의 완납 후 촉탁할 등기

제44강 매각대금지급 후의 처리 ❸
매각대금의 완납 후 소유권이전등기 등의 촉탁절차 등

第45강 매수인의 관리비승계(인수)여부

제46강 부동산인도명령

제48강 부동산경매의 배당절차 ❷
배당과 관련한 권리분석

제49강 부동산경매의 배당절차 ❸
배당기일의 지정·통지, 배당표의 작성, 배당순위

제50강 부동산경매의 배당절차 ❹
배당기일의 실시, 배당표에 대한 이의와 배당이의의 소

제51강 경매신청의 취하

제52강 주택임대차보호법과 권리분석

第53강 상가건물임대차보호법과 권리분석

부 록

제38강

가압류의 권리분석

〈강의 포인트〉

가압류는 금전채권의 강제집행을 위한 보전처분이다. 경매에서의 가압류는 말소기준권리가 되며, 원칙적으로 매수인(낙찰자)에게 대항할 수 있는 것인지 여부를 불문하고 매각(낙찰)이 되면 경매계장의 말소촉탁으로 모두 소멸하게 된다. 다만 법원경매계에서 매수인의 인수부담으로 경매를 진행하게 되면 그 가압류는 매각으로 소멸되지 않고 매수인의 인수부담이 된다. 실무상 매수인의 인수부담으로 경매를 진행하는 경우는 드물다.

1. 경매절차에서의 가압류권자의 지위와 인수여부

(1) **원칙**(소멸주의)

① 가압류는 금전채권의 강제집행을 위한 보전처분의 성격을 가지므로 배당만 받으면 되고 매각(낙찰)된 부동산상에 등기가 남아 있어야 할 이유가 없다. 따라서 가압류는 원칙적으로 매수인(낙찰자)에게 대항할 수 있는 것인지 여부를 불문하고 매각이 되면 말소촉탁이 되어 모두 **소멸**하게 된다.
경매대상 부동산상에 최선순위의 가압류등기가 있는 경우 그 가압류등기의 인수여부에 대하여 견해대립이 있을 수 있으나, 가압류등기는 가압류채권자가 그 가압류채권에 관하여 본안소송에서 승소하면 어차피 매각대금에서 배당받고 소멸하는 것이므로 그 가압류채권액에 관하여 배당참가 한 것으로 취급하면 충분하기 때문에 그 순위와 상관없이 매수인(이하 매수인은 대부분 낙찰자로 생각하면 된다)에게 인수되지 않고 모두 소멸되는 것으로 보아야 한다.

② 즉 가압류는 경매개시결정등기(압류효력발생 전) 전 · 후를 불문하고 매각에 의하여 소멸되는 것이 원칙이다. 법원경매계의 실무도 대부분 소멸하는 것으로 처리하고 있으며, 매수인이 소유권이전등기 및 말소등기의 촉탁신청을 하게 되면 가압류도 같이 말소촉탁을 하고 있다.
경매개시결정등기 전에 등기부에 존재하는 가압류는 별도의 배당요구 없이도 매각대금에서 배당순위에 따라 당연히 배당을 받게 되고, 경매개시결정등기 후에 존재하는 가압류는 반드시 배당요구종기 내에 배당요구서를 법원경매계에 제출해야 한다.
또한 가압류채권자가 채무자를 상대로 본안소송에서 승소하여 집행권원(판결 등)을 배당요구종기 내에 제출하게 되면, 등기부상 가압류의 채권액이 아닌 위 기간 내 제출한 채권계산서상의 금액(원금과 이자를 합한 금액)을 채권액으로 간주하여 배당을 실시하게 된다.

(2) **예외**(인수주의)

① 다른 선순위의 부담이 없는 상태에서 甲의 가압류등기 후 소유권이 제3자 乙에게 이전된 경우 제3자 乙의 채권자인 丙의 경매신청으로 낙찰된 경우 전 소유자에 대한 가압류가 말소촉탁의 대상이 되는지의 여부에 대하여, 현재 법원경매계의 실무처리가 확고하고 최근의 대법원 판례(대판 2005다8682 등)도 이것을 분명

히 정리하고 있는데도, 실무와 판례에 어긋난 이론을 펼쳐 입찰희망자에게 잘못된 권리분석의 지식을 전하고 있는 경매교재가 시중에 많다.

정리하건데 원칙적으로 가압류는 매각으로 소멸된다. 다만 부동산에 대한 가압류등기 후 소유권이 이전되고 신소유자의 채권자가 경매신청을 하여 매각된 경우, 경우에 따라서는 법원경매계에서 종전 소유자를 채무자로 하는 가압류등기의 부담을 매수인(낙찰자)이 인수하는 것을 전제로 하여 위 가압류채권자를 배당절차에서 배제하고 경매를 진행시킬 수도 있는데, 위와 같이 매수인이 위 가압류등기의 부담을 인수하는 것을 전제로 경매를 진행시킨 경우에는 위 가압류의 효력이 소멸되지 않으므로 법원경매계의 말소촉탁의 대상이 될 수 없다.

② 따라서 종전 소유자를 채무자로 하는 가압류등기가 이루어진 부동산에 대하여 경매절차가 진행되었다는 사정만으로 위 가압류의 효력이 소멸되었다고 단정할 수 없고, 구체적인 경매절차를 살펴 법원경매계가 위 가압류등기의 부담을 매수인이 인수하는 것을 전제로 하여 경매를 진행하였는가 여부에 따라 위 가압류 효력의 소멸 여부를 판단하여야 한다.

만일 법원경매계가 위와 같이 매수인이 인수하는 쪽으로 경매를 진행시킨다면 매각물건명세서에 기재할 것이므로 입찰희망자는 매각물건명세서를 주의 깊게 보아 응찰 대책을 강구하면 될 것이다. 그러나 현재 법원경매계의 실무상 위와 같이 선순위 가압류등기의 부담을 매수인이 인수하는 것을 전제로 하여 경매절차를 진행하는 경우는 드물다.

2. 가압류가 있는 물건의 응찰 대책

경매대상 물건에 최선순위의 가압류등기가 존재한다 하더라도 원칙적으로 매각에 의하여 소멸되므로 입찰희망자로서는 입찰희망가격(매수신고가격)을 정함에 있어 이 가압류등기를 고려할 필요는 없다. 다만 위에서 설명한 바와 같이 부동산에 대한 선순위가압류등기 후 가압류목적물의 소유권이 제3자에게 이전되고 그 후 제3취득자의 채권자가 경매를 신청하였을 때, 매수인이 위 가압류등기의 부담을 인수하는 것을 전제로 법원경매계에서 경매를 진행한 경우(매각물건명세서에 기재하고 진행함)에는 위 가압류의 효력이 매각으로 소멸되지 않고 매수인에게 인수된다. 따라서 이런 물건을 구입하고자 할 때에는 가압류에 의하여 보전하고자 하는 채권액(가압류채권액)만큼 매수신고가격(응찰가격)을 낮추어 응찰하면 될 것이다.

3. 가압류의 등기부 기재례

[갑 구] (소유권에 관한 사항)				
순위번호	등기목적	접 수	등기원인	권리자 및 기타사항
3	가압류	2007년 12월 6일 제20052호	2007년 12월 1일 서울중앙지방법원의 가압류결정 (2007카단4321)	청구금액 금 80,000,000원 채권자 이도령 530710-1151234 서울 강남구 청담동 1234

4. 구체적 권리분석과 배당사례

(1) 근저당 ➡ 가압류의 순서(근저당권설정 후에 가압류가 있는 경우)로 등기된 경우

[배당할 금액 : 5,000만원]

배당순위	권리내용 및 권리자	원인(설정)일자	비 고
1	당해세(서초구) 100만원		
2	근저당(甲) 3,000만원	2009. 1. 5.	말소기준권리 ★
3	가압류(乙) 5,000만원	2009. 1. 9.	
4	임의경매신청(甲)	2009. 6. 25.	甲이 근저당에 기하여 임의경매를 신청함.

위 사례에서 말소기준권리는 2009. 1. 5. 甲의 근저당이고 근저당을 포함하여 모두 매각(낙찰)으로 인한 말소대상이다. 물권우선주의 원칙에 의하여 근저당권설정등기 후의 가압류권자(채권)는 근저당권자(물권)에 대항할 수 없으므로 순서배당, 즉 근저당권자에게 우선배당하고 남는 금액이 있으면 가압류권자에 배당이 된다. 배당순위(자세한 것은 후술의 배당절차편 참조)에 따라 배당을 실시하여 보면, 당해세 > 근저당 > 가압류의 순이다.

먼저 당해세 100만원이 서초구에게 배당되고, 근저당권자 甲에게 3,000만원 전액이, 나머지 잔액인 1,900만원이 가압류권자 乙에게 배당되고 배당절차가 종결된다.

다만 가압류권자 乙에 대한 배당금은 가압류채권이 아직 미확정 상태이므로 본안소송이 끝날 때까지 공탁되는 것이 원칙이나, 만일 가압류권자가 배당기일까지 판결 등의 집행권원(구 '채무명의')을 제출하면 공탁할 필요가 없으므로 가압류권자에게 배당금이 바로 지급된다.

(2) 가압류 ➡ 근저당의 순서(가압류 후에 근저당이 설정된 경우)로 등기된 경우

[배당할 금액 : 6,000만원]

배당순위	권리내용 및 권리자	원인(설정)일자	비 고
1	가압류(甲) 3,000만원	2009. 1. 9.	말소기준권리 ★
1	근저당(乙) 5,000만원	2009. 3. 30.	

위 사례에서 말소기준권리는 2009. 1. 9. 甲의 가압류이고 가압류를 포함한 이후의 권리는 모두 말소대상이다. 가압류(채권)이후의 근저당권 등의 담보물권자는 물권이지만 그 보다 먼저 등기된 가압류권자에게 우선변제권을 주장할 수 없으므로 가압류채권과 근저당권의 피담보채권은 같은 순위로서 각 채권액에 비례하여(실무상 '안분배당'이라 함) 배당을 받게 된다.

배당순위에 따라 배당을 실시하여 보면, 가압류 = 근저당의 순이므로 안분배당식에 따라 배당이 다음과 같이 처리된다.

[안분배당식 = 배당재단(배당할 금액) × 해당채권자의 채권액 / 각 채권액(채권자들의 총 채권액)의 합계]

- 가압류권자(甲) : 6,000만원 × 3,000만원 / 8,000만원 = 2,250만원
- 근저당권자(乙) : 6,000만원 × 5,000만원 / 8,000만원 = 3,750만원

결국 안분배당한 결과 가압류권자 甲은 2,250만원을, 근저당권자 乙은 3,750만원을 각 배당받게 된다.

(3) 가압류 ➟ 근저당(1순위) ➟ 근저당(2순위)의 순서로 등기된 경우

[배당할 금액 5,000만원]

배당순위	권리내용 및 채권자	원인(설정)일자	비 고
1	가압류(甲) 2,000만원	2009. 9. 3.	말소기준권리 ★
1	근저당(乙) 5,000만원	2009. 10. 12.	
2	근저당(丙) 3,000만원	2009. 11. 3.	

위 사례에서 말소기준권리는 2009. 9. 3. 甲의 가압류이고 가압류를 포함한 이후의 권리는 매각으로 모두 말소된다.

배당순위에 따라 배당을 실시하여 보면, 1차로 가압류(甲) = 근저당(乙) = 근저당(丙)의 순이고(안분배당), 2차로 근저당(乙) > 근저당(丙)의 순(안분 후 흡수 배당)이다.

즉 먼저 1차적으로 가압류가 최선순이므로 가압류 이후의 물권인 근저당권들과는 같은 순위가 되어 안분배당을 하고, 2차적으로 근저당권자 乙이 근저당권자 丙에 우선하므로 다시 1차 안분액에서 못 받은 부족 금액을 丙의 1차 배당액에서 흡수하여 배당받는 경우(실무상 '안분 후 흡수 배당'이라 함)이다. 구체적으로 살펴보면 다음과 같다.

- **1차 : 안분배당**
  - **가압류권자(甲)** : 5,000만원 × 2,000만원 / 1억원 = 1,000만원
  - **근저당권자(乙)** : 5,000만원 × 5,000만원 / 1억원 = 2,500만원
  - **근저당권자(丙)** : 5,000만원 × 3,000만원 / 1억원 = 1,500만원

- **2차 : 안분 후 흡수 배당**

  먼저 가장 순위가 빠른 가압류권자에 대한 배당금액 1,000만원은 가압류채권이 미확정된 경우에는 공탁된다. 그리고 근저당권자 乙이 丙보다 순위가 빠르므로 1차배당에서 못 받은 금액(2,500만원)의 한도 내에서 근저당권자 丙의 배당액(1,500만원)을 모두 흡수해 간다. 결국 근저당권자 乙은 丙에게서 뺏어온 배당금액까지 합쳐 4,000만원을 배당받게 된다. 따라서 근저당권자 丙의 배당액은 0원이 된다.

(4) 가압류 ➡ 근저당 ➡ 가압류 ➡ 근저당의 순서로 등기된 경우

[배당할 금액 6,000만원]

배당순위	권리내용 및 권리자	원인(설정)일자	비 고
1	가압류(甲) 4,000만원	2009. 1. 5.	말소기준권리 ★
2	근저당(乙) 4,000만원	2009. 3. 10.	
3	가압류(丙) 4,000만원	2009. 3. 25.	
3	근저당(丁) 4,000만원	2009. 5. 14.	

위 사례에서 말소기준권리는 2009. 1. 5. 甲의 가압류이고 가압류를 포함한 이후의 권리는 모두 말소대상이다.

배당순위에 따라 배당을 실시하여 보면, 1차로 가압류(甲) = 근저당(乙) = 가압류(丙) = 근저당(丁)의 순이고(안분배당), 2차로 근저당(乙) > 가압류(丙), 근저당(丁)의 순(안분 후 흡수 배당)이다.

먼저 1차적으로 가압류가 최선순위이므로 가압류 이후의 물권인 근저당권들과는 같은 순위가 되어 각 채권에 비례하여 안분배당을 실시하고, 2차적으로 근저당권자 乙이 순위에 따라 가압류권자 丙과 근저당권자 丁에 우선하므로 다시 1차 안분액에서 못 받은 부족 금액을 丙과 丁의 1차 배당액에서 흡수하여 배당받는 경우이다.

- **1차 : 안분배당**
  - **가압류권자(甲)** : 6,000 × 4,000 / 1억 6천만원 = 1,500만원
  - **근저당권자(乙)** : 6,000 × 4,000 / 1억 6천만원 = 1,500만원
  - **가압류권자(丙)** : 6,000 × 4,000 / 1억 6천만원 = 1,500만원
  - **근저당권자(丁)** : 6,000 × 4,000 / 1억 6천만원 = 1,500만원

- **2차 : 안분 후 흡수 배당**

  먼저 가장 순위가 빠른 가압류권자에 대한 배당금액 1,500만원은 가압류채권이 미확정된 경우에는 공탁된다. 그리고 근저당권자 乙이 丙, 丁 보다 순위가 빠르므로 1차배당에서 못 받은 금액(2,500만원)의 한도 내에서 배당순위가 동등한 가압류권자 丙과 근저당권자 丁의 배당액(3,000만원) 중 2,500만원을 흡수해 간다. 결국 근저당권자 乙은 丙, 丁에게서 뺏어온 배당금액까지 합쳐 4,000만원을 모두 배당받게 되고, 남은 500만원을 가지고 丙과 丁이 안분배당하게 되므로 丙에

500×4,000/8,000=250만원이, 丁에 500×4,000/8,000=250만원이 각 배당되고 이들 권리는 모두 말소된다.

제39강

매각대금의 지급

〈강의 포인트〉

이번 강의는 매각허가결정이 확정되고, 법원경매계로부터 대금지급기한을 통지받은 매수인(낙찰자)이 매각대금을 내는 방법과 그 절차 등에 대하여 알아본다. 주의할 것은 구법사건(2007. 7. 1.이전의 경매사건)에 있어서는 '대금지급기한'이 아니라 '대금지급기일'이므로 그 날짜에만 매각대금을 낼 수 있음에 유의한다. 실무를 담당하다 보면 구법사건임에도 착각하여 매각대금 대출로 인한 금융기관과의 혼선이 빚어지는 경우가 종종 있다. 또한 매각대금을 내는 방법은 현금이 원칙이지만 '배당액과의 차액지급신청(구 상계신청)'과 '채무인수'의 방법이 있으므로 같이 설명하기로 한다.

1. 대금지급기한

(1) 의 의

매수인(낙찰자)은 매각허가결정 확정 후에 법원경매계가 정한 대금지급기한까지 매각대금을 지급하여야 한다(법 142조 2항). 민사집행법은 종전의 대금지급기일제도(해당 대금지급 날짜에만 매각대금을 낼 수 있었음)와는 다른 대금지급기한제도를 채택함으로써, 매수인이 대금지급기한까지 언제라도 매각대금을 납부하고 부동산의 소유권을 취득할 수 있게 하여 채무자보다 매수인의 지위안정을 우선시하였다.

(2) 매수인의 대금지급의무

1) 매수인은 대금지급의무를 포기할 수 있는지?

매수인의 권리의무는 매각허가결정의 확정으로 발생하므로 일방적 의사표시로서 포기할 수 없고, 따라서 매수인이 대금지급기한 이전에 매수인으로서의 권리의무를 포기하고 매각대금을 내지 않겠다는 포기서를 법원경매계에 제출하였다 하더라도 매수인은 여전히 대금지급의무를 부담한다(대결 71마283).

2) 법원경매계에서 매각허가결정의 확정 전에 대금지급기한을 지정한 경우의 효력은?

매각허가결정의 확정 전에 대금지급기한의 지정이 있더라도 그 기한지정은 아무런 효력이 없다(대판 91다40160).

3) 매각대금 완납 후 매각허가결정에 대한 추완항고 신청이 허용된 경우 대금납부의 효력은 유효한지?

매각허가결정이 일단 확정되어 대금납부가 있었더라도 이해관계인의 추후보완항고가 제기되고 항고법원에서 추후보완신청이 허용되었다면 비록 위 추후보완항고에 의한 항고가 기각되고, 또한 재항고도 기각되었다 하더라도 이는 적법한 대금납부라고 할 수 없다(대판 2005다62747 등).

따라서 이 경우 법원경매계는 재항고기각결정에 의하여 매각허가결정이 확정된 후에 다시 대금지급기한을 정하여야 하고 매수인은 그 기한까지 다시 매각대금을 지급하여야 한다. 다만 이 경우 매수인이 이미 지급한 매각대금을 반환받지 않고 있는 사이에 새로 경매계에서 대금지급기한을 정하면 대금지급기한을 정한 시점에 대금지급의 효력이 발생한다.

4) 수인의 공동매수의 경우에 각자 매수한 지분에 해당하는 금액의 분할지급이 가능한지?

여럿이 공동으로 매수한 경우에 각자 매수한 지분에 해당하는 금액을 지급하는 경우에는 예외적으로 분할지급도 가능하다(실무상 대금의 분할지급은 거의 없음). 그러나 공동매수인은 매각대금 전액에 관하여 불가분채무를 부담하므로 일부 매수인이 자기의 부담부분에 해당하는 금액을 전액 지급하더라도 이는 매각대금 전액에 대하여는 일부지급에 불과하므로, 공동매수인이 자기의 부담부분에 해당하는 금액을 지급하지 않은 경우 결국 해당 부동산 **전부**에 대하여 매각대금을 지급하지 않는 것으로 된다.

5) 동일인이 동일절차에서 개별(분할)매각된 수개의 부동산을 매수한 경우

동일절차에서 동일인이 여러 부동산을 개별(분할)매각에 의하여 매수신청을 하여 매각허가결정이 있었던 경우에 이는 각 부동산별로 매수를 한 것이므로 매수인은 일부의 부동산에 대한 매각대금만을 지급하여도 된다.

예컨대, ○○다세대주택 중 101호(물건번호 1), 202호(물건번호 2), 204호(물건번호 3)가 한 사건(2009타경1234호)으로 경매(개별매각)에 나왔는데, 甲이 이 물건을 전부 매수(낙찰)하거나 또는 101호와 202호만을 매수하였을 때, 매수인 甲은 매각부동산 전체에 대하여 일시에 매각대금을 납부할 수도 있고, 일부의 호수만 먼저 매각대금을 납부할 수도 있다.

6) 일괄매각된 수개의 부동산 중 일부대금만 납부한 경우

일괄매각된 수개의 부동산 중 일부의 대금만 납부한 경우에는 대금지급의무를 이행한 것이 아니므로 법원경매계는 재매각을 하게 된다.

7) 법원경매계의 대금지급기한이 없는 상태에서 매수인이 대금을 지급한 경우의 효력

① 사례의 발생

법원경매(임의경매)에 참가한 甲은 최고가매수신고인으로 지정되었고, 甲에게 매각허가결정이 선고되었다. 그런데 이 매각부동산의 소유자인 乙이 매각허가결정에 대한 즉시항고를 제기하여 사실상 경매절차가 정지되어 버렸다. 이후 항고심의 절차가 진행되어 항고법원은 소유자 乙에게 항고기각결정을 선고하였다. 항고기각결정이 확정되자 매수인 甲이 2009. 1. 12. 매각잔대금 전액을 법원경매계에 납부하였는데, 다음날인 2009. 1. 13. 소유자 乙이 경매의 원인이 된 근저당권을 말소하고 **말소된 부동산등기부등본**(법 266조 1항 1호의 집행취소서류)을 경매계에 제출하였다. 그런데 2009. 1.

14. 항고법원으로부터 경매기록을 송부 받은 경매계에서 근저당권이 말소된 부동산 등기부등본이 제출된 것을 모르고 대금지급기한을 지정하였다. 이 경우에 매수인 甲이 소유권을 취득하는지, 아니면 경매계에서 말소서류의 제출을 이유로 경매취소결정을 해야 하는지가 문제된다.

② 매수인의 소유권취득시점에 관한 견해의 대립

- **첫 번째 견해** : 매수인이 매각허가결정 후 매각대금을 완납한 시기에 법 135조에 따라 소유권을 취득한다고 한다.
- **두 번째 견해** : 매수인이 매각허가결정 후 법원경매계가 대금지급기한을 지정한 날로부터 매각대금을 완납한 시기에 소유권을 취득하므로 매수인이 대금지급기한의 지정이 안 된 상태에서 매각대금을 지급한 것은 적법한 매각대금의 지급이 아니라고 한다.

③ 결 론

경매절차의 특성상 매각허가결정과 별도로 대금지급기한을 지정할 수밖에 없는 점, 규칙, 예규에서 대금지급기한의 지정기한을 단기간 내로 제한하고 있고, 경매계의 실무상으로도 매각허가결정의 확정 후 매수인이 매각대금을 납부하러 온 경우 바로 대금지급기한을 지정하고 매각대금을 납부받음으로써 매수인의 지위불안정의 피해를 최소화시키는 점 등에 비추어, 두 번째 견해가 타당할 것이다.

즉 이 사례의 경우 법원경매계에서 대금지급기한을 지정하지도 않았는데 매수인(낙찰자) 甲이 임의로 매각대금을 완납하였다고 하여 적법한 매각대금의 지급이라고 볼 수는 없지만, 법원경매계가 대금지급기한을 새로 정한 시점(2009. 1. 14.)에서 매수인은 소유권을 취득하게 된다.

④ 집행(경매)정지서류의 제출 후에 대금지급기한을 지정하고 매각대금을 납부 받은 경우의 효력은?

집행(경매)정지서류가 제출되었음에도 불구하고 법원경매계가 대금지급기한을 지정하고 매수인으로부터 매각대금을 납부 받은 경우의 효력에 대하여 판례(대판 92다28020, 대판 2000다57801 등)는 매각대금의 납부를 **인정**하고 있다.

즉 강제집행의 정지사유가 있음에도 불구하고 법원경매계가 경매절차를 정지하지 않고 대금지급기한을 정하고, 대금납부를 받는 등 경매절차를 진행하는 경우에 이해관계인이 집행에 관한 이의 등의 불복절차를 취하지 않아 경매절차가 그대로 완결된 경우에는 매각대금의 납부가 유효하여 소유권을 취득하게 된다.

⑤ 집행취소서류가 제출되었음에도 경매절차를 취소하지 않고 대금지급기한을 정하여 매수인의 대금납부를 받은 경우 소유자가 국가에 대하여 손해배상책임(국가배상책임)을 물을 수 있는지?

법원경매계가 담보권의 등기가 말소된 등기부등본, 즉 **집행취소서류**의 제출에 따라 경매절차를 취소해야 함에도 불구하고 대금지급기한을 지정하여 결과적으로 매수인의 대금납부를 유효하게 만들었다면 매각부동산의 소유자에 대하여 손해배상책임을 진다(판례).

(3) 대금지급기한의 지정

① 매수인의 대금지급기한의 지정시기는?

대금지급기한은 보통 매각허가확정일로부터(또는 상소법원으로부터 기록송부를 받은 날부터) 3일 안에 지정하되, 매각허가결정이 확정된 날부터 1월 안의 날로 정하나 경매계의 사정에 따라 다소 늦추어 질 수도 있다. 기한을 정할 때에는 연, 월, 일과 시각을 정하여야 하고 매각대금을 지급할 장소도 함께 밝혀야 하는데, 매각대금을 지급할 장소는 보통 법원경매계로 표시한다.

매수인의 대금지급의무는 매각허가결정의 효력으로 발생하는 것이므로 법원경매계가 매각허가결정의 확정 전에 대금지급기한을 정하더라도 그 기한지정은 아무런 효력이 없고, 따라서 그 기한 내에 매수인이 매각대금을 납부하지 않았어도 매각허가결정이 효력을 상실하는 것은 아니다(대판 91다40160).

[대금지급(납부)기한의 지정 예]

서 울 중 앙 지 방 법 원
대금지급기한지정

사　　건　　2008타경21445호　부동산강제경매
채 권 자　　○○○
채 무 자　　○○○
소 유 자　　채무자와 같음

위 사건의 대금지급기한을 2009. 4. 27.　16:00로 정한다.

해당물건번호 : 1

2009. 3. 27.

사법보좌관 우 경 매

② **대금지급기한 및 배당기일을 동시에 지정하는 경우도 있다.**

원칙적으로 대금지급기한을 지정한 후 매수인이 매각대금을 납부하게 되면 그때에 배당기일을 지정하게 되나, **채무인수** 또는 **배당액과의 차액지급**(구법상 '상계신청')의 방식에 의한 대금지급(법 143조)의 경우에는 대금지급기한을 따로 지정할 필요 없이 바로 '**대금지급기한 및 배당기일**'을 지정하면 된다(채무인수 또는 차액지급의 방식에 의한 대금지급에 관하여는 후술 참조).

[배당액과의 차액지급방식 등에 있어 대금지급(납부)기한 및 배당기일통지서 예]

서 울 중 앙 지 방 법 원

대금지급기한 및 배당기일통지서

사 건	2008타경29845호 부동산강제경매
채 권 자	○○○
채 무 자	○○○
소 유 자	채무자와 같음
배당기일	2009. 3. 27. 16 : 00 북관 2층 211호 경매법정

위와 같이 배당기일이 지정되었으니 이 법원에 출석하시기 바랍니다.

2009. 2. 27.

법원사무관 ○○○ (직인생략)

③ **재매각명령 후 매수인(낙찰자)의 매각대금의 지급으로 재매각절차가 취소된 경우에도 별도로 대금지급기한을 지정해야 하는지?**

대금지급기한까지 매각대금의 지급을 하지 않아 재매각을 명하였으나 그 후 매수인이 매각대금을 지급하여 재매각절차가 취소된 경우에는 이미 매각대금은 모두 지급되었으므로 별도로 대금지급기한을 지정할 필요가 없다.

2. 집행정지서면(경매정지서류)의 제출과 대금지급기한의 지정

(1) 강제경매의 경우

민사집행법 제49조 (집행의 필수적 정지 · 제한) ※ [비교조문 : 법 제266조 제1항]
강제집행은 다음 각 호 가운데 어느 하나에 해당하는 서류를 제출한 경우에 정지하거나 제한하여야 한다.

1. 집행할 판결 또는 그 가집행을 취소하는 취지나, 강제집행을 허가하지 아니하거나 그 정지를 명하는 취지 또는 집행처분의 취소를 명한 취지를 적은 집행력 있는 재판의 정본
2. 강제집행의 일시정지를 명한 취지를 적은 재판의 정본
3. 집행을 면하기 위하여 담보를 제공한 증명서류
4. 집행할 판결이 있은 뒤에 채권자가 변제를 받았거나, 의무이행을 미루도록 승낙한 취지를 적은 증서
5. 집행할 판결, 그 밖의 재판이 소의 취하 등의 사유로 효력을 잃었다는 것을 증명하는 조서등본 또는 법원사무관등이 작성한 증서
6. 강제집행을 하지 아니한다거나 강제집행의 신청이나 위임을 취하한다는 취지를 적은 화해조서의 정본 또는 공정증서의 정본

1) 이중경매신청이 없는 경우(압류의 경합이 아닌 경우)

① **매수인의 대금지급 전 집행정지서면의 제출(법 49조의 서류가 매각허가결정이 확정된 후에 제출된 경우)**

- **집행의 정지 · 제한**

  매각허가결정이 확정된 후에 법 **49조의 서류**가 제출된 경우에는 비록 매각허가결정이 확정된 후일지라도 강제집행을 정지 또는 제한하여야 하므로 대금지급기한을 정할 수 없고 대금지급기한을 이미 정한 경우에도 매각대금을 수령할 수 없다. 다만 법 49조 3, 4, 6호의 서류는 매각허가결정이 확정된 후에

는 매수인(낙찰자) 등의 동의를 받아야 그 효력이 생기므로(법 93조 3항, 2항) 이러한 동의가 없는 동안에는 대금지급기한을 정할 수 있고 대금도 수령할 수 있다.

- **집행처분의 취소**

대금완납 전에 취소서류(법 49조 1, 3, 5, 6호의 서류)가 제출된 때(단 3, 6호의 서류는 매수인 등의 동의를 받아야 함)에는 이미 실시한 집행처분을 취소하여야 하고 대금지급기한을 정할 수 없다(법 50조 1항 전단).

② 매수인의 대금지급 후 집행정지서면의 제출(법 49조의 서류가 매각대금납부 후에 제출된 경우)

법 49조의 서류를 매각대금을 낸 뒤에 제출한 때에는 집행정지효력은 없고 절차를 계속하여 진행하여야 한다.

③ 법 49조 2호, 4호의 서류가 제출된 경우

㉠ 집행의 일시유지

법 49조 2호, 4호의 서류(단 4호의 서류는 매수인 등의 동의를 얻어야 함)가 제출된 경우에는 이미 실시한 집행처분을 일시유지(2호 서류가 제출된 경우는 그 일시정지를 명한 재판이 실효될 때까지 정지함) 하여야 한다(법 50조 1항 후문).

㉡ 후속조치와 위법한 경매진행에 대한 불복절차

㉮ 후속조치

법 49조 4호의 서류 중 변제증서(변제를 받았다는 취지를 적은 증서)는 정지기간이 2월이고, 유예증서(의무이행을 미루도록 승낙하였다는 취지를 적은 증서)는 2회에 한하여 통산 6월의 기간만 정지되므로 다음과 같은 후속조치가 없으면 대금지급기한을 정하여 대금을 받을 수 있다(법 51조 1항, 2항).

- 위 정지기간이 지날 때까지 적법하게 취하 · 취소되지 않은 경우
- 법 49조 2호의 서류가 제출되어 계속 정지하여야 할 사유가 발생하지 않은 경우

㉯ 위법한 경매진행에 대하여 불복절차 없이 경매절차가 그대로 완결된 경우의 효과

일시경매정지서류가 제출되었음에도 경매절차가 정지 없이 진행되어 매수인으로부터 매각대금을 지급받는 것은 위법하지만, 다음과 같은 불복절차 없이 경매절차가 그대로 완결된 경우에는 그 집행행위에 의하여 발생된 법률효과를 부인할 수 없다. 즉 유효하다(판례).

- 이해관계인 : 집행에 관한 이의(법 16조)

• 매수인(낙찰자) : 매각허가결정의 취소신청(규칙 50조 2항)

㉰ **매각대금완납 후 이해관계인의 불복여부**

매각대금이 완납된 후에는 이해관계인이 위와 같은 위법한 처분들에 관하여 집행에 관한 이의나, 즉시항고, 집행처분의 취소신청(법 50조)도 할 수 없다(판례).

2) 이중경매신청이 있는 경우(압류경합의 경우)

① **후행의 경매사건에 따른 속행**

이중경매신청이 있는데 선행사건이 취소된 경우에, 법원경매계는 법 91조 1항의 규정에 어긋나지 않는 한도 안에서 **후행사건**에 따라 절차를 계속 진행하여야 한다(법 87조 2항).

② **무잉여집행금지의 원칙**

후행사건으로 진행할 경우 그 절차는 후행사건의 신청인을 위한 절차인데, 후행사건의 경매신청인이 배당을 받을 수 없는 이른바 무잉여에 해당하여 배당을 받을 가능성이 없는데도 그대로 진행하게 하는 것은 법 91조 1항의 무잉여집행금지의 원칙에 반하는 것이다.

③ **후행사건으로 진행시 매수인의 인수부담의 변경이 있는 경우**

후행사건에 의하여 진행할 경우 매수인(낙찰자)이 인수하여야 할 부담이 바뀌는 경우(㉠ 선행의 압류와 후행의 압류의 중간에 임차권이 설정되어 있는데 선행사건이 취소됨으로써 임차권이 매수인에게 인수되어야 할 부담으로 된 경우 등)에도 이미 취소된 사건에서의 매각허가결정의 효력을 그대로 유지하는 것은 부당하다.

(2) 임의경매의 경우

민사집행법 제266조 (경매절차의 정지)

① 다음 각 호 가운데 어느 하나에 해당하는 문서가 경매법원에 제출되면 경매절차를 정지하여야 한다.

1. 담보권의 등기가 말소된 등기부의 등본
2. 담보권 등기를 말소하도록 명한 확정판결의 정본
3. 담보권이 없거나 소멸되었다는 취지의 확정판결의 정본
4. 채권자가 담보권을 실행하지 아니하기로 하거나 경매신청을 취하하겠다는 취지

또는 피담보채권을 변제받았거나 그 변제를 미루도록 승낙한다는 취지를 적은 서류

5. 담보권 실행을 일시정지하도록 명한 재판의 정본

② 제1항 제1호 내지 제3호의 경우와 제4호의 서류가 화해조서의 정본 또는 공정증서의 정본인 경우에는 경매법원은 이미 실시한 경매절차를 취소하여야 하며, 제5호의 경우에는 그 재판에 따라 경매절차를 취소하지 아니한 때에만 이미 실시한 경매절차를 일시적으로 유지하게 하여야 한다.

③ 제2항의 규정에 따라 경매절차를 취소하는 경우에는 제17조의 규정을 적용하지 아니한다.

임의경매(담보권실행을 위한 경매)의 경우, 매각허가결정이 선고된 후에 법 266조 1항의 서류가 제출된 경우는 위에서 보았던 (1) 강제경매의 경우와 같이 법 49조의 서류가 제출된 경우에 준한다(법 275조, 268조).

이 경우 법 266조 1항의 서류 중 1호, 2호 및 3호의 서류는 법 49조 1호와 5호의 서류에 준하여 처리하고, 법 266조 1항 5호의 서류는 법 49조 2호의 서류에 준하여 처리하고, 법 266조 1항 4호의 서류는 그 내용에 따라 법 49조 4호 또는 6호의 서류에 준하여 처리하면 된다.

이를 간략히 보면, 이중경매개시결정이 없는 경우에는 매각허가결정이 선고된 후에 법 266조 1항의 어느 하나에 해당하는 서류가 제출된 경우(단 4호의 서류는 매수인등의 동의를 요함)에는 비록 매각허가결정이 확정된 후일지라도 강제집행을 정지하여야 하므로 대금지급기한을 정할 수 없고 대금지급기한을 이미 정한 경우에도 대금을 수령할 수 없다(법 266조 1항, 규칙 202조, 50조 참조). 그 밖의 것은 강제경매의 경우와 같으므로 강제경매에 준하여 처리하면 된다.

또한 이중경매신청이 있는 경우에 선행사건에 관하여 집행정지서류가 제출된 때의 처리도 강제경매의 경우에 준하여 처리하면 된다.

3. 대금지급기한의 통지

(1) 통지의 대상

법원경매계는 대금지급기한을 정하면 이를 매수인(낙찰자)과 차순위매수신고인에게 통지하여야 한다(법 142조 1항). 이해관계인이나 배당을 요구한 채권자에게는 통지할

필요가 없다.

공동매수의 경우에 공동매수인의 매각대금지급의무는 성질상 불가분채무이므로 **전원**에 대하여 대금지급기한의 통지를 하여야 한다. 통지는 매수신청서(입찰표)에 적힌 매수인의 주소 · 거소 또는 사무소에 하면 되는데, 대한민국 안에 주소 · 거소와 사무소가 없으면서 대한민국 안에 송달이나 통지를 받을 장소와 영수인을 정하여 법원경매계에 신고하지 않은 때에는 이 통지를 생략할 수 있다(법 118조 2항).

매수인이 매수신청 후에 새로운 주소나 거소를 신고한 경우에는 그 곳으로 통지한다.

(2) 통지의 방법

통지의 방법에 대하여는 상당하다고 인정되는 방법으로 할 수 있고, 반드시 송달의 방법으로 할 필요는 없으나 실무상 대금지급기한통지서(통지서에는 대금지급장소도 기재함)를 송달하는 방법으로 하고 있다. 매수인은 경매계로부터 대금지급기한통지서를 기다릴 필요 없이 경매절차를 숙지하고 있다가 상당한 기간(매각허가결정의 확정 후 3~4일 후)이 되었을 때에는 대법원 법원경매홈페이지에 들어가 사건검색을 해보면 대금지급기한의 지정여부를 확인할 수 있으므로 그 시기에 맞게 매각대금을 내면 된다. 실무를 담당하다 보면 대금지급기한이 다 되어 경매계를 찾아와 대금지급기한통지서를 못 받았다고 하소연을 하는 경우가 가끔 있다. 참 답답한 낙찰자다. 이 책을 읽는 독자분들은 이런 해프닝을 하지 않을 것이라고 믿는다.

♣ **대금지급기한통지서가 송달불능된 경우에 법원경매계의 처리**

송달불능 사유가 폐문부재인 때에는 **발송송달**을 하고, 그 외의 사유인 때에는 다른 송달가능한 장소가 있으면 그 곳에 송달을 실시한다. 이와 같이 하여도 송달사실이 명백하지 않으면 입찰표 등에 적힌 매수인 또는 대리인의 전화번호 · 팩스번호를 찾아 통지를 하고 있다(규칙 8조 2항). 이상의 방법으로도 통지를 할 수 없을 때에는 직권으로 **공시송달**을 하게 된다. 매수인이 대금지급기한까지 매각대금을 납부하지 못하면 매수인으로서의 지위를 상실하고 매수신청보증금도 반환받지 못하며 재매각절차에서 매수신청을 할 수 없게 되는 등의 손해가 따른다. 또 대금지급기한이 지나 재매각기일 3일 전까지 매각대금을 낼 경우에는 지연이자를 부담해야 한다. 따라서 매수인의 주소가 변동되면 바로 법원경매계에 신고를 해야 하고, 위에서 설명했듯이 스스로 경매절차의 순서를 체크하여 확인하면 되는 것이다.

[대금지급기한통지서 예]

> **서 울 중 앙 지 방 법 원**
> **대금지급기한통지서**
>
> 사　　건　　2008타경21445호　부동산강제경매
> 채 권 자　　○○○
> 채 무 자　　○○○
> 소 유 자　　채무자와 같음
> 매 수 인　　○○○
> 매각대금　　168,590,000원
> 대금지급기한　2009. 4. 27.　16:00　경매 10계
>
> 위와 같이 대금지급기한이 정하여졌으니 매수인께서는 위 지급기한까지 이 법원에 출석하시어 매각대금을 납부하시기 바랍니다.
>
> 해당물건번호 : 1(168,590,000원)
>
> 2009.　3.　27.
>
> 법원사무관　○○○(직인생략)

4. 대금지급기한의 변경

대금지급기한의 변경은 매수인의 신청에 의한 경우와 법원경매계의 직권에 의한 경우가 있다. 실무상 법원경매계에서 매수인의 대금지급기한의 변경신청을 받아주는 경우는 거의 없다. 법원경매계의 직권에 의한 대금지급기한의 변경은 주로 다음과 같은 경우이다.

- 대금지급기한 통지 후 매각물건명세서에 적힌 매각조건에 변경이 있는 것으로 밝혀진 경우
- 매수인이 매각허가결정확정 후 천재지변, 그 밖에 매수인이 책임질 수 없는 사유로 부동산이 현저하게 훼손되었거나 또는 부동산에 관한 중대한 권리관계가 변

동되었다고 주장하면서 법 127조 1항에 의한 매각허가결정취소신청을 하였는데 그 진위의 조사에 상당한 시간이 필요한 때

5. 매각대금지급의 액수와 방법 등

(1) 매각대금의 통상의 지급(납부)방법 – 현금 지급

① 현금의 지급방법

매각대금은 매각허가결정에 표시된 금액을 **현금**으로 지급하여야 한다. 금융기관발행의 자기앞수표는 현금에 준한다. 다만 매수보증으로 제공한 금전은 매각대금에 넣도록 되어 있으므로 매수보증금이 금전일 경우에는 매각대금에서 매수보증금을 공제한 잔액만을 실제로 지급하면 된다(법 142조 3항).

매각허가결정에 표시된 매수인이 매각허가결정의 선고 전·후에 사망한 경우에는 그 결정의 효력은 상속인에게 미치므로 상속인은 가족관계증명서 등을 첨부하여 상속개시가 있었다는 사실을 신고하고 상속인의 명의로 대금을 지급할 수 있다.

☞ **매각대금지급절차** : 경매계장은 법원보관금납부명령서를 매수인(낙찰자)에게 교부하고 매수인은 이를 출납공무원에게 제출하여 법원보관금납부서를 교부받아 법원보관금취급점(지정은행)에 납부한다.

※ **매수인의 매각대금지급(납부) 절차**

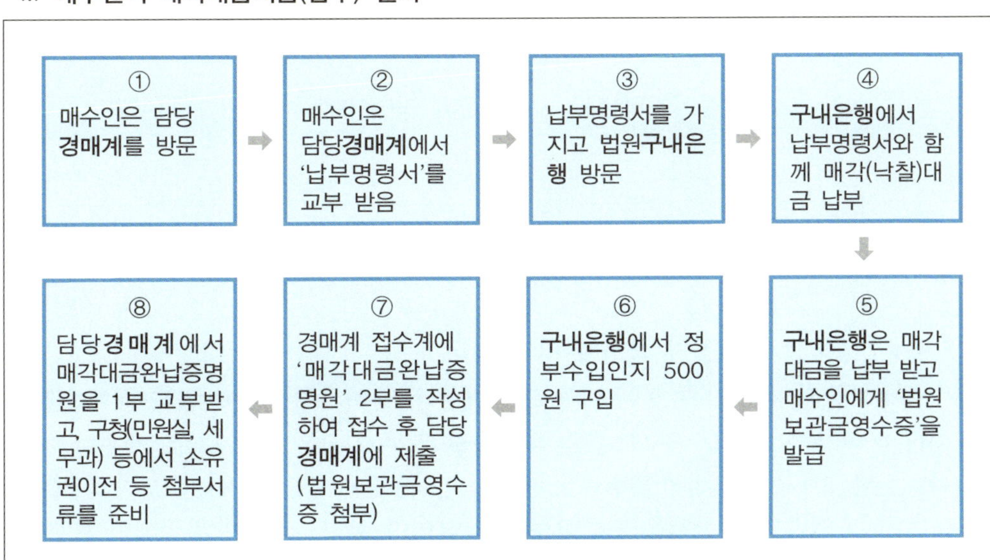

[매각대금완납증명신청서 예]

매각대금완납증명신청서

사 건 2008타경31127 부동산강제경매 (인지 500원 첩부)
매수인 ○○○

위 사건에 관하여 매수인 ○○○은 귀원에 2009. 4. 22. 매각대금 405,000,000원을 완납하였음을 증명하여 주시기 바랍니다.

2009. 4. 22.

위 매수인 ○○○ (인)

위 증명합니다.

2009. 4. 22.

법원사무관 ○○○ (인)

서울중앙지방법원 민사집행과 경매10계 귀중

※ 매각대금완납증명신청서는 2부를 작성하여 민사집행과(또는 민사신청과) 접수계를 경유하여 경매계장에게 제출하고 그 중 1부를 교부받는다.

② 매수신청보증의 제공이 금전이 아닌 경우

매수신청보증의 제공이 금전이 아닌 경우에는 매각허가결정서에 적힌 **매각대금 전액**을 지급하여야 한다. 즉 매수보증을 유가증권 또는 지급위탁계약서로 제출한 경우(무잉여로 인한 경매신청채권자의 매수보증, 한국자산관리공사가 지급확약서를 담보로 제공한 경우를 포함)에는 매각대금 전액을 현금으로 지급하여야 하고, 전액이 지급되면 보관 중이던 유가증권 · 지급위탁계약서를 반환하면 된다. 반환절차는 민사보관물관리에 관한 예규(재민 79-7)에서 정한 절차에 따른다.

(2) 매각대금의 특별한 지급(납부)방법

매수인(낙찰자)은 매각대금을 현금으로 납부하는 것이 원칙이나, 예외적으로 '배당액과의 차액지급'(구 '상계신청')이나 '채무의 인수'의 방식으로 납부할 수도 있다.

1) 배당액과의 차액지급(구 '상계신청')

① '배당액과의 차액지급' 이란?

채권자(주로 낙찰된 부동산의 임차인, 근저당권자 등의 채권자가 신고를 많이 함)가 매수인(낙찰자)인 경우에는 **매각결정기일이 끝날 때까지**(매각허가결정이 확정될 때까지 ×) 법원경매계에 신고하고 매수인(채권자)이 배당받아야 할 금액을 제외(공제)한 대금을 배당기일에 낼 수 있다(법 143조 2항). 여기서 배당받아야 할 금액이란 매수인이 배당요구한 채권을 의미하는 것이 아니라, 매수인이 배당할 금액과 배당순위에 따라 배당기일에 실제로 배당받을 수 있는 금액을 말한다.

☞ 절차진행 : 차액지급신고서 제출 ➡ 배당기일 지정 ➡ 배당표원안 작성(배당기일 3일 전) ➡ 매수인에 대한 통지(배당기일에 지급할 차액을 전화 · 팩스로 통지)

② 배당액과의 차액지급신고인의 제한이 있는지?

배당액과의 차액지급신고는 채권자가 매수인(낙찰자)이 된 경우에 한한다. 여기서 말하는 채권자는 '배당받을 수 있는 채권자'를 말하고 '경매신청채권자'에 한정되는 것은 아니다. 후술하는 '채무의 인수에 의한 대금지급'의 경우에는 위와 같은 제한이 없다.

③ 차액지급이 허용되지 않는 경우는?

다음과 같은 경우에는 배당액과의 차액지급이 허용되지 않는다.

㉠ 매수인이 배당순위에 비추어 배당절차에서 실제로 배당받을 것이 없는 경우

㉡ 적법한 배당요구를 하지 못한 경우

㉢ 배당금을 공탁하여야 하는 경우

매수인이 배당표에 배당을 받는 것으로 기재되더라도 그 배당금을 현실로 수령할 수 없어 공탁하여야 하는 경우, 즉 법 160조 1항 각호의 공탁사유가 있거나, 매수인인 저당권자의 저당권부채권이 압류 또는 가압류된 경우, 매수인의 채권(차액지급신고인의 배당금교부청구권)이 압류 · 가압류된 경우

④ 배당액과의 차액지급 허용 후 매수인(채권자)의 채권의 전부 또는 일부가 부존재한 것으로 밝혀진 경우 대금납부의 효력은?

배당액과의 차액지급이 허용되면 후에 매수인의 채권의 전부 또는 일부가 부존재

하는 것으로 밝혀지더라도 대금납부의 효력에는 영향이 없다(판례).

⑤ 차액지급의 효과

차액지급에 의하여 배당받아야 할 금액만큼의 대금지급의 효력이 생기고 또 채권에 대한 배당액지급의 효과가 발생한다.

※ 차액지급의 경우 매수인이 지급해야 할 잔여금액 = [매각대금 - 매수신청보증으로 지급한 금액 - 매수인에 대한 배당액 - (경매신청채권자가 매수인일 때에는 집행비용)]

⑥ 차액지급에 의한 대금납부의사의 신고시기(차액지급신고의 종기)는?

차액지급에 의한 대금납부의사는 **매각결정기일이 끝날 때까지**(매각허가결정이 확정될 때까지 ×) 법원경매계에 신고하여야 하므로 그 이후의 차액지급신고는 부적법하다(법 143조 2항).

⑦ 매수인의 차액지급의 신고가 있으나 부적법한 신고인 경우 법원경매계의 경매절차 진행방법

차액지급의 신고는 법원의 판단을 구하는 행위가 아니므로 법원경매계는 부적법한 신고라고 판단한 경우에는 그 신고를 무시하고 대금지급기한을 정하면 되고, 따로 그 신고에 대하여 각하 등의 재판을 할 필요는 없다.

⑧ 차액지급신고를 하였음에도 불구하고 법원경매계에서 대금지급기한을 정한 경우에 매수인의 불복방법?

매수인(채권자 : 낙찰자)이 차액지급신고를 하였는데도 불구하고 법원경매계에서 대금지급기한을 정한 경우, 매수인은 경매계가 차액지급을 인정하지 않은 것을 다투기 위하여 대금지급기한을 지정한 결정이나 재매각명령에 대하여 **집행에 관한 이의**를 할 수 있다. 다만 집행에 관한 이의는 집행법원의 집행절차에 관한 재판으로서 즉시항고를 할 수 없는 것에 대하여 하는 것이므로(법 16조 1항) 집행에 관한 이의를 제기하지 않고 있는 사이에 재매각명령에 따른 매각이 실시되어 매각허가결정이 선고된 경우에는 재매각의 결과 이루어진 매각허가결정에 대한 즉시항고로만 다툴 수 있고, 따로 대금지급기한지정결정 등에 대하여 집행에 관한 이의를 할 수는 없다고 할 것이다(대결 2000마7550).

⑨ 배당기일에 매수인의 배당금액에 대하여 이의가 제기된 경우 매수인이 이의금액을 납부해야 하는 시기 · 납부금액과 대금미납의 효과?

차액지급의 경우 매수인이 배당받아야 할 금액에 대하여 **이의**가 제기된 때에는 매수인은 **배당기일이 끝날 때까지** '이에 해당하는 대금'을 내야 한다(법 143조 3항). 이를 내지 않으면 **재매각**을 명한다. 다만 매수인이 이의 있는 금액을 현금으로 지급할 의사를 표시한 경우에는 배당기일을 1-2주 속행하여 그 금액을 지급할 기회를 주는 것이 실무례이다.

※ '이에 해당하는 대금'의 의미

매수인이 내야 할 '이에 해당하는 대금'은, 차액지급의 경우 차액지급으로 소멸할 매수인이 배당받을 채권 중 이의 있는 금액부분을 뜻한다. 예컨대, 매수인이 1억원의 채권으로 배당요구하였고 배당표에도 매수인이 배당요구한 채권 전액을 배당받는 것으로 기재되어 있으나, 다른 채권자가 매수인의 채권이 8천만원 밖에 안된다고 다투면서 2천만원에 관하여 이의하는 경우에는 이의있는 2천만원만을 내면 된다. 채무인수의 경우에도 그 법리는 같다.

⑩ 이해관계인의 이의 방법은?

매수인이 배당받아야 할 금액에 대한 이의는 실질적으로 관계채권자의 채권의 존부, 범위 및 순위에 관한 배당표에 대한 이의의 일종이므로 채무자는 배당표원안이 비치된 이후 배당기일이 끝날 때까지 서면으로도 할 수 있으나, 다른 채권자는 반드시 배당기일에 출석하여 이의를 진술하여야 한다(법 151조).

⑪ 이의의 경우에 매수인(낙찰자 = 채권자)이 내야 할 대금의 종류는?

이의가 있을 경우에 매수인이 내야 할 대금은 나중에 배당이의가 종료되면 그 결과에 따라 재배당 또는 추가배당할 배당재단이 되는 것이므로 반드시 **현금**(금융기관발행의 자기앞수표를 포함함)만을 내야하고, 별도의 현금화절차가 필요한 유가증권이나 금융기관발행의 지급보증서 등의 다른 담보는 제공할 수 없다.

※ 배당액과의 차액지급 계산법

구 분	계 산 법
신청채권자가 매수인인 경우	**매각대금 − 매수신청보증금 − 배당금 − 집행비용** = +(매수인이 납부해야 할 금액) = −(매수인이 지급받을 금액)
신청채권자 이외의 채권자가 매수인인 경우	**매각대금 − 매수신청보증금 − 배당금** = +(매수인이 납부해야 할 금액) = −(매수인이 지급받을 금액)

실 전 사 례

Q 경매신청채권자인 甲이 응찰하여 경매대상 부동산을 낙찰받았고, 매각결정기일 전에 배당액과의 차액지급 신청(구 '상계신청')을 하였다. 만일 위 부동산의 매각대금이 100,000,000원, 甲이 제공한 매수신청보증금이 826,450원, 배당금이 95,827,822원이고, 집행비용이 3,008,560원이라면 甲의 배당액과의 차액지급 신청 결과는?

A 위 사례의 경우는 경매신청채권자가 매수인인 경우에 해당하므로 위 계산표에 따라 계산하여 보면 다음과 같다.

매각대금 – 매수신청보증금 – 배당금 – 집행비용

즉 매각대금 100,000,000원에서 매수신청보증금 826,450원을 차감하고, 다시 甲이 실제로 배당받을 금액 95,827,822원을 차감하여 甲이 최우선적으로 배당받아야 할 집행비용 3,008,560원을 차감하면 (+)337,168원이 나온다. (+)금액은 매수인이 더 납부해야 할 금액에 해당되므로 결국, 매수인 甲은 337,168원을 법원 경매계에 납부해야만 배당액과의 차액지급으로 만족을 얻고 이 사건 배당이 종결 된다.

2) 채무의 인수

① 채무의 인수란?

매수인(낙찰자)은 매각조건에 따라 부동산의 부담을 인수하는 외에 배당표의 실시에 관하여 매각대금의 한도에서 관계채권자의 **승낙**이 있으면 대금의 지급에 **갈음하여** 관계채권자에 대한 채무자의 금전채무를 인수함으로써 인수한 채무에 상당한 매각대금의 지급의무를 면할 수 있는데(법 143조 1항), 이것을 채무의 인수라고 한다.

예컨대, 매수인(낙찰자)이 자금사정으로 저당권자의 승낙을 받아 그 저당권부채무를 인수하는 경우에 경매계장은 배당표 원안이 작성된 후 매수인의 납부예상액을 미리 통지하고 이후 매각(낙찰)으로 인한 등기촉탁시에는 그 근저당권을 말소촉탁대상에서 제외하여야 한다. 여기서 채무인수는 모든 채권자의 채무를 인수하여야 하는 것은 아니고 승낙을 얻은 일부 채권자의 채무만 인수할 수도 있다.

채무인수에 따른 대금지급의 경우에는 배당액과의 차액지급과 같은 '신고의 종기'가 없다. 채무인수의 신고인은 반드시 채권자(배당을 받을 수 있는 채권자)일 필요가 없다는 점도 차액지급의 경우와 다른 점이다. 차액채무인수신고서에 인지는 붙이지 않는다.

㉥ 2억원에 낙찰 받은 부동산에 S은행의 최선순위 근저당권설정등기가 6,000만원이 있는 경우 매수인은 채권자인 S은행과 협의하여 6,000만원의 채무를 인수하게 되고, 이 경우 매각대금은 1억 4천만원만 납부하면 된다.

② 배당기일에 매수인의 인수할 채무에 대하여 이의가 제기된 경우 매수인이 이의금액을 납부해야 하는 시기·납부금액과 대금미납의 효과?

채무인수의 경우에 매각대금과 인수한 채무와의 차액을 지급하면 된다(채무인수의 경우 매수인이 지급해야 할 잔여금액 = 매각대금 - 매수신청보증으로 지급한 금액 - 인수한 채무금액).

다만 인수할 채무에 관하여 적법한 **이의**가 있으면 매수인은 배당기일이 끝날 때까지 이에 해당하는 대금('이에 해당하는 대금'의 의미에 대하여는 앞에서 설명한 '배당액과의 차액지급' 부분 참조)을 내야하고, 이를 내지 않으면 재매각을 명한다(법 143조 3항). 다만 실무상으로는 매수인이 이의 있는 금액을 현금으로 지급할 의사를 표시한 경우에는 배당기일을 속행하기도 한다.

③ 배당액과의 차액지급의 준용

이의가 있는 경우에 배당기일의 속행, 이의의 방법, 이의사유, 내야 할 대금 등과 채무인수신청서의 접수 등은 배당액과의 차액지급의 경우와 같다.

④ 법원경매계에서 매수인에게 인수되는 등기부상의 권리를 말소하여야 하는지의 여부

매수인이 매각대금의 지급에 갈음하여 채무를 인수한 경우에는 매수인이 인수한 채무와 관련된 해당권리(㉥ 근저당권, 전세권 등)를 위하여 등기된 부담도 당연히 존속시켜야 한다. 즉 등기부상에서 말소해서는 안 된다. 따라서 매수인이 근저당권의 피담보채권을 인수할 경우 그 근저당권을 말소할 수 없고, 이는 전세권 등도 마찬가지이다.

관련되는 문제로 매수인이 인수하여 말소되지 않는 근저당권 등의 등기에 관하여 법원경매계에서 변경등기(근저당권의 채무자를 낙찰자로 변경시키는 등기 등)를 촉탁해야 하는지의 여부가 문제될 수 있으나, 경매계로서는 당사자 사이의 구체적인 합의 내용은 모른 채 인수할 채무액만을 특정시켜 주는데 불과하고 이 경우에 변경등기의 촉탁에 관한 규정도 없으므로 변경등기에 관하여는 경매계가 촉탁할 사항은 아니고 당사자들, 즉 채권자와 매수인이 해결하는 것이 타당하다.

3) 경매절차에 있어 배당액과의 차액지급 또는 채무인수 제도의 문제점

배당액과의 차액지급 또는 채무인수는 부동산경매의 매수인(낙찰자)에게는 유리한 제도이나 그럼에도 불구하고 악용되는 사례가 있어 커다란 맹점이 있다. 보통 차액지급이나 채무인수의 경우 매수인은 배당받아야 할 금액이나 인수한 채무액을 공제한 잔액만을 매각대금으로 납부할 것으로 예상하고 매각잔금의 계획을 세우게 된다. 그런데 배당기일에 다른 채권자나 채무자 등이 배당이의를 할 경우 그 배당기일이 끝날 때까지 배당받을 금액만큼을 현실적으로 납부하는 것이 어렵게 되어 재매각에 들어가는 경우가 많다. 이러한 맹점을 이용하여 채무자 등이 매수인이 배당받아야 할 금액이나 인수한 채무에 대하여 채무가 부존재한다는 등의 사유로 무조건적으로 이의를 함으로써 사실상 재매각절차로 진행되어 경매의 신속한 진행을 방해하는 경우가 실무상 가끔 발생한다. 법원경매계로서는 채무자 등의 이의가 있는 경우 배당기일을 1~2주 후에 속행하여 매수인에게 차액의 금액을 납부할 기회를 주고 있지만, 속행된 배당기일에 그 대금을 내는 매수인은 드문 편이다.

[매각대금과 배당액과의 차액지급(구 '상계신청') 신청서 예(법 143조 2항, 268조)]

배당액과의 차액지급 신청

매수인 겸 채권자 ○○○
채 무 자 ○○○
소 유 자 ○○○

위 당사자간 귀원 2008타경29777호 부동산강제(임의)경매 사건에 관하여 채권자는 매각목적 부동산을 금 8,000만원에 매수하여 그 대금을 납부하여야 하는데, 상계신청인(매수인 겸 채권자)이 경매신청채권자로서 배당받을 경매비용과 채권과의 상당액으로 상계할 수 있도록 허가하여 주시기를 민사집행법 제143조 2항 및 268조에 의하여 신청하는 바입니다.

2009. 4. 6.

위 신청인(매수인 겸 채권자) ○○○ (인)

서울중앙지방법원 민사집행과 경매10계 귀중

※ 배당액과의 차액지급 신청시 필요한 서면

1. 차액지급(상계)신청서
2. 채권계산서(기재할 내용 : 채권의 원금, 이자, 비용, 기타 부대 채권)
3. 정부수입인지(없음)
4. 송달료(없음)

[채무인수 신청서 예(법 143조 1항)]

채무인수 신청서

매 수 인 ○○○
주 소 :
채 권 자 ○○○
주 소 :
채 무 자 ○○○
주 소 :
배당요구채권자 ○○○
주 소 :
근저당권자 주식회사 ○○은행
주 소 :

귀원 2008타경31277호 부동산임의경매 사건에 관하여 매수인은 별지목록 기재 부동산에 대하여 2009. 1. 29. 최고가매수신고인으로 매각허가결정을 받고 2009. 2. 8. 대금지급기한이 지정되었는바 매수인은 다음과 같이 근저당권자인 주식회사 ○○은행의 승낙을 얻었으므로 같은 채권자에 대한 채무자의 채무를 매각대금의 지급에 갈음하여 인수하고(근저당권자의 근저당권을 존속시키고) 그 배당액 상당의 매각대금의 지급의무를 면하도록 민사집행법 제143조 제1항에 따라 매각대금의 지급에 갈음하여 채무인수 신청을 하는 바입니다.

다 음

근저당권자 주식회사 ○○은행의 승낙

주 소 :

첨 부 서 류

1. 채무인수승낙서 1통
1. 채무인수승낙자의 인감증명 1통
1. 부동산목록 1통
1. 채권계산서 1통

2009. 2 . .

매수인 ○○○

서울중앙지방법원 민사집행과 경매10계 귀중

※ **채무인수 신청시 필요한 서면**
1. 매수인의 채무인수신청서
2. 채권계산서
3. 채무인수승낙서
4. 인감증명서(채권자)
5. 정부수입인지(없음)
6. 송달료(없음)

(3) 매수신청보증의 반환

차순위매수신고인은 매수인이 대금을 모두 지급한 때 매수의 책임을 벗게 되고 즉시 매수신청의 보증을 돌려 줄 것을 요구할 수 있다(법 142조 6항).

경매신청채권자가 무잉여의 규정(법 102조 2항)에 따라 제공한 잉여보증도 경매신청채권자가 매각기일에 매수인이 안 되었고(경매신청채권자보다 높게 쓴 일반매수신청자가 낙찰 받은 경우), 매수인(일반매수신청자)이 대금전액을 납부한 경우에는 경매신청채권자에게 반환하여야 하고, 또한 매수인도 대금전액을 지급한 때에는 매수신청의 보증으로 제공한 지급보증위탁계약체결증명서 등의 반환을 요구할 수 있다.

6. 대금지급조서의 작성

법원경매계장은 매수인이 매각대금을 완납하게 되면 대금지급조서를 작성하게 된다.

제40강

매수인의 대금지급의무불이행과 법원경매계의 조치 및 재매각

〈강의 포인트〉

이번 강의는 매수인이 대금지급기한내에 매각대금의 납부의무를 이행하지 않을 경우에 법원경매계의 조치, 특히 차순위매수신고인이 있는 경우의 절차와 매수인 등의 매각대금지급의무불이행의 효과로 다시 경매를 진행하는 재매각절차에 대하여 알아본다. 자금의 준비사정으로 매수인이 매각대금을 납부하지 못하여 차순위매수신고인 앞으로 매각결정기일을 진행할 때 매수인은 언제까지 매각대금을 낼 수 있는지가 중요하다. 또한 재매각에 있어서 전의 매수인(이전의 낙찰자)은 보증금을 몰수당하고, 응찰도 금지되는 불이익을 받게 되는 데, 그 불이익을 받는 전의 매수인의 범위와 전의 매수인이 예외적으로 매수신청보증금을 반환받을 수 있는 경우가 있으므로 이 장은 꼼꼼하게 학습하기 바란다.

1. 매수인의 대금지급의무불이행과 법원경매계의 조치

매수인이 대금지급기한내에 대금지급의무를 이행하지 않을 경우에 법원경매계에서 어떠한 조치를 취할 것인가는 차순위매수신고인이 있고 없음에 따라 다르다.

(1) 차순위매수신고인에 대한 매각허가여부의 결정

① 매수인의 대금지급의무 불이행의 효과

차순위매수신고인이 있는 경우에 매수인이 대금지급기한까지 대금지급의무를 이행하지 않은 때에는 차순위매수신고인에게 매각을 허가할 것인지를 결정하여야 한다. 따라서 법원경매계는 매각결정기일을 새로 지정하여 차순위매수신고인에 대한 매각허가여부의 결정을 하고 매각허가결정이 확정되면 대금지급기한을 지정하여 이후의 경매절차를 진행하고, 매각불허가결정이 확정되면 직권으로 재매각을 실시한다.

다만 매수인이 매수신청의 보증으로 금전 외의 것이 제공된 경우로서 매각대금 중 보증액을 뺀 나머지 금액만을 낸 때에는 법원경매계에서 그 보증을 현금화하여 그 비용을 뺀 금액을 보증액에 해당하는 매각대금 및 이에 대한 지연이자에 충당하고, 모자라는 금액이 있으면 다시 대금지급기한을 정하여 매수인으로 하여금 내게 하여야 하고, 차순위매수신고인에게 매각을 허가할 것인지를 결정할 것은 아니다(법 142조 4항, 137조 1항).

② 최고가매수신고인에 대한 매각이 불허된 경우에 차순위매수신고인에 대한 매각허부결정을 할 수 있는지?

재매각은 매수인의 대금미납을 전제로 하므로 최고가매수신고인에 대한 매각이 불허된 경우에는 차순위매수신고인이 있더라도 그에 대한 매각허부결정을 할 것이 아니라 **새매각**을 실시하여야 한다.

③ 차순위매수신고인이 있는데 매수인이 대금지급기한까지 대금지급의무를 이행하지 않은 경우에 경매계의 조치와 최고가매수신고인에 대한 매각허부결정절차의 준용

법원경매계는 차순위매수신고인이 있는 경우에 매수인이 대금지급기한까지 대금지급의무를 이행하지 않은 때에는 차순위매수신고인에 대한 매각결정기일을 새로 지정·통지하여야 하고, 그 기일지정은 최초의 대금지급기한 후 3일 안으로 지정하고 그 대금지급기한 후부터 2주 안의 날로 정하여야 한다(예규).

매각허부결정절차는 최고가매수신고인에 대한 경우와 같으며, 차순위매수신고인에 대한 매각허가결정이 확정되면 대금지급기한을 정하여 이후의 매각절차를 진행하고 매각불허가결정이 확정되면 재매각을 실시한다.

④ 매수인의 대금미납으로 차순위매수신고인에 대한 매각허가결정이 있는 경우에 매수신청보증금의 반환이 가능한지?

매수인이 대금지급기한까지 매각대금을 납부하지 않아 차순위매수신고인에 대한 매각허가결정이 있는 경우에 매수인은 매수신청의 보증을 돌려 줄 것을 요구하지 못한다(법 137조 2항). 매수신청보증금은 배당할 금액(배당재단)에 자동으로 포함된다(규칙 79조).

이와 같이 최고가매수신고인이 매각대금의 미납 후 보증금 몰취의 제재를 받는 시점을 차순위매수신고인에 대한 매각허가결정이 있는 때로 정하고 있는 점에 비추어, 매수인은 차순위매수신고인에 대한 **매각허가결정이 있기까지** 대금을 완납하여 매각부동산의 소유권을 취득할 수 있고, 그 매각허가결정이 있은 후에는 **차순위매수신고인이** 새로운 매수인으로서 **우선**하여 대금을 납부할 수 있다.

실전사례

Q 최고가매수신고인 甲, 차순위매수신고인 乙이 있는 경매절차에서 甲에 대한 매각허가결정이 확정되어 매수인 甲은 법원경매계로부터 대금지급기한통지서를 송달받았다. 그런데 甲이 자금사정으로 매각잔금을 준비하지 못하여 대금지급기한까지 대금을 납부하지 못하자, 경매계는 차순위매수신고인 乙에 대한 매각결정기일을 지정·통지하였다. 이때 매수인 甲은 매각대금을 낼 수 없게 되는 것인지? 아니면 차순위매수신고인 乙에 대한 매각허가결정이 있기까지 매각대금을 완납하여 매각부동산의 소유권을 취득할 수 있는 것인지?

A 위 사례는 차순위매수신고인이 있는 경매절차에서 매수인이 대금지급기한을 넘겼을 때 보증금 몰취의 제재를 받는 시점과 그 효과를 물어보는 경우이다. 결론적으로 매수인 甲은 차순위매수신고인 乙에 대한 **매각허가결정이 있기까지** 대금을 완납하여야만 매각부동산의 소유권을 취득할 수 있다(법 137조 2항). 만일 위 기한까지 매각대금을 미납하여 차순위매수신고인 乙에 대한 매각허가결정이 있은 후에는 대금지급우선권이 차순위매수신고인 乙에게 넘어간다. 이때 甲은 매수신청보증금도 몰수당하고 차순위매수신고인 乙이 새로운 매수인으로서 우선하여 매각대금을 납부할 수 있게 된다.

⑤ 최고가매수신고인에 대한 매각허가결정이 항고심이나 재항고심에서 취소된 경우

최고가매수신고인에 대한 매각허가결정이 항고심이나 재항고심에서 **취소**된 경우에는 차순위매수신고인이 있더라도 법 137조가 적용될 여지가 없으므로 법원경매계는 **새매각**기일을 정하여 매각절차를 진행한다.

2. 재 매 각

(1) 재매각의 의미

재매각은 매수인(차순위매수신고인이 매각허가를 받은 경우를 포함한다)이 대금지급기한(또는 법 142조 4항의 다시 정한 기한)까지 **대금지급의무**를 완전히 이행하지 않았고, 차순위매수신고인이 없는 경우에 법원경매계에서 직권으로 다시 실시하는 매각을 말한다(법 138조 1항).

우계장님 질문요?

경매공부를 하다보면 재매각과 새매각이라는 용어가 자주 나오는데 재매각과 새매각은 어떻게 다른가요?

재매각은 경매절차를 다시 실시하는 점에서 새매각과 같습니다. 그런데 **재매각**은 매각허가결정 확정 후 매수인의 대금지급의무불이행을 원인으로 함에 반하여, **새매각**은 매각허가결정에 이르지 못했거나 매각허가결정의 확정에 이르지 않은 경우에만 실시하는 점에서 구별됩니다.

(2) 재매각의 요건

① 매수인이 매각대금지급의무를 완전히 이행하지 않았을 것

매수인이 매각대금지급의무를 완전히 이행하지 않으면 재매각이 실시되므로 일괄매각된 부동산 중 일부의 대금만 납부한 경우 또는 공동매수인이 자기의 부담부분만 납부한 경우에도 재매각을 명할 수 있다.

② 매수인이 대금지급기한(또는 법 142조 4항의 다시 정한 기한)까지 매각대금지급의무를 이행하지 않았을 것

따라서 매수인이 위 기한까지 대금지급의무를 이행하면 재매각을 명할 수 없다.

③ **차순위매수신고인이 없을 것**

매수인이 대금지급기한까지 매각대금지급의무를 이행하지 안하였더라도 **차순위매수신고인**이 있는 경우에는 바로 재매각을 명할 수 없고, 그에 앞서 차순위매수신고인에 대한 매각허가여부를 결정하여야 한다(법 137조 1항 본문).

따라서 차순위매수신고인이 있는 경우에는 ㉠ 차순위매수신고인에 대한 매각불허가결정이 확정되거나, ㉡ 차순위매수신고인에 대하여 매각허가결정이 확정되었지만 차순위매수신고인도 대금지급기한까지 대금을 지급하지 않은 때에 비로소 재매각을 실시할 수 있다.

④ **매수인의 매각대금지급의무의 불이행이 재매각명령시까지 존속할 것**

매수인은 매각대금지급기한이 지난 후에도 재매각기일의 3일 이전까지는 매각대금의 지급을 할 수 있기 때문에 재매각명령 전에 대금을 지급한 때에는 재매각의 요건을 구비하지 못한 것으로 된다(법 138조 3항). 즉 이때에는 재매각을 할 필요가 없다.

(3) 재매각의 대상

재매각의 대상으로 되는 목적물(경매대상 부동산)은 원칙으로는 매수인에게 매각허가 되었던 부동산이다. 다만 당초 여러 개의 부동산에 대한 매각실시를 하였으나 **과잉매각**(법 124조)으로 되어 일부 부동산에 대하여서만 매각허가를 하고 나머지 부동산에 대하여서는 매각불허가를 하였다가 매수인이 대금을 지급하지 않아 그 부동산에 대하여 **재매각**을 실시하게 된 경우에 법원경매계는 필요하다고 인정하면 앞서 과잉매각으로 매각허가를 안 하였던 부동산도 함께 매각에 부칠 수 있다. 이 경우에 매각불허된 부동산의 경매는 재매각이 아니므로 전의 매수인의 매수신청금지의 문제는 생기지 않는다. 즉 전의 매수인도 매수신청이 가능하다.

(4) 재매각명령

① **직권에 의한 재매각명령**

법원경매계는 재매각의 요건이 구비되면 그 사유발생일부터 1주 안에 직권으로 재매각을 명하여야 한다(예규). 재매각을 명함에 있어 경매개시결정을 다시 할 필요는 없고, 재매각명령이 발령되면 종전의 매각허가결정은 당연히 실효된다. 재매각명령을 전의 매수인, 그 밖의 이해관계인에게 고지할 필요는 없다.

② **이해관계인의 불복신청 및 시기**

재매각명령에 대하여는 이해관계인이 집행에 관한 이의신청으로서 불복할 수 있다. 이 불복은 재매각기일이 종결될 때까지 할 수 있다.

[재매각명령 예]

서 울 중 앙 지 방 법 원

재 매 각 명 령

사 건	2008타경27812 부동산강제(임의)경매
채권자	○○○
채무자	○○○
소유자	○○○

주 문

매수인은 이 법원이 정한 매각대금지급기한인 2009. 3. 16.까지 대금납부의무를 이행하지 아니하였으므로 별지기재 부동산에 대한 재매각을 명한다.

2009. 3. 19.

사법보좌관 우경매 (인)

(5) 재매각 절차

1) 매각조건(재매각의 판매 조건)

① **종전의 최저매각가격 등의 적용여부**

재매각절차에도 종전에 정한 최저매각가격, 그 밖의 매각조건을 적용한다(법 138조 2항). 즉 재매각은 전의 매수인이 최고가매수신고인으로 호창받은 매각기일부터 재개 속행되는 것이므로 재매각명령 후 최초의 재매각기일의 최저매각가격 그 밖의 매각조건에 대하여는 전의 매수인이 최고가매수신고인으로 호창받은 매각기일에 있어서 정하여졌던 최저매각가격 그 밖의 매각조건이 그대로 적용되어 재매각기일에서는 그 매각조건에 따라 매각을 실시하여야 한다. 따라서 법 97조 1항에 의하여 감정인이 처음 평가한 금액이나 전의 매수인이 매수신고한 가격을 최저매각가격으로 하여 재매각을 실시하여서는 안 된다(판례).

② 최저매각가격의 불변과 매각조건의 변경 가능여부

재매각 직전의 매각기일에 있어서의 최저매각가격을 저감하여 이를 재매각에 있어서의 최저매각가격으로 하여서는 안된다. 그러나 이해관계인간에 매각조건의 변경에 관한 합의 또는 직권으로 법원경매계는 매각조건을 변경할 수 있다.

③ 보증액의 인상 · 조정의 가능여부

종래 실무에서는 재매각의 경우 직권으로 매수신청의 보증금액을 변경하여 최저매각가격의 10분의 2(20%)로 정한 금액을 보증으로 보관하게 하고 있었으나, 이제는 규칙 63조 2항에 따라 보증액을 인상 · 조정하는 것이 가능하다.

2) 재매각기일의 지정 · 공고 · 통지 · 실시

재매각기일의 지정은 사유발생일부터 1주 안에 하여야 하고, 그 기일은 공고일로부터 2주 후 20일 안의 날로 정한다(예규). 재매각기일도 일반의 매각기일의 경우와 마찬가지로 이해관계인에게 통지를 하여야 하나(법 104조 2항), 전의 매수인은 이해관계인이 아니므로 통지할 필요가 없다.

(6) 재매각절차에서 전의 매수인(전의 낙찰자)에 대한 효력(전의 매수인에 대한 제재)

원칙적으로 전의 매수인(전의 낙찰자)은 재매각기일에서 다시 응찰할 수 없고, 매수신청보증금(입찰보증금)도 반환되지 않고 몰수되는 등의 제재, 즉 불이익이 가해진다. 다만 예외적으로 매수신청보증금을 반환받을 수 있는 경우가 있으므로 전의 매수인은 해당사건의 경매가 종결되기 전까지 사건검색 등을 통하여 경매진행 과정을 잘 살펴보아야 할 것이다.

1) 전의 매수인이 재매각기일에서 매수신청을 할 수 있는지의 여부

재매각절차에서는 전의 매수인(그 재매각기일의 직전 매수인만을 전매수인이라고 본다)은 매수신청을 할 수 없다(법 138조 4항). 전의 매수인에는 매수인이 된 차순위매수신고인도 포함한다.

☞ 어떤 경매절차에서 甲이 매수인이 되고 그 대금을 미납하였기 때문에 재매각절차가 진행되어 乙이

매수인이 되고, 乙도 대금을 미납하였기 때문에 다시 재매각절차가 진행되어 丙이 매수인이 되고, 丙도 대금을 미납하였기 때문에 다시 재매각절차가 진행되어 丁이 매수인이 되어 丁이 매각대금을 완납한 경우에는 丙이 매각허가를 받은 경매절차는 乙이 매각허가를 받은 경매절차에 대하여는 재매각의 관계에 있지만 당초의 경매절차에 대한 관계에서는 乙을 매수인으로 한 경매절차만이 재매각의 관계에 있게 된다.
결국 甲은 乙에 대하여는 전매수인의 관계에 있지만 丙이나 丁에 대하여는 전매수인이 아니다. 丙에 대하여는 乙이, 丁에 대하여는 丙이 각각 전매수인의 관계에 있게 된다.

2) 매수인이 매각대금을 미납하였는데도 매수신청보증의 반환이 가능한지의 여부

① 매수신청보증의 반환요구 불가(몰수)

매수인이 매각대금을 납부하지 않아 바로 재매각절차에 들어간 때 또는 차순위매수신고인에 대한 매각불허가결정을 거쳐 재매각절차에 들어간 때에는 전의 매수인은 매수신청의 보증을 돌려줄 것을 요구하지 못하며, 이 규정에 의하여 매수인이 돌려줄 것을 요구할 수 없는 보증은 배당할 금액(배당재단)에 포함된다(법 138조 4항, 법 147조 1항 5호).

재매각의 결과 매각대금이 재매각 전의 매각대금보다 다액인 경우에도 역시 반환청구를 하지 못한다.

② 매각절차의 취소, 경매신청의 취하의 경우에 매수신청보증금을 반환받을 수 있는지?

재매각명령 후 매각절차가 **취소**되거나 경매신청이 적법하게 **취하**된 때에는 전의 매수인은 매수신청보증금의 반환을 청구할 수 있다.

다만 이중경매에서 선행사건이 취소 또는 취하된 경우에도 **후행사건**에 의하여 재매각절차가 계속 진행되는 한 후행절차는 선행절차의 속행이라는 성격을 지니는 것이므로 매수신청보증금의 반환청구가 불가능하다. 따라서 후행사건마저 취소 또는 취하되어야 매수신청보증금의 반환청구가 가능하다.

③ 부동산이 없어지거나 남을 가망이 없어 경매를 취소한 경우 보증의 반환

재매각으로 들어간 후에 부동산이 **멸실**되거나(법 96조 1항) 또는 최저매각가격을 저감한 결과 남을 가망이 없을 경우의 경매의 취소 규정(법 102조)을 적용하여 경매절차를 **취소**한 경우에는 전의 매수인은 매수신청보증금을 반환받을 수 있다.

※ 예외적으로 전의 매수인의 매수신청보증금의 반환청구가 가능한 경우의 정리

❶ 재매각명령 후 매각(경매)절차가 취소된 경우
❷ 경매신청이 적법하게 취하된 경우

❸ 재매각으로 들어간 후에 부동산이 없어진 경우
❹ 법 102조(남을 가망이 없을 경우의 경매의 취소)를 적용하여 매각절차를 취소한 경우

④ 법원경매계가 전의 매수인의 대금미납으로 대지와 건물을 일괄하여 재매각을 실시한 후 매수인에 대한 매각허가결정이 확정되었으나, 판결에 기하여 건물에 대한 보존등기가 말소되어 대지와 건물에 대한 매각허가결정을 취소하고, 건물부분에 대한 경매개시결정을 취소하였을 경우에 전의 매수인은 매수신청보증금(입찰보증금)을 반환받을 수 있는지?

㉠ 사례의 발생

대지와 건물에 대하여 일괄매각을 실시하여 甲(전의 매수인)에게 매각허가결정이 되어 대금지급기한이 지정되었으나 매수인 甲의 매각대금 미납으로 **재매각**을 실시하였는데, 乙이 낙찰을 받아 乙앞으로 매각허가결정이 확정되었다. 그런데 매각부동산 중 **건물**에 대한 보존등기의 말소를 명하는 판결이 확정되어 건물에 대한 보존등기가 말소되었으므로 법원경매계는 대지와 건물에 대한 매각허가결정을 취소(법 127조)하였다.

나아가 건물에 대한 매각허가결정을 취소하고, 건물 부분에 관한 경매신청을 각하한 다음 **대지** 부분에 대한 경매절차를 다시 진행하는 경우 전 경매에서 매각대금을 미납한 전의 매수인 甲은 매수신청보증금을 반환받을 수 있는지가 문제된다.

이를 두고 견해의 대립이 있으나, 남아 있는 **대지** 부분에 대한 매각절차는 종전의 일괄매각의 재매각절차라고 볼 수 없으므로 전의 매수인에게 매수신청보증금을 반환하는 것이 타당하다. 즉 대금미납으로 인한 재매각절차가 건물에 대한 보존등기가 말소되는 등의 다른 사정으로 취소된 것이고, 대지에 대한 매각은 경매계에서 최저매각가격의 결정부터 다시 새로 정해야 하는 것이므로 법 138조 4항의 재매각절차라고 보기는 어렵다는 견해가 타당하다.

㉡ 해결(매수신청보증금의 반환가능)

만일 재매각절차에서 법원경매계가 건물 부분에 대한 매각허가결정(또는 경매절차)만을 취소하고, 재매각절차의 매수인 乙에게 건물 부분에 해당하는 만큼의 매각대금을 감액하여 준 채 대지 부분에 대한 매각대금을 납부 받아 배당까지 실시하였다면, **건물** 부분에 해당하는 만큼의 매수신청보증금은 전의 매수인 甲에게 반환하여야 할 것이다.

그러나 위 사례에서는 대지만의 취득으로는 매수인이 낙찰목적을 달성할 수 없

다고 보아 법원경매계에서 대지 및 건물 전체에 대한 매각허가결정을 취소하였으므로 그 후 진행되는 대지 만에 대한 매각절차를 종전 매각절차의 재매각절차라고 보기 어렵다. 따라서 법원경매계가 위와 같이 판단한 이상 대지와 건물 전체의 일괄매각절차는 불가능하여 그 매각허가결정은 취소되었으므로 매수인 甲에게 매수신청보증금을 돌려주어야 하는 것이다.

⑤ 전의 매수인의 대금미납으로 재매각 후 배당기일에 채권자들에게 배당하고 남는 금액이 있는 경우 전의 매수인은 매수신청보증금(입찰보증금)을 반환받을 수 있는지?

㉠ 사례의 발생

법원경매계에서 전의 매수인 甲의 대금미납으로 재매각을 실시한 후 매수인 乙이 매각대금을 납부하여 배당이 실시되었다. 이때 전의 매수인 甲의 매수신청보증금은 배당재단(배당할 금액)에 자동포함 되었는데 채권자들에게 배당하고 남는 금액이 있는 경우에, 전의 매수인 甲이 자기가 보증으로 제공한 매수신청보증금을 경매계로부터 반환받을 수 있는지가 문제된다.

㉡ 해결(매수신청보증금의 반환불가)

이에 관하여 다음과 같은 견해의 대립이 있다.

- **매수신청보증금을 반환해야 한다는 견해**

  전의 매수인 甲의 매수신청보증금이 배당재단에 포함되어 채권자들에게 배당하고 남는 금액이 있는 경우에 이를 모두 소유자인 채무자에게 잉여금으로 지급하는 것은 전의 매수인 甲의 매수신청보증금까지도 채무자에게 지급하는 결과를 초래하게 되므로 법 147조 2항의 규정을 유추적용하여 그 매수신청보증금의 한도 내에서 보증을 제공한 전의 매수인 甲에게 반환하여야 한다는 주장이다.

- **매수신청보증금을 반환할 수 없다는 견해**

  민사집행법에 항고보증금에 대하여만 반환규정이 있고 전의 매수인의 매수신청보증금에 대하여는 반환규정이 없을 뿐만 아니라, 채권자에게 배당하고 남는 금원이 모두 전의 매수인 甲의 매수신청보증금으로 볼 수도 없고, 매수신청보증금은 항고보증금과는 달리 경매절차지연에 따른 이해관계인들의 손해보전의 성격도 가진다는 점을 고려하면 설령, 전의 매수인 甲의 매수신청보증금이 배당재단에 포함되어 채권자들에게 배당하고 남는 금액이 있는 경우에도 전의 매수인 甲에게 반환해서는 안 되며, 남는 금원 모두를 소유자인 채무자에게 잉여금으로 지급하여야 하므로 법 147조 2항의 규정을 전의 매수인

甲의 매수신청보증금에 유추적용해서는 안된다는 주장이다.

• **결 론**

항고보증금은 항고의 남용을 통한 경매절차지연을 방지할 목적으로, 매수신청보증금은 매각대금납부를 담보하기 위한 목적으로 각 그 보증을 제공하게 하고 있어 그 취지가 서로 다르며, 민사집행법에는 항고보증금에 대하여만 반환규정을 두고 있는 점에 비추어 매수신청보증금을 반환할 수 없다는 견해가 타당하다.

3) 재매각명령 후 전의 매수인이 경매취하에 대한 동의권이 있는지의 여부

재매각명령이 내려진 상태에서 경매신청채권자(경매신청인)가 경매취하를 할 경우에 재매각절차를 야기한 전의 매수인은 그 취하에 대한 동의권자(법 93조 2항의 동의권자)에 해당하지 않는다(대결 99마468). 즉 경매신청채권자는 전의 매수인의 동의 없이 단독으로 경매취하를 할 수 있다.

4) 전의 매수인의 매각대금납부의 불허시기

차순위매수신고인에 대한 **매각허가결정 후**부터는 전의 매수인은 매각대금납부를 할 수 없다(법 137조 2항). 즉 최고가매수신고인이 대금납부 후 보증금 몰취의 제재를 받는 시점을 차순위매수신고인에 대한 매각허가결정이 있는 때로 정하고 있는 점을 고려하면, 차순위매수신고인이 매각허가결정을 받으면 그때부터는 차순위매수신고인이 새로운 매수인으로 우선하게 되고, 그 이전의 단계에서는 최고가매수신고인이 우선하여 대금을 납부할 수 있다.

(7) 재매각과 집행정지서류(경매정지서류)의 제출

재매각의 요건이 구비된 경우라도 집행정지 · 취소서류(법 49조)가 제출되면 재매각명령을 발할 수 없으며, 이때 전의 매수인은 재매각명령 전이라 하더라도 매각대금을 지급함으로써 소유권을 취득할 수는 없다.

(8) 재매각절차의 취소

1) 의의 및 효과

매수인이 **재매각기일**의 **3일** 이전까지 **대금**, 그 지급기한이 지난 뒤부터 지급일까지의 대금에 대한 연 2할의 비율에 의한 **지연이자**와 **절차비용**을 지급한 때에는 재매각절차를 취소하여야 한다(법 138조 3항). 재매각취소결정이 있으면 일단 효력이 상실된 매각허가결정이 부활하고, 매수인은 매각대금을 완납함으로써 확정적으로 소유권을 취득하게 된다.

2) 취소의 요건

① **'재매각기일의 3일 이전까지' 지급할 것**

- **'재매각기일'의 의미** : 재매각명령 후 첫 매각기일만을 의미하는 것이 아니라 유찰 · 변경 등의 사유로 다시 정한 매각기일도 포함된다.
- **'3일 이전까지'의 의미** : 재매각기일의 전일부터 소급하여 3일이 되는 날까지를 의미한다(판례). 예컨대 재매각기일이 5월 10일이면 5월 9일부터 역산하여 3일이 되는 날은 5월 7일이므로 매수인이 5월 7일까지 대금 등을 납부하면 재매각절차를 취소한다.

※ 실무상 위 3일 전 이후라도 재매각기일 전에 매수인이 대금납부를 원하면 재매각기일을 변경하여 대금납부를 허가하는 것이 일반적이다.

② **매수인이 대금, 지연이자와 절차비용을 지급하였을 것**

- 매수인이 지급할 금액은 매각대금에서 매수보증을 공제한 잔대금과, 대금지급기한부터 실제로 지급한 날까지의 연 2할의 비율에 의한 이자(매각대금 × 0.2 × 지연일수 / 365) 및 절차비용(재매각기일공고 · 통지비용, 재매각절차취소결정의 고지비용 등)이다.
- 전의 매수인이 재매각절차의 취소를 구하기 위하여 매각대금 등을 지급함에 있어서는 현실적으로 **금전**을 지급하여야 하고, 채무인수 또는 차액지급의 방식에 의한 **특별지급방법**(법 143조)은 허용되지 않는다(판례).

3) 차순위매수신고인도 대금지급을 하지 않은 경우 소유권 취득자

차순위매수신고인이 매수인이 된 후에 대금을 지급하지 않아 재매각을 하는 경우에는 최고가의 매수인과 차순위의 매수인 중에서 **먼저** 대금을 지급한 사람이 매각부동산의 권리를 취득한다(법 138조 3항 후문).

4) 2차 매수인의 대금미납으로 재매각명령이 있는 경우 당초의 1차 매수인이 재매각기일의 3일 이전까지 매각대금을 납부할 수 있는지의 여부

① **사례의 발생**

법원경매에 응찰하여 낙찰 받은 후 매각허가결정을 받은 매수인 甲(1차 매수인)이 매각대금을 미납하여 재매각이 진행된 결과 다른 매수인 乙(2차 매수인)이 매각허가결정까지 받았음에도 乙도 매각대금을 미납하여 경매계에서 또다시 2차 재매각명령을 한 경우에 2차 매수인 乙이 재매각기일의 3일 이전까지 매각대금 등을 납부하면 재매각절차가 취소된다. 문제는 당초의 1차 매수인 甲도 2차 재매각기일의 3일 이전까지 매각대금을 납부할 수 있는지가 문제된다.

☞ 당초의 경매절차에서의 매수인 甲이 매각대금을 미납하여 재매각결정을 하였는데, 그 재매각절차에서의 매수인 乙 역시 대금을 미납하여 제2차 재매각명령을 한 경우에 당초의 매수인 甲이 법 138조 3항에 따라 재매각기일 3일 전까지 대금, 지연이자 및 절차비용을 지급하고 매각부동산의 소유권을 취득할 수 있는가의 문제이다.

② **해결(당초의 1차 매수인 甲의 매각대금납부 불가)**

위 사례와 관련하여 당초의 1차 매수인 甲도 매각대금을 납부할 수 있다는 견해와 납부할 수 없다는 견해가 나뉘나, 2차 매수인 乙의 대금미납으로 재매각명령이 있는 경우에 재매각기일의 3일 이전까지 매각대금을 납부할 수 있는 자는 2차 매수인 乙이지 당초의 1차 매수인 甲이 아니다.

그 이유를 보면 다음과 같다.

- 법 138조에 규정된 재매각이란 '당초 매각의 직후의 재매각'만을 당초 매각절차와의 관계에서 재매각으로 보는 것이므로 위 사안에서 대금을 지급할 수 있는 매수인이란 2차 매수인 乙을 말하는 것이다.

  2차 매수인 乙이 대금을 미납하여 다시 재매각절차가 진행된 경우 재매각의 참여가 제한되는 '전의 매수인'이라 함은 직전 매각절차의 매수인인 乙만을 의미하는 것이고, 甲은 두 번째 재매각절차에서 유효하게 매수인이 될 수 있으므로 '전의 매수인'에 해당하지 않고 따라서 甲은 대금을 납부할 자격도 없다(법 138조 3항, 4항).
- 일단 재매각명령이 내려진 이상 최초의 매각허가결정은 효력이 상실되어 재매각명령이 취소되지 않는 한 그 효력을 회복할 수 없고, 법문상 乙의 대금미납으로 인한 두 번째 재매각기일 3일전까지 대금을 납부함으로써 취소의 대상이 되는 것은 乙의 대금미납으로 인한 두 번째 재매각명령 뿐이고, 甲의 대금미납으로 인한 첫 번째 재매각명령은 취소된다고 할 수 없다.

5) 취소절차

① **취소결정**

법원경매계는 법원보관금취급점으로부터 법원보관금수납내역을 전송받거나 매수인이 제출한 법원보관금영수증에 의하여 재매각절차의 취소요건이 구비되었다고 판단되면 재매각절차를 취소하는 결정을 하고, 전 매수인 · 경매신청채권자 · 채무자에게 고지한다.

② 불복방법

재매각절차취소결정에 대한 불복방법으로서는 집행에 관한 이의를 할 수 있다(법 16조 1항).

[재매각절차의 취소결정 예 : 법 138조 3항]

> **서 울 중 앙 지 방 법 원**
>
> **결 정**
>
> 사 건 2008타경21254 부동산강제(임의)경매
> 채권자 이도지
> 채무자 김응돌
> 소유자 김응돌
>
> 주 문
>
> 별지기재 부동산에 대한 재매각절차를 취소한다.
>
> 이 유
>
> 위 사건에 관하여 매수인 이진호는 민사집행법 제138조 3항에 따라 대금과 지연이자 및 절차비용을 납입하였으므로 주문과 같이 결정한다.
>
> 2009. 4. 30.
>
> 사법보좌관 우경매 (인)

6) 취소 후의 조치

법원경매계는 재매각절차를 취소한 경우에는 즉시 배당기일을 지정하고 배당기일 통지를 한다(법 146조). 매각대금은 이미 완납되었으므로 대금지급기한을 지정할 필요는 없다. 법원경매계장은 매수인 앞으로의 소유권이전등기, 매수인이 인수하지 않은 부동산의 부담에 관한 기입의 말소등기, 경매개시결정등기의 말소등기를 촉탁한다(법 144조 1항).

제41강

부동산관리명령

〈강의 포인트〉

매수인(낙찰자)은 매각대금을 지급한 후라야만 낙찰받은 부동산을 인도받을 수 있으므로 매각허가 후 그 인도 사이에 채무자 등이 매각부동산의 가치를 감소시켜 매수인이나 채권자의 이익을 해할 염려가 있을 경우에 이를 방지하기 위한 보전처분의 일종인 '부동산관리명령'을 참고적으로 알아보기로 한다. 실무상 부동산관리명령을 신청하는 경우는 거의 없고 유명무실한 제도이다. 그것은 매수인이 매각대금을 납부하여 경매물건을 취득하기까지는 경매의 취하 · 취소 · 집행의 정지 등으로 많은 변동이 생길 수 있기 때문이다.

1. 부동산관리명령의 의의

강제경매에 있어서 매수인(낙찰자)은 매각대금을 지급한 후가 아니면 그 부동산의 인도를 청구하지 못한다(법 136조 1항). 따라서 매수인이 매각허가결정을 받은 후 대금을 지급하고 그 부동산의 인도를 받을 때까지 사이에 채무자인 그 부동산의 소유자의 법률상의 처분행위 또는 사실상의 행위에 의하여 그 부동산의 가치가 감소되어 매수인이나 채권자의 이익을 해할 염려가 있으므로, 매각허가결정이 있은 후 부동산을 인도할 때까지 매수인이나 채권자의 신청이 있으면 법원이 관리인을 선임하여 그 관리인으로 하여금 그 부동산을 관리하게 하는 관리명령을 발할 수 있다(법 136조 2항). 그러나 실무상 부동산관리명령을 신청하는 경우는 거의 없다.

매각허가결정전까지는 법 83조 3항의 침해방지조치를 신청할 수 있다.

2. 관리명령의 신청

(1) 관리명령의 신청권자

관리명령을 신청할 수 있는 자는 매수인(낙찰자) 또는 채권자(집행채권자)이고, 상대방은 채무자 · 소유자 및 부동산점유자이다(법 136조 2항). 매각대금을 다 낸 뒤에는 매수인은 직접 자기에게 인도할 것을 구할 수 있으므로 관리명령을 신청할 수 없다.

재매각을 명한 후에는 전의 매수인은 관리명령의 신청권이 없다.

(2) 관리명령신청의 시기

관리명령의 신청은 매각허가가 결정된 뒤 인도할 때까지 사이에 할 수 있다(법 136조 2항). 관리명령은 보전처분이므로 매각허가결정에 대한 즉시항고가 있더라도 항고법원에 의하여 허가결정이 취소되지 않는 한 관리명령의 신청을 할 수 있고, 또 허가결정 후 경매절차가 집행정지에 의하여 정지된 경우라도 관리명령의 신청을 할 수 있다.

(3) 관리명령신청의 관할

관리명령은 집행법원(법원경매계)의 전속관할에 속한다.

(4) 신청의 방법

관리명령의 신청은 법원경매계에 서면 또는 말로 할 수 있다(법 23조 1항, 민소법 161조). 신청서에는 매각부동산을 매수인에게 인도할 때까지 법원이 상당하다고 인정하는 관리인(또는 신청인이 추천하는 사람)을 선임하여 관리를 명하도록 신청하는 취지를 적어야 한다. 보전의 필요성에 관하여 기재함을 요하지는 않는다.

신청서에는 1,000원의 인지를 붙이고, 관리비용은 신청인이 예납하여야 한다.

[부동산관리명령의 신청서 예]

부동산관리명령의 신청

사　　건　　2008타경30285호 부동산강제경매
신청인(매수인)　　이진호
서울 성북구 장위동 123-1245 덕우빌라 2-202
상대방(채무자겸소유자)　　김응돌
서울 동작구 흑석동 452 흑석빌라 3-301

위 당사자간 귀원 2008타경30285호 부동산강제경매 사건에 관하여 신청인은 별지 목록 기재의 부동산을 매수하였는바, 그 부동산을 인도할 때까지 그대로 소유자에게 거주하게 하면 매수한 목적물 내의 시설 등을 소유자가 손괴할 우려가 있으므로, 그 인도시까지 관리인을 선임하여 위 목적물을 관리 할 수 있도록 명하여 주시기를 신청합니다.

2009. 5. 29.

신청인(매수인)　　이 진 호　　(인)

서울중앙지방법원 민사집행과 귀중

3. 관리명령의 재판

관리명령의 신청이 있으면 법원경매계는 필요적 변론을 거치지 않고 심리하여 신청이 이유 있다고 인정할 때에는 관리인을 선임하고 그로 하여금 매각부동산의 관리를 명하는 재판, 즉 관리명령을 발한다. 관리명령의 신청에 관하여는 특별한 사정이 없는 한 신청당일 재판을 하여야 한다(예규).

관리인의 자격에 관하여는 법률상 제한이 없다. 따라서 법원경매계는 관리의 구체적 내용, 부동산의 종류, 위치, 구조 등을 고려하여 적임자를 관리인으로 선임하여야 한다. 통상 집행관이나 변호사를 관리인으로 선임한다. 그러나 채권자나 채무자 또는 매수인(낙찰자)을 관리인으로 선임할 수는 없다.

신청인이 적임자를 추천할 수도 있으나 법원경매계는 이에 구속되지 않는다. 관리명령에는 상대방(채무자, 소유자 및 매각부동산을 점유하고 있는 제3자)을 적어야 한다.

관리명령은 송달 그 밖의 적당한 방법으로 신청인과 상대방에게 고지하여야 한다(규칙 7조 1항 2호). 다만 실무상으로는 신청을 하지 않은 매수인 또는 경매신청채권자에게도 고지를 하고 있다. 신청을 기각 또는 각하한 결정은 신청인에게만 고지하면 된다. 관리명령신청에 관한 재판에 대하여는 즉시항고할 수 있다(법 136조 2항, 5항).

[관리명령의 예]

서 울 중 앙 지 방 법 원

부동산관리명령

사 건	2009타기5237 부동산관리명령
신청인(매수인)	이진호
	서울 성북구 장위동 123-1245 덕우빌라 2-202
상대방	
(채무자겸소유자)	김응돌
	서울 동작구 흑석동 452 흑석빌라 3-301

주 문

이 법원 2008타경30285호 부동산강제경매 사건에 관하여 이 법원 소속 집행관 우집행을 관리인으로 선임하고 위 관리인에게 채무자 소유의 별지기재 부동산의 관리를 명한다.

이 유

이 법원 2008타경30285호 부동산강제경매 사건에 관하여 신청인의 부동산관리명령 신청은 이유있다고 인정되므로 민사집행법 제136조 제2항에 의하여 주문과 같이 결정한다.

2009. 6. 19.

판 사 우가영 (인)

4. 관리의 착수

관리인으로 선임된 자는 관리명령에 기하여 채무자에 대하여 매각부동산의 인도를 구하여 채무자가 임의로 인도하면 인도를 받아 관리에 착수한다. 즉 관리인은 부동산을 관리하기 위하여 부동산을 점유할 필요가 있으며 그 인도에 의하여 비로소 관리권을 행사할 수 있게 된다.

그러나 채무자가 관리인의 인도요구에 응하지 않은 경우에 관리인은 관리명령만으로써는 인도를 강제할 수 없다. 그러므로 채무자가 인도를 거부한 경우에는 매수인 또는 채권자의 신청에 의하여 법원으로부터 인도명령을 받아 인도를 강제할 수 있을 뿐이다(법 136조 3항).

[관리인에의 부동산인도명령신청서(강제경매) 예]

관리인에의 부동산인도명령신청

사 건	2008타경30285 부동산강제경매
신청인(매수인)	이진호
	서울 성북구 장위동 123-1245 덕우빌라 2-202
상대방	
(채무자겸소유자)	김응돌
	서울 동작구 흑석동 452 흑석빌라 3-301

위 당사자간 귀원 2008타경30285 부동산강제경매 사건에 관하여 동 법원의 2009. 6. 19. 별지 목록 기재 부동산의 부동산관리명령에 기하여, 관리인 ○○○가 관리를 위한 그 인도를 구하였던 바, 채무자(소유자)가 이를 거절하여 관리의 불능에 이르게 되었으므로 채무자(소유자)는 위 부동산의 점유를 풀고 관리인에게 인도하라는 명령을 하여 주시기 바랍니다.

2009. 7. 8.

신청인(매수인) 이 진 호 (인)

서울중앙지방법원 민사집행과 귀중

5. 인도명령

채무자가 관리인에게 부동산을 임의로 인도하지 않은 경우에 법원경매계는 매수인 또는 채권자의 신청에 의하여 담보를 제공하게 하거나 제공하게 하지 않고 채무자에 대하여 관리인에게 부동산을 인도할 것을 명하는 인도명령을 발할 수 있다(법 136조 3항). 인도명령의 신청은 500원의 인지를 붙여야 한다.

인도명령을 함에는 부동산을 채무자나 소유자 이외의 자가 점유하고 있는 경우에는 그 점유자를 심문하여야 하고, 신청이 이유 있다고 인정하는 경우에는 인도명령을 발하고 인도명령에 대하여는 즉시항고를 할 수 있다(법 136조 3항, 4항).

인도명령정본은 집행 전에 채무자에게 송달하거나 집행과 동시에 채무자에게 송달하게 한다.

이 인도명령은 관리명령의 일종이며, 이에 응하지 않을 때에는 매수인 또는 채권자는 집행관에게 집행을 위임하여 인도집행을 하도록 한다.

[부동산인도명령의 예]

서 울 중 앙 지 방 법 원

부동산인도명령

사 건 2009타기5237 부동산관리명령

신청인(매수인) 이진호
서울 성북구 장위동 123-1245 덕우빌라 2-202

상대방
(채무자겸소유자) 김응돌
서울 동작구 흑석동 452 흑석빌라 3-301

주 문

상대방은 별지 목록 기재 부동산을 관리인 우집행에게 인도하라.

이 유

이 법원 2009타기5237 부동산관리명령 사건에 관하여 이 법원이 2009. 6. 19. 이 법원 소속 집행관 우집행을 관리인으로 선임하고 관리를 명하는 결정을 하였는바, 신청인의 관리를 위한 인도명령 신청이이유 있다고 인정되므로(담보를 제공하게 하는 경우에는 담보로 000원을 공탁하게 하고 또는 담보로 000원을 공탁하는 것을 조건으로) 민사집행법 제136조 제2항 · 제3항에 의하여 주문과 같이 결정한다.

2009. 7. 22.

판 사 우가영 (인)

6. 관리의 방법

관리인은 매각부동산의 인도를 받은 후 선량한 관리자의 주의로써 이를 보존 유지하여야 한다.

관리인은 위 목적범위 내에서 관리권을 가지므로 그 목적범위를 넘어 부동산을 제3자에게 사용 또는 임대시켜 차임 등을 얻는 등의 수익권을 가지는 것은 아니다.

관리인은 부동산의 현상을 유지하기 위하여 관리비용을 지출할 수 있으며 이 경우 일일이 법원경매계의 허가를 받거나 이해관계인의 동의를 얻을 필요가 없다. 그러나 법원경매계는 관리인에 대하여 필요에 따라 관리상의 지휘 · 감독을 할 수 있다.

7. 관리의 종료

(1) 매수인이 매각대금을 다 낸 경우

매수인이 대금의 완납을 증명하여 관리인의 관리 하에 있는 매각부동산의 인도를 청구한 때에 관리인이 그 부동산을 인도하면 당연히 그 관리권은 종료되며 별도의 관리명령취소를 요하지 않는다.

(2) 매각허가결정이 실효된 경우

경매의 취하 · 취소 · 재매각 등으로 매각허가결정이 실효되면 그때에 관리명령도 당연히 실효하고 별도의 취소결정을 할 필요는 없다는 것이 다수설이다. 법원경매계는 관리인에게 관리명령의 실효를 통지하여야 한다.

제42강

매각대금지급 후의 처리 ❶

소유권취득의 시기 · 범위 · 성격과 경매절차의 하자(흠)와 소유권취득 여부

〈강의 포인트〉

매수인은 **매각대금을 완납한 때**에 낙찰 받은 부동산의 권리를 취득한다. 일반 부동산매매의 경우처럼 소유권이전등기가 되어야만 소유권을 취득하는 것이 아니다. 이번 강의에서는 매수인의 소유권취득의 시기 · 범위 · 성격과 경매절차의 하자(흠)와 소유권취득 여부에 관하여 알아보기로 한다.

1. 소유권의 취득

(1) 소유권취득의 시기

1) 소유권취득의 시점

매수인은 **매각대금을 다 낸 때**(매각대금을 완납한 때)에 매각의 목적인 권리를 취득한다(법 135조). 일반 부동산매매의 경우처럼 소유권이전등기가 되어야만 소유권을 취득하는 것이 아니다.

실 전 사 례

Q 매각허가결정확정(2009. 2. 2.) → 매각대금의 전액납부(2009. 3. 13.) → 소유권이전등기(2009. 3. 16.) → 배당(2009. 4. 14)의 순으로 경매절차가 진행되었다. 매수인이 매수한 부동산에 대한 소유권을 취득하는 시점은?

A 매수인은 법원경매계에 매각대금을 완납한 2009. 3. 13. 소유권을 취득하게 된다.

2) 매수대금(매각대금)을 자신이 부담하면서 다른 사람의 명의로 매각허가결정을 받은 경우 부동산의 소유권을 취득하는 자 및 매수대금의 부담자와 명의인 간에 명의신탁관계가 성립하는지 여부

부동산경매절차에서 부동산을 낙찰 받으려는 사람이 매수대금을 자신이 부담하면서 다른 사람의 명의로 매각허가결정을 받기로 그 다른 사람과 약정함에 따라 매각허가가 이루어진 경우, 그 경매절차에서 매수인(낙찰자)의 지위에 서게 되는 사람은 어디까지나 그 명의인이므로 경매 목적 부동산의 소유권은 매수대금을 실질적으로 부담한 사람이 누구인가와 상관없이 그 **명의인**이 취득한다(대판 2000다7011 · 7028 등). 이 경우 매수대금을 부담한 사람과 이름(명의)을 빌려 준 사람 사이에는 명의신탁관계가 성립한다(대판 2008다62687 등).

2. 소유권취득의 범위(대상)

매수인(낙찰자)이 취득하는 부동산 소유권의 범위는 매각허가결정서에 적힌 부동산과 동일성이 인정되는 범위 내에서 그 소유권의 효력이 미치는 범위와 같다. 따라서 경매대상 부동산의 구성부분, 종물 및 종된 권리는 매각허가결정서에 기재되어 있지 않더라도 매수인이 소유권을 취득하는 범위에 포함된다.

부언하면 매각대상 부동산의 구성부분, 정착물(다만 등기된 입목, 민사집행법 189조 2항 1호의 정착물, 동항 2호의 미분리의 과실 및 동법 83조 2항에 의하여 분리한 과실은 제외됨), 종물 및 종된 권리(건물을 위한 지상권, 요역지를 위한 지역권 등)는 매각허가결정서에 기재되어 있지 않더라도 그 소유권을 취득한다.

종물이나 종된 권리도 함께 취득하므로(대판 2001다22604 등) 분양자가 지적정리 등의 지연으로 대지권에 대한 지분이전등기는 지적정리 후 해 주기로 하는 약정하에 우선 전유부분만에 관하여 소유권보존등기를 한 후 수분양자에게 소유권이전등기를 완료하였는데, 그 후 대지에 대한 소유권이전등기가 안된 상태에서 전유부분에 관한 경매절차가 진행되어 제3자가 전유부분을 낙찰 받은 경우, 그 매수인은 본권으로서 집합건물의 소유 및 관리에 관한 법률 2조 6호 소정의 대지사용권을 취득한다(대판 2002다40210).

① 매각허가결정시 착오로 부동산목록에 경매대상이 아닌 부동산을 포함시킨 경우의 효력?

법원경매계가 매각허가결정을 하면서 착오로 부동산목록에 경매대상이 아닌 부동산을 포함시킨 경우 이는 명백한 오기로서 결정의 **경정사유**가 될 뿐 매각허가결정의 효력이 그 부동산에 미치지 않는다(대결 93마720).

② 경매신청이 안된 부동산이 경매신청된 다른 부동산과 함께 매각되어 매각허가결정이 확정된 경우 경매신청이 안된 부동산에 대한 매각허가결정의 효력?

경매신청이 안 되었고 경매개시결정을 받은 바도 없는 부동산이 경매신청된 다른 부동산과 함께 매각되어 매각허가결정이 확정된 경우 그 경매신청되지 않은 부동산에 대한 매각허가결정은 **당연무효**이므로 매수인은 그 부동산에 대한 소유권을 취득할 수 없다(대판 91다20722).

판례 1. 기존건물에 부합된 증축 부분이 기존건물에 대한 경매절차에서 경매목적물로 평가되지 아니한 경우 매수인(낙찰자)이 증축 부분의 소유권을 취득하는지 여부(적극)

건물의 증축 부분이 기존건물에 부합하여 기존건물과 분리하여서는 별개의 독립물로서의 효용을 갖지 못하는 이상, 기존건물에 대한 근저당권은 민법 제358조에 의하여 부합된 증축 부분에도 효력이 미치는 것이므로 기존건물에 대한 경매절차에서 경매목적물로 평가되지 아니하였다고 할지라도 매수인은 부합된 증축 부분의 소유권을 취득한다(대판 2002.10.25, 2000다63110).

2. 구 주택건설촉진법 및 구 공동주택관리령상 사업주체의 하자보수책임에 관한 규정이 경매절차에서 공동주택을 낙찰받은 자에 대하여도 적용되는지 여부(적극)

공동주택 사업주체의 하자보수책임에 관한 구 주택건설촉진법(1999. 2. 8. 법률 제5908호로 개정되기 전의 것) 제38조, 구 공동주택관리령(1998. 12. 31. 대통령령 제16069호로 개정되기 전의 것) 제16조, 제17조 등의 관련 규정들은 공동주택의 여러 가지 특성 및 그 입주자들의 주거생활의 안정을 위해 사용검사일로부터 구 공동주택관리규칙(1999. 12. 7. 건설교통부령 제219호로 개정되기 전의 것) 제11조 제1항, 같은 규칙 별표 3에서 정하고 있는 일정한 기간 안에 발생한 일정한 범위의 하자에 대하여는, 공동주택의 현재 입주자와 입주자대표회의 또는 관리주체(이하 '입주자대표회의 등'이라고 한다)에게 그 취득원인이나 사업주체와의 계약관계 유무와는 상관없이 사업주체에 대한 하자보수청구권 및 하자보수보증금에 대한 권리를 인정하는 한편, 사용검사권자에게는 행정적 차원에서 하자의 판정과 보수에 관여하도록 함으로써, 입주자대표회의 등으로 하여금 하자보수보증금에 의한 신속한 하자보수를 할 수 있도록 최소한의 기준을 정한 취지라고 할 것이므로, 입주자가 당해 공동주택을 통상적인 분양계약이 아닌 경매절차에서 낙찰받았다 하더라도 위 관련 규정들이 적용된다고 보아야 할 것이다(대판 2007.12.27, 2005다18146 · 18153).

3. 경매(매각)절차의 하자(흠)와 소유권취득 여부

(1) 강제경매의 경우

1) 경매절차의 하자

① 매각허가결정의 무효를 주장하여 매수인(낙찰자)의 소유권취득의 효과를 다툴 수 있는 시기

강제경매절차를 무효로 하는 하자(예 경매개시결정이 채무자에게 송달되지 않은 경우 등)가 아닌 한 경매절차에 하자가 있더라도 매각허가결정이 확정되고 매수인이 **매각대금을 납부**한 이상 경매절차 밖에서 별소로 매각허가결정의 무효를 주장하여 매수인의 소유권취득의 효과를 다툴 수 없다.

② 금반언 및 신의칙 위반의 경우

무효인 공정증서에 기초한 강제경매에서 채무자가 매수인(낙찰자)에 대하여 그 공정증서가 유효하다는 신뢰를 부여한 후 그 무효인 공정증서에 기하여 이루어진 강제경매가 무효라고 주장하는 것은 금반언 및 신의칙에 위반된다(대판 99다31193 등).

판례 대판 2000. 2. 11, 99다31193

1. 무효인 공정증서에 기한 경매임을 이유로 경매절차가 무효라고 주장하여 그 경매목적물에 대한 소유권이전등기의 말소를 청구하는 것이 금반언의 원칙 및 신의칙에 위반되기

위한 요건

무효인 공정증서에 기한 경매임을 이유로 경매절차가 무효라고 주장하여 그 경매목적물에 관한 소유권이전등기의 말소를 청구하는 경우에 그 말소 주장이 금반언의 원칙 및 신의칙에 위반되는 것이어서 허용될 수 없다고 하려면, 무효인 공정증서상에 집행채무자로 표시된 자가 그 공정증서를 채무명의(집행권원)로 한 경매절차가 진행되고 있는 동안에 공정증서의 무효를 주장하여 경매절차를 저지할 수 있었음에도 불구하고 그러한 주장을 일체 하지 않고 이를 방치하였을 뿐만 아니라, 오히려 공정증서가 유효임을 전제로 변제를 주장하여 매각허가결정 등에 대한 항고절차를 취하고 매각허가결정 확정 후에 매각대금까지 받았다든지 배당기일에 자신의 배당금을 이의 없이 수령하고 매수인으로부터 이사비용을 받고 부동산을 임의로 명도하였다든지 하여 매수인에 대하여 객관적으로 그 공정증서가 유효하다는 신뢰를 부여하는 경우라야 할 것이다.

2. **집행채권자를 상대로 청구이의의 소를 제기하고 강제집행정지결정을 받았음에도 이를 집행법원에 제출하지 아니하였다는 사정만으로는 공정증서가 유효라는 신뢰를 매수인에게 보인 것이라 할 수 없다는 이유로 경매목적물에 대한 소유권이전등기의 말소를 청구하는 것이 금반언의 원칙 및 신의칙에 위반되지 않는다고 한 사례.**

③ 행정관청의 허가를 얻지 못하여 매각허가결정을 원인으로 하여 이루어진 소유권이전등기가 효력이 없는 경우

- 학교법인의 기본재산(사립학교법 28조 1항)이 감독청의 허가 없이 강제경매절차에 의하여 매각허가결정이 된 경우(대판 93다42993 등)
- 전통사찰보존법 6조 1항 2호 소정의 경내지 등이 문화관광부장관의 허가없이 강제경매절차에 의하여 처분된 경우(대판 97다49817 등)
- 구 불교재산관리법 11조의 규정에 의하여 사찰에 속하는 부동산 등의 사찰재산이 문화관광부장관의 허가 없이 강제경매절차에 의하여 처분된 경우(대판 80다2136, 등기예규 388호)

실 전 사 례

Q 경기도 구리시에 소재하는 "○○○" 사찰의 사찰재산(부동산)이 주무관청의 허가 없이 강제경매로 진행되어 매각기일에 甲이 매수하여 甲 앞으로 소유권이전등기까지 완료되었다. 그런데 사찰재산에 대하여 강제경매를 진행하기 위하여는 주무관청의 허가를 받아야 한다는 얘기가 있고, 허가 없이 진행된 강제경매절차에 의하여 낙찰받은 것을 원인으로 하여 완료된 소유권이전등기는 무효의 등기라고 하는데, 이미 경매로 취득하여 甲 앞으로 마쳐진 부동산소유권이전등기의 효력은 어떻게 되는지?

A 위 사례는 사찰재산이 주무관청의 허가 없이 강제경매로 처분된 경우 그 효력을 물어보는 경우이다.

❶ 전통사찰보존법 6조(허가사항) 1항 2호에 의하면 "전통사찰의 주지가 동산

또는 대통령령이 정하는 부동산의 대여 · 양도 또는 담보의 제공에 해당하는 행위를 하고자 할 때에는 소속대표단체의 대표자의 승인서를 첨부하여 시 · 도지사의 허가를 받아야 하고, 허가받은 사항을 변경하고자 하는 경우에도 또한 같다." 라고 되어 있다.

❷ 관할청의 허가 없이 진행된 사찰재산의 강제경매절차에서 매수(낙찰)한 것을 원인으로 마쳐진 소유권이전등기의 효력에 관한 판례(대판 99다26979 등)를 보면, "사찰재산에 대하여 강제경매를 하는 경우에는 관할청인 문화관광부장관의 허가를 얻어야 하는 것이므로 그 허가 없이 진행된 강제경매절차에 의하여 매각허가 받은 것을 원인으로 하여 완료된 소유권이전등기는 적법한 원인을 결여한 **무효의 등기**이다."라고 판시하고 있다.
따라서 주무관청의 허가 없이 진행된 사찰재산의 부동산강제경매절차에서 낙찰 받은 것을 원인으로 마쳐진 부동산소유권이전등기의 효력은 무효라고 할 것이다.

2) 집행권원의 하자

① 집행권원의 부존재

집행력 있는 정본이 전혀 존재하지 않은 채 실시된 강제경매는 절대적 요건에 흠결이 있어 외형상 적법한 절차가 행해졌다 하더라도 **당연무효**로서 아무런 효력이 생기지 않는다.

② 집행권원의 무효

- 집행권원이 무효인 경우에는 매수인(낙찰자)이 매각대금을 납부하더라도 소유권을 취득할 수 없다(판례). 또 매수인이 매각대금을 납부한 후에는 집행권원의 집행력을 배제하는 서류가 제출되더라도 매수인의 소유권취득은 영향을 받지 않는다.
- 공정증서가 집행권원으로서 집행력을 가질 수 있도록 하는 집행인낙의 표시는 공증인에 대한 소송행위이므로 무권대리인의 촉탁에 의하여 공정증서가 작성된 경우 그 공정증서는 집행권원으로서의 효력이 없어, 그러한 무효인 공정증서에 기한 경매절차에서 부동산을 매수한자는 소유권을 취득할 수 없다(대판 99다31193).

③ 변제증서의 제출 또는 집행권원의 집행력배제 서류가 제출된 경우

㉠ 변제증서의 제출

집행채권이 소멸되어 변제증서(법 49조 4호의 서류)가 제출되더라도 법 51조에 의하여 2월의 집행정지의 효과가 있음에 그칠 뿐(법 49조 4호의 서류의 제출시점은 매수신고가 있기 전까지임 : 법 93조 3항), 그 이상으로 경매절차의 진행이나 효력을 저지 또는 부정하는 사유가 될 수 없다(대판 93다3165 등).

㉡ **집행권원의 집행력 배제서류의 제출**

매수인이 **매각대금을 지급한 후**에는 집행권원의 집행력을 배제하는 서류가 제출되더라도 매수인의 소유권취득은 영향을 받지 않으며, 다음의 경우도 미리 정지 또는 취소를 구하지 않은 한 마찬가지이다.

- **재심의 경우** : 확정된 종국판결에 터잡아 경매절차가 진행된 경우 그 뒤 그 확정판결이 재심소송에서 취소되었다고 하더라도 그 경매절차를 미리 **정지**시키거나 **취소**시키지 못한 채 경매절차가 계속 진행된 이상 매각대금을 완납한 매수인은 매각목적물의 소유권을 적법하게 취득한다(대판 96다42628 등).
- **상소심의 경우** : 가집행선고 있는 판결에 기한 강제집행은 확정판결에 기한 경우와 같이 본 집행이므로 상소심의 판결에 의하여 가집행선고의 효력이 소멸되거나 집행채권의 존재가 부정된다하더라도 그에 앞서 이미 **완료된 집행절차**나 이에 기한 **매수인의 소유권취득**의 효력에는 아무런 영향을 미치지 않는다. 다만 강제경매가 반사회적 법률행위의 수단으로 이용된 경우에는 그러한 강제경매의 결과를 용인할 수 없다(대판 93다3165).

3) 임의경매의 경우

① 담보권이 처음부터 부존재인 경우 등(원칙 : 공신적 효과 ×)

당초부터 담보권이 부존재인 경우(예 담보권설정계약이 무효이거나 위조서류에 의하여 담보권설정등기가 된 경우) 또는 담보권은 유효하게 성립되었으나 경매개시결정 전에 담보권이 소멸된 경우에는 이에 기한 경매절차 역시 **당연무효**이므로 그 절차에서 매수인이 매각대금을 납부하였다 하더라도 경매부동산의 소유권을 취득하지 못한다(대판 98다51855).

② 담보권이 경매절차개시 후 소멸한 경우(예외 : 공신적 효과 O)

그러나 일단 유효하게 성립되었던 담보권이 경매절차개시 후에 피담보채권의 변제, 담보권의 포기 등의 사유로 인하여 사후적으로 소멸한 경우에는 매수인이 매각대금을 모두 지급한 이상 소유권을 취득하는 데 아무런 장애가 되지 않는다(법 267조, 대판 2000다44348 등).

실 전 사 례

Q 甲은 법원경매(임의경매)에 참가하여 일괄매각되는 乙소유 건물과 대지를 낙찰 받아 매각허가결정이 확정되자 매각대금을 모두 지급하고 소유권이전등기를 마쳤다. 그런데 甲이 위 건물명도 등을 청구하자, 乙은 근저당권자가 근저당권으로 담보되는 채권의 이행기가 도래되지 않았음에도 경매를 신청하여 낙찰된 것이므로 위 근저당권실행을 위한 경매절차는 무효라고 주장하면서 건물명도 등을 거절하고 있다. 만약 乙의 주장대로 근저당권으로 담보되는 채권의 이행기가 도래되지 않았음에도 경매를 신청하였다면 그 경매는 무효가 되는 것인지?

A 위 사례는 근저당권자가 근저당권으로 담보되는 채권의 이행기가 도래되지 않았음에도 임의경매를 신청하여 매각된 경우 그 경매절차가 무효인지를 물어보는 경우이다.

앞에서 설명하였듯이, 원칙적으로 이행기 도래 전에 한 임의경매신청은 부적법하므로 제출된 자료에 의하여 이행기 도래 전임이 밝혀진 경우에는 법원경매계에서 경매신청을 각하하여야 한다. 그러나 법원경매계에서 이를 간과하여 경매개시결정을 하고, 매각허가결정을 한 때에는 채무자 등은 경매개시결정에 대한 이의 또는 항고로써 다툴 수 있으나 이의 또는 항고의 재판이 있을 때까지 이행기가 도래한 경우에는 그 하자는 치유된다.

또한 판례(대판 2000다26388)에서도 담보권자가 피담보채권의 이행기의 도래 전에 담보권을 실행하여 경매절차가 개시되었다 하더라도 그 경매신청이나 경매개시결정이 무효로 되는 것은 아니고, 이러한 경우 채무자나 소유자는 경매개시결정에 대한 이의신청 등으로 경매절차의 **진행을 저지**하여야 하며, 이러한 조치를 취하지 아니하여 경매절차가 진행되고 매각허가결정에 따라 매각대금이 납입되었다면, 이로써 매수인은 유효하게 매각부동산의 소유권을 취득하고 신청채권자의 담보권은 소멸하고, 이러한 이치는 그 경매신청이 전세권에 기한 것이라거나 이중경매신청에 해당하는 것이라고 하여 달라지는 것은 아니라고 판단하고 있다.

따라서 위 사안에 있어 乙의 주장대로 근저당권으로 담보되는 채권의 이행기가 도래되지 않았음에도 근저당권자가 경매를 신청하여 甲에게 매각되었다고 하더라도, 乙이 경매개시결정에 대한 이의신청 등으로 **경매절차의 진행을 저지**할 수 있었음에도 경매절차가 계속 진행되어 甲이 위 건물 등의 소유권을 취득한 이상 甲은 유효하게 위 건물 등의 소유권을 취득하였다고 할 것이므로 乙은 위 근저당권실행을 위한 경매절차가 무효라고 주장하면서 건물명도 등을 거절할 이유가 없다고 할 것이다.

4) 경매절차의 무효를 주장하는 것이 신의칙에 반하는 것인지의 여부

① 집행권원이나 담보권의 무효를 다투는 경우

무권대리인의 촉탁에 의하여 공정증서가 작성된 경우 집행권원으로서의 효력이 없는 것이고, 무효인 공정증서에 기하여 진행된 경매절차 역시 무효이어서 매수인(낙찰자)은 소유권을 취득하지 못하고 그 등기는 원인무효로서 말소되어야 함이 원칙이며, 다만 무효주장이 금반언 및 신의칙에 위반되는 경우에는 그 주장이 제한될 뿐이다(대판 2001다64486).

㉠ 금반언 및 신의칙 위반이 인정된 경우

- 경매대상이 된 부동산의 소유자가 경매절차가 진행 중인 사실을 알면서도 그 경매의 기초가 된 근저당권 내지 집행권원인 공정증서가 무효임을 주장하여 경매절차를 저지하기 위한 조치를 취하지 않았을 뿐만 아니라, 배당기일에 자신의 배당금을 이의 없이 수령하고 매수인(낙찰자)으로부터 이사비용을 받고 부동산을 임의로 명도해 주기까지 하였다면 그 후 매수인에 대하여 위 근저당권이나 공정증서가 효력이 없음을 이유로 경매절차가 무효라고 주장하여 그 경매목적물에 관한 소유권이전등기의 말소를 청구하는 것은 금반언의 원칙 및 신의칙에 위반되는 것이어서 허용될 수 없다(대판 93다42603).
- 무효인 공정증서상에 집행채무자로 표시된 자가 그 공정증서를 집행권원으로 한 경매절차가 진행되고 있는 동안에 공정증서의 무효를 주장하여 경매절차를 저지할 수 있었음에도 불구하고 그러한 주장을 일체 하지 않고 이를 방치하였을 뿐 아니라, 오히려 공정증서가 유효임을 전제로 변제를 주장하여 매각허가결정에 대한 항고절차를 취하였고 매각허가결정의 확정 후에 매각대금까지 배당을 받았다면, 특별사정이 없는 한 집행채무자로 표시된 자는 매수인(낙찰자)에 대하여 그 공정증서가 **유효**하다는 신뢰를 부여한 것으로서 객관적으로 보아 매수인으로서는 이와 같은 신뢰를 갖는 것이 상당하다고 할 것이므로, 그 후 집행채무자로 표시된 자가 매수인에 대하여 공정증서의 무효임을 이유로 이에 기하여 이루어진 강제경매도 무효라고 주장하는 것은 금반언의 원칙 및 신의칙에 위반되는 것이다(대판 92다7726).

㉡ 금반언 및 신의칙위반이 부정된 경우

- 무효인 공정증서에 기한 경매임을 이유로 경매절차가 무효라고 주장하여 그 경매목적물에 관한 소유권이전등기의 말소를 청구하는 경우에 그 말소 주장이 금반언의 원칙 및 신의칙에 위반되는 것이어서 허용될 수 없다고 하려면,

무효인 공정증서상에 집행채무자로 표시된 자가 그 공정증서를 집행권원으로 한 경매절차가 진행되고 있는 동안에 공정증서의 무효를 주장하여 경매절차를 저지할 수 있었음에도 불구하고 그러한 주장을 일체 하지 않고 이를 방치하였을 뿐만 아니라, 오히려 공정증서가 유효임을 전제로 변제를 주장하여 매각허가결정 등에 대한 항고절차를 취하고 매각허가결정확정 후에 매각대금까지 받았다든지 배당기일에 자신의 배당금을 이의 없이 수령하고 매수인으로부터 이사비용을 받고 부동산을 임의로 명도하였다든지 하여 매수인에 대하여 객관적으로 그 **공정증서가 유효하다는 신뢰를 부여하는 경우**라야 할 것이다(대판 92다7726, 대판 93다42603 등 참조).

따라서 경매대상 부동산에 경매절차가 진행될 때에 그 집행채권자를 상대로 청구이의의 소를 제기하고 **강제집행정지결정**을 받았음에도 이를 집행법원(법원경매계)에 제출하지 안했다고 하더라도 그러한 사정만으로는 공정증서가 유효라는 신뢰를 매수인(낙찰자)에게 보인 것이라고 할 수 없으므로 경매목적물에 대한 소유권이전등기의 말소를 청구하는 것이 금반언의 원칙 및 신의칙에 위반되지 않는다(대판 99다31193).

- 의사무능력자나 소유자가 근저당권설정계약의 무효를 주장하면서도 그 근저당권에 기한 임의경매절차의 배당절차를 통하여 그에게 배당된 돈을 수령하는 등의 행위가 객관적으로 보아 매수인으로 하여금 위 임의경매절차가 유효하다는 신뢰를 갖게 하는 정도에 이르러서, 그 후 그 경매절차의 무효를 주장하는 것이 금반언의 원칙 또는 신의칙 위반에 해당한다고 볼만한 사정이 있는 경우에는 의사무능력자나 소유자가 매수인을 상대로 다시 근저당권의 무효를 주장하면서 소유권이전등기의 말소를 구하는 소를 제기할 수는 없게 될 것이지만, 아직 **배당금을 수령하지 않은** 의사무능력자나 소유자가 배당절차에서 근저당권설정계약의 무효를 주장하여 배당이의를 하는 것이 부당하다고 할 수는 없다.

  따라서 의사무능력자의 사실상의 후견인이었던 아버지의 보조를 받아 의사무능력자가 자신의 명의로 대출계약을 체결하고 의사무능력자 소유 부동산에 관하여 근저당권을 설정한 후, 의사무능력자의 여동생이 특별대리인으로 선임되어 위 **대출계약** 및 **근저당권설정계약**의 효력을 부인하는 경우에, 이러한 무효 주장이 거래관계에 있는 당사자의 신뢰를 배신하고 정의의 관념에 반할 것 같은 예외적인 경우에 해당하지 않는 한, 의사무능력자에 의하여 행하여진 법률행위의 무효를 주장하는 것이 신의칙에 반하여 허용되지 않는다고 할 수 없다(대판 2004다51627).

② **매각부동산의 제3취득자가 경매개시결정의 무효를 주장하는 경우**

채무자에게 경매개시결정을 송달하지 않은 채 무효인 경매절차가 그대로 진행되어 경매목적물의 제3취득자인 소유자가 매각대금 중 채권자들에게 순차로 배당되고 남은 금원을 지급받기까지 하였으며, 채무자가 위 경매절차에 관하여 아무런 이의를 제기하지 않았다고 하더라도, 그와 같은 사정만으로 그 경매로 인하여 경매목적물에 관한 소유권을 상실할 우려가 있는 제3취득자인 소유자가 그 경매개시결정이 채무자에게 송달되지 않아 무효라고 주장하는 것을 가리켜 신의칙에 반한다거나 권리남용에 해당한다고 볼 수 없다(대결 95마147).

4. 매수인이 매각대금을 납부하였으나 소유권을 상실하게 된 매수인(낙찰자)의 구제방법

(1) 매수인(낙찰자)의 구제방법의 종류 - 하자담보책임 / 부당이득반환청구

매수인이 매각대금을 납부하였으나 소유권을 상실하게 된(즉 소유권을 취득하지 못한) 매수인의 구제방법은 경매절차가 유효한 경우와 무효인 경우로 나누어 볼 수 있는데, 경매절차가 유효한 경우에는 하자담보책임을, 경매절차가 무효인 경우에는 부당이득반환청구를 할 수 있다.

(2) 경매절차가 유효한 경우의 하자담보책임

① 매매에 관한 담보책임의 규정을 경매에 관하여도 적용하도록 한 것은 경매가 국가기관인 법원에 의하여 강제진행되기는 하지만 그 실질은 사법상의 매매이기 때문이고, 담보책임이 매매계약의 유효를 전제로 하여 성립하는 것처럼 경매에 있어서도 경매가 유효한 경우에만 담보책임이 성립하게 된다.

판례(대판 91다21640, 대판 92다15574)도 다음과 같이 판시한다.

- **민법 578조 1항, 2항의 법의**

  민법 578조 1항, 2항은 매매의 일종인 경매에 있어서 그 목적물의 하자로 인하여 매수인(낙찰자)이 매각(낙찰)의 목적인 재산권을 완전히 취득할 수 없을 때에 매매의 경우에 준하여 매도인의 위치에 있는 경매의 채무자나 채권자에게 담보책임을 부담시켜 매수인을 보호하기 위한 규정으로서, 그 담보책임은 매매의 경우와 마찬가지로 경매절차는 **유효**하게 이루어졌으나 경매의 목적이 된 권리의 전부 또는 일부가 타인에게 속하는 등의 하자로 매수인이 완전한 소유권을 취득할 수 없거나 이를 잃게 되는 경우에 인정되는 것이고, 경매절차 자체가 **무효**인 경우에는 경매의 채무자나 채권자의 담보책임은 인정될 여지가 없다(대판 91다21640).

- **강제집행의 집행권원(채무명의)이 된 약속어음 공정증서가 위조된 것이어서 매수인(낙찰자)이 경매부동산에 대한 소유권을 취득하지 못하게 된 경우 매수인이 민법 578조 2항에 의한 담보책임을 물을 수 있는지 여부**

  매수인(낙찰자)이 강제경매절차를 통하여 부동산을 매수(낙찰)하여 매각대금을 납부하고 그 앞으로 소유권이전등기까지 마쳤으나, 그 후 위 강제집행의 집행권원이 된 약속어음공정증서가 위조된 것이어서 **무효**라는 이유로 그 소유권이전등기의 말소를 명하는 판결이 확정됨으로써 경매부동산에 대한 소유권을 취득하지 못하게 된 경우 매수인은 경매채권자에게 경매대금 중 그가 배당받은 금액에 대하여 일반 **부당이득**의 법리에 따라 반환을 청구할 수 있을 뿐, 민법 제578조 제2항에 의한 담보책임을 물을 수는 없다(대판 91다21640).

② **경매절차가 유효하게 진행되어 매수인(낙찰자)이 매각대금을 전액 완납하였으나, 최선순위의 가등기에 의한 본등기가 완료되어 매수인이 소유권을 상실하게 되는 경우**

소유권에 관한 가등기의 목적이 된 부동산을 낙찰 받아 매각대금까지 납부하여 소유권을 취득한 매수인이 그 뒤 가등기에 기한 **본등기가 완료**됨으로써 일단 취득한 소유권을 상실하게 된 때에는 매각으로 인하여 소유권의 이전이 불가능하였던 것이 아니므로 법 96조에 따라 법원경매계로부터 그 경매절차의 취소결정을 받아 납부한 매각대금을 반환받을 수는 없다고 할 것이나, 이는 매매의 목적 부동산에 설정된 저당권 또는 전세권의 행사로 인하여 매수인이 취득한 소유권을 상실한 경우와 유사하므로 민법 578조, 576조를 유추적용하여 담보책임을 추급할 수는 있다고 할 것인바, 이러한 담보책임은 매수인이 경매절차 밖에서 별소에 의하여 채무자 또는 채권자를 상대로 추급하는 것이 원칙이라고 할 것이나, 아직 **배당이 실시되기 전**이라면, 이러한 때에도 매수인으로 하여금 배당이 실시되는 것을 기다렸다가 경매절차 밖에서 별소에 의하여 담보책임을 추급하게 하는 것은 가혹하므로, 이 경우 매수인은 법 96조를 유추적용하여 법원경매계에 대하여 경매에 의한 매매계약을 해제하고 납부한 **매각대금의 반환을 청구**하는 방법으로 담보책임을 추급할 수 있다(대결 96그64).

(3) 경매절차가 무효인 경우의 부당이득반환청구

예컨대 경매대상 부동산이 당초부터 채무자의 소유에 속하지 않았던 경우 등으로 경매절차가 **무효**여서 매각허가결정과 매각대금의 납부효력이 없는 경우에는 매수인이 납부한 매각대금은 아무런 법률상 원인 없이 납부한 금원이므로 매수인은 배당실시 전이면 법원경매계에 대하여, 배당이 실시된 이후이면 배당받은 채권자를 상대로 **부당이득반환**을 청구할 수 있다.

판례(대판 2003다59259)도, 강제경매절차에서 매수인(낙찰자)이 부동산을 낙찰 받아 매각대금을 완납하였으나 강제경매의 기초가 된 채무자 명의의 소유권이전등기가 원인무효이어서 강제경매절차가 **무효**로 된 경우, 경매채권자의 배당금에 대한 부당이득반환청구의 가부 및 민법 578조 1항, 2항에 규정된 담보책임의 인정 여부에 대하여 "매수인이 강제경매절차를 통하여 부동산을 낙찰 받아 매각대금을 완납하고 그 앞으로 소유권이전등기까지 마쳤으나, 그 후 강제경매절차의 기초가 된 채무자 명의의 소유권이전등기가 **원인무효의 등기**이어서 경매부동산에 대한 소유권을 취득하지 못하게 된 경우, 이와 같은 강제경매는 무효라고 할 것이므로 매수인은 경매채권자에게 경매대금 중 그가 배당받은 금액에 대하여 일반 **부당이득의 법리**에 따라 반환을 청구할 수 있고, 민법 578조 1항, 2항에 따른 경매의 채무자나 채권자의 담보책임은 인정될 여지가 없다."고 판시하고 있다.

제43강

매각대금지급 후의 처리 ❷
매각대금의 완납 후 촉탁할 등기

〈강의 포인트〉

이번 강의는 매수인의 **매각대금의 완납 후** 촉탁할 등기(촉탁대상의 등기) 등에 관하여 설명한다. 매수인이 매각대금을 납부하게 되면 매각부동산의 소유권을 취득하게 되므로 매각허가결정을 원인으로 하여 매수인을 등기권리자로 하는 소유권을 이전하는 등기 및 매수인이 인수하지 않은 부동산의 부담에 관한 기입등기의 말소촉탁을 하게 된다.

1. 경매절차에 의하여 매각(낙찰)된 경우의 등기

(1) 소유권이전등기 등의 촉탁권자와 촉탁등기의 종류

매수인이 매각대금을 완납하면 법원경매계장은 매각허가결정의 정본을 붙여 ㉠ 매수인 앞으로 소유권을 이전하는 등기, ㉡ 매수인이 인수하지 않은 부동산의 부담에 관한 기입을 말소하는 등기, ㉢ 경매개시결정등기를 말소하는 등기를 촉탁하여야 한다. 그 등기에 드는 비용은 매수인이 부담한다(법 144조 1항, 2항).

매각대금을 완납한 매수인은 종전 소유자 등을 상대로 매각허가(낙찰)를 원인으로 한 소유권이전등기절차의 이행을 소구할 이익이 없다(대판 99다17272).

(2) 등기촉탁의 시기

등기촉탁시기는 매수인이 매각대금을 완납하면 하게 된다. 실무상 매수인이 촉탁에 필요한 서류를 첨부하여 촉탁신청을 하면 경매계장은 등기촉탁을 하게 되고(보통 매수인의 촉탁서류의 제출일부터 3일 안에 촉탁을 하게 된다 : 예규), 등기완료시까지는 약 1주일 정도의 시간이 걸린다. 소유권이전등기 등을 촉탁하기 위하여는 촉탁서에 주민등록등본, 등록세 영수필통지서 및 영수필확인서, 국민주택채권매입필증, 등기신청수입증지 등을 첨부하여야 한다.

(3) 등기촉탁신청시 필요한 서면 등

① 등기신청서 1통

② 등기신청서 부본 3통

③ 별지목록

부동산의 표시로 부동산등기부등본을 보고 그대로 작성하면 된다.

④ 말소할 등기의 표시

매수인이 인수하지 않은 등기부상의 부담의 등기 및 경매신청등기를 다음과 같이 표시하면 된다.

㉮
- 2008. 6. 10. 접수 제3718호 가압류
- 2008. 6. 18. 접수 제3991호 가처분
- 2008. 8. 25. 접수 제5762호 강제경매신청등기
- 2008. 1. 8. 접수 제105호 근저당권

⑤ 등록세 및 채권산출내역서

⑥ 등록세영수필확인서 및 통지서
등록세영수필확인서 및 통지서는 부동산소재지 구청(세무과)에서 발급받는다. 세무과에서 등록세 납부서를 발급받을 때 '매각대금완납증명원'을 제출해야 하므로 경매계에 매각대금을 납부한 후 바로 경매계장에게 매각대금완납증명원을 발급받아 놓는다. 소유권이전등기와 말소등기는 별도의 납부서로 납부한다.
⑦ 제1종 국민주택채권(국민은행에서 구입)
⑧ 매수인의 주민등록등 · 초본 1통
⑨ 토지(임야)대장등본 1통
⑩ 건축물관리대장등본 1통
⑪ 부동산등기부등본 1통
⑫ 대법원등기수입증지(소유권이전 : 9,000원, 말소 1건당 : 2,000원)

※ 매수인의 매각대금완납과 소유권이전등기까지의 절차

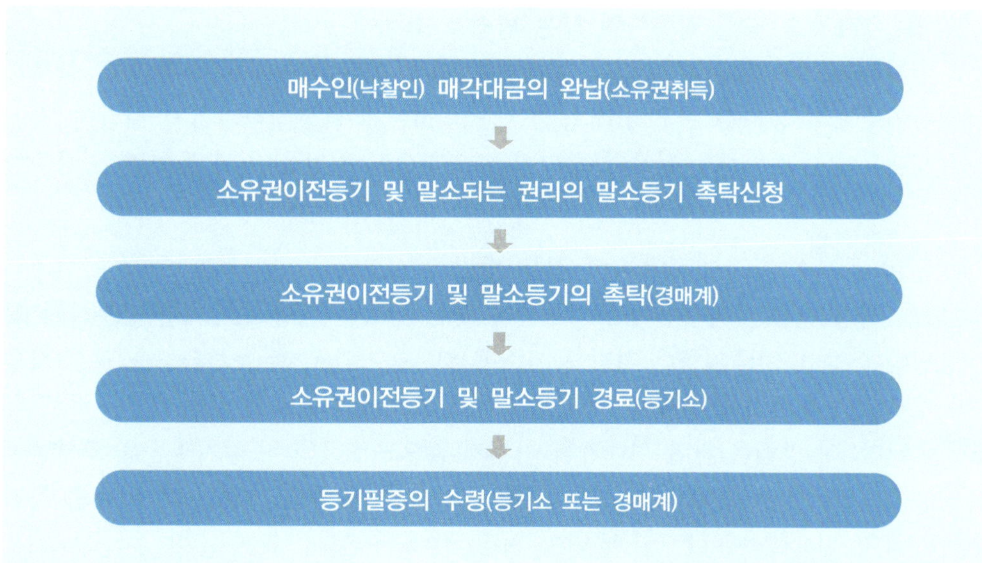

2. 소유권이전등기

(1) 등기원인과 원인일자의 기재

매수인이 매각대금을 완납하면 매각부동산의 소유권을 취득하므로 매각허가결정을 원인으로 하여 매수인을 등기권리자로 하는 소유권을 이전하는 등기를 관할등기소 등기관에게 촉탁하여야 한다(법 144조 1항 1호).

등기원인은 매각허가결정이고, 그 원인일자는 매각대금을 완납한 날이다. 매수인이 매각대금을 완납한 후 경매계장이 매수인 앞으로의 소유권이전등기를 촉탁하는 경우 그 등기촉탁서상의 등기원인은 강제(임의)경매로 인한 매각으로, 등기원인일자는 매각대금을 완납한 날로 기재하게 된다. 예컨대 '2009. 5. 28. 강제경매로 인한 매각' 등의 형식이다(예규).

또 경매계장이 등기촉탁시에는 매각허가결정등본(경매계장이 별도로 보관하고 있으므로 매수인은 제출할 필요 없음)과 등기촉탁서 부본(등기필증 작성용)을 붙이게 되어 있다.

(2) 등기완료 후 매수인이 등기필증을 교부받는 방법

매수인은 등기촉탁 신청 후 관할 등기소에서 매수인 앞으로의 소유권이전등기 등이 완료되면 등기필증을 교부받아야 하는데 다음의 3가지 방법이 있다.

① 법원경매계를 직접 방문하여 찾는 방법

첫 번째는 등기촉탁 이후에 담당 경매계를 직접 방문하여 찾는 방법인데, 실무상 관할 등기소에서 등기를 완료하고 등기필증이 경매계에 도착하기까지 시간이 많이 걸리기 때문에 등기필증을 찾으러 왔다가 미도착으로 허탕을 치고 돌아가는 경우가 많다.

② 관할 등기소를 직접 방문하여 찾는 방법

예규의 개정 전에는 매수인이 등기필증을 찾는 방법은 담당 경매계를 방문하여 찾는 방법밖에 없었으나, 지금은 관할 등기소에서도 등기완료 후 등기필증을 직접 찾을 수가 있으므로 등기소에 전화나 인터넷 열람 등으로 등기완료를 확인 한 후 바로 찾아가면 된다. 이 방법은 관할 경매계를 거치지 않으므로 신속히 등기필증을 교부받을 수 있는 장점이 있다. 특히 낙찰 받은 부동산을 제3자에 대한 처분 등의 이유로 등기필증이 급히 필요할 때에는 이 방법이 가장 좋다고 본다.

③ 등기촉탁 신청시 등기필증 우편송부신청을 하는 방법

매수인은 위에서 설명한 방법 이외에 경매계 등을 방문하지 않고 우편에 의하여 등기필증을 송부받고자 하는 경우에는 경매계장에게 등기촉탁 신청을 할 때 등기촉탁신청서와 함께 다음의 '등기필증 우편송부신청서'(전산양식 A3429)를 작성하여 경매계장에게 제출하면 된다. 이후 관할등기소에서 등기가 완료된 때에는 등기필증교부담당자가 등기필증 송부용 우편봉투를 이용하여 매수인에게 직접 등기필증을 송부하게 된다.

매수인이 여러 명일 때에는 매수인 중 1인을 등기필증 수령인으로 지정하고, 나머지 매수인들의 위임장 및 인감증명서를 제출하여야 한다.

경매계장은 관할등기소에 등기촉탁시 등기촉탁서 및 그 부본 오른쪽 상단에 '등기필증 우편송부신청'이라는 표시를 하고, 등기촉탁서에 등기필증 송부용 주소안내문, 송달통지서와 우표처리송달부를 첨부하게 된다.

※ 등기필증 우편송부신청(재민 2004-3, 제52조의2) 〈2006. 2. 1. 시행-신설〉

❶ 매수인은 우편에 의하여 등기필증을 송부받기 위해서는 등기필증 우편송부신청서(전산양식 A3429)를 작성하여 등기촉탁신청서와 함께 법원에 제출하여야 한다.
❷ 매수인이 수인인 경우에는 매수인 중 1인을 등기필증 수령인으로 지정하고, 나머지 매수인들의 위임장 및 인감증명서를 제출하여야 한다.
❸ 법원사무관 등(경매계장)은 등기촉탁서 및 그 부본 오른쪽 상단에 "등기필증 우편송부신청"이라는 표시를 하고, 등기촉탁서에 등기필증 송부용 주소안내문, 송달통지서와 우표처리송달부를 첨부한다.
❹ 법원사무관 등(경매계장)은 등기필증 우편송부신청서, 송달실시기관으로부터 수령한 송달통지서를 기록에 편철하여야 한다.

[등기필증 우편송부신청서의 예(전산양식 A3429)]

〈앞 면〉

등기필증 우편송부 신청서

사건번호 : 2008타경31277 부동산임의(강제)경매
부동산의 표시 : 별지와 같음

위 사건에 관하여 매수인은 소유권이전등기촉탁으로 인한 등기필증을 다음과 같이 우편송부하여 줄 것을 신청합니다.

1. 수령받을 매수인 : 박 시 연
   ※ 매수인 또는 수인의 매수인 중 1인이어야 합니다.
   ※ 수인의 매수인 중 1인을 수령인으로 지정할 경우에는 인감이 날인된 위임장을 함께 제출하여야 합니다.

2. 송달장소 : 서울 광진구 자양동 227-7 더샵 스타시티(아) A동 3405호

2009. 5. 20.

신청인(매수인) : 박 시 연 ㊞

서울중앙지방법원 경매계 귀하

〈뒷 면〉

위 임 장

매수인들은 매수인 (   )를 등기필증 수령인으로 지정합니다.

순 번	매수인이름	주 소	인감 날인
1			
2			
3			
4			
5			
6			
7			
8			
9			
10			

20 . . .

※ 첨부 : 인감증명서 매수인별 각 1부

(3) 농지에 대한 소유권이전등기 촉탁의 경우에 농지취득자격증명을 첨부해야 하는지?

민사집행법에 의한 경매절차에서 농지에 대하여는 농지취득자격증명에 관한 사항을 법원경매계가 매각허부 재판시에 직권으로 조사하게 되어 있으므로 농지에 대하여 매각으로 인한 소유권이전등기를 촉탁함에 있어서는 농지취득자격증명을 첨부할 필요가 없다(등기선례 3-865).

(4) 경매절차 진행 중에 최고가매수신고인 또는 매수인이 사망한 경우의 처리방법

① 매각허가결정 전 최고가매수신고인이 사망한 경우

매각허가결정 전 최고가매수신고인이 사망한 경우에는 **상속인**에게 매각허가를 하여야 함이 원칙이나, 이를 간과하여 사망자를 매수인으로 표시한 때에는 그 결정의 효력이 상속인에게도 미치므로 등기촉탁은 바로 **상속인명의**로의 **이전등기**를 촉탁하되, 촉탁서상의 등기권리자를 "매수인 ○○○의 상속인 ○○○"라고 표시하고 상속증명 서면(제적등본, 가족관계증명서 등)을 첨부한다. 이때 실무상 매각허가결정의 경정결정을 하지 않으며, 만약 경정결정을 하였다면 상속증명 서면을 촉탁서에 첨부할 필요는 없다.

② 매각허가결정 선고 후 매각허가결정확정 전에 매수인이 사망한 경우

매각허가결정 선고 후 확정 전에 매수인이 사망한 때에도 위 ①과 마찬가지로 해석할 것이다. 다만 매각허가결정 선고 당시에 매수인이 생존해 있었으므로 상속인 명의로 매각가결정을 경정할 필요는 없다.

③ 매각허가결정확정 후에 매수인이 사망한 경우

매각허가결정확정 후 매수인이 대금완납 후 사망하든지, 대금완납 전에 매수인이 사망하여 상속인이 매각대금을 완납하든지, 상속증명 서면을 첨부하여 바로 **상속인명의**로의 소유권**이전등기**를 촉탁하되, 촉탁서상의 등기권리자를 위 ①과 같이 "매수인 ○○○의 상속인 ○○○"라고 표시한다(실무가 취하고 있는 견해).

(5) 매수인의 지위가 매각대금의 지급 전에 양도된 경우의 처리방법

매각허가결정 확정 후에 매수인이 그 매수인의 지위를 제3자에게 양도하고 그 제3자가 매각대금을 지급한 경우라 하더라도 법원경매계장은 반드시 **매수인 명의**로 이전등기촉탁을 하게 되며, 제3자를 등기권리자로 하여 이전등기촉탁을 하지 않는다. 제3자가 매수인에게 단지 명의만 빌려준 경우(대판 2004다68335)에도 마찬가지이다.

(6) 제3취득자가 매수인이 된 경우의 처리방법

① 경매개시결정등기 전에 소유권이전등기를 받은 제3취득자가 매수인(낙찰자)이 된 경우

경매개시결정등기 전에 소유권이전등기를 받은 제3취득자가 매수인이 된 경우에는 경매개시결정등기의 말소촉탁 및 매수인이 인수하지 않은 부담기입의 말소촉탁 외에 소유권이전등기촉탁은 하지 않는다(등기예규 1194호 1항). 매수인이 등기의무자로서 등기신청할 때에는 종전 소유권이전등기시 등기소로부터 교부받은 등기필증을 등기의무자의 권리에 관한 등기필증으로 제출하면 된다.

※ [경매개시결정등기 이전에 소유권이전등기를 받은 제3취득자가 매수인이 된 경우의 등기부 기재례]

【 갑 구 】 (소유권에 관한 사항)				
순위번호	등기목적	접 수	등기원인	권리자 및 기타사항
2	소유권이전	2000년 1월 7일 제534호	2000년 1월 4일 매매	소유자 김갑동 621011-1345678 서울특별시 서초구 방배동 12
~~3~~	~~임의경매개시결정~~	~~2007년 1월 5일~~ ~~제314호~~	~~2007년 1월 4일~~ ~~서울중앙지방법원의 경매개시결정(2007타경18)~~	~~채권자 이을순 540709-2156789~~ ~~서울특별시 서초구 서초동 48~~
4	3번임의경매개시결정등기말소	2007년 6월 8일 제12345호	2007년 5월 21일 임의경매로 인한 매각	(매수인 2번소유자 김갑동)

② 공유부동산에 대한 경매개시결정등기가 완료되고, 경매절차에서 일부 공유자가 매수인이 된 경우

공유부동산에 대한 경매개시결정등기가 완료되고, 경매절차에서 **일부 공유자**가 매수인이 된 경우에는 경매개시결정등기의 말소촉탁 및 매수인이 인수하지 않는 부담기입의 말소촉탁을 하되 소유권이전등기촉탁은 위 매수인의 지분을 제외한 나머지

지분에 대한 공유지분**이전등기** 촉탁을 한다(등기예규 1194호 2항). 매수인이 등기의무자로서 등기신청할 때에는 종전등기필증과 공유지분이전등기 후 교부받은 등기필증을 등기의무자의 권리에 관한 등기필증으로 제출하면 된다.

※ [공유부동산에 대하여 경매개시결정등기가 되고, 경매절차에서 일부 공유자가 매수인이 된 경우의 등기부 기재례]

【 갑 구 】 (소유권에 관한 사항)				
순위번호	등기목적	접 수	등기원인	권리자 및 기타사항
2	소유권이전	2000년 1월 7일 제534호	2000년 1월 4일 매매	공유자 지분 3분의 1 박갑동 621011-1345678 서울특별시 동대문구 장안동 6 지분 3분의 1 박을동 640302-1234234 서울특별시 광진구 자양동 24 지분 3분의 1 박병동 660623-1234876 서울특별시 마포구 신수동 36
3	~~임의경매개시결정~~	~~2007년 1월 5일 제314호~~	~~2007년 1월 4일 서울중앙지방법원의 경매개시결정(2007타경18)~~	~~채권자 이을순 540709-2156789 서울특별시 서초구 서초동 48~~
4	2번박갑동지분전부, 2번박병동지분전부이전	2007년 6월 8일 제12345호	2007년 5월 21일 임의경매로 인한 매각	공유자 지분 3분의 2 박을동 640302-1234234 서울특별시 광진구 자양동 24
5	3번임의경매개시결정등기말소	2007년 6월 8일 제12345호	2007년 5월 21일 임의경매로 인한 매각	

③ 경매개시결정등기 후에 소유권이전등기를 받은 제3취득자가 매수인(낙찰자)이 된 경우

경매개시결정등기(국세체납처분에 의한 압류등기, 매각에 의하여 소멸되는 가압류등기도 같음) 후에 소유권이전등기를 받은 제3취득자가 매수인이 된 경우에는 경매신청기입등기와 제3취득자 명의의 소유권등기의 **말소촉탁**과 동시에 매각을 원인으로 한 소유권**이전등기**촉탁을 하여야 한다(등기예규 1194호 3항).

※ **[경매개시결정등기 이후에 소유권이전등기를 받은 제3취득자가 매수인이 된 경우의 기재례]**

【 갑 구 】 (소유권에 관한 사항)

순위번호	등기목적	접 수	등기원인	권리자 및 기타사항
~~2~~	~~강제경매개시결정~~	~~2007년 1월 5일 제314호~~	~~2007년 1월 4일 서울중앙지방법원의 경매개시결정(2007타경18)~~	~~채권자 이을순 540709-2156789 서울특별시 서초구 서초동 48~~
~~3~~	~~소유권이전~~	~~2007년 1월 9일 제723호~~	~~2006년 12월 4일 매매~~	~~소유자 최갑동 621011-1345678 서울특별시 강서구 방화동 12~~
4	3번소유권 말소	2007년 6월 8일 제12345호	2007년 5월 21일 강제경매로 인한 매각	
5	소유권이전	2007년 6월 8일 제12345호	2007년 5월 21일 강제경매로 인한 매각	소유자 최갑동 621011-1345678 서울특별시 강서구 방화동 12
6	2번강제경매개시결정등기말소	2007년 6월 8일 제12345호	2007년 5월 21일 강제경매로 인한 매각	

[매각대금완납 후 매수인의 부동산소유권이전등기촉탁 신청서 예]

부동산소유권이전등기촉탁 신청

사 건　　2008타경21816호 부동산강제(임의)경매 신청
채권자　　이 강 세
채무자　　김 응 돌
소유자　　채무자와 같음
매수인　　황유숙(650922-*******)
　　　　　서울시 광진구 자양동 783 ○○아파트 704동 1204호

위 사건에 관하여 매수인 황유숙은 귀원으로부터 매각허가결정을 받고 2009. 6. 26. 매각대금 전액을 완납하였으므로 별지목록 기재 부동산에 대하여 소유권이전 및 말소등기를 촉탁하여 주시기 바랍니다.

첨 부 서 류

1. 부동산등기부등본　　　1통
1. 건축물관리대장　　　2통
1. 토지대장　　　2통
1. 주민등록등본　　　2통
1. 법인등기부등본(법인인 경우)　　　2통
1. 공시지가확인원　　　2통
1. 등록세영수증(이전, 말소)
1. 국민주택채권
※ 매각가격(과표) 및 지역별로 매입액의 차이가 있음(국토해양부 사이트에서 확인가능)
1. 대법원수입증지
※ 말소 1건당 2,000원(2000×말소 수), 이전 9,000원
1. 대금완납증명원　　　1통
1. 부동산목록　　　6부
1. 기타(부동산양도신고확인서 : 필요한 경우)

2009.　6.

위 신청인(매수인)　황유숙 (인)

서울중앙지방법원 민사집행과 경매10계 귀중

※ 구분건물의 전유부분에만 설정된 근저당권의 실행으로 매각허가된 경우 건물대지에 대한 소유권이전등기신청시 법원경매계의 업무처리 ··························

구분건물의 전유부분(예 ○○아파트 502호)에 설정된 근저당권의 실행에 따른 경매절차(임의경매절차)에서 전유부분을 낙찰 받은 자는 종된 권리인 대지사용권까지 취득하지만, 그 대지사용권이 소유권(공유지분권)인 경우 그 건물 대지에 대한 지분이전등기를 하기 위하여는 부동산등기법의 규정에 의한다.

구분건물의 전유부분에만 설정된 근저당권의 실행으로 매각허가된 경우 건물대지에 대한 매수인(낙찰자) 앞으로의 소유권이전등기 등의 절차는 등기예규 1050호(이미 ❶권에서 참고로 기술하였으나 한번 더 설명하기로 한다)에 따라야 한다. 다음은 위 예규의 내용으로서 임의경매에 관한 것이지만, 강제경매의 경우에도 동일하게 적용될 수 있다.

(1) 매각허가결정(경정결정 포함)에 대지에 대한 표시가 있는 경우

① 대지권 등기가 완료되지 않은 경우

㉠ 전유부분에 대한 등기

전유부분(위 ○○아파트 502호)만에 대하여 매각허가를 원인으로 한 소유권 이전등기 촉탁이 있는 경우에는 통상의 절차에 따른다.

㉡ 대지부분에 대한 등기

㉮ 전유부분 소유자와 토지의 소유자가 일치한 경우

ⓐ 등기촉탁서 및 매각허가결정의 토지의 표시가 등기부와 동일하고, 등기의무자가 토지등기부의 소유자와 동일한 경우에는 토지에 대하여 경매기입등기가 완료되지 않았다 하더라도 토지부분에 대한 소유권이전등기촉탁은 이를 수리한다.

ⓑ 위 ⓐ의 경우 토지부분에 완료된 부담기입등기 또한 법원경매계의 말소등기촉탁이 있으면 이를 수리한다.

ⓒ 등기실행과 관련하여 등기원인은 전유부분의 등기와 동일하게 "○○년 ○○월 ○○일 매각허가"로 기재한다.

㉯ 전유부분 소유자와 토지의 소유자가 다른 경우

ⓐ 전유부분과 토지부분에 대하여 동시에 소유권이전등기를 촉탁하였으나 등기촉탁서의 등기의무자와 토지등기부의 소유자가 다를 경우에는 전유부분에 대하여는 등기하고 토지부분에 대한 촉탁은 이를 각하한다(부동산등기법 55조 6호).

ⓑ 토지부분에 대하여는 순차이전등기를 통하여 등기의무자가 일치된 후, 법원경매계의 소유권이전등기 촉탁이 있으면 이를 수리한다.

ⓒ 이 경우 등기실행절차는 위 ㉮와 같이 처리한다.

② 대지권등기가 완료된 경우

- 경매절차 진행 중 또는 대금납부 후에 대지권 등기가 완료된 경우, 법원경매계로부터 대지권까지 포함한 소유권이전등기촉탁이 있으면 이를 수리한다.
- 등기촉탁서와 매각허가결정(경정결정)의 부동산 표시는 등기부와 일치하여야 한다. 단 토지의 이전할 지분이 대지권 비율과 같으면 이는 동일한 것으로 본다.
- 등기실행과 관련하여 등기원인은 "○○년 ○○월 ○○일 매각허가(대지권 포함)"로 기재한다.
- 토지부분에 완료된 부담기입등기에 대한 법원경매계의 말소등기 촉탁은 이를 수리한다.

(2) 매각허가결정에 대지에 대한 표시가 없는 경우

① 대지권등기가 완료되지 않은 경우

매각허가결정에 전유부분만 기재된 경우 형식적심사권밖에 없는 등기관은 토지까지 경매되었는지 여부를 판단할 수 없으므로 전유부분에 대하여는 통상의 절차에 의하여 이를 수리하고 토지부분에 대한 등기 촉탁은 각하한다(부동산등기법 55조 7호).

② 대지권등기가 완료된 경우

㉠ 대지권등기가 완료된 후에는 전유부분만에 대한 소유권이전등기 촉탁은 불가하므로 전유부분만에 대하여 매수인 앞으로 소유권이전등기를 실행하기 위하여는 대지권변경(대지권말소)등기 절차를 선행하여야 한다.

㉡ 따라서 위 절차가 선행되지 않은 상태에서 매수인 앞으로 소유권이전등기 촉탁이 있는 경우에는 이를 전부 각하한다(부동산등기법 55조 2호, 135조의2 2항).

㉢ 위 ㉠의 경우 매수인의 대위신청에 의한 대지권변경등기(대지권말소)는 부동산등기법 102조 내지 102조의 5에서 정한 절차에 따라 처리하고, 이후 전유부분만에 대하여 매각허가를 원인으로 한 소유권이전등기 촉탁이 있으면 이를 수리한다.

③ 토지소유권이전등기

- 이후 토지부분에 대한 소유권이전등기는 법원경매계의 촉탁에 의할 수 없고 통상의 절차에 의하여야 한다. 이 경우 전유부분 취득을 원인으로 한 소유권이전등기신청(공동신청)이 있는 경우의 등기부의 기재는 "○○년 ○○월 ○○일 건물 ○동 ○○호 전유부분 취득"으로 한다.
- 토지등기 위에 등기된 부담기입등기는 법원경매계의 촉탁에 의할 수 없고 통상의 절차에 의하여 말소하여야 한다.

3. 매수인이 인수하지 않은 부동산의 부담에 관한 기입의 말소

(1) 말소의 대상이 되는 부동산의 부담의 범위

① 매수인의 매각대금의 납부와 경매계장의 말소등기의 촉탁

매수인(낙찰자)이 매각대금을 납부하게 되면 법원경매계장은 직권으로 매수인이 인수하지 않은 부동산의 부담에 관한 기입을 말소하는 등기를 촉탁하여야 한다(법 144조

1항 2호). '매수인이 인수하지 않은 부동산의 부담에 관한 기입'이라 함은 매각에 의하여 소멸하는 저당권의 등기뿐만 아니라 매수인에 대항할 수 없는 모든 권리의 등기를 말한다.

☞ **말소촉탁대상이 되는 등기(권리)의 요약**

1. 매각에 의하여 소멸하는 (근)저당권설정등기, 담보가등기, 가압류(압류)등기, 경매개시결정등기뿐만 아니라 매수인에 대항할 수 없는 모든 권리의 등기의 기입을 말소하는 등기의 촉탁을 해야 한다.
2. 다만 용익물권(지상권 · 지역권 · 전세권), 등기된 임차권, 소유권이전청구권보전의 가등기(순위보전가등기), 가처분등기는 말소기준권리보다 선순위인 경우에는 매수인에게 인수되고, 후순위의 경우에만 말소된다. 다만 최선순위 전세권의 경우에는 최선순위 전세권자가 배당요구종기 내에 배당요구를 한 경우에만 말소촉탁의 대상이 되고, 예고등기는 선순위에 상관없이 말소촉탁의 대상이 아니다.

실 전 사 례

Q 부동산등기부등본상에 1순위로 채권최고액 6,000만원의 근저당권이 설정되어 있고, 2순위로 전세금 5,000만원이고 전세기간이 1년 이상 남아 있는 전세권이 설정되어 있는 주택과 대지를 확정판결에 기초하여 일반채권자가 강제경매를 신청한 경매절차에서 甲은 최고가매수신고를 하여 매각허가결정을 받았다. 매각허가결정에 대한 즉시항고가 없어 매각허가결정이 확정되어 매수인(낙찰자) 甲이 매각대금을 납부하면 甲은 위 전세권의 부담을 안고 소유권을 취득해야 하는 것인지?

A 법 91조 3항에 의하면 "지상권 · 지역권 · 전세권 및 등기된 임차권은 저당권 · 압류채권 · 가압류채권(즉 말소기준권리)에 대항할 수 없는 경우에는 매각으로 소멸된다."라고 규정하고 있다. 그러므로 위 사례에서 말소기준권리는 1순위 근저당권이 되므로 근저당권보다 순위가 뒤지는 전세권은 말소촉탁의 대상이고, 매수인(낙찰자) 甲은 인수부담이 없는 온전한 소유권을 취득하게 된다.

② **매수인이 인수하지 않은 부동산의 부담에 관한 기입등기인지 여부의 판단기준은?**

매수인(낙찰자)이 인수하지 않은 부동산의 부담에 관한 기입등기인지 여부는 오로지 **부동산등기부의 기재**를 기준으로 하여야 하고, 등기되지 않은 우선권 있는 권리를 기준으로 하여서는 안 된다. 즉 등기되지 않은 특별법에 의하여 우선변제권이 인정되는 권리(㉥ 주택임차인의 임차보증금)가 성립한 때를 기준으로 하여서는 안된다는 것이 법원실무제요의 입장이다.

그러나 다음의 실전사례와 같이 판례(대판 92다30597, 대판 <전 · 합> 2004다26166)는 법원실무제요와는 반대적인 입장을 취하고 있다.

실 전 사 례

Q 부동산등기부상 매매예약에 의한 소유권이전청구권가등기가 2009. 6. 20. 완료되어 있고, 이 가등기보다 선순위의 권리는 등기부상 없다. 그런데 대항력을 가진 확정일자 있는 임차인(전입일자 및 확정일자 : 2008. 10. 6.)이 임대인(집주인)을 상대로 임차보증금에 기한 지급명령을 받아 강제경매를 신청한 경우 위 선순위 가등기는 차후 매각으로 말소될 것인지?

A ❶ 위 사례는 등기부상 최선순위 가등기가 그 보다 확정일자가 빠른 임차인의 경매신청으로 인하여 말소되는지 여부를 물어보는 경우이다. 이 사례의 경우는 최선순위 확정일자 임차인이 집행권원을 받아 직접 경매신청을 한 경우인데, 이러한 임차인이 직접 경매신청을 하지 않고 다른 채권자가 신청한 경매절차에서 배당요구종기 내에 배당요구를 한 경우에도 마찬가지의 문제가 발생할 수 있다.

❷ 이에 관하여는 종래 적극설과 소극설의 대립이 있었는데, ㉠ 소극설(법원실무제요의 입장)은 "매수인이 인수하지 아니한 부동산의 부담인지 여부는 오로지 부동산등기부에 적힌 것을 기준으로 판단하여야 하고, 등기부에 기입되지 않는 권리로서 특별법에 의하여 우선변제권이 인정되는 권리가 성립한 때를 기준으로 판단하여서는 안 된다"는 것을 주된 근거로 하고 있고, ㉡ 적극설(판례의 입장)은 "위 가등기가 말소되지 않는다면 임차인의 우선변제권이 현저히 침해될 뿐 아니라 판례(대판 92다30597, 대판 <전 · 합> 2007.6.21. 2004다26166)와 경매실무가 배당요구를 한 우선변제권 있는 주택임차권자의 지위를 저당권자 등 **담보물권자의 지위**와 거의 같이 취급하고 있는 점"을 그 주된 근거로 하고 있다.
양설의 이러한 차이는 보다 근원적으로 후자(적극설)가 주택임대차보호법상의 임차인 보호에 관한 관련 규정의 실체법적 의미에 중점을 두는 반면, 전자(소극설)는 경매실무상 발생하는 말소촉탁의 대상 및 범위에 관한 등기실무의 현실(법원경매계는 말소를 촉탁할 뿐 종국적으로는 등기관이 등기부를 토대로 말소 여부를 판단한다는 점)에 중점을 두고 있다는 데에서 비롯되고 있다.

❸ 앞으로 보다 검토되어야 할 것으로 판단되지만, 현재까지의 다수의 실무례는 적극설이 경청할 필요가 있다는 것을 인정하면서도 법원실무제요의 입장에 따라 소극설을 취하고 있는 것으로 보인다. 그러나 민사집행법에 있어 전세권자가 배당요구를 하면 법 91조 4항 단서에 의하여 매각으로 소멸되고 그 이후 완료된 보전가등기는 말소되어야 한다는 것은 당연하다. 그렇다면 공시가 되어 있는 임차권등기명령을 받은 임차권자나 부동산등기부상 공시는 되어 있지 않으나 주민등록이라는 공시방법을 갖춘 임차권자도 같이 취급을 해야 한다고 보므로 판례에 의한 적극설이 타당하다.

(2) 말소할 등기의 조사 및 추가말소 · 회복등기 촉탁

① 부동산등기부등본에 의한 말소할 등기의 조사

경매계장이 말소촉탁할 등기는 경매기록에 편철된 부동산등기부등본에 의하여 그 존재를 알 수 있으므로 그 등기부등본에 의하여 말소할 등기를 조사한 후 말소등기의 촉탁을 하게 된다.

만일 등기부상 경매개시결정 기입등기(압류의 효력발생) 후에 새로이 기입된 등기는 매수인이 매각대금의 납부 후 소유권이전등기 등의 촉탁신청시 최근의 부동산등기부등본을 첨부하고 말소촉탁할 등기에 표시하여 제출하게 되면 경매계장이 새로이 기입된 등기도 같이 말소촉탁을 하게 된다.

② 경매계장이 말소촉탁에서 누락된 등기를 추가말소촉탁시의 처리절차는?

말소의 대상이 된 권리의 존재를 알지 못하는 등의 사유로 말소촉탁에서 누락된 등기의 경우에는 등기소의 등기관으로부터 말소할 등기의 누락이 있다는 통지가 있거나 매수인으로부터 그 말소등기의 추가촉탁신청이 있으면 경매계장은 소유권이전등기 등의 촉탁 후라도 누락된 등기의 말소를 **추가촉탁**하여야 한다.

경매계장이 말소할 등기가 아니라고 판단하여 말소촉탁을 하지 않은 경우에 관하여는, 민소법 223조를 준용하여 '법원사무관 등의 처분에 대한 이의'를 제기할 수 있다는 견해를 실무상 취하고 있다.

③ 경매계장이 착오로 말소촉탁해서는 안 될 등기를 말소촉탁하여 등기가 말소된 경우의 회복등기처리절차는?

경매계장이 착오로 말소등기를 촉탁한 경우에는 직권으로 그 **회복등기**를 촉탁해야 한다. 이 때 말소된 등기의 회복에 관하여 이해관계가 있는 제3자가 있는 때에는 그 승낙서 또는 이에 대항할 수 있는 재판의 등본을 제출받아 회복등기촉탁서에 첨부하여야 한다(부등법 75조, 27조 2항).

4. 말소의 대상이 되는 등기

(1) 저당권설정등기 등

① 저당권 · 담보가등기 등

저당권 · 담보가등기 등은 압류채권자(경매신청채권자)보다 선순위라도 매각으로 인하여 소멸되므로 모두 **말소촉탁**의 대상이다(법 91조 2항, 가담법 15조). 즉 저당권 · 담보가등기 등이 말소기준권리보다 선순위라도 매각으로 인하여 소멸된다. 저당권 · 담보가등기 등의 설정등기 후에 소유권변동이 있어도 저당권자나 담보가등권자는 모두 배당받을 수 있고 말소대상이다.

담보가등기가 완료된 부동산에 대하여 경매 등이 행해진 때에는 담보가등기권리는 그 부동산의 매각에 의하여 소멸하나(가담법 15조), 권리신고가 되지 않아 담보가등기인지 일반가등기인지 알 수 없는 경우에는 일단 **순위보전을 위한 가등기**로 보아 그 가등기가 **최선순위**이면 매수인에게 그 부담이 인수되므로 말소하여서는 안 되고, 그 가등기보다 선순위의 담보권이나 또는 가압류(말소기준권리)가 있으면 함께 말소한다. 즉 말소기준권리 이후의 가등기는 매각으로 무조건 말소된다.

판례 **제1, 2순위의 근저당권설정등기 사이에 소유권이전등기청구권 보전의 가등기가 경료된 부동산이 위 제1순위 근저당권의 실행을 위한 경매절차에서 매각되어 그 대금이 완납된 경우, 위 각 등기는 말소촉탁의 대상이 되는지 여부(적극)와 이로 인한 물권변동의 효력에 등기가 필요한지 여부(소극) 및 위 가등기와 그에 기한 본등기의 말소청구 소송 도중에 위 매각대금이 완납되었을 때 위 각 등기의 말소를 구할 법률상의 이익이 있는지 여부(소극)**

제1, 2순위의 근저당권설정등기 사이에 소유권이전등기청구권 보전의 가등기가 경료된 부동산에 대하여 위 제1순위 근저당권의 실행을 위한 경매절차에서 매각허가결정이 확정되고 매각대금이 완납된 경우 위 가등기 및 그에 기한 본등기상의 권리는 모두 소멸하고, 위 각 등기는 민사집행법 제144조 제1항 제2호에 규정된 매수인이 인수하지 아니한 부동산의 부담에 관한 기입에 해당하여 말소촉탁의 대상이 되며, 이와 같은 매각허가결정의 확정으로 인한 물권변동의 효력은 그에 관한 등기에 관계없이 이루어지는 것이다.
그리고 소유권이전등기청구권 보전의 가등기 및 그에 기한 본등기의 말소등기절차의 이행을 구하는 소송 도중에 위 각 등기가 경료된 부동산에 대하여 매각허가결정이 확정되고 매각대금이 완납됨으로써 위 각 등기상의 권리가 모두 소멸하고 위 각 등기가 말소촉탁의 대상이 되어 장차 말소될 수밖에 없는 경우에는 더 이상 위 각 등기의 말소를 구할 법률상의 이익이 없다(대판 2007.12.13, 2007다57459).

② 말소될 저당권에 관한 채권(가)압류의 등기

말소될 저당권에 채권압류의 등기(법 228조)가 되어 있으면 그 압류등기도 함께 말소되는데, 이때는 그 **주등기**의 말소만 촉탁하면 되고 부기등기에 관하여는 별도로 말소촉탁을 할 필요가 없다. 그 이유는 등기관이 주등기를 말소한 후 부기등기를 부동산등기법(172조 2)항에 의하여 직권으로 말소하기 때문이다.

③ 저당권이전의 부기등기

저당권이전의 부기등기는 주등기인 저당권설정등기에 종속되어 주등기와 일체를 이루는 것이어서 피담보채무가 소멸된 경우 또는 근저당권설정등기가 당초 원인무효인 경우 주등기인 근저당권설정등기의 말소만 구하면 되고 그 부기등기는 별도로 말소를 구하지 않더라도 주등기의 말소에 따라 직권으로 말소되므로(대판 95다7550) 구태여 부기등기의 말소촉탁을 할 필요는 없지만, 실무상 경매계에서는 당사자가 신청하여 오면 이를 촉탁하고 있다.

④ **공유부동산 전부에 대하여 근저당권설정등기 후 일부지분만이 매각된 경우**

甲 · 乙의 공유부동산 전부에 대하여 근저당권설정등기 후 甲 지분만이 매각(낙찰)된 경우에는 **근저당권변경등기**(일부말소의 의미)를 촉탁하여야 한다. 이 경우 배당의 기준이 되는 금액은 지분비율에 의한 금액이 아니라 채권최고액 전액이 되어야 한다는 견해가 다수설이다.

⑤ **근저당권의 불법말소와 부당이득반환청구의 문제**

근저당권이 불법말소된 후 목적 부동산이 경매절차에서 매각(낙찰)된 경우 그 근저당권은 소멸하고, 근저당권가 실제로 배당받을 금액은 부당이득반환청구를 할 수 있다(대판 97다43406, 대판 98다27197). 구체적으로 설명하면 다음과 같다.

- **근저당권설정등기가 불법 말소된 후 목적 부동산이 경매절차에서 매각(낙찰)된 경우, 그 근저당권은 소멸되는지?**
  부동산에 관하여 근저당권설정등기가 완료되었다가 그 등기가 위조된 등기서류에 의하여 아무런 원인 없이 말소되었다는 사정만으로는 곧바로 근저당권이 소멸하는 것은 아니라고 할 것이지만, 부동산이 경매절차에서 매각되면 그 부동산에 존재하였던 근저당권은 당연히 소멸하는 것이므로 근저당권설정등기가 원인 없이 말소된 이후에 그 근저당 목적물인 부동산에 관하여 다른 근저당권자 등 권리자의 경매신청에 따라 경매절차가 진행되어 매각허가결정이 확정되고 매수인(낙찰자)이 매각대금을 완납하였다면, 원인 없이 말소된 근저당권은 이에 의하여 **소멸**한다(대판 98다27197).
- **근저당권설정등기가 불법 말소된 후 목적 부동산이 경매절차에서 매각(경락)됨으로써 근저당권이 소멸한 경우, 그 근저당권자의 구제 방법은?**
  근저당권설정등기가 위법하게 말소되어 아직 회복등기를 완료하지 못한 연유로 그 부동산에 대한 경매절차에서 피담보채권액에 해당하는 금액을 전혀 배당받지 못한 근저당권자로서는 위 경매절차에서 실제로 배당받은 자에 대하여 **부당이득반환청구**로서 그 배당금의 한도 내에서 그 근저당권설정등기가 말소되지 않았더라면 배당받았을 금액의 지급을 구할 수 있을 뿐이고, 이미 소멸한 근저당권에 관한 말소등기의 회복등기를 위하여 현소유자(낙찰자)를 상대로 그 승낙의 의사표시를 구할 수는 없다(대판 98다27197).

(2) 용익물권 · 임차권등기

① 용익물권 · 임차권등기는 원칙적으로 말소촉탁의 대상이다.

용익물권(지상권 · 지역권 · 전세권) 및 등기된 임차권 중 저당권 · 압류채권 · 가압류채권(즉 말소기준권리)에 대항할 수 없는 경우(법 91조 3항)에는 매각으로 소멸되므로 말소촉탁의 대상이 된다. 그 밖의 권리는 매수인에 대항할 수 있으므로 소멸되지 않고 존속하나, 다만 그 중 **최선순위 전세권**의 경우에는 최선순위 전세권자가 배당요구종기 내에 배당요구를 하면 매각으로 소멸되므로 이 경우에는 말소촉탁의 대상이 된다(법 91조 4항 단서).

② 전액 변제받지 못한 최선순위 전세권

- 전세권의 경우 경매절차에서 전세권이 언제 종료되었는지, 그리고 전세권의 목적물이 건물인지 토지인지에 상관없이 최선순위의 전세권은 오로지 전세권자의 **배당요구**에 의하여만 소멸되고, 전세권자가 배당요구종기 내에 배당요구를 하지 않는 한 전세권은 매수인에게 인수되며, 반대로 배당요구를 하면 존속기간이 언제이든지 상관없이 전세권은 매각으로 소멸한다(법 91조 3항 단서).

  그러므로 최선순위 전세권자가 배당요구를 한 이상 그 배당금이 전세권반환채권액에 미달하더라도(즉 전세권자가 전세금을 다 배당받지 못하더라도) 전세권은 무조건 소멸하게 되고, 그 전세권등기는 말소촉탁의 대상이 된다. 이점에서 주택(또는 상가건물)임대차보호법의 적용을 받는 대항력 있는 임차인의 경우 '보증금 전액이 변제되지 않은 경우'에 그 임차권이 경매로 소멸하지 않은 것(주보법 3조의 5, 상보법 8조 참조)과 차이가 있다.
- 다만 전세권의 목적물이 주택이나 상가건물인 경우, 임차인으로서 우선변제를 받을 수 있는 권리와 전세권자로서 우선변제를 받을 수 있는 권리는 근거규정 및 성립요건을 달리하는 별개의 것이므로 전세권자가 주택(또는 상가건물)임대차보호법상의 우선변제요건도 갖춘 경우에는 위 법에 의한 보호도 받게 된다(대판 93다39676 등).

  따라서 전세권등기일자로는 매각으로 소멸하는 것처럼 보이는 전세권이라도 위 주택(상가건물)임대차보호법 소정의 **대항요건**을 갖춘 것으로서는 최선순위인 경우(즉 임차권으로는 말소기준권리보다 앞서는 경우)에는 임차권자로서 저당권 등에 대항할 수 있게 됨을 유의하여야 한다(대판 93다10552 · 10569 참조).
- 또한 집합건물이 아닌 지상건물과 그 부지 중 건물에만 전세권설정등기를 한 경우라도 전세권자가 주택(또는 상가건물)임대차보호법상의 우선변제권의 요건을

갖춘 경우에는 그 부지의 매각대금에서도 배당을 받게 되는 경우가 있고, 나아가 전세권설정계약서에 날인된 등기소의 일부인도 확정일자로 보아야 하므로 부지의 매각대금에 대한 배당순위도 전세권등기일자를 기준으로 판단하여야 하는 경우가 있을 수 있다(대판 2001다51725).

③ 주택(상가건물)임차권

- **임차권은 매각으로 인하여 소멸하는 것이 원칙이다.**

주택이나 상가건물임대차보호법의 적용대상인 상가건물의 임차권은 등기여부를 불문하고 부동산의 매각으로 소멸하는 것이나, 보증금이 전액 변제되지 않은 **대항력이 있는 임차권**은 매각에 의하여 소멸되지 않는다(주보법 3조의5 본문, 법 부칙 6조 44항, 상보법 8조 본문).

여기서 임차권이 매각에 의하여 소멸되는가의 기준이 되는 전액 변제되어야 할 보증금은 매각으로 인하여 소멸하는 최선순위의 담보권이나 압류 · 가압류의 효력발생 전의 보증금(즉 말소기준권리 이전의 보증금)을 가리키고, 그 후에 증액된 부분은 그에 해당하지 않는다(이것을 실무상 '대항력 있는 보증금'이라고 함).

따라서 위 특별법의 적용을 받는 임차권등기는 원칙적으로 말소촉탁의 대상이 되지만, 최선순위의 대항력과 우선변제권을 모두 가진 임차인이 경매절차에서 보증금전액에 관하여 배당요구를 하였으나 대항력 있는 보증금 중 일부라도 변제받지 못한 경우에는, 대항력 있는 보증금 중 경매절차에서 반환받을 수 있었던 금액을 공제한 잔액에 관하여 매수인(낙찰자)에게 대항하여 이를 반환받을 때까지 임대차관계의 존속을 주장할 수 있으므로 이 경우에는 말소촉탁을 할 수 없게 된다.

우계장님 질문요?

등기부상에 임차권등기를 완료한 대항력 있는 임차권자 甲이 배당기일에 보증금 전액을 배당받았으나, 다른 채권자 乙이 배당이의를 하는 바람에 배당액을 수령하지 못하고 공탁되는 경우에도 법원경매계에서는 임차권등기의 말소촉탁을 할 수 없는 것인지요?

임차권등기권자가 대항력이 있는 임차인이라면 배당표가 확정될 때까지 매수인(낙찰자)의 명도청구뿐 아니라 임차권등기말소에 대하여도 대항할 수 있습니다. 또한 임대인의 임대차보증금 반환의무와 임차인의 임차권등기 말소의무(주보법 3조의 3)는 동시이행관계에 있지 않고, 오히려 '임대인의 임대차보증금 반환의무'가 임차인의 임차권등기 말소의무보다 먼저 이행되어야 할 의무입니다(대판 2005다4529).

이 판례의 요지는 임차권등기는 임차인으로 하여금 기왕의 대항력이나 우선변제권을 유지하도록 해 주는 담보적 기능만을 주목적으로 하는 점에서, '임대인의 임대차보증금의 반환의무'가 '임차인의 임차권등기 말소의무'보다 먼저 이행되어야 할 의무(선이행의무)라는 것입니다.
따라서 임차권등기권자는 배당표가 확정되어 금원을 지급받은 다음에야 비로소 임차권을 말소할 의무가 있으므로 배당이의소송이 확정(승소 또는 패소에 관계없이)되어야 말소촉탁이 가능할 것입니다.
그런데 이 경우 이미 임차보증금이 배당액으로 법원에 공탁되어 있으므로 임차권등기를 미리 말소한다고 하여도 임차인이 보증금을 받지 못할 염려는 없습니다. 임대차보증금 반환의무를 임차인의 임차권등기 말소의무보다 먼저 이행되어야 할 의무로 한 것은 보증금의 수령을 확실히 담보하고자 하는 것인데, 이런 점에서는 임차권등기를 미리 말소하여도 임차인 甲에게는 아무런 피해가 없게 됩니다.
결국 이론상으로는 배당이의소송이 확정되어야만 임차권등기의 말소촉탁이 가능한 것인데, 다만 위 사안과 같이 임차인 甲의 임대차보증금이 공탁되어 있어 임차권등기가 미리 말소된다고 하여도 임차인 甲이 피해를 볼 염려가 없게 되는 특수한 상황이 존재하게 되는 것입니다. 위와 같은 점을 고려하여 법원경매계의 실무에서도 임차권등기를 말소촉탁하는 경우가 있습니다.

- **배당요구를 하지 않은 '대항력 있는 임차권등기명령권자'의 임차권등기가 말소촉탁대상인지?**

  임차권등기명령에 의하여 등기를 완료한 임차인은 민법상 등기된 임차권자의 지위와 다를 바 없고, 등기부상 알 수 있는 부동산 위의 권리자이므로 경매절차의 이해관계인(법 90조 3호)이 된다(대결 99마5901). 위와 같이 등기를 완료한 임차인은 법률상 당연히 배당요구를 한 것으로 간주되므로 우선변제를 받기 위하여 법원경매계에 배당요구를 할 필요가 없다(대판 2005다33039).

  또한 첫 경매개시결정등기 전에 등기된 임차권 중 말소기준권리보다 먼저 대항력을 갖춘 최선순위 임차권자가 배당을 받으려면 배당요구가 필요한지에 대하여 견해의 대립이 있으나, 배당요구가 불필요하므로(법 91조 4항 단서의 불적용) 등기된 임차권은 매각으로 소멸(말소)되고 임차권자는 배당순위에 따라 우선변제를 받게 된다.

  그러므로 대항력 있는 임차권등기명령권자가 **전액**을 우선변제 받은 경우에는 말소촉탁의 대상이 된다.

- **임차권등기명령에 의하여 등기된 임차권의 우선순위 판단시점은?**

  주의할 것은 **임차권등기명령**에 의하여 등기된 임차권이 있을 경우 그것이 매수인(낙찰자)에 대항할 수 있는 것인지는 **실제로 대항력을 갖춘 때**(등기된 때만을 기준으로 판단할 것이 아님)를 기준으로 판단하여야 한다는 것이다.

  왜냐하면 위 법에 의한 임차권등기명령은 임차권이 종료되었음에도 보증금을 반환받지 못하고 있는 경우에 보증금을 반환받지 않고 임차목적물에서 퇴거하거나 주민등록 등을 옮겨도 임차권등기된 때에 대항력이나 우선변제권을 취득한 것으로 인정해주거나 또는 이미 취득한 대항력이나 우선변제권의 효력을 계속 인정해주기 위하여 마련된 것으로서 임차권이 종료되어야 임차권등기명령신청이 가능하기 때문이다.

따라서 ⓐ 대항력을 취득하지 못한 임차인의 경우에는 임차권등기명령에 의한 등기가 된 때에 비로소 대항력이 생기므로(반대설 있음) **등기된 때**를 기준으로 매수인(낙찰자)에 대항할 수 있는지를 판단하면 되지만, ⓑ 이미 대항력을 갖춘 임차인의 경우에는 임차권등기명령에 의한 등기가 됨으로써 그 후 대항요건을 갖추지 않아도 이미 취득한 대항력이 계속 유지되므로 이 경우에는 임차권등기가 된 때가 아닌 본래의 **대항력을 취득한 때**를 기준으로 매수인에 대항할 수 있는지를 판단하여야 한다.

☞ 그러므로 임차권등기명령에 의한 임차권등기가 압류 후(경매개시결정 기입등기 후)에 기입되었어도 대항력을 갖춘 때가 말소기준권리보다 앞서고 그 대항력이 임차권등기가 될 때까지 중단없이 계속 유지되었으며 임차권자가 보증금을 전액 변제받지 못한 경우에는 그 임차권은 말소촉탁의 대상이 되지 않는다.

- **대항력 있는 임차권등기권자가 보증금을 일부변제 받은 경우 법원경매계에서 임차권변경등기를 촉탁해야 하는지?**

  대항력과 우선변제권을 모두 가지고 임차권등기까지 마친 임차인이 먼저 우선변제권을 선택하여 경매절차에서 보증금전액에 대하여 배당요구를 하였으나 대항력 있는 보증금 중 **일부**만을 변제받은 경우에는 변제받지 못한 잔액에 관하여만 매수인에게 대항할 수 있으므로, 이 경우에는 임차권등기를 말소촉탁하여서는 안되지만 등기된 보증금의 액수를 변제받지 못한 잔액으로 변경하는 **변경등기촉탁**(임차권변경등기)은 하여야 한다.

(3) 소유권이전청구권보전의 가등기(순위보전의 가등기 = 일반가등기 = 채권가등기)

① 압류의 효력발생 후에 완료된 소유권이전청구권보전의 가등기

압류의 효력발생 후(경매개시결정 기입등기 후)에 완료된 소유권이전청구권보전의 가등기는 매수인(낙찰자)에게 대항할 수 없으므로 매각(낙찰)으로 소멸되고 말소촉탁의 대상이다.

② **압류의 효력발생 전에 완료된 소유권이전청구권보전의 가등기**

압류의 효력발생 전(경매개시결정 기입등기 전)에 완료된 소유권이전청구권보전의 가등기는 매수인(낙찰자)에게 대항할 수 있으므로 매각으로 소멸되지 않고 존속한다. 다만 소유권이전청구권보전의 가등기보다 앞서 선순위로서 매각에 의하여 소멸되는 근저당권 등의 담보권에 관한 등기가 존재하는 경우에는 그 담보권등기 이후에 기입된 가등기도 말소촉탁의 대상이다(대결 80마491, 84마606).

경매개시결정으로 인한 압류의 효력발생 이전에(경매개시결정 기입등기 전) 완료된 국세체납처분에 의한 압류 또는 가압류가 있고, 이 압류 또는 가압류가 매각으로 소멸하는 경우에는 압류 또는 가압류 완료 이후의 가등기는 말소촉탁의 대상이 된다(등기예규 1020호).

☞ 쉽게 설명하면 말소기준권리 이전의 소유권이전청구권보전의 가등기는 매수인(낙찰자)에게 대항할 수 있으므로 매각으로 소멸되지 않고 매수인이 인수해야 하나, 말소기준권리 이후의 소유권이전청구권보전의 가등기는 매수인(낙찰자)에게 대항할 수 없으므로 매각으로 소멸되고 말소촉탁의 대상이다.

③ **담보가등기**

담보가등기는 부동산의 매각에 의하여 소멸하나(가담법 15조), 법원경매계에 권리신고가 되지 않아 담보가등기인지 순위보전의 가등기인지 알 수 없는 경우에는 일단 순위보전의 가등기로 보아 그 가등기가 최선순위이면 매수인(낙찰자)에게 그 부담이 인수되므로 말소해서는 안 되고, 그 가등기보다 선순위의 담보권이나 또는 가압류(즉 말소기준권리)가 있으면 함께 말소된다.

(4) 소유권이전등기

① **압류의 효력발생 후에 제3자 명의로 마쳐진 소유권이전등기**

압류의 효력발생 후(경매개시결정 기입등기 후)에 제3자 명의로 마쳐진 소유권이전등기는 매수인(낙찰자)에게 대항할 수 없으므로 말소촉탁의 대상이 된다.

② **압류의 효력발생 전에 제3자 명의로 마쳐진 소유권이전등기**

경매개시결정으로 인한 압류의 효력발생 전(경매개시결정 기입등기 전)에 제3자 명의로 마쳐진 소유권이전등기는 매수인에게 대항할 수 있으므로 소멸되지 않고 **존속**한다.

그러나 압류의 효력발생 이전에 기입된 국세체납처분에 의한 압류등기 또는 가압류가 있고, 그 압류 또는 가압류등기가 매각으로 인하여 소멸하는 경우에는 그 압류·가압류 기입 이후의 소유권이전등기도 **말소촉탁**의 대상이 된다(등기예규 1020호). 즉 압류의 효력발생 전에 제3자 명의로 마쳐진 소유권이전등기라고 할지라도 그 등기가 말소기준권리 이후에 완료되었다면 매각으로 소멸하고 말소촉탁의 대상이 된다.

(5) 가압류등기

① 압류의 효력발생 전의 가압류

압류의 효력발생 전(경매개시결정 기입등기 전)에 가압류등기를 한 가압류채권자는 당연히 매각대금으로부터 배당(대부분은 배당금이 공탁됨)을 받을 수 있으므로 그 가압류등기는 그 존재이유를 상실하여 매각에 의하여 소멸하고 말소촉탁의 대상이 된다.

② 압류의 효력발생 후의 가압류

압류의 효력발생 후에 등기한 가압류채권자는 매수인(낙찰자)에 대항할 수 없으므로 매각에 의하여 소멸하고 말소대상이 된다. 물론 압류의 효력발생 후에 가압류등기를 한 자라도 배당요구종기 내에 법원경매계에 배당요구를 하게 되면 배당순위에 따라 배당을 받을 수 있다.

☞ 즉 가압류등기는 어느 경우이든 매각에 의하여 원칙적으로 말소의 대상이 된다.

③ 다른 선순위의 부담이 없는 상태에서 가압류등기 후 소유권이 제3자에게 이전된 경우 제3자의 채권자의 경매신청으로 매각된 경우 전 소유자에 대한 가압류가 말소촉탁의 대상이 되는지?

• **등기부상 권리관계**

순 위	권리내용 및 권리자	원인일자	비 고
1	소유자(A)	2002. 1. 3.	
2	가압류권자(甲)	2008. 1. 9.	말소기준권리 ★
3	소유자(乙)	2008. 4. 10.	신소유자(제3취득자)
4	강제경매신청(丙)	2008. 11. 25.	乙에 대한 채권자 丙이 집행권원에 기하여 강제경매신청

• **원칙적으로 전 소유자에 대한 가압류는 말소촉탁의 대상이다.**

예컨대 甲이 채무자 A의 부동산에 대하여 가압류를 한 다음 ➡ 가압류부동산의 소유권이 乙(제3취득자)에게 이전되고 ➡ 현 소유자 乙의 채권자(저당권자 포함) 丙이 경매신청을 하여 매각이 된 경우에 구 소유자 A에 대한 甲의 가압류가 말소촉탁의 대상인지가 문제된다.

위 사례에서 과거(2003. 3. 20. 이전) 법원경매계의 실무는 구 소유자 A에 대한 가압류채권자 甲은 배당에 가입할 수 없으므로 그 가압류등기는 말소할 수 없었다. 그러나 현행(2003. 3. 20. 이후) 법원경매계의 실무는 종전과 달리 "부동산에 다른 선순위의 부담이 없는 상태에서 가압류등기 후 소유권이 이전되어 현 소유자의 채권자가 경매신청을 하여 매각이 된 경우 전소유자에 대한 가압류는 **말소**되어야 하고, 다만 그 가압류권자에 대한 배당액은 **공탁**하여야 한다는 견해"를 취하고 있다.

또한 위와 관련하여 판례(대판 2006다19986)는, "가압류채권자 甲은 그 매각절차에서 당해 가압류목적물의 매각대금에서 가압류결정 당시의 청구금액을 한도로 하여 배당을 받을 수 있고, 제3취득자의 채권자 丙은 위 매각대금 중 가압류의 처분금지적 효력이 미치는 범위의 금액에 대하여는 배당을 받을 수 없다"라고 판시하여, 전소유자의 가압류권자 甲은 배당을 받게 되고, 그 가압류는 말소가 된다는 입장을 취하고 있다.

이때 배당에 있어서는 전소유자의 가압류권자 甲과 신소유자의 채권자 丙은 안분배당을 하는 것이 아니라 "가압류 청구금액의 범위 내"에서 전소유자의 가압류권자 甲에게 먼저 배당을 하여야 하고(위 판례) 그 가압류등기도 말소촉탁의 대상이 된다(대판 2005다8682).

판례 가압류집행 후 가압류목적물의 소유권이 제3자에게 이전된 경우 가압류의 처분금지적 효력이 미치는 범위 및 제3취득자의 채권자가 신청한 경매절차에서 가압류채권자가 배당받을 수 있는지 여부(적극)

부동산에 대한 가압류집행 후 가압류목적물의 소유권이 제3자에게 이전된 경우 가압류의 처분금지적 효력이 미치는 것은 가압류결정 당시의 청구금액의 한도 안에서 가압류목적물의 교환가치이고, 위와 같은 처분금지적 효력은 가압류채권자와 제3취득자 사이에서만 있는 것이므로 제3취득자의 채권자가 신청한 경매절차에서 매각 및 경락인(매수인)이 취득하게 되는 대상은 가압류목적물 전체라고 할 것이지만, 가압류의 처분금지적 효력이 미치는 매각대금 부분은 가압류채권자가 **우선적인 권리를 행사할 수 있고** 제3취득자의 채권자들은 이를 수인하여야 하므로, **가압류채권자는 그 매각절차에서 당해 가압류목적물의 매각대금에서 가압류결정 당시의 청구금액을 한도로 하여 배당을 받을 수 있고,** 제3취득자의 채권자는 위 매각대금 중 가압류의 처분금지적 효력이 미치는 범위의 금액에 대하여는 배당을 받을 수 없다(대판 2006.7.28, 2006다19986).

- **예외적으로 전 소유자에 대한 가압류가 매수인의 인수부담이 되어 말소촉탁의 대상이 되지 않는 경우가 있다.**

위에서 설명하였듯이 전소유자의 가압류채권자 甲이 배당을 받으면 그 가압류는 말소대상이지만, 전소유자의 가압류채권자가 항상 배당을 받아야 한다거나 또는 전소유자의 가압류가 항상 말소의 대상이 되는 것은 아니다.

즉 최근의 판례(대판 2005다8682)는 "경우에 따라서는 법원경매계에서 종전 소유자를 채무자로 하는 가압류등기의 부담을 매수인(낙찰자)이 인수하는 것을 전제로 하여 전소유자의 가압류채권자 甲을 배당절차에서 배제하고 경매절차를 진행시킬 수도 있으며, 위와 같이 매수인이 위 가압류등기의 부담을 인수하는 것을 전제로 경매절차를 진행시킨 경우에는 위 가압류의 효력이 소멸되지 않으므로 법원경매계의 말소촉탁이 될 수 없다.

따라서 종전 소유자 A를 채무자로 하는 가압류등기가 이루어진 부동산에 대하여 경매절차가 진행되었다는 사정만으로 위 가압류의 효력이 소멸되었다고 단정할 수 없고, 구체적인 경매절차를 살펴 법원경매계에서 위 가압류등기의 부담을 매수인이 인수하는 것을 전제로 하여 경매절차를 진행하였는가 여부에 따라 위 가압류효력의 소멸 여부를 판단하여야 한다."라고 판시하고 있다.

판례 부동산에 대한 가압류등기 후 소유권이 이전되고 신소유자의 채권자가 경매신청을 하여 매각된 경우, 위 가압류등기는 언제나 말소촉탁의 대상인지 여부(소극)

부동산에 대한 선순위가압류등기 후 가압류목적물의 소유권이 제3자에게 이전되고 그 후 제3취득자의 채권자가 경매를 신청하여 매각된 경우, 가압류채권자는 그 매각절차에서 당해 가압류목적물의 매각대금 중 가압류결정 당시의 청구금액을 한도로 배당을 받을 수 있고, 이 경우 종전 소유자를 채무자로 한 가압류등기는 말소촉탁의 대상이 될 수 있다. 그러나 경우에 따라서는 집행법원이 종전 소유자를 채무자로 하는 가압류등기의 부담을 매수인이 인수하는 것을 전제로 하여 위 가압류채권자를 배당절차에서 배제하고 매각절차를 진행시킬 수도 있으며, 위와 같이 매수인이 위 가압류등기의 부담을 인수하는 것을 전제로 매각절차를 진행시킨 경우에는 위 가압류의 효력이 소멸되지 아니하므로 집행법원의 말소촉탁이 될 수 없다. 따라서 **종전 소유자를 채무자로 하는 가압류등기가 이루어진 부동산에 대하여 매각절차가 진행되었다는 사정만으로 위 가압류의 효력이 소멸되었다고 단정할 수 없고**, 구체적인 매각절차를 살펴 집행법원이 위 가압류등기의 부담을 매수인이 인수하는 것을 전제로 하여 매각절차를 진행하였는가 여부에 따라 위 가압류효력의 소멸 여부를 판단하여야 한다(대판 2007.4.13. 2005다8682).

- **입찰희망자의 대책**

위와 같은 전소유자의 가압류가 존재하는 경매물건에 응찰시에는 법원경매계에서 위 가압류등기의 부담을 매수인이 인수하는 것을 전제로 하여 매각절차를 진행하는지를 매각물건명세서를 보고 반드시 확인한 후 응찰하여야 할 것이다.

④ 말소되지 않아야 할 부동산가압류의 기입등기가 법원의 촉탁에 의하여 말소된 경우, 가압류채권자가 말소된 가압류기입등기의 회복등기를 소구할 수 있는지 여부 및 말소 당시의 소유자를 상대로 말소된 가압류기입등기의 회복절차에 대한 승낙청구의 소를 제기할 수 있는지?

부동산가압류의 기입등기는 채권자나 채무자가 직접 등기관에게 이를 신청하여 행할 수는 없고 반드시 법원의 촉탁에 의하여 행하여지는바, 이와 같이 당사자가 신청할 수 없는 가압류의 기입등기가 법원의 촉탁에 의하여 말소된 경우에는 그 회복등기도 법원의 촉탁에 의하여 행하여져야 하므로 이 경우 가압류채권자가 '말소된 가압류기입등기의 회복등기절차의 이행'을 소구할 이익은 없고, 다만 그 가압류기입등기가 말소될 당시 그 부동산에 관하여 소유권이전등기를 완료하고 있는 자는 법원이 그 가압류기입등기의 회복을 촉탁함에 있어서 등기상 이해관계가 있는 제3자에 해당하므로 가압류채권자로서는 그 자를 상대로 하여 법원의 촉탁에 의한 그 '**가압류기입등기의 회복절차에 대한 승낙청구의 소**'를 제기할 수는 있다(대판 2001다84367).

(6) 가처분등기

① 말소기준권리 이후의 가처분은 원칙적으로 말소의 대상

- **압류의 효력발생(경매개시결정 기입등기) 후에 완료된 가처분등기** : 압류의 효력발생 후에 완료된 가처분등기는 매수인에게 대항할 수 없으므로 말소촉탁의 대상이 된다(등기예규 453호 참조).
- **압류의 효력발생(경매개시결정 기입등기) 전에 완료된 가처분등기** : 압류의 효력발생 전에 완료된 가처분등기는 매각으로 말소되지 않는다. 다만 압류의 효력발생 전의 가처분등기라도 그 보다 선순위로서 매각으로 소멸하는 저당권 · 가등기 등의 담보권 · 체납처분의 압류 · 가압류가 있는 경우(즉 가처분이 말소기준권리보다 뒤지는 경우)에는 원칙적으로 말소촉탁의 대상이 된다.

② 토지소유자가 지상건물 소유자를 상대로 건물철거 및 토지인도청구권보전을 위한 가처분등기를 한 경우

토지소유자가 그 지상건물 소유자에 대한 건물철거 및 토지인도청구권보전을 위한 가처분등기를 한 경우에는 그 지상건물 소유자에 대한 **건물철거 및 토지인도청구권**보전을 위한 가처분등기가 건물에 대한 경매기입등기 · 근저당권설정등기 **후**에 이루어졌더라도(즉 말소기준권리 이후의 가처분이라도) 말소촉탁의 대상이 되지 않는다.

따라서 법원경매계는 가처분이 있을 경우 직권으로 가처분집행법원으로부터 가처분결정서등본을 송부받아 피보전권리를 명백히 하여 이를 매각물건명세서 등에 적어야 하고, 위의 경우 말소촉탁은 하지 않는다.

또한 이 경우는 가처분 순위에 관계없이 그대로 경매가 진행되고 매수인이 낙찰을 받더라도 나중에 가처분권자의 철거 등의 소송이 인용되면 건물이 철거될 수도 있으므로 응찰 전 권리분석에 특히 유의해야 할 것이다.

③ 민법 365조의 규정에 의한 토지 저당권자의 일괄경매 청구에 의해 저당 토지 및 지상건물이 매각(낙찰)된 경우 건물에 완료된 가처분등기의 말소 여부 등

민법 365조의 규정에 의한 토지 저당권자의 일괄매각 청구에 의하여 진행된 경매절차에서 저당 토지 및 지상건물이 매각된 경우, 그 토지에 설정된 저당권의 효력은 지상건물에는 미치지 않는다고 할 것이므로 토지를 목적으로 저당권을 설정한 자가 그 토지에 건물을 축조하여 소유권보존등기까지 마친 상태에서, 그 **건물**만에 대하여 **처분금지가처분등기**, ➡ 민법 365조의 규정에 의한 저당권자의 일괄매각 청구에 의한 **임의경매개시결정등기**, ➡ 위 건물의 수분양자인 가처분권자들 명의로의 **소유권이전등기**, ➡ 제3자 명의의 **저당권설정등기**가 순차로 완료된 다음, ➡ 위 토지 및 건물이 **임의경매로 매각**된 경우, 그 매각으로 인한 **건물**에 관한 소유권이전등기 촉탁시 건물에 관하여 된 위 가처분등기는 매수인이 인수하여야 할 부담등기로서, 그 건물에 관하여 매각으로 인하여 말소되는 선순위의 저당권 · 압류 · 가압류 등이 없는 한(즉 가처분이 말소기준권리보다 앞서는 경우) 말소등기 촉탁의 대상이 되지 않는다(등기선례 5-670, 등기예규 1061호).

④ 근저당권자인 경매신청채권자가 경매대상 물건에 관한 근저당권설정등기청구권을 보전하기 위하여 '근저당권설정등기이행청구권 처분금지가처분등기'를 완료한 다음 ➡ 본안승소 후 본안판결로 근저당권설정등기를 마치고 ➡ 부동산임의경매신청을 한 경우에 위 가처분등기의 효력 및 말소여부

- **경매신청한 가처분권자 스스로 '가처분의 목적달성'을 이유로 가처분등기의 말소를 신청한 경우(말소촉탁으로 말소)**

  근저당권자인 경매신청채권자가 경매대상 물건에 관한 근저당권설정등기청구권을 보전하기 위하여 처분금지가처분등기를 한 다음 본안에서 승소하여 본안판결로 근저당권설정등기를 마치고, 이에 기하여 부동산임의경매신청을 한 경우에는 위 가처분에 기하여 근저당권설정등기를 하였다면 가처분권자 스스로 가처분을 한 법원에 '**가처분의 목적달성**'을 이유로 가처분등기의 말소촉탁을 신청하여 가처분을 한 법원의 법원사무관 등의 말소촉탁으로 말소하면 된다(등기예규 1061호).

- **경매신청한 가처분권자가 가처분등기의 말소를 신청하지 않을 경우(직권말소 가능)**
경매를 신청한 가처분권자가 법원경매계의 권유에도 불구하고 말소신청을 하지 않을 경우, 가처분의 경우에는 경매신청채권자(압류채권자)에 우선하는 최선순위의 가처분인 경우에만 매각(낙찰)에도 불구하고 존속하는데 위 가처분은 바로 압류채권자가 신청한 자기의 처분금지가처분으로서 경매신청채권자에 우선하는 가처분이라고 해석할 수 없으므로 **말소촉탁**을 할 수 있다.
- **법원경매계에서 가처분말소 촉탁을 누락한 경우 매수인(낙찰자)의 대응방법은?**
매수인(낙찰자)은 위 등기예규상의 가처분등기의 말소에 이익이 있는 자에 포함되므로 만일 법원경매계에서 가처분의 말소촉탁을 누락하였다고 하더라도 매수인 스스로 근저당권설정등기로 가처분이 목적달성하였음을 소명하여 법원경매계나 가처분을 한 법원에 가처분의 **말소촉탁**을 신청할 수 있다.

⑤ 위 ④의 사례에서 가처분등기가 완료 후 이에 기한 근저당권설정등기가 완료되기 전에 다른 채권자가 동일 부동산에 가압류를 한 경우 그 가압류의 말소여부 및 배당순위 등

- **등기부상의 권리관계**

순 위	권리내용 및 권리자	원인일자	비 고
1	가처분(甲)	2009. 1. 5.	피보전권리 근저당권설정등기청구권
2	가압류(乙)	2009. 2. 10.	말소기준권리 ★
3	근저당권(甲)	2009. 5. 8.	1순위의 가처분에 기한 승소판결로 근저당권설정 등기완료
4	임의경매신청(甲)	2009. 10. 5.	甲이 3순위 근저당권에 기하여 임의경매신청

- **甲의 1순위 근저당권설정등기이행청구권의 가처분에 기하여 근저당권설정등기가 완료되면 乙의 가압류는 말소되는지?**
위 권리관계에서 甲의 1순위 가처분등기의 피보전권리는 '목적 부동산에 관한 근저당권설정등기청구권'이므로 위 가처분 이후에 다른 채권자인 乙의 가압류등기가 이루어 졌다고 하여, 위 가처분의 효력에 반하는 것은 아니므로 위 가처분에 기한 근저당권설정등기가 완료되어도 가처분 이후에 기입된 가압류등기는 말소되지 않는다(등기예규 1062호).

- **甲의 가처분에 기한 근저당권과 乙의 가압류의 배당순위는 누가 더 빠른지?(근저당권설정등기청구권의 보전을 위한 처분금지가처분등기를 한 경우 순위 기산일 : 가처분의 순위보전효의 문제)**

 경매특강을 하다 보면 강의를 듣는 분들이 권리분석을 하다가 종종 물어보는 사례이다. 위 사례에서 가처분에 기하여 근저당권설정등기를 완료한 근저당권자 甲으로서는 자신의 가처분보다 후순위인 가압류권자 乙에게 우선 배당을 주장할 수 있다. 마치 가등기에 순위보전의 효력이 있는 것처럼 **가처분의 순위보전효**에 의하여 위 **'가처분의 기입등기시점'**(가처분에 기하여 근저당권설정등기를 완료한 근저당권자의 경우 배당순위 기준일은 '근저당권설정등기일'이 아니라 '가처분기입등기일'임)에 근저당권의 우선변제효가 발생한다.

 즉 "근저당권설정등기청구권의 보전을 위한 가처분 이후에 다른 채권자의 가압류등기가 이루어 졌다고 하여 위 가처분의 효력에 반하는 것은 아니다"의 의미는 '가압류기입등기의 존재'가 그 효력에 반하지 않는다는 것이지, '가압류기입등기의 순위'가 그 효력에 반하지 않는다는 뜻이 아니기 때문이다. 따라서 甲의 가처분에 기한 근저당권이 乙의 가압류에 우선하여 배당을 받아야 하므로 근저당권자와 가압류권자를 안분배당해서는 안된다.

- **가처분에 기한 근저당권설정등기를 완료한 후 당해 가처분이 말소되는 경우 근저당권설정등기의 순위에 변동이 있는지?**

 가처분에 기하여 근저당권설정등기를 완료한 후 당해 가처분이 **말소**되는 경우에도 위 법리는 달라지지 않는다. 즉 위 가처분권자가 가처분에 기하여 근저당권설정등기를 완료한 후 그 가처분을 말소한다고 하여 이미 가처분에 기하여 설정된 근저당권설정등기의 순위가 '가처분기입등기시점'이 아닌 '근저당권설정등기시점'으로 바뀌는 것은 아니다(대결 2001마6620 참조).

[근저당권설정등기이행청구권 가처분의 등기부(갑구) 기재 예]

【 갑 구 】 (소유권에 관한 사항)				
순위번호	등기목적	접 수	등기원인	권리자 및 기타사항
2	가처분	2003년 4월 17일 제19361호	2003년 4월 14일 인천지방법원의 가처분결정 (2003카단13394)	피보전권리 근저당권설정등기청구권 채권자 주식회사 ○○은행 서울 중구 남대문로2가 100-1 금지사항 매매, 증여, 전세권, 저당권, 임차권의 설정, 기타일체의 처분행위 금지

[근저당권설정등기이행청구권 가처분에 기한 근저당권설정등기가 완료된 등기부(을구) 기재 예]

【 을 구 】	(소유권 이외의 권리에 관한 사항)			
순위번호	등기목적	접 수	등기원인	권리자 및 기타사항
1	근저당권설정	2008년 9월 8일 제41116호	2002년 10월 31일 설정계약	(2003년 4월 17일 접수 제19361호 가처분에 기함) 채권최고액 금 600,000,000원 채무자 김응돌 인천광역시 중구 신흥동3가 151-77 근저당권자 주식회사 ○○은행 123421-1100100 서울 중구 남대문로2가 100-1 (인천여신관리센터)

(7) 국세체납처분에 의한 압류등기

국세체납처분에 의한 공매와 법원경매의 각 절차는 그 근거법령이 다르므로 각각 독자적으로 진행할 수 있고, 양 절차 중 먼저 진행된 절차에서 소유권을 취득한 자가 진정한 소유자로 확정되며(대판 99다3686), 또 그 매각후의 배당에 있어서 국세는 우선적으로 변제되어야 하므로 경매절차에서 국세체납처분에 의한 압류등기에 관계된 국세를 우선변제하고 그 압류등기를 말소하여야 한다(대판 4293민상124). 지방세의 경우도 마찬가지이다.

체납처분에 의한 압류등기 후 소유권이 이전되어 새로운 소유자의 채권자가 경매신청을 하여 매각이 된 경우에, 체납처분에 의한 압류권자에게도 배당을 하고 그 압류등기도 말소할 수 있다.

(8) 예고등기

예고등기는 권리에 관한 공시목적의 등기가 아니고 단지 경고의 의미만 있고 부동산의 부담이 아니므로 말소촉탁의 대상이 되지 않는다. 즉 매각(낙찰)에 따른 매수인 앞으로의 소유권이전등기 촉탁시 하는 말소대상이 아니고, 본안소송의 결과 등에 따른 수소법원의 촉탁으로만 말소될 수 있을 뿐이다(자세한 설명은 ❶권 참조).

다만 저당권말소등기의 예고등기는 목적부동산이 매각(낙찰)되어 저당권이 소멸한 경우는 그 예고등기를 등기관이 직권말소할 수 있다(등기선례).

(9) '사용미승인 건물'이라는 취지의 말소여부

사용승인을 받지 않은 미등기건물에 관하여 경매개시결정을 한 법원경매계의 압류등기 촉탁에 의하여 건물의 보존등기를 하는 경우에는 등기부 중 표시란에 당해 건물이 사용승인을 받지 않은 건물임을 적어야 하는데(부등법 134조 3항 단서, 등기예규 1065호), 이 경우에 경매 중에 건축법상의 사용승인이 이루어지더라도 사용승인을 받지 않은 건물이라는 취지의 말소는 예고등기와 마찬가지로 권리에 관한 공시를 목적으로 하는 등기가 아니어서 부동산의 부담으로 되지 않으므로 말소촉탁의 대상이 되지 않고, 단지 그 건물 소유권의 등기명의자가 그에 대한 말소등기를 신청할 수 있다(부등법 134조 4항, 6항 참조).

(10) 경매개시결정등기

경매가 완결되면 경매개시결정등기는 더 이상 필요없게 되므로 경매계장이 직권으로 그 등기를 말소촉탁한다(법 144조 1항 3호).

(11) 매각대금 납부 후 소유권이전등기촉탁 전에 완료된 제3취득자 명의의 소유권이전등기 · 가압류등기 등의 말소여부

• **등기부상의 권리관계**

순 위	권리내용및권리자	원인일자	비 고
1	임의경매개시결정(甲)	2009. 2. 10.	근저당권에 기한 임의경매신청 말소기준권리 ★
2	소유권이전(乙)	2009. 5. 8.	매수인(낙찰자) A의 매각대금 납부 이후 소유권이전 받은 제3취득자
3	가압류(丙)	2009. 6. 7.	
4	압류(丁)	2009. 10. 5.	

위 권리관계에서 매수인(낙찰자) A의 매각대금 납부 이후에 완료된 제3취득자 乙명의의 소유권이전등기, 제3취득자 乙을 상대로 한 丙의 가압류등기, 丁의 체납처분에 의한 압류등기가 말소촉탁의 대상이 되는지 여부에 대하여 견해의 대립이 있다.

• **법원경매계의 실무처리**

어차피 말소될 운명에 있는 무효의 등기라면 법원경매계에서 직권으로 말소를 촉탁하는 것이 절차의 신속과 간명화를 위하여 타당하다는 입장이고, 이것이 현재 법원경매계의 실무례이다.

• **판례의 태도**

판례(대판 2000다29295)도 위 법원경매계의 실무례와 같은 입장을 취하고 있다. 즉 '경매신청의 기입등기가 이루어진 후에 제3자 명의의 소유권이전등기가 경료되고 그 제3자가 매수인(낙찰자)이 되어 매각대금을 완납한 상태에서 그 제3자를 채무자로 하여 이루어진 가압류등기도 매각대금의 완납에 의하여 실효 되는지 여부'에 대하여 판례는, "부동산의 권리를 취득한 제3자가 그 취득할 때에 경매신청 또는 압류 있음을 알았을 경우에는 압류에 대항하지 못하는 것이므로(민집법 92조 1항) 경매신청의 기입등기가 이루어진 후에 경료된 제3취득자 명의의 소유권이전등기는 매수인에게 대항하지 못하는 것으로서 매수인이 인수하지 아니한 부동산 위의 부담의 기입에 해당하여 매각대금의 완납이 있는 경우에는 법원이 직권으로 그 말소를 촉탁하여야 하는 것이고(동법 144조 1항), 그 제3취득자를 채무자로 하여 이루어진 압류 또는 가압류의 등기는 매각대금의 완납에 의하여 실효되는 것이고, 이러한 법리는 그 제3취득자가 매수인이 되었다거나 그 제3취득자를 채무자로 한 압류 또는 가압류의 등기가 매각대금의 완납이 있은 후에 이루어졌다고 하더라도 달라지지 아니한다."라고 판시하였다.

☞ 이처럼 제3취득자 명의의 소유권이전등기가 말소의 대상이 된다고 보는 이상 그 당연한 귀결로, 제3취득자 乙이 매수인이 되어 매각대금을 완납한 상태에서 그의 채권자인 丙이 가압류를 한 경우 제3취득자 乙명의의 소유권이전등기와 丙명의의 가압류등기는 모두 법원경매계의 촉탁에 의하여 말소된다.

(12) 경매대상 목적물이 일부지분인 경우(공유부동산 중 일부지분을 낙찰 받은 경우) 등기부상 전체에 대한 권리의 선순위 부담의 말소범위 등

① 공유자의 전체지분에 대한 최선순위 근저당권이나 가압류가 존재하는 물건에 대한 지분경매시 법원경매계의 배당의 방법과 말소촉탁의 범위

• **배당의 방법**

공유자 甲, 乙, 丙, 丁의 **공유부동산 전체**에 대하여 최선순위 근저당권이나 가압류 설정 후 그 근저당권자나 가압류권자가 아닌 다른 채권자의 경매신청에 의하여 경매가 개시되었고, 경매대상이 공유자 甲에 대한 **일부지분**인 경우에 최선순위의 근저당권자나 가압류권자에게 배당하여야 할 금액에 관하여, ㉠ 근저당권의 채권최고액이나 가압류의 청구금액 중 매각대상인 지분에 상응한 비율로 안분한 금액이라는 견해와, ㉡ 선순위의 근저당권자나 가압류권자는 **채권최고액**이나 **청구금액전액**에 대하여 우선적으로 배당받고, 다른 권리자와의 관계는 변제자의 대위문제로 해결하여야 한다는 견해로 나뉘어져 있는데, 법원경매계는 후자의 견해를 따른다.

- **말소촉탁의 범위**

  위 사례에서 지분경매이지만 최선순위 근저당권자나 가압류권자가 배당절차에서 채권최고액이나 청구금액전액에 대하여 우선적으로 배당을 받는다면 그 근저당권이나 가압류에 대하여는 매각지분(매각된 공유자 甲의 지분만큼)이 아닌 전체에 대한 말소촉탁을 하여야 한다. 만일 전액 배당을 못 받는다면 근저당권이나 가압류의 변경등기(일부 말소의 의미)를 해야 하는 것은 당연하다.

② 일부 공유자가 자기지분에 대한 가압류(압류) 후에 자기지분을 타 공유자의 지분과 같이 제3자에게 매각한 경우 가압류권자의 경매신청으로 가압류된 지분의 매각(낙찰) 후 일부 말소촉탁의 범위

공유자 甲, 乙 중 甲의 공유지분에 대하여 가압류(압류)의 효력발생 후 甲과 다른 공유자 乙이 각 그 지분을 丙에게 매각하였고, 丙은 소유권이전등기를 완료한 다음 자기 부동산에 관하여 丁 앞으로 근저당권설정등기를 하였다. 이후 甲의 지분에 대한 가압류권자의 경매신청(또는 압류채권자의 경매)으로 甲의 공유지분이 경매절차에서 A에게 매각(낙찰)된 경우에 법원경매계의 매각에 의한 소유권이전등기의 촉탁시 그 촉탁방법의 문제이다.

이때 법원경매계는 '丙 명의의 소유권이전등기 및 丁 명의의 근저당권설정등기의 경정' 등기를 촉탁하여야 한다. 즉 경매계에서는 丙 명의의 소유권이전등기는 '甲의 지분에 해당하는 지분의 일부말소등기'(지분의 일부가 A에게 넘어갔으므로)를, 丁 명의의 근저당권설정등기는 근저당권의 목적을 甲의 지분에 해당하는 지분을 제외한 나머지 지분(丙의 지분)으로 축소하는 일부말소등기를 하게 된다(등기선례 4-633 참조).

③ 토지전체에 대한 근저당권 ➟ 가압류 기입등기 후 지상에 집합건물이 신축되고 (토지 근저당권자의 추가근저당권설정) 경매절차에서 집합건물의 특정부분을 매수(낙찰)한 후 그 대지권의 목적이 된 토지별도등기(근저당권 · 가압류)의 말소촉탁의 범위

• **등기부상 권리관계**

순 위	권리내용 및 권리자	원인일자	비 고
1	토지 소유자(甲)		
2	근저당권(乙)	2008. 1. 3.	• 甲의 토지에 대한 근저당임 • 경매신청채권자
3	소유권이전(丙)	2008. 1. 9.	토지에 대한 소유권이전
4	가압류(丁)	2008. 2. 11.	
5	소유권보존(丙)	2008. 11. 25.	丙이 집합건물을 신축하고, 소유권보존등기 및 대지권등기 완료
6	(추가) 근저당권(乙)	2008. 11. 25.	乙이 집합건물 전부에 대한 추가근저당권설정
7	임의경매신청(乙)	2009. 1. 9.	乙이 근저당권에 기하여 임의경매신청
8	매각을 원인으로 한 소유권이전(戊)	2009. 8. 21.	戊가 경매에서 특정의 전유부분과 그 대지권을 매수(낙찰)함

• **말소촉탁의 범위**

등기부상 소유자는 甲이고 甲을 채무자로 한 乙 명의의 근저당권이 설정된 **토지**에 대하여, 丙 앞으로 소유권이전등기가 넘어간 후 丁이 丙을 채무자로 한 가압류등기를 한 상태에서, 丙이 위 토지상에 **집합건물**(예 아파트 등)을 신축하여 그 집합건물에 대한 소유권보존등기 및 대지권등기를 하고 같은 날짜로 위 집합건물을 일체로 하여 乙 명의의 추가근저당권설정등기를 완료하였다.

그 후 乙이 임의경매를 신청하여 戊가 특정의 전유부분(예 502호)과 그 대지권을 매수(낙찰)한 경우, **토지**등기부상 **근저당권**은 집합건물 등기부상의 **추가근저당권**의 채권과 동일한 채권을 담보하는 것이라 할 것이므로 이는 법 144조 1항 2호의 '매수인이 인수하지 아니한 부동산의 부담에 관한 기입'으로서 말소촉탁의 대상이 되고, 그보다 후순위의 丁의 가압류등기 역시 배당 여부에 관계없이 말소촉탁의 대상이 되므로 매수인(낙찰자) 戊가 인수하지 않은, 매수(낙찰)한 특정 구분건물의 대지권에 해당하는 지분만큼은 근저당권 및 가압류등기에 대한 **일부말소촉탁**에 의하여 말소(일부말소 의미의 경정등기)될 수 있다(등기선례 199903-13 참조).

④ **일부지분에 대한 매각 후 말소기준권리 이후의 지상권은 전부 말소되는지?**

- 부동산전체에 대하여 최선순위가 아닌 지상권이 설정되어 있는데 다른 채권자의 경매신청으로 **일부지분**에 대한 경매절차가 개시되어 매각(낙찰)된 경우 지상권은 용익물권이기 때문에 법원경매계에서는 **지상권 전부**에 대하여 말소촉탁을 하게 된다(등기선례 3-636).
- 토지가 나대지(지상에 건물이 없는 토지) 상태일 때 **근저당권 ➡ 지상권**을 순차 설정한 후 그 토지상에 집합건물을 건축하고 토지에는 그 집합건물을 위한 대지권등기가 된 후 경매가 진행된 결과 집합건물 중의 일부 호수(예 502호)만 먼저 매각된 경우, 위 토지에 관한 **근저당권**(토지 별도등기)은 지분말소의 방법으로 말소촉탁이 가능하지만 그 **지상권**은 지분말소촉탁을 할 수 없고, 위 집합건물을 **최종적**으로 낙찰 받은 매수인이 지상권 전부의 말소신청을 하여야 할 것이다(등기선례 3-636).

⑤ **대지권등기가 되기 전에 토지 만에 대한 가압류등기가 완료되고 대지권등기가 된 후 그 가압류에 기한 경매신청으로 인한 매각(낙찰)에 의한 소유권이전등기를 하기 위한 절차는?**

토지만에 대한 **가압류**등기가 완료된 후 **대지권 취지의 등기**가 된 경우에 그 가압류에 기한 **토지만에 대한 강제경매신청**으로 인한 매각허가결정에 의한 소유권이전등기를 하기 위해서는 매수인(낙찰자)은 우선 매각허가결정 및 동 확정증명을 대위원인을 증명하는 서면으로 하여 **건물표시변경등기**(대지권 말소의 의미)신청을 함으로써, 등기관으로 하여금 대지권등기의 말소와 동시에 직권으로 토지등기용지 중 대지권인 취지의 등기를 말소하고 건물등기용지 중 대지권에 대한 등기로서의 효력이 있는 등기를 부동산등기법 102조의 4 규정에 의하여 토지등기용지의 해당 사항란에 전부 전사하게 한 다음, 매각허가결정으로 인한 소유권이전등기촉탁과 동시에 그 토지의 등기용지 중 가압류기입등기 후의 소유권이전등기와 매수인이 인수하지 않은 부동산의 부담의 기입의 말소등기촉탁을 하여야할 것이다(등기선례 3-778).

☞ 따라서 이와 같은 경우에는 매수인이 먼저 관할 등기소(등기과) 등기관에게 **건물표시변경**(대지권말소)등기신청을 함으로써 대지권 및 대지권인 취지의 등기의 **말소절차**를 밟은 후에 이를 법원경매계장에게 소명자료와 함께 신고하여야 하고, 경매계장은 매수인으로부터 위와 같은 신고가 있은 후에 등기관에게 촉탁을 하게 된다.

(13) 매각대금의 납부 후 말소기준권리인 최선순위 담보권(예 근저당권 등)이 말소된 경우 후순위 등기의 말소촉탁 여부

• **사례의 발생**

등기부상에 **근저당권**설정등기(말소기준권리) ➡ **지상권**설정등기 ➡ **가등기**(순위보전의 가등기)가 순차 완료되고, 다른 경매신청채권자에 의한 강제경매신청에 의하여 경매절차가 진행되어 매수인(낙찰자)이 매각허가결정이 확정된 후 매각대금을 납부하여 배당기일이 지정 · 통지되었다.

• **배당기일 전 말소기준권리가 소멸된 경우**

그런데 매각대금의 납부 후 **배당기일 전**에 채무자가 위 선순위 근저당권자에게 채무를 변제하여 근저당권설정등기가 말소된 경우에 말소기준권리 이후의 권리들, 즉 지상권설정등기 및 가등기는 말소촉탁의 대상이 되는지가 문제된다.

결론은 매수인의 매각대금의 납부 후 배당기일 전에 채무자의 임의변제에 따라 근저당권설정등기가 말소된 경우에도, 위 지상권설정등기 및 가등기는 **말소촉탁의 대상**이 된다(등기선례 2-605).

• **매각대금의 납부 전 말소기준권리가 소멸된 경우**

그러나 매수인이 소유권을 취득하게 되는 시점인 **매각대금의 납부 전**에 선순위 근저당권이 다른 사유로 소멸한 경우에도 위 지상권설정등기 및 가등기는 말소촉탁의 대상이 되는지가 문제된다.

결론은 매각대금의 납부 전에 말소기준권리인 선순위 근저당권이 다른 사유로 소멸한 경우에는 위 지상권설정등기 및 가등기는 말소촉탁의 대상이 되지 않는다(대결 98마1031).

• **매각대금의 납부 전 선순위 근저당권의 소멸로 말소기준권리가 변경되어 후순위 지상권설정등기 및 가등기를 인수해야할 처지에 놓인 매수인(낙찰자)의 대응책은?**

이 경우 매수인은 매각대금의 납부 전까지 **매각허가결정의 취소신청**(법 127조, 대결 98마1031 참조)을 하여 매수신청보증금을 회수한 후 다른 물건에 투자하여야 할 것이다.

(14) 화의법 · 회사정리법 · 파산법 또는 채무자회생 및 파산에 관한 법률에 따른 등기

종전 화의법 · 파산법이나 현재의 채무자 회생 및 파산에 관한 법률에 의하여 파산, 회생절차 등의 개시결정기입등기(채무자 회생 및 파산에 관한 법률 24조 1항 1호, 27조 등)가 있는 부동산에 대하여, 별제권(동법 411조 이하)을 가진 저당권자의 경매신청과 같이 적법하게 진행된 경매절차에 의하여 매각된 경우에는 그 개시결정기입등기는 말소촉탁의 대상이 된다. 또한 이들 법상의 보전처분등기가 있는 부동산이 매각된 경우에도 이와 같다.

(15) 가처분 · 가압류등기가 말소된 경우 채권자가 말소된 가처분기입등기의 회복등기절차의 이행을 소구(소송의 제기)할 수 있는지의 여부

- 부동산처분금지가처분의 기입등기는 채권자나 채무자가 직접 등기관에게 이를 신청하여 행할 수는 없고 반드시 법원의 촉탁에 의하여야 하는바, 이와 같이 당사자가 신청할 수 없는 처분금지가처분의 기입등기가 법원의 촉탁에 의하여 말소된 경우에는 그 회복등기도 **법원의 촉탁**에 의하여 행하여져야 하므로, 이 경우 처분금지가처분 채권자가 말소된 가처분기입등기의 회복등기절차의 이행을 소구할 이익은 없다(대판 99다27149, 대판 95다13951 등).
- 위 판례들은 가처분에 관한 것이지만 가압류의 경우에도 동일하다. 다만 판례(대판 77다2138, 대판 90다8657 등)는 촉탁등기 중 체납처분에 의한 압류등기에 대하여는 말소청구소송을 인정하고 있다.

(16) 우선변제권 있는 주택임차권 ➟ 소유권이전등기청구권보전가등기(순위보전의 가등기)의 순으로 권리관계가 존재하는 물건이 매각(낙찰)되었을 때 말소기준권리보다 빠른 순위보전의 가등기는 매각으로 소멸되는지의 문제

① 권리관계

순 위	권리내용 및 권리자	원인(설정)일자	비 고
1	주택임차권(甲)	2002. 2. 25. (전입일자＋확정일자)	• 대항력＋확정일자 있음 • 권리신고 및 배당요구
2	소유권이전등기 청구권보전가등기(乙)	2003. 1. 20.	
3	강제경매신청(甲)	2008. 1. 10.	말소기준권리 ★

위 권리관계를 보면 乙의 소유권이전등기청구권보전가등기가 2003. 1. 20. 완료되어 있고, 등기부상 이 가등기보다 선순위의 권리는 없다. 그런데 대항력을 가진 확정일자 있는 주택임차인(전입일자 및 확정일자 : 2002. 2. 25.) 甲이 임대인으로부터 임차보증금을 받지 못하여 지급명령을 받아 강제경매를 신청하였는데 위 乙의 선순위 가등기는 나중에 매각(낙찰)으로 말소되는지가 문제된다.

일반적으로 말소기준권리보다 빠른 권리들(근저당권, 담보가등기, 배당요구를 한 선순위 전세권 등은 제외)은 매각으로 소멸되지 않고 매수인(낙찰자)에게 인수되는 것이 원칙이나, 최선순위 우선변제권을 가진 임차인이 배당요구를 한 경우 그 확정일자 이후에 완료된 소유권이전등기청구권가등기는 매각 후 소멸대상인지 여부에 대하여 다음과 같은 견해의 대립이 있다.

② **소극설(법원실무제요의 입장)**

이 견해는 매수인(낙찰자)이 인수하지 않은 부동산의 부담인지 여부는 오로지 **부동산등기부**에 적힌 것을 기준으로 판단하여야 하고, 등기부에 기입되지 않은 권리로서 특별법에 의하여 우선변제권이 인정되는 권리(甲의 임차권)가 성립한 때를 기준으로 판단하여서는 안 된다"는 것을 주된 근거로 한다.

결국 이 견해에 의하면 乙의 소유권이전등기청구권보전가등기는 말소기준권리인 甲의 강제경매신청보다 빠르므로 임차인 甲이 보증금 전액을 배당받은 경우에도 위 乙의 가등기는 매각으로 소멸하지 않고 매수인에게 인수된다.

③ **적극설(판례의 입장)**

이 견해는 乙의 소유권이전등기청구권보전가등기는 매각으로 소멸한다고 한다. 즉 가등기가 말소되지 않는다면 임차인의 우선변제권이 현저히 침해될 뿐 아니라 판례(대판 92다30597, 대판 <전 · 합> 2004다26166)와 경매실무가 배당요구를 한 우선변제권 있는 주택임차권자의 지위를 저당권자 등 담보물권자의 지위와 거의 같이 취급하고 있는 점"을 그 주된 근거로 하고 있다.

만일 위 판례에 의하면 주택임차권도 말소기준권리가 되므로 시중의 경매책에서 다루고 있는 말소기준권리의 범위를 넓혀 주택임차권을 말소기준권리에 포함시켜야 할 것이다.

※ **가등기의 잔존으로 임차인의 우선변제권이 현저히 침해되는 문제**

乙의 소유권이전등기청구권보전가등기가 말소된다면 별 문제가 없겠지만, 말소되지 않는다면 위 부동산의 가치는 현저하게 떨어져 최선순위 변제권을 가진 甲이 배당요구를 한다고 하여도 사실상 배당받을 것이 없거나 설령 배당을 받더라도 나중에 乙앞으로의 본등기가 완료되면 소유권을 상실한 매수인(낙찰자)은 배당을 받은 임차인 甲을 상대로 추급권을 행사할 가능성이 높다.

구체적으로 보면 다음과 같다.

• 판례(대판 92다30597)는 "주택임대차보호법 3조의2 2항은 대항요건(주택인도 + 주민

등록전입신고)과 임대차계약증서상의 확정일자를 갖춘 주택임차인은 후순위권리자 기타 일반채권자보다 우선하여 보증금을 변제받을 권리가 있음을 규정하고 있는바, 이는 임대차계약증서에 확정일자를 갖춘 경우에는 부동산 담보권에 유사한 권리를 인정한다는 취지"라고 판시하고 있다.

- 경매실무상 권리신고 및 배당요구신청을 한 우선변제권 있는 주택임차권자의 지위는 담보물권자(예 근저당권자 등)의 지위와 거의 동일하고, 차이점이 있다면 저당권자 · 전세권자 · 담보가등기권자 등의 담보물권자는 직접적인 규정에 의하여 경매신청권이 있는 반면, 임차권자는 그런 경매신청권이 없다는 것뿐이다.
- 또 임차권은 저당권 등의 담보물권처럼 매각에 의하여 소멸되는 것이 원칙임을 규정(주보법 3조의5)하고 있으므로 배당요구한 주택임차권자의 우선변제권도 다른 담보물권처럼 매각으로 인하여 소멸하게 된다.
  나아가 최근판례(대판 <전 · 합> 2004다26133)에 의하면 임차인의 우선변제권은 법정담보물권으로 확고하게 승격되었다.
  그런데 등기부상 근저당권 ➟ 순위보전의 가등기의 순위로 완료된 권리관계에서 말소기준권리 이후인 가등기는 매각으로 소멸되는 이치와 같이, 근저당권 등의 담보권과 동일한 지위에 있는 우선변제권 있는 임차권이 성립한 후에 완료된 순위보전의 가등기는 당연히 말소되어야 한다.

④ 양 견해의 차이

양 견해의 이러한 차이는 보다 근원적으로 후자(적극설)가 주보법상의 임차인 보호에 관한 관련 규정의 실체법적 의미에 중점을 두는 반면, 전자(소극설)는 경매실무상 발생하는 말소촉탁의 대상 및 범위에 관한 등기실무의 현실(법원경매계는 말소를 촉탁할 뿐 종국적으로는 등기관이 등기부를 토대로 말소 여부를 판단한다는 점)에 중점을 두고 있다는 데에서 비롯되고 있다.

⑤ 법원경매계의 실무처리 및 결론

앞으로 보다 검토되어야 할 것으로 판단되지만, 현재까지의 다수의 법원경매계의 실무례는 적극설이 경청할 필요가 있다는 것을 인정하면서도 법원실무제요의 입장에 따라 소극설을 취하고 있는 것으로 보인다.

그러나 민사집행법에 있어 전세권자가 배당요구를 하면 법 91조 4항 단서에 의하여 매각으로 소멸되고 그 이후 완료된 순위보전의 가등기는 말소되어야 한다는 것은 당연하다. 그렇다면 공시가 되어 있는 임차권등기명령을 받은 임차권자나 부동산등기부상 공시는 되어 있지 않으나 주민등록이라는 공시방법을 갖춘 임차권자도 같이 취급을 해야 한다고 보므로 적극설이 타당할 것이다.

실 전 사 례

[사례 1]

Q 근저당권자인 甲이 경매대상 부동산에 관한 근저당권설정등기 청구권을 보전하기 위하여 처분금지가처분등기를 완료한 다음 본안판결(근저당권설정등기청구소송)을 제기하여 그 승소판결을 원인으로 근저당권설정등기를 마쳤다. 이후 甲이 담보권 실행을 위한 경매신청(임의경매신청)을 한 경우에 매각(낙찰)으로 위 가처분등기는 말소촉탁의 대상이 되는 것인지, 아니면 최선순위 가처분등기로서 매수인(낙찰자)에게 인수되는 것인지?

A ❶ 위 사례는 경매개시 전 목적을 달성한 최선순위 처분금지가처분등기의 말소방법을 물어보는 경우이다. 이 사례의 경우, 법원경매계로서는 가처분을 한 근저당권자로 하여금 그 스스로 가처분을 한 법원에 **가처분의 목적달성**을 이유로 가처분등기의 말소촉탁을 신청하게 하고, 그 후 위 법원의 법원사무관 등의 말소촉탁으로 해당 가처분등기가 말소된 것이 확인되면 그 후에 경매절차를 진행하는 것이 가장 일반적인 업무처리방법이라고 할 것이다.
그러나 문제는 근저당권자가 이를 이행하지 않거나 법원경매계에서 위와 같은 조치를 취하지 않고 경매를 진행한 경우에 위 가처분등기의 효력이 어떻게 되는가 하는 것이다.

❷ 이에 대하여는 ㉠ 경매개시결정의 등기보다 가처분등기가 우선하므로 매각허가결정에 기한 이전등기촉탁시 위 가처분의 말소촉탁을 할 수 없다고 보는 견해(소극설)도 있을 수 있으나, ㉡ 위 가처분은 경매신청채권자 甲이 신청한 처분금지가처분으로 경매신청채권자에 우선하는 가처분이라고 할 수 없으므로 말소촉탁을 할 수 있다고 해석하는 견해(적극설)가 타당하다(법원실무제요도 같은 입장).
또한 등기예규 1061호는 "가처분권리자의 승소판결에 의한 소유권이전등기가 경료된 경우, 당해 가처분등기는 그 가처분등기의 말소에 관하여 이익을 갖는 자가 집행법원에 가처분의 목적달성을 이유로 한 가처분등기의 말소촉탁을 신청하여 그 신청에 기한 **집행법원의 말소촉탁**에 의하여 말소하여야 한다."라고 하여 가처분등기의 말소에 관하여 이익을 갖는 자가 말소촉탁 신청을 할 수 있도록 규정하고 있고, 매수인(낙찰자)도 위 예규상의 가처분등기의 말소에 이익이 있는 자에 해당한다고 볼 수 있으므로 만일 법원경매계의 경매계장이 가처분의 말소촉탁을 누락하였다고 하더라도 매수인 스스로 근저당권설정등기로 가처분이 목적달성을 하였음을 소명하여 법원경매계나 가처분을 한 법원(해당 법원 민사신청과)의 법원사무관 등에게 가처분의 말소촉탁을 신청할 수 있다고 할 것이다.

[사례 2]

Q 주택임대차보호법이나 상가건물임대차보호법의 적용을 받는 건물에 대한 최선순위 전세권자가 경매사건에서 배당요구를 하였으나 전세금 전액을 배당받지 못한 경우 그 전세권등기가 말소촉탁의 대상이 되는 등기에 해당하는지?

A ❶ 위 사안은 보증금을 전액 변제받지 못한 최선순위 전세권등기의 말소 여부 및 최선순위 전세권과 대항력 및 우선변제권을 겸유한 임차권과의 차이를 물어보는 경우이다.

법 91조 3항, 4항의 규정을 종합하면, 전세권의 경우 경매절차에서 전세권이 언제 종료되었는지, 그리고 전세권의 목적물이 건물인지 토지인지에 상관없이 최선순위의 전세권은 오로지 전세권자의 **배당요구**에 의하여만 소멸하고, 전세권자가 배당요구를 하지 않는 한 전세권은 **매수인에게 인수**되며, 반대로 배당요구를 하면 존속기간이 언제이든지 상관없이 전세권은 **소멸**한다.

❷ 그러므로 이 사안의 경우 최선순위 전세권자가 배당요구를 한 이상 설령 그 배당금이 전세권반환채권액에 미달하더라도 전세권은 소멸하게 되고, 그 결과 변제받지 못한 전세금은 무담보의 채권으로 남게 되어 전세권자는 전세권설정자(채무자)의 다른 일반재산에 대하여 강제집행을 하는 방법 등으로 그 채권을 회수할 수밖에 없다.

☞ 이 점은 주보법이나 상보법의 적용을 받는 대항력 있는 임차인의 경우 "보증금이 전액변제되지 아니한" 경우에 그 임차권이 경매로 소멸하지 아니하는 것과 구별된다(주보법 3조의5, 상보법 8조 참조).

❸ 다만 전세권의 목적물이 주택이나 상가건물인 경우, 최선순위 전세권자가 주보법이나 상보법에 의한 대항력과 우선변제권을 함께 가지는 경우가 있을 수 있고, 이 경우 최선순위 전세권자는 전세권자로서는 매수인(낙찰자)에게 대항할 수 없으나 **임차권자**로는 대항할 수 있다.

대법원도 전세권의 목적물이 주택이나 상가건물인 경우, 임차인으로서 우선변제를 받을 수 있는 권리와 전세권자로서 우선변제를 받을 수 있는 권리는 근거 규정 및 성립요건을 달리하는 별개의 것이므로 전세권자가 주보법상 또는 상보법상의 우선변제 요건도 갖춘 경우에는 위 법에 의한 보호도 받게 된다고 하고 있다(대판 93다39676 등).

❹ 또한 최선순위 전세권과 위 각 주보법 · 상보법 소정의 대항력과 우선변제권을 겸유한 임차권과의 차이를 살펴보면, **전세권**의 경우 ㉠ 목적물이 농경지 이외의 부동산으로 되어 있고, ㉡ 그 주체도 자연인은 물론 법인도 가능하며, ㉢ 독자적 경매신청권이 전세권자에게 부여되어 있으며, ㉣ 전세권설정자의 동의 없이도 전전세권의 설정이 가능하고, ㉤ 주민등록전입을 요건으로 하지 않으며 등기부에 전입일자와 점유일자 및 확정일자 등이 공시되지 않으나, **임차권**은 ㉠ 주택(또는 상가건물)을 목적물로 하고, ㉡ 주체는 자연인(상보법의 경우 법인도 적용대상임)에 한하며, ㉢ 경매신

청권이 없으므로 경매를 실행하기 위해서는 집행권원을 얻어 강제경매신청을 하여야 하고, ㉣ 반드시 인도와 주민등록상 전입(상가건물인 경우에는 사업자등록신청)을 요건으로 하고, ㉤ 임차권등기시에 전입일자와 점유일자 및 확정일자가 공시되며, ㉥ 건물만의 임대차라도 경매 또는 공매시 대지의 매각대금으로부터 우선변제를 받을 수 있다는 점에서 차이가 난다.

우계장님 질문요?

甲은 乙과 전세권설정계약을 맺고 乙소유 주택에 제1순위로 전세권설정등기를 하고서 거주하고 있는데, 甲의 전세권의 존속기간이 1년 이상 남아 있는 시점에 위 주택의 제2순위 근저당권자의 임의경매신청에 따라 경매절차가 진행되고 있습니다. 이 경우 위 주택이 매각(낙찰)된다면 甲의 전세권의 운명은 어떻게 되는 것인지요?

❶ 질문하신 사안은 제1순위 전세권도 매각으로 소멸되는지 여부를 물어보는 경우입니다.
용익물권(지상권 · 지역권 · 전세권) 및 등기된 임차권 중 저당권 · 압류채권 · 가압류채권에 대항할 수 없는 경우(즉 말소기준권리에 대항할 수 없는 경우)에는 매각으로 소멸되므로 말소촉탁의 대상이 됩니다(법 91조 3항).
그 밖의 권리는 매수인에 대항할 수 있으므로 소멸되지 않고 존속하게 됩니다(즉 매수인이 인수해야 합니다). 다만 그 중 최선순위 전세권의 경우에는 최선순위 전세권자가 법 88조에 따라 배당요구 종기 내에 **배당요구**를 하면 매각으로 소멸되므로 이 경우에는 말소촉탁의 대상이 됩니다(법 91조 4항 단서).
즉 선순위 전세권자의 배당요구 여부에 따라 매수인의 인수부담 또는 소멸이 결정된다는 것입니다.

❷ 따라서 물어보신 사안의 경우 甲의 제1순위 전세권은 위 주택이 경매절차에서 매각된다면 원칙적으로 소멸되지 않고 매수인이 인수하여야 할 것이나, 다만 甲이 배당요구종기 내에 배당요구를 하면 甲의 제1순위 전세권은 소멸되고 甲은 매각대금에서 배당순위에 따라 배당을 받게 됩니다.
여기서 전세권의 우선변제청구권은 전세권이 소멸될 것을 전제로 하여 인정되는 것이므로 위 사안에서 甲이 우선변제청구권이 있는 제1순위 전세권에 기초하여 배당요구를 하려면 존속기간이 1년 이상 남아 있는 위 전세권설정계약을 해지할 수 있어야 가능할 것인데, 甲이 법원경매계에 배당요구를 하는 것을 전세계약해지의 의사표시로 볼 수 있고, 법원경매계가 법 89조에 따라 채무자에게 배당요구사실을 통지하면 전세권자 甲의 해지의사가 법원경매계를 통하여 전세권설정자 乙에게 전달되어 그 배당요구통지의 도달 즉시 해지로 종료된다고 볼 수 있을 것입니다.

제44강

매각대금지급 후의 처리 ❸

매각대금의 완납 후 소유권이전등기 등의 촉탁절차 등

〈강의 포인트〉

이번 강의는 매수인의 매각대금의 완납 후 소유권이전등기 등의 촉탁절차, 촉탁서의 첨부서류, 등기촉탁비용 등에 관하여 설명한다. 매수인은 매각대금을 완납한 후 매수인 앞으로의 소유권이전을 위하여는 매각을 원인으로 한 소유권이전등기 등의 촉탁신청서를 작성(보통은 법무사에게 위임하여 작성함)하여 법원경매계장에게 제출하여야 한다. 만일 위 신청서에 기재를 잘못하거나 첨부해야 할 서류가 미비할 때에는 등기소에 촉탁을 미루고 보정명령을 내려 매수인이 이를 보정해야 하는 불편과 등기촉탁이 지연되므로 정확하게 신청서를 작성하고 첨부서류도 빈틈없이 챙겨서 제출해야 할 것이다.

1. 등기촉탁절차

(1) 등기촉탁서의 작성과 송부방법

① 등기촉탁은 법원경매계장의 명의로 등기촉탁한다.

소유권이전등기 등의 등기촉탁은 법원경매계장의 명의로 등기촉탁서를 작성하여 관할등기소의 등기관에게 송부(민사소송법에 규정된 송달의 방법 : 보통은 등기우편)하는 방법으로 한다. 다만 경매계장이 근무하고 있는 청사 내의 등기과로 송부할 때에는 법원직원편에 의하여 송부한다.

② 여러 개의 부동산의 매수인이 각각 다를 때 등의 촉탁방법

경매계장은 여러 개의 부동산의 매수인(낙찰자)이 각각 다를 때에는 각 매수인별로 촉탁서를 작성하고, 매수인이 동일한 때에는 1개의 촉탁서를 작성한다. 위 각 경우에도 부동산마다 관할등기소가 다른 때에는 등기소마다 촉탁서를 작성하게 된다.

③ 공동입찰의 경우에 촉탁방법

1개의 부동산에 대하여 여러 사람이 공동으로 매수인이 된 경우(공동입찰의 경우)에도 1통의 촉탁서에 의하여 촉탁한다.

(2) 등기촉탁서의 기재사항

법원경매계장이 행하는 촉탁에 관한 등기에 관하여도 원칙적으로 신청에 의한 등기에 관한 부동산등기법의 규정(부등법 27조 2항)이 준용되므로 등기촉탁서에는 소정사항(부등법 41조, 42조, 동법시행규칙 49조)을 기재하여야 한다. 구체적으로 보면 다음과 같다. 이 부분은 경매계장이 하는 일이므로 입찰희망자는 다음의 소유권이전등기촉탁서의 예를 같이 보면서 참고적으로 읽어 보기 바란다.

① 부동산의 표시

부동산의 표시는 부동산등기부의 표시와 일치하게 하여야 한다(실무상 별지로 표시하고 있음).

☞ 경매개시결정 기입등기 후 매각부동산에 대하여 환지 · 증축 · 합필 · 분필 등의 변경이 촉탁신청서에 제출한 등기부등본 등에 의하여 확인되는 경우, 그 표시변경등기일자가 ㉠ 매각허가결정전이면 매각허가결정을 경정한 다음 촉탁서에 변경된 표시를 적을 것이고, ㉡ 매각허가결정 후이면 변경전의 표시를 하고 그 밑에 변경된 현재의 표시를 적어 촉탁한다.

② 등기권리자

등기권리자는 매수인(낙찰자)을 표시한다. 따라서 매수인이 자연인인 경우에는 그 주소와 이름, 주민등록번호를, 법인인 경우에는 소재지와 이름, 부동산등기용 등록번호를 적는다. 매수인이 사망한 경우는 "매수인 ○○○의 상속인 ○○○"로 표시한다. 법인의 경우에 대표자를 적을 필요는 없다. 공동매수인은 모두 표시하고 매각허가결정에 지분표시가 있으면 촉탁서에도 지분을 표시한다.

③ 등기의무자

등기의무자는 압류의 효력발생 당시(경매개시결정 기입등기 당시)의 소유명의인이다. 그러나 가압류 후 소유권이 이전되어 가압류권자가 본압류로 전이한 경우에는 가압류 당시의 소유자를 등기의무자로 기재한다. 즉 경매개시결정 기입등기 후에 소유권을 취득한 제3자가 있더라도 그 소유권이전등기는 압류에 대항할 수 없으므로 그 제3자(가압류 후 소유권을 이전 받은 현 소유자)가 등기의무자로 되는 것은 아니다.

압류의 효력발생 당시의 소유자가 사망하여 상속등기가 된 때에는 그 상속인을, 상속등기가 되어 있지 않은 때에는 사망자를 등기의무자로 표시하면 된다.

④ 등기원인과 그 연월일

등기원인은 '강제경매(임의경매)로 인한 매각'이고, 등기원인인 일자는 매각대금을 모두 낸 날로 적어야 한다. 예컨대, '2009. 11. 27.자 강제경매(임의경매)로 인한 매각'이라고 표시한다.

⑤ 등기목적

촉탁에 의하여 기입될 이전등기나 말소할 등기를 구체적으로 표시한다(소유권이전등기의 경우에는 단순히 "소유권이전등기"로, 말소등기는 말소할 등기와 함께 접수일자와 접수번호도 표시함).

⑥ 과세표준

이는 소유권이전등기등록세의 과세표준이 될 액을 말하고(부등법시행규칙 49조), 그 과세표준은 매각대금이다(지방세법 130조).

⑦ 등록세액

촉탁서에는 등록세액을 적어야 한다(부등법시행규칙 49조).

- **소유권이전등기의 경우**

  과세표준액의 1,000분의 30(농지의 경우에는 1,000분의 10)에 해당하는 등록세(지방세법 131조 1항 3호)와 그 등록세액의 100분의 20에 해당하는 지방교육세를 납부하여야 한다(지방세법 260조의3).

• **말소등기의 경우**

매 1건당 3,000원의 등록세와 600원의 지방교육세(등록세액의 100분의 20)를 납부하여야 한다(지방세법 131조, 법 260조의3).

※ 실무상 매수인(낙찰자)이 국고수납은행에 등록세를 미리 납부하고 그 영수필통지서와 영수필확인서를 제출하고 있으며, 촉탁서에는 소유권이전등기와 말소등기별로 위 등록세와 지방교육세를 합산하여 적고 있다. 예컨대, '이전등기 금 000원(지방교육세포함)', '말소등기 금 000원(지방교육세포함)'이라고 적는다. 또한 등기신청 수수료로 등기수입증지를 붙여야 한다.

[매각대금 완납 후 법원경매계장의 소유권이전등기촉탁서 예]

서 울 중 앙 지 방 법 원
등기촉탁서(이전)

중부등기소 등기관 귀하

사 건	2008타경32559 부동산강제경매
부동산의 표시	별지와 같음
등기권리자	○○○ (주민등록번호) 서울 성북구 동선동3가 112-4 한우리아트빌 202호
등기의무자	○○○ (주민등록번호) 서울 노원구 공릉동 87-2 101-403호
등기원인과 그 연월일	2009. 10. 3. 부동산강제경매로 인한 매각
등기목적	1. 소유권이전등기 2. 말소할등기 : 별지와 같음
과세표준	금 151,160,000 원
등록세	(이전등기) 금 1,813,920 원(지방교육세 포함) (말소등기) 금 36,000 원(지방교육세 포함)
등기촉탁수수료	금 29,000 원
주 택 채 권	금 2,370,000 원
채권발행번호	2124-10-2342-8600
첨 부	매각허가결정정본 1통, 촉탁서부본 2통

위 등기를 촉탁합니다. (등본작성 : 2009. 11. 2.)

2009. 11. 5.

법원사무관 ○ ○ ○ (인)

(3) 촉탁서의 첨부서류

다음과 같은 첨부서면은 매수인(낙찰자)이 제출해야 하므로 이를 제출하지 않은 경우에는 법원경매계장은 등기촉탁을 하지 않을 수 있다.

① 매각허가결정등본

경매계장의 등기촉탁서에는 매각허가결정의 등본(매각허가결정등본은 등기원인증서가 된다 : 부등법 40조 1항 2호)을 붙여야 한다(법 144조 1항, 68조). 그러나 매각허가결정등본은 등기원인의 일자를 증명하는 서면이 될 수 없으므로 등기촉탁서에는 등기필증 작성용 **등기촉탁서 부본**을 첨부해야 하고, 등기소(등기과)에서도 촉탁서부본에 등기필의 인증을 하게 된다.

② 등기권리자의 주소를 증명하는 서면(부등법 40조 1항 6호)

촉탁서에는 매수인이 자연인인 경우에는 주민등록등 · 초본, 법인인 경우에는 법인등기부등 · 초본, 법인 아닌 사단 · 재단인 경우에는 주소를 증명하는 서면 외에 대표자 또는 관리인의 주민등록등본을 첨부한다.

③ 부동산등기용등록번호를 증명하는 서면(부등법 40조 1항 7호)

매수인이 비법인사단 · 재단이거나 외국인(또는 주민등록번호가 없는 재외국민)인 경우에는 부동산등기법 41조의2에서 규정하는 부동산등기용등록번호를 증명하는 서면을 첨부한다.

④ 상속을 증명하는 서면

매각대금지급 전에 매수인(낙찰자)이 사망한 경우에는 상속인을 위하여 소유권이전등기를 촉탁하여야 하므로 제적등본, 가족관계등록부, 상속포기증명 등 상속을 증명하는 서면을 제출하게 하여 이를 첨부하여야 한다(다만 상속인명의로 매각허가결정을 경정하여 촉탁하는 경우에는 위 서류가 불필요함).

⑤ 국민주택채권매입필증

매각부동산(낙찰 받은 부동산)의 과세표준액이 500만원 이상인 경우에 매수인(낙찰자)

명의로 소유권이전등기를 하기 위하여는 매수인이 국민주택채권을 매입하여야 하므로(주택법 68조, 동법 시행령 17조 1항), 경매계장은 매수인으로 하여금 국민주택채권 매입총액과 국민주택채권 발행번호가 기재된 영수증을 제출하게 하여 위 매입총액과 발행번호를 촉탁서에 기재하여야 한다.

국민주택채권의 매입금액은 촉탁 당시의 과세시가표준액에 주택법 시행령 17조 1항 별표 3에 정한 매입률을 곱하여 산출한다. 매수인이 국민주택채권 매입필증을 제출하지 않으면 경매계장은 소유권이전등기의 촉탁을 하지 않을 수 있다.

⑥ 토지대장등본 · 건축물대장등본

국민주택채권의 매입의무의 유무판단, 매입액의 산출을 위하여 토지대장등본, 건축물대장등본, 토지가격확인원이 필요하므로 경매계장은 매수인으로 하여금 등기촉탁일로부터 3개월 이내에 발행된 위 대장등본을 제출토록 하여 이를 촉탁서에 첨부하여야 한다.

⑦ 등록세영수필통지서 · 영수필확인서

매수인은 등기촉탁 전에 이전등기와 말소등기에 필요한 등록세를 납부하고 등록세 영수필통지서와 영수필확인서를 받아 이를 경매계장에게 제출하여야 한다.

⑧ 농지취득자격증명의 요부

법원경매절차에서 농지에 대하여는 농지취득자격증명에 관한 사항을 법원경매계가 매각허부 재판시에 직권으로 조사하게 되어 있으므로 농지에 대하여 매각으로 인한 소유권이전등기를 촉탁함에 있어서는 농지취득자격증명을 첨부할 필요가 없다(등기선례 3-865).

※ 낙찰 받은 후 소유권이전등기 촉탁 신청시 첨부할 서류의 준비 절차

1. 구청 민원실(부동산소재지 관할) … 건축물관리대장 · 토지대장 · 공시지가확인원 각 2통 발급

⇩

2. 구청 세무과 …
❶ 건축물관리대장 · 토지대장 · 공시지가확인원 및 매각대금완납증명원 제출
❷ 등록세 · 취득세, 교육세 납부고지서 발급
❸ 과세시가표준액 확인

⇩

3. 국민은행 …
❶ 등록세 · 취득세 · 교육세 납부 후 영수필 확인서와 영수필 통지서 발급
❷ 국민주택채권 매입 및 할인

↓

4. 법무사 등	… 소유권이전등기 촉탁 신청서 작성 및 신청 위임
5. 해당 법원 경매계	… 소유권이전촉탁등기 신청서를 경매계에 제출 ➠ 경매계장의 신청서 심사 ➠ (적법하면) 등기소에 소유권이전등기 촉탁 실시
6. 해당 등기소	… 소유권이전등기 등 완료
7. 등기소 또는 경매계	… 등기소나 경매계에서 등기필증 수령

[매수인의 부동산소유권이전등기 촉탁 신청서 예]

부동산소유권이전등기 촉탁 신청서

사건번호　　2008타경21092　부동산임의경매
채 권 자　　이부영
채 무 자　　김응돌
소 유 자　　김응돌
매 수 인　　장희복(주민등록번호)
　　　　　　서울 송파구 잠실동 175-2 위너스빌딩 1113호

위 사건에 관하여 매수인 장희복은 귀원으로부터 매각허가결정을 받고 2009. 8. 26. 대금전액을 완납하였으므로 별지목록 기재 부동산에 대하여 소유권이전 및 말소등기를 촉탁하여 주시기 바랍니다.

첨부서류

1. 부동산표지 및 말소할 사항(등기)　　　각 4통

1. 부동산등기부등본 1통
1. 토지대장등본 1통
1. 건축물대장등본 1통
1. 주민등록표초본 1통
1. 등록세 납부 영수필통지서 및 확인서(이전, 말소)
1. 대법원 수입증지 : 금 19,000원(이전 : 9,000원, 말소 5건 : 10,000원)
1. 국민주택매입총액 : 금 8,940,000원
1. 국민주택채권발행번호 : 2210-10-2000-2322

2009. 8. 26.

신청인(매수인) 장 희 복 (인)
연락처 :

서울중앙지방법원 민사집행과 경매10계

[첨부서류 : 말소할 사항(등기)]

말소할 사항(등기)

1. 2006. 12. 14. 접수 제12488호 임의경매
2. 2004. 4. 21. 접수 제31139호 근저당권
3. 2006. 5. 26. 접수 제58039호 근저당권

※ 등록세 및 국민주택채권산출내역

1. 등 록 세

(1) 이　전

구 분	금 액	비 고
등 록 세	금 5,016,000원	매각금액 금 501,600,000원
교 육 세	금 1,003,200원	
합　계	6,019,200원	

❶ 등 록 세
- 과표 : 매각대금 및 매수인이 인수한 임대보증금 또는 전세금을 합산한 가액
- 세율 : 매각가액(낙찰가)의 3%(구청에서 발급받은 세액), 농지는 1%.

❷ 교육세 : 등록세의 20%(구청에서 발급받은 세액)

(2) 말　소

구 분	금 액	비 고
등 록 세	금 15,000원	말소 5건
교 육 세	금 3,000원	
합　계	18,000원	

- 매 1건당 3,000원의 등록세 + 600원의 교육세를 부담(3,600원)하므로 3,600 × 5건 = 18,000원이다.

2. 국민주택채권

시가표준액 및 국민주택채권매입금액		
부동산 표시	부동산별 시가표준액	부동산별 국민주택채권매입금액
1. 주택	금 344,000,000원	금 8,940,000원
2.	금　　　원	
국민주택채권매입총액		금 8,940,000원

3. 국민주택채권 매입 기준표

[특별시 및 광역시]

구분(용도)	시가표준액	매입금액
주거용 건물	500만원 이상 ~ 2,000만원 미만	시가표준액의 20/1,000
	500만원 이상 ~ 2,000만원 미만	시가표준액의 20/1,000
	2,000만원 이상 ~ 3,000만원 미만	〃 35/1,000
	3,000만원 이상 ~ 4,000만원 미만	〃 40/1,000
	4,000만원 이상 ~ 5,000만원 미만	〃 50/1,000
	5,000만원 이상 ~ 1억원 미만	〃 60/1,000
	1억원 이상	〃 70/1,000
토지 및 비주거용 건물	500만원 이상 ~ 5,000만원 미만	〃 25/1,000
	5,000만원 이상 ~ 1억원 미만	〃 40/1,000
	1억원 이상	〃 50/1,000

[기타지역]

구분(용도)	시가표준액	매입금액
주거용 건물	500만원 이상 ~ 2,000만원 미만	시가표준액의 20/1,000
	2,000만원 이상 ~ 3,000만원 미만	〃 30/1,000
	3,000만원 이상 ~ 4,000만원 미만	〃 35/1,000
	4,000만원 이상 ~ 5,000만원 미만	〃 45/1,000
	5,000만원 이상 ~ 1억원 미만	〃 55/1,000
	1억원 이상	〃 65/1,000
토지 및 비주거용 건물	500만원 이상 ~ 5,000만원 미만	〃 20/1,000
	5,000만원 이상 ~ 1억원 미만	〃 35/1,000
	1억원 이상	〃 45/1,000

2. 등기촉탁비용

(1) 매수인의 부담

소유권이전등기와 부동산 위의 부담의 기입등기 및 경매개시결정등기의 말소에 관한 비용은 매수인(낙찰자)의 부담으로 한다(법 144조 2항).

(2) 법원경매계에 지급할 비용

① 지급할 비용으로는 등기신청수수료, 촉탁서송부비용, 등기관의 등기필증송부비용, 경매계장이 등기필증을 매수인에게 송부하는 비용 등이 있고, 등록세는 앞에서 설명한 바와 같이 현금으로 경매계장에게 지급하지 않고 등록세 영수필통지서, 영수필확인서만 제출하면 된다.
등기신청수수료는 매 부동산마다 소유권이전등기는 9,000원, 말소등기 및 변경등기는 2,000원이고, 납부는 당해 수수료액 상당의 등기수입증지를 매입하여 제출(기타 송부비용은 우표로 제출함)한다.

② 매수인이 비용을 납부하지 않으면 등기촉탁을 하지 않고 상당기간 경과 후에는 그대로 기록을 보존하게 된다.

3. 매수인이 법원경매계로부터 세금계산서를 발급받을 수 있는지의 문제

실무상 매수인(낙찰자)이 법원경매계에 세금계산서의 발급을 요청하는 경우가 있다. 사업자 소유의 물건에 대하여 경매가 진행되어 매각되었는데 매수인이 사업자인 경우 법원경매계에서 매수인에게 세금계산서를 발급할 수 있는지 여부에 관하여 견해의 대립이 있으나, 세금계산서는 재화의 공급가격에 부가가치세가 포함되어 있어야만 발급할 수 있고, 통상 법원경매에서는 매각대금에 부가가치세가 포함되어 있지 않다고 봄이 상당하다(대판 95누9136). 따라서 매각부동산에 대한 감정평가액에 부가가치세가 명백히 포함되어 있지 않은 이상 법원경매계에서는 세금계산서를 발급할 수 없다(집행법원의 세금계산서 발급에 관한 업무처리지침 : 재민 2001-6).

제45강

매수인의 관리비 승계(인수)여부

〈강의 포인트〉

아파트나 상가 등의 집합건물을 낙찰받고 물건을 인도받기 위한 과정에서 관리사무소나 상가관리단 등과 전 소유자의 밀린 관리비를 두고 다툼을 벌이는 일이 비일비재하다. 경매계장을 담당할 때나 특강시에 종종 받는 질문 중의 하나이다. 저자는 판례를 정리한 '관리비 승계(인수)여부 비교표'를 복사하여 주면서 관리사무소 등과의 대처법을 알려주곤 한다. 이 책을 읽는 독자분들도 적극 활용하여 손해를 보는 일이 없었으면 한다. 이번 강의는 이런 관리비의 인수분쟁을 해결하기 위하여 매수인(낙찰자)이 인수해야 할 관리비와 인수하지 않아도 되는 관리비에 대하여 알아본다. 매수인은 위와 같은 분쟁이 발생시 판례 등의 근거를 제시하여 관리비의 인수여부를 분명히 정리할 필요가 있다. 그런데도 불구하고 관리사무소 등에서 관리비 부담을 계속 주장하는 경우에 일단 관리비를 물어주고 관리사무소를 상대로 부당이득반환청구소송을 하는 것도 하나의 방법이 될 수는 있다. 시중의 경매책과 달리 매수인의 관리비부담 등과 관련한 판례의 내용을 깊이 있게 다뤘으므로 많은 도움이 될 것이다.
참고로 상가관리단에서 매수인을 상대로 벌이는 관리비청구소송의 소장과 답변서 및 판결의 실례를 들었으니 참조하기 바란다.

1. 매수인(낙찰자 : 아파트 등 집합건물특정승계인)의 관리비 승계(인수)여부 요약 비교표

구 분	승계하는(인수하는) 관리비	승계 안하는(인수하지 않는) 관리비
관리비 내용	1. 공용부분 관리비 2. 일반관리비(공용부분 관리비에 포함) 3. 위탁수수료(〃) 4. 화재보험료(〃) 5. 장부기장료(〃) 6. 청소비(〃) 7. 수선유지비(〃)	1. 전유부분관리비 2. 관리비 연체료 ☞ 공용부분 관리비 연체료 포함. 3. 집합건물의 관리단 등 관리주체의 위법한 단전 · 단수 및 엘리베이터운행 중지 등 불법적인 사용방해행위로 인하여 사용 · 수익하지 못한 기간의 관리비
근 거	❶ 집합건물의 소유 및 관리에 관한 법률(17조, 18조, 28조, 42조 1항) ❷ 대판 <전 · 합> 2001다8677, 대판 2004다3598 · 3604	
참 고	낙찰자(매수인)는 소유권이전등기일 이전 또는 대금지급일 이전의 전기요금(서울중앙지방법원 2000나30548), 수도요금(대판 92다16669) 및 가스요금 등은 승계하지 않음 ➡ 따라서 이미 지급한 경우에는 부당이득으로 그 반환을 청구할 수 있다.	

2. 매수인(낙찰자)의 관리비 승계책임과 범위 등에 관한 판례의 사례

집합건물의 관리주체(관리단 등)가 경매 등으로 소유권을 승계한 자에 대하여 관리비 지급을 구하는 소송이나 관리주체의 입주거부, 단전 · 단수조치에 대해 승계인(낙찰자 등)이 전 소유자의 체납관리비를 우선 지급한 후 입주한 다음 관리주체에 대하여 이에 대한 부당이득금의 반환을 구하는 소송들이 실무상 종종 발생한다.

구분소유자가 집합건물의 관리비를 체납한 채 매매나 경매 등을 통하여 구분소유권이 제3자에게 이전되는 경우, 과연 새로 구분소유자가 된 특정승계인은 전 소유자의 체납관리비를 부담할 책임이 있는지, 나아가 승계책임이 인정된다면 어느 범위까지 인정되어야 하고, 중간승계인이 있는 경우 중간승계인은 책임을 면하는지 등을 판례의 사안을 가지고 설명하기로 한다.

(1) 집합건물의 관리단의 설립 절차(당연 설립)와 집합건물의 관리로 인한 책임의 귀속 주체 및 각 구분소유자의 책임의 범위는?

집합건물의 소유 및 관리에 관한 법률 23조 1항에 의한 집합건물의 관리단은 어떠한 조직행위가 없더라도 구분소유자 전원을 구성원으로 하여 구분소유 건물 및 그 대지와 부대시설의 관리에 관한 사업의 시행을 목적으로 하는 구분소유자 단체로서 당연히 성립되는 것이고, 그 관리단이 실제로 조직되어 자치적 관리를 시작한 이상 구분소유 건물의 관리에 관한 권한 및 책임은 종국적으로 동 **관리단**에 귀속되고, 만일 관리단이 그의 재산으로 채무를 완제할 수 없는 때에는 같은 법 27조 1항에 의하여 **구분소유자**는 규약으로써 그 부담 부분을 달리 정하지 않는 한 그가 가지는 전유부분의 면적의 비율에 따라 결정되는 공유지분의 비율로 관리단의 채무를 변제할 책임을 진다(대판 97다19625 등).

판례 **대판 1996. 8. 23. 94다27199**
집합건물의 임차인이 관리단의 구성원이 될 수 있는지 여부

[1] 집합건물의 소유 및 관리에 관한 법률 소정의 관리단의 설립 절차(당연 설립) 및 관리단 해당 여부의 판단 기준

집합건물의 소유 및 관리에 관한 법률 제23조 제1항 소정의 관리단은 어떠한 조직행위를 거쳐야 비로소 성립되는 단체가 아니라 구분소유관계가 성립하는 건물이 있는 경우 당연히 그 구분소유자 전원을 구성원으로 하여 성립되는 단체라 할 것이고, 구분소유자로 구성되어 있는 단체로서 같은 법 제23조 제1항의 취지에 부합하는 것이면 그 존립형식이나 명칭에 불구하고 관리단으로서의 역할을 수행할 수 있으며, 구분소유자와 구분소유자가 아닌 자로 구성된 단체라 하더라도 구분소유자만으로 구성된 관리단의 성격을 겸유할 수도 있다.

[2] 일부 구분소유자와 세입자로 구성된 상가번영회와 상가관리규약이 집합건물의 소유 및 관리에 관한 법률 소정의 관리단 및 규약에 해당되지 않는다고 본 원심판결을 파기한 사례

상가번영회가 비록 그 구성원에 구분소유자 아닌 세입자가 포함되어 있다 하더라도 경우에 따라서는 구분소유자만으로 구성되는 관리단으로서의 성격을 겸유할 수도 있고, 상가번영회의 상가관리규약을 제정함에 있어서도 점포당 1명씩만이 결의에 참여하였다면 세입자가 구분소유자를 대리하여 의결권을 행사하였거나 서면에 의한 결의를 하였다고 볼 여지가 있으며 그러한 경우 그 상가관리규약은 관리단 규약으로서의 효력을 갖게 된다는 이유로, 일부 구분소유자와 세입자로 구성된 상가번영회와 그 상가관리규약이 집합건물의 소유 및 관리에 관한 법률 소정의 관리단 및 규약에 해당되지 않는다고 본 원심판결을 파기한 사례.

(2) 집합건물의 소유 및 관리에 관한 법률 18조의 입법 취지 및 전 구분소유자의 특별승계인(예 낙찰자 등)에게 전 구분소유자의 체납관리비를 승계하도록 한 관리규약의 효력은?

집합건물의 소유 및 관리에 관한 법률 18조에서는 '공유자가 공용부분에 관하여 다른 공유자에 대하여 가지는 채권은 그 특별승계인에 대하여도 행사할 수 있다'고 규정하고 있는데, 이는 집합건물의 **공용부분**은 전체 공유자의 이익에 공여하는 것이어서 공동으로 유지·관리되어야 하고 그에 대한 적정한 유지·관리를 도모하기 위하여는 소요되는 경비에 대한 공유자 간의 채권은 이를 특히 보장할 필요가 있어 공유자의 특별승계인에게 그 승계의사의 유무에 관계없이 청구할 수 있도록 하기 위하여 특별규정을 둔 것이므로 전 구분소유자의 특별승계인에게 전 구분소유자의 체납관리비를 승계하도록 한 관리규약 중 **공용부분 관리비**에 관한 부분은 위와 같은 규정에 터 잡은 것으로 유효하다(대판 2004다3598·3604, 대판 2006다50420).

판례 집합건물의 소유 및 관리에 관한 법률 제18조의 입법 취지 및 구분소유권의 특별승계인에게 전(前) 구분소유자의 체납관리비를 승계하도록 한 관리규약의 효력(= 공용부분 관리비에 한하여 유효)

집합건물의 소유 및 관리에 관한 법률 18조에서는 공유자가 공용부분에 관하여 다른 공유자에 대하여 가지는 채권은 그 특별승계인에 대하여도 행사할 수 있다고 규정하고 있는데, 이는 집합건물의 공용부분은 전체 공유자의 이익에 공여하는 것이어서 공동으로 유지·관리되어야 하고 그에 대한 적정한 유지·관리를 도모하기 위하여는 소요되는 경비에 대한 공유자 간의 채권은 이를 특히 보장할 필요가 있어 공유자의 특별승계인에게 그 승계의사의 유무에 관계없이 청구할 수 있도록 하기 위하여 특별규정을 둔 것이므로, 전 구분소유자의 특별승계인에게 전 구분소유자의 체납관리비를 승계하도록 한 관리규약 중 공용부분 관리비에 관한 부분은 위와 같은 규정에 터 잡은 것으로 유효하다(대판 2008.12.11. 2006다50420).

(3) 전 구분소유자(낙찰 받은 물건의 전 소유자)의 체납관리비는 무조건 매수인(낙찰자)이 부담해야 하는지?

아파트 등의 집합건물을 낙찰 받고 건물을 인도받기 위한 과정에서 관리사무소나 상가관리단 등과 전 소유자의 체납관리비를 사이에 두고 다툼을 벌이는 일이 비일비재하다. 결론부터 말하면 전 소유자가 밀린 관리비는 전부 매수인이 물어줄 필요가 없다. 즉 매수인은 전 소유자가 밀린 관리비 중 **공용부분**에 대한 부분만 납부하면 되는 것이다.

판례 집합건물의 전 구분소유자의 특정승계인에게 승계되는 공용부분 관리비의 범위

집합건물의 관리규약에서 체납관리비 채권 전체에 대하여 입주자의 지위를 승계한 자에 대하여도 행사할 수 있도록 규정하고 있다 하더라도, '관리규약이 구분소유자 이외의 자의 권리를 해하지 못한다.'고 규정하고 있는 집합건물의 소유 및 관리에 관한 법률(이하 '집합건물법'이라 한다) 제28조 제3항에 비추어 볼 때, 관리규약으로 전 입주자의 체납관리비를 양수인에게 승계시키도록 하는 것은 입주자 이외의 자들과 사이의 권리·의무에 관련된 사항으로서 입주자들의 자치규범인 관리규약 제정의 한계를 벗어나는 것이고, 개인의 기본권을 침해하는 사항은 법률로 특별히 정하지 않는 한 사적 자치의 원칙에 반한다는 점 등을 고려하면, 특별승계인이 그 관리규약을 명시적, 묵시적으로 승인하지 않는 이상 그 효력이 없다고 할 것이며, 집합건물법 제42조 제1항의 규정은 공동주택의 입주자들이 공동주택의 관리 · 사용 등의 사항에 관하여 관리규약으로 정한 내용은 그것이 승계 이전에 제정된 것이라고 하더라도 승계인에 대하여 효력이 있다는 뜻으로서, 관리비와 관련하여서는 승계인도 입주자로서 관리규약에 따른 관리비를 납부하여야 한다는 의미일 뿐, 그 규정으로 인하여 승계인이 전 입주자의 체납관리비까지 승계하게 되는 것으로 해석할 수는 없다.
다만 집합건물의 **공용부분**은 전체 공유자의 이익에 공여하는 것이어서 공동으로 유지 · 관리해야 하고 그에 대한 적정한 유지 · 관리를 도모하기 위하여는 소요되는 경비에 대한 공유자 간의 채권은 이를 특히 보장할 필요가 있어 공유자의 특별승계인에게 그 승계의사의 유무에 관계없이 청구할 수 있도록 집합건물법 제18조에서 특별규정을 두고 있는바, 위 관리규약 중 공용부분 관리비에 관한 부분은 위 규정에 터잡은 것으로서 유효하다고 할 것이므로, 집합건물의 특별승계인은 전 입주자의 체납관리비 중 공용부분에 관하여는 이를 승계하여야 한다고 봄이 타당(대법원 2001.9.20. 선고 2001다8677 전원합의체 판결 참조)하다(대판 2006.6.29. 2004다3598 · 3604).

☞ 집합건물의 전 구분소유자의 특정승계인에게 승계되는 공용부분 관리비에는 집합건물의 공용부분 그 자체의 직접적인 유지 · 관리를 위하여 지출되는 비용뿐만 아니라, 전유부분을 포함한 집합건물 전체의 유지 · 관리를 위해 지출되는 비용 가운데에서도 입주자 전체의 공동의 이익을 위하여 집합건물을 통일적으로 유지 · 관리해야 할 필요가 있어 이를 일률적으로 지출하지 않으면 안 되는 성격의 비용은 그것이 입주자 각자의 개별적인 이익을 위하여 현실적 · 구체적으로 귀속되는 부분에 사용되는 비용으로 명확히 구분될 수 있는 것이 아니라면, 모두 이에 포함되는 것으로 봄이 상당하다.

(4) 전 소유자의 체납관리비의 연체료도 매수인이 부담해야 하는지?

집합건물의 관리사무소 등이 제시하는 전 소유자의 체납관리비 내역에는 **체납관리비의 연체료**도 상당한 경우가 많으나 매수인은 체납관리비의 연체료를 부담할 필요가 없다.

판례 공용부분 관리비에 대한 연체료가 특별승계인에게 승계되는 공용부분 관리비에 포함되는지 여부(소극)

관리비 납부를 연체할 경우 부과되는 연체료는 위약벌의 일종이고, 전 구분소유자의 특별승계인이 체납된 공용부분 관리비를 승계한다고 하여 전 구분소유자가 관리비 납부를 연체함으로 인해 이미 발생하게 된 법률효과까지 그대로 승계하는 것은 아니라 할 것이어서, 공용부분 **관리비에 대한 연체료**는 특별승계인에게 승계되는 공용부분 관리비에 포함되지 않는다(대판 2006.6.29. 2004다3598 · 3604).

(5) 상가건물의 관리규약상 관리비 중 일반관리비, 장부기장료, 위탁수수료, 화재보험료, 청소비, 수선유지비 등이 매수인(낙찰자)에게 승계되는 공용부분 관리비에 포함되는지?

상가건물의 관리규약상 관리비 중 일반관리비, 장부기장료, 위탁수수료, 화재보험료, 청소비, 수선유지비 등은 모두 입주자 전체의 공동의 이익을 위하여 집합건물을 통일적으로 유지 · 관리해야 할 필요에 의해 일률적으로 지출되지 않으면 안 되는 성격의 비용에 해당하는 것으로 인정되고, 그것이 입주자 각자의 개별적인 이익을 위하여 현실적 · 구체적으로 귀속되는 부분에 사용되는 비용으로 명확히 구분될 수 있는 것이라고 볼 만한 사정을 찾아볼 수 없는 이상, 전 구분소유자의 특별승계인에게 **승계되는 공용부분 관리비**로 보아야 한다(대판 2004다3598 · 3604).

(6) 낙찰 받은 건물에 체납관리비를 이유로 관리사무소 등에서 단전 · 단수 등의 조치를 취한 경우에 관리사무소 등의 사용방해행위가 매수인에 대하여 불법행위를 구성하는지?

판례(대판 2004다3598 · 3604)는, "집합건물의 관리단이 전 구분소유자의 낙찰자 등 특별승계인에게 특별승계인이 승계한 공용부분 관리비 등 전 구분소유자가 체납한 관리비의 징수를 위해 단전 · 단수 등의 조치를 취한 사안에서, 관리단의 위 사용방해행위가 **불법행위**를 구성한다."고 판시하고 있다.

(7) 낙찰 받은 건물에 체납관리비를 이유로 관리단 등 관리주체의 불법적인 사용방해행위로 인하여 건물의 구분소유자인 매수인(낙찰자)이 그 건물을 사용 · 수익하지 못한 경우에도 매수인은 그 기간 동안 발생한 관리비채무를 부담해야 하는지?

집합건물의 관리단 등 관리주체의 위법한 단전 · 단수 및 엘리베이터 운행정지 조치 등 불법적인 사용방해행위로 인하여 건물의 구분소유자가 그 건물을 사용 · 수익하지 못하였다면, 그 구분소유자로서는 관리단에 대해 그 기간 동안 발생한 관리비채무를 부담하지 않는다고 보아야 한다(대판 2004다3598 · 3604).

(8) 체납관리비를 이유로 관리단 등에서 위법한 단전 · 단수 등의 조치를 취한 경우에 매수인(낙찰자)의 대응책은?

상가 등 집합건물의 관리단이 장기간 단전 · 단수를 유지하며 나아가 매수인의 입주를 방해한 행위는 불법행위를 구성하므로 매수인은 건물의 **차임상당의 손해배상 책임**을 물을 수 있다.

즉 관리단(관리사무소)의 불법적인 단전 · 단수 및 입주 방해로 인하여 매수인(낙찰자)

이 건물을 사용 · 수익하지 못하였다면 위 기간 동안은 당연히 관리비에 대한 부담은 없고, 오히려 관리단에서 위 기간 동안의 차임(임료) 상당액을 매수인에게 배상하여야 하므로 매수인은 관리단의 위 불법행위기간 동안 발생한 관리비 지급채무를 부담하지 않는다(다음의 서울고판 2006나17760 참조). 이 경우에 매수인은 낙찰 후 발생된 전 소유자의 체납관리비(공용부분)와 관리단의 불법행위에 기한 위 손해배상금을 상계처리할 수도 있다. 차임상당의 손해액 산정은 손해배상청구소송 등에서 감정인의 감정 결과를 참고하여 정한다.

다음의 판결문의 내용을 보면 이해가 쉬울 것이다.

※ 서울고판 2006나17760의 판결문의 내용

서 울 고 등 법 원
제 22 민 사 부
판 결

사 건	2006나17760(본소) 사용료 2006나17777(반소) 손해배상(기)
원고(반소피고), 피항소인	
	○○개발 주식회사 서울 광진구 광장동 ***-** ○○골든텔 2 대표이사 ○○ 소송대리인 변호사 ○○○
피고(반소원고), 항소인	이○○ (461***-*******) 서울 용산구 이촌동 *** ○○아파트 1동 207호 소송대리인 변호사 ○○○
제1심 판결	서울서부지방법원 2006. 1. 17. 선고 2004가단56601(본소), 2005가단55025(반소) 판결
변 론 종 결	2007. 3. 15.
판 결 선 고	2007. 4. 12.

주 문

1. 제1심 판결을 다음과 같이 변경한다.

가. 원고(반소피고)의 본소청구를 기각한다.

나. 원고(반소피고)는 피고(반소원고)에게 39,418,626원 및 그 중 15,517,826원에 대하여 2005. 5. 16.부터 2007. 4. 12.까지는 연 5%, 그 다음날부터 다 갚는 날까지는 연 20%의 각 비율로 계산한 돈을 지급하라.

다. 피고(반소원고)의 나머지 반소청구를 기각한다.

2. 소송총비용은 본소, 반소를 통틀어 그 중 80%는 원고(반소피고)가, 20%는 피고(반소원고)가 각 부담한다.

3. 제1의 나.항은 가집행할 수 있다.

청구취지 및 항소취지

1. 청구취지

본소 : 피고(반소원고, 이하 '피고'라 한다)는 원고(반소피고, 이하 '원고'라 한다)에게 57,810,787원 및 이에 대하여 제1심 판결선고일부터 다 갚는 날까지 연 20%의 비율로 계산한 돈을 지급하라(원고는 제1심에서 본소 청구권원으로, 직접 청구, 대위 청구, 양수금 청구의 3가지를 순차적으로 주장하였고 제1심은 그 중 직접 청구를 받아들여 원고 전부 승소판결을 선고하였는데, 원고는 당심에 이르러 직접 청구, 대위 청구를 각 취하하고 양수금 청구만을 유지하고 있다).

반소 : 원고는 피고에게 82,104,000원 및 그 중 47,960,000원에 대하여 2005. 5. 16.부터 이 사건 반소장 부본 송달일까지는 연 5%, 그 다음날부터 다 갚는 날까지는 연 20%의 각 비율로 계산한 돈을 지급하라(피고는 당심에서 반소 청구취지를 감축하였다).

2. 항소취지

제1심 판결을 취소한다. 원고의 본소청구를 기각한다. 원고는 피고에게 82,104,000원 및 그 중 47,960,000원에 대하여 2005. 5. 16.부터 이 사건 반소장 부본 송달일까지는 연 5%, 그 다음날부터 다 갚는 날까지는 연 20%의 각 비율로 계산한 돈을 지급하라.

이 유

본소 및 반소청구를 함께 본다.

1. 인정사실

가. 원, 피고의 지위

(1) 고양시 일산구 마두동 ***-*에 위치한 지하 2층, 지상 6층 규모의 ○○프라자 상가건물(이하 '○○프라자'라 한다)은 지하층 101호 내지 108호, 1층 101호 내지 108호, 2층 201호, 3층 301호 내지 304호, 4층 401호 내지 404호, 5층 501호, 6층 601호로 각 구분소유권이 설정된 집합건물이다.

(2) ○○프라자의 구분소유자들 및 임차인들로 구성된 '○○프라자번영회'가 ○○프라자를 관리하는 등 사실상 집합건물의 소유 및 관리에 관한 법률(이하 '집합건물법'이라 약칭한다) 소정의 관리단으로서의 역할을 수행하여 왔고 구분소유자들로만 구성된 다른 단체는 존재하지 않는바(따라서 위 ○○프라자번영회는 집합건물법 소정의 관리단으로 보아야 한다. 대법원 1996. 8. 23. 선고 94다27199 판결 참조), 원고는 ○○프라자번영회와 체결한 관리용역계약에 따라 1995.경부터 ○○프라자의 관리비 징수 및 기타 제반 관리업무를 담당하여 왔다.

(3) 피고는 임의경매절차를 통하여 ○○프라자 지하층 101호 내지 105호(이하 '이 사건 점포'라 한다)를 낙찰받아 2003. 3. 31. 대금을 모두 지급하여 소유권을 취득한 후 2003. 5. 16. 피고 명의로 소유권이전등기를 경료하였다.

나. 이 사건 점포의 종전 입주자가 체납한 관리비 등

(1) 이 사건 점포의 종전 입주자는 2001. 7월분부터 관리비를 체납하여 왔고 2002. 2월말 이 사건 점포에서 퇴거함에 따라 원고는 이 사건 점포에 대하여 단전 · 단수의 조치를 취하였는데, 피고가 이 사건 점포를 낙찰받을 때까지 위와 같은 상태가 유지되어 왔다.

(2) 이 사건 점포의 종전 입주자가 연체한 관리비는 별지 관리비내역 중 체납관리비 항목 기재와 같다(2001년 7월분부터 2002년 2월분까지는 전용부분 관리비와 공용부분 관리비가 포함되어 있고, 종전 입주자가 퇴거한 2003년 3월분부터는 공용부분 관리비만으로 구성되어 있다).

(3) 한편 1996.경부터 "○○프라자 관리규정(갑 제10호증)"이 마련되어 이에 따라 ○○프라자의 관리가 행하여져 왔고 위 ○○프라자 관리규정 제7조 제2항은 "입주자가 관리비를 연체할 시는 납기일로부터 1개월까지는 5%의 연체료와 2개월 이후부터는 5%의 연체료가 가산되며, 2개월이 경과하도록 납입하지 않을 시는 단전 · 단수조치를 할 수 있다"라고 규정하고 있었지만, 위 ○○프라자 관리규정을 제정함에 있어서, 관리단규약의 설정은 관리단집회에서 구분소유자 및 의결권의 각 4분의 3

이상의 찬성을 얻어 행한다는 집합건물법 제29조 소정의 절차를 거치지는 아니하였다.

{○○프라자번영회는 이 사건 본소를 제기한 직후인 2004. 11.경에야 집합건물법 제29조 소정의 절차를 거쳐 "○○프라자번영회 관리규약(갑 제11호증)"을 제정하였는데, 위 ○○프라자번영회 관리규약 제19조 제2항은 "관리비를 2개월 이상 연체한 세대는 단전 · 단수, 난방 등 관리자원 사용을 중지당할 수 있고, 관리인은 번영회 회장의 동의를 거쳐 이를 집행하여야 하고, 의무 위반자는 이에 협조하여야 한다."고 규정하고 있고, 제35조 제1항, 제2항에서도 동일한 내용을 반복하여 규정하고 있다.}

다. 원고의 단전 · 단수 미해제 및 입주 방해

(1) 피고는 이 사건 점포를 낙찰받기 전에 사람을 보내어 이 사건 점포의 상황을 미리 파악한 바 있는데, 이 사건 점포의 소유권을 취득한 후인 2003. 5. 16.경 자신이 관여하고 있는 시민단체 소속의 박○○을 보내어 이 사건 점포의 단전 · 단수의 해제를 요청하였으나, 원고는 관리소장인 성○○을 통해 위 단전 · 단수는 위 ○○프라자 관리규정에 따른 것이므로 미납된 관리비를 해결하기 전에는 절대로 이를 해제할 수 없다며 완강히 거절하였고, 피고는 그 후로도 2003. 6. 중순경까지 위 박○○과 같은 단체 소속의 김○○를 여러 차례 보내어 위 단전 · 단수의 해제를 요구하며 항의하였으나 원고는 같은 이유로 이를 허락하지 않았다.

(2) 피고는 당초 이 사건 점포에 방송자재를 설치해 두고 ○○스포츠라는 방송을 송출할 계획이었기에 2004. 6. 21.부터 사흘간 입주를 위한 사전 준비작업으로 김○○를 보내 건물 내부의 청소 및 방역을 하려 하였으나 체납 관리비를 납부하지 아니하였다는 이유로 성○○에 의해 저지당하였다.

(3) 피고는 또한 김○○를 시켜 2004. 7. 9.경 방송용 모니터와 기자재 등을 트럭 2대에 싣고 가 입주하려 하였으나 성○○과 원고의 또 다른 직원 임○○에 의해 같은 이유로 저지당하였고, 다시 2004. 7. 19.경 입주를 시도하였으나 역시 저지당하였다.

(4) 피고는 2004. 5.경 이 사건 점포의 출입열쇠는 소지하게 되었으나, 당심 변론종결일까지도 이 사건 점포에 입주하지는 못한 채 트럭 3대 분량의 짐 가운데 1대 분량만을 들여놓은 상태이고, 단전 · 단수조치는 현재까지도 유지되고 있다.

라. 관리비채권의 양도

(1) 한편 원고가 피고에게 종전 입주자 및 피고가 체납한 관리비 전액과 연체료의 지급을 피고에게 수차례 요구하였으나 피고로부터 아무런 답변

이 없자, ○○프라자번영회는 2004. 7. 16. 그 때까지의 체납 관리비와 관련한 소송업무 등을 원고에게 맡겨 처리하기로 위임하고, ○○프라자의 구분소유자 및 의결권(○○프라자의 전체 전유부분 중 이 사건 점포의 전유부분이 차지하는 비율은 약 9.43%이다)의 4/5 이상의 동의를 받는 방법으로 서면결의를 하였다.

(2) 위 관리단집회의 결의에 따라 원고는 ○○프라자번영회를 대위하여 ○○프라자번영회의 피고에 대한 2001. 7월분부터 2004. 6월분까지의 관리비 및 연체료 채권 44,804,396원을 가압류의 피보전권리로 삼아 2004. 8. 6. 의정부지방법원 고양지원 200*카단56**호로 피고 소유의 이 사건 점포 등에 대한 부동산가압류신청을 하였고, 위 지원은 2004. 8. 13. 가압류결정을 하여 그 가압류가 집행되었다.

(3) 원고는 2004. 10. 29. 이 사건 본소를 제기하였는데, ○○프라자번영회는 제1심 소송계속 중이던 2005. 11. 8. 위 (1)항과 같은 방식으로 서면결의방식에 의한 관리단집회의 결의를 거쳐 그 때까지의 피고에 대한 일체의 체납 관리비 및 연체료채권 63,140,562원을 원고에게 양도하고 그 다음날인 11. 9. 내용증명을 통해 위 채권양도사실을 피고에게 통지하였다.

[인정근거 : 다툼 없는 사실, 갑 제1호증, 갑 제2호증의 1 내지 5, 갑 제3호증의 1 내지 38, 갑 제4, 5, 6, 7호증, 갑 제8호증의 1 내지 6, 갑 제9호증의 1 내지 7, 갑 제10, 11호증, 갑 제12호증의 1 내지 3, 갑 제14호증의 1 내지 4, 갑 제18호증, 갑 제19호증의 1 내지 3, 갑 제20 내지 27호증, 을 제1호증의 1, 2, 을 제2호증의 1 내지 27, 을 제3 내지 6, 10, 11호증의 각 기재 내지 영상, 제1심 증인 김흥호의 증언, 당원에 현저한 사실, 변론 전체의 취지]

2. 본소청구에 대한 판단

가. 피고의 본안 전 항변에 대한 판단

원고가 ○○프라자번영회는 이 사건 점포에 관하여 종전 입주자가 체납한 2001. 7월분부터의 관리비 중 피고가 채무승계한 공용부분 관리비(연체료 포함) 및 피고가 소유권을 취득한 이후 2005. 9월분까지 피고가 체납한 공용부분 관리비(연체료 포함)의 채권을 원고에게 양도하였으므로, 피고에 대하여 위 양수금 합계 57,801,787원의 지급을 구한다고 주장함에 대하여, 피고는 ○○프라자번영회가 단지 징수의 편의를 위해 채권양도의 외형만을 갖추어 원고에게 그 추심을 위임하였을 뿐 위 채권은 실제로 양도된 것이 아니어서 이는 임의적 소송담당에 해당하거나 신탁법 제7조에 반하는 소송신탁에 해당하므로 위 채권양도는 무효이거나 원고의 본소청구가 부적법하다고 항변하나, 위 채권양도가 임의적 소송담당이나 소송신탁에 해당한다고 인정할 증거가 없고, 오히려 앞서 본 인정사실에서 나타난 ○○프라자번영회와 원고의 관계 및 위 채권양도의 경위와 방식 등 관련된 제반 상황을 종합하여 보면, ○○프라자번영회의 구분소유자들이 생계에 바빠 직접 소송에 참여하기 곤란한 사정인데다, 원고가 오래 전부터 관리비 징수업무를 담당해 온 점 등을 고려하여 채권의 효율적인 회수를 위해 채권양도를 한 것으로 보이므로 임의적 소송담당이나 소송신탁에 해당한다고 볼 수 없어(대법원 2006. 8. 24. 선고 2004다20807 판결 등 참조), 피고의 위 항변은 이유 없다.

나. 종전 입주자가 체납한 관리비

(1) 집합건물법 제18조는 "공유자가 공용부분에 관하여 다른 공유자에 대하여 가지는 채권은 그 특별승계인에 대하여도 행사할 수 있다"고 규정하고 있는데, 이는 집합건물의 공용부분은 전체 공유자의 이익에 공여하는 것이어서 공동으로 유지 · 관리되어야 하고, 그에 대한 적정한 유지 · 관리를 도모하기 위하여는 소요되는 경비에 대한 공유자 간의 채권은 이를 특히 보장할 필요가 있어 공유자의 특별승계인에게 그 승계의사의 유무에 관계없이 청구할 수 있도록 하기 위하여 특별규정을 둔 것이라 할 것인바(대법원 2006. 6. 29. 선고 2004다3598 · 3604 판결, 대법원 2001. 9. 20. 선고 2001다8677 전원합의체 판결 등 참조), 따라서 관리비 승계에 관한 별도 관리단규약이나 약정이 없다고 하더라도, 집합건물법 제18조의 규정 자체에 의하여 피고는 이 사건 점포의 종전 입주자가 체납한 관리비 중 공용부분에 관하여는 이를 승계하여야 하므로, 피고는 관리단인 ○○프라자번영회에게 위 승계한 공용부분 관리비를 지급할 의무가 있다.

(2) 나아가 전(前) 구분소유자의 특정승계인에게 승계되는 공용부분 관리비에는 집합건물의 공용부분 그 자체의 직접적인 유지 · 관리를 위하여 지출되는 비용뿐만 아니라, 전유부분을 포함한 집합건물 전체의 유지 · 관리를 위해 지출되는 비용 가운데에서도 입주자 전체의 공동의 이익을 위하여 집합건물을 통일적으로 유지 · 관리해야 할 필요가 있어 이를 일률적으로 지출하지 않으면 안되는 성격의 비용은 그것이 입주자 각자의 개별적인 이익을 위하여 현실적 · 구체적으로 귀속되는 부분에 사용되는 비용으로 명확히 구분될 수 있는 것이 아니라면, 모두 이에 포함되는 것으로 봄이 상당하고, 한편 연체료는 위약벌의 일종이고, 전 구분소유자의 특별승계인이 체납된 공용부분 관리비를 승계한다고 하여 전 구분

소유자가 관리비 납부를 연체함으로 인해 이미 발생하게 된 법률효과까지 그대로 승계하는 것은 아니어서 공용부분 관리비에 대한 연체료는 특별승계인에게 승계되는 공용부분 관리비에 포함되지 않는다 할 것인바(위 대법원 2004다3598, 3604 판결 참조), 이 사건에 있어서 원고가 갑 제3호증의 1 내지 21을 통하여 부과한 관리비 내역 중 전기료(기본료, 공동료), 일반 관리비, 수선유지충당금, 소독비, 난방비(기본료, 공동료), 수도료(공동료), 수선유지비, 승강기유지비, 용역비(급료)가 위와 같이 승계되는 공용부분 관리비에 해당한다 할 것이다.

(3) 피고는 ○○프라자번영회의 피고에 대한 관리비채권 중 2001. 7월분부터 2002. 10월분까지는 시효소멸하였다고 항변하므로 살피건대, 이 사건 관리비채권은 민법 제163조 제1호 소정의 '1년 이내의 기간으로 정한 금전의 지급을 목적으로 한 채권'에 해당하여 3년의 단기소멸시효가 적용되고, 갑 제3호증의 1 내지 16의 각 기재에 변론 전체의 취지를 종합하면, 위 관리비의 납부기한은 각 그 다음날 10일인 사실이 인정되는바, 한편 원고가 ○○프라자번영회를 대위하여 ○○프라자번영회의 피고에 대한 위 2001. 7월분부터 2004. 6월분까지의 관리비채권을 가압류의 피보전권리로 삼아 2004. 8. 6. 부동산가압류신청을 하여 그 집행을 하였음은 앞서 본 바와 같으므로, 위 가압류의 피보전권리인 ○○프라자번영회의 피고에 대한 관리비채권은 위 가압류신청에 의하여 그 시효가 중단되었다 할 것이다.

이에 대하여 피고는 위 가압류는 채권자대위의 요건을 갖추지 못한 부적법한 것이어서 시효중단의 효력이 없다고 주장하나, 설사 위 가압류가 채권자대위의 요건을 갖추지 못한 것이라고 하더라도, 원고가 ○○프라자번영회의 사전 동의를 얻어 채권자대위의 형식으로 ○○프라자번영회의 피고에 대한 관리비채권에 기하여 가압류를 신청하고 집행까지 마친 이상, ○○프라자번영회를 가리켜 이른바 '권리 위에 잠자는 자'라고 할 수는 없으므로 원고의 채권자대위에 의한 위 가압류에는 시효중단의 효력이 있다고 보아야 한다.

피고의 위 시효소멸의 항변은 이유 없다.

다. 피고가 체납한 관리비

(1) 집합건물법 제17조는 "각 공유자는 규약에 달리 정함이 없는 한 그 지분의 비율에 따라 공용부분의 관리비용 기타 의무를 부담하며 공용부분에서 생기는 이익을 취득한다"고 규정하고 있으므로 다른 특별한 사정이 없는 한, 피고는 이 사건 점포의 소유권을 취득한 2003. 3. 31.부터 원고가 그 지급을 구하는 2005. 9월분까지의 공용부분 관리비(피고가 이 사

건 점포에 입주하지 못한 까닭에 피고에게 부과된 관리비 전액이 공용부분 관리비에 해당한다)를 관리단인 ○○프라자번영회에게 지급할 의무가 있다.

(2) 피고는 원고의 불법적인 단전 · 단수 및 입주 방해로 인하여 현재까지도 이 사건 점포에 입주하지 못하고 있는바, 피고가 이 사건 점포를 사용, 수익하지 못하고 있음에도 관리비를 부과하는 것은 부당하다고 주장하므로 살피건대, 집합건물의 관리단 등 관리주체의 위법한 단전 · 단수 및 입주 방해 등 불법적인 사용방해행위로 인하여 건물의 구분소유자가 그 건물을 사용 · 수익하지 못하였다면, 그 구분소유자로서는 관리단에 대해 그 기간 동안 발생한 관리비채무를 부담하지 않는다 할 것인바(위 대법원 2004다3598, 3604 판결 참조), 이 사건 원고의 불법적인 단전 · 단수 및 입주 방해로 인하여 피고가 2003. 5. 16.부터 당심 변론종결일까지의 기간 동안 이 사건 점포를 사용 · 수익하지 못하였고, 그로 인하여 원고가 오히려 위 기간 동안의 차임 상당액을 피고에게 배상하여야 함은 뒤의 반소청구에 대한 판단에서 보는 바와 같으므로 피고는 위 불법행위기간 동안 발생한 관리비 지급채무을 부담하지 않는다.

(3) 결국 피고는 그가 소유권을 취득한 2003. 3. 31.부터 후술하는 불법행위가 있기 전인 2003. 5. 15.까지의 공용부분 관리비를 지급할 의무가 있다 할 것인데, 원고는 나아가 이 부분 관리비에 대하여 연체료의 지급을 구하나, 위 ○○프라자 관리규정(갑 제10호증)은 집합건물법 소정의 관리단규약으로 보기 어려워 피고에 대하여 효력이 없고 달리 원고 주장의 연체료 발생에 관한 근거를 인정할 증거가 없으므로 이 부분 연체료 주장은 이유 없다.

라. 소결론

따라서 피고가 ○○프라자번영회에게 지급할 의무가 있는 관리비의 범위는 전 입주자가 체납을 시작한 2001. 7월분부터 위 2003. 5. 15.까지의 공용부분 관리비라 할 것인바, 갑 제3호증의 1 내지 23의 각 기재에 의하여 그 구체적인 금액을 계산하여 보면 별지 관리비내역 중 공용부분관리비 항목 기재와 같고 그 합계액은 18,054,174원이 되며, 원고는 위 18,054,174원의 공용부분 관리비채권을 적법하게 양수받았다 할 것이다.

3. 반소청구에 대한 판단

가. 손해배상책임의 발생

(1) 앞서 본 인정사실에 의하면, 위 ○○프라자 관리규정(갑 제10호증)은 집합건물법 소정의 관리단규약이라고 보기 어려워 단전 · 단수에 관한 근

거규정인 제7조 제2항이 피고에 대하여 효력이 있다고 보기 어렵고, 설사 위 ○○프라자 관리규정이 집합건물법 소정의 관리단규약에 해당한다고 하더라도 기존의 공용부분 관리비를 승계한다고 하여 전 입주자의 관리비 연체로 인한 법률효과까지 승계하는 것은 아니어서 구분소유권을 취득하였다는 점만으로 승계된 관리비의 지급을 연체하였다고 볼 수 없음이 분명하므로(위 대법원 2004다3598, 3604 판결 참조), 이 사건에서 피고가 경매를 통해 구분소유권을 취득하였음에도 원고가 피고에 대하여 종전 입주자가 체납한 전용부분 및 공용부분 관리비 전액과 그 연체료의 지급을 요구하며 종전 입주자에 대해 해 오던 단전 · 단수의 조치를 계속 유지하고 나아가 피고의 입주를 방해하기까지 한 것은 적법한 조치에 해당한다고 볼 수 없고, 달리 원고가 위와 같은 조치를 취하게 된 동기와 목적, 수단과 방법 및 그로 인하여 피고가 입게 된 피해의 정도 등을 보더라도 원고의 위와 같은 조치가 사회통념상 허용될만한 정도의 상당성이 있어 위법성이 결여된 행위라고 보기 어렵다.

따라서 원고가 만연히 위 ○○프라자 관리규정만을 믿고 장기간 단전 · 단수를 유지하며 나아가 피고의 입주를 방해한 행위는 불법행위를 구성함에 충분하다 할 것이다(원고는 지하층의 누전 및 누수가 우려되는 상황에서 위 단전 · 단수가 불가피하였다고 주장하나, 위 단전 · 단수를 정당화시킬 정도의 누전 및 누수가 있었음을 인정할 증거가 없다).

(2) 다만 직권으로 살피건대, 앞서 채택한 증거들에 의하면 피고로서도 낙찰 이전까지 이 사건 점포가 장기간 방치되어 온 사실을 알고 있었기에 상당 기간의 관리비가 체납되었을 것임을 충분히 예상할 수 있었고, 낙찰 이후 여러 차례에 걸쳐 관리비의 납부를 독촉받은 적이 있음에도 불구하고, 피고가 승계하여야 하는 공용부분 관리비를 포함한 일체의 관리비 승계를 부인하는 등으로 이 사건 분쟁의 직접적인 원인이 된 체납 관리비 문제를 합리적으로 해결하려는 노력은 게을리 한 채 대리인을 내세워 일방적으로 자신의 권리만을 행사하려 함으로써 분쟁을 장기화시킨 사실이 인정되는바, 이러한 피고의 잘못 또한 위 불법행위로 인한 손해의 발생 및 확대의 한 원인이 되었으므로 원고가 배상할 금액을 정함에 있어 이를 참작하기로 하되, 앞서 본 여러 사정을 종합적으로 고려하여 보면 피고의 잘못은 이를 전체의 30% 정도로 보는 것이 상당하므로 원고의 책임은 70%로 제한된다 할 것이다.

나. 손해배상의 범위

(1) 원고의 위 불법행위로 인하여 피고의 사용 · 수익이 제한받은 기간은 피고가 이 사건 점포의 소유권을 취득한 이후로서 피고가 위 단전 · 단수

의 해제를 요구한 최초의 시점인 2003. 5. 16.부터 피고가 구하는 당심 변론종결일인 2007. 3. 15.까지라 할 것이다.

(2) 또한 피고가 위 사용 · 수익하지 못함으로써 입은 손해는 이 사건 점포의 차임 상당액이라 할 것이고, 제1심 감정인 김○○의 감정결과에 변론 전체의 취지를 종합하면, 이 사건 점포의 차임은 2003. 5. 16.부터 2004. 5. 15.까지는 25,800,000원, 그 다음날부터 2005. 5. 15.까지는 22,160,000원이고, 그 다음날인 2005. 5. 16.부터 당심 변론종결일까지는 연간 18,624,000원으로서 월 1,552,000원(= 18,624,000원 / 12)인 사실이 인정되는바, 위 불법행위기간의 차임 상당 손해액은 2003. 5. 16.부터 2005. 5. 15.까지가 47,960,000원(= 25,800,000원 + 22,160,000원)이고, 그 다음날인 2005. 5. 16.부터 2007. 3. 15.까지가 34,144,000원(= 18,624,000원 + 1,552,000 × 10개월)이 되고, 여기에 피고의 과실비율 30%를 참작하면, 원고가 배상해야 할 손해액은 2003. 5. 16.부터 2005. 5. 15.까지가 33,572,000원(= 47,960,000원 × 0.7), 2005. 5. 16.부터 2007. 3. 15.까지가 23,900,800원(= 34,144,000원 × 0.7)이 된다.

4. 상계에 대한 판단

피고는 반소 손해배상채권으로 원고의 본소 관리비채권과 상계한다고 항변하므로 살피건대, 앞서 본소에서 인용된 2003. 5. 15.까지의 관리비채권은 위 불법행위 개시 이전에 이미 변제기가 도래하였으므로 그 후 피고의 위 반소 손해배상채권의 변제기가 도래함에 따라 상계적상시가 되어 양 채권은 그 대등액에 관하여 계속해서 상계되면서 소멸하게 되어, 결국 위 관리비채권 18,054,174원 전액이 소멸하게 되고, 피고의 위 손해배상채권은 39,418,626원{= 15,517,826원(= 33,572,000원 − 18,054,174원) + 23,900,800원}이 남게 된다.

5. 결 론

그렇다면, 원고는 피고에게 위 손해배상금 39,418,626원 및 그 중 15,517,826원에 대하여는 위 불법행위 개시일 이후로서 피고가 구하는 2005. 5. 16.부터 원고가 그 이행의무의 존부 및 범위에 관하여 항쟁함이 상당하다고 인정되는 당심 판결선고일인 2007. 4. 12.까지는 민법이 정한 연 5%, 그 다음날부터 다 갚는 날까지는 소송촉진 등에 관한 특례법이 정한 연 20%의 각 비율에 의한 지연손해금을 지급할 의무가 있다고 할 것이므로, 원고의 본소청구는 이유 없어 이를 기각하고 피고의 반소청구는 위 인정범위 내에서 이유 있어 이를 인용하고 나머지는 이유 없어 이를 기각할 것인바, 원고가 제1심에서 본소 청구원인으로 순차적으로 주장하였던 직접 청구, 대위 청구, 양수금 청구중에서 직접 청구, 대위

청구를 취하하고 양수금 청구 1개만을 유지하고 있으며 제1심판결 중 반소청구에 관한 부분은 위와 일부 결론을 달리하므로(피고의 항소를 일부 받아들여), 제1심 판결을 위 인정과 같이 변경하기로 하여 주문과 같이 판결한다.

재판장 판사 ○○○ ____________

판사 ○○○ ____________

판사 ○○○ ____________

(9) 전 소유자의 체납관리비에 대한 소멸시효의 기간은?

집합건물의 관리단 등에서 전 소유자의 공용부분의 체납관리비를 요구하는 경우에는 우선적으로 그 관리비 중에서 3년이 경과되어 **소멸시효**에 걸리는 부분이 있는지를 따져보아야 한다(민법 163조 1호 참조). 왜냐하면 3년이 지나 소멸시효가 완성된 전 소유자의 공용부분의 체납관리비는 매수인에게 부담시킬 수 없기 때문이다.

민법 163조 1호에서 3년의 단기소멸시효에 걸리는 것으로 규정한 '1년 이내의 기간으로 정한 채권'이란 1년 이내의 정기로 지급되는 채권을 말하는 것으로서 1개월 단위로 지급되는 **집합건물의 관리비채권**은 이에 해당이 된다(대판 2005다65821).

민법 제163조(3년의 단기소멸시효)
다음 각 호의 채권은 3년간 행사하지 아니하면 소멸시효가 완성한다.

1. 이자, 부양료, 급료, 사용료 기타 1년 이내의 기간으로 정한 금전 또는 물건의 지급을 목적으로 한 채권
2. 의사, 조산사, 간호사 및 약사의 치료, 근로 및 조제에 관한 채권
3. 도급받은 자, 기사 기타 공사의 설계 또는 감독에 종사하는 자의 공사에 관한 채권
4. 변호사, 변리사, 공증인, 공인회계사 및 법무사에 대한 직무상 보관한 서류의 반환을 청구하는 채권
5. 변호사, 변리사, 공증인, 공인회계사 및 법무사의 직무에 관한 채권
6. 생산자 및 상인이 판매한 생산물 및 상품의 대가
7. 수공업자 및 제조자의 업무에 관한 채권

판례 **민법 제163조 제1호에서 3년의 단기소멸시효에 걸리는 것으로 규정한 '1년 이내의 기간으로 정한 채권'의 의미 및 1개월 단위로 지급되는 집합건물의 관리비채권이 이에 해당하는지 여부(적극)**

민법 제163조 제1호에서 3년의 단기소멸시효에 걸리는 것으로 규정한 '1년 이내의 기간으로 정한 채권'이란 1년 이내의 정기로 지급되는 채권을 말하는 것으로서(대법원 1996.9.20. 선고 96다25302 판결 참조) **1개월 단위로 지급되는 집합건물의 관리비채권**은 이에 해당한다고 할 것이다(대판 2007.2.22. 2005다65821).

(10) 전(前) 구분소유자 甲에서 특별승계인(예 매수인 등) 乙로 다시 제3자 丙에게로 구분소유권이 순차로 이전한 경우에, 乙은 여전히 자신의 전 구분소유자 甲의 공용부분에 대한 체납관리비를 지급할 책임이 있는지?(즉 중간승계인의 체납관리비 책임여부)

전 구분소유자(예 ○○아파트 502호의 소유자) 甲에서 乙로, 다시 乙에서 丙으로 구분소유권이 승계(매매 등으로 소유권이 이전된 경우)된 경우, 甲, 乙, 丙 모두 자신의 체납관리비를 부담하는 것은 당연하지만, 중간승계인 乙은 구분소유권이 丙에게로 양도된 이후에는 전 소유자 甲의 체납관리비 지급채무를 면하는가의 문제이다.

① 판례의 입장

위와 관련하여 판례(대판 2006다50420)는 집합건물 구분소유권의 특별승계인 乙이 구분소유권을 다시 제3자 丙에게 이전한 경우에도 여전히 자신의 전 구분소유자 甲의 **공용부분**에 대한 체납관리비를 지급할 책임이 있다고 판시하고 있다.

판례 **집합건물 구분소유권의 특별승계인이 구분소유권을 다시 제3자에 이전한 경우에도, 여전히 자신의 전(前) 구분소유자의 공용부분에 대한 체납관리비를 지급할 책임이 있는지 여부(적극)**

집합건물의 소유 및 관리에 관한 법률상의 특별승계인은 관리규약에 따라 집합건물의 공용부분에 대한 유지·관리에 소요되는 비용의 부담의무를 승계한다는 점에서 채무인수인으로서의 지위를 갖는데, 위 법률의 입법 취지와 채무인수의 법리에 비추어 보면 구분소유권이 순차로 양도된 경우 각 특별승계인들은 이전 구분소유권자들의 채무를 **중첩적으로 인수**한다고 봄이 상당하므로, 현재 구분소유권을 보유하고 있는 최종 특별승계인뿐만 아니라 그 이전의 구분소유자들도 구분소유권의 보유 여부와 상관없이 공용부분에 관한 종전 구분소유자들의 체납관리비채무를 부담한다(대판 2008.12.11. 2006다50420).

② 판결이유

대법원은 위 판례의 판결이유를 다음과 같이 밝히고 있다.

- 집합건물의 소유 및 관리에 관한 법률(이하 '집합건물법'이라고 한다)상의 집합건물 구분소유권에 대한 특별승계인이 사실심 변론 종결 이전에 구분소유권을 이미

제3자에 이전한 경우에도 집합건물법 18조 및 관리규약에 의하여 전 구분소유자의 공용부분에 대한 체납관리비를 지급할 책임이 있는지에 관하여는 대법원 판례가 없고, 하급심의 판단이 엇갈리고 있는 상황이므로 이 사건 원심의 위 집합건물법의 조항에 대한 해석 및 적용의 당부에 관하여 직권으로 판단한다.

- 집합건물법 18조에서는 공유자가 공용부분에 관하여 다른 공유자에 대하여 가지는 채권은 그 특별승계인에 대하여도 행사할 수 있다고 규정하고 있는데, 이는 집합건물의 공용부분은 전체 공유자의 이익에 공여하는 것이어서 공동으로 유지·관리되어야 하고 그에 대한 적정한 유지·관리를 도모하기 위하여는 소요되는 경비에 대한 공유자 간의 채권은 이를 특히 보장할 필요가 있어 공유자의 특별승계인에게 그 승계의사의 유무에 관계없이 청구할 수 있도록 하기 위하여 특별규정을 둔 것이므로, 전 구분소유자의 특별승계인에게 전 구분소유자의 체납관리비를 승계하도록 한 관리규약 중 공용부분 관리비에 관한 부분은 위와 같은 규정에 터 잡은 것으로 유효하고(대판 2004다3598·3604 참조), 채무인수가 면책적인가 중첩적인가 하는 것은 채무인수계약에 나타난 당사자 의사의 해석에 관한 문제이고 채무인수에 있어서 면책적 인수인지, 중첩적 인수인지가 분명하지 아니한 때에는 이를 **중첩적으로 인수**한 것으로 볼 것이다(대판 2002다36228 참조).
- 집합건물법상의 특별승계인은 관리규약에 따라 집합건물의 공용부분에 대한 유지·관리에 소요되는 비용의 부담의무를 승계한다는 점에서 채무인수인으로서의 지위를 갖는데, 위와 같은 집합건물법의 입법 취지와 채무인수의 법리에 비추어 보면 구분소유권이 순차로 양도된 경우 각 특별승계인들은 이전 구분소유권자들의 **채무를 중첩적으로 인수**한다고 봄이 상당하므로, 현재 구분소유권을 보유하고 있는 최종 특별승계인뿐만 아니라 그 이전의 구분소유자들도 구분소유권의 보유 여부와 상관없이 공용부분에 관한 종전 구분소유자들의 체납관리비 채무를 부담한다고 보아야 한다.

※ **원심의 판단** : 원심은 집합건물법 18조의 특별승계인이라고 함은 공용부분에 관한 관리비채무를 담보할 수 있는 구분소유권을 사실심 변론 종결일 현재 보유하고 있으면서 공용부분의 관리로 인하여 수혜를 받고 있는 자로 한정된다고 봄이 타당하고, 따라서 구분소유권을 이미 제3자에게 넘겨버려 사실심 변론 종결 당시에 구분소유권을 보유하고 있지 아니한 중간승계인은 집합건물의 소유권을 넘김으로써 전 입주자가 체납하고 있던 공용부분에 관한 관리비채무 역시 현재의 소유자에게 면책적으로 승계시켰다고 볼 것이므로, 이 사건에 있어 피고가 이 사건 점포에 관한 구분소유권을 2004. 10. 8. 소외인에게 이전하여 줌으로써 이 사건 사실심 변론 종결일 현재 이 사건 점포의 구분소유권을 보유하고 있지 아니한 이상 전 입주자가 체납하고 있던 공용부분에 관한 관리비채무를 부담한다고 할 수는 없다고 판단하였다. 이에 대법원은 원심이 피고가 원심 변론 종결일 현재 구분소유권을 보유하고 있지 않다는 이유만으로 공용부분에 관한 종전 체납관리비에 대한 지급청구를 배척하였으니, 이러한 원심판결에는 집합건물법 및 관리규약에 대한 해석을 잘못하여 판결 결과에 영향을 미친 위법이 있다고 판단하였다.

③ 판결문의 내용

대 법 원
제 1 부
판 결

사 건	2006다50420 관리비 등
원고, 상고인	주식회사 ○○시떼 부산 사상구 괘법동 ○○○ 대표이사 ○○○ 소송대리인 법무법인 ○○ 담당변호사 ○○○
피고, 피상고인	이○○ (5505**-*******) 부산 동래구 안락동 ○○○
원 심 판 결	부산지방법원 2006. 7. 6. 선고 2005나13667 판결
판 결 선 고	2008. 12. 11.

주 문

원심판결 중 원고 패소부분을 파기하고, 이 부분 사건을 부산지방법원 본원 합의부에 환송한다.

이 유

1. 소액사건에 있어서 구체적 사건에 적용할 법령의 해석에 관한 대법원 판례가 아직 없는 상황에서 같은 법령의 해석이 쟁점으로 되어 있는 다수의 소액사건들이 하급심에 계속되어 있을 뿐 아니라 재판부에 따라 엇갈리는 판단을 하는 사례가 나타나고 있는 경우, 소액사건이라는 이유로 대법원이 그 법령의 해석에 관하여 판단을 하지 아니한 채 사건을 종결하고 만다면 국민생활의 법적 안전성을 해칠 것이 우려된다고 할 것인바, 이와 같은 특별한 사정이 있는 경우에는 소액사건에 관하여 상고이유로 할 수 있는 '대법원의 판례에 상반되는 판단을 한 때'의 요건을 갖추지 아니하였다고 하더라도 법령해석의 통일이라는 대법원의 본질적 기능을 수행하는 차원에서 실체법 해석 적용에 있어서의 잘못에 관하여 직권으로 판단할 수 있다고 보아야 할 것이다(대법원 2004. 8. 20. 선고

2003다1878 판결 참조).

2. 집합건물의 소유 및 관리에 관한 법률(이하 '집합건물법'이라고 한다)상의 집합건물 구분소유권에 대한 특별승계인이 사실심 변론종결 이전에 구분소유권을 이미 제3자에 이전한 경우에도 집합건물법 제18조 및 관리규약에 의하여 전(前) 구분소유자의 공용부분에 대한 체납관리비를 지급할 책임이 있는지에 관하여는 대법원 판례가 없고, 하급심의 판단이 엇갈리고 있는 상황이므로, 이 사건 원심의 위 집합건물법의 조항에 대한 해석 및 적용의 당부에 관하여 직권으로 판단한다.
집합건물법 제18조에서는 공유자가 공용부분에 관하여 다른 공유자에 대하여 가지는 채권은 그 특별승계인에 대하여도 행사할 수 있다고 규정하고 있는데, 이는 집합건물의 공용부분은 전체 공유자의 이익에 공여하는 것이어서 공동으로 유지 · 관리되어야 하고 그에 대한 적정한 유지 · 관리를 도모하기 위하여는 소요되는 경비에 대한 공유자 간의 채권은 이를 특히 보장할 필요가 있어 공유자의 특별승계인에게 그 승계의사의 유무에 관계없이 청구할 수 있도록 하기 위하여 특별규정을 둔 것이므로, 전 구분소유자의 특별승계인에게 전 구분소유자의 체납관리비를 승계하도록 한 관리규약 중 공용부분 관리비에 관한 부분은 위와 같은 규정에 터 잡은 것으로 유효하고(대법원 2006. 6. 29. 선고 2004다3598 · 3604 판결 참조), 채무인수가 면책적인가 중첩적인가 하는 것은 채무인수계약에 나타난 당사자 의사의 해석에 관한 문제이고, 채무인수에 있어서 면책적 인수인지, 중첩적 인수인지가 분명하지 아니한 때에는 이를 중첩적으로 인수한 것으로 볼 것이다(대법원 2002. 9. 24. 선고 2002다36228 판결 참조).
원심은 집합건물법 제18조의 특별승계인이라고 함은 공용부분에 관한 관리비 채무를 담보할 수 있는 구분소유권을 사실심 변론 종결일 현재 보유하고 있으면서 공용부분의 관리로 인하여 수혜를 받고 있는 자로 한정된다고 봄이 타당하고, 따라서 구분소유권을 이미 제3자에게 넘겨버려 사실심 변론 종결 당시에 구분소유권을 보유하고 있지 아니한 중간승계인은 집합건물의 소유권을 넘김으로써 전 입주자가 체납하고 있던 공용부분에 관한 관리비채무 역시 현재의 소유자에게 면책적으로 승계시켰다고 볼 것이므로, 이 사건에 있어 피고가 이 사건 점포에 관한 구분소유권을 2004. 10. 8. 하○○에게 이전하여 줌으로써 이 사건 사실심 변론 종결일 현재 이 사건 점포의 구분소유권을 보유하고 있지 아니한 이상 전 입주자가 체납하고 있던 공용부분에 관한 관리비채무를 부담한다고 할 수는 없다고 판단하였다.
그러나 집합건물법상의 특별승계인은 관리규약에 따라 집합건물의 공용부분에 대한 유지 · 관리에 소요되는 비용의 부담의무를 승계한다는 점에서 채무인수인으로서의 지위를 갖는데, 위와 같은 집합건물법의 입법취지와 채무인수의 법리에 비추어 보면 구분소유권이 순차로 양도된 경우 각 특별승계인들은 이전 구분소유권자들의 채무를 중첩적으로 인수한다고 봄이 상당하므로, 현재 구분소유권을 보유하고 있는 최종 특별승계인뿐만 아니라 그 이전의 구분소유자들도 구분소유권의 보유 여부와 상관없이 공용부분에 관한 종전 구분소유자들의 체납관리비채무를 부담한다고 보아야 한다.

그럼에도 원심은 피고가 원심 변론 종결일 현재 구분소유권을 보유하고 있지 않다는 이유만으로 공용부분에 관한 종전 체납관리비에 대한 지급청구를 배척하였으니, 이러한 원심판결에는 집합건물법 및 관리규약에 대한 해석을 잘못하여 판결 결과에 영향을 미친 위법이 있다고 할 것이다.

3. 그러므로 원심판결 중 원고 패소부분을 파기하고, 이 부분 사건을 다시 심리 · 판단하도록 원심법원에 환송하기로 하여 관여 대법관의 일치된 의견으로 주문과 같이 판결한다.

재판장	대법관	○○○	________
	대법관	○○○	________
	대법관	○○○	________
주 심	대법관	○○○	________

법률용어 해설 [면책적 채무인수와 중첩적 채무인수]

- **면책적 채무인수** : 채무의 동일성을 유지하면서 신채무자가 구채무자의 채무를 인수하여 이행할 책임을 부담하고 구채무자는 면책되는 채무인수계약을 말한다. 이때 신채무자가 당사자로서의 지위를 승계하는 것은 아니다. 면책적 채무인수의 경우, 민법은 보증인의 보증채무는 소멸한다고 규정하고 있다(민법 459조). 그러나 보증인이 이러한 면책적 채무인수의 경우에 동의한 경우, 즉 계속 보증의 의사를 표시한 경우에는 보증채무는 소멸하지 아니하고 존속한다. 종래의 채무자가 채무를 면하지 않고 구채무자가 그 동일한 채무를 인수하여 신 · 구양채무자가 공동으로 채무를 부담하는 병존적(또는 중첩적) 채무인수와 구별되는 개념이다.
- **중첩적 채무인수** : 제3자(인수인)가 채무관계에 가입해서 채무자가 되고, 종래(기존)의 채무자와 더불어 새로이 동일내용의 채무를 부담하는 계약을 말한다. 중첩적 · 부가적 · 첨가적 · 확보적 채무인수라고도 하기도 한다. 병존적 채무인수는 채무의 이전이 일어나지 않는다는 점에서 면책적 채무인수와 구별된다. 따라서 병존적 채무인수에 있어서는 종래의 채무자가 채무를 면함이 없이 채무자 · 인수인이 함께 같은 내용의 채무를 부담하게 되어 일종의 인적 담보로서의 기능이 존재한다. 병존적 채무인수의 대상이 될 수 있는 채무는 인수인에 의하여서도 이행될 수 있는 성질의 것이어야 하며, 인수인이 부담하는 채무의 범위가 원채무의 범위를 초과하는 때에는 그 초과부분에 관하여는 병존적 채무인수가 인정되지 않는다.

(11) 집합건물의 실질적인 관리단이 구성되어 있지 않은 경우에도 매수인이 체납관리비를 인수해야 하는지?

실질적인 집합건물의 관리단이 구성되어 있지 않아 적법한 관리주체가 아님에도 매수인(낙찰자)에게 전 소유자의 체납관리비를 요구한 경우 위 관리비를 매수인이 인수해야 하는지가 문제되나, 이러한 경우에 매수인은 체납관리비의 인수부담이 없다. 반대로 실질적인 관리단이 구체적으로 조직되어 관리를 시작하였다면 당연히 전 소유자의 체납관리비를 매수인이 인수해야 할 것이다. 다음의 두 판례를 차례로 참고하기 바란다.

판례 **1. 집합건물의 관리단이 실제적인 자치관리를 개시하기 전에 분양을 마치지 못한 건축주가 집합건물의 관리를 하면서 관리비용으로 사용하기 위해 차용한 채무에 대하여 관리단의 부담 또는 포괄인수를 부정한 사례**

집합건물의 소유 및 관리에 관한 법률 제23조 제1항에 의한 집합건물의 관리단은 어떠한 조직행위가 없더라도 구분소유자 전원을 구성원으로 하여 당연히 성립되는 것이지만, **관리단이 실제로 조직되지 아니한 상태에서** 미분양된 전유부분의 소유자로서 구분소유자 중의 1인인 건축주가 주체가 되어 건물을 사실상 관리하여 왔다면 그것을 바로 관리단에 의한 자치적 관리로 볼 수는 없고, 설사 빌딩 내 점포소유자와 임차인들 중 층별 대표자들로 자치관리준비위원회가 조직되고 그 자치관리준비위원회가 그 이후에 발족한 관리단과 동일성이 인정되는 단체라고 하더라도 실제로 건축주로부터 관리권을 넘겨받아 자치관리를 개시하지는 못하고 여전히 건축주가 주체가 되어 빌딩을 관리하였다면 건축주가 관리하던 기간 동안에 발생한 채권채무는 건축주에게 귀속되고 준비위원회에 귀속되지 않는다는 이유로, 관리단으로서는 **스스로 실제적인 자치관리를 개시하기 전**에 건축주가 관리하던 기간 동안에 건축주가 관리비용으로 사용하기 위하여 차용한 채무에 대하여 이를 **부담한다거나 포괄인수한다고 할 수 없다**(대판 1996.12.10. 96다12054).

2. 집합건물의 분양 후 관리단이 조직되어 그 관리를 계속 분양회사에 위탁하는 방식으로 자치관리를 시작한 경우, 분양회사가 연체한 가스사용료에 대한 관리단 및 구분소유자의 납부의무를 인정한 사례

집합건물의 분양 후 관리단 창립총회를 통하여 관리단이 구체적으로 조직되어 자치적 관리를 시작하면서 편의상 그 동안 관리를 맡아왔던 분양회사에게 그 관리를 위탁하였다고 할지라도 건물의 관리에 관한 권한 및 책임은 종국적으로 **관리단에 귀속한다**고 보아야 하므로, 분양회사가 연체한 가스사용료 채무에 대하여 위 관리단이 가스공급회사에 사용자 변경 신청은 하지 않았다고 할지라도 도시가스공급규정에 의해 새로운 가스사용자로서 분양회사의 가스회사에 대한 가스사용자로서의 가스공급장치에 관한 권리·의무를 승계함으로써 장차 그 건물의 가스 사용으로 인하여 발생할 사용료의 납부의무를 부담하게 되었다고 볼 것이고, 또한 위 관리단이 사용료 납부 채무를 그의 재산으로 완제할 수 없는 때에는 구분소유자들이 특별한 사정이 없는 한 각기 공유지분의 비율로 동 채무를 변제할 책임을 지게 된다(대판 1997.8.29. 97다19625).

(12) 집합건물의 실질적인 관리단은 구성되어 있으나 '관리비 징수에 관한 관리단 규약' 등이 존재하지 않을 때에도 매수인이 체납관리비를 인수해야 하는지?

관리비 징수에 관한 유효한 관리단 규약 등이 존재하지 않을 때 집합건물의 소유 및 관리에 관한 법률상 관리단이 공용부분에 대한 관리비를 그 부담의무자인 구분소유자에게 청구할 수 있는지 여부에 대하여 최근의 판례(대판 2009.7.9. 2009다22266 · 22273)는, "집합건물의 소유 및 관리에 관한 법률 17조는 "각 공유자는 규약에 달리 정함이 없는 한 그 지분의 비율에 따라 공용부분의 관리비용 기타 의무를 부담한다.", 25조 1항은 "관리인은 공용부분의 보존 · 관리 및 변경을 위한 행위와 관리단의 사무의 집행을 위한 분담금액 및 비용을 각 구분소유자에게 청구 · 수령하는 행위 및 그 금원을 관리하는 행위를 할 권한과 의무를 가진다."라고 규정하고 있는바, 이에 의하면 위 법상 관리단은 관리비 징수에 관한 유효한 **관리단 규약** 등이 존재하지 않더라도 위 법 25조 1항 등에 따라 적어도 공용부분에 대한 관리비는 이를 그 부담의무자인 구분소유자에 대하여 청구할 수 있다고 봄이 상당하다."고 판시하였다.

3. 대판 2004다3598 · 3604의 상고이유 및 대법원의 판단

매수인(낙찰자)의 관리비 승계여부 및 범위 등에 대한 이해를 위하여 앞에서 인용한 대법원 판례(대판 2004다3598 · 3604)의 상고이유 및 대법원의 판단부분을 알아보고 가자. 위 판례사안은 상가건물을 낙찰 받은 낙찰자(원고)가 빌딩관리단(피고)을 상대로 관리규약이 효력이 없다는 이유로 '체납관리비채무의 부존재확인 등'을 구하는 본소를 제기하였고, 피고인 빌딩관리단은 원고인 낙찰자를 상대로 '체납관리비와 그 연체료의 지급'을 구하는 반소를 제기한 사건이다.

(1) 공용부분 관리비의 범위는?

① 전 구분소유자의 공용부분 체납관리비의 승계는 유효

집합건물의 소유 및 관리에 관한 법률(이하 '집합건물법'이라고 한다) 18조에서는 공유자가 공용부분에 관하여 다른 공유자에 대하여 가지는 채권은 그 특별승계인에 대하여도 행사할 수 있다고 규정하고 있는데, 이는 집합건물의 공용부분은 전체 공유자의 이익에 공여하는 것이어서 공동으로 유지 · 관리되어야 하고 그에 대한 적정한 유지 · 관리를 도모하기 위하여는 소요되는 경비에 대한 공유자 간의 채권은 이를 특히 보장할 필요가 있어 공유자의 특별승계인에게 그 승계의사의 유무에 관계없이 청구할 수 있도록 하기 위하여 특별규정을 둔 것이므로, 전 구분소유자의 특별승계인에게 전 구분소유자의 체납관리비를 승계하도록 한 관리규약 중 **공용부분 관리비**에 관한 부분은 위와 같은 규정에 터 잡은 것으로 유효하다(대판 <전 · 합> 2001다8677 참조).

② 공용부분 관리비의 성격 및 범위

부과된 관리비가 공용부분에 관한 관리비인지 여부는 개개의 관리비 항목의 성질 및 그 구체적 사용내역에 따라 판단되어야 할 것이나, 위와 같은 입법 취지에 비추어 볼 때 여기서 말하는 공용부분 관리비에는 집합건물의 공용부분 그 자체의 직접적인 유지 · 관리를 위하여 지출되는 비용뿐만 아니라, 전유부분을 포함한 집합건물 전체의 유지 · 관리를 위해 지출되는 비용 가운데에서도 입주자 전체의 공동의 이익을 위하여 집합건물을 통일적으로 유지 · 관리해야 할 필요가 있어 이를 일률적으로 지출하지 않으면 안 되는 성격의 비용은 그것이 입주자 각자의 개별적인 이익을 위하여 현실적 · 구체적으로 귀속되는 부분에 사용되는 비용으로 명확히 구분될 수 있는 것이 아니라면 모두 이에 포함되는 것으로 봄이 상당하다.

③ 연체료의 성격 및 매수인(낙찰자)의 인수여부

관리비 납부를 연체할 경우 부과되는 연체료는 위약벌의 일종이고, 전 구분소유자의 특별승계인이 체납된 공용부분 관리비를 승계한다고 하여 전 구분소유자가 관리비 납부를 연체함으로 인해 이미 발생하게 된 법률효과까지 그대로 승계하는 것은 아니라 할 것이어서, 공용부분 관리비에 대한 **연체료**는 특별승계인에게 승계되는 공용부분 관리비에 포함되지 않는다.

④ 관리비 중 일반관리비, 장부기장료, 위탁수수료, 화재보험료, 청소비, 수선유지비 등의 성격과 매수인(낙찰자)에의 승계여부

- **공용부분과 전유부분이 명확히 구별되지 않는 비용은 낙찰자가 승계해야 한다.**
  기록에 의하면 이 사건 상가건물의 관리규약상 관리비 중 **일반관리비**, **장부기장료**, **위탁수수료**, **화재보험료**, **청소비**, **수선유지비** 등은 모두 입주자 전체의 공동의 이익을 위하여 집합건물을 통일적으로 유지 · 관리해야 할 필요에 의해 일률적으로 지출되지 않으면 안 되는 성격의 비용에 해당하는 것으로 인정되고, 그것이 입주자 각자의 개별적인 이익을 위하여 현실적 · 구체적으로 귀속되는 부분에 사용되는 비용으로 명확히 구분될 수 있는 것이라고 볼 만한 사정을 찾아볼 수 없는 이상 전 구분소유자의 특별승계인인 낙찰자에게 승계되는 **공용부분 관리비**로 보아야 할 것이다.

- **원심에 대한 대법원의 판단**

  원심이 위 각 관리비 항목 중 청소비와 수선유지비를 공용부분 관리비로 보아 낙찰자(원고)에게 승계된다고 판단한 것은 정당하다. 그러나 그 외 일반관리비, 장부기장료, 위탁수수료, 화재보험료 등에 관하여 이는 전유부분과 공용부분 모두의 유지 · 관리를 위한 것으로서, 그 각 해당 금액 중 낙찰자가 소유하는 건물면적에 대한 공용부분이 차지하는 면적의 비율로 산정된 금액만 낙찰자에게 승계되고 또 공용부분 관리비에 대한 연체료도 승계된다고 본 원심의 판단에는 특별승계인에게 승계되는 공용부분 관리비의 범위에 관한 법리를 오해한 위법이 있다. 이 부분에 관한 원고(낙찰자)와 피고(빌딩관리단)의 각 해당 상고이유는 이유 있다.

(2) 피고(빌딩관리단)의 단전 · 단수 등의 조치로 인한 낙찰자에의 불법행위 성립 및 그 손해배상의 범위는?

① 원심의 판단(빌딩관리단의 단전 · 단수 등의 조치는 위법함)

원심판결 이유를 기록에 비추어 살펴보면, 원심이 그 판결에서 들고 있는 증거를 종합하여, '이 사건 상가건물의 관리규약에서는 관리비 체납이 3월 이상 연체된 경우 단전 · 단수 등의 조치를 취할 수 있도록 되어 있는데, 빌딩관리단은 낙찰자가 이 사건 건물 중 8층 부분을 낙찰받아 구분소유권을 취득하자 전 구분소유자인 소외 주식회사가 체납한 관리비의 지급을 요구하며 낙찰자가 낙찰받기 이전부터 해 오던 8층 부분에 대한 단전 · 단수 및 엘리베이터 운행정지의 조치를 2001. 10. 19.경까지 계속하여 낙찰자로 하여금 그 기간 동안 8층 부분을 사용 · 수익하지 못하게 하였다.'는 사실을 인정한 다음, 빌딩관리단의 위와 같은 사용방해행위가 낙찰자에 대해 불법행위를 구성한다고 판단한 것은 정당한 것으로 수긍이 가고, 거기에 불법행위의 성립에 관한 법리오해 등의 잘못이 없다.

② 피고의 상고이유(낙찰자에 대한 단전 · 단수 등의 조치는 적법함)

이에 관한 피고(빌딩관리단)의 상고이유 주장은, 낙찰자가 전 구분소유자의 체납관리비 중 공용부분 관리비를 승계할 의무가 있고, 이러한 체납관리비를 징수하기 위해 관리규약에 따라 단전 · 단수 등의 조치를 취한 것이므로 처음부터 불법행위를 구성하지 않거나, 적어도 낙찰자가 승계된 체납관리비의 지급을 3개월 이상 연체한 때부터는 관리규약에 따른 적법한 단전 · 단수 등의 조치로 되어 불법행위가 되지 않는다는 것이다.

③ **대법원의 판단(낙찰자에 대한 단전 · 단수 등의 조치는 위법함)**

그러나 낙찰자가 체납된 관리비 중 공용부분 관리비를 승계한다고 하여 전 구분소유자의 관리비 연체로 인한 법률효과까지 승계하는 것은 아니어서 낙찰자가 구분소유권을 취득하였다는 점만으로 낙찰자가 승계된 관리비의 지급을 연체하였다고 볼 수 없음은 분명한 것이므로, 낙찰자가 구분소유권을 승계하였음에도 전 구분소유자에 대해 해 오던 단전 · 단수 등의 조치를 유지한 것은 관리규약에 따른 적법한 조치에 해당한다고 볼 수 없다.

나아가 단전 · 단수 등의 조치가 적법한 행위로서 불법행위를 구성하지 않기 위해서는 그 조치가 관리규약을 따른 것이었다는 점만으로는 부족하고, 그와 같은 조치를 하게 된 동기와 목적, 수단과 방법, 조치에 이르게 된 경위, 그로 인하여 입주자가 입게 된 피해의 정도 등 여러 가지 사정을 종합하여 사회통념상 허용될 만한 정도의 상당성이 있어 위법성이 결여된 행위로 볼 수 있는 경우에 한한다 할 것인데, 이 사건의 경우 낙찰자에 대하여 행하여진 당초의 단전 · 단수 등의 조치가 불법행위에 해당하고 낙찰자가 이를 다투며 관리비 지급을 거부하였다는 것이므로, 그런 와중에 3개월이 경과됨으로써 3개월 이상 관리비 연체라는 관리규약상의 요건이 충족되었다 하더라도 그러한 사정만으로 종전부터 계속되어 오던 빌딩관리단의 위법한 단전 · 단수 등의 조치가 그 시점부터 사회통념상 허용될 만한 정도의 상당성이 있는 행위로서 적법행위로 된다고 할 수는 없는 것이다. 원심의 이 부분 설시에 다소 미흡한 점이 있으나 결과에 있어 정당하고, 피고(빌딩관리단)의 이 부분 상고이유의 주장은 모두 이유 없다.

④ **피고의 불법행위로 인한 손해액의 판단(손해배상의 범위)**

- **원심의 판단(매수인에 대한 제한적 손해배상)**

  한편 원심은 피고(빌딩관리단)의 위와 같은 불법행위로 인하여 낙찰자가 입은 손해액을 산정하면서, '피고(빌딩관리단)가 원고의 사용 · 수익을 방해한 것은 전 구분소유자의 체납관리비를 원고(낙찰자)가 승계하는지 여부가 그 원인이 되었고, 원고(낙찰자)는 체납관리비 중 공용부분에 관한 관리비를 승계하게 되었으므로 손해의 공평한 분담이라는 손해배상법의 이념에 비추어 피고(빌딩관리단)의 책임비율을 원고(낙찰자)가 소유하는 건물 전체면적 중 전유부분이 차지하는 면적의 비율로 제한함이 상당하다.'고 판단하였다.

- **대법원의 판단(매수인에 대한 제한적 손해배상은 잘못임)**

  피고(빌딩관리단)의 단전 · 단수 등의 조치가 관리규약에서 정한 적법한 요건을 갖추지 못한 위법한 것이었던 점과 단전 · 단수 등의 조치를 하게 된 경위 및 그로 인하여 낙찰자가 입게 된 손해의 정도 등에 비추어 보면, 원심이 들고 있는 사정들을 감안하더라도 피고(빌딩관리단)의 손해배상책임을 그와 같이 제한한 것이 손해의 공평한 분담이라는 손해배상법의 이념에 부합한다고 보기 어렵고, 달리 이를 수긍할 만한 뚜렷한 근거도 찾을 수 없다.

그런데도 원심이 그 판시와 같은 사정만으로 피고(빌딩관리단)의 손해배상책임의 범위를 제한함이 상당하다고 본 것은 손해배상책임의 범위에 관한 필요한 심리를 다하지 아니하였거나 손해배상책임의 제한에 관한 법리를 오해하여 판결 결과에 영향을 미친 잘못이 있다. 원고(낙찰자)의 이 부분 상고이유 주장은 이유 있다.

(3) 피고(빌딩관리단)의 방해로 인한 사용불능기간에 발생한 관리비의 부담 여부

① 원심의 판단

집합건물의 관리단 등 관리주체의 위법한 단전 · 단수 및 엘리베이터 운행정지 조치 등 불법적인 사용방해행위로 인하여 건물의 구분소유자가 그 건물을 사용 · 수익하지 못하였다면, 그 구분소유자로서는 관리단에 대해 그 기간 동안 발생한 관리비채무를 부담하지 않는다고 보아야 한다.

원심이 '피고(빌딩관리단)의 불법행위로 인하여 원고(낙찰자)가 이 사건 건물 중 8층 부분을 사용 · 수익하는 것이 불가능하였던 기간에 발생한 관리비채무를 부담하지 않는다.'고 판단한 것은 위와 같은 법리를 따른 것으로 정당하다.

② 피고의 상고이유 및 대법원의 판단

이에 관한 피고(빌딩관리단)의 상고이유 주장은, 불법행위로 인한 사용불능기간 중 낙찰자가 관리비를 부담하지 않는다면, 낙찰자는 빌딩관리단으로부터 불법행위로 인한 손해를 배상받음으로써 사용 · 수익을 한 것과 같은 이익을 누리면서 관리비지급채무를 면하는 2중의 이득을 얻게 되어 부당하다는 것이다.

그러나 그와 같은 이익은 불법행위로 인한 손해배상액을 산정하면서 손익상계의 문제로 고려되면 충분하므로 낙찰자가 관리비채무를 부담하지 않는다고 하여 반드시 부당한 결과에 이른다고 볼 수 없다. 이 부분에 관한 피고(빌딩관리단)의 상고이유 주장은 이유 없다.

(4) 판결문의 내용

대 법 원
제 1 부
판 결

사 건 2004다3598(본소) 채무부존재확인 및 손해배상
2004다3604(반소) 채무부존재확인 등
원고(반소피고), 피상고인 겸 상고인
○○○○○ 유동화전문 유한회사
서울 종로구 공평동 ○○○ 제일은행본점빌딩 16층
청산인 ○○○
소송대리인 변호사 ○○○
피고(반소원고), 상고인 겸 피상고인
○○프라자빌딩관리단
고양시 덕양구 화정동 ○○○ ○○프라자빌딩 지하 1층
대표자 회장 ○○○
소송대리인 변호사 ○○○
원 심 판 결 서울고등법원 2003. 12. 12. 선고 2003나12498(본소), 2003나12504 (반소) 판결
판 결 선 고 2006. 6. 29.

주 문

원심판결을 파기하고, 사건을 서울고등법원으로 환송한다.

이 유

상고이유를 본다.

1. 공용부분 관리비의 범위에 관하여

집합건물의 소유 및 관리에 관한 법률(이하 '집합건물법'이라고 한다) 제18조에서는 공유자가 공용부분에 관하여 다른 공유자에 대하여 가지는 채권은 그 특별승계인에 대하여도 행사할 수 있다고 규정하고 있는데, 이는 집합건물의 공용

부분은 전체 공유자의 이익에 공여하는 것이어서 공동으로 유지 · 관리되어야 하고 그에 대한 적정한 유지 · 관리를 도모하기 위하여는 소요되는 경비에 대한 공유자 간의 채권은 이를 특히 보장할 필요가 있어 공유자의 특별승계인에게 그 승계의사의 유무에 관계없이 청구할 수 있도록 하기 위하여 특별규정을 둔 것이므로, 전(前) 구분소유자의 특별승계인에게 전 구분소유자의 체납관리비를 승계하도록 한 관리규약 중 공용부분 관리비에 관한 부분은 위와 같은 규정에 터잡은 것으로 유효하다(대법원 2001.9.20, 선고 2001다8677 전원합의체 판결 참조). 그리고 부과된 관리비가 공용부분에 관한 관리비인지 여부는 개개의 관리비 항목의 성질 및 그 구체적 사용내역에 따라 판단되어야 할 것이나, 위와 같은 입법취지에 비추어 볼 때 여기서 말하는 공용부분 관리비에는 집합건물의 공용부분 그 자체의 직접적인 유지 · 관리를 위하여 지출되는 비용뿐만 아니라, 전유부분을 포함한 집합건물 전체의 유지 · 관리를 위해 지출되는 비용 가운데에서도 입주자 전체의 공동의 이익을 위하여 집합건물을 통일적으로 유지 · 관리해야 할 필요가 있어 이를 일률적으로 지출하지 않으면 안 되는 성격의 비용은 그것이 입주자 각자의 개별적인 이익을 위하여 현실적 · 구체적으로 귀속되는 부분에 사용되는 비용으로 명확히 구분될 수 있는 것이 아니라면, 모두 이에 포함되는 것으로 봄이 상당하다. 한편, 관리비 납부를 연체할 경우 부과되는 연체료는 위약벌의 일종이고, 전(前) 구분소유자의 특별승계인이 체납된 공용부분 관리비를 승계한다고 하여 전 구분소유자가 관리비 납부를 연체함으로 인해 이미 발생하게 된 법률효과까지 그대로 승계하는 것은 아니라 할 것이어서, 공용부분 관리비에 대한 연체료는 특별승계인에게 승계되는 공용부분 관리비에 포함되지 않는다.

그런데 기록에 의하면, 이 사건 상가건물의 관리규약상 관리비 중 일반관리비, 장부기장료, 위탁수수료, 화재보험료, 청소비, 수선유지비 등은 모두 입주자 전체의 공동의 이익을 위하여 집합건물을 통일적으로 유지 · 관리해야 할 필요에 의해 일률적으로 지출되지 않으면 안 되는 성격의 비용에 해당하는 것으로 인정되고, 그것이 입주자 각자의 개별적인 이익을 위하여 현실적 · 구체적으로 귀속되는 부분에 사용되는 비용으로 명확히 구분될 수 있는 것이라고 볼 만한 사정을 찾아볼 수 없는 이상 전(前) 구분소유자의 특별승계인인 원고에게 승계되는 공용부분 관리비로 보아야 할 것이다.

그렇다면, 원심이 위 각 관리비 항목 중 청소비와 수선유지비를 공용부분 관리비로 보아 원고에게 승계된다고 판단한 것은 정당하다. 그러나 그 외 일반관리비, 장부기장료, 위탁수수료, 화재보험료 등에 관하여 이는 전유부분과 공용부분 모두의 유지 · 관리를 위한 것으로서, 그 각 해당 금액 중 원고가 소유하는 건물면적에 대한 공용부분이 차지하는 면적의 비율로 산정된 금액만 원고에게 승계되고 또 공용부분 관리비에 대한 연체료도 승계된다고 본 원심의 판단에는 특별승계인에게 승계되는 공용부분 관리비의 범위에 관한 법리를 오해한 위법이 있다. 이 부분에 관한 원고와 피고의 각 해당 상고이유는 이유 있다.

2. 피고의 단전 · 단수 등의 조치로 인한 불법행위 성립 및 그 손해배상의 범위에 관하여

원심판결 이유를 기록에 비추어 살펴보면, 원심이 그 판결에서 들고 있는 증거를 종합하여, 「이 사건 상가건물의 관리규약에서는 관리비 체납이 3월 이상 연체된 경우 단전 · 단수 등의 조치를 취할 수 있도록 되어 있는데, 피고는, 원고가 이 사건 건물 중 8층 부분을 경락받아 구분소유권을 취득하자 전 구분소유자인 주식회사 ○○문이 체납한 관리비의 지급을 요구하며 원고가 경락받기 이전부터 해오던 8층 부분에 대한 단전 · 단수 및 엘리베이터 운행정지의 조치를 2001. 10. 19.경까지 계속하여 원고로 하여금 그 기간 동안 8층 부분을 사용 · 수익하지 못하게 하였다」는 사실을 인정한 다음, 피고의 위와 같은 사용방해행위가 원고에 대해 불법행위를 구성한다고 판단한 것은 정당한 것으로 수긍이 가고, 거기에 불법행위의 성립에 관한 법리오해 등의 잘못이 없다.

이에 관한 피고의 상고이유 주장은, 원고가 전 구분소유자의 체납관리비 중 공용부분 관리비를 승계할 의무가 있고, 이러한 체납관리비를 징수하기 위해 관리규약에 따라 단전 · 단수 등의 조치를 취한 것이므로 처음부터 불법행위를 구성하지 않거나, 적어도 원고가 승계된 체납관리비의 지급을 3개월 이상 연체한 때부터는 관리규약에 따른 적법한 단전 · 단수 등의 조치로 되어 불법행위가 되지 않는다는 것이다.

그러나 원고가 체납된 관리비 중 공용부분 관리비를 승계한다고 하여 전(前) 구분소유자의 관리비 연체로 인한 법률효과까지 승계하는 것은 아니어서 원고가 구분소유권을 취득하였다는 점만으로 원고가 승계된 관리비의 지급을 연체하였다고 볼 수 없음은 분명한 것이므로, 원고가 구분소유권을 승계하였음에도 전 구분소유자에 대해 해오던 단전 · 단수 등의 조치를 유지한 것은 관리규약에 따른 적법한 조치에 해당한다고 볼 수 없다.

나아가 단전 · 단수 등의 조치가 적법한 행위로서 불법행위를 구성하지 않기 위해서는 그 조치가 관리규약을 따른 것이었다는 점만으로는 부족하고, 그와 같은 조치를 하게 된 동기와 목적, 수단과 방법, 조치에 이르게 된 경위, 그로 인하여 입주자가 입게 된 피해의 정도 등 여러 가지 사정을 종합하여 사회통념상 허용될 만한 정도의 상당성이 있어 위법성이 결여된 행위로 볼 수 있는 경우에 한한다 할 것인데, 이 사건의 경우 원고에 대하여 행하여진 당초의 단전 · 단수 등의 조치가 불법행위에 해당하고 원고가 이를 다투며 관리비 지급을 거부하였다는

것이므로, 그런 와중에 3개월이 경과됨으로써 3개월 이상 관리비 연체라는 관리규약상의 요건이 충족되었다 하더라도 그러한 사정만으로 종전부터 계속되어 오던 피고의 위법한 단전 · 단수 등의 조치가 그 시점부터 사회통념상 허용될 만한 정도의 상당성이 있는 행위로서 적법행위로 된다고 할 수는 없는 것이다. 원심의 이 부분 설시에 다소 미흡한 점이 있으나 결과에 있어 정당하고, 피고의 이 부분 상고이유의 주장은 모두 이유 없다.

한편, 원심은 피고의 위와 같은 불법행위로 인하여 원고가 입은 손해액을 산정하면서, 「피고가 원고의 사용 · 수익을 방해한 것은 전 구분소유자의 체납관리비를 원고가 승계하는지 여부가 그 원인이 되었고, 원고는 체납관리비 중 공용부분에 관한 관리비를 승계하게 되었으므로, 손해의 공평한 분담이라는 손해배상법의 이념에 비추어 피고의 책임비율을 원고가 소유하는 건물 전체면적 중 전유부분이 차지하는 면적의 비율로 제한함이 상당하다」고 판단하였다.

그러나 피고의 단전 · 단수 등의 조치가 관리규약에서 정한 적법한 요건을 갖추지 못한 위법한 것이었던 점과 단전 · 단수 등의 조치를 하게 된 경위 및 그로 인하여 원고가 입게 된 손해의 정도 등에 비추어 보면, 원심이 들고 있는 사정들을 감안하더라도 피고의 손해배상책임을 그와 같이 제한한 것이 손해의 공평한 분담이라는 손해배상법의 이념에 부합한다고 보기 어렵고, 달리 이를 수긍할 만한 뚜렷한 근거도 찾을 수 없다. 그런데도 원심이 그 판시와 같은 사정만으로 피고의 손해배상책임의 범위를 제한함이 상당하다고 본 것은 손해배상책임의 범위에 관한 필요한 심리를 다하지 아니하였거나 손해배상책임의 제한에 관한 법리를 오해하여 판결 결과에 영향을 미친 잘못이 있다. 원고의 이 부분 상고이유 주장은 이유 있다.

3. 피고의 방해로 인한 사용불능기간에 발생한 관리비의 부담 여부에 관하여

집합건물의 관리단 등 관리주체의 위법한 단전 · 단수 및 엘리베이터 운행정지 조치 등 불법적인 사용방해행위로 인하여 건물의 구분소유자가 그 건물을 사용 · 수익하지 못하였다면, 그 구분소유자로서는 관리단에 대해 그 기간 동안 발생한 관리비채무를 부담하지 않는다고 보아야 한다.

원심이 「피고의 불법행위로 인하여 원고가 이 사건 건물 중 8층 부분을 사용 · 수익하는 것이 불가능하였던 기간에 발생한 관리비채무를 부담하지 않는다」고 판단한 것은 위와 같은 법리를 따른 것으로 정당하다.

이에 관한 피고의 상고이유 주장은, 불법행위로 인한 사용불능기간 중 원고가 관리비를 부담하지 않는다면, 원고는 피고로부터 불법행위로 인한 손해를 배상받음으로써 사용 · 수익을 한 것과 같은 이익을 누리면서 관리비지급채무를 면하는 2중의 이득을 얻게 되어 부당하다는 것이다. 그러나 그와 같은 이익은 불

법행위로 인한 손해배상액을 산정하면서 손익상계의 문제로 고려되면 충분하므로 원고가 관리비채무를 부담하지 않는다고 하여 반드시 부당한 결과에 이른다고 볼 수 없다. 이 부분에 관한 피고의 상고이유 주장은 이유 없다.

4. 결 론

그러므로 나머지 상고이유에 대한 판단을 생략한 채 원심판결을 파기하고, 이 사건을 다시 심리·판단하게 하기 위하여 원심법원에 환송하기로 하여, 관여 대법관의 일치된 의견으로 주문과 같이 판결한다.

재판장	대법관	○○○	________________
	대법관	○○○	________________
	대법관	○○○	________________
주 심	대법관	○○○	________________

※ 구분소유자의 특별승계인에게 승계되는 공용부분 체납관리비의 범위에 관한 판례(위 대판 2004다3598·3604)의 해설 ……………………………………………………………

위에서 설명한 판례(대판 2004다3598·3604)의 확실한 이해를 위하여 판례평석 논문을 요약하여 설명한다.

❶ 대법원의 판결요지

1. 집합건물의 소유 및 관리에 관한 법률 제18조에 따라 집합건물의 전 구분소유자의 특정승계인에게 승계되는 공용부분 관리비에 포함되는지 여부는 개개의 관리비 항목의 성질 및 구체적 사용내역에 따라 판단되어야 함이 원칙이나, 위 조항의 집합취지에 비추어 볼 때 여기서 말하는 공용부분 관리비에는 집합건물의 공용부분 그 자체의 직접적인 유지·관리를 위하여 지출되는 비용뿐만 아니라, 전유부분을 포함한 집합건물 전체의 유지·관리를 위해 지출되는 비용 가운데에서도 입주자 전체의 공동의 이익을 위하여 집합건물을 통일적으로 유지·관리해야 할 필요가 있어 이를 일률적으로 지출하지 않으면 안 되는 성격의 비용은 그것이 입주자 각자의 개별적인 이익을 위하여 현실적·구체적으로 귀속되는 부분에 사용되는 비용으로 명확히 구분될 수 있는 것이 아니라면, 모두 이에 포함되는 것

으로 봄이 상당하다.

2. 관리비 납부를 연체할 경우 부과되는 연체료는 위약벌의 일종이고, 전 구분소유자의 특별승계인이 체납된 공용부분 관리비를 승계한다고 하여 전 구분소유자가 관리비 납부를 연체함으로 인해 이미 발생하게 된 법률효과까지 그대로 승계하는 것은 아니라 할 것이어서, 공용부분 관리비에 대한 연체료는 특별승계인에게 승계되는 공용부분 관리비에 포함되지 않는다.

☞【참조조문】

1. 2. 집합건물의 소유 및 관리에 관한 법률 제18조

❷ 사안의 개요

1. 사실관계

이 사건 상가건물은 지하 4층, 지상 9층의 복합상가건물로 약 90여 개의 점포가 입점한 집합건물이다. 원고는 2001. 4. 9. 경매절차에서 이 사건 상가건물 중 8층 전체(이하 '8층'이라고 함)를 낙찰받아 구분소유권을 취득하였고, 피고는 이 사건 상가건물의 관리단이다.

이 사건 상가건물의 관리규약에서는 관리비를 연체할 경우 연체료가 부과되고, 매매, 경매 등에 의해 구분소유권자가 변경될 경우 종전 구분소유자의 체납관리비 채무는 새로운 구분소유자에게 승계된다고 규정하고 있다. 피고는 위 관리규약에 따라 원고에게 종전 구분소유자가 체납한 관리비와 그 연체료의 지급을 요구하였다.

이에 대해 원고는 위와 같은 관리규약은 원고에게 효력이 없다는 이유로 체납관리비채무의 부존재확인을 구하는 이 사건 본소를 제기하였고, 피고는 체납관리비와 그 연체료의 지급을 구하는 반소를 제기하였다(이 사건에서는 이외에도 여러 쟁점이 문제되었으나 여기서는 위 쟁점에 한정하여 해설하기로 한다).

2. 원심의 판단

구분소유권이 매매, 경매 등에 의해 이전된 경우 새로운 구분소유자가 종전 구분소유자의 체납관리비를 승계하도록 한 관리규약은 체납관리비 중 공용부분 관리비를 승계토록 한 부분에 한하여 유효하다.

판례(대판 <전 · 합> 2001다8677)는 집합건물법 18조에서는 공유자가 공용부분에 관하여 다른 공유자에 대하여 가지는 채권은 그 특별승계인에 대하여도 행사할 수 있다고 규정하고 있는데, 이는 집합건물의 공용부분은 전체 공유자의 이익에 공여하는 것이어서 공동으로 유지 · 관리되어야 하고 그에 대한 적정한 유지 · 관리를 도모하기 위하여는 소요되는 경비에 대한 공유자 간의 채권은 이를 특히 보장할 필요가 있어 공유자의 특별승계인에게 그 승계의사의 유무에 관계없이 청구

할 수 있도록 하기 위하여 특별규정을 둔 것으로서, 전 구분소유자의 특별승계인에게 전 구분소유자의 체납관리비를 승계하도록 한 관리규약 중 공용부분 관리비에 관한 부분은 위와 같은 규정에 터잡은 것이어서 유효하다고 판시하고 있다. 해당 관리비가 공용부분에 관한 관리비인지 여부는 부과된 항목의 성질에 따라 판단되어야 할 것인데, 체납된 관리비 중 청소비, 수선유지비, 특별수선충당금, 승강기유지비, 저수조청소비, 공동전기료, 공동수도료 등은 공용부분에 관한 것이 명백하므로 원고에게 승계된다.

그러나 일반관리비, 화재보험료, 장부기장료, 위탁수수료 등은 전유부분과 공용부분 모두를 위한 것임이 명백하므로 원고가 소유하는 면적(전유부분+공용부분) 중 공용부분 면적이 차지하는 비율로 계산한 금액만큼만 원고에게 승계된다. 그리고 승계되는 공용부분 관리비에는 부과된 관리비뿐 아니라 종전 소유자가 관리비를 체납하여 발생한 연체료도 포함되는 것이고, 연체료의 승계 범위도 관리비의 항목에 따른 위와 같은 방식에 의한다.

3. 상고이유의 요지

원고는 상고이유로, 청소비나 수선유지비도 전유부분과 공용부분 모두를 위한 것이므로 이에 대해서도 면적비율에 의해 산정하여야 하고 연체료는 승계되는 관리비에 포함되지 않는다고 주장하였다.

피고는 원심이 면적비율로 승계를 인정한 일반관리비, 화재보험료, 장부기장료, 위탁수수료도 모두 공용부분 관리비에 해당하므로 전액 원고에게 승계되어야 한다고 주장하였다.

❸ 해 설

1. 문제의 제기

대법원은 앞서 본 전원합의체 판결에서 구분소유자의 특별승계인은 종전 구분소유자의 체납관리비 중 공용부분 관리비를 승계한다고 판시하였다. 이에 대하여는 그 판결의 별개의견이나 반대의견에서 지적하고 있는 것처럼 전유부분 관리비와 공용부분 관리비를 구분하는 것이 과연 가능한가에 그 비판이 집중되었다. 관리비 중에는 전유부분 관리비(㉥ 전유부분의 전기료나 수도료 등)나 공용부분 관리비(㉥ 공용부분의 전기료)인 것이 명백한 것도 있겠지만, 공용부분과 전유부분이 혼재되어 있는 경우도 많을 것이다. 그리고 같은 관리비항목이라도 구체적인 집행내용에 따라서는 공용부분 관리비이거나 혹은 공용부분과 전유부분이 혼재된 관리비일 수도 있다.

☞ 예컨대 소독비의 경우 공용부분에 대해서만 소독하는 경우에는 공용부분 관리비에 해당할

것이나, 전유부분까지 포함한 건물 전체를 소독하는 경우에는 전유부분 관리비까지 포함된 것으로 볼 수 있다.

전유부분과 공용부분이 혼재된 관리비일지라도 각 부분에 소요된 비용을 특정할 수 있어 공용부분 관리비를 따로 산정할 수 있다면 별 문제가 없을 것이다. 문제는 해당 관리비가 전유부분과 공용부분 모두를 위한 것이기는 하나, 각 부분에 대한 비용액을 특정할 수 없는 경우 승계되는 공용부분 관리비의 범위를 어떻게 정할 것인가이다. 그리고 관리비를 체납할 경우 부과되는 연체료는 승계되는지 여부도 문제된다.

2. 관리비의 의의

(1) 법령상 관리비의 의미

집합건물의 소유 및 관리에 관한 법률(이하 '집합건물법'이라 함)에서는 관리비에 관한 규정을 두고 있지 않다. 다만 공동주택에 대해서만 적용되는 구 주택건설촉진법(현 주택법) 38조 12항에서는 "공동주택의 입주자는 당해 공동주택의 유지 · 관리를 위하여 필요한 관리비를 납부하여야 한다"고 규정하고, 13항에서는 "제12항에 의한 관리비의 내역 · 산정방법 및 납부방법 등에 관하여 필요한 사항은 대통령령으로 정한다."고 규정하고 있다. 이에 따라 구 공동주택관리령(2003. 11. 29. 대통령령 제18146호로 폐지되기 전의 것)현 주택법 시행령 12조에서는 관리비 등의 항목을 다음과 같이 규정하고 있다.

① 협의의 관리비(제1항)

일반관리비, 청소비, 소독비, 승강기유지비, 난방비, 급탕비, 수선유지비

② 관리주체가 징수를 대행하는 비용(제2항)

전기료(공용부분 포함), 수도료(공용부분 포함), 가스사용료, 지역난방 방식인 공동주택의 난방비와 급탕비, 정화조 오물 수수료, 생활폐기물수수료, 건물 전체를 대상으로 하는 보험료, 관리단의 운영비

③ 기타(제3항)

특별수선충당금, 안전점검비용, 안전진단 실시비용 등

(2) 이 사건 상가건물 관리규약상의 관리비

이 사건 상가건물의 관리규약상 관리비 항목으로는 ① 일반관리비, ② 청소 및 오물수거비, ③ 소독비, ④ 승강기 유지비, ⑤ 냉 · 난방비, ⑥ 용역비, ⑦ 수선유지비, ⑧ 전기료, 가스료 및 수도료로 규정되어 있다. 또한 위 관리규약상 구분소유자는 특별수선충당금과 화재보험료도 부담하도록 되어 있다.

(3) 이 사건에서의 관리비의 의미

구 공동주택관리령에서는 15조 1항에 열거된 비용만을 관리비로 규정하고 있다. 그런데 앞서 본 대법원 전원합의체 판결에 따르면, 구분소유자의 특별

승계인이 공용부분 관리비를 승계하는 것은 집합건물법 18조에 근거하는 것이라고 한다. 집합건물법 18조는 "공유자가 공용부분에 관하여 다른 공유자에 대하여 가지는 채권은 그 특별승계인에 대하여도 행사할 수 있다."고 규정하고 있다. 따라서 구분소유권의 특별승계인에게 승계되는 관리비의 범위가 문제된 이 사건에서 관리비의 의미는 집합건물법 18조가 정하는 대로 "집합건물에서 공유자가 공용부분에 관하여 다른 공유자에 대하여 가지는 채권"이면 충분하고, 구 공동주택관리령 12조 1항에서 열거되는 비용에 한정할 이유는 없다.

실제에 있어서도 구 공동주택관리령 12조 각 항에서 규정하고 있는 모든 비용들이 '관리비'라는 명목으로 일괄 청구되고 있고, 위 대법원 전원합의체 판결도 '관리비'의 의미를 위와 같은 제반 비용들을 통칭하는 의미로 사용하는 것으로 보인다.

(4) **관리비의 부과방법**

관리비는 구분소유자별로 개별적으로 산정되는 관리비(예 전유부분에 대한 전기료 등)를 제외하고는 항목별로 다음과 같은 산식에 의해 산정된다.

① 총액 × (구분소유자의 소유면적 / 건물연면적)

② 구분소유자의 소유면적 = 전유부분 면적 + 공용부분 면적

③ 공용부분 면적 : 전유부분의 면적 비율에 의해 산정(집합건물법 12조 1항).

3. 공용부분과 전유부분이 혼재된 관리비의 승계범위

(1) 견해의 대립

1) 제1설

① 내 용

집합건물법 18조의 입법 취지에 비추어 볼 때 입주자 전체의 공동의 이익을 위하여 집합건물을 통일적으로 유지 · 관리해야 할 필요가 있어 이를 일률적으로 지출하지 않으면 안 되는 성격의 비용은 전유부분과 공용부분 관리비로 명확히 구분할 수 있지 않은 한 모두 공용부분 관리비로 본다는 견해이다.

이에 따르면, 이 사건에서 문제된 일반관리비, 장부기장료, 위탁수수료, 화재보험료, 청소비, 수선유지비 등은 입주자 전체의 공동의 이익을 위해 일률적으로 지출되지 않으면 안 되는 성격의 비용에 해당하고, 또 전유부분 비용과 공용부분 비용으로 명확히 구분할 수 있는 것이 아니므로 모두 공용부분 관리비로 보게 된다. 현재 대부분의 하급심판결이 이와 같은 입장에 있다(대전고법 2005나3449, 서울남부지법 2004나1177, 춘천지법 2004

나1824, 인천지법 2005나480 , 서울북부지법 2005가합4967, 의정부지법 2005나5080 등).

② 근 거

- 공용부분 관리비는 집합건물의 공용부분 자체의 직접적인 유지 · 관리를 도모하기 위하여 드는 비용뿐만 아니라, 전체 입주자들의 공동의 이익을 위하여 통일적인 유지 · 관리의 필요성이 인정되는 부분에 사용되는 비용도 포함하는 것으로 보아야 한다.
- 공용부분 관리비를 승계하도록 한 이상, 승계되는 공용부분 관리비의 범위를 명확히 함으로써 거래의 안전을 도모하고 불필요한 분쟁을 방지할 필요가 있다.
- 전유부분과 공용부분 모두를 위한 것이라 하더라도 전유부분을 위한 비용이 전체 비용 중 극히 적거나, 전유부분의 포함 여부에 관계없이 그 소요금액이 같은 경우가 많다.
- 대부분 사건의 경우, 문제된 체납관리비의 액수는 크지 않은 데 비해(소액사건인 경우가 대부분임), 전유부분과 공용부분 관리비를 준별하는 것은 매우 어려운 일이어서 항목별로 이를 구체적으로 심리 · 판단하도록 하는 것은 소송경제적인 측면에서도 적절하지 않다.
- 이후 특정승계인도 승계되는 관리비의 범위를 명확히 인식하고 건물을 매수하거나 경락받을 것이므로 위와 같이 하더라도 특정승계인의 보호에 문제가 없고, 오히려 특정승계인의 보호에 도움된다.

☞ 매매의 경우에는 문제가 없고 경매 등에서 특히 문제될 것이나, 체납관리비는 관리사무소에 문의하면 손쉽게 알 수 있을 것이므로 집행관이 경매물건에 관한 현황보고서를 작성할 당시 이를 기재하는 방법 등으로 해결할 수 있을 것이다.

③ 위 견해에 대한 비판

- 전유부분을 위한 것이 일부 포함되어 있음이 분명한데도 이를 모두 공용부분 관리비로 보는 것은 공용부분 관리비만 승계토록 한 법률규정 및 위 대법원판례에 어긋난다.
- 또 위 견해에 의할 경우 공용부분 관리비가 지나치게 많아지게 될 우려가 있고, 사실상 전기료나 수도료 등과 같이 개별적인 계량이 가능한 것 외에는 전부 공용부분 관리비에 포함되게 되어 특별승계인(㉺ 낙찰자 등)을 보호하고자 하는 취지도 부합하지 않는다.
- 위 견해는 결과적으로 해당 관리비에 전유부분을 위한 것이 포함되어 있다는 점과 그 구체적인 금액이 얼마인지에 관한 입증책임을 특별승계인에게 부과시키는 셈이 되는데, 관리비의 집행내역에 관한 자료를

관리단이 관리 · 보관하고 있음을 고려하면 특별승계인이 이를 입증하는 것은 매우 어려운 일이다.

2) 제2설

① 내 용

해당 관리비가 공용부분과 전용부분 모두를 위한 것이기는 하나, 그 구체적인 금액을 특정할 수 없을 때에는 구분소유자가 소유하는 전체 면적 중 공용부분 면적의 비율로 공용부분 관리비를 산정하고자 하는 견해이다. 이 사건 원심이 이와 같은 견해를 취하고 있다.

② 근 거

- 전유부분과 공용부분 모두를 위해 지출된 관리비인 경우 어떤 방식으로든 특정승계인에게 승계되는 공용부분 관리비를 특정해 주는 것이 앞서 본 법규정이나 대법원 전원합의체 판결의 취지에 부합한다.
- 관리비 산정 자체가 면적 비율에 의해 이루어지고 있으므로 위와 같은 방식에 의해 산정하더라도 불합리하다고 볼 수 없다.
- 위와 같은 방식으로 공용부분 관리비를 산정하여도 승계되는 관리비의 범위를 명확히 할 수 있다.
- 전유부분과 공용부분이 혼재된 관리비의 경우 항상 공용부분 관리비가 대부분을 차지한다고 볼 수는 없다.

③ 위 견해에 대한 비판

- 관리비가 면적비율로 부과된다고 하여 전유부분과 공용부분이 혼재된 관리비에 대해서도 그와 같은 방식으로 전유부분 관리비와 공용부분 관리비를 구분하는 것이 반드시 합리적이라고 할 수 없다. 왜냐하면 그러한 관리비 중에는 전유부분이 차지하는 비중이 극히 작거나 전유부분의 포함 여부에 상관없이 일정한 비용이 지출되는 경우(㉮ 인건비)도 많기 때문이다. 즉 이 방식에 의하더라도 그와 같이 하여 산정된 공용부분 관리비는 의제적인 것에 불과하다.
- 이 견해에 의할 경우 해당 관리비에 전유부분을 위한 것이 포함되어 있으면 면적비율로 분할하고 그렇지 않으면 공용부분 관리비로 보게 되는데, 해당 관리비에 전유부분을 위한 비용이 포함되어 있는지 여부 그 자체도 불명확한 경우가 많다.
- 또한 이 견해에 의할 경우 승계되는 공용부분 관리비의 범위가 객관적으로 명확하다고 할 수 없어, 그로 인해 오히려 특별승계인이 예측할 수 없는 손해를 입을 우려가 있고, 불필요한 분쟁이 야기될

가능성이 크다.

(2) **대법원의 판단**

대법원은 이 사건에서 제1설에 따라 다음과 같이 판시하였다.

부과된 관리비가 공용부분에 관한 관리비인지 여부는 개개의 관리비 항목의 성질 및 그 구체적 사용내역에 따라 판단되어야 함이 원칙이나, 집합건물법 제18조의 입법 취지에 비추어 볼 때 여기서 말하는 공용부분 관리비에는 집합건물의 공용부분 그 자체의 직접적인 유지 · 관리를 위하여 지출되는 비용뿐만 아니라, 전유부분을 포함한 집합건물 전체의 유지 · 관리를 위해 지출되는 비용 가운데에서도 입주자 전체의 공동의 이익을 위하여 집합건물을 통일적으로 유지 · 관리해야 할 필요가 있어 이를 일률적으로 지출하지 않으면 안되는 성격의 비용은 그것이 입주자 각자의 개별적인 이익을 위하여 현실적 · 구체적으로 귀속되는 부분에 사용되는 비용으로 명확히 구분될 수 있는 것이 아니라면, 모두 이에 포함되는 것으로 봄이 상당하다.

위와 같은 대법원판결은 앞서 본 종전 대법원 전원합의체 판결의 취지와 집합건물의 효율적인 유지 · 관리를 위해 관리비에 관하여 선취특권이나 우선변제권 등을 인정함으로써 가급적 그 징수의 확실성을 확보하고자는 외국의 입법례, 승계되는 공용부분 관리비의 범위를 명확히 하는 것이 복잡한 방식으로 그 범위를 축소하는 것보다 오히려 특별승계인의 예측할 수 없는 손해를 방지해 줄 수 있다는 점 및 소송경제적 측면 등 여러 가지 점들을 종합적으로 고려하여 판단한 것으로 타당하다고 생각된다.

4. 연체료의 승계 문제

이 사건 상가건물의 관리규약에서는 관리비를 체납할 경우 체납기간에 따라 일정비율의 연체료를 부담하도록 하고 있다. 이와 같은 연체료도 구분소유자의 특정승계인이 승계하는 공용부분 관리비에 포함되는지에 대해서는 ① 연체료는 위약벌의 성격을 가지고 있어 승계가 되지 않는다는 견해, ② 연체료 중 법정이율만큼의 연체료만 승계된다는 견해, ③ 연체료는 관리비 지급채무에 부수하는 채무이므로 승계된다는 견해 등이 있을 수 있다.

이에 관하여 대법원은 다음과 같이 판시하였다.

관리비 납부를 연체할 경우 부과되는 연체료는 위약벌의 일종이고, 전 구분소유자의 특별승계인이 체납된 공용부분 관리비를 승계한다고 하여 전 구분소유자가 관리비 납부를 연체함으로 인해 이미 발생하게 된 법률효과까지 그대로 승계하는 것은 아니라 할 것이어서, 공용부분 관리비에 대한 연체료는 특별승계인에게 승계되는 공용부분 관리비에 포함되지 않는다.

☞ **위 판결의 의의** : 구분소유자의 특별승계인이 종전 구분소유자가 체납한 관리비를 승계하는지 여부에 관하여 대법원 전원합의체 판결은 관리비 중 공용부분 관리비만 승계한다고 판시한 바 있다. 그러나 이 판결은 승계되는 공용부분 관리비의 구체적 범위에 관하여는 언급하지 않음으로써 위 법리를 구체적 사건에서 적용하기 위해서는 또 다른 대법원판결을 기대할 수밖에 없었다. 이 판결은 바로 이 문제에 대해 구체적인 답을 제시한 최초의 판결이라는 데에 의의가 있다 하겠다.

실 전 사 례

Q 아파트 1채를 법원경매에서 낙찰 받은 매수인(낙찰자) 甲은 전입주자가 연체한 관리비 중 전기요금이나 수도요금을 부담할 의무가 있는지?

A 위 사안은 전입주자의 관리비 연체와 매수인(낙찰인)의 체납관리비의 부담여부에 대하여 물어보는 경우이다.
매수인 甲은 매도인이나 전입주자가 연체한 전기요금을 낼 이유가 없다. 만일 내지 않고는 사용할 수 없는 경우에는 일단 낸 다음에 부당이득으로 그 반환을 청구할 수 있다(서울중앙지방법원 2000나30546). 수도요금도 동일하다(대판 92다16669, 서울행정법원 99구27640). 다만 관리비는 "전유부분 관리비"와 "공용부분 관리비"로 구성되는데, 공용부분 관리비는 아파트 등 집합건물의 소유 및 관리에 관한 법률(17조, 18조, 28조, 42조 1항) 및 판례에 의하여 매수인이 부담하여야 한다.

4. 매수인(낙찰자)을 상대로 한 상가관리비(공용부분)청구의 소송 사례

(1) 소 장

소 장

원 고 ○○쇼핑타운 번영회
서울 동작구 대방동 ○○○
대표자 ○○○
소송대리인 변호사 ○○○
서울 서초구 서초동 121-37 ○○빌딩 3층

피 고　　한수빈
　　　　　서울 용산구 갈월동 7-52번지 1층

관리비 청구의 소

청 구 취 지

1. 원고에게, 피고는 금 142,046,152원 및 위 각 금원에 대하여 이 사건 소장부본 송달 다음날부터 완제일까지 연 20%의 비율에 의한 금원을 각 지급하라.
2. 소송비용은 피고의 부담으로 한다.
3. 제1항은 가집행 할 수 있다.

라는 판결을 구합니다.

청 구 원 인

1. 당사자 관계

원고는 서울시 동작구 대방동 ○○○ ○○아파트 내 상가인 ○○쇼핑타운 입점자들의 공동이익 증진과 친목 도모를 위한 상가 번영회입니다.

원고는 ○○쇼핑타운 건물 유지보수 및 경비업무, 관리비 부과 및 수납업무 등에 대하여 서림주택관리주식회사와 시설관리 위탁 계약을 체결하여 ○○주택관리주식회사 소속인 ○○쇼핑타운 상가관리사무소에서 관리비 부과 및 수납업무를 대행하고 있습니다.

피고는 ○○쇼핑타운 지하 1층 116호(이하 '이 사건 B116호 점포'라고 합니다)의 소유주로서, 2008. 5. 9. 이 사건 B116호 점포를 경락 받아서 소유권을 취득하였고, 이 사건 B116호 점포는 현재 '대림불가마24시'가 입점하고 있습니다.

2. 피고의 관리비 체납 및 원고의 납부 독촉 통지

(1) 관리비 납부에 관한 규정

○○쇼핑타운 관리규약 및 규칙 제7조 제6항은 "소유주는 상가의 공용 유지 관리를 위하여 필요한 관리비 및 특별수선충당금을 매달 부담하여야 한다"고 기재되어 있고, 동조 제7항은 "소유주가 그의 소유인 전유부분을 제3자에게 대여한 경우에도 관리비 및 화재보험료, 특별수선 충담금, 안전 검사비 및 안전진단 시설 비용 등의 납부 의무는 당해 소유주에게 있다"고 명시하고 있습니다(갑제1호증 참조).

(2) 피고의 관리비 체납 및 원고의 납부 독촉 통지

피고는 이 사건 B116호 점포에 대하여 2007. 4월부터 2008. 5월까지 별첨1 「B-116호 불가마 미납관리비 현황」과 같이 관리비 및 연체료 금 142,046,152원을 납부하지 않고 있습니다.

이에 원고는 2008. 7. 10.과 2008. 8. 11. 피고에게 미납관리비 독촉 통보서를 발송하였지만, 피고 는 아직까지 체납된 관리비를 납부하지 않고 있어서 상가 관리업무에 막대한 지장을 초래하고 있습니다.

3. 결 어

따라서 피고는 원고에게 체납된 관리비 및 연체료로 금 142,046,152원 및 위 각 금원에 대하여 이 사건 소장부본 송달 다음날부터 완제일까지 소송촉진 등에 관한 특례법 소정의 연 20%의 비율에 의한 금원을 지급할 의무가 있다고 할 것입니다.

입 증 방 법

갑제1호증	○○쇼핑타운 관리규약 및 규칙
갑제2호증의 1~3	각 미납관리비 독촉 통보서
갑제3호증의 1	집합건물 등기부 등본(B116호)

첨 부 서 류

1. 소송위임장
1. 소장 부본 및 각 입증방법
1. 납부서

2008. 10. .

원고의 소송대리인

변호사 ○ ○ ○

(2) 피고의 답변서

답 변 서

사 건 2008가합102*** 관리비청구
원 고 ○○쇼핑타운 번영회
피 고 한수빈

위 당사자간 귀원 2008가합102*** 관리비청구사건에 관하여 피고는 원고의 청구에 대하여 다음과 같이 답변합니다.

청구취지에 대한 답변

1. 원고의 청구를 기각한다.
2. 소송비용은 원고의 부담으로 한다

라는 판결을 구합니다.

청구원인에 대한 답변

1. 피고 주장에 반하는 원고의 청구를 전부 부인합니다
2. 그러므로 원고의 이건 청구는 마땅히 기각되어야 할 것입니다
3. 피고의 주장

가. 당사자관계

피고는 ○○쇼핑타운 지하1층 116호(이하 '이 사건 상가'라고 합니다)를 경락받아 2008. 5. 9.자로 소유권을 취득하였습니다(갑제3호증의1). 원고는 서울시 동작구 ○○○ ○○아파트 내 상가인 ○○쇼핑타운 상가 번영회입니다.

나. 원고의 관리비 체납 및 납부 독촉 통지

피고가 이 사건 상가를 취득한 이후 원고는 전소유자가 관리비를 연체했다며 1억이 넘는 연체 관리비를 낼 것을 요구하였습니다.

그러나 피고는 이 사건 상가의 소유권을 경매를 통하여 2008. 5. 9.자로 취득하였기 때문에(갑제3호증의1) 2008. 5. 9. 이전의 관리비를 낼 이유가 전혀 없습니다.

이에 피고는 전소유자의 연체된 관리비를 낼 이유가 없다고 이야기하였지만 원고는 ○○쇼핑타운 관리규약 및 규칙에 의하여 이 사건 상가에 대한

모든 관리비를 현재 소유자인 피고가 지급해야 한다며 두차례에 걸쳐 미납 관리비 독촉 통보서를 발송하였습니다(갑제2-1~3호증).

두 번의 미납관리비 독촉 통보서를 살펴보면 피고가 납부할 의무가 없는 2008. 5. 5.까지의(피고의 소유권 취득일은 5. 9.인데 왜 5. 5.까지 계산하였는지는 모르겠습니다) 관리비 1억3천여만 원과 2008. 5. 6.부터 2008. 6. 30.까지의 관리비(연체료 포함) 이천 오백여만원을 합하여 총 일억 사천여만 원을 함께 청구하고 있습니다.

피고는 소유권 취득일 이후의 관리비만 내겠다고 하였으나 원고 측은 막무가내로 연체된 관리비까지 함께 내야 한다며 고지서를 보내온 것입니다. 그리하여 피고는 결국 이 사건 소에 이르게 되었습니다.

다. 피고는 전소유자가 연체한 관리비 및 연체료를 지급할 의무가 없습니다.

원고는 피고가 ○○쇼핑타운 관리규약 및 규칙 제7조 제6항 및 제7항의 '소유주'라는 이유로 피고에게 관리비를 청구하고 있습니다.

하지만 피고는 2008. 5. 9. 이전에는 이사건 상가의 '소유주'가 아니었기 때문에 그때까지의 관리비에 대한 책임이 없습니다.

라. 원고의 소유권 취득(2008. 5. 9.)이후의 관리비에 관하여는 원고의 적법한 이행의 청구가 없었습니다. 또한 원고가 소유권을 취득한 2008. 5. 9. 이후의 관리비에 대하여는 피고가 여러 번 납부의 의사를 밝혔으나 원고가 이를 무시하고 전소유자의 연체관리비와 함께 내야 한다며 고지서를 보내오는 바람에 납부하지 못한 것입니다.

이는 '정당하게 산정되었을 경우의 금액보다 현저히 과다한 경우'에 해당하므로 위 관리비 고지는 적법한 이행청구라고 할 수 없을 것입니다.

또한 설사 이행청구가 적법하다 하더라도 피고가 이 부분에 대한 관리비만을 납부하려고 하였다면 원고가 수령하지 않았을 것이 분명하므로(수령 거절)피고에게는 이행지체의 책임이 없습니다.

따라서 2008. 5. 9. 이후의 관리비는 아직 이행청구된 적이 없으며, 설사 이행청구 되었더라도 이행 지체에 이르지 않았으므로 그에 따른 연체료도 발생하지 않았다고 볼 것입니다.

마. 결 론

따라서 원고의 청구는 이유 없으며 모두 기각되어야 할 것입니다.

2009. 2. 13.

위 피고의 소송대리인

법무법인 ○○

담당변호사 ○○○

서울중앙지방법원 제○○민사부 귀중

(3) 피고의 준비서면

준비서면

사 건 2008가합 102*** 관리비청구
원 고 ○○쇼핑타운 번영회
피 고 한수빈

위 사건에 대하여 피고의 소송대리인은 다음과 같이 변론을 준비합니다.

다 음

1. 원고 대림쇼핑타운 번영회의 원고 적격에 대하여
   가. 원고는 집합건물법 제18조에 의하여 피고가 전소유주가 체납한 관리비 중 공용부분에 관한 관리비를 지급하여야 한다며, 피고에게 청구취지 기재 금액을 청구하였습니다.
   그에 대하여 피고는 원고는 애초부터 상가 입점자들으로만 이루어진 번영회일 뿐이며, 구분소유자 전원의 모임이 아니기 때문에 관리단이 될 수 없어 원고 적격이 없음을 주장하고 있습니다.
   나. 이에 대하여 본원 또한 2008가합44738 사건에서 피고 ○○쇼핑타운 번영회에 대하여
   "비록 피고 번영회가 사실상 이 사건 상가 관리단의 역할을 수행하고 있다고 하더라도 이를 집합건물의 소유 및 관리에 관한 법률 제23조 제1항의 취지에 부합하는 관리단으로 보기는 어렵고 이사건 상가 입점자들이 상가의 관리와 친목도모를 위하여 결성한 자치단체(권리능력 없는 사단)로 봄이 상당하다."라고 판시하였으므로 위 사건 판결문을 증거로 제출하는 바입니다.

입 증 방 법

1. 을제1호증 2008가합44738 판결서

2009. 4. 20.

피고의 소송대리인

법무법인 ○○

담당변호사 ○ ○ ○

서울중앙지방법원 민사○○부 귀중

(4) 원고의 (반박)준비서면

준 비 서 면

사 건 2008가합 102*** 관리비
원 고 ○○쇼핑타운 번영회
피 고 한수빈

위 사건에 대하여 원고의 소송대리인은 다음과 같이 변론을 준비합니다.

아 래

1. 관리비 징수청구권 관련

(1) 피고는 원고가 집합건물법상의 관리단이 아니므로 이사건 불가마 점포에 대한 연체된 공용부분 관리비 청구권이 없다고 주장합니다.
그러나 집합건물법상의 관리단만이 관리비 징수청구권이 있다는 주장은 피고의 독단적인 견해에 불과합니다.
이 사건 ○○쇼핑타운은 건립 이래 구분소유자들을 중심으로 하여서 원고 번영회를 구성하여 원고 번영회에 일체의 상가관리권을 부여함으로써 원고가 유일한 이 사건 ○○쇼핑타운의 관리주체입니다(따라서 만일에 원고가 상가관리를 하지 않는다면, 사실상 이사건 상가의 관리는 마비되고, 상가가 정상적인 기능을 수행할 수 없을 것입니다).

원고는 이사건 점포를 경매취득한 후에 2008. 7. 1. 임차인 김○○과 함께 점포소유주로서 연명으로 '○○쇼핑타운상가입점 신청 및 서약서'를 작성하였습니다.

여기에 보면 피고는 점포소유주로서 "신청인은 … 관리규약 및 규칙의 제 규정을 철저히 준수한다"라고 서약함으로써 ○○쇼핑타운 관리규약의 제 규정을 준수할 것을 서약하고 있습니다.

○○쇼핑타운 관리규약 제7조(회원의 의무)

(3) 회원은 상가 등의 유지관리를 위하여 필요한 관리비 및 회비를 납부할 의무를 진다(관리비 체납자의 권리를 승계한 자도 의무를 진다).

(6) 소유주는 상가의 공용유지 관리를 위하여 필요한 관리비 및 특별수선충당금을 매달 부담하여야 한다.

고 규정되어 있는바, 피고가 위 입점신청 및 서약서에 서명한 이상 피고는 위 관리규약 제7조에 의거 관리비체납자의 권리를 승계한 자로서 원고에게 이 사건 체납관리비를 납부할 의무가 있다 할 것입니다.

(2) 또한 피고의 주장처럼 원고가 집합건물법상의 관리단이 아니기 때문에 관리비를 납부하지 못하겠다고 고집하면 사실상 상가 관리는 불가능해 질 것입니다.

그리하여 이 사건 상가 준공이래 법상의 상가관리단은 원고의 이 사건 상가 관리에 관하여 아무런 이의가 없었는바, 이 점에 비추어 본다면 법상의 사건 상가관리단은 원고에게 상가관리에 관한 일체의 권한을 묵시적으로 위임하였다고 보아야 할 것입니다.

(3) 현재 원고의 구성은 별표(○○쇼핑타운 분양 호수 및 면적 현황)기재와 같이 구분소유자 겸 점포입주자가 전체입주자의 약 절반가량이 됩니다. 즉 총 점포수 90개중 44개가 소유자 겸 입주자로서 원고 회원입니다. 나머지 46개 점포는 순수세입자가 점포입주자로서 원고의 회원으로 되어 있습니다.

원고의 구성비를 이 사건 상가 면적비율로 하면 총 19,998,6940평방미터중 소유주 겸 입점자 44개 점포의 면적은 합계 10,439,5478평방미터이고, 나머지 순수세입자 점포의 면적 합계는 9,559,1462평방미터로 면적비율로 따지면 전체회원 중 구분소유자 회원이 소유한 면적이 전체면적의 과반을 차지하고 있습니다.

집합건물의 소유 및 관리에 관한 법률 제23조 제1항 소정의 관리단은 어떠한 조직행위를 거쳐야 비로서 성립되는 단체가 아니라 구분소유관계가 성립하는 건물이 있는 경우 당연히 그 구분소유자 전원을 구성원으로 하여 성립되는 단체라 할 것이고, 구분소유자로 구성되어 있는 단체로서 같은 법 제23조 제1항의 취지에 부합하는 것이면 그 존립형식이나 명칭에 불구하고 관리단으로서의 역할을 수행할 수 있으며, 구분소유자와 구분소유자가 아닌 자로 구성된 단체라 하더라도 구분소유자만으로 구성된 관리단의 성격을 겸유할 수도 있다 할 것입니다.

따라서 원고와 같은 상가번영회가 비록 그 구성원에 구분소유자 아닌 세입자가 포함되어 있다 하더라도 경우에 따라서는 구분소유자만으로 구성되는 관리단으로서의 성격을 겸유할 수도 있고, 또한 상가번영회인 원고가 상가관리규약을 제정함에 있어서도 점포당 1명씩만이 결의에 참여하였다면 세입자가 구분소유자를 대리하여 의결권을 행사하였거나 서면에 의한 결의를 하였다고 볼 여지가 있으며 그러한 경우 그 상가관리규약은 관리단 규약으로서의 효력을 갖게 된다 할 것입니다.

위와 같은 관점에서 본다면 이 사건 상가관리규약은 관리단 규약으로서의 성격도 가지고 있다고 볼 수 있을 것이고, 이에 근거한 원고의 이사건 관리비 청구는 적법하다 할 것입니다. 이 사건 상가 관리규약의 제정 내력에 대해서 현재 원고는 자료를 수집중인바 수집되는 대로 제출할 예정입니다.

따라서 어느 모로 보더라도 원고의 이사건 관리비 청구는 적법하다 할 것입니다.

입 증 방 법

1. 갑제7호증의 1　　　○○쇼핑타운 상가입점 신청 및 서약서
1. 갑제7호증의 2　　　부동산임대차계약서

2009. 5.

위 원고 소송대리인 변호사 ○ ○ ○

(5) 1심법원의 판결문

서 울 중 앙 지 방 법 원
제 41 민 사 부
판 결

사 건	2008가합102*** 관리비
원 고	○○쇼핑타운 번영회 서울 동작구 대방동 ○○○ 대표자 ○○○ 소송대리인 변호사 ○○○
피 고	한수빈 서울 용산구 갈월동 201-33 ○○빌라 202호 소송대리인 법무법인 ○○ 담당변호사 ○○○
변 론 종 결	2009. 5. 11.
판 결 선 고	2009. 5. 21.

주 문

1. 피고는 원고에게 76,391,116원 및 이에 대한 2008. 11. 1.부터 다 갚는 날까지 연 20%의 비율에 의한 금원을 지급하라.
2. 소송비용은 피고가 부담한다.
3. 제1항은 가집행할 수 있다.

청 구 취 지

주문과 같다.

이 유

1. 기초사실
다음 각 사실은 갑 제1, 2호증, 갑 제3호증의 1, 갑 제4, 5호증의 각 기재, 증인 김○○의 증언 및 변론 전체의 취지를 종합하여 이를 인정할 수 있다.

가. 원고는 서울 동작구 대방동 ○○○ ○○아파트 내 상가 ○○쇼핑타운(이하 '이 사건 상가'라 한다)의 건물, 대지 및 시설물을 관리하여 위 상가의 번영을 추구하기 위하여 설립된 상가번영회이다.

나. 피고는 2008. 5. 9. ○○쇼핑타운 지하 1층 116호(이하 '이 사건 점포'라 한다)를 경락받아 소유권을 취득하였다.

다. 원고 번영회의 관리규약 및 규칙은 원고 번영회의 목적, 회원의 자격 및 의무에 관하여 다음과 같이 규정하고 있다.

> 제3조(목적)
> 이 규약은 집합건물의 소유 및 관리에 관한 법률 제28조의 규정에 따라 이 사건 상가의 건물과 대지 또는 시설물의 관리 및 사용함에 있어 필요한 사항을 규정함으로써 입점자의 공동이익을 증진하고 친목을 도모하여 상가 번영을 추구하는 데 그 목적을 둔다.
>
> 제5조(회원의 자격)
> (1) 회원의 자격은 본 상가의 전유부분 사용권을 취득한 때 발생하고 상실한 때 소멸한다.
>
> 제7조(회원의 의무)
> (3) 회원은 상가 등의 유지 관리를 위하여 필요한 관리비 및 회비를 납부할 의무를 진다(관리비 체납자의 권리를 승계한 자도 의무를 진다).
> (6) 소유주는 상가의 공용 유지 관리를 위하여 필요한 관리비 및 특별수선충당금을 매달 부담하여야 한다.

라. 2007. 4.부터 2008. 5.까지 이 사건 점포의 공용부분에 대한 체납관리비는 2007. 4.분 1,821,422원, 2007. 7.분 11,796,493원, 2007. 8.분 11,988,774원, 2007. 9.분 11,548,753원, 2008. 1.분 3,591,910원, 2008. 2.분 10,521,379원, 2008. 3.분 12,256,752원, 2008. 4.분 10,132,377원, 2008. 5.분 2,733,256원 {2008. 5.분 관리비는 13,179,810원이나, 원고의 소유권 취득일인 2008. 5. 9.부터 같은 달 31.까지의 관리비 9,778,570원(관리비 13,179,810원 × 23일 / 31일)은 이미 납부되어 2008. 5.분 미납 관리비는 3,401,240원이고, 그 중 공유부분에 해당하는 관리비는 2,733,256원이다} 합계 76,391,116원이다.

2. 본안 전 항변에 관한 판단

피고는 체납관리비가 집합건물의 소유 및 관리에 관한 법률(이하 '집합건물법'이라 한다) 제18조에 의하여 구분소유자의 권리를 승계한 자에게 승계되는 경우 체납관리비 청구권은 집합건물의 각 공유자가 행사하거나 각 구분소유자들의 단체인 집합건물법상의 관리단이 공유자에 준하는 지위에서 행사할 수 있다고 할 것인데, 원고 번영회는 이 사건 상가 입점자들로 구성된 단체에 불과하고 구분소유자 전원으로 구성되는 관리단에 해당되지 아니하여 원고가 피고를 상대로 체납관리비 지급을 구하는 이 사건 소는 원고적격이 없는 자가 제기한 것으로서 부적법한 소라고 항변하므로 살피건대, 이행의 소에서는 스스로 이행청구권자임을 주장하는 자가 원고적격을 가지는 것이므로, 피고의 위 항변은 이유 없다.

3. 본안에 관한 판단

피고가 2008. 5. 9. 이 사건 점포를 경락받아 그 소유권을 취득한 사실 및 원고 번영회의 관리규약이 관리비 체납자의 권리를 승계한 자도 원고 번영회에 관리비를 지급할 의무를 부담한다고 규정하고 있는 사실은 위에서 인정한 바와 같고, 갑 제7호증의 1의 기재 및 변론 전체의 취지를 종합하면, 이 사건 점포의 구분소유자인 피고는 이 사건 점포의 임차인인 소외 김○○과 함께 2008. 7. 1. 원고 번영회에 입점신청을 하면서 원고 번영회의 관리규약 및 규칙의 제 규정을 준수하고, 이를 위반할 경우 원고 번영회의 입점 허가를 취소하고 단전 · 단수를 하여도 이의를 제기하지 않으며, 이에 대한 모든 민 · 형사상의 책임을 피고 및 소외 김○○이 지기로 서약한 사실을 인정할 수 있다.

그렇다면 피고는 원고 번영회의 관리규약을 준수할 것을 명시적으로 승인하였다고 할 것이므로, 원고 번영회가 집합건물법상의 관리단에 해당하는지 여부와 관계없이 피고는 원고 번영회의 관리규약에 따라 이 사건 점포의 전 소유자가 체납한 공용관리비납부의무를 승계하였다고 할 것이다.

따라서 피고는 원고에게 전 소유자의 공용부분에 관한 위 체납관리비 76,391,116원 및 이에 대한 원고가 구하는 바에 따라 이 사건 소장부본 송달 다음날인 2008. 11. 1.부터 다 갚는 날까지 소송촉진 등에 관한 특례법이 정한 연 20%의 비율에 의한 지연손해금을 지급할 의무가 있다.

4. 결 론

그렇다면 원고의 이 사건 청구는 이유 있으므로 이를 인용하기로 하여 주문과 같이 판결한다.

재판장 판사 ○ ○ ○

판사 ○ ○ ○

판사 ○ ○ ○

제46강

부동산인도명령

〈강의 포인트〉

이번 강의는 부동산경매 투자에 있어 사실상 경매절차의 마지막이자 부동산경매의 꽃이라 할 수 있는 부동산인도명령에 대하여 알아보기로 한다. 인도명령이란 매각대금을 완납함으로써 그 물건의 소유권을 취득한 매수인이 낙찰 받은 부동산의 인도를 거부하는 인도명령 대상자(예 채무자, 소유자, 경매개시결정기입등기 이후의 점유자, 허위 유치권자 등)를 상대로 경매계에 인도명령을 신청하면 신청서를 심사한 후 이유가 있을시에는 집행관으로 하여금 인도명령 대상자를 낙찰 받은 부동산으로부터 강제력을 행사하여 퇴거시킬 수 있도록 하는 법원의 명령을 말한다. 인도명령은 매각대금만 납부하면 신청할 수 있으며 매수인 명의로 소유권이전등기가 되어야 하는 것이 아니다.

경매물건을 취득하기 위한 고비는 항상 마지막에 있다. 매각대금을 납부하고 인도명령을 발령 받았어도 집행하기 전 점유자 등이 담보공탁금을 걸고 인도명령에 대한 항고를 제기하여 처분의 차질 등이 생기기도 한다. 특히 인도명령을 발령받기 위하여 채무자나 소유자를 제외한 점유자에 대하여는 인도명령신청서의 작성을 잘 해야 하며 입증서류도 꼼꼼히 챙겨 첨부해야 할 것이다. 특히 유치권자를 상대로 한 인도명령신청서의 작성은 신중하고 철저해야 한다.

매수인에게 매우 중요한 부분인만큼 자세히 설명하기로 한다.

1. 인도명령의 의의와 성질

(1) 인도명령의 의의

① 신청에 의하여 낙찰 받은 부동산을 매수인에게 인도할 것을 명하는 재판이다.

- 인도명령은 법원경매계가 부동산경매절차에서 대금을 납부한 매수인(낙찰자)의 신청에 의하여 채무자 또는 낙찰 받은 부동산의 점유자 중 일정범위 내의 자에 대하여 부동산을 매수인에게 인도할 것을 명하는 재판을 가리킨다. 즉 법원경매계는 매수인이 대금을 낸 뒤 **6월 이내**에 신청하면 채무자, 소유자 또는 부동산 점유자에 대하여 부동산을 매수인에게 인도하도록 명할 수 있는바(법 136조 1항) 이를 인도명령이라 한다.

  쉽게 말하면 매각대금을 완납함으로써 소유권을 취득한 매수인이 낙찰 받은 부동산의 인도를 거부하는 인도명령 대상자(예 채무자, 소유자, 경매개시결정기입등기 이후의 점유자, 허위의 유치권자 등)를 상대로 인도명령을 신청하면, 법원경매계는 집행관으로 하여금 인도명령 대상자를 강제력을 행사하여 퇴거시킨 후 낙찰 받은 부동산을 매수인에게 인도할 수 있도록 하는 법원의 명령을 말한다.
- 법원경매계의 직권에 의하여는 발령할 수 없으며 매수인의 신청에 의해서만 할 수 있다. 재판의 형식은 결정으로 한다.
- 인도명령의 발령절차는 그 자체로서 완결되는 절차이지 동일 당사자 간의 인도소송을 본안으로 하는 가처분이 아닐 뿐 아니라 그 밖의 보전처분도 아니다. 따라서 상대방의 손해담보를 위한 보증제도가 적용되지 않으므로 인도명령의 발령에 있어 보증이나 담보의 제공은 불필요하다(무담보 · 무보증 발령).
- 인도명령은 많은 시간과 비용이 소요되는 명도소송절차에 의하지 아니하고 집행절차 내에서 매수인으로 하여금 간이 · 신속하게 인도받을 수 있게 함으로써 경매의 활성화에 기여한다. 실무상 보면, 대부분 매각대금의 완납과 동시에 부동산인도명령을 신청하고 있으나 인도명령의 발령 후 집행관을 통한 집행단계까지 가는 경우는 드물다.

② 인도명령은 매수인의 신청에 의해서만 가능하다.

인도명령은 법원경매계가 직권으로 발령할 수는 없고 오로지 매수인의 신청에 의해서만 가능하다. 또 재판의 형식은 결정으로 한다.

③ 인도명령은 대금완납 후 6월 이내에 신청해야 한다.

인도명령은 반드시 매각대금완납 후 6월 이내에 신청해야 한다. 따라서 채무자 ·

소유자 또는 매수인에게 대항할 수 없는 점유자에 대하여도 매각대금을 완납하고 6월이 경과된 뒤에는 소유권에 기한 인도 또는 명도소송을 제기할 수밖에 없고, 부동산인도명령을 신청할 수 없게 된다.

부언하면 인도명령은 매수인의 보호를 위하여 간이신속한 절차에 의하여 매수인에게 용이하게 부동산을 인도케 하는 제도이므로 이에 의한 집행을 받는 자의 입장을 고려하여 매각대금납부 후 6월내에 한하여 신청할 수 있도록 되어 있다.

④ 인도명령에서의 재판은 즉시 인도를 명하는 것이어야 하고(조건부 또는 기한부 또는 상환급부를 명하는 것이어서는 안 됨), 부동산의 전부가 아닌 일부만의 인도를 명할 수도 있다.

⑤ 인도명령은 집행권원(구 채무명의)이다.

인도명령신청에 대한 재판(인용 또는 기각)에 대하여는 즉시항고가 허용된다. 즉 인도명령은 즉시항고로만 불복할 수 있는 재판(법 136조 5항)으로 법 56조 1호에 해당하는 집행권원이다. 따라서 인도명령을 집행하기 위하여는 원칙적으로 집행문을 부여받아야 한다.

실전사례

Q 甲은 법원의 경매절차에서 주택을 낙찰받고 매각대금을 완납하였으나 소유자 乙이 시가에 비해 값싼 가격에 매각되었다면서 막무가내로 인도를 거부하고 있다. 甲이 매각대금을 완납하면 소유권이전등기 없이도 소유권을 취득한다고 하는 데, 낙찰 받은 부동산의 인도를 받으려면 어떤 절차를 거쳐야 하는지?

A 위 사례는 부동산경매절차의 매수인이 매각부동산의 인도를 받을 수 있는 방법을 물어보고 있는 경우이다.
법원경매계는 매수인(매수인의 상속인 등 일반승계인도 포함)이 매각대금을 낸 뒤 6월 이내에 신청하면 채무자, 소유자 또는 부동산 점유자에 대하여 부동산을 매수인에게 인도하도록 명할 수 있는바 이를 인도명령이라 한다. 다만 점유자가 매수인(낙찰자)에게 대항할 수 있는 권원에 의하여 점유하고 있는 것으로 인정되는 경우에는 인도명령을 발할 수 없다(법 136조 1항 단서).
유의해야 할 것은 채무자 · 소유자 또는 매수인에게 대항할 수 없는 점유자에 대하여도 매각대금을 내고 6월이 경과된 뒤에는 소유권에 기한 인도 또는 명도소송을 제기할 수밖에 없고, 부동산인도명령을 신청할 수는 없다는 것이다.
따라서 위 사례에서 甲이 매각대금을 낸 뒤 6월 이내라면 인도명령 신청을 법원경매계에 제출하면 바로 인도명령이 인용될 것이므로 이후 소유자 乙이 임의로 주택을 비워주지 않을 때에는 집행관에게 인도명령의 집행을 위임하여 집행을 하면 된다. 실무상 채무자, 소유자 또는 매수인에게 대항할 수 없는 점유자에 대하여는 인도명령이 바로 내려지고, 대항력존재 여부가 불분명한 점유자에 대하여는 심문서를 송달하여 1주일 내에 서면으로 신청인의 인도명령에 대하여 의견을 진술하도록 하고 있다. 위 점유자가 의견서를 1주일 내에 제출하지 않거나 제출한 의견서가 이유 없을 때에는 바로 인도명령을 발하게 되고, 심문의 필요가 있다고 사료되는 점유자에 대하여는 심문기일을 지정·통지하여 판사의 심문기일 진행 후 인도명령의 인용여부를 결정하게 된다.

※ 실무상 인도명령의 절차

인도명령의 신청	• 매수인이 매각대금 납부 후 6월 이내에 신청
↓ 인도명령의 발령	<채무자 및 소유자에 대한 인도명령신청시> • 신청인은 피신청인에 대한 인도명령결정정본이 송달되면 송달증명과 집행문을 경매계에서 교부받아 집행관 사무실에 인도명령의 집행을 신청함. • 피신청인은 즉시항고 가능(집행정지효력은 없음)
↓ 심문서의 송달	<채무자 및 소유자 이외의 점유자에 대한 인도명령신청시> • 경매계는 심문서를 피신청인에게 송달하여 1주일 내에 의견서를 제출하도록 함. • 피신청인이 1주일 내에 의견서를 제출하지 않거나 이유 없으면 바로 인도명령 발령
↓ 인도명령의 가부결정	• 인도명령 발령 : 인도명령 신청이 이유 있는 경우 • 인도명령 기각 : 인도명령 신청이 이유 없는 경우
↓	

재판서(결정정본)의 송달	…	• 불복시 1주일 내에 즉시항고 가능
⬇		
인도명령의 집행	…	• 피신청인에 대한 송달증명과 집행문을 첨부하여 집행관에게 집행위임 • 집행관의 집행으로 절차 종결

(2) 인도명령의 성질

① 인도명령의 집행력 발생시점 등

인도명령신청에 대한 재판에 대하여는 인용 · 기각 어느 경우에도 즉시항고가 허용되므로(법 136조 5항) 이는 법 56조 1호에 의하여 집행권원이 된다. 그러나 인도명령은 이른바 확정되어야 효력이 생기는 재판으로는 규정되어 있지 않으므로 고지만에 의하여 즉시 효력(집행력)이 생기며 즉시항고가 제기되더라도 집행정지의 효력이 생기지 않는다(법 15조 6항).

☞ **인도명령이 집행권원이기 때문에 도출되는 결론**

- **인도명령 집행의 방법** : 인도명령신청인은 고지된 인도명령에 기하여 집행관에게 위임하여 법 258조에 규정된 부동산인도의 강제집행을 할 수 있다.
- **인도명령 성립 후 당사자의 승계가 있는 경우** : 신청인의 승계인을 위하여 또는 상대방의 승계인에 대하여 승계집행문을 부여받아 강제집행을 할 수 있다.
- **인도명령 상대방의 청구이의의 소** : 인도명령의 상대방은 실체상의 이유에 의하여 인도명령의 집행력을 배제할 사유가 있는 경우에는 청구이의의 소를 제기할 수 있다.

② 인도명령에 기판력이 있는지?

인도명령에 표시된 권리의 법적성질을 어떻게 이해하든, 인도명령신청에 대한 재판은(인용 · 기각 어느 경우든) 매수인으로서의 지위에 기한 인도청구권이나 소유권에 기한 인도청구권의 존부에 관한 기판력을 갖지 않는 것은 당연하다(대판 80다2821). 그러한 권리의 존부는 변론을 거친 판결에 의하여 확정될 것이기 때문이다. 결정의 이유 중에 그 점에 관한 판단이 되어 있더라도 그 판단에 기판력이 생기지 않는다.

법률용어 해설 [기판력]

기판력이란 판결의 효력 중 소송물에 관하여 행해진 판단의 효력으로서 판결이 확정되면 당사자는 후에 동일사항에 대해 별소로서 반대사실을 주장하여 이미 확정된 판결의 판단을 다툴 수 없고, 법원도 전판결과 모순 저촉되는 판단을 할 수 없는 구속력을 말한다. 확정된 종국판결 및 확정판결과 동일한 효력이 있는 청구의 포기와 인낙 또는 재판상의 화해조서, 중재판정(중재법 12조) 등은 모두 기판력이 있다. 그리고 결정이나 명령은 보통 기판력이 없으나, 소송비용액확정결정(민소법 100조 · 104조), 과태료결정(민소 282조 · 334조 · 342조) 등에는 기판력이 인정된다.

---

③ 매수인은 인도명령에 의하지 않고 인도청구소송을 할 수도 있는지?

매수인(낙찰자)이 인도명령에 의하여 간이신속하게 부동산을 인도받을 수 있다고 하더라도 이에 의하지 않고 채무자 등을 상대로 소로써 부동산의 인도를 청구할 수 있다는 것이 판례이다(대판 71다1437). 즉 인도명령제도를 이유로 하여 인도청구소송의 소의 이익을 부정할 수는 없다.

2. 인도명령의 신청인

(1) 신청인의 의의와 범위

- 인도명령을 신청할 수 있는 사람은 매각대금을 완납한 매수인과 매수인의 상속인 또는 회사의 합병 등에 의하여 매수인의 지위를 승계한 일반승계인에 한하고, 매수인의 특별승계인(예 매각대금납부 후 매각부동산의 양수인)은 신청인적격이 없다(대결 66마713).
- 대금을 납부(완납)한 매수인이란 경매절차에서 그 자를 매수인으로 하는 매각허가결정이 확정되고 또 대금을 납부한 자를 의미한다. 최초의 경매개시결정에 기한 경매절차에서의 매수인뿐 아니라 이중개시결정이 되었다가 선행절차가 취하 · 취소 또는 정지됨에 따라 후의 경매개시결정에 기한 절차가 속행된 경우의 후행절차에서의 매수인도 당연히 포함된다.

  또 최고가매수신고인으로서 매각허가를 받은 경우는 물론 차순위매수신고를 하였다가 최고가매수신고인의 매각대금의 미납으로 인하여 매각허가결정을 받은 차순위매수신고인(법 137조)이라든가, 남을 가망이 없는 경우(무잉여의 경우 : 법 102조 2항) 매수신청을 한 채권자가 매수인이 된 경우도 포함된다.
- 매수인 등이 매각대금을 완납하였으면 되고 매수인명의로의 소유권이전등기는 그 요건이 아니다.

(2) 신청인의 요건

인도명령신청인의 요건으로서는 신청인이 당해 경매절차에서 확정된 매각허가결정의 **매각허가명의인**이고 또 **대금을 납부**한 것으로 족하며, 매수인인 신청인이 그 부동산의 진정한 소유자가 되었을 것은 요건이라고 할 수 없다.

매각부동산이 압류당시(경매개시결정당시) 채무자 아닌 타인의 소유에 속하였다든가, 무효인 집행권원에 기하여 경매가 진행되었다든가 등의 이유로 매수인의 부동산소유권의 실질적 취득이 방해되는 경우라도 매수인은 인도명령의 신청인이 될 수 있다.

인도명령이 실질적으로는 매수인이 취득한 소유권을 확보하는 절차이지만 그가 진실로 소유권을 취득하였는지 여부는 그 인도명령의 신청권과 직접 관계가 있는 것이 아니며, 인도명령은 어디까지나 매수인이라고 하는 집행절차상의 지위에 기하여 발령되는 것이기 때문이다.

(3) 매수인이 낙찰 받은 부동산을 제3자에게 양도한 후에도 인도명령을 신청할 수 있는지 여부

인도명령신청권은 매각대금을 완납한 매수인의 집행법상의 권리이므로 매수인이 낙찰 받은 부동산을 제3자에게 **양도**하였다 하더라도 그 권리를 상실하는 것은 아니다(대결 70마539). 제3자(양수인) 앞으로 소유권이전등기를 마친 경우에도 인도명령을 신청할 수 있다.

(4) 매수인이 인도명령의 상대방(채무자 · 소유자 등)에게 소유권을 양도하는 행위를 한 경우에도 인도명령을 신청할 수 있는지 여부

매수인이 인도명령의 상대방이 될 수 있는 채무자 · 소유자 그 밖의 점유자에게 매매 등 소유권을 양도하는 행위를 한 경우에는 매매계약의 해제 등 그 점유권원이 소멸된 사실을 입증하지 않는 한 인도명령을 신청할 수 없다(대결 98마3897).

판례 매수인(낙찰자)이 대금 납부 후 채무자나 소유자에게 경매 목적 부동산을 양도한 경우, 매수인이 채무자나 소유자에게 인도명령신청을 할 수 있는지 여부(소극)

부동산인도명령이 매수인에게 실체상의 권리 이상의 권리를 부여하는 것일 수는 없다는 점에서 채무자나 소유자라도 실체상의 점유권원을 가지는 경우에는 민사집행법 136조 제1항 단서를 유추적용하여 매수인의 인도명령신청을 거절할 수 있다고 할 것인바, 매도인은 그 매매의 효과로서 매수인에 대하여 그 매도 부분에 관한 점유이전의무를 지므로 매수인

(낙찰자)이 대금납부 후 소유자, 채무자 기타 인도명령의 상대방이 될 수 있는 점유자에게 매매 등 소유권을 양도하는 행위를 한 경우에는 인도명령을 **신청할 수 없다**고 해석하여야 하고, 그럼에도 불구하고 부동산인도명령을 발하기 위해서는 그 매매계약이 해제되었다는 등 그 **점유권원이 소멸된 사실이 인정**되어야 할 것이며, 그 점유권원이 소멸되었다는 사실은 인도명령의 신청인이 입증하여야 한다(대결 1999.4.16. 98마3897).

실전사례

Q 甲은 법원경매에서 乙소유였던 주택을 낙찰 받아 매각대금을 납부하고 소유권을 취득한 후 전 소유자 乙에게 경매로 받은 주택을 매도키로 하고 계약금 및 중도금을 받았다. 그런데 乙이 잔금의 지급을 지체하면서 위 주택을 계속 점유하고 있을 경우 甲이 乙을 상대로 인도명령신청을 할 수 있는지? (단, 甲이 매각대금을 낸 후 6월이 경과되지 않았음)

A 위 사안은 경매부동산의 매수인(낙찰자)이 전 소유자에게 낙찰 받은 주택을 양도 후 소유자의 잔금지급의무 지체로 인하여 소유자에게 인도명령을 신청할 수 있는지 여부를 물어보는 경우이다.

경매절차의 매수인(낙찰자)이 대금납부 후 채무자나 소유자에게 경매목적 부동산을 양도한 경우, 매수인이 채무자나 소유자에게 인도명령신청을 할 수 있는지에 관하여 판례는, "부동산인도명령이 매수인(낙찰자)에게 실체상의 권리 이상의 권리를 부여하는 것일 수는 없다는 점에서 채무자나 소유자라도 실체상의 점유권원을 가지는 경우에는 민사집행법 136조 1항 단서를 유추적용하여 매수인의 인도명령신청을 거절할 수 있다고 할 것인바, 매도인은 그 매매의 효과로서 매수인에 대하여 그 매도부분에 관한 점유이전의무를 지므로 매수인이 대금납부 후 소유자, 채무자 기타 인도명령의 상대방이 될 수 있는 점유자에게 매매 등 소유권을 양도하는 행위를 한 경우에는 인도명령을 신청할 수 **없다**고 해석하여야 하고, 그럼에도 불구하고 부동산인도명령을 발하기 위해서는 그 매매계약이 해제되었다는 등 그 **점유권원이 소멸된 사실이 인정**되어야 할 것이며, 그 점유권원이 소멸되었다는 사실은 인도명령의 신청인이 입증하여야 한다."고 한다(대결 98마3897).

그러므로 위 사례에서 매수인 甲은 전 소유자 乙과의 매매계약이 해제되었다는 점을 입증하게 되면 乙에 대한 인도명령을 받을 수 있다.

또한 이행지체로 인한 계약해제의 방법에 관하여 보면, 乙이 매매잔대금을 먼저 지급하여야 한다는 특약 등이 없는 한, 甲은 소유권이전등기에 필요한 서류를 현실적으로 제공하거나 아니면 이행장소에 그 서류를 준비하여 두고 상당한 기간을 정하여 내용증명우편으로 이행의 최고(대판 2001다6053 참조)를 한 뒤 그 기간이 경과되어도 乙이 매매잔대금 지급의무를 이행하지 않았고, 매각대금을 낸 뒤 6월이 지나지 않았다면 乙에 대한 인도명령을 신청할 수 있다.

(5) 매수인의 일반승계인의 인도명령신청 및 집행가능 여부 등

① 매수인의 일반승계인은 인도명령의 신청을 할 수 있는지?

매수인의 지위는 일신전속적인 것이 아니므로 매수인의 상속인, 합병회사 등의 일반승계인은 매수인의 지위를 그대로 승계하고 따라서 인도명령의 신청을 할 수 있다. 원래 일반승계사실은 문서로써 용이하게 증명할 수 있으므로 그 존부의 판단에 관하여 집행법원에 과중한 부담을 주는 것도 아니다.

② 인도명령이 발령된 후의 일반승계인이 승계집행문의 부여를 받아 인도명령의 집행을 할 수 있는지?

예컨대 매수인(낙찰자) 甲의 인도명령 신청으로 인도명령이 발령되었는데, 이 후 인도명령을 집행하기 전에 甲이 사망하는 등으로 그 상속인 乙이 승계집행문의 부여를 받아 인도명령의 집행을 할 수 있는가의 문제가 있으나, 인도명령이 발하여진 후의 일반승계인(예 사망으로 인한 상속인 등)은 **승계집행문**의 부여를 받아 인도명령의 집행을 할 수 있다(다음의 ③ 도표 참조).

③ 매수인(낙찰자)의 사망으로 인한 일반승계의 각 발생 시점별에 따른 인도명령신청 여부 등 요약표

일반승계의 발생시점 (매수인의 사망시점)	내 용
매수신고(낙찰)후 매각허가결정선고시(매각결정기일)까지의 사망	이 경우 상속인이 법원경매계에 상속사실을 증명하여 상속인을 매수인(낙찰자)으로 하는 매각허가결정을 받는 것이 원칙일 것이다. 상속인이 이를 태만히 하여 사망자가 매수인으로 되었더라도 그 매각허가결정의 효력은 당연히 상속인에게 미치며, 경매계는 신청 또는 직권에 의하여 매수인의 표시를 바꾸는 경정결정을 할 수 있다.
매각허가결정선고(매각결정기일) 후 확정시까지의 사망	이 경우 매수인은 즉시항고권을 가지므로 경매절차가 중단되고 상속인에 의한 수계가 이루어질 때까지 항고기간은 진행하지 않는다고 해석된다. 만일 즉시항고 제기 후에 매수인이 사망한 때에는 항고절차가 중단될 것이다. 어느 경우든 매수인에게 소송대리인이 있었을 때에는 중단되지 않으며, 매각허가결정은 상속인에게 효력이 미치는 것으로서 확정되고 상속인은 경정결정에 의한 표시의 경정을 신청할 수 있다.

매각허가결정 확정 후 매각대금 납부 전까지의 사망	매각허가결정의 효력은 당연히 상속인에게 미치고 상속인은 매수인의 대금납부의무를 승계하여 자기명의로 매각대금을 납부하고 자기를 신청인으로 하여 인도명령을 신청할 수 있다.
매각대금 납부 후 인도명령신청 전까지의 사망	인도명령신청권은 당연히 상속인에게 승계된다.
인도명령신청 후 발령 전까지의 사망	역시 당연히 승계되지만 절차의 중단 및 수계에 관한 규정이 적용될 것이다.
인도명령발령 후의 사망	상속인은 승계집행문을 부여받아 그 인도명령을 집행할 수 있다. 상속인은 동일인을 상대방으로 한 인도명령신청을 다시 할 수는 없다.

(6) 매각대금의 납부 후 매각부동산의 특정승계인의 인도명령신청 가능 여부

예컨대 매수인(낙찰자) 甲으로부터 낙찰 받은 부동산을 매매 등으로 양수한 자 乙은 승계를 이유로 인도명령의 신청이 가능한지, 매수인 甲을 대위하여 인도명령의 신청이 가능한지의 문제이다.

매수인으로부터 매각부동산을 **양수**한 자(특정승계인)는 매수인의 집행법상의 권리까지 승계하는 것은 아니기 때문에 승계를 이유로 하여 인도명령을 신청할 수 없다.

위 사례에서 매수인 甲이 매각대금납부 후 부동산을 타에 양도한 경우에도 매수인(낙찰자)으로서의 인도명령신청권을 잃지 않으며 양수인, 즉 부동산의 특정승계인 乙은 자기 앞으로 소유권이전등기를 마쳤더라도 인도명령신청을 할 수는 없고 부동산의 점유를 취득하기 위해서는 점유자를 상대로 **소송을 제기**할 수밖에 없다는 것이 통설, 판례(대결 66마713 · 70마539)이다.

즉 매각부동산의 인도청구는 매수인에게 허용된 경매절차상의 권리에 속하는 것이므로 제3자가 매수인으로부터 매각부동산의 소유권을 취득하였다 하더라도 그 제3자가 승계를 이유로 인도청구를 할 수 없다.

☞ **매각대금납부 후 매각부동산의 특정승계인이 인도명령신청권이 없는 이유** : 매수인과의 사적 거래에 의하여 소유권을 양수한 자를 위해서까지 집행법이 마련한 간이신속한 인도명령제도를 이용케 할 필요는 없고, 매수인이 스스로 인도명령을 얻어 부동산점유를 실현한 다음 사적 거래에 의한 인도의무를 양수인에게 이행케 하는 것이 정당하기 때문이다.

(7) 채권자대위권에 의한 인도명령신청의 가능 여부

매수인(낙찰자)의 일반채권자가 채권자대위에 의하여 인도명령신청을 할 수는 없다고 보며, 매각대금납부 후의 부동산의 특정승계인은 당해 부동산의 인도 및 이전등기청구권을 가지는 이른바 특정채권자이지만 그 특정채권을 피보전권리로 하여 매수인을 대위하여 인도명령신청을 할 수도 없다고 할 것이다.

(8) 매수인이 인도명령의 대상자와 '인도유예의 특약'을 한 경우에 인도명령신청권이 소멸되는지 여부

매수인(낙찰자)과 채무자 등 점유자 사이에 매각대금납부 후 6월 이내의 유예기간을 정하여 **인도유예의 특약**을 한 경우에는 그 점유자의 인도의무의 존재를 전제로 하면서 일정기간의 무권원 점유를 용인하는 합의를 한 것으로 보아야 할 것이다. 따라서 그러한 인도유예가 있을 때에는 그 유예기간 경과 후의 인도청구는 여전히 낙찰을 직접원인으로 하여 점유취득을 구하는 것에 해당된다고 할 수 있으므로 인도명령신청권은 소멸하지 않는다고 보아야 한다.

☞ 즉 인도명령을 신청한 바 없이 점유자에 대하여 잠시 인도를 유예해 준 것에 불과한 경우에는 인도명령 신청권을 상실하지 않고, 단지 유예기간이 지난 뒤에야 행사할 수 있을 뿐이다.

(9) 매수인(낙찰자)이 일단 매각부동산의 점유를 인도 받은 후에도 다시 인도명령을 신청할 수 있는지 여부

매수인이 매각대금납부 후 채무자 등 점유자로부터 임의인도이든 인도명령집행에 의한 인도이든 일단 낙찰 받은 부동산의 점유를 **인도**(점유개정 또는 반환청구권의 양도에 의한 점유이전의 경우도 포함)**받은 후**에는 제3자가 불법으로 점유하여도 인도명령을 신청할 수 없다.

낙찰 후 매수인이 일단 점유를 취득하였다면 인도명령의 목적은 경매절차 외에서 실질적으로 달성된 것이 되고, 그 후 예컨대 불법점유자가 나타난 경우라든가 타인에게 임대하였는데 그의 채무불이행으로 임대차가 해지된 경우 등 다시 부동산의 인도를 구할 필요가 생겼더라도 이는 경매절차와는 무관하기 때문이다.

또 인도명령발령 후 다시 동일한 상대방에 대하여 인도명령신청을 하는 것은 신청의 이익이 없을 것이고, 매수인이 일단 인도명령의 집행에 의한 인도를 받은 경우에는 임의인도를 받은 경우와 마찬가지로 다른 모든 자에 대한 관계에서도 인도명령신청권이 소멸된다고 할 것이다.

법률용어 해설 [목적물반환청구권의 양도]

의사표시만에 의한 점유이전 방법의 하나로, 양도인이 점유매개자를 통하여 간접점유를 하고 있는 경우에, 그 양도인이 점유매개자에 대해 가지는 반환청구권을 양수인에게 양도함에 의해 양수인은 인도를 받은 것으로 되는 것(민법 190조)을 말한다. 예컨대, A가 C에게 보관시키고 있는 물건을 그 상태에서(보관시키고 있는 상태에서) B에게 매도한 경우에는 양도인 A가 점유자 C에 대해 가지는 반환청구권을 양수인 B에게 양도하면, B는 인도를 받은 것이 되는 것이다. 반환청구권의 성질에 관하여는 채권적 청구권설과 물권적 청구권설이 대립하고 있는데, 채권적 청구권설이 다수설이다.

(10) 공동매수인 또는 공동상속인의 인도명령신청의 방법

여럿이 공동으로 매수인이 되었거나 사망한 매수인을 여럿이 상속한 경우 공동매수인 또는 상속인 **전원**이 공동하여 인도명령을 신청할 수 있음은 물론이고, 공유물의 보존행위에 관한 규정(민법 265조 단서) 등에 의하여 각자가 **단독**으로도 인도명령을 신청할 수 있다.

(11) 경매(매각)절차의 취하 · 취소 · 정지와 인도명령신청권의 상실여부

매각허가결정선고 후 매각대금납부 전까지 사이에 경매절차가 취하되거나 취소된 경우에는 매수인의 지위는 소멸하고 매각대금을 납부할 여지가 없으므로 인도명령신청권은 인정될 여지가 없다. 그러나 매각대금이 납부된 후에는 소유권이전의 효과가 확정되므로 경매신청의 취하는 인정될 여지가 없고, 그 단계에서 집행정지 또는 취소서류가 제출되더라도 매수인의 지위에는 영향이 없어 인도명령신청권을 잃지 않는다.

(12) 매수인의 매각대금납부 후 새로운 용익권설정과 인도명령신청권의 행사 가능 여부

매수인이 매각대금납부 후 채무자 등 점유자의 사이에 임대차나 사용대차계약을 체결하여 새로운 점유권원이 될 용익권을 설정한 경우에는 모든 자에 대한 관계에서 인도명령신청권이 **소멸**한다고 해석할 것이다.

이 경우 용익권은 유효하게 성립할 필요가 있고, 만약 그 설정계약이 **무효**라면 인도명령신청권은 소멸하지 않지만 일단 **유효**하게 성립한 이상 후에 해제 등에 의하여 용익권이 소멸하더라도 인도명령신청권은 부활하지 않는다.

무능력, 착오, 사기 · 강박 등에 의하여 계약이 취소된 경우에 관하여는 의문이 있지만 매각대금납부 후 6월 이내에 취소의 의사표시가 있은 때에는 인도명령신청권이 당초부터 소멸하지 않았던 것으로 볼 수 있을 것이다.

따라서 매수인이 매각대금납부 후 점유자에게 부동산을 임대한 후 그 계약을 해제하였을 경우 점유자가 원래 상대방이 될 수 있는 자이고, 해제 후의 인도명령신청이 대금납부 후 6월 이내에 있었더라도 인도명령을 발령할 수는 없다. 또 점유자에게 부동산을 임대하였는데 그가 무단전대 또는 무단임차권양도를 한 경우, 직접점유자인 전차인이나 양수인을 상대방으로 한 인도명령을 발령할 수도 없는 것이다.

3. 인도명령의 상대방(인도대상의 인적 범위)

(1) 인도명령 상대방의 범위

민사집행법(법 136조 1항)은 인도명령의 상대방이 될 수 있는 자로서, "㉠ 채무자, ㉡ 소유자, ㉢ 부동산의 점유자"를 열거한 다음, 단서에서 "다만 점유자가 매수인에 대하여 대항할 수 있는 권원을 가진 경우에는 그러하지 아니하다."라는 제외규정을 두고 있다. 물론 채무자나 소유자의 일반승계인(㉾ 상속인 등)도 인도명령의 상대방이 될 수 있다(판례).

또한 "매각대금의 지급전에 점유를 개시한 자"만이 인도명령의 상대방이 된다는 견해가 있으나, "매각대금의 지급 후에 점유를 개시한 자"도 인도명령의 상대방이 된다.

인도명령 상대방의 범위를 구체적으로 알아보기로 한다.

(2) 채 무 자

① 채무자의 범위는 어디까지인지?

채무자는 당해 인도명령신청에 관한 강제경매절차의 집행채무자를 가리킨다. 채무자는 경매개시결정의 시점에서 확정되므로 경매개시결정에 표시된 채무자, 즉 등기된 부동산에 있어서는 압류등기시(경매개시결정기입등기 당시)의 등기부상 소유명의자, 미등기부동산에 있어서는 법원경매계의 촉탁으로 채무자 명의의 소유권보존등기가 된 후 압류의 등기가 마쳐진 자, 가압류에 이어 본집행이 개시된 경우에는 가압류등기시의 등기부상 소유명의자가 각각 여기서의 채무자에 해당하게 된다.

부언하면 채무자는 경매개시결정에 표시된 채무자를 말하고 그 일반승계인도 포함되며, 상속인이 여러 명인 때에는 각자가 개별적으로 인도명령의 상대방이 된다.

인도명령의 상대방이 채무자인 경우에 그 인도명령의 집행력은 그 채무자와 동일시되는 자(㉾ 당해 채무자는 물론 채무자와 한 세대를 구성하며 독립된 생계를 영위하지 않은 가족의 경우)에게도 미친다(대판 96다30786).

판례 대판 1998. 4. 24. 96다30786

1. **채무자에 대한 부동산 인도명령의 집행력이 미치는 인적 범위**

   부동산의 인도명령의 상대방이 채무자인 경우에 그 인도명령의 집행력은 당해 채무자는 물론 채무자와 한 세대를 구성하며 독립된 생계를 영위하지 아니하는 가족과 같이 그 채무자와 동일시되는 자에게도 미친다.

2. **채무자인 처에 대한 부동산 인도명령의 집행으로 그 부동산의 공동점유자인 남편의 점유를 배제한 것이 위법한 점유침탈이 되는지 여부(소극)**

   근저당권의 채무자인 처에 대한 적법한 부동산 인도명령의 집행 당시 대항력을 갖춘 임차권자가 아니고 또한 처와 같은 세대를 구성하면서 그 부동산을 공동점유하고 있었던 남편의 공동점유를 본인의 의사에 반하여 배제하였다고 하여 이를 곧 점유의 위법한 침탈이라고 할 수는 없다.

☞ 채무자개념의 확장

❶ 채무자를 상대방으로 하는 인도명령의 집행력이 미치는 자 중에서 인도명령의 발령절차에 있어서도 '채무자와 동일시되어야 할 자'의 경우의 예

㉠ 세대주인 채무자와 동거하는 가족이라든가 채무자의 피용인, 법인인 채무자의 기관 등 부동산을 점유하는 채무자의 점유보조자, 또는 ㉡ 채무자를 위하여 부동산을 소지(관리) 하는 자(민사집행법 25조, 민소법 218조 1항) 등이 이에 해당한다. 다만 ㉡의 이른바 소지자에 관하여는 인도명령의 발령 전에 심문을 요한다고 할 것이다. 이른바 소지자는 독립한 점유자로 보아야 하므로 자기의 이익을 위하여 소지한다는 등의 주장을 할 기회를 보장할 필요가 있기 때문이다.

❷ 형식적으로는 상대방인 점유자에 해당하지 않으나 신의칙 등에 의하여 채무자와 동시하여야 할 자의 경우의 예

㉠ 채무자와 점유자가 근친자인 경우 등 밀접한 관계가 있어 채무자에 대한 인도명령을 점유자가 거부하는 것이 신의칙상 허용될 수 없다고 인정되는 경우, ㉡ 점유자가 채무자와 공모하여 오로지 인도집행의 회피 또는 집행방해의 목적으로 점유를 개시하였기 때문에 부동산을 점유할 정당한 이익이 전혀 없다고 인정되는 경우 등이다.

② 채무자의 점유형태는 직접점유라야만 하는지?

채무자의 점유는 직접점유는 물론 간접점유도 요건은 아니다. 경매에 의한 매수인의 소유권취득은 승계취득이므로 채무자는 매각(낙찰)의 법률적 효과로 부동산을 매수인에게 인도해야 할 의무가 있기 때문이다.

③ 채무자가 임차인의 지위를 겸하고 있는 경우에는 무조건 인도명령을 발령할 수 있는지?

채무자가 **임차인의 지위**를 겸하고 있는 경우(예 주보법 또는 상보법상의 대항력 있는 임차인이 임의경매절차의 채무자인데, 보증금 중 배당받지 못한 금액이 있는 경우)에는 단순한 채무자로 취급할 것이 아니라 점유자로서 매수인(낙찰자)에게 대항할 수 있는지 여부를 따져 인도명령을 발하게 된다.

☞ 즉 임의경매에 있어 채무자는 乙인데, 소유자는 甲인 것과 같은 물상보증의 경우에 채무자 乙이 점유자로서 매수인에게 대항할 수 있는지의 여부를 판단하여 인도명령을 발해야 한다는 의미이다.

④ 채무자가 매수인에게 대항할 수 있는 권원을 가진 경우에도 인도명령의 대상이 되는지?

예컨대 채무자 소유의 건물이 존재하는 토지가 매각(낙찰)되어 건물을 위한 법정지상권이 발생한 경우와 같이 채무자가 매수인에게 대항할 수 있는 권원(예 법정지상권)을 가지는 경우에는 단순 점유자와 마찬가지로 인도명령의 대상이 아니다.

실전사례

Q 甲은 법원경매에 참가하여 주택 1채를 낙찰 받아 매각대금을 모두 납부하고 소유권이전등기를 신청하면서 동시에 매각부동산의 채무자인 乙에 대하여 부동산인도명령을 신청하였다. 이후 甲명의로 소유권이전등기가 완료되었고, 乙에 대한 부동산인도명령도 받았다. 그런데 집행관에게 집행을 위임하기 전에 대화로 인도문제를 해결하기 위하여 채무자를 찾아가보니 매각부동산의 점유자는 乙의 남편 丙이 점유하고 있는바, 乙에 대한 부동산인도명령의 집행으로 그 부동산의 공동점유자인 남편 丙의 점유를 배제할 수 있는지?

A 위 사례는 채무자인 처에 대한 부동산인도명령의 효력이 처 이외의 공동점유자에 대하여 미치는 인적범위를 물어보는 경우이다.

❶ 채무자에 대한 부동산인도명령의 집행력이 미치는 인적 범위에 관하여 판례(대결 73마734)는 "인도명령의 상대방은 경매목적물의 소유자나 채무자 이외에도 매각허가결정 후의 일반승계인, 경매개시결정에 인한 압류의 효력발생 후의 특정승계인 및 불법점유자를 포함한다."고 판시하고 있다.

❷ 또한 판례(대판 96다30786 등)는 "부동산의 인도명령의 상대방이 채무자인 경우에 그 인도명령의 집행력은 당해 채무자는 물론 채무자와 한 세대를 구성하며 독립된 생계를 영위하지 아니하는 가족과 같이 그 채무자와 동일시되는 자에게도 미친다."라고 하면서, "근저당권의 채무자인 처에 대한 적법한 부동산인도명령의 집행 당시 대항력을 갖춘 임차권자가 아니고, 또한 처와 같은 세대를 구성하면서 그 부동산을 공동점유하고 있었던 남편의 공동점유를 본인의 의사에 반하여 배제하였다고 하여 이를 곧 점유의 위법한 침탈이라고 할 수는 없다."고 한다.

그러므로 위 판례의 취지와 같이 매수인 甲은 채무자 乙에 대한 인도명령에 기하여 丙의 점유를 배제할 수 있다.

(3) 소 유 자

① 소유자의 범위

소유자는 경매개시결정 당시의 소유명의자만을 의미한다고 보는 것이 상당하므로(경매개시결정 후의 제3취득자도 포함시켜야 한다는 견해도 있음) 가압류에서 본압류로 이전된 경우에 본압류 당시의 소유명의자는 당연히 본조 소정의 소유자에 해당한다.

② 소유자라도 실체상의 점유권원을 가지는 경우

부동산인도명령이 매수인(낙찰자)에게 실체상의 권리 이상의 권리를 부여하는 것일 수는 없다는 점에서 소유자라도 실체상의 점유권원을 가지는 경우(㉎ 매수인이 매각대금 납부 후 소유자에게 낙찰 받은 부동산을 양도한 경우)에는 매수인의 인도명령신청을 거절할 수 있다(판례)는 것은 이미 앞에서 설명한 바와 같다.

(4) 부동산 점유자

1) 점유자의 점유여부의 판단기준시점은?

채무자 · 소유자 외의 점유자도 인도명령의 대상이 된다(법 136조 1항). 강제경매에 있어서는 앞에서 설명한 바와 같이 채무자, 즉 압류 당시(경매개시결정 기입등기 당시)의 부동산 소유명의자 외에 소유자를 상대방으로 규정할 필요성이 없는데, 채무자 외에 소유자를 인도명령의 또 하나의 상대방으로 규정한 것은 임의경매의 경우를 염두에 둔 것으로 보인다.

채무자와 소유자 이외의 자가 인도명령의 상대방이 되기 위하여는 먼저 부동산을 점유하고 있는 것이 필요하고, 점유하고 있지 않는 자는 어떤 경우에도 인도명령의 상대방이 될 수는 없다.

점유여부의 판단기준시는 **인도명령의 성립 당시**이다. 즉 인도명령 성립 당시 부동산을 직접점유하지 않고 있는 자는 인도명령의 상대방이 될 수 없다.

2) 간접점유자의 경우에도 인도명령의 상대방이 되는지?

점유자란 직접점유자만을 가리키며 간접점유자는 포함되지 않는다. 따라서 인도명령의 성립당시에 낙찰된 부동산을 직접점유하지 않고 있는 자는 상대방이 될 수 없고 직접점유자만이 인도명령의 상대방이 된다.

3) 압류의 효력이 발생하기 전에 점유를 시작한 점유자에 대하여도 인도명령을 발령할 수 있는지?

구민사소송법은 인도명령의 상대방 중 채무자, 소유자 이외의 자를 압류의 효력이 발생한 후에 점유를 시작한 부동산점유자로 한정하였으나, 현행법은 단순히 부동산점유자로 규정함으로써 압류의 효력이 발생하기 전(경매개시결정 기입등기 전)에 점유를 시작한 점유자에 대하여도 인도명령을 발령할 수 있도록 하였다.

따라서 점유를 시작한 때가 압류의 효력발생 전인지 여부와 관계없이, 심지어는 매각으로 인하여 소멸하는 최선순위의 담보권이나 가압류보다 먼저 점유를 시작한 점유자라도 매수인에게 대항할 수 있는 권원에 의하여 점유하고 있는 것으로 인정되는 경우가 아니면 인도명령의 상대방이 된다.

4) 점유자가 매수인(낙찰자)에게 대항할 수 있는 권원에 의하여 점유하고 있는 것으로 인정되는 경우

① 점유자의 정당한 점유권원의 존재는 인도명령의 기각사유이다.

점유자가 매수인에게 **대항할 수 있는 권원**에 의하여 점유하고 있는 것으로 인정되는 경우에는 상대방이 될 수 없다(법 136조 1항 단서). 이러한 정당한 점유권원의 입증책임은 **점유자**에게 있으므로 점유권원이 입증된 경우에만 인도명령의 신청을 기각하게 된다.

② 매수인에게 대항가능한 권원의 종류

매수인에게 대항할 수 있는 권원이란 점유자의 채무자에 대한 점유권원으로서 매각에 의하여 효력을 잃지 않고 매수인에게 대항할 수 있는 권원을 말하는데, 다음의 두 가지로 구별된다.

- **매수인에게 인수되는 권리**
  여기의 권원에는 매각으로 인하여 소멸하는 저당권 · 압류 · 가압류 등(말소기준권리)에 우선하는 대항력 있는 용익권(예 임차권, 지상권)이라든가 유치권이 포함된다.
- **매각(낙찰) 후 매수인과의 사이에 새로이 성립한 점유권원**
  여기의 권원에는 법정지상권이라든가 매수인과 점유자의 합의에 의하여 새로 성립한 용익권 등이 포함된다.

우계장님 질문요?

대항력 있는 임차인 甲이 우선변제권을 행사하여 법원경매계에서 甲에게 임차보증금 전액을 배당하였음에도 불구하고 배당금을 찾아가지 않고 낙찰 받은 주택의 인도를 거부하고 있는데 甲을 상대로 인도명령이 가능한지요?

대항력 있는 임차인이 우선변제권을 행사하여 법원경매계가 그에게 임차보증금 전액을 배당한 후 배당이의가 없어 배당표가 확정되었음에도 불구하고 배당금을 지급받지 않고 낙찰 받은 주택의 인도를 거부하고 있을 때 임차인을 상대로 인도명령이 가능한지가 실무상 종종 문제가 됩니다. 위 사례에서 법원경매계가 임차인 甲에게 임차보증금 전액을 배당하였음에도 배당금의 수령을 거부하는 것을 배당요구의 철회의 의사표시로 볼 여지는 있으나, 임차인의 배당요구의 철회는 배당요구의 종기까지만 허용되기 때문에 배당금수령의 거부 자체는 부적법하다고 할 수밖에 없습니다. 또한 임차인의 임차권은 매각(낙찰)으로 소멸되므로(주보법 3조의 5, 상보법 8조) 임차인 甲에 대하여는 인도명령이 가능하다고 할 것입니다.

5) 점유보조자의 경우

① 점유보조자는 별도의 집행권원 없이 채무자와 같이 인도집행이 되는지?

인도명령의 발령 후 인도집행에 있어 낙찰 받은 부동산을 점유하고 있는 채무자가 집행권원(인도명령)에 표시되어 있어야 하는 것은 당연하다. 그런데 채무자와 함께 거주하고 있는 가족이나 동거인 또는 고용인 등에 대한 집행이 문제가 되나, 이들에 대하여는 사회통념상 그들이 채무자와 별개 독립한 점유를 가진다고 인정되는 등의 특별한 사정이 없다면 별도의 집행권원이 없어도 채무자와 동시에 퇴거시켜서 집행할 수 있다. 왜냐하면 이들은 채무자의 점유보조자로서 채무자의 지시에 따라 그 수족으로서 부동산을 소지하는데 그치고 독립된 점유가 인정되지 않기 때문이다.

☞ 점유보조자는 가사상, 영업상 기타 유사한 관계에 의하여 타인의 지시를 받아 물건에 대한 사실상의 지배를 하는 자를 말한다(민법 195조).

② 매수인의 점유보조자에 대한 인도청구시 법원경매계의 판단은?

점유보조자는 독립한 점유주체가 아니므로 그에 대한 인도청구를 기각하여야 하지만, 인도명령의 신청단계에서는 점유보조자인지의 여부를 판단하기가 쉽지 않으므로 피신청인(점유보조자)이 이 점을 다투지 않는 한 매수인(낙찰자)에게 대항할 수 있는 점유자인지의 여부만 가려 인도명령을 발령하게 된다.

※ 부동산 점유자의 요약

1. **압류의 전후**

점유를 시작한 때가 압류의 효력발생 전인지 여부를 불문하고 매수인에게 대항할 수 있는 다음의 경우에는 인도명령의 상대방이 될 수 없다(법 136조 1항 단서).

(1) 매각으로 인하여 소멸하는 저당권 · 압류 · 가압류 등(즉 말소기준권리)에 우선하는 대항력 있는 용익권(임차권, 지상권)이나 유치권 등처럼 매수인에게 인수되는 권리

(2) 법정지상권이나 매수인(낙찰자)과 점유자의 합의에 의하여 새로 성립한 용익권 등의 권리

(3) 보증금 전액을 배당받기까지의 임차인(판례)

2. **부동산 인도 후**

매수인의 부동산인도 받은 후의 인도명령신청 : 불가능(원칙)

실 전 사 례

Q 甲은 乙은행으로부터 5,000만원을 차용하면서 甲의 동생 丙의 아파트를 담보로 제공하였다. 대출당시 乙은행은 채무자 甲과 소유자 丙 사이에 임대차계약이 맺어진 사실이 있는지를 문의하자, 甲은 丙과의 임차사실을 강력히 부인하면서 그러한 계약관계가 없음을 확인하는 확인서를 작성하여 乙은행에게 교부한 사실이 있다. 그 뒤 甲이 채무를 변제하지 않아 위 아파트는 丁에게 경매절차에서 매각되었으므로 丁은 甲과 丙을 상대로 인도명령을 신청하였다. 그러자 甲은 丙과 임대차계약이 성립되어 있었음과 주택임대차보호법상 대항력을 갖추고 있음을 주장하고 있다. 이러한 경우 甲에 대한 인도명령이 발해질 수 있을 것인지?

A ❶ 위 사례는 실무에 있어 종종 발생하는 경우로, 근저당권자인 은행에서 주택을 담보로 근저당을 설정시에는 채무자의 채무불이행으로 후일 있을 경매를 예상하여, 대항력과 우선변제권이 있는 임차인을 모두 조사하여 채무자(소유자)와 임차권자에게 **확인서**를 받고난 후 대출을 해주고 있다. 경매절차에 있어 위 확인서가 법원경매계에 제출되어 있음에도 임차인들이 진정의 임차인인 것처럼 권리신고 및 배당요구를 한 사례가 많은 데, 대부분의 근저당권자들은 임차인에 대한 배당배제신청서를 법원경매계에 제출하고 있고, 경매계에서는 당해 임차인들을 배당에서 제외시키고 있다. 간혹 어떤 근저당권자들은 임차인에게는 확인서를 받지 않고 채무자(소유자)에게만 확인서를 받아 임차인이 부인하는 경우 낭패를 보는 경우가 종종 있다.
결국 위 사례는 근저당권설정 당시 임차인임을 부인한 자가 매수인(낙찰인)의 인도명령을 다툴 수 있는지를 물어보는 경우이다.

❷ 위와 관련하여 판례는, "채무자가 동생소유의 아파트에 관하여 근저당권을 설정하고 대출을 받으면서 채권자에게 자신은 임차인이 아니고 그 아파트에 관하여 일체의 권리를 주장하지 않겠다는 내용의 확인서를 작성하여 준 경우, 그 후 대항력을 갖춘 임차인임을 내세워 이를 매각(낙찰)받은 채권자의 인도명령을 다투는 것은 금반언 및 신의칙에 위배되어 허용되지 않는다."고 하고 있다(대결 2000.1.5. 99마4307).

그러므로 위 사안에 있어 甲이 乙의 인도명령에 대하여 대항력 있음을 주장하는 것은 이유없다고 할 것이고, 법원경매계의 위 채무자 甲을 상대로 한 인도명령의 발령에는 지장이 없다.

쉬어가기

저자가 서울중앙지방법원 경매계장으로 있을 때의 일이다.

법원경매에 참가하여 역삼동 안마시술소 건물을 수십억원에 매수한 윤사모님은 매각결정기일 전날 경매계에 교보건설주식회사(가장유치권자들은 건설회사의 명칭을 잘 쓴다)라고 칭하는 유치권자가 금 3억원의 유치권신고서를 접수한 사실을 알았다. 그런데 매각결정기일까지 매각불허가신청을 하지는 않았다. 이후 경매절차가 진행되어 매각허가결정이 확정되고 경매계로부터 매각대금지급기한통지서를 받고도 한참 있다가 매각대금지급기한이 거의 다 되어서야 유치권신고를 이유로 매각허가결정취소신청서(희안하게도 매각허가결정취소신청서에 매각결정기일 전날 자기가 유치권신고사실을 알았다고 스스로 기재하였음)를 제출하였다. 저자는 매각허가결정취소여부를 결정하기 위하여 경매기록을 검토하여보니, 집행관이 경매대상 부동산(안마시술소)의 현장에 나가서 채무자를 직접 만나고 그 진술을 보고서에 기재하였는데, 현재 위 안마시술소를 채무자가 직접 점유하면서 운영하고 있다고 보고를 한 사실을 알아내었다.

집행관 작성의 공문서인 현황조사보고서에 유치권자가 경매개시결정 전 · 후에 걸쳐 실제로 점유하지 않아 유치권이 성립되지 않음이 명백하게 인정된 것이다. 또 입찰방해죄 등으로 유치권자를 형사조치를 취하는 데 있어 괜찮은 증거도 잡아낸 셈이었다.

결국 존재하지도 않은 유치권의 출현을 이유로 한 낙찰자의 매각허가결정취소신청인 셈이다. 일단 결정적인 매각허가결정취소신청의 기각사유를 경매기록을 통하여 잡아내고, 매각결정기일 전날에 금 3억원의 유치권신고가 접수된 사실을 알고도 매각불허가신청을 하지 않는 등 괘심죄(?)까지 추가한 종합적인 상황을 고려하여 매각허가결정취소신청 기각결정을 하였다.

위 기각결정으로 인하여 윤사모님은 사면초가에 처하게 되어 매각대금의 납부문제로 많은 고민을 하였으나, 이후 저자가 유치권자에 대한 인도명령의 발령에 강한 자신감을 심어 준 결과 매각대금을 납부하기에 이르렀다. 나아가 위와 같은 사실들을 기초로 유치권자를 상대로 한 부동산인도명령신청과 인도명령의 발령 후 낙찰 받은 부동산의 인도거부시 민 · 형사조치에 대한 방법을 알려주었다.

이후 윤사모님이 인도명령신청서를 제출하자 일단 인도명령 발령 전에 유치권자에게 소명할 기회를 주기 위하여 인도명령심문서를 낙찰 받은 부동산의 소재지에 송달하였으나 우편물이 수취인불명으로 반송되어 바로 인도명령을 발령하여 집행까지 모두 마무리된 사례가 있었다. 결국 저자의 말을 들어 성공한 경매투자의 결실을 맺게 된 것이었다.

경매계장을 담당하다 보면 위 사례에서 보았듯이 경매가 진행되는 사이, 특히 매각결정기일 전이나 매각대금의 납부 전에 유치권신고서가 법원경매계에 접수되는 경우가 가끔 있다. 이 때 대부분의 낙찰자 들은 유치권의 출현을 이유로 미리 겁을 먹고 매각불허가신청이나 매각허가결정취소신청서를 내곤 하는데 이것은 잘못된 것이다. 위의 사례에서 보았듯이 경매기록만 잘 보아도 가장 유치권자를 알아낼 수가 있는 것이다. 어렵게 잡은 기회를 쉽게 포기해서는 안 될 것이다.

※ 위 사례의 정리 : 낙찰 ➡ 매각결정기일 ➡ 유치권신고 사실을 이유로 한 매각허가결정취소신청 ➡ 기각 ➡ 매각대금납부 ➡ 유치권자를 상대로 한 인도명령 신청 ➡ 인도명령의 발령 ➡ 집행 완료

4. 인도대상의 범위(인도대상의 물적 범위)

① 인도명령에 의하여 인도하여야 할 부동산의 범위는 매각(낙찰)으로 인하여 취득한 부동산의 범위(즉 매각허가결정에 적힌 부동산과 동일성이 인정되는 범위 내에서 그 소유권의 효력이 미치는 범위)와 같다. 매각부동산의 채무자 · 소유자, 점유자는 매수인에게 그 부동산의 구성부분, 부합물 및 종물도 모두 인도하여야 한다.
부언하면 제시 외 건물, 증축부분, 정원수, 정원석, 보일러시설 등 매각된 부동산의 구성부분이든 부합물 · 종물로 인정되는 것이든 법률상 별개의 소유권이 성립되지 못하는 이상은 모두 매수인이 소유권을 취득하게 되고 동시에 모두 인도의 대상이 된다.
그러므로 매각대금의 완납 후 채무자 · 소유자, 점유자가 부속된 물건이나 점유물을 파손하거나 뜯어내어 임의로 가져가는 경우에는 민 · 형사상의 책임을 물을 수 있을 것이다. 물론 채무자 등에게 법적책임을 물을 수 있는 부속물은 낙찰된 부동산에 원래부터 기본사양으로 설치된 것에 한정되어야 할 것이고 자신의 필요 등에 의하여 특별히 설치하거나 부착한 것은 제외될 것이다.

② 인도명령의 상대방(예 임차인)이 부동산의 특정부분을 점유하고 있는 때에는 점유부분을 특정(이때 매수인은 도면을 첨부하여 인도명령을 신청해야 함)하여 인도명령

을 발하는 것이 법원경매계의 실무이다.

5. 인도명령의 신청

(1) 신청의 방법

① **인도명령의 신청은 통상 서면으로 하고 신청서에는 1,000원의 인지를 붙여야 한다.**

법원경매계에서는 인도명령의 신청이 있는 경우에 한하여 인도명령을 발할 수 있고, 인도명령을 발할 수 있는 요건의 구비가 기록상 명백하다 하더라도 신청이 없이 직권으로 인도명령을 발할 수는 없다.

② 채무자, 소유자 또는 현황조사보고서 등 기록상 명백한 점유자를 상대방으로 하여 신청하는 경우에는 특별한 증빙서류의 제출을 요하지 않는다. 경매기록상에 없는 점유자(승계인 등)를 상대방으로 하는 경우에는 집행관작성의 집행불능조서 등본 · 주민등록표등본 등 그 점유사실 및 점유개시일자(대금지급 전에 점유를 개시한 사실)를 증명하는 서면을 제출하여야 한다.

(2) 신청의 시기

인도명령의 신청기간은 매각대금을 납부한 후 **6월 이내**로 법정되어 있다(법 136조 1항). 인도명령발령절차가 경매절차를 실질적으로 종료시키기 위하여 인정된 파생적 간이절차이므로 상대방의 입장을 고려하여 신청기간에 제한을 둔 것이다. 이 기간은 성질상 이를 신축할 수 없다고 본다. 또 이 기간은 매각대금을 완납한 날의 다음날로부터 기산함은 물론이다(초일의 불산입).

매각대금의 완납 후 6월을 경과하면 경매절차의 완료 여부를 불문하고 매수인의 인도명령신청권은 소멸되며, 점유자를 상대방으로 하여 인도 또는 명도소송을 제기할 수밖에 없다. 반면 6월경과 전이라면 경매절차가 종료되더라도 인도명령의 신청은 적법하다.

(3) 채무자나 소유자 이외의 점유자에 대하여 인도명령자체를 본안으로 하는 점유이전금지가처분신청을 할 수 있는지의 여부

채무자나 소유자 이외의 점유자에 대한 인도명령은 그 성립당시의 부동산 점유를 요건으로 하므로 점유자가 그 점유를 제3자에게 이전하려고 하는 경우에 매수인(낙찰자)은 점유자를 고정시켜 둘 필요가 생긴다. 이때에는 소유권에 기한 인도소송을 본안으로 하는 점유이전금지가처분을 이용할 수 있을 것이나, 인도명령자체를 본안으로 한 가처분신청을 할 수는 없다고 할 것이다.

(4) 관할법원

당해 부동산에 대한 경매사건이 계속되어 있거나 또는 과거에 계속되어 있었던 집행법원이다.

[❶ 부동산인도명령 신청서 예(소유자를 상대로 한 신청)]

부동산인도명령 신청

신청인(매수인) ○○○
주 소 :
피신청인 ○○○(소유자)
주 소 :

신 청 취 지

피신청인은 신청인에게 별지목록 기재 부동산을 인도하라 라는 재판을 구함.

신 청 이 유

1. 본건 신청인은 귀원 2008타경21297호 부동산강제(임의)경매 사건으로 별지목록 부동산에 매각허가결정을 받고 2009. 7. 30. 매각대금 전액을 납부한 정당한 소유자입니다.
2. 피신청인 ○○○는 채무자 겸 소유자로서 매수인에게 아무런 대항할 권원없이 불법점유 거주하고 있습니다. 따라서 신청인은 민사집행법 136조 1항에 의하여 이건 부동산을 인도 받고자 본건 신청에 이른 것입니다.

첨 부 서 류

1. 매각대금완납증명 1통

2009. 8. 7.

위 신청인(매수인) ○○○

서울중앙지방법원 민사집행과 경매 10계 귀중

[❷ 부동산인도명령 신청서 예(점유자 : 임차인을 상대로 한 신청)]

부동산인도명령 신청

신청인(매수인) ○○○
주 소 :
피신청인 ○○○(임차인)
주 소 :

신 청 취 지

피신청인은 신청인에게 별지목록 기재 부동산을 인도하라 라는 재판을 구함.

신 청 이 유

본건 신청인은 귀원 2009타경22호 부동산강제(임의)경매 사건으로 별지목록 부동산에 매각허가결정을 받고 2009. 8. 14. 매각대급 전액을 납부한 정당한 소유자로서 점유자(임차인)에게 별지의 낙찰 받은 부동산의 인도를 청구하였으나 임차인이 이에 불응하고 있으므로 귀원 소속 집행관으로 하여금 임차인의 위 부동산에 대한 점유를 풀고 이를 매수인(낙찰자)에게 인도하도록 하는 명령을 발령하여 주시기를 바랍니다.

첨 부 서 류

1. 매각대금완납증명 1통
2. 임차인의 주민등록등본 1통

2009. 8. 21.

위 신청인(매수인) ○○○

서울중앙지방법원 민사집행과 경매 10계 귀중

[❸ 부동산인도명령 신청서 예(점유자 : 유치권자를 상대로 한 신청)]

인도명령 신청서

사 건	2007타경122** 부동산 임의경매
채권자	한국자산관리공사
채무자 및 소유자	김호성
신청인	○○산업개발 주식회사 서울 광진구 구의동 247-1 00빌딩 502호
피신청인	1. 박재만 2. 주식회사 ○○골드라인 피신청인 1,2의 송달장소 : 서울 도봉구 방학동 419-3 ○○○ 프라자 빌딩 7층, 8층

신 청 취 지

피신청인들은 신청인에게 별지목록기재 부동산을 인도하라.
라는 재판을 구합니다.

신 청 원 인

1. 당사자 등

가. 신청인은 이 사건 경매에서 별지목록기재 상가(이하 '이 사건 상가'라 한다)를 매수하여 2008. 12. 2. 매각대금지급을 완납하여 이 사건 상가의 소유권을 취득한 자이고(소갑제1호증 매각대금완납증명원 사본),

나. 피신청인 박재만은 ○○피아 메디켈이라는 상호로 이 사건 상가에 관하여 2006. 3. 12. 이 사건 상가의 채무자겸 소유자인 김호성과의 사이에 임대차

계약을 체결한 임차인으로서(소갑제2호증 임대차계약서) 이 사건 경매에 있어서 유치권신고를 한 자이며,

다. 피신청인 주식회사 ○○ 골드라인(대표이사 신○○, 이하 '○○ 골드라인'이라고 한다)은 이 사건 상가를 사실상 현재까지 점유하고 있는 자입니다.

2. 매수인에 대하여 대항할 사유의 부존재

가. 임차권 관련

피신청인 박재만은 이 사건 부동산에 관하여 임차인이기는 하나 이 사건 부동산을 2006. 3. 12.에 인도 받았고(소갑제2호증 임대차계약서), 이 사건 상가에 대하여 2006. 8. 17.에 사업자등록을 하였는바, 위와 같은 피신청인의 임차권은 이 사건 상가의 최선순위 근저당권 설정일자가 2005. 3. 8.로 위 임차권을 앞서고 있으므로 결국 매수인인 신청인에게 대항력을 행사할 수 없다 할 것입니다.

나. 유치권행사관련

(1) 피신청인 박재만은 이 사건 경매절차에 있어서 배당요구종기일(2007. 9. 10.)이 한참 지난 2008. 1. 10. 이 사건 상가에 대한 유치권 권리신고서를 귀원에 제출한 적이 있는데, 아래에서 보는 바와 같이 "이 사건 상가의 소유권자"에 대한 피담보채권이 없으므로 유치권은 성립되지 아니하며, 결국 피신청인 박재만을 그가 행사하는 유치권으로써 신청인의 이 사건 청구에 대항할 수 없다 할 것입니다(소갑제4호증 유치권배제신청서).

(2) 피신청인 박재만은 유치권 권리행사신고서에서 "이 사건 상가를 임차하여 인테리어 업자에게 공사계약을 체결하고, 이에 관한 공사대금으로 금 260,000,000원을 지불하였는바, 이로써 임대인을 채무자로 하여 인테리어공사비용을 청구하기 위하여 유치권을 신고한다"고 진술하고 있습니다(소갑제3호증 유치권 권리행사신고서). 즉 피신청인 박재만은 자신의 사업목적을 위하여 인테리어 공사를 해 놓고 이 공사비용을 임대인에게 청구한다고 주장하고 있으나, 임대인(채무자겸 소유자)과 박재만과의 사이에는 위와 같은 계약을 체결한 내용이 전혀 없어 임대인에 대한 피담보채권이 없으므로 피신청인 박재만의 유치권 행사는 이유가 없다 할 것입니다.

(3) 한편 피신청인 박재만이 시행한 인테리어는 오로지 본인의 영업의 편의를 위한 인테리어 공사이므로 이 사건 건물의 객관적 가치를 증대시키기 위한 유익비라고 볼 수 없으므로 유치권이 성립되지 않는다 할 것이고(대법원 91다15591,15607(반소) 판결), 임대차계약서상 임차인은 원상회복의무가 있으므로(소갑제2호증 임대차계약서 제5조) 어느 모로 보나 유치권은 명백히 성립되지 않습니다(대법원 95다12927 판결).

다. 피신청인 ○○ 골드라인의 점유 관련

피신청인 ○○ 골드라인은 이 사건 상가의 사실상 점유자로서 아나 골드라인이 정당한 점유자라는 권원은 어디에도 찾아 볼 수 없습니다. 즉 피신청인 ○○ 골드라인은 이 사건 상가에 대하여 불법점유자이거나 피신청인 박재만의 전차인에 불과하므로 신청인에 대하여 대항할 수 없다 할 것입니다. 참고로 피신청인 ○○ 골드라인은 이 사건 상가와 연이은 802호의 경매절차에서 유치권자로서 권리행사를 한 바 있으나(소갑제5호증 유치권권리신고서), 위 802호의 매수인의 인도명령신청에 의하여 유치권을 인정받지 아니하였습니다(소갑제6호증 결정문).

3. 결 론

위에서 본 바와 같이 기록상 명백히 피신청인들은 경매 매수인에게 대항할 사유가 없으나, 피신청인들이 유치권 등의 권리행사로써 신청인이 막대한 손해를 입을 염려가 있습니다. 이에 신청인은 이 사건 상가를 신속하게 인도받고자 이 사건 신청에 이르렀습니다.

소 명 방 법

1. 소갑제1호증	각대금완납증명원 사본
1. 소갑제2호증	임대차계약서
1. 소갑제3호증	권 권리행사신고서
1. 소갑제4호증	유치권배제신청서
1. 소갑제5호증	유치권 권리신고서
1. 소갑제6호증	결정문

첨 부 서 류

1. 위임장	1통
1. 등기사항전부증명서	2통

2008. 12.

신청인 ○○산업개발주식회사

대표이사 ○○○

서울북부지방법원 경매○계 귀중

6. 인도명령의 심리

(1) 심리의 방법

① 심리는 서면심리 또는 임의적 신문 등의 방법으로 한다.

법원경매계는 인도명령의 신청이 있는 경우에 한하여 그 적부를 판단할 수 있다. 서면심리만으로 인도명령의 허부를 결정할 수도 있고 상대방을 심문하거나 변론을 열 수도 있다(법 23조 1항, 민소법 134조).

② 필수적 심문을 할 필요가 없는 경우(채무자 · 소유자 또는 그 일반승계인에 대한 인도명령시)

채무자나 소유자 또는 그 일반승계인에 대한 심문은 필수적인 것이 아니므로 이를 하지 않아도 무방하다. 또 인도명령의 신청을 기각 또는 각하하는 경우에까지 심문을 요하는 것은 아니다.

③ 필수적 심문을 해야 하는 경우(채무자 · 소유자 외의 점유자에 대한 인도명령시)

- **원칙(필수적 심문)**

  채무자 · 소유자 외의 점유자에 대하여 인도명령을 함에는 그 **점유자**를 **심문**하여야 한다.

  일단 심문기일을 정하여 진술할 기회를 주었음에도 그 점유자가 심문에 응하지 않은 때에는 그의 진술을 듣지 않고서도 인도명령을 발할 수 있다. 그러나 심문기일통지서가 송달불능이 된 경우에는 바로 인도명령을 발할 수 없고 주소보정을 명하거나 공시송달 등 적법한 통지절차를 거치고 있다. 또 점유자로부터 심문기일의 변경, 연기 등의 신청이 있더라도 그것이 부동산인도의 지연, 회피를 목적으로 한 것이라고 인정되는 등 정당한 이유가 없음이 분명할 때에는 이를 무시하고 발령할 수 있다.

- **예외(심문 불필요)**

  다만 ㉠ 그 점유자가 매수인에게 대항할 수 있는 권원에 의하여 점유하고 있지 않음이 명백한 때(㉕ 경매기록에 의하여 말소기준권리보다 뒤지는 임차인이 분명한 경우) 또는 ㉡ 이미 그 점유자를 심문한 때에는 심문을 할 필요가 없다(법 136조 4항).

④ 심문서의 송달과 대항력이 없는 점유자에 대한 인도명령 발령에 있어 법원경매계의 실무상 문제

법원경매계의 실무에서는 채무자 · 소유자 외의 점유자에 대하여 인도명령신청이 들어오면 일단 다음의 예와 같은 **심문서**를 점유자에게 보낸다. 점유자가 매수인에게 대항할 수 있는 권원에 의하여 점유하고 있지 않음이 명백한 때에는 점유자를 심문할 필요 없이 인도명령을 발령할 수 있으므로 점유자에게 심문서를 송달할 필요가 없지만, 경매계의 실무상 이 경우에도 심문서를 보내고 있다.

☞ 저자는 위와 관련하여 2009년 서울중앙지방법원 민사실무연구위원회 발표 논문("국민에 대한 서비스 & 법원경매 활성화를 위한 부동산경매 제도의 개선방안")에서 말소기준권리보다 늦어 매수인에게 대항력이 없는 점유자에 대하여는 채무자나 소유자와 같이 시간을 끌 필요 없이 바로 인도명령을 발령해야 한다고 강력히 주장한 바 있다. 위와 같음에도 법원경매계에서 그리 하지 않는 이유는 다음과 같다. 실무상 채무자 · 소유자 외의 점유자는 대부분 임차인인데, 매수인은 일반적으로 매각대금의 납부와 동시에 인도명령을 신청하고 있다. 이 때 법원경매계가 위 임차인에 대하여 바로 인도명령을 발령한 경우에 매수인에 대하여 대항력은 없지만 소액우선변제권을 가진 임차인이나 배당을 받을 수 있는 확정일자부 임차인은 배당기일이 진행되기 이전에 매수인에게 매각부동산을 인도해야 하는 처지가 되어 배당기일에 출석하여 배당금을 지급받기도 전에 매각부동산에서 쫓겨나는 처지가 된다. 위와 같이 임차인에게 너무 가혹한 상황이 발생하는 것을 막기 위하여 법원경매계는 배당기일까지 인도명령의 발령을 보류하는 정책적 고려의 일환으로 대항력 없는 임차인에게도 심문서를 송달하고 있다. 그러나 저자가 위 논문에서 밝혔듯이 이것은 잘못된 실무관행이다. 왜냐하면 대부분의 법원경매투자자는 금융기관 등에서 매각잔금 대출을 받아 경매투자를 하고 있는데, 법원경매계의 불필요한 절차로 매수인의 이자부담의 증가문제, 매각잔금의 납부 후 바로 처분해야 하는데 배당기일까지 기다리는 등 경매절차의 지연으로 처분이 지연되어 따르는 손해의 문제 등도 생각해보아야 한다. 설령 배당기일 전 인도명령을 발령한다고 하여도 대부분 타협으로 끝나지 인도집행까지 가는 경우는 그리 많지 않은 것이 경매실무이다.

[심문서의 예 : 피신청인이 채무자나 소유자 이외의 점유자의 경우는 우선 심문서를 송달함]

심 문 서

사　　건　　2009타기3912　부동산인도명령
신 청 인　　○○○
피신청인　　○○○

2008타경28750호 부동산경매 사건 매수인으로부터 인도명령신청이 있으므로 피신청인은 이 심문서를 송달받은 날로부터 7일 이내에 피신청인이 이 사건 부동산을 점유하고 있는 지, 점유한다면 그 점유개시 시기, 점유권원을 밝히고 이에 대한 의견을 진술하시기 바랍니다.

2009.　9.　10.

판 사　　우 가 영

⑤ **인도명령신청서의 접수 후 인도명령의 발령까지의 법원경매계의 진행 실무례**

법원경매계에 인도명령신청서가 접수되면 보통은 다음과 같이 진행되는 것이 실무례이나 하나의 기준일 뿐이며 반드시 이에 따르는 것은 아니다.

- **채무자 및 소유자에 대한 인도명령 신청의 경우**
  보통 인도명령 신청일로부터 3일 이내에 인도명령이 발령된다.
- **점유자(임차인)에 대한 인도명령 신청의 경우**
  먼저 임차인에게 심문서를 송달하고, 배당기일 종결 후 3일 이내에 인도명령의 발령여부를 결정한다.
- **점유자(유치권자)에 대한 인도명령 신청의 경우**
  배당기일과 상관없이 바로 심문기일을 지정하여 유치권자 등의 심문 후 인도명령의 발령여부를 결정한다.
- **임차인, 유치권자 이외의 점유자에 대한 인도명령 신청의 경우**
  심문기일을 지정하여 심문 후 인도명령의 발령여부를 결정하거나, 일단 심문서를 송달한 후 점유자의 답변서를 검토하여 인도명령의 발령여부를 결정한다. 또한 일단 인도명령 신청인(낙찰자)에게 보정명령을 내려 그 보정서의 검토 후 인도명령의 발령여부를 결정하기도 한다.

(2) 심리의 내용

① **신청인에 대한 심리내용**

인도명령의 신청인이 매수인(낙찰자)일 경우에는 매각대금을 완납하였는가, 정해진 기간 내에 신청서를 제출하였는가 등을, 일반승계인일 경우에는 승계사실을 심리한다.

② **상대방(피신청인)에 대한 심리내용**

상대방이 채무자 또는 소유자일 경우에는 그들의 점유사실을, 그 밖의 점유자일 경우에는 그 자가 매수인(낙찰자)에게 대항할 수 있는 권원을 가지는 가의 여부 등을 심리한다.

(3) 심리의 구조

법원경매계가 인도명령신청에 대하여 심리를 함에 있어서는 우선 경매기록에 나타난 자료에 의하게 될 것이지만, 반드시 이에 한정되는 것이 아니고 신청서에 첨부제출된 매수인(낙찰자) 측의 제출자료라든가 심문기일에 상대방 측으로부터 제출된 자료를 두루 참작 · 종합하여 신청의 인용 여부를 결정하게 된다.

또 심리에 관하여도 집행에 관한 다른 절차와 마찬가지로 직권주의가 적용된다고 보아야 하며, 변론주의(예 주장책임, 자백의 구속력, 직권증거조사의 원칙적 금지 등)는 적용되지 않는다고 해석된다. 따라서 당사자의 사실주장이 없는 사유에 관하여도 판단의 기초로 삼을 수 있다.

7. 인도명령의 재판

(1) 입증의 방법 · 정도와 법원경매계의 판단기준

① 채무자 · 소유자 또는 경매기록상 명백한 점유자를 상대방으로 한 인도명령의 신청시 입증의 방법 · 정도와 경매계의 판단

채무자 · 소유자 또는 현황조사보고서 등 경매기록상 명백한 점유자를 상대방으로 한 인도명령의 신청시에는 특별한 증빙서류의 제출이 필요 없다.

즉 법원경매계는 인도명령의 신청인이 제출한 주민등록표등 · 초본, 전에 발한 인도명령의 집행조서등본, 가족관계증명서, 부동산등기부등본 등의 자료와 경매기록(예 현황조사보고서, 평가서 등) 및 상대방(피신청인)심문의 결과 등에 의하여 인도명령의 사유가 소명되면 인도명령을 발하게 되나, 반드시 이에 한정하는 것은 아니고 인도명령 신청서에 첨부된 자료를 모두 참작 후 종합하여 인도명령의 발령 여부를 결정하게 된다.

일반승계인을 상대방으로 하는 경우에는 그 승계사실이 소명되면 족하고, 제3자를 상대방으로 하는 경우에는 그 자가 점유하고 있는 사실만 소명되면 인도명령을 발할 수 있다.

② 경매기록상 나타나지 않는 점유자를 상대방으로 한 인도명령의 신청시 입증의 방법 · 정도와 경매계의 판단

경매기록상 나타나지 않는 점유자를 상대방으로 한 인도명령의 신청시에는 채무자에 대한 인도명령을 발령받아 매각부동산에 인도집행을 실시하였으나 제3자가 점유하고 있는 관계로 집행불능이 되었다는 집행관 작성의 **집행불능조서 등본**이나 **주민등록표등본 등** 그 점유사실과 점유개시시기를 증명할 수 있는 서면 등을 제출하여야 한다. "매각대금지급 전에 점유를 개시한 자"뿐만 아니라 "매각대금지급 후에 점유를 개시한 자"도 인도명령의 상대방이 된다.

법원경매계는 인도명령의 신청인에 대하여 "피신청인이 현재 이 사건 매각목적물을 점유하고 있다는 점 및 그 점유개시시기"에 관하여 주장과 함께 그 증거자료를 제출하도록 **보정명령**을 내리기도 한다. 다만 실무에서는 일단 경매기록상 나타나지 않는 점유자를 상대로 **심문서**를 송달한 후 그 심문서를 점유자가 수령하였다는 취지의 송달보고서가 도착하면 점유자(피신청인)가 매각부동산을 현재 점유하고 있다고 보아 위의 입증자료 없이도 점유자에 대한 인도명령을 발령한다.

③ 인도명령신청을 기각해야 할 경우

상대방이 매수인(낙찰자)에게 대항할 수 있는 권원(예 유치권)에 의하여 점유하고 있음이 기록에 의하여 명백하거나 상대방이 이 사실을 주장하고 소명한 때에는 신청을 기각하게 된다. 이 경우에 반대급여와 상환으로 인도를 명하는 이른바 조건부명령을 할 수도 없다.

(2) 인도명령 재판의 형식과 내용

인도명령의 재판의 형식은 결정이지 소송법상 의미의 명령이 아니다(법 136조 5항 참조).

인도명령의 신청을 매각대금을 낸 뒤 6월이 지난 뒤에 하는 등 부적법하면 신청을 각하할 것이고, 신청이 이유 없다고 인정되면 이를 기각할 것이지만 인도명령의 신청에 관한 재판에는 실체적 확정력이 없으므로 각하와 기각을 엄격히 구별할 필요는 없다(대판 80다2821, 대결 4293민항137).

그리고 인도명령신청에 대한 재판은 그것이 인용하는 것이든 기각하는 것이든 매수인의 소유권에 기한 인도청구권의 존부에 관하여 기판력을 갖지 않는다. 따라서 매수인이 인도명령을 집행하는 절차에 있다 하여 채무자 · 소유자를 상대로 소로써 매각부동산의 인도 · 명도를 청구하는 것을 배제할 수는 없다(대판 80다2821, 대판 71다1437).

(3) 매각대금의 납부 후에 법 49조의 집행정지서면이 제출된 경우 인도명령이 가능한지의 여부

매수인이 매각대금을 낸 뒤에 채무자로부터 법 49조의 집행정지서면이 제출되더라도 매수인의 권리에 영향을 주지 못하므로 인도명령을 발하는 데 아무런 지장이 없다.

(4) 인도명령의 주문

인도명령의 신청을 인용하는 경우 그 주문은 '피신청인은 신청인에게 별지목록에 적은 부동산을 인도하라'는 식으로 하면 된다.

한편 상대방이 부동산의 **특정부분**만을 점유하고 있는 때에는 점유부분을 특정하여 인도명령을 발하는 것이 실무인데, 이 경우 점유부분을 특정하기 위하여 정확한 실측도면을 요하는 것은 아니므로 감정인의 감정서나 집행관의 현황조사보고서에 첨부된 도면을 이용하여 특정하여도 된다.

[인도명령의 발령 예]

서울중앙지방법원

결　　정

사　　건	2009타기2011　매각부동산인도명령
신 청 인	○○○
피신청인	○○○
주　　문	피신청인은 신청인에게 별지목록 기재 부동산을 인도하라.
이　　유	이 법원 2008타경32277호 부동산강제(임의)경매 사건에 관하여 신청인의 인도명령 신청이 이유있다고 인정되므로 주문과 같이 결정한다.

2009. 8. 24.

판 사　우 선 영

(5) 인도명령의 송달

인도명령은 법 56조 1호의 항고로만 불복할 수 있는 재판으로서 집행권원이 되는 것이고 집행을 받을 자에게 집행권원을 송달하는 것이 집행개시요건이므로(법 39조 1항) 신청인 및 상대방에게 인도명령정본을 송달하여야 한다. 다만 상대방에게 송달할 정본을 신청인에게 교부하여 집행관으로 하여금 집행시에 상대방에게 송달하게 하여도 무방하다.

▶ **실무상 심문서 및 인도명령의 송달불능시 법원경매계의 업무처리방법**

심문서의 송달불능	• 점유자에 대한 심문서가 송달불능시 ➡ 발송송달
인도명령의 송달불능	• 채무자 및 소유자, 점유자에 대한 인도명령이 송달불능시 ➡ 이사불명 · 수취인불명의 경우 : 공시송달 ➡ 이 외의 사유(수취인부재 · 폐문부재 등) : 발송송달

(6) 인도명령의 효력발생시기와 집행정지의 효력이 있는 지의 여부

인도명령은 이른바 확정되어야 효력이 생기는 재판으로는 규정되어 있지 않으므로 **송달**만으로 즉시 효력(집행력)이 생기며, 즉시항고가 제기되더라도 집행정지의 효력이 생기지 않는다(법 15조 6항).

8. 인도명령의 집행

(1) 인도명령의 집행방법과 집행자

인도명령의 상대방(피신청인)이 인도명령에 응하지 않을 때에는 신청인은 집행관에게 그 집행을 위임하여 집행관으로 하여금 인도집행(법 258조)을 하도록 한다(법 136조 6항). 즉 인도명령의 발령은 법원경매계에서 받고, 인도집행의 신청은 별도로 집행관 사무실에다 신청해야 하는 것이다.

(2) 인도명령의 집행에 집행문이 필요한지의 여부

인도명령의 집행에 있어서 집행문의 필요 여부에 대하여 견해가 갈리나 인도명령은 항고로만 불복할 수 있는 재판으로서 법 56조 1호의 집행권원에 해당하는데, 우리 집행법체계상 집행권원 중에 집행문이 필요 없는 때에는 따로 그러한 취지를 규정한 것에 비추어 보면(예 법 58조 1항, 소액심판법 5조의8 1항), 인도명령에 대하여는 집행문이 필요없다고 하는 규정이 없으므로 집행문이 필요하다고 할 것이다.

※ 서울중앙지방법원 경매계 실무는 2007년 말까지는 송달증명만으로 인도명령을 집행하였으나 2008년 상반기부터는 송달증명 외에 집행문도 부여하여 인도명령을 집행하게 하고 있다.

(3) 인도명령의 집행에 확정증명이 필요한지의 여부

인도명령은 확정하지 않으면 효력이 없는 재판에 해당하지 않으므로 확정사실의 증명, 즉 확정증명이 필요가 없음은 물론이다.

(4) 승계집행문을 부여받아 집행해야 하는 경우

인도명령이 발하여진 뒤에 승계관계가 발생하였을 경우(㉔ 인도명령의 발령 후에 신청인 또는 상대방에 관하여 사망 등의 사유로 일반승계사유가 생긴 경우, 상대방의 점유가 다른 사람에게 승계된 경우), 즉 당사자의 승계가 있어 인도명령의 효력이 그 자에게 미칠 경우에는 승계집행문을 부여 받아 집행할 수 있다는 것은 이미 앞에서 설명한 바와 같다.

9. 인도명령에 대한 불복방법 등

(1) 인도명령의 신청에 관한 재판에 대한 불복

① 인도명령신청의 재판에 대한 불복방법은 즉시항고이다.

인도명령신청에 관한 결정에 대하여는 **즉시항고**를 할 수 있다(법 136조 5항). 법 136조 5항은 집행절차 내에서 불복방법으로서 인도명령 및 신청기각결정 양쪽에 대하여 즉시항고에 의한 불복이 가능함을 규정하고 있다. 부동산인도명령에 기한 집행이 종료된 경우에는 항고의 이익이 없게 된다(대결 2005마950).

② 인도명령에 대한 불복사유

인도명령에 대한 불복사유는 ㉠ 인도명령의 발령시에 판단하여야 할 절차적 · 실체적 사항(㉔ 신청인의 자격, 상대방의 범위 및 신청기한 등), ㉡ 인도명령 심리절차의 하자, ㉢ 인도명령 자체의 형식적 하자(㉔ 인도목적물의 불특정, 상대방의 불특정 등), ㉣ 인도명령의 상대방이 매수인에 대하여 부동산의 인도를 거부할 수 있는 점유권원의 존재(㉔ 매수인이 상대방에게 부동산을 양도하였거나 임대한 경우 등)에 한정된다.

따라서 경매절차 자체에 존재하는 하자는 매각대금지급 전에 허용되는 불복신청방법(㉔ 매각허가결정에 대한 이의, 매각허가결정에 대한 즉시항고 등)에 의할 것이며 이러한 하자로써 인도명령에 대하여 불복할 수는 없다.

③ 확정된 인도명령과 인도명령의 상대방이 아닌 제3자가 인도집행을 받은 경우의 불복방법

확정된 인도명령에 대하여는 인도명령의 상대방은 청구에 관한 이의의 소(법 44조)

를, 인도명령의 상대방이 아닌 제3자가 인도집행을 받게 되는 때에는 제3자 이의의 소(법 48조)를 제기할 수 있다.

④ **민사집행법상의 즉시항고에 관한 규정의 준용**

인도명령은 집행절차에 부수하여 매수인(낙찰자)으로 하여금 간이한 방법으로 부동산을 인도받을 수 있도록 하는 제도이므로 민사집행법상의 즉시항고에 관한 규정이 준용된다.

- **인도명령의 결정에 대하여 불복하려면 1주일 내에 항고장을 제출해야 한다.**
  인도명령의 상대방은 재판고지일부터 1주일 내에 즉시항고장을 원심법원(법원경매계)에 제출하여야 하고, 항고장에 항고이유를 적지 않은 때에는 항고장 접수일부터 10일안에 항고이유서를 제출하여야 하며(법 15조 2항), 항고이유는 대법원규칙이 정하는 바에 따라 적어야 한다(동조 4항). 항고장에는 2,000원의 인지를 붙인다.
- **즉시항고의 각하사유**
  항고인이 항고이유서를 제출하지 않거나 항고이유의 기재가 규정(법 15조 4항)에 위반한 때, 항고가 부적법하고 이를 보정할 수 없음이 분명한 때에는 원심법원은 결정으로 그 즉시항고를 각하하게 된다(법 15조 5항). 그 밖에 항고제기방식에 관한 사항은 매각허가결정에 대한 즉시항고와 같다.

⑤ **즉시항고 중에 인도집행이 종료된 경우에도 즉시항고의 이익이 있는지의 여부**

부동산인도명령에 대한 즉시항고를 제기하였으나 즉시항고 사건이 계속 중에 있을 때 부동산인도명령에 기하여 인도집행이 **종료**된 경우에 상대방의 즉시항고는 불복의 대상을 잃게 되므로 더 이상 항고를 유지할 이익이 없게 된다(대결 2007마151).

※ 위 판례(대결 2007마151)의 요지

부동산임의경매절차에서 이 사건 부동산을 매수한 재항고인(낙찰자)은 2006. 9. 1. 그 매각대금을 완납한 다음 상대방을 상대로 부동산인도명령 신청을 하여 2006. 10. 25. 그 명령을 발령받은 사실, 이에 대하여 상대방은 2006. 11. 9. 위 부동산인도명령에 대한 즉시항고를 제기하였으나 그에 대한 강제집행정지 신청은 하지 않아, 재항고인(낙찰자)은 2006. 11. 22. 위 부동산인도명령에 기하여 이 사건 부동산에 대한 인도집행을 마쳐버린 사실 등을 알 수 있는바, 이와 같이 이 사건 부동산에 관하여 위 부동산인도명령에 기한 집행이 이미 종료된 것인 이상 상대방의 이 사건 항고는 불복의 대상을 잃게 되므로 더 이상 항고를 유지할 이익이 없게 되었다고 할 것이다.

[인도명령에 대한 즉시항고장의 예]

즉 시 항 고 장

(인지 2,000원)

항고인(피신청인)　　○ ○ ○
서울 관악구 봉천동 462 현대아파트 201동 403호
피항고인(신청인)　　○ ○ ○
서울 서초구 반포동 1707 동신빌딩 203호

위 당사자 사이의 서울중앙지방법원 2009타기2019호 매각(경락)부동산 인도명령에 대하여 항고인은 불복이므로 즉시항고를 제기합니다.

원재판의 표시

1. 피신청인은 신청인에게 별지목록 기재 부동산을 인도하라.

항 고 취 지

원 결정을 취소하고 다시 상당한 재판을 구합니다.

항 고 이 유

- 항고이유를 구체적으로 기재-

따라서 항고인은 신청인으로부터 인도명령을 받을 아무런 이유가 없으므로 이에 불복하여 항고하오니, 즉시항고에 대한 결정이 있을 때까지 원심재판의 집행을 정지하여 주시기 바랍니다.

입 증 방 법

1. 갑제1호증　　전세계약서
2. 갑제2호증　　주민등록초본

첨 부 서 류

1. 위 입증방법 각 1통
2. 항고장부본 1통
3. 송달료납부서 1통
4. 위임장 1통

2009. 10. 28.

항고인(피신청인) ○ ○ ○ (인)

서울중앙지방법원 민사집행과 경매10계

(2) 인도명령의 집행에 대한 불복

인도명령의 경매절차상 어떠한 위법이 있는 경우에는 집행에 관한 이의(법 16조)를 할 수 있다.

즉 인도명령의 집행자체에 존재하는 위법에 대하여는 집행에 관한 이의에 의하여 다툴 수 있다.

(3) 인도명령에 대한 즉시항고시 집행정지를 시키기 위한 방법

상대방이 인도명령에 대하여 즉시항고를 제기한 경우에, 즉시항고는 집행정지의 효력을 가지지 않으므로(법 15조 6항) 법 15조 6항의 **집행정지명령**(항고법원 외에 경매기록이 경매계에 있을 때에는 경매계에서 집행정지명령이 가능)을 받아 이를 집행관에게 제출하여 그 집행을 정지할 수 있고, 인도명령집행에 관하여 청구이의의 소나 제3자이의의 소를 제기한 경우에는 법 46조의 **잠정처분**을 받아 이를 집행관에게 제출하여 그 집행을 정지할 수 있다(법 46조, 48조).

☞ 결국 인도명령에 대한 즉시항고는 집행정지의 효력을 가지지 않으므로 인도명령이 일단 발령되기만 하면 인도명령의 확정을 기다리지 않고도 집행에 착수할 수 있게 되는데, 즉시항고를 제기하여도 그 집행을 저지할 수 없다면 인도명령 결과의 중대성에 비추어 볼 때 심히 부당한 결과가 초래될 수 있으므로 인도명령의 상대방은 위와 같은 조치를 취하여 집행을 정지시킬 수 있는 것이다.

10. 부동산인도명령과 관련한 경매실무의 주요문제

(1) 임차인에 대한 인도명령의 신청과 권리분석

1) 임차인의 대항력과 우선변제권

① 임대차보호법상의 대항력의 의미는?

주보법상의 대항요건을 구비한 임차인의 임차권의 대항력은 주택인도 및 주민등록(전입신고)을 마친 다음날부터 발생한다(주보법 3조 1항). 상보법상의 대항요건을 구비한 임차인의 임차권의 대항력은 상가건물의 인도 및 사업자등록신청을 마친 다음날부터 발생한다(상보법 3조 1항). 임대차보호법상의 대항력은 임대인의 지위가 승계된다는 의미이다. 임대인 지위의 승계는 법률상의 당연승계이므로 양도인이나 양수인에 의한 양도사실의 통지 혹은 임차인의 승낙 등은 불필요하며, 양수인의 권리취득의 원인도 매매 등의 법률행위이든 상속 · 경매 · 체납처분에 의한 공매 등의 법률의 규정에 의한 경우이든 상관없이 모두 포함된다.

② 임대인의 지위의 승계시 임대차보증금반환채무도 소멸되는지?

위와 같은 임대인의 지위의 승계가 있을 경우에 임대차보증금반환채무도 부동산의 소유권과 결합하여 일체로서 이전하는 것이며, 이에 따라 양도인(종전의 임대인)의 보증금반환채무는 **소멸**한다는 것이 판례(대판 86다카1114 등)의 태도이다.

③ 우선변제권

우선변제권이 인정되기 위해서는 먼저 임차인이 임대차보호법에서 요구하는 인도와 주민등록(주택임차인) 또는 사업자등록(상가건물임차인)이라는 대항요건을 구비한 다음 임대차계약증서에 확정일자를 받게 되면 우선변제권을 가지게 된다(주보법 3조의 2 · 8조, 상보법 5조 · 14조). 다만 소액임차인의 경우에는 임차보증금 중 일정액에 대하여는 확정일자 없이도 우선변제권을 가지게 된다.

④ 대항력과 우선변제권의 관계

임차인이 대항력과 우선변제권을 동시에 가지고 있을 때 임차인은 두 가지 권리 중 하나를 선택하여 행사할 수 있다(대판 93다39676 등).

⑤ 임차인이 매수인(낙찰자)에게 대항이 가능한 경우

말소기준권리보다 앞서서 대항력을 취득한 임차인은 매수인에게 대항할 수 있다. 즉 임차주택(상가건물)에 저당권, 가압류, 압류, 담보가등기, 경매개시결정 기입등기 중 가장 빠른 등기가 완료된 시점을 기준으로 그 전까지 대항력을 구비한 경우 매수인에게 대항할 수 있다. 다시 요약하면 임차인이 대항력을 갖춘 시점이 말소기준권리보다 앞서는 경우 그 임차인은 매수인에게 대항할 수 있다는 것이다.

2) 토지에 관한 근저당권설정(별도등기) 후 건물이 신축되고 건물의 근저당권에 기하여 매각(낙찰)되었을 때 건물의 근저당권보다 대항력이 빠른 건물임차인은 매수인에게 대항할 수 있는지의 여부

① 문제된 사례

토지에 2007. 9. 3. 甲을 근저당권자로 하는 별도등기가 완료된 후 위 지상에 집합**건물**이 신축되었다. 이후 乙이 2008. 12. 30. 위 건물 502호에 임차인으로서 주택을 인도받고 주민등록 전입신고를 마쳤으며, 위 집합건물 전부에 관하여 2009. 3. 16. 소유권보존등기(대지권등기 포함)가 완료되었고, 같은 날 丙 명의의 근저당권설정등기가 완료된 후 집합건물이 임의경매로 넘겨져 502호는 매수인(낙찰자) 丁이 낙찰을 받아 매각대금을 완납하였다. 이 경우 매수인 丁이 주택임차인 乙에 대하여 인도명령신청을 하려고 하는데 인도명령이 발령될 수 있는지가 문제된다.

토지 : 07.9.3. 별도등기(근저당권 甲) ➡ 건물의 신축 ➡ 08.12.30. 乙(502호 임차인)의 대항력 취득 ➡ 09.3.16. 소유권보존등기 완료 + 건물의 근저당권(丙) ➡ 임의경매로 낙찰(매수인 丁) ➡ 매각대금의 납부 ➡ 인도명령의 신청

② 사례의 해결

- **임차인의 건물의 매수인(낙찰자)에 대한 대항가능 여부의 기준**

  임차인이 건물의 매수인에게 대항할 수 있는지 여부는 토지에 대하여 선순위 근저당권자가 있는지 여부와 관계없이 **건물**만을 기준으로 판단하여야 한다.

  따라서 토지에 대하여 1순위 근저당권이 설정되고, 그 후 임차인이 대항력을 갖춘 다음 건물에 1순위 근저당권이 설정된 경우 건물의 매수인에게 대항할 수 있는 지의 여부는 건물만을 기준으로 하므로 이 경우의 임차인은 **건물의 매수인**에게 대항할 수 있다.

- **결론(건물임차인의 대항력이 인정됨)**

  위 사례와 같이 건물에 관하여 근저당권이 설정되지 않은 상태에서 입주 및 주민등록의 대항요건을 마친 건물임차인은 건물매수인에 대하여 임대차보증금을 전액 반환받을 때까지는 임차주택을 비워주지 않아도 된다. 이러한 법리는 근저당

권이 설정된 대지에 건물이 건축된 후 대지의 근저당권자가 지상 건물에 대하여 일괄경매를 청구한 경우에도 동일하다.

마찬가지로 건물의 일부를 목적으로 하는 전세권은 그 목적물인 건물 부분에 한하여 그 효력을 미치므로 건물 중 일부(예 2층 부분)를 목적으로 하는 전세권이 임차인이 대항력을 취득하기 이전에 설정되었다가 매각으로 인하여 소멸하였다고 하더라도, 임차인의 임차권이 전세권의 목적물로 되어 있지 않은 주택 부분(예 1층의 일부)을 그 목적물로 하고 있었던 이상 매각으로 인하여 소멸한다고 볼 수는 없다.

3) 매수인이 대항력 있는 임차인을 상대로 한 인도명령신청의 경우 법원경매계의 업무처리

① 대항력 있는 임차인이 매수인(낙찰자)의 인도명령신청에 대하여 임차주택의 인도를 거절할 수 있는 시기와 범위는?

말소기준권리보다 앞서 대항력이 있는 임차인은 임차보증금 상당의 배당금을 전액 지급받을 수 있을 때(즉 임차인에 대한 배당표가 확정될 때)까지 매수인(낙찰자)의 임차주택에 대한 인도청구를 거부할 수 있다.

임대차보호법상의 대항력과 우선변제권을 모두 가지고 있는 임차인이 **우선변제권**을 선택하여 임차주택에 대하여 진행되고 있는 경매절차에서 보증금에 대하여 배당요구를 하였다고 하더라도, 순위에 따른 배당이 실시될 경우 보증금 전액을 배당받을 수 없는 때에는 보증금 중 경매절차에서 배당받을 수 있는 금액을 공제한 **잔액**에 관하여 매수인에게 대항하여 이를 반환받을 때까지 임대차관계의 존속을 주장할 수 있고, 보증금 전액을 배당받을 수 있는 때에는 매수인에게 대항하여 보증금을 반환받을 때까지 임대차관계의 존속을 주장할 수는 없다고 하더라도 다른 특별한 사정이 없는 한 임차인이 경매절차에서 보증금 상당의 배당금을 지급받을 수 있는 때, 즉 **임차인에 대한 배당표가 확정될 때까지**는 매수인에 대하여 임차주택의 명도를 거절할 수 있다(대판 97다11195).

② 법원경매계의 업무처리

법원경매계에서는 대항력이 있는 임차인일지라도 배당기일에 임차보증금 전액을 배당받고, 배당이의가 없어 **배당표가 확정**되면 임차인이 그 배당금을 지급받았는지 여부와 관계없이 인도명령의 발령이 가능하다. 그러나 다음과 같은 경우에는 인도명령의 발령이 불가능하다.

- 대항력이 있는 임차인이 임차보증금의 **일부**만 배당받은 경우

- 임차보증금 전액을 배당(배당표상에 보증금 전액을 배당받는 것으로 되어 있는 경우) 받았다고 하여도 다른 채권자의 **배당이의** 등으로 배당표가 확정되지 않은 경우

4) 대항력과 우선변제권을 가진 임차인이 보증금 전액을 배당을 받을 수 있게 배당표가 작성된 후 배당기일에 다른 채권자의 배당이의가 있는 경우 그 배당표가 확정될 때까지 임차인이 주택(상가건물)의 점유로 인한 부당이득의무를 매수인에게 부담하는지의 여부

① 문제된 사례

대항력과 우선변제권을 모두 가지고 있는 임차인 甲이 경매계에 배당요구를 하여 임차보증금 전액을 배당받는 것으로 배당표가 작성되었으나, 다른 채권자 乙의 **배당이의**로 배당표의 확정이 저지되어 배당액을 출급할 수 없게 되었다. 이에 임차인 甲은 매수인(낙찰자) 丙에 대한 임차주택의 명도를 거절하고 임차주택 전부를 계속하여 사용 · 수익하는 경우, 매수인 丙에 대하여 임차주택의 사용 · 수익으로 인한 **부당이득반환의무**를 지는지 여부가 문제된다.

② 사례의 해결

이에 대하여 판례(대판 2003다23885)는 "주택임대차보호법상의 대항력과 우선변제권의 두 권리를 겸유하고 있는 임차인이 우선변제권을 선택하여 임차주택에 대하여 진행되고 있는 경매절차에서 보증금에 대한 배당요구를 하여 보증금 전액을 배당받을 수 있는 경우에는, 특별한 사정이 없는 한 임차인이 그 배당금을 지급받을 수 있는 때, 즉 임차인에 대한 배당표가 확정될 때까지는 임차권이 소멸하지 않는다고 해석함이 상당하다 할 것이므로, 매수인이 매각대금을 납부하여 임차주택에 대한 소유권을 취득한 이후에 임차인이 임차주택을 계속 점유하여 사용 · 수익하였다고 하더라도 임차인에 대한 **배당표가 확정될 때까지**의 사용 · 수익은 소멸하지 아니한 임차권에 기한 것이어서 매수인에 대한 관계에서 부당이득이 성립되지 아니한다." 고 판시하고 있다.
구체적으로 더 살펴보면 다음과 같다.

③ 배당표가 확정될 때까지 임차인의 매각부동산에 대한 사용 · 수익이 매수인에 대하여 부당이득이 성립되는 지의 여부

- **원칙적으로 부당이득이 성립되지 않는다.**

  임차인이 그 배당금을 지급받을 수 있는 때(즉 임차인에 대한 배당표가 확정될 때)까지는 임차권은 소멸하지 않고 매수인이 종전 임대인의 지위를 그대로 승계하게 되며 종전의 적법한 임대차관계가 그대로 유지된다. 즉 주보법 3조의 5(상보법 8조) 단서 규정에 따라 임차인이 그 배당금을 현실적으로 수령할 수 있는 상태,

즉 배당표가 확정될 때까지는 종전 임차권이 그대로 유지되므로 그때까지 임차인의 사용 · 수익은 매수인에 대한 관계에서 부당이득이 성립하지 않는다.

- **보증금 이외에 월차임의 약정이 없는 경우(보증금만 있는 임대차)의 부당이득의 성립 여부**
  보증금 이외에 월차임의 약정이 없는 경우에 임차인은 명도를 거절할 수 있음은 물론 차임 상당의 부당이득반환의무도 성립하지 않는다.

우계짐님 질문요?

❶ 만일 매수인(낙찰자)이 낙찰 받은 부동산을 제3자에게 급히 처분해야 하는데도 매수인은 배당이의소송 종결 후 배당표가 확정될 때까지 기다리는 것 이외에는 임차주택을 명도 받고 임차인을 내보낼 방법이 없는 가요?

방법은 있습니다. 먼저 임차인이 배당이의소송에서 승소할 가능성이 분명하다면, 임차인이 승소 후 배당받을 보증금 상당액을 대위변제, 즉 매수인이 대신 보증금을 임차인에게 지급한 다음, 임차인으로부터 임차주택을 명도받고 배당표가 확정된 때에 그 배당금을 임차인에 대한 변제자 대위로써 수령하는 방법(배당금출급에 관한 위임장과 인감증명 등이 필요)이 그것입니다.

❷ 만일 배당이의소송에서 임차인이 승소할 경우, 그 동안 다른 채권자의 배당이의소송으로 인하여 배당표의 확정이 늦어지는 관계로 소송기간 만큼 낙찰 받은 부동산을 명도받지 못함에 따라 매수인(낙찰자)이 입게 되는 손해를 보상받는 방법은 없는가요?

간단히 말씀드리면 배당이의를 한 채권자를 상대로 손해배상을 청구할 수 있습니다.

- **보증금 이외에 월차임의 약정이 있는 경우(보증금 + 월세가 있는 임대차)의 부당이득의 성립 여부**
  종전의 임대차관계가 그대로 유지됨에 따라 임차인은 매수인에게 매각대금 지급기일 이후 배당표 확정시까지 **차임을 지급**하여야 한다. 이 때 차임지급의무의 법적 성질은 부당이득이 아니다.

④ 임차인에 대한 배당표가 확정되어 임차인이 보증금을 배당받은 후 낙찰 받은 부동산에 대한 사용 · 수익이 매수인(낙찰자)에 대하여 부당이득이 성립되는 지의 여부

구 분	내 용
임차인이 보증금 전부를 배당받은 경우	임차인이 배당표가 확정되어 보증금 전부를 배당받았음에도 이후 매각부동산에 대한 사용 · 수익을 계속한 경우에는 매수인에 대하여 차임 상당의 **부당이득 반환의무**를 부담하게 된다.
임차인이 보증금 중 **일부**만 배당받은 경우	임차인이 배당표가 확정된 후 보증금 중 **일부**만 배당받은 경우에는 배당받지 못한 보증금에 상응하는 부분에 관하여 임대차가 계속하여 존속하는 것이므로 임차인의 사용 · 수익을 부당이득이라고 할 수 없지만, **배당받은 부분**에 관하여는 임차인이 사용 · 수익하는 만큼 임료 상당의 부당이득을 하고 있는 것이므로 임차인이 이를 반환하여야 한다. ☞ 대항력과 우선변제권을 모두 가지고 있는 임차인이 배당요구를 하였으나 보증금의 **일부**만 배당받은 경우에는 그 잔액에 대하여 매수인(낙찰자)에게 동시이행의 항변을 할 수 있으므로 임차인이 위의 일부 배당금을 지급받을 때에는 매수인의 명도확인서가 **불필요**하다.

⑤ 임차인의 배당요구와 부당이득의 성립 여부에 대한 결론

대항력과 우선변제권을 모두 가지고 있는 임차인이 우선변제권을 선택하여 법원경매계에 보증금에 대한 배당요구를 한 경우 부당이득의 성립 여부와 관련하여 다음의 두 가지로 결론을 낼 수 있다.

- **임차인에 대한 배당이의가 없어 배당표가 확정된 경우**

  임차인에 대한 배당이의가 제기됨이 없이 배당표가 확정되었다면, **배당받은 금액** 부분에 대하여는 매수인(낙찰자)에게 대항하여 임대차관계의 존속을 주장할 수 없다(즉 배당을 못 받은 부분만 매수인에게 대항 가능). 따라서 보증금 중 **일부**만을 배당받은 후 임차목적물(낙찰 받은 부동산) **전부**를 계속하여 사용 · 수익하는 경우 배당받은 보증금에 해당하는 부분에 대한 임료상당의 **부당이득반환의무**를 매수인에게 지게 된다(대판 98다15545).

- **임차인에 대한 배당이의소송 제기의 결과 배당표확정시까지 배당받을 수 있었던 금액을 받지 못하고 있는 경우**

  배당기일에 채권자가 임차인의 배당금에 대하여 배당표에 대한 이의를 하고 배당이의소송을 제기한 바람에 임차인이 배당표가 확정될 때까지 배당받을 수 있었던 금액을 받지 못하고 있는 경우라면 그 배당금을 받을 수 있을 때, 즉 **배당표가 확정될 때까지**는 임차인의 매각부동산에 대한 사용 · 수익은 매수인에 대한 관계에서 부당이득이 성립하지 않는다.

5) 대항력과 우선변제권이 있는 임차인이 배당요구를 하였음에도 배당받지 못한 경우 매수인(낙찰자)에게 청구가 가능한지의 여부 및 그 금액의 범위

① 대항력과 우선변제권이 있는 임차인 甲이 법원경매계에 적법한 배당요구를 하였음에도 전액을 다 배당받지 못한 경우 甲은 나머지 잔액에 대하여 매수인 乙에게 대항하여 그 지급을 구할 수 있는지?(배당금 중 일부만 배당받은 경우)

- **판례의 입장**

대항력과 우선변제권을 겸유하고 있는 임차인이 배당요구를 하였으나 순위에 따른 배당이 실시되더라도 배당받을 수 없는 보증금 잔액이 있는 경우, 그 잔액에 대하여 매수인에게 동시이행의 항변을 할 수 있는지 여부에 대하여 판례(대판 96다53628)는, "주택임대차보호법상의 대항력과 우선변제권의 두 가지 권리를 인정하고 있는 취지가 보증금을 반환받을 수 있도록 보장하기 위한 데에 있는 점, 경매절차의 안정성, 경매 이해관계인들의 예측가능성 등을 아울러 고려하여 볼 때, 두 가지 권리를 겸유하고 있는 임차인이 먼저 우선변제권을 선택하여 임차주택에 대하여 진행되고 있는 경매절차에서 보증금 전액에 대하여 배당요구를 하였다고 하더라도, 그 순위에 따른 배당이 실시될 경우 보증금 전액을 배당받을 수 없었던 때에는 보증금 중 경매절차에서 **'배당받을 수 있었던 금액을 공제한 잔액'**에 관하여 매수인에게 대항하여 이를 반환받을 때까지 임대차관계의 존속을 주장할 수 있다고 봄이 상당하며, 이 경우 임차인의 배당요구에 의하여 임대차는 해지되어 종료되고, 다만 같은 법 4조 2항에 의하여 임차인이 보증금의 잔액을 반환받을 때까지 임대차관계가 존속하는 것으로 의제될 뿐이므로, 매수인은 같은 법 3조 2항에 의하여 임대차가 종료된 상태에서의 임대인의 지위를 승계한다."고 판시하였다.

- **해　결**

따라서 대항력과 우선변제권을 모두 가지고 있는 임차인 甲이 먼저 우선변제권을 선택하여 법원경매계에 보증금 전액에 대하여 배당요구를 하였더라도 그 순위에 따른 배당이 실시될 경우 보증금 전액을 배당받을 수 없었던 때에는 보증금 중 배당받을 수 있었던 금액을 공제한 잔액에 관하여 매수인 乙에게 대항하여 이를 반환받을 때까지 임대차관계의 존속을 주장할 수 있게 된다.

② 대항력과 우선변제권이 있는 임차인 甲이 보증금 중 일부를 배당받지 못한 경우 매수인 乙에게 대항할 수 있는 보증금 잔액의 범위

• **문제된 사례**

법원경매계에서 대항력과 우선변제권이 있는 임차인 甲이 배당요구한 보증금 전액 1억원 중 8,000만원을 배당해야 함에도 불구하고, 잘못하여 임차인에게 5,000만원만 지급하는 배당표를 작성하여 배당표가 확정된 경우(3,000만원 미배당), 임차인 甲은 자기가 실제로 배당받은 금액(5,000만원)을 공제한 잔액 5,000만원(1억원-5,000만원)의 지급을 매수인(낙찰자) 乙에게 구할 수 있는지, 아니면 정당하게 배당받을 수 있었던 금액(8,000만원)을 공제한 잔액 2,000만원(1억원－8,000만원)의 지급을 乙에게 구할 수 있는지가 문제된다.

• **판례의 입장**

대항력과 우선변제권을 겸유하고 있는 임차인이 보증금 전액을 배당받지 못한 경우 매수인에게 대항할 수 있는 보증금 잔액의 범위(= 보증금에서 올바른 배당순위에 따른 배당이 실시될 경우의 배당액을 공제한 나머지 금액)에 대하여 판례(대판 2000다30165)는, "주택임대차보호법상의 대항력과 우선변제권의 두 가지 권리를 겸유하고 있는 임차인이 먼저 우선변제권을 선택하여 임차주택에 대하여 진행되고 있는 경매절차에서 보증금 전액에 대하여 배당요구를 하였으나 그 순위에 따른 배당이 실시될 경우 보증금 전액을 배당받을 수 없었던 때에는 보증금 중 경매절차에서 배당받을 수 있었던 금액을 공제한 잔액에 관하여 매수인에게 대항하여 이를 반환받을 때까지 임대차관계의 존속을 주장할 수 있는바, 여기서 매수인에게 대항할 수 있는 보증금잔액은 보증금 중 경매절차에서 **올바른 배당순위에 따른 배당이 실시될 경우의 배당액을 공제한 나머지 금액**을 의미하는 것이지 임차인이 배당절차에서 현실로 배당받은 금액을 공제한 나머지 금액을 의미하는 것은 아니라 할 것이고, 따라서 임차인이 배당받을 수 있었던 금액이 현실로 배당받은 금액보다 많은 경우에는 임차인이 그 차액에 관하여는 과다 배당받은 후순위 배당채권자를 상대로 **부당이득의 반환**을 구하는 것은 별론으로 하고 매수인을 상대로 그 반환을 구할 수는 없다고 할 것이다."라고 판시하였다.

즉 임차인은 배당받지 못한 보증금을 매수인에게 대항할 수 있는데, 그 범위는 보증금에서 올바른 배당순위에 따른 배당이 실시될 경우에 배당받을 수 있는 금액을 공제한 것이다.

• **해 결**

결국 위 임차인 甲에 대하여 인도명령의 신청이 있는 경우 매수인(인도명령신청인)

乙로부터 보증금 1억원에서 "올바른 배당순위에 따른 배당이 실시될 경우의 배당액(8,000만원)을 공제한 나머지 금액(2,000만원 = 1억원 – 8,000만원)"을 지급받을 때까지 甲은 매각부동산을 점유할 권원이 있는 것이다.

또 임차인 甲이 임차목적물 전부를 계속하여 사용 · 수익하는 경우에는 甲에게 올바른 배당순위에 따른 배당이 실시될 경우의 배당액(8,000만원)에 상응하는 부분에 대한 임료상당의 **부당이득반환의무**를 매수인 甲에게 지게 됨은 물론이다.

☞ 다만 임차인이 임대차계약 종료 이후에도 동시이행의 항변권을 행사하는 방법으로 목적물의 반환을 거부하기 위하여 임차건물부분을 계속 점유하기는 하였으나 이를 **본래의 임대차계약상의 목적에 따라 사용 · 수익하지 아니하여 실질적인 이득을 얻은 바 없는 경우**에는 그로 인하여 임대인에게 손해가 발생하였다 하더라도 임차인의 부당이득반환의무는 성립되지 않는다(대판 2000다61398).

또한 임차인이 정당하게 배당받을 수 있었던 금액(8,000만원)이 현실로 배당받은 금액(5,000만원)보다 많은 경우에는 임차인은 그 차액(3,000만원 = 8,000만원 – 5,000만원)에 관하여는 과다 배당받은 후순위 배당채권자를 상대로 **부당이득의 반환**을 청구할 수 있다(대판 2000다30165).

6) 대항력 있는 임차인에게 잔여보증금을 지급한 매수인(낙찰자)이 전소유자(매각부동산의 채무자, 소유자)를 상대로 부당이득반환청구가 가능한지의 여부

① 문제된 사례

주보법상 대항력과 우선변제권이 있는 임차인 甲이 배당요구(임차보증금 8,000만원)를 하였으나 5,000만원만 배당받아 보증금 전액을 배당받을 수 없었을 경우에는 나머지 보증금 3,000만원에 대하여 매수인(낙찰자) 乙이 지급할 때까지 임대차의 존속을 주장할 수 있는데, 이런 경우 매수인 乙이 임차인에게 나머지 보증금 3,000만원을 지급하고 부동산을 명도 받았다면 지급한 보증금에 대하여 전소유자(매각부동산의 채무자, 소유자) 丙을 상대로 부당이득반환청구가 가능한지가 문제된다.

② 해 결

- 주보법상의 대항력을 갖춘 후 임대부동산의 소유권이 이전되어 양수인이 임대인의 지위를 승계하는 경우에는 임대차보증금반환채무도 부동산의 소유권과 결합하여 일체로서 이전하는 것이며, 이에 따라 양도인의 임차인에 대한 보증금반환채무는 소멸한다(대판 86다카1114, 대판 2005다33039 등).
- 신소유자(낙찰자 등)가 임차인에게 임차보증금을 반환하였다 하더라도 그것은 자기채무의 이행에 불과하므로 종전 임대인(구 소유자)에게 부당이득반환을 구할 수는 없다(대판 93다17324).

☞ 그 이유는 매수인(낙찰자)이 임차인에게 임차보증금 전액 또는 일부를 부담 내지 반환하였더라도 그것은 채무인수의 법률효과로 인하여 매수인이 **자기의 채무를 이행한 것일 뿐** 그로 인하여 원래의 임대인이 법률상 원인 없이 부당이득을 얻었다거나, 원래 임대인의 보증금반환채무를 매수인이 대위변제하였다거나, 또는 매수인에게 손해가 발생하였다고 볼 수 없기 때문이다.

- 대항력을 갖춘 임차인이 당해 주택을 양수(매매나 낙찰 등)한 때에도 임대인의 보증금반환채무는 소멸하고 양수인인 임차인이 임대인의 자신에 대한 보증금반환채무를 인수하게 되어, 결국 임차인의 보증금반환채권은 혼동으로 인하여 소멸하게 된다(대판 96다38216).
- 주보법 3조 1항의 대항요건을 갖춘 임차인의 임대차보증금반환채권에 대한 압류 및 전부명령이 확정된 후 소유자인 임대인이 당해 주택을 매도한 경우, 임대인이 전부금지급의무를 면한다(대판 2005다23773).

7) 명도확인서를 받지 못한 대항력 없는 임차인이 배당금을 수령할 때까지 매각부동산을 매수인에게 인도하지 않아도 부당이득반환의무가 발생하지 않는 것인지의 여부

① 문제된 사례

매수인이 매각대금을 납부하면 소유권을 취득하게 되므로 대항력 없는 점유자를 상대로 인도명령을 신청할 수 있고, 매각대금을 납부한 이후부터는 임차인이 점유한 부분의 명도완료시까지 임료 상당의 부당이득을 청구할 수 있다. 그런데 매수인(낙찰자)에게 대항력 없는 임차인이 배당을 받았으나 매수인으로부터 **명도확인서**를 받지 못하여 배당금을 수령하지 못하고 있는 동안에 매수인에 대하여 점유로 인한 **부당이득반환의무**가 발생하느냐의 문제가 있다.

② 해 결

결론부터 말하면 대항력 없는 임차인은 매수인으로부터 명도확인서를 받지 못하여 배당금을 수령하지 못하였다고 하더라도 매각대금의 납부 이후부터는 매수인에 대하여 점유·사용하는 부분에 대한 임료상당의 **부당이득반환의무**가 있다.

법원경매실무상 임차인이 배당표확정 후 배당금을 지급받기 위하여는 임대차계약서 원본, 주민등록등본(주택임차인), 등록사항 등 현황서 등본(상가건물임차인), 매수인(낙찰자)의 인감이 날인된 **명도확인서**, 매수인의 **인감증명서**를 같이 제출해야 한다. 소액임차인이나 전세권자의 경우에도 동일하다.

결론적으로 임차인이 급한 사정이 있는 경우를 제외하고 배당금을 수령하기 전까지는 이사를 가기 어려운 사정은 있지만, 대항력 없는 임차인은 매수인이 매각대금을 납부한 이후부터는 인도완료시까지 매수인에 대하여 점유 · 사용하는 부분에 대한 임료상당의 부당이득반환의무를 지게 된다.

8) 주택매입사업시행자 이외의 자가 부도공공건설임대주택을 낙찰 받은 경우 임차인에 대한 인도명령을 신청할 수 있는지와 부도임대주택의 임차인이 배당금을 지급받기 위하여 명도확인서를 제출해야 하는지 여부

① 문제된 사례

부도공공건설임대주택 임차인 보호를 위한 특별법(2007. 1. 19. 제정) 10조 4항은 주택매입사업시행자 외의 자가 부도임대주택을 매입한 경우에는 당해 부도임대주택의 임차인(임대주택법 19조를 위반하지 아니한 임차인으로 동일 임대주택에의 계속 거주를 희망하는 경우에 한함)에게 **3년**의 범위 이내에서 대통령령으로 정하는 기간 동안 종전에 임차인과 임대사업자가 약정한 임대조건으로 임대하여야 한다고 규정하고 있다. 따라서 위 법에서 규정하고 있는 부도임대주택을 낙찰 받은 매수인(낙찰자)이 임차인을 상대로 인도명령을 신청하여 집행할 수 있는지가 문제된다.

☞ **부도공공건설임대주택 임차인 보호를 위한 특별법의 제정 취지** : 부도공공건설임대주택 임차인 보호를 위한 특별법은 2005. 12. 13.당시 임대 중인 공공건설임대주택의 임대사업자가 부도가 났을 경우에 임차인의 지위가 불안정해 지는 것을 막기 위하여 제정된 것으로 일단 부도가 나면 임차인들이 국가가 지정한 주택매입사업시행자에게 그 주택의 매입을 요청하고 주택매입사업자는 그 주택을 매입하여 임차인에게 다시 그 주택을 임대하도록 되어 있다. 국가가 지정한 주택매입사업시행자가 아닌 일반 제3자(㉠ 낙찰자)의 경우에도 3년 동안은 의무적으로 임대하도록 되어 있다.

② 해 결

• **관련 규정(부도공공건설임대주택 임차인 보호를 위한 특별법)**

제10조(보금자리주택 등으로 공급 〈개정 2009.3.20〉)

① 주택매입사업시행자가 제5조의 규정에 따라 부도임대주택을 매입한 경우에는 보금자리주택 등으로 공급할 수 있다. 이 경우 보금자리주택 외의 주택으로 공급하는 주택은 임대주택법 제2조 제2호의 건설임대주택으로 본다.

② 제1항의 규정에 따라 보금자리주택 등으로 공급한 경우에는 부도 임대주택의 임차인에 대하여 주택공급에 관한 규칙에서 정하는 바에 따라 입주자로 우선 선정한다.

③ 제1항의 규정에 따라 보금자리주택 등으로 공급하는 경우의 입주자격, 임대조건 등에 관하여 필요한 사항은 대통령령으로 정한다.

④ 주택매입사업시행자 외의 자가 부도임대주택을 매입한 경우에는 당해 부도임대주택의 임차인(임대주택법 제19조를 위반하지 아니한 임차인으로 동일 임대주택에의 계속 거주를 희망하는 경우에 한한다)에게 3년의 범위 이내에서 대통령령으로 정하는 기간 동안 종전에 임차인과 임대사업자가 약정한 임대조건으로 임대하여야 한다.

- **제3자인 매수인(낙찰자)이 임차를 원하는 임차인을 상대로 하여 인도청구가 가능한지?**
  위 법 10조 4항의 규정만으로 당연히 임대차계약이 체결되었다고 볼 수는 없지만 매수인(낙찰자)은 같은 법에 따른 임대의무가 있으므로 임차인이 임차를 원한다면 아직 임대차계약이 체결되기 이전이라도 매수인은 임차인을 상대로 인도명령을 신청할 수 없다. 매수인의 임차인을 상대로 한 인도명령신청은 같은 법에서 규정한 임대의무에 반하는 것으로 신의칙상 허용될 수 없다.
  물론 영구적으로 인도명령신청을 할 수 없는 것은 아니고 임대조건 등에 관한 입장차이로 사실상 임대차계약을 체결하기 어려운 사정이 확실하다고 인정되는 경우라면 인도청구가 가능할 것이다.
- **부도임대주택의 임차인이 배당금을 지급받기 위하여 명도확인서를 제출해야 하는지?**
  부도임대주택의 임차인이 경매절차에서 배당을 받은 경우 그 배당금을 지급받기 위하여는 매수인(낙찰자)의 명도확인서를 제출해야 하는지가 문제된다. 임차인이 매수인과의 임대차계약을 원한다 해도 아직 임대차계약이 체결되지 않았다면 배당금을 지급받기 위하여는 매수인의 명도확인서를 제출해야 한다. 그러나 임차인과 매수인사이에 임대차계약이 **체결된 경우**라면 임차인은 매수인의 명도확인서를 제출하지 않아도 배당금을 지급받을 수 있다.

(2) 임차인이 배당금을 지급받기 위한 명도확인서의 필수적 제출문제

1) 임차인의 명도확인서 제출과 배당금의 지급

명도확인서란 금전채권으로 목적물의 인도와 동시이행관계를 주장할 수 있는 점유자가 자신의 채권을 배당절차에서 배당받아 배당표가 확정된 경우 그 권리(배당금의 출급)를 행사함에 있어 동시이행관계에 있는 의무(목적물인도의무)를 이행시켜 매각목적물(매각부동산)의 매각대금을 완납한 매수인의 권리를 용이하게 확보하여 주는데 그 목적이 있는 것이다.

임차인은 임차주택을 양수인(예 낙찰자 등)에게 인도하지 않으면 보증금을 수령할 수 없다(주보법 3조의 2 3항). 임대차계약이 종료된 경우 임대인의 임대차보증금의 반환채무와 임차인의 임차목적물의 인도채무는 동시이행관계에 있다(대판 87다카98. 대판 91다35823 등).

원칙적으로 경매절차에서 임차인이 배당금을 지급받기 위하여는 매수인(낙찰자)으로부터 **명도확인서**를 받아 제출하여야 하고, 명도확인서가 제출되지 않으면 법원경매계는 배당금을 임차인에게 지급하지 않고 **공탁**하게 된다.

판례 주택임대차보호법 제3조의2 제3항의 의미

임차인의 보호를 위한 주택임대차보호법의 취지에 비추어 볼 때 우선변제권이 있는 임차인은 임차주택의 가액으로부터 다른 채권자보다 우선하여 보증금을 변제받음과 동시에 임차목적물을 명도할 수 있는 권리가 있으며, 따라서 주택임대차보호법 제3조의2 제3항에서 임차인은 임차주택을 양수인에게 인도하지 아니하면 경매 또는 공매시 임차주택의 환가대금에서 보증금을 수령할 수 없다고 한 것은 경매 또는 공매절차에서 임차인이 보증금을 수령하기 위하여는 임차주택을 명도한 증명을 하여야 한다는 것을 의미하는 것이고, 임차인의 주택명도의무가 보증금반환의무보다 선이행되어야 하는 것은 아니다(대판 1994.2.22. 93다55241).

2) 전세권자 및 소액임차인의 경우 명도확인서의 필요 여부

① 전세권자는 배당금을 지급받기 위하여 명도확인서를 제출해야 하는지?

전세권설정등기는 매각대금의 납부 후 법원경매계장의 등기촉탁에 의하여 직권으로 말소되므로 이행제공여부에 대한 소명이 필요 없다는 견해가 있으나, 전세권말소 외에 목적물의 인도도 동시이행관계에 있으므로 임차인과 마찬가지로 매수인(낙찰자)의 명도확인서가 **필요**하다.

② 소액임차인은 배당금을 지급받기 위하여 명도확인서를 제출해야 하는지?

소액임차인의 경우에는 명도확인서가 필요 없다는 견해가 있으나 임차보증금의 반환은 임차목적물의 인도와 동시이행관계에 있으므로 임차권자의 의무이행 전에 배당금을 지급할 수는 없다. 따라서 소액임차인도 배당금을 지급받기 위하여는 명도확인서를 제출하여야 한다. 명도확인서가 제출되지 않았다면 임차물의 인도를 조건으로 배당액을 공탁하고 임차인이 목적물의 인도를 증명한 때에 배당금을 지급하게 된다(재민 84-10). 물론 임차인이 미리 목적물을 인도한 때에는 공탁함이 없이 바로 배당금을 지급할 수 있다.

※ 예규 [소액임차인에게 배당액을 교부하는 방법 여하]

임차보증금의 반환은 임차목적물의 인도와 동시이행관계에 있으므로 임차권자의 의무이행 전에 배당액을 지급할 수는 없고, 정지조건부 채권에 대한 배당액 교부 방법과 마찬가지로 임차물의 인도를 조건으로 배당액을 공탁하고 임차인이 목적물의 인도를 증명한 때에 이를 지급하도록 한다(임차인이 미리 목적물을 인도한 때에는 공탁함이 없이 바로 배당금을 지급할 수 있음은 물론임). [주택임대차보호법 제8조에 관한 질의회답(재민 84-10 : 문 10)]

3) 대항력 있는 임차권자가 일부만 배당받은 경우에도 명도확인서가 필요하는지 여부

① 일부 배당된 배당금을 지급 받기 위하여는 명도확인서가 불필요하다.

대항력과 우선변제권을 가지고 있는 임차인이 배당요구를 하였으나 보증금 8,000만원 전액을 배당받지 못하고 일부인 5,000만원만 배당받은 경우, 3,000만원의 잔액에 대하여 매수인(낙찰자)에게 동시이행의 항변을 할 수 있으므로 일부 배당된 배당금 5,000만원을 지급 받기 위하여는 매수인의 명도확인서가 불필요하다.

② 배당받은 부분은 매수인에게 부당이득으로 반환해야 한다.

위 ①에서 배당을 못 받은 보증금 3,000만원에 상응하는 부분에 관하여는 임대차가 존속하는 것이므로 임차인의 사용 · 수익을 부당이득이라고 할 수 없지만, 배당받은 5,000만원 부분에 관하여는 임차인이 사용 · 수익하는 만큼 임료 상당의 부당이득을 취하고 있는 것이므로 임차인이 매수인에게 반환해야 한다(대판 98다15545).

③ 임차인이 임대차 종료 후 임차건물을 계속 점유하였으나 본래 임대차계약상의 목적에 따라 사용 · 수익하지 않은 경우에도 부당이득반환의무가 있는지?

임차인이 임대차계약 종료 이후에도 동시이행의 항변권을 행사하는 방법으로 목적물의 반환을 거부하기 위하여 임차건물 부분을 계속 점유(예 임차건물을 사용 · 수익하지 않은 채 계속 문을 잠가둔 경우)하기는 하였으나 이를 본래의 임대차계약상의 목적에 따라 사용 · 수익하지 않아서 실질적인 이득을 얻은 바 없는 경우에는 그로 인하여 임대인에게 손해가 발생하였다 하더라도 임차인의 부당이득반환의무는 성립되지 않는다(대판 2002다59481 등). 따라서 위와 같은 경우에는 임차인이 임료 상당의 부당이득을 취하고 있는 것이 아니므로 매수인에게 반환할 필요가 없다.

☞ 부당이득반환의무가 성립하기 위하여는 점유로 인한 실질적인 이익이 있어야 한다. 여기서 말하는 실질적인 이익은 점유 그 자체로 인한 이득을 말하는 것이 아니라 점유 외에 사용 · 수익까지 동반하여야 비로소 이득을 얻는다고 보아야 한다.

4) 미등기주택의 임차인은 대지의 매각대금에서 우선변제를 받을 수 있는지의 여부

대항요건과 확정일자를 갖춘 임차인과 소액임차인은 임차주택과 그 대지가 함께 경매될 경우뿐만 아니라 임차주택과 별도로 그 **대지**만이 경매될 경우에도 그 대지의 매각대금(환가대금)에 대하여 우선변제권을 행사할 수 있다(대판 2004다26133).

판례 미등기 주택의 임차인이 임차주택 대지의 환가대금에 대하여 주택임대차보호법상 우선변제권을 행사할 수 있는지 여부(적극)

대항요건 및 확정일자를 갖춘 임차인과 소액임차인에게 우선변제권을 인정한 주택임대차보호법 제3조의2 및 제8조가 미등기 주택을 달리 취급하는 특별한 규정을 두고 있지 아니하므로 대항요건 및 확정일자를 갖춘 임차인과 소액임차인의 임차주택 대지에 대한 우선변제권에 관한 법리는 임차주택이 **미등기인 경우**에도 그대로 적용된다. 이와 달리 임차주택의 등기 여부에 따라 그 우선변제권의 인정 여부를 달리 해석하는 것은 합리적 이유나 근거 없이 그 적용대상을 축소하거나 제한하는 것이 되어 부당하고, 민법과 달리 임차권의 등기 없이도 대항력과 우선변제권을 인정하는 같은 법의 취지에 비추어 타당하지 아니하다. 다만 소액임차인의 우선변제권에 관한 같은 법 제8조 제1항이 그 후문에서 '이 경우 임차인은 주택에 대한 경매신청의 등기 전에' 대항요건을 갖추어야 한다고 규정하고 있으나, 이는 소액보증금을 배당받을 목적으로 배당절차에 임박하여 가장 임차인을 급조하는 등의 폐단을 방지하기 위하여 소액임차인의 대항요건의 구비시기를 제한하는 취지이지, 반드시 임차주택과 대지를 함께 경매하여 임차주택 자체에 경매신청의 등기가 되어야 한다거나 임차주택에 경매신청의 등기가 가능한 경우로 제한하는 취지는 아니라 할 것이다. 대지에 대한 경매신청의 등기 전에 위 대항요건을 갖추도록 하면 입법 취지를 충분히 달성할 수 있으므로 위 규정이 미등기 주택의 경우에 소액임차인의 대지에 관한 우선변제권을 배제하는 규정에 해당한다고 볼 수 없다(대판 2007.6.21. 2004다26133).

5) 대지만 매각(낙찰)되어 미등기주택의 임차인이 대지의 매각대금에서 배당을 받은 경우에 배당금 출급시 미등기주택 소유자의 건물명도확인서나 매수인(토지의 낙찰자)의 명도확인서가 필요한지 여부

① 주택(상가건물)임차인의 경우 임차보증금의 반환과 건물의 인도는 동시이행관계(주보법 3조의2 3항, 상보법 5조 3항)에 있으나 임차보증금의 반환과 건물부지(토지)의 인도와는 동시이행관계에 있지 않다. 물론 토지의 임대차라면 임차보증금의 반환과 토지의 인도와는 동시이행관계에 있게 된다.

경매절차에서 **미등기주택의 대지**만 매각(낙찰)된 경우 대지의 매각대금에서 배당받게 될 건물의 임차인은 매각대상토지와 전혀 관계없는(나아가 그 경매절차에서 아무런 지위도 갖고 있지 않음) 미등기건물소유자의 명도확인서를 제출할 필요가 없다. 즉 법원경매계로서는 매각대상 부동산인 **대지**에 관하여만 동시이행 여부를 따져야 하는 것이고, 경매절차와는 관계없는 미등기건물과의 동시이행관계까지 고려할 필요가 없다.

위와 같은 결론은 미등기건물의 임차인이 임차보증금을 대지의 매각대금에서 전액 배당받은 경우에도 동일하다. 따라서 임차인이 전액을 배당받고도 건물을 임의로 명도하지 않을 때에는 미등기건물의 소유자가 임차인을 상대로 별소(건물명도청구소송)로 명도청구를 해야 한다.

☞ 주보법 3조의2 3항(상보법 5조 3항 : 동시이행관계의 규정)의 규정은 건물이 매각(낙찰)되거나 건물과 그 건물부지가 같이 매각되는 경우에만 적용되는 것이고, **대지**만 매각되는 경우에는 그 적용이 없다.

② 미등기주택의 임차인은 대지의 점유자가 아니기 때문에 미등기주택의 임차인이 배당금을 지급받기 위하여 매수인(토지의 낙찰자)의 토지명도확인서도 불필요하다.

6) 임차권자가 보증금반환청구소송을 제기한 후 집행권원을 얻어 경매를 신청한 경우 및 배당금을 지급받기 위하여 명도확인서를 제출해야 하는지 여부

임차인이 임차주택에 대하여 보증금반환청구소송의 확정판결이나 그 밖에 이에 준하는 집행권원에 따라서 경매를 신청하는 경우에는 반대의무의 이행이나 이행의 제공을 집행개시의 요건으로 하지 않는다(주보법 3조의 2 1항, 상보법 5조 1항 참조). 따라서 임차권자가 **경매를 신청**할 때에는 임대인에게 건물을 명도하였다는 명도확인서를 첨부할 필요가 없다.

그러나 임차권자가 임대인을 상대로 보증금반환청구소송을 제기하여 그 집행권원으로 경매를 신청한 경우에 매각대금에서 **배당금을 지급**받기 위하여는 매수인의 명도확인서를 제출해야 하는지가 문제된다. 이 경우에 임차인이 배당금을 지급받기 위하여는 매수인의 명도확인서를 **제출**해야 한다.

☞ 결론적으로 임차권자가 **경매신청시**에는 명도확인서가 불필요하나, 임차주택이 낙찰되어 매각대금에서 **배당금을 수령할 때**에는 낙찰자의 명도확인서를 제출해야 한다.

7) 임차인이 배당금을 지급받으려고 하는데 매수인(낙찰자)이 명도확인서의 작성 · 교부를 거절할 경우 임차인의 대응법

경매계장을 담당하다보면, 임차인과 매수인의 감정대립 등으로 매수인이 명도확인서의 작성 · 교부를 거절하여 임차인이 조기에 배당금을 지급받지 못하는 사례가 간혹 발생한다. 특히 임차인이 급한 사정으로 배당금을 지급받기 전에 다른 곳으로 전출을 하고 매각부동산을 매수인에게 명도하였음에도 매수인이 협조를 안 해주어 배당금을 빨리 찾지 못한 경우도 있었다.

이런 경우에는 매수인의 명도확인서 제출 이외의 방법을 찾으면 된다. 즉 매각부동산이 매수인에게 명도된 점만 입증하면 되는 것이다. 예컨대, 통 · 반장의 거주사실확인서, 아파트의 경우 관리사무소의 확인서, 전출지의 주민등록등초본 등이다. 만일 위와 같은 입증이 어려울 경우에는 법원경매계에 사실조회신청을 하면 일정한 요건하에 법원경매계에서 임차인의 매수인에 대한 명도 여부에 대하여 관할경찰서에 사실조회를 보내기도 하나 실무상은 거의 없다.

제47강

부동산경매의 배당절차 ❶

배당절차의 개요, 배당요구, 계산서의 제출, 배당받을 채권자의 범위 등

〈강의 포인트〉

이번 강의부터는 법원경매계의 실질적인 마지막절차인 배당절차에 대하여 알아본다. 경매계장을 담당해보지 않고서는 그 누구라도 배당을 100% 이해할 수는 없는 일이고, 배당부분은 양도 방대하므로 매수인(낙찰자)이 상식적으로 알아야 될 부분, 배당의 일반원리를 요약하여 설명하기로 한다. 특히 매수인이 매각대금의 납부 후 대항력 없는 임차인을 상대로 한 인도명령의 신청시 경매계에서는 일단 심문서를 송달한 후 배당기일 이후에 인도명령을 발령하고 있으므로 매수인은 배당표를 참고하여 임차인에 대한 명도여부의 강약판단을 할 필요가 있을 것이다. 배당의 원리를 이해하는 것은 그 부동산에 대한 권리분석을 하는 것이 되고 지속적인 경매투자를 위하여 배당의 원리를 아는 것은 중요한 일이다.

경매계장을 담당하다보면 매각에 들어갈 물건의 최저매각가격은 높지 않는데, 배당요구하지 않은 최선순위 전세권이 있을 때 최선순위 전세권보다 배당순위가 빠른 조세권자(당해세)의 배당액이 얼마나 되는지를 두고 입찰희망자들이 많이 궁금해 하는 것을 종종 보았다.

배당절차의 양이 다소 방대하므로 몇 개의 파트로 나누어서 핵심적인 부분만을 설명하기로 한다.

1. 배당절차의 의미

법원경매계는 매수인(낙찰자)이 매각대금을 납부하면 배당절차를 밟아야 한다(법 145조 1항). 배당절차는 경매대상 부동산을 압류한 후 경매에 의하여 현금화하고 그 대금으로 채권자의 채권변제에 충당하는 절차이다. 다시 말하면 매각대금으로 각 채권자들을 만족시킬 수 없는 경우에 법률의 규정에 따라 배당받을 우선순위를 정하고 매각대금을 나누어주는 절차이다.

배당에 있어 항상 법률의 규정에 따라 우선순위를 정하여 배당할 필요는 없다. 즉 채권자가 1인뿐이거나 여러 사람의 경합이 있더라도 매각대금이 집행비용 및 각 채권자의 채권을 만족시키기에 충분한 경우에는 그 채권액을 교부하고 잔액을 채무자 · 소유자에게 잉여금으로 교부하면 되는 것이다. 그러나 배당에 참가한 모든 채권자를 만족하게 할 수 없는 때(즉 배당금이 부족한 경우)에는 민 · 상법 기타의 법률에 의한 우선순위에 따라 줄을 세워서 배당을 하게 되는 것이다(법 145조 2항).

법원경매계는 배당기일에 배당표에 대한 이의가 없으면 배당표를 확정하여 배당을 실시하고, 이의가 있으면 배당이의의 소로 배당액을 확정한 후 배당을 실시한다. 배당의 실시는 배당금을 지급하고 집행권원 · 채권증서를 교부받는 방법으로 하고, 필요한 경우에는 배당금을 공탁하거나 추가배당을 실시하게 된다.

※ 부동산배당절차의 개요

매각대금의 납부

↓

배당기일의 지정 · 통지 … • 매수인이 매각대금을 납부하면 배당기일을 지정(보통 3일 내)하고, 이해관계인과 배당요구채권자들에게 배당기일을 통지한다.

↓

채권계산서의 제출 … • 채무자, 소유자, 임차인 등을 제외하고는 배당기일통지서를 받은 날로부터 1주일 내에 채권계산서를 경매계에 제출하여야 한다.

↓

경매계장의 배당표 작성 · 교부 … • 경매계장이 작성한 배당표는 보통 배당기일 2~3일 전에 경매계에서 교부받을 수 있다. 실무상은 배당기일에 경매법정에 출석한 채권자에게 배당표를 교부하고 바로 배당절차를 진행하고 있다.

↓

배당기일의 실시 … • 배당의 실시는 배당금을 지급하고 집행권원 · 채권증서를 교부받는 방법으로 한다.

↓

배당표의 확정 (배당표에 대한 이의가 없는 경우) … • 법원경매계는 배당기일에 출석한 이해관계인과 배당요구채권자를 심문하여 의견을 듣고 배당표에 대한 이의가 없으면 배당표를 확정하고 배당을 실시한다.

↓

배당의 실시

↓

배당표의 불확정 (배당표에 대한 이의가 있는 경우) … • 배당표에 대한 이의가 있으면 바로 배당을 실시할 수 없고, 배당이의의 소로 배당액을 확정한 후 배당을 실시한다.
• 배당표에 대하여 이의를 한 사람은 반드시 1주일 내에 배당이의의 소 등의 소제기증명서를 경매계장에게 제출해야만 배당금이 지급되지 않고 공탁된다.

---

2. 배당요구

(1) 배당요구의 의미

배당요구란 경매신청채권자에 의하여 개시된 경매절차에 참가하여 그 매각대금(낙찰대금)에서 변제를 받으려는 집행법상의 행위이다.

(2) 배당요구채권자

1) 법원경매계에 배당요구종기까지 반드시 배당요구를 해야만 배당을 받을 수 있는 채권자(법 88조 1항)

- 집행력 있는 정본을 가진 채권자
- 경매개시결정이 등기된 후에 가압류를 한 채권자
- 민법 · 상법 기타의 법률에 의하여 우선변제청구권이 있는 채권자

① 집행력 있는 정본을 가진 채권자

집행력 있는 정본을 가진 채권자는 경매신청을 하든 배당요구를 하든 스스로 선택할 수 있다.

판결 · 화해 · 조정조서 등은 강제집행에 집행문을 부여 받아야 하지만, 확정된 지급명령 · 이행권고결정은 집행문이 없어도 된다. 또한 법원경매계에 배당요구를 할 때는 배당요구서에 반드시 집행력 있는 정본을 붙일 필요는 없고 그 사본을 붙이는 것도 허용된다.

② 경매개시결정이 등기된 후에 가압류를 한 채권자

경매개시결정등기 후에 경매대상 부동산에 대하여 가압류를 한 채권자를 말하며, 반드시 배당요구의 종기까지 배당요구를 해야만 배당받을 수 있다. 가압류채권자 중 첫 경매개시결정등기 전 · 후에 따라 배당요구에 다음과 같은 차이가 있다.

- **첫 경매개시결정등기 전에 가압류를 한 채권자**
  가압류채권자 중 첫 경매개시결정등기(현재 존속중인 경매사건 중 가장 먼저 경매개시결정등기된 사건을 뜻함)전에 가압류를 한 채권자는 배당요구를 하지 않더라도 당연히 배당받을 수 있다(법 148조 3호).
- **첫 경매개시결정등기 후에 가압류를 한 채권자**
  이와 달리, 첫 경매개시결정등기 후에 가압류를 한 채권자는 경매신청채권자에게 대항할 수 없고 법원경매계도 가압류사실을 알 수가 없으므로 반드시 배당요구의 종기까지 **배당요구**를 하여야만 배당받을 수 있다(법 88조 1항).

③ 민법 · 상법 그 밖의 법률에 의하여 우선변제청구권이 있는 채권자(등기여부에 따라 두 가지가 있음)

- **등기 없는 권리자로서 주택(상가건물)임차인의 임대차보증금채권, 임금채권, 조세채권 등** 반드시 배당요구종기까지 **배당요구**를 해야만 배당받을 수 있다.
- **등기 있는 권리자로서 경매기입등기 후에 저당권 · 전세권 · 임차권 등을 취득한 자**(즉 저당권, 전세권, 등기된 임차권 등 등기는 되었으나 그 등기가 첫 경매개시결정등기 후에 되었기 때문에 법 148조 4호에 따라 당연히 배당받을 수 있는 채권자에 해당되지 않는 채권자) 반드시 배당요구종기까지 **배당요구**를 해야만 배당받을 수 있다.

④ 조세 기타 공과금채권

압류(경매개시결정 전) 또는 교부청구(배당요구종기까지)를 해야만 배당받을 수 있다.

2) 별도의 배당요구를 하지 않아도 당연히 배당을 받는 채권자(배당요구가 있는 것으로 보는 경우)

- 배당요구의 종기까지 경매신청을 한 이중압류채권자(이중경매신청인)
- 첫 경매개시결정등기 전에 등기된 가압류채권자
- 저당권자 · 전세권자 · 조세채권자 기타의 우선변제청구권으로서 첫 경매개시결정 전에 등기되었고 매각으로 소멸하는 것을 가진 채권자

☞ 따라서 이러한 자들이 배당요구 및 채권계산서를 제출하지 않았더라도 당연히 배당요구를 한 것과 동일하게 취급되므로 이들을 배당에서 제외하여서는 안된다(판례).

① 이중경매신청인

선행사건의 배당요구의 종기까지 이중경매신청을 한 채권자는 별도의 배당요구를 하지 않아도 배당을 받는다(법 148조 1호).

② 첫 경매개시결정등기 전에 등기된 가압류채권자

첫 경매개시결정등기 전에 가압류집행을 한 채권자는 배당요구하지 않더라도 당연히 배당을 받게 되므로(법 148조 3호) 가압류채권자가 채권계산서를 제출하지 않았다하여 배당에서 제외하여서는 안된다(판례).

③ 첫 경매개시결정등기 전에 등기된 우선변제권자

㉠ 첫 경매개시결정등기 당시의 등기된 우선변제권자

- 우선변제청구권이 있는 채권자 중 첫 경매개시결정등기 전에 **등기**되었고 매각으로 소멸하는 것을 가진 채권자는 매각으로 인하여 각 그 권리가 소멸되는 대신 당연히 순위에 따라 배당받을 수 있다(법 148조 4호). 그런데 위의 등기된 우선변제권자 중 매각으로 소멸하는 것을 가진 채권자에는 배당요구가 없더라도 당연히 소멸하는 권리를 가진 채권자(㉔ 근저당권 등)와 배당요구를 하여야만 비로소 소멸하는 권리를 가진 채권자(㉔ 최선순위 전세권 등)가 있다.
- 첫 경매개시결정이 등기되기 전에 설정된 매각부동산 위의 권리 중 담보권(㉔ 근저당권 등)이나 말소기준권리보다 늦은 용익권(㉔ 지상권 · 지역권 · 전세권 · 등기된 임차권)은 매각(낙찰)으로 인하여 당연히 소멸(소멸주의, 법 91조 2항, 3항, 148조 4호)하는 대신, 법률상 당연히 배당요구한 것과 동일한 효력이 있으므로 별도의 배당요구가 없더라도 순위에 따라 배당받을 수 있다(판례).

☞ **최선순위 전세권** : 말소기준권리에 대항할 수 있는 최선순위의 용익권 중 전세권은 실체법상 존속기간이 지났는지에 관계없이 그 권리자가 배당요구를 하여야만 매각으로 소멸하므

로(법 91조 4항 단서) 이에 해당하는 권리는 비록 첫 경매개시결정등기 전에 등기되어 있더라도 배당요구가 필요하다.

ⓛ 첫 경매개시결정등기 전의 체납처분에 의한 압류권자

국가나 지방자치단체, 공공단체 등이 국세징수법상의 체납처분의 예에 의하여 징수할 수 있는 채권의 징수를 위하여 국세징수법 56조에 의하여 한 교부청구는 강제집행에 있어서의 배당요구와 같은 성질의 것인데(판례), 첫 경매개시결정등기의 전 · 후에 따라 다음과 같이 배당절차에 차이가 있다.

- **첫 경매개시결정 등기 전에 체납처분의 절차로서 압류등기가 되어 있는 경우**
  교부청구를 한 효력이 있으므로 별도의 배당요구가 없어도 배당받게 된다(판례).
- **첫 경매개시결정등기 후에 체납처분에 의한 압류등기가 된 경우**
  법원경매계에 배당요구의 종기까지 배당요구로서 **교부청구**를 하여야만 배당을 받을 수 있다(판례).

실 전 사 례

Q 甲은행이 乙소유 부동산에 대하여 임의경매를 신청하여 그 부동산에 대한 경매개시결정의 기입등기를 완료한 후 기입등기 이후에 국세의 체납처분으로 인한 압류등기가 완료되었다. 그런데 관할 세무서장이 배당요구의 종기까지 법원경매계에 국세에 대한 교부청구를 하지 않았을 경우 국세가 배당순위에 따라 당연히 배당을 받을 수 있는지?

A 위 사례는 경매개시결정기입등기 후 압류등기 한 국세채권은 별도의 교부청구가 없이도 법원경매계에서 배당을 해주는지를 물어보는 경우이다.

❶ 국세 등의 교부청구와 관련한 판례를 보면, "부동산에 관한 경매개시결정 기입등기 이전에 체납처분에 의한 압류등기 또는 국세징수법 제24조 제2항에 의한 보전압류의 등기가 마쳐져 있는 경우에는 경매법원으로서도 조세채권의 존재와 그의 내용을 알 수 있으나, 경매개시결정 기입등기 이후에야 체납처분에 의한 압류등기가 마쳐진 경우에는 조세채권자인 국가가 경매법원에 대하여 배당요구를 하여 오지 않는 이상 경매법원으로서는 위와 같은 조세채권이 존재하는지의 여부조차 알지 못하므로 경매개시결정 기입등기 이전에 체납처분에 의한 압류등기가 마쳐져 있는 경우와는 달리, 그 개시결정 기입등기 후에 체납처분에 의한 압류등기가 마쳐지게 된 경우에는 조세채권자인 국가로서는 집행법원에 배당요구의 종기까지 배당요구로서 **교부청구**를 하여야만 배당을 받을 수 있다."라고 판시하고 있다(대

판 99다22311, 대판 2000다21154).

❷ 따라서 위 사안의 경우에 관할세무서장이 甲은행이 신청한 임의경매 개시결정의 기입등기가 된 후 체납처분에 의한 압류를 하였으므로 반드시 배당요구의 종기까지 교부청구를 하지 않은 경우에는 국세채권일지라도 배당을 받을 수 없다. 법원경매계 실무에서도 위 판례의 취지대로 배당요구의 종기까지 조세채권자인 국가가 교부청구를 하지 않았다면 애당초 배당에서 제외시키고 있다.

(3) 배당요구의 방식 등

① 서면신청

배당요구는 채권(이자, 비용, 그 밖의 부대채권을 포함한다)의 원인과 액수를 적은 서면으로 하여야 하고, 말로 하는 배당요구는 인정되지 않는다(규칙 48조 1항).

② 배당요구서의 제출시기

배당요구서는 법원경매계가 정한 **배당요구의 종기**까지 제출되어야 한다.

③ 배당요구서에 적어야 할 사항

배당요구서에 적어야 할 사항은 채권의 원인 및 액수이다.

- **원금** : 배당요구서 제출 당시의 원금을 뜻한다.
- **이자** : 배당기일까지의 이자가 포함되나, 다만 배당기일이 정해지지 않아 정확한 액수를 계산할 수 없는 경우에는 이자율로 표시하여도 된다.
- **비용** : 매각대금에서 우선변제받을 집행비용뿐만 아니라 우선변제가 인정되지는 않지만 매각대금에서 변제받을 비용(예 이중압류채권자의 경매신청비용 등)을 말하며, 원칙으로 배당요구서를 제출할 당시의 금액을 적는다.
- **부대채권** : 지연손해배상채권, 소송비용액확정절차에 의하여 확정된 본안소송비용 등을 말한다.

④ 첨부서류(소명자료)

배당요구를 할 때는 배당요구서에 반드시 집행력 있는 정본을 붙일 필요는 없고, 집행력 있는 정본 또는 그 사본, 그 밖에 배당요구의 자격을 소명하는 서면을 붙이면 된다(규칙 48조 2항, 1항).

[배당요구신청서 예]

배당요구신청서

사　건	2009타경121　부동산강제경매
채권자	○○○
채무자	○○○
소유자	채무자와 같음
배당요구채권자	○○○(주민등록번호)
	주소 서울 광진구 자양동 226 가영빌라 1-203
	전화번호

청 구 채 권

청구금액 : 286,525,182 원

신 청 이 유

위 배당요구채권자는 서울중앙지방법원 2006차38973호 대여금 청구 사건의 집행력 있는 결정정본에 기한 채권을 가지고 있으므로 위 경매매득금에 관하여 배당요구를 합니다.

첨 부 서 면

1. 집행력 있는 결정정본 사본　　　　　　1통

2009. 10. 26.

위 배당요구채권자　○○○　(인)

서울중앙지방법원 민사집행과 경매10계

[권리신고 및 배당요구신청서 예]

권리신고 및 배당요구신청서

사 건	2008타경23050 부동산임의경매
채권자	○○○
채무자	○○○
소유자	채무자와 같음
권리신고 및	○○○(주민등록번호)
배당요구채권자	주 소
	전화번호

위 당사자간 귀원 2008타경23050 부동산임의경매 사건에 대하여 가압류권자 한국자산관리공사는 집행력 있는 판결정본에 의하여 다음과 같이 배당요구 합니다.

다 음

1. 원금 : 3,667,681 원
2. 이자 : 7,117,618 원
3. 비용기타 부대채권 : 원

합 계 : 10,785,299 원

- 가압류사건번호 : 서울중앙지방법원 2005카단127051 부동산가압류
- 판결문사건번호 : 서울중앙지방법원 99가소146259 양수금

(제일은행 양도채권으로 이상 동일채권임)

첨 부 서 면

1. 판결사본 1부
2. 원리금계산서 1부

2009. 9. 2.

위 배당요구권자 ○○○ 한국자산관리공사

서울시 강남구 역삼동 814

서울중앙지방법원 민사집행과 경매10계

(4) 배당요구를 할 수 있는 시기와 종기

① 배당요구의 시기

배당요구할 수 있는 시기에 관하여는 특별한 규정이 없으나 압류의 효력발생시(채무자에 대한 경매개시결정 송달시와 경매개시결정기입등기시 중 먼저 도래한 때) 이후라 할 것이다. 다만 경매개시결정 후 압류효력발생 전에 배당요구가 있으면 압류효력발생시에 배당요구의 효력이 발생한다 할 것이다.

② 배당요구의 종기

배당요구의 종기는 첫 매각기일 이전으로서 법원경매계가 정한 때이다(법 84조 1항).

(5) 배당요구할 수 있는 채권

① 집행채무자(경매채무자)에 대한 채권일 것

배당요구는 채무자의 총재산으로부터 변제를 받고자 하는 의사표시이므로 매각부동산이 집행채무자의 소유에 속하여야 한다. 따라서 매각부동산의 전소유자에 대한 채권으로는 배당요구할 수 없다.

집행채무자에 대한 채권이라 할지라도 경매절차진행 중에 제3자에게 양도되어 소유권이전등기가 된 때에는 그 처분이 경매신청채권자와의 관계에 있어서는 효력이 없으나 그 외의 자에 대하여는 유효하므로 양수인 명의로 이전등기가 된 시점 이후에는 배당요구할 수 없다(예규 : 재민 63-11).

☞ 예컨대 甲소유 물건에 대하여 채권자 乙이 경매신청을 하여 경매개시결정이 등기부에 기입된 후 甲은 동 건물을 제3자 A에게 처분하여 즉일 소유권이전등기를 완료 하였고, 그 후 甲의 다른 채권자인 丙, 丁이 위 부동산에 대하여 배당요구를 할 수 있는 것인가의 문제이다. 이때 제3취득자 A는 경매신청채권자 乙의 압류효력에는 복종하지 않을 수 없으나, 자기 앞으로 소유권이전등기완료 후에 배당요구를 한 채권자에 대하여는 소유권을 주장할 수 있으므로 丙, 丁은 배당요구를 할 수 없게 된다.

② 이행기가 도래한 채권일 것

집행을 받을 사람이 일정한 시일에 이르러야 그 채무를 이행하게 되어있는 때에는 그 시일이 지난 뒤에 강제집행을 개시할 수 있으므로 이행기가 도래하지 않은 채권은 배당요구할 수 없다(법 40조 1항). 다만 가압류의 경우에는 이행기가 도래하지 않은 채권으로도 사실상 배당받는 셈이 된다(법 276조 2항).

(6) 배당요구에 대한 법원경매계의 조치

① 형식적 요건의 심사

채권자의 배당요구가 있으면 법원경매계는 신청서에 적힌 내용과 첨부서류에 의하여 배당요구의 형식적 요건을 심사하여 부적법(예 집행력 있는 정본을 가진 채권자라는 사실에 대한 소명이 없는 경우)하면 보정을 명하고 보정되지 않으면 각하를 한다. 다만 실무상으로는 배당요구가 부적법하더라도 별도로 각하결정을 하지 않고 관계채권자를 배당에서 제외하는 방식으로 처리하고 있다.

② 불 복

배당요구를 각하한 결정에 대하여는 집행에 관한 이의를 할 수 있다(법 16조). 각하결정을 따로 하지 않고 배당표에서 제외하는 방법으로 배당요구를 받아들이지 않은 경우에도 마찬가지이다.

부적법한 배당요구신청을 적법한 신청으로 받아들여 배당표를 작성한 경우에는 배당기일에 출석하여 배당표에 대한 이의를 진술할 수 있으며, 이에 의하여 시정되지 않을 때에는 집행에 관한 이의를 할 수 있다 할 것이다.

(7) 배당요구의 효력과 배당요구서를 제출하지 않은 경우의 효과

1) 배당요구를 한 경우 – 권리취득과 시효중단

① 배당요구의 효력발생 시기

배당요구는 적법한 배당요구서가 법원경매계에 제출되면 즉시 그 효력이 발생하고, 채무자나 이해관계인에 대한 통지는 효력발생요건이 아니다.

② 배당요구채권자의 권리

배당요구채권자는 매각대금으로부터 채권순위에 따라 배당을 받을 권리가 있고, 배당기일통지수령권, 배당기일에 출석하여 배당표에 대한 의견을 진술할 수 있는 권리 등을 가지고 배당요구를 함으로써 경매절차의 이해관계인이 되는 경우도 있다.

※ **배당요구채권자의 권리**

❶ 매각대금으로부터 배당받을 권리
❷ 법원경매계로부터 배당기일통지를 받을 권리
❸ 배당기일에 출석하여 배당표에 대한 의견을 진술할 수 있는 권리
❹ 배당요구 후 경매절차의 이해관계인이 된 경우의 권리
- 다른 채권자로부터 배당요구가 있으면 법원경매계로부터 그 통지를 받고 매각기일에 출석할 수 있는 권리
- 배당요구의 종기까지 매각조건의 변경에 합의를 할 수 있는 권리
- 매각허가여부의 결정에 대하여 손해를 볼 경우 즉시항고할 수 있는 권리
- 매각결정기일에 출석하여 조서에 서명날인, 매각허가에 관한 의견진술, 매각허가에 대한 이의 등의 권리

③ 소멸시효 중단의 효력

집행정본을 가진 채권자가 한 배당요구는 민법 168조 2호의 압류에 준하는 것으로서 배당요구에 관련된 채권에 관하여 소멸시효를 중단하는 효력이 생긴다(판례).

2) 배당요구가 없는 경우(배당요구서를 제출하지 않은 효과)

① 실권효로 인하여 배당을 받을 수 없게 된다.

경매신청채권자나 당연히 배당받는 자(법 148조 1, 3, 4호)에 해당하지 않아 배당요구가 필요한 채권자가 배당요구종기까지 배당요구를 하지 않은 경우에는 배당받을 수 없고, 나아가 압류채권자나 배당요구한 채권자가 채권의 일부 금액으로 경매신청 또는 배당요구한 경우 배당요구종기 이후에는 배당요구의 종기까지 배당요구하지 않은 새로운 채권을 추가하거나 확장할 수 없다(판례).

② 이자 등 부대채권은 확장이 가능한지?

이자 등 부대채권의 경우에는 경매신청서 또는 배당요구서에 이자지급을 구하는 취지가 적혀 있기만 하면 배당요구종기까지는 채권계산서를 제출하는 방법으로 이를 확장할 수 있다(판례).

③ 배당요구액의 감액과 오기의 보정이 가능한지?

경매신청서나 배당요구서에 적힌 금액이 실제보다 과다하여 이를 배당요구종기 후의 계산서에 의하여 감액하는 것은 허용되며, 또 배당요구서에 적힌 내용에 오기가 있을 때는 이를 보정할 수 있다. 다만 보정의 명목으로 새로운 배당요구를 하는 것은 허용되지 않는다.

(8) 채권자의 배당요구철회의 제한

배당요구는 채권자가 자유롭게 철회할 수 있으나, 다만 배당요구에 따라 매수인(낙찰자)이 인수하여야 할 부담이 바뀌는 경우 배당요구한 채권자는 배당요구의 종기가 지난 뒤에 이를 철회하지 못한다(법 88조 2항). 즉 배당요구의 종기 내에는 배당요구를 철회할 수 있으나 배당요구의 종기 후에는 배당요구를 철회할 수 없다.

매수인이 인수하여야 할 부담이 바뀌는 경우에는 인수하여야 할 부담이 새로 생기는 경우(예 최선순위 전세권자가 배당요구를 하였다가 후에 철회하는 경우)와 부담이 증가하는 경우(예 대항력 있는 소액임차인이 배당요구를 하였다가 후에 철회하는 경우) 모두를 포함한다. 어느 경우이든 배당요구의 철회가 배당요구종기 후에 있는 때에는 법원경매계는 배당요구가 있는 것으로 취급하여 배당하게 된다.

3. 계산서의 제출

(1) 계산서제출의 최고

법원경매계장은 채권신고의 최고(법 84조 4항) 외에, 배당기일이 정하여진 때에는 각 채권자에 대하여, 채권의 원금 · 배당기일까지의 이자, 그 밖의 부대채권 및 집행비용을 적은 계산서를 1주 안에 법원경매계에 제출할 것을 최고하여야 한다(규칙 81조). 최고는 적당한 방법으로 하면 되나 실무에서는 법원경매계장의 명의로 배당기일통지서를 보내면서 그 통지서에 계산서제출을 최고하는 취지를 부기하여 송달하고 있다.

※ **계산서제출의 최고를 받을 채권자(최고대상 채권자)**
법원경매계장이 채권계산서 제출의 최고를 하여야 할 채권자의 범위는 법 148조의 배당받을 채권자의 범위와 같다(집행정지를 받은 채권자에게도 최고를 하여야 한다). 법원경매계장은 경매기록에 의하여 배당에 참가할 채권자를 조사한 다음 이들 모두에게 최고를 하여야 한다. 물론 배당에 참가할 수 있는 채권자는 최고를 기다리지 않고 스스로 계산서를 제출할 수도 있다.

(2) 계산서의 기재사항 및 제출시기

① 계산서의 기재사항은?

채권계산서에 적어야 할 사항은 채권의 원금 · 배당기일까지의 이자, 그 밖의 부대채권 및 집행비용으로서, 이는 배당표에 적어야 할 사항과 동일하다(법 150조 1항).

② 계산서 제출시기는?

채권자는 법원경매계장으로부터 최고를 받은 때로부터 1주 안에 계산서를 제출하는 것이 바람직하다(1주는 훈시규정임). 참고로 주택(상가건물)의 임차인은 배당요구종기

내에 이미 권리신고 및 배당요구신청서를 제출하였기 때문에 별도의 채권계산서를 제출할 필요가 없다.

[채권자가 법원경매계에 제출하는 채권계산서의 예]

채 권 계 산 서

사 건　　2009타경120　부동산임의경매
채권자　　○○○
채무자　　○○○
소유자　　○○○

위 사건에 관하여 가압류채권자 임은정은 채무자로부터 변제 받아야 할 채권이 아래와 같으므로 채권계산서를 제출합니다.

아　　래

금 116,493,150원

내　　역

1. 원금 : 금 100,000,000원
2. 이자 : 금 16,493,150원

계 산 내 역

(1) 2003.9.18.부터 2006.10.2.까지 1108일간의 연5%의 지연손해금
　　= 금 100,000,000원 × 0.05 × 1108 / 365
　　= 금 15,178,082원
(2) 2006.10.3.부터 2006.10.26.까지 24일간의 연20%의 지연손해금
　　= 금 100,000,000원 × 0.2 × 24 / 365
　　= 금 1,315,068원

2009.　10 .　12.

가압류채권자 임 은 정 (인)

서울중앙지방법원 민사집행과 경매10계

(3) 계산서 제출 및 부제출의 효과

① 계산서 제출의 효과(현존채권액의 확인)

법원경매계의 최고에 응하여 채권계산서를 제출하더라도 이는 배당요구종기 후에 제출된 것이므로 독립된 배당요구의 효력이 생기는 것이 아니고, 다만 채권의 배당기일까지의 변동사항을 조사하여 현존채권액을 확인하는 의미밖에 없다.

② 계산서를 제출하지 않은 경우의 효과

법원경매계의 최고에 전혀 응하지 않은 채권자가 있는 경우에는 신청서 등의 자료 외에 집행력 있는 집행권원의 정본, 등기부등본 등 경매기록에 나타나 있는 자료에 기하여 배당액을 계산하게 된다.

4. 배당받을 채권자의 범위(법 148조)

① 배당요구의 종기까지 경매신청을 한 압류채권자(1호)
② 배당요구의 종기까지 배당요구를 한 채권자(2호)
③ 첫 경매개시결정등기 전에 등기된 가압류채권자(3호)
④ 저당권 · 전세권, 그 밖의 우선변제청구권으로서 첫 경매개시결정등기 전에 등기되었고 매각으로 소멸하는 것을 가진 채권자(4호)

(1) 배당요구의 종기까지 경매신청을 한 압류채권자

선행사건의 배당요구의 종기까지 이중경매(실무상 중복압류)신청을 한 채권자는 당연히 배당받을 수 있다. 즉 이중경매신청이 배당요구의 종기까지 이루어진 때에는 비록 그에 기한 압류의 효력이 배당요구의 종기 후에 발생하였다고 할지라도 배당받을 채권자로 취급된다.

그러나 배당요구의 종기 후에 경매신청을 한 압류채권자는 선행사건으로 진행되어 배당을 하는 경우에는 배당을 받을 수 없다. 다만 선행사건이 취하 · 취소되어 배당요구종기를 다시 정하고 배당을 하는 경우에는 배당받을 수 있다.

※ 채권 중 일부만을 청구한 경우에 나머지 채권을 배당받는 방법

- **강제경매의 경우** : 배당요구종기까지 배당요구를 하면 되고, 이 때 배당요구는 청구채권을 확장한 채권계산서 제출에 의하여도 할 수 있다(대결 83마393), 즉 채권의 일부는 압류채권으로, 일부는 배당요구채권으로 구분되어 모두 배당받을 수 있다.
- **임의경매의 경우** : 채권계산서에 피담보채권을 확장하는 방법으로 나머지 피담보채권액 전체를 청구할 수 없으므로 배당요구의 종기까지 나머지 채권에 대하여 이중경매(이중압류) 또는 적법한 배당요구를 하여야 한다.

(2) 배당요구의 종기까지 배당요구를 한 채권자(배당요구채권자)

배당요구의 종기까지 배당요구를 하여야 할 채권자(예 선행가압류 없이 집행정본으로 배당요구한 채권자, 등기 없는 주택임차인 · 임금채권자 · 조세채권자 등)는 반드시 배당요구종기까지 배당요구를 한 경우에 한하여 배당을 받을 수 있다. 모든 채권자가 배당요구만 하면 배당을 받는 것은 아니며, 채권자 중 배당요구를 할 수 있는 자는 법 88조가 정하는 자에 한한다.

(3) 첫 경매개시결정등기 전에 등기된 가압류채권자

첫 경매개시결정등기 전에 등기된 가압류채권자는 경매절차상의 이해관계인은 아니지만 당연히 배당받을 채권자에 해당한다. 첫 경매개시결정등기 후의 가압류채권자는 배당요구종기까지 그 권리증명을 하고 배당요구를 하여야만 배당받을 수 있다.

실 전 사 례

Q 甲은 乙에게 5,000만원을 빌려주었으나 받지 못하여 乙소유 부동산을 가압류하였고, 그 후 乙의 부동산은 다른 채권자의 경매신청으로 경매가 진행되어 배당기일만 남겨 놓고 있다. 그런데 甲은 개인적인 사정으로 배당요구신청을 하지 못하였는데, 이 경우 가압류권자 甲이 배당을 받는데 지장이 있는지?

A 위 사례는 배당요구하지 않은 가압류권자 甲이 배당에서 제외되는지를 물어 보는 경우이다.

❶ 법 88조 1항에 의하면 '경매개시결정이 등기된 뒤에 가압류를 한 채권자'는 배당요구를 할 수 있다고 규정하고 있으나, 법 148조에 의하면 배당 받을 채권자의 범위에 관하여 "제147조(배당할 금액 등) 제1항에 규정한 금액을 배당 받을 채권자는 ① 배당요구의 종기까지 경매신청을 한 압류채

권자, ② 배당요구의 종기까지 배당요구를 한 채권자, ③ 첫 경매개시결정등기 전에 등기된 가압류채권자, ④ 저당권 · 전세권, 그 밖의 우선변제청구권으로서 첫 경매개시결정등기 전에 등기되었고 매각으로 소멸하는 것을 가진 채권자로 한다."라고 규정하고 있다.
민사집행법 148조와 같이 배당 받을 채권자에 관한 명문의 규정이 없었던 구 민사소송법(2002. 1. 26. 법률 제6626호로 개정되기 전의 것) 아래에서의 판례도 "경매절차개시 전의 부동산가압류권자는 배당요구를 하지 않았더라도 당연히 배당요구를 한 것과 동일하게 취급되므로, 그러한 가압류권자가 채권계산서를 제출하지 않았다 하여도 배당에서 제외하여서는 아니된다."라고 판시 하고 있다(대판 94다57718, 대판 2002다48399).

❷ 따라서 첫 경매개시결정등기 전에 등기된 가압류채권자는 배당요구신청을 하지 않았을 경우에도 배당 받을 채권자에 해당되나, 첫 경매개시결정등기 이후에 등기된 가압류채권자는 반드시 배당요구종기까지 배당요구를 하여야만 배당을 받을 수 있다.
결국 위 사안에 있어 甲은 첫 경매개시결정등기 전에 등기된 가압류채권자이므로 배당요구신청을 하지 않았더라도 배당에서 제외할 수는 없다. 다만 법원경매계는 가압류채권자가 배당기일통지를 받고도 채권계산서를 제출하지 않으면, 부동산등기부상 가압류등기의 채권최고액 범위 내에서 배당하게 되고, 그 배당금을 공탁하게 될 것이다.

(4) 저당권 · 전세권 기타 우선변제청구권으로서 첫 경매개시결정등기 전에 등기되었고 매각으로 소멸하는 것을 가진 채권자(첫 경매개시결정등기 전에 등기된 우선변제권자)

① 경매신청채권자 아닌 근저당권자

경매신청채권자 아닌 근저당권자는 배당요구를 하지 않더라도 당연히 채권최고액의 범위 내에서 순위에 따른 배당을 받을 수 있으므로 배당표 작성시까지 채권계산서를 제출하는 방법으로 청구금액을 확장할 수 있고, 매각대금 완납시에 피담보채권이 확정된다(판례).

※ 첫 경매개시결정등기 전의 저당권설정의 가등기권자 : 저당권설정의 가등기에 기한 본등기를 하면 우선변제를 받을 수 있으므로 본등기를 완료하였다고 가정하고 배당할 금액을 정하여 공탁하게 된다.

② 최선순위 전세권

최선순위 전세권은 배당요구종기 내에 배당요구가 없으면 매수인(낙찰자)에게 인수되고 배당요구를 하면 매각으로 소멸한다(법 91조 4항 단서). 따라서 배당요구한 최선순위 전세권자가 배당에서 전세금을 다 배당받지 못하더라도 잔액에 대하여 매수인에게 대항할 수 없게 된다. 이것이 대항력과 우선변제권이 있는 주택(상가건물)의 임차인과 다른 점이다.

※ 전세권부저당권이 설정된 경우의 저당권자
전세권이 기간만료 등으로 소멸하면 그 저당권도 당연히 소멸하므로 전세권부저당권자(전세권을 목적으로 한 저당권자)는 전세금반환채권에 대하여 **압류 및 추심 · 전부명령**을 받거나, 제3자가 전세금반환채권에 대하여 실시한 강제집행절차에서 **배당요구**를 하여야만 전세권설정자에 대하여 전세금의 지급을 구할 수 있다(판례).

③ 국세 · 지방세 등 공과금채권자로서 첫 경매개시결정등기 전에 압류한 경우

국세 · 지방세 등 공과금채권자로서 첫 경매개시결정등기 전에 압류한 경우에는 당연히 배당을 받을 수 있지만, 압류등기만 되어 있고 그 계산서를 제출하지 않는 경우에는 압류등기촉탁서에 의한 체납세액을 조사하여 배당할 수 있을 뿐이고, 배당요구종기 후 배당시까지의 사이에 새로 교부청구된 세액은 이를 배당할 수 없다(대판 93다22210). 실무상으로는 대부분 공과금 주관부서에서 계산서를 교부청구서 형식으로 제출하고 있다.

④ 대지권등기가 완료된 구분건물에 대한 전세권자

대지권등기가 완료된 구분건물에 대한 전세권자는 대지권의 매각대금에 대하여도 우선변제를 받을 수 있다(대판 2001다68389).

⑤ 담보가등기권리자

담보가등기권자는 경매절차에서 저당권자와 동일시되고 우선변제청구권이 있다. 그러나 채권금액의 기재가 없으므로 반드시 배당요구종기까지 **채권신고**를 하여야 배당을 받을 수 있다(대판 2007다25278). 따라서 담보가등기권리자가 배당요구종기를 지나서 채권신고를 한 경우에는 배당을 받을 수 없다. 다만 최선순위의 가등기권리자의 권리신고가 없는 경우에는 **순위보전의 가등기**로 보아 매수인이 인수하게 된다는 것은 이미 1권에서 설명하였다.

제48강

부동산경매의 배당절차 ❷

배당과 관련한 권리분석

1. 저당권 · 근저당권의 피담보채권

(1) 저당권의 피담보채권(피담보채권의 범위)

저당권이 우선변제를 받을 수 있는 범위는 원본, 이자, 위약금, 채무불이행으로 인한 손해배상, 저당권의 실행비용이다(민법 360조). 저당권에 의하여 담보되는 원본(원금)의 액과 변제기는 등기하여야 하고, 이자를 발생하게 하는 특약이 있는 때에는 이율, 발생기, 지급시기를 등기하여야 한다(부등법 140조). 이자채권은 등기되어 있는 한 변제기 내의 것은 저당권에 의하여 무제한 담보되므로 변제기 내의 이자 전액은 매각대금으로부터 우선변제 받을 수 있다.

이행기일 후의 지연배상은 원본의 이행기일을 경과한 후의 1년분에 한하여 우선변제를 받을 수 있다(민법 360조). 지연손해금은 원본채무의 불이행으로 법률상 당연히 발생하므로 그 특약이나 등기가 없더라도 법정이율의 범위 내에서는 당연히 청구할 수 있다.

(2) 근저당권의 피담보채권

1) 피담보채권의 범위

근저당권이 담보하는 채권의 범위는 등기된 채권최고액을 한도로 하여 그 결산기에 현실적으로 존재하는 채권액의 전부에 미친다. 다만 이자, 채무불이행으로 인한 손해배상, 위약금도 위 채권최고액에 포함되므로(민법 357조. 대판 4289민상401) 원금과 이자, 손해배상(지연손해금), 위약금 등을 합산하여 위 채권최고액의 범위 내에서만 근저당권의 효력이 미치며 이를 초과하는 부분은 우선변제를 받지 못한다.

2) 피담보채권의 확정

① 근저당권자 자신이 경매를 신청하려면 경매신청시에 이미 그 피담보채권액이 확정되어 있거나 또는 경매신청으로 인하여 피담보채권이 확정되어야 한다(대판 97다26104 · 26111). 당해 부동산에 대하여 근저당권의 실행이 개시된 때에도 근저당권의 피담보채권이 확정된다(대판 97다26104 · 26111 등).

② 이와 관련하여 다른 담보권자나 전세권자가 경매신청을 하거나 일반채권자가 강제경매신청을 한 경우에는 근저당권의 피담보채권이 언제 확정되느냐, 즉 근저당권자는 언제까지 발생한 원금채권을 최고액에 포함시켜 매각대금에서 우선변제를 받게 되느냐가 문제된다.

근저당권설정계약에 다른 담보권자나 일반채권자로부터 경매신청이 있으면 당연히 그 근저당거래계약이 종료되어 결산기가 도래한다는 특약이 있으면 이 특약에 의하여 근저당거래계약이 종료된 때를 기준으로 하여 피담보채권이 확정될 것이나, 이와 같은 특약이 없는 경우에는 후순위근저당권자가 근저당권의 실행을 위하여 경매를 신청한 경우 선순위근저당권의 피담보채권은 그 근저당권이 소멸하는 때, 즉 매수인이 매각대금을 완납한 때에 확정된다고 보아야 하므로 그 채권이 매각대금 지급시까지 발생한 것이기만 하면 채권최고액 범위 내에서는 배당요구의 종기 이후라도 채권계산서의 제출에 의하여 배당요구채권액을 확장할 수 있다(대판 98다21946. 대판 99다26085).

3) 근저당권자가 채권최고액을 초과하는 금액을 청구한 경우의 법원경매계의 처리

① 근저당거래계약의 결산기에 있어서 발생한 채권이 그 채권최고액을 초과하고 있고 근저당권자가 경매신청서 또는 채권계산서에 의하여 그 초과액까지도 청구하고 있을 경우에 목적 부동산의 매각대금에 그 최고액을 변제하고도 배당금 잔액이 있으며 그 잔액으로부터 변제받을 후순위권자도 없는 때에는 그 잔액에서 위 초과액을 변제받을 수 있는가에 관하여는 다음과 같이 경우를 나누어 처리하고 있다.

• **근저당권설정자가 물상보증인(㉑ 친구의 자금차용을 위하여 자기 집에 저당권을 설정한 경우)이거나 또는 목적 부동산에 관하여 제3취득자가 생긴 경우**

이 경우에 배당금잔액은 근저당권설정자인 물상보증인이나 제3취득자에게 교부한다(대결 71마251, 대판 74다998 참조).

• **근저당권설정자와 채무자가 동일한 경우**

이때에는 근저당권자의 채권액이 근저당권의 채권최고액을 초과하는 경우에 매각대금 중 그 채권최고액을 초과하는 금액이 있더라도 이는 근저당권설정자에게 반환할 것은 아니고 근저당권자의 채권최고액을 초과하는 채무의 변제에 충당하여야 한다(대판 92다1896, 대판 2008다4001).

• **채권최고액을 초과한 배당요구를 한 담보권자가 여럿이거나 일반채권자가 있는 경우**

이때에는 채권최고액 초과 부분에는 우선변제권이 없으므로 안분배당을 한다. 다만 이 때 근저당권의 채권최고액을 초과하는 부분으로서 우선변제의 효력이 미치지 않는 채권에 관하여 다른 일반채권자와의 사이에 같은 순위로 안분비례하여 배당하기 위해서는 근저당권에 기한 경매신청이나 채권계산서의 제출이 있는 것만으로는 안 되고, 그 채권최고액을 초과하는 채권에 관하여 별도로 민사집행법(법 88조, 268조)에 의한 적법한 배당요구를 하였거나 그 밖에 달리 배당을 받을 수 있는 채권으로서의 필요한 요건을 갖추고 있어야 한다(대판 97다28216).

② 한편 여러 사람이 시기를 달리하여 채권의 일부씩을 대위변제하고 근저당권일부이전의 부기등기를 각 완료한 경우 다른 특별한 사정이 없는 한 각 변제채권액에 비례하여 안분배당을 받게 되고 부기등기의 순서에 따라 배당받는 것이 아니다(대판 2000다37319, 대판 2004다2762).

(3) 충당의 순서

매각대금으로써 저당권자가 가지는 원금, 이자, 위약금, 손해배상, 실행비용 등을 전부 만족시킬 수 없는 때에는 비용, 손해배상, 위약금, 이자, 원금의 순서로 충당한다(민법 479조).

(4) 불법말소된 (근)저당권의 처리

저당권(근저당권도 같다)은 물권이므로 불법 말소되었다고 하더라도 권리가 소멸되는 것은 아니다. 따라서 첫 경매개시결정등기 전에 등기되어 있던 저당권자는 회복등기가 안되었더라도 배당요구가 없이 당연히 배당을 받을 수 있는 자에 해당하므로 배당요구의 종기 이후라도 저당권이 불법 말소된 사실을 증명하여 배당받을 수 있다(대판 2000다59678 참조).

(5) 배당순위의 결정

저당권상호간에는 저당권설정등기의 선후에 의하여 우선순위가 정하여 진다(민법 333조, 370조). 저당권자와 전세권 및 등기된 임차권의 순위도 그 **등기의 선후**에 의하며, 저당권설정등기와 가등기담보권의 선후도 그 **등기의 선후**에 의한다(가담법 13조).

(6) 담보권의 효력이 미치는 매각부동산의 범위

집합건물의 전유부분(예 ○○아파트 902호)에만 설정된 저당권 · 전세권자가 대지사용권의 목적인 토지의 매각대금에서도 배당을 받을 수 있는지가 문제된다.

'저당권의 효력은 저당부동산에 부합된 물건과 종물에 미친다'고 규정하고 있는 민법 358조 본문은 저당부동산에 종된권리에도 유추적용되므로 집합건물의 전유부분만에 관하여 설정된 저당권의 효력은 대지사용권의 분리처분이 가능하도록 규약으로 정하는 등의 특별한 사정이 없는 한 대지사용권에도 미치고, 여기의 대지사용권에는 지상권 등 용익권 이외에 대지소유권도 포함되며, 저당권자는 전체 매각대금 중 대지

사용권에 대한 부분에 대하여도 다른 후순위채권자에 우선하여 변제받을 수 있다(대판 94다12722).

2. 가등기담보(담보가등기)권의 피담보채권

(1) 가등기담보권자의 채권신고

① 순위의 확정

가등기담보권자는 목적 부동산에 대한 경매절차에 참가하여 우선변제를 받을 수 있고 이 경우에 순위는 가등기담보권을 저당권으로 보고 그 **담보가등기가 된 때**에 그 저당권의 설정등기가 행하여진 것으로 본다(가담법 13조).

② 배당받기 위하여는 필수적 채권신고가 필요

저당권과는 달리 가등기담보권의 경우에는 첫 경매개시결정등기 전에 등기된 것으로서 매각에 의하여 소멸되는 때에도 채권신고의 최고기간까지 **채권신고**를 한 경우에 한하여 배당받을 수 있다(동법 16조 2항, 대판 2007다25278).

☞ **필수적 채권신고의 이유** : 등기부상의 가등기가 담보목적인지 여부를 알 수 없고, 담보가등기라고 하더라도 피담보채권의 공시가 없기 때문이다.

③ 법원경매계의 가등기권리자에 대한 최고

소유권이전에 관한 가등기가 되어 있는 부동산에 관하여 경매개시결정이 있는 경우에 법원경매계는 가등기권리자에 대하여 그 가등기가 담보가등기인 때에는 그 내용 및 채권(이자 기타의 부수채권을 포함한다)의 존부, 원인 및 수액을, 담보가등기가 아닌 경우에는 그 내용을 법원에 신고할 것을 상당한 기간을 정하여 최고하여야 한다(가담법 16조 1항). 최고는 경매개시결정에 의한 압류의 효력이 생긴 후 배당요구의 종기를 정한 직후에 하고, 최고에 따른 신고기간은 배당요구의 종기로 한다.

(2) 배당절차

① 채권신고의 효과

가등기담보권자가 채권신고를 한 경우에는 법 84조의 채권신고서를 제출한 효과가 있고 그 순위에 따라 우선적으로 매각대금에서 배당받을 수 있다.

② 가등기담보권자의 배당순위(= 저당권자의 순위)

가등기담보권자의 배당순위는 담보가등기가 된 때에 저당권의 설정등기가 행하여

진 것으로 보아(가담법 13조) 저당권의 배당순위를 정하는 것과 같은 판단을 하면 되지만, 권리신고를 하지 않아 담보가등기인지 일반가등기인지 알 수 없는 경우에는 일단 **순위보전**을 위한 가등기로 보아 처리한다.

따라서 권리신고가 없는 가등기가 최선순위이면 매수인에게 그 부담이 인수되므로 배당 및 말소하여서는 안 되고, 그 가등기보다 선순위의 담보권이나 또는 가압류가 있으면(즉 말소기준권리 이후의 가등기일 경우) 함께 말소하되, 가등기가 말소되더라도 채권신고가 없으므로 배당하지 않는다(동법 16조 2항).

3. 전세권자의 전세금

(1) 전세권의 소멸과 인수

지상권 · 지역권 · 전세권 및 등기된 임차권은 저당권 · 압류채권 · 가압류채권(즉 말소기준권리)에 대항할 수 없는 것은 매각으로 소멸하고, 대항할 수 있는 것은 매수인(낙찰자)이 인수하되, 다만 위의 용익권 중 전세권은 말소기준권리에 대항할 수 있더라도 법 88조에 따라 배당요구를 하면 매각으로 소멸된다고 규정하고 있다(법 91조 3항, 4항).

즉 경매절차에서 매각으로 소멸되는 전세권의 권리자 중 배당요구를 하였거나 또는 당연히 배당요구의 효력이 인정되는 권리자에게 배당을 하되, 특히 말소기준권리에 대항할 수 있어 본래는 매수인이 인수하여야 할 전세권의 권리자가 스스로 소멸을 원하여 배당요구를 하면 그 전세권을 매각으로 소멸시키고 전세금을 경매절차에서 반환한다는 취지이다.

결론적으로 전세권이 언제 종료되었는지, 그리고 전세권의 목적물이 건물인지 토지인지에 상관없이 최선순위의 전세권은 오로지 전세권자의 **배당요구**에 의하여만 소멸되고, 전세권자가 배당요구를 하지 않는 한 전세권은 매수인에게 인수되며, 반대로 배당요구를 하면 존속기간이 언제이든지 상관없이 전세권은 소멸한다.

(2) 전세권자의 배당요구

최선순위의 전세권자는 경매절차에서 배당요구를 하여야만 매각으로 소멸하고 배당받는 것이 원칙인데, 이는 전세권에 대하여 저당권이 설정되어 있거나 전세금반환채권에 대한 제3자의 압류 등이 있은 후 전세권이 기간만료로 소멸하더라도 마찬가지로서, 이 경우에도 전세권자가 배당요구하거나 또는 전세권자에 대한 채권자가 대위하여 배당요구를 하여야만 매각으로 소멸한다.

(3) 전세금의 배당순위

전세권이 매각(낙찰)으로 소멸하는 경우에 전세권자와 저당권자 또는 가등기담보권자 사이의 배당순위는 그 **등기의 선후**에 의하여 결정된다.

(4) 주택임대차보호법 또는 상가건물임대차보호법과의 중첩적 적용

① 제1권에서 이미 설명하였듯이, 전세권의 목적물이 주택이나 상가건물인 경우, 임차인으로서 우선변제를 받을 수 있는 권리와 전세권자로서 우선변제를 받을 수 있는 권리는 근거규정 및 성립요건을 달리하는 별개의 것이므로, 전세권자가 주택임대차보호법상의 우선변제요건도 갖춘 경우에는 위 법에 의한 보호도 받게 된다(대판 93다39676 등). 전세권자가 상가건물임대차보호법의 우선변제요건을 갖춘 경우에도 같다.
따라서 전세권등기일자로는 매각으로 소멸하는 것처럼 보이는 전세권이라도 위 각 법 소정의 대항요건을 갖춘 것으로서는 최선순위인 경우에는 임차권자로서 저당권 등에 대항할 수 있게 됨을 유의하여야 한다(대판 93다10552 · 10569).

② 또한 집합건물이 아닌 지상건물과 그 부지 중 건물에만 전세권설정등기를 한 경우라도 전세권자가 주택임대차보호법이나 상가건물임대차보호법상의 우선변제권의 요건을 갖춘 경우에는 그 부지의 매각대금에서도 배당을 받게 되는 경우가 있고, 나아가 전세권설정계약서에 날인된 등기소의 일부인도 확정일자로 보아야 하므로(대판 2001다51725) 부지의 매각대금에 대한 배당순위도 전세권등기일자를 기준으로 판단하여야 하는 경우가 있을 수 있다.

(5) 담보권의 효력이 미치는 매각부동산의 범위

① 집합건물 전유부분의 전세권의 효력이 그 대지권에도 미치는지 여부

집합건물의 전유부분에 대한 전세권자는 건물부분에 대하여만 전세권설정등기를 할 수 있고, 대지사용권의 목적인 토지에 대하여는 전세권설정등기를 할 수 없어 전세권은 건물만에 관한 것이라는 취지의 부기등기를 하게 되나(등기선례 4-449), 전세권의 경우에도 대지사용권의 분리처분이 가능하도록 규약으로 정하는 등의 특별한 사정이 없는 한 전세권의 효력은 대지사용권에도 미치므로(대판 2001다68389) 전세권자는 대지사용권의 매각대금 중에서도 배당받는다.

② **건물일부 전세권자의 우선변제권**

건물의 일부에 대한 전세권자는 전세권의 목적물이 아닌 나머지 건물부분에 대한 전세권에 기한 경매신청권은 없지만(대결 91마256 · 257, 대결 2001마212), 배당에 있어서는 민법 303조에 따라 그 부동산 전부에 대하여 후순위권리자 기타 채권자보다 우선하여 배당을 받는다.

4. 근로자의 우선변제권(임금채권)

(1) 근로기준법의 규정

1) 우선변제권

근로기준법 제38조 (임금채권 우선변제) 〈일부개정 2008.3.28〉

① 임금, 재해보상금, 그 밖에 근로관계로 인한 채권은 사용자의 총재산에 대하여 질권 또는 저당권에 따라 담보된 채권 외에는 조세 · 공과금 및 다른 채권에 우선하여 변제되어야 한다. 다만, 질권 또는 저당권에 우선하는 조세 · 공과금에 대하여는 그러하지 아니하다.

② 제1항에도 불구하고 다음 각 호의 어느 하나에 해당하는 채권은 사용자의 총재산에 대하여 질권 또는 저당권에 따라 담보된 채권, 조세 · 공과금 및 다른 채권에 우선하여 변제되어야 한다.

1. 최종 3개월분의 임금
2. 재해보상금

☞ 종전규정의 '**최종 3년간의 퇴직금**'은 근로기준법 37조(현행 근로기준법 38조) 1, 2항이 2005.1.27. 개정됨으로써 삭제되었으나, 그 내용은 근로자퇴직급여보장법 11조에 의하여 동일하게 보장이 된다(동법 시행 : 2005.12.1.).

2) 최우선변제권

① 최종 3월분의 임금과 최종 3년간의 퇴직금, ② 재해보상금은 사용자의 총재산에 대하여 질권 또는 저당권에 의하여 담보된 채권, 조세 · 공과금 및 다른 채권에 우선하여 변제되어야 한다(근로기준법 38조 2항 1 · 2호, 근로자퇴직급여보장법 11조, 국세기본법 35조 1항 5호, 지방세법 31조 2항 5호).

(2) 우선변제권의 효력

1) 배당순위

① 최종 3월분의 임금 · 최종 3년간의 퇴직금, 재해보상금

저당권에 의하여 담보된 채권, 조세 · 공과금 및 일반채권보다는 선순위이나(근로기준법 38조 2항), 주택임대차보호법 8조에 의한 소액보증금채권과는 다 같은 우선채권으로서 **동순위**로 배당한다(재민 91-2).

② 근로관계채권(임금 · 기타 근로관계로 인한 채권 중 위 ①에 적은 것을 제외한 것)

- **근로관계채권의 배당순위는?**

  근로관계채권은 저당권에 의하여 담보되는 채권보다는 **후순위**이고, 당해세를 포함한 조세 · 공과금 및 일반채권보다는 **선순위**이다(근로기준법 38조 1항 본문. 국세기본법 35조 1항 5호, 지방세법 31조 2항 5호). 다만 조세 · 공과금이 저당권에 우선하는 경우에는 조세 · 공과금, ➡ 저당권에 의하여 담보되는 채권, ➡ 근로관계채권의 순이다(근로기준법 38조 1항 단서).

  ☞ **근로관계채권의 배당순위 정리**

  ❶ 저당권과 조세 등 채권의 우열을 따져 〈 저당권이 우선하는 경우 : 저당권에 의하여 담보된 채권, ➡ 근로관계채권, ➡ 조세 등 채권의 순서

  ❷ 조세 등 채권이 〉 저당권에 우선하는 경우 : 조세 등 채권, ➡ 저당권에 의하여 담보된 채권, ➡ 근로관계채권의 순서

- **근로관계채권과 당해세 등 조세채권 및 저당권에 의하여 담보되는 채권을 동시에 배당할 경우의 배당순위는?**

  조세채권 중 당해세가 있는 경우에 당해세는 원칙적으로 저당권에 우선하므로 근로관계채권과 당해세 등 조세채권 및 저당권에 의하여 담보되는 채권을 동시에 배당할 때는 근로기준법 38조 1항 단서에 의하여 **당해세**가 근로관계채권보다 선순위가 된다.

- **조세 등 채권과 담보권과의 우열관계**

  배당에 참가한 채권 중 조세 등 채권이 없는 경우에는 근로관계채권은 항상 담보권에 의하여 담보된 채권의 후순위이고, 담보권에 의하여 담보된 채권이 없는 경우에는 근로관계채권은 항상 당해세를 포함한 조세 등 채권에 우선하게 된다.

③ 근로기준법 38조 2항 소정의 임금 등 채권의 최우선변제권이 그에 대한 지연손해금 채권에도 인정되는지?

임금 등에 대한 지연손해금에 대하여는 우선변제권을 인정할 수 없으므로 임금채권자들이 집행력 있는 정본으로써 배당요구를 하는 경우에 **원금**만을 우선배당하고, **지연손해금**은 일반채권자와 안분배당한다(대결 99마5143).

④ **임금채권 대위변제자의 배당방법은?**

우선변제권이 있는 임금채권을 대신 변제한 자는 채무자인 사용자에 대한 임금채권자로서 사용자의 총재산에 대한 경매절차가 개시된 경우에 배당요구의 종기까지 **배당요구**를 하여 그 배당절차에서 저당권의 피담보채권이나 일반채권보다 우선하여 변제받을 수 있다(대판 94다21160).

2) 우선변제권이 있는 임금채권과 가압류

우선변제권이 있는 임금채권자가 임금채권을 피보전권리로 하여 매각부동산에 관하여 첫 경매개시결정등기 전에 가압류집행을 한 경우에는 가압류권자로서는 배당요구가 있는 것으로 취급되게 되는데, 이 경우 우선변제권이 있는 임금채권자로서의 소명을 언제까지 하여야 하는가에 관하여, 판례는 배당표 확정시까지 소명하면 된다고 한다(대판 2002다4870).

5. 국세 · 지방세 채권

(1) 압류 · 교부청구

1) 교부청구

① **국세 등의 교부청구**

세무서장은 납세자가 강제집행을 받을 때에는 법원경매계에 대하여 국세 · 가산금과 체납처분비의 교부를 청구하여야 하고(국세징수법 56조), 지방세의 경우도 국세징수법의 준용에 의하여 교부청구를 할 수 있다(지방세법 28조). 이와 같은 국세 등의 교부청구는 과세관청이 이미 진행 중인 강제환가절차에 가입하여 체납된 조세의 배당을 구하는 것으로서 강제집행에 있어서의 배당요구와 같은 성질의 것이다(대판 99다22311 등).

② **과세관청의 행위로서 배당요구의 효력이 인정되는 경우**

- 배당요구의 종기까지 새로 교부청구를 한 경우(법 148조 2호)
- 첫 경매개시결정등기 전에 압류를 한 경우(법 148조 4호)
  ☞ 첫 경매개시결정등기 후에 체납처분에 의한 압류등기가 마쳐지게 된 경우에는 법원경매계에 배당요구의 종기까지 배당요구로서 교부청구를 하여야만 배당을 받을 수 있다(판례).
- 집행법원이 참가압류의 통지(국세징수법 57조)를 받은 경우

법률용어 해설 [참가압류(參加押留)]

참가압류란 압류하고자 하는 재산이 이미 다른 기관(지방자치단체 또는 세무서 등)에서 압류하고 있

는 재산인 때에 교부청구에 갈음하여 참가압류통지서를 그 재산을 이미 압류한 기관에 송달함으로써 그 압류에 참가하는 강제징수절차를 말한다(국세징수법 57조 이하 참조). 참가압류의 요건은 규정(지방세법 28조, 국세징수법 24조)에 정한 압류의 요건이 구비되어 있어야 하고, 압류하고자 하는 체납자의 재산이 이미 다른 기관에 의하여 압류되어 있어야 한다. 참가압류의 절차를 보면, 세무서장이 기압류기관에의 참가압류통지, 참가압류를 하고자 하는 경우에는 기압류기관에 소정사항을 기재한 참가압류통지서에 의거 문서로서 통지해야 한다(국세징수법 57조 1항). 세무서장은 압류에 참가한 때에는 그 뜻을 체납자와 그 재산에 대하여 권리를 가진 제3자에게 통지하여야 한다(동법 57조 2항). 세무서장은 참가압류하고자 하는 재산이 권리의 변동에 있어서 등기 또는 등록을 요하는 것인 때에는 참가압류의 등기 또는 등록을 관계관서에 촉탁하여야 한다(동법 57조 3항). 참가압류는 기압류기관에 대하여 교부청구의 효력이 있다. 즉 배당요구와 시효중단의 효력이 있다. 교부청구와의 차이점을 보면, 참가압류는 압류의 요건을 갖춘 후가 아니면 불가능하나 교부청구는 이러한 제한이 없으며, 특히 징수유예기간중이라도 가능하다. 교부청구는 청구로서 족하지만 참가압류는 등기·등록을 요하는 재산의 경우 참가압류의 등기·등록을 해야 한다.

2) 조세압류

① 압류 자체가 없거나 경매개시결정등기 후의 압류

압류 자체가 없거나 경매개시결정등기 후의 압류는 배당요구종기까지 법원경매계에 교부청구를 하여야만 배당을 받을 수 있다.

② 첫 경매개시결정등기 전의 압류

첫 경매개시결정등기 전의 조세압류는 교부청구의 효력이 있어 별도의 교부청구가 없더라도 경매기록에 나타난 증빙서류에 따라 배당할 수 있지만, **배당요구종기 후**에야 비로소 나타난 교부청구의 세액은 그것이 실체법상의 다른 채권보다 우선하는 것인지 여부에 불구하고 배당받을 수 없다(대판 96다51585 등).

[교부청구서의 예]

교 부 청 구 서

문서번호 : 세무2과 - 11075
수 신 : 서울중앙지방법원
참 조 :

사건번호 : 2008타경10322
처리부서 : 경매10계

체 납 자	성 명	김 체 납	주민등록번호	
	주 소	서울 관악구 봉천7동 1618-55 ○○아파트 1202		
교부청구금액		일금 삼십만구천칠백이십원정(₩309,720)		

체 납 내 역							
년도	세 목	과세번호	법정기일	세 액	가산금	합 계	비 고
2005	주민세개인 균등할	003069	2005. 08. 10	6,000	300	6,300	
2006	주민세개인 균등할	000226	2006. 08. 10	6,000	170	6,170	
2007	재산세주택	002125	2007. 07. 10	143,480	4,290	147,770	당해세
2007	주민세개인 균등할	003744	2007. 08. 10	6,000	0	6,000	
2008	재산세주택	000013	2008. 08. 10	143,480	0	143,480	당해세
체 납 처 분 비				0		0	5건
계				304,960	4,760	309,720	

지방세법 제26조 제1항 제4호 및 동법 제31조의 사유로 인하여 위의 금액을 교부 받고자 국세징수법 제56조의 규정에 의하여 청구 합니다.

2008년 8월 29일

서울특별시 관악구청장

소재지 : 관악구 봉천동 869-12 대연빌딩3층
담당자 : <연락처> 전화 : 팩스 :

(2) 조세우선의 원칙

국세, 지방세, 관세 및 그 가산금과 체납처분비는 다른 공과금 기타 채권에 우선하여 징수한다(국세기본법 35조 1항, 지방세법 31조 1항, 관세법 3조 2항).

1) 저당권 · 전세권의 피담보채권과 조세의 우선관계

① 조세와 저당권 · 전세권 등과의 우선순위를 정하는 방법?

조세와 저당권 · 전세권의 피담보채권(확정일자를 갖춘 임차인의 임차보증금반환채권도 동일하게 해석됨 : 대판 92다30597) 사이의 우선순위는 **조세의 법정기일**과 **설정등기일**(확정일자를 갖춘 임차인 또는 등기된 임차인의 우선변제권 발생일 포함)의 **선후**를 따져 정한다.

② 저당권 등의 설정일과 조세의 법정기일이 같은 날인 경우의 우선순위는?

저당권 등의 설정일과 조세의 법정기일이 같은 날인 경우의 우선순위에 관하여 견해대립이 있으나, **조세채권**이 우선한다고 보는 견해가 다수설이다. 법원경매계 실무에서도 가끔 발생하는 데, 위 다수설에 따라 조세채권자에게 우선배당을 하고 있다. 다음의 배당사례를 보면 이해가 쉬울 것이다.

[등기부상 권리관계]

배당순위	권리내용 및 권리자(채권자)	원인(설정)일자	비 고
2	가압류(甲)	2009. 1. 20.	말소기준권리 ★
1	조세(乙)	2009. 2. 12. (법정기일)	당해세 아님
2	근저당(丙)	2009. 8. 4.	

먼저 위 등기부상의 권리관계에서 말소기준권리는 甲의 가압류이다.

조세와 저당권 · 전세권(확정일자임차인의 임차보증금반환채권도 동일함)사이의 우선순위는 조세의 법정기일과 설정등기일(확정일자임차인 또는 등기된 임차인의 우선변제권 발생일 포함)의 선후를 따져 정한다. 즉 위 등기부상의 권리관계에서 법정기일이 2009. 2. 12.인 乙의 조세의 교부청구가 있고, 설정등기일이 2009. 8. 4.인 丙의 근저당권이 있는 경우 근저당권설정등기일보다 법정기일이 앞선 조세가 먼저 배당을 받는다.

또한 조세(국세, 지방세, 관세 및 그 가산금과 체납처분비)는 다른 공과금 기타 채권에 우선하여 징수하므로(국세기본법 35조 1항, 지방세법 31조 1항, 관세법 3조 2항) 위 권리관계에서 법정기일이 2009. 2. 12.인 乙의 조세보다 2009. 1. 20.의 甲의 가압류가 앞선다고 하여도 **조세채권**이 먼저 배당을 받게 된다.

결국 위 등기부상의 권리관계의 배당순위는 조세(乙) > 가압류(甲) / 근저당(丙)의 순이다.

즉 조세가 가장 먼저 배당을 받게 되고, 가압류와 근저당이 공동 2순위로 안분배당을 받게 된다.

2) 압류와 법정기일의 소급효

국세나 지방세의 법정기일은 각 조세의 종류마다 규정되어 있는데, 다만 국세의 경우 세금확정 전에 보전압류(등기부상에 압류등기)를 한 때에는 그 보전압류 이후 발생한 체납된 국세 및 가산금은 보전압류등기일을 법정기일로 본다(국세기본법 35조 1항 3호,

국세징수법 24조 2항, 지방세법 31조 2항 3호).

3) 조세 상호간의 우열

① 압류선착주의

조세는 원칙적으로 교부청구의 선후에 관계없이 **동순위**로 그 사이에는 우선관계가 없다고 할 것이지만, 1개의 부동산에 대하여 체납처분의 일환으로 압류가 행하여졌을 때 그 압류에 관계되는 조세는 국세나 지방세를 막론하고 교부청구한 다른 조세보다 우선하는 것을 압류선착주의라고 하며(국세기본법 36조 1항, 지방세법 34조 1항), 경매절차에서도 조세 상호간의 조절이 필요하므로 적용된다는 것이 통설이다.

② 압류선착주의 적용에 있어서 유의할 점

압류선착주의 적용에 있어 주의할 것은 압류선착주의는 압류가 먼저 된 대로 우선한다는 것이 아니라 압류와 교부청구 사이에는 **압류**가 우선한다는 원칙이다. 예컨대 1순위 압류 ➡ 2순위 압류 ➡ 3순위 압류가 있는 경우에 2, 3순위 압류는 1순위 압류가 효력이 소멸되지 않는 한 참가압류로서 교부청구의 효력만이 있으므로 1순위 압류는 우선권이 있으나, 2, 3순위 압류는 서로 교부청구로서 동순위로 안분배당을 해야 한다.

다시 말하면 1, 2, 3순위 압류가 차례로 되어 있을 때 압류선착주의라는 말은 1, 2, 3의 압류순서대로 우선권이 있다는 말이 아니라, 1순위 압류만이 진정한 압류이고 참가압류권자이자 교부청구권자에 불과한 2, 3순위 압류권자에 우선권이 있다는 의미이다.

③ 당해세에도 압류선착주의가 적용되는지?

당해세 우선의 원칙과 관련하여 당해세에도 압류선착주의가 적용되는 여부가 문제된다. 예컨대 '근저당권 등 담보물권 ➡ 당해세 ➡ 당해세 아닌 조세'의 순으로 권리관계가 있는 경우에 그 배당방법을 보면, 실무상은 당해세를 우선 배당하고 근저당권 등 담보물권과 당해세 아닌 조세사이의 우열을 담보물권의 설정일과 당해세 아닌 조세의 법정기일의 선후를 가려 배당하고 있다. 판례(대판 2007두2197)도 압류선착주의의 원칙은 당해세에 대하여는 적용되지 않는다는 입장이다.

4) 가산금 · 가산세 · 체납처분비의 징수순위와 배당순위

① 가 산 금

• **가산금의 의의**

가산금이란 국세 등을 납부기한까지 납부하지 않은 때에 국세징수법 등에 의하여 고지세액에 가산하여 징수하는 금액(가산금)과 납부기한 경과 후 일정기한까지 납부하지 않은 때에 그 금액에 다시 가산하여 징수하는 금액(중가산금)을 말한다(국세기본법 2조 5호).

- **징수순위**

특정의 조세채권에 관하여 조세의 본세와 가산금(국세기본법 2조 5호, 지방세법 1조 1항 13호) 및 체납처분비 전부를 충당하기에 부족한 경우에는 체납처분비, ➡ 가산금, ➡ 본세의 순으로 징수한다(국세징수법 4조, 지방세법 33조 1항).

- **담보권과의 우선관계**

그런데 위 각 조항은 조세에 관한 충당의 순서를 정한 것에 불과하고, 다른 담보권과의 우열관계를 정한 것은 아니다. 따라서 가산금 채권과 저당권 등에 의하여 담보되는 채권의 우선관계도 역시 **가산금 자체**의 **법정기일**을 기준으로 결정하여야 한다(대판 2001다74018, 국세기본법 35조 1항 3호, 지방세법 31조 2항 3호).

- **가산금 · 중가산금의 법정기일의 판단기준**

가산금 · 중가산금의 법정기일은 가산금 · 중가산금 자체의 납세의무가 확정되는 때, 즉 납부고지에서 고지된 납부기한이나 그 이후의 소정의 기한을 도과할 때로 보아야 한다(대판 2001다74018).

② 가 산 세

- **가산세의 의의**

가산세는 가산금과는 달리 납세의무자가 세법에 의한 신고의무, 보고의무, 징수의무를 이행하지 않거나 위반하는 경우에 그에 대한 행정벌적인 성격으로 부과되는 것으로 본세의 산출세액에 가산하여 본세의 명목으로 징수하는 것이다(국세기본법 2조 4호, 지방세법 1조 1항 13의2호).

- **담보권과의 우선관계**

가산세도 가산금과 마찬가지로 본세의 법정기일이 아닌 **가산세 자체**의 **법정기일**을 기준으로 담보권과의 우선관계를 결정하여야 한다(대판 2001다10076).

판례 지방세법상 가산세 채권과 저당권 등에 의하여 담보된 채권과의 우열을 가리는 기준

지방세법상 가산세는 지방세법에 규정하는 의무의 성실한 이행을 확보하기 위하여 그 의무를 이행하지 아니한 경우에 그 법에 의하여 산출한 세액에 가산하여 징수하는 금액으로서, 가산세가 본세의 명목으로 부과 · 징수된다고 하더라도 본세와는 본질적으로 그 성질이 다르므로, 구 지방세법(1995.12.6. 법률 제4995호로 개정되기 전의 것) 제31조 제2항 제3호에 따라 가산세 채권과 저당권 등에 의하여 담보된 채권과의 우열을 가릴 때에는 가산세 자체의 법정기일을 기준으로 하여야 한다(대판 2001.4.24. 2001다10076).

③ **조세채권의 체납처분비**

실무상 조세채권의 체납처분비에 관하여는 이 비용은 체납처분의 집행에 소요되는 비용이긴 하지만 경매절차에 참가하여 배당을 받는 경우에는 조세 자체가 저당권 등에 우선하더라도 체납처분비는 저당권 등에 우선하지 못하고 공과금 기타의 채권에 우선하여 배당받을 뿐이다.

5) 부동산의 양도와 조세채권

① 부동산이 甲에게서 乙로 양도되어 乙이 소유권을 취득한 경우 乙앞으로의 양도 이전에 양도인 甲의 체납국세에 관하여 체납처분 등으로 압류를 한 바 없다면 양도인 甲에 대한 체납국세는 매각대금에서 우선배당을 받을 수 없는 것이 원칙이다(대판 98다24396).

판례 체납처분에 의한 재산압류 이전에 납세의무자로부터 제3자로 이전된 재산에 대한 국세채권의 추급권 유무(소극)

납세의무자의 소유가 아닌 재산에 의하여 국세를 징수할 수는 없으므로 국세의 체납처분 등에 의하여 납세의무자의 재산이 압류되기 전에 제3자가 그 소유권을 취득하였다면 그 재산에 대하여는 원칙적으로 국세의 우선징수권이 미치지 아니하므로, 부동산에 대한 강제집행절차가 진행되는 도중에 그 목적물이 제3자에게 양도된 경우에도 그 이전에 양도인의 체납국세에 관하여 체납처분 등으로 **압류**를 한 바 없다면 그 이후에 그 체납 국세에 관하여 교부청구를 하더라도 매각대금으로부터 **우선배당을 받을 수 없고**, 따라서 그러한 교부청구에 기하여 우선배당을 받았다면 이는 다른 배당권자에 대한 관계에서 **부당이득**이 된다(대판 1998.8.21. 98다24396).

② 저당권이 설정된 甲의 부동산이 乙로 양도되었을 경우 **양수인**인 乙에게 부과된 조세는 그 법정기일이 저당권의 설정 전이라고 하더라도 저당권에 대하여는 우선권이 없다(대판 2004다51153 등).

(3) 당해세 우선의 원칙

1) 의 의

당해세는 매각부동산 자체에 대하여 부과된 조세와 가산금으로서, 그 법정기일 전에 설정된 저당권 등으로 담보된 채권보다 우선하는데(국세기본법 35조 1항 3호, 지방세법 31조 2항 3호) 이를 당해세우선의 원칙이라 한다. 예컨대 법정기일이 2009. 8. 12.인 당해세는 설정등기일이 2009. 2. 25.인 근저당권자보다 배당순위에서 앞서게 된다. 어떤 조세가 당해세에 해당되는지에 관한 구체적 · 세부적 판단문제는 개별법령의 해석 · 적용의 권한을 가진 법원의 영역에 속한다(헌재 2001.2.22. 99헌바44 등). 지방세에 대하여도 1995. 12. 6. 법률 제4995호로 지방세법을 개정하면서 당해세우선의 규정을 부활시켜(시행일은 1996.1.1.) 오늘에 이르고 있다.

☞ **판례에 의한 당해세의 개념** : 담보물권을 취득하는 사람이 장래 그 재산에 대하여 부과될 것을 상당한 정도로 예측할 수 있는 것으로서 오로지 당해 재산을 소유하고 있는 것 자체에 담세력을 인정하여 부과되는 국세만을 의미하는 것으로 보아야 한다(대판 2001다74018등).

2) 당해세의 종류

① 국세 중 당해세

국세 가운데 당해세(국세당해세)는 ㉠ 상속세, ㉡ 증여세, ㉢ 종합부동산세로 한다(국세기본법 35조 5항 : 2005.1.5. 개정). 증여세에 관하여 대법원은 이를 그 부동산 자체에 관하여 부과된 이른바 당해세에 해당한다고 판시한 바 있어(대판 99다6135), 증여세나 이와 유사한 상속세는 모두 당해세로 취급하는 것이 실무이다.

※ 종전에는 지방세 중 "종합토지세"가 당해세에 해당하였다. 그런데 2005.1.5. 제정되어 시행된 종합부동산법에 의하여 국세인 종합부동산세가 신설되면서 지방세인 종합토지세는 재산세에 통합되었다.

② 지방세 중 당해세

지방세 가운데 당해세(지방세당해세)는 ㉠ 재산세, ㉡ 자동차세, ㉢ 도시계획세, ㉣ 공동시설세 및 지방교육세(재산세와 자동차세분에 한함)로 한다(지방세법시행령 14조의 4). <2005.1.5. 개정>

※ 2005.1.5 지방세법시행령 개정으로 **취득세, 등록세, 종합토지세** 등은 삭제되었다.

3) 당해세의 순위

당해세는 최우선순위의 임금채권과 소액임차인의 보증금을 제외하고는 어떠한 채권에 대하여도 우선한다. 예컨대 소액임차인, 저당권, 당해세의 권리관계가 있을 때 그 배당은 소액임차인 ➡ 당해세➡ 저당권의 순서로 배당을 받게 된다. 당해세의 법정기일은 고려할 필요가 없다.

6. 공과금채권

(1) 의 의

공과금이란 국세징수법에 규정하는 체납처분의 예에 의하여 징수할 수 있는 채권 중 국세 · 관세 · 임시수입부가세 및 지방세와 이에 관계되는 가산금 및 체납처분비 이외의 것을 말한다(국세기본법 2조 8호, 지방세법 31조 1항). 국민건강보험료(국민건강보험법 73조), 국민연금보험료(국민연금법 98조), 고용보험료 및 산업재해보상보험료(고용보험 및 산업재해보상보험의 보험료징수 등에 관한 법률 30조) 등이 여기에 해당한다. 국민연금보험료와 산업재해보상보험료 상호간에는 압류선착주의를 규정한 국세기본법 36조가 준용되지 않는다(대판 2004다44384).

☞ 보험료의 징수금이 미납된 경우 국세징수법상의 체납처분의 예에 의한 압류 · 참가압류 및 교부청구가 가능하고, 압류의 배당요구적 효력, 배당요구의 종기까지 교부청구(배당요구)의 요부, 그 방법 및 교부청구하지 않은 경우의 효과는 조세의 그것과 같다.

(2) 보험료채권의 순위

① 담보물권, 일반채권과의 우선관계

건강보험료, 연금보험료 등은 그 납부기한 전에 설정된 저당권 등 담보권에 대하여는 우선하지 못하나, 그 **납부기한 이후**에 설정된 저당권 등과 기타 **일반채권**에 대하여는 우선하여 배당한다.

☞ 납부기한 전 저당권 등 담보권 〉 보험료, 보험료 〉 납부기한 후 저당권 등 담보권 / 일반채권

② 조세채권과의 우선관계

의료보험료는 조세채권에 대하여는 법정기한에 상관없이 무조건 **후순위**이다. 즉 위 보험료 등이 납부기한 후에 설정된 저당권 등보다 우선한다고 하여도 **조세**보다 우선하는 것은 아니므로 위 보험료의 납부기한 후에 설정된 저당권보다 후순위의 조세가 있을 경우에는 저당권보다 우선하는 보험료채권과 저당권보다 후순위의 조세채권 사이에 순환관계가 성립하게 된다.

☞ 보험료 〉 저당권, 저당권 〉 조세채권, 조세채권 〉 보험료

③ 결 론

결론적으로 의료보험료와 다른 채권과의 배당순위를 보면, 조세채권 또는 보험료 납부기한 이전에 설정된 저당권 등 담보권 ➡ 의료보험료 ➡ 일반채권 또는 보험료 납부기한 이후에 설정된 저당권 등 담보권의 순이다.

7. 행정관청의 과태료와 국유재산법상의 사용료 · 대부료 · 변상금채권

행정관청이 부과한 과태료와 국유재산법상의 사용료 · 대부료 · 변상금채권(국유재산법 25조 3항 · 38조 3항 · 51조 3항)도 그 징수는 국세징수법에 의한 체납처분의 징수절차에 의하나, 징수순위에 관한 특별한 규정을 두고 있지 않으므로 원칙적으로 일반채권과 동순위로 배당받는다. 따라서 조세에 관한 우선징수의 원칙이나 압류선착주의는 그 적용이 없고, 다만 **일반채권**과 동일한 순위로 배당받을 뿐이다.

8. 재산형 · 법원의 과태료 등

재산형(범죄자의 재산의 일부를 박탈하는 형벌 : 벌금, 과료 등)이나 법원의 과태료재판에 의하여 확정되는 과태료는 조세라든가 특별한 공과금과는 달리 우선배당에 관한 아무런 규정이 없으므로 일반채권과 동순위로 배당받게 된다. 재산형인 벌금, 과료, 추징 등과 과태료, 소송비용 등의 재판은 검사의 명령에 의하여 집행하는데, 위 각 채권도 배당요구의 종기까지 배당요구를 해야만 일반채권과 동순위로 배당을 받는다.

9. 집행력 있는 일반채권

집행력 있는 집행권원(예 판결 등)을 소지한 자의 채권 중 법 148조 1호의 배당요구의 종기까지 경매신청을 한 압류채권자(이중경매신청채권자)의 채권에 해당하는 것 외에는 배당요구의 종기까지 배당요구를 하여야 한다. 배당요구서는 그 서면의 제목이 권리신고서이든 채권계산서이든 채권의 원인과 액수가 적혀 있다면 배당요구로 볼 것이다(대판 98다53547). 특히 채권의 일부만으로 배당요구를 하였다고 하더라도 배당요구의 종기까지는 나머지 채권에 대하여 추가로 배당요구를 할 수 있다.

10. 가압류채권

(1) 배당요구와 청구금액의 확정

① 가압류로 배당받을 수 있는 경우는?

가압류채권을 가지고 배당을 받을 수 있는 경우는 ㉠ 첫 경매개시결정등기 전에 가압류등기되거나(법 148조 3호), ㉡ 첫 경매개시결정등기 후에 가압류등기된 것은 배당요구의 종기까지 배당요구한 것에 한한다.

② 첫 경매개시결정등기 후의 가압류채권자의 배당요구종기 내 가압류집행의 완료 여부

첫 경매개시결정등기 후의 가압류채권자는 법 148조 2호에 해당하여 배당요구종기까지 그 권리증명을 하고 배당요구를 하여야만 배당받을 수 있으므로 배당요구종기까지 **가압류집행**이 **완료**되어야 한다.

③ 첫 경매개시결정등기 전에 등기된 가압류채권자의 채권신고가 없는 경우의 법원 경매계의 배당방법?

첫 경매개시결정등기 전에 등기된 가압류의 채권자는 배당요구가 없어도 당연히 배당을 받지만, 가압류채권자가 법원경매계장의 채권신고의 최고(법 84조 4항)에 대한 신고를 하지 않은 때에는 그 채권자의 채권액은 등기부등본 등 경매기록에 있는 서류와 증빙에 따라 계산하고, 이 경우 다시 채권액을 추가하지 못하는데(법 84조 5항), 실무에서는 가압류의 청구금액을 채권금액으로 보고 배당을 한다.

(2) 가압류채권의 배당순위

가압류채권의 배당순위는 가압류에 의하여 보전된 피보전권리의 민법 · 상법, 그 밖의 법률에 의한 우선순위에 따른다. 가압류의 피보전권리가 우선변제권 있는 채권임이 소명된 경우(㉦ 임금채권을 원인으로 가압류한 경우)에는 우선변제를 받게 되나, 그렇지 않은 대부분의 경우에는 일반채권자로서만 배당을 받게 된다.

(3) 가압류권자와 저당권 등 담보물권자 사이의 배당의 우선순위

가압류등기가 먼저 되고 나서 저당권 등 담보물권설정등기가 마쳐진 경우에 가압류권자와 담보물권자 사이는 서로 **평등배당**을 하게 된다. 즉 판례는 이와 같은 경우에 관하여 저당권 등 담보물권자는 그보다 먼저 등기된 가압류채권자에 대항하여 우선변제를 받을 권리는 없으나 가압류채권자와 채권액에 비례하여 평등하게 배당을 받을 수는 있다고 판시(대판 86다카2570, 대결 94마417 등)하고 있다.

11. 저당물의 제3취득자가 지출한 필요비 · 유익비 채권

저당권설정등기 후에 목적 부동산의 제3취득자가 그 부동산의 보존, 개량을 위하여 필요비 또는 유익비를 지출한 때에는 민법 203조(점유자의 상환청구권)의 규정에 의하여 저당물의 경매대금에서 우선상환을 받을 수 있다(민법 367조). 그러나 실무상 청구하는 경우는 거의 없다.

제49강

부동산경매의 배당절차 ③

배당기일의 지정 · 통지, 배당표의 작성, 배당순위

1. 배당기일의 지정 · 통지

(1) 배당기일의 지정

① 배당기일의 의의

매수인(낙찰자)이 매각대금을 납부하면 법원경매계는 배당에 관한 진술 및 배당을 실시할 기일을 정하여야 하는데, 실무상 이 기일을 배당기일이라고 한다.

② 배당기일의 지정

매수인이 매각대금을 납부하면 실무상 보통 3일 전 · 후로 배당기일을 지정하되, 배당기일은 대금지급 후 보통 한 달 내의 날로 정한다.

☞ 보통은 매수인의 매각대금의 납부 후에 배당기일을 지정함이 원칙이나, 매수인이 적법하게 채무인수신청이나 차액지급신청(구 상계신청)을 한 경우에는 대금지급기한을 지정할 필요 없이 바로 배당기일을 지정한다.

③ 매수인의 매각대금의 미납으로 재매각을 명한 후 대금납부가 있는 경우의 법원경매계의 조치

매수인이 매각대금을 미납하여 재매각을 명한 후에 대금납부가 있는 경우에는 재매각절차를 취소하고 바로 배당기일을 정한다.

(2) 배당기일의 통지

① 배당기일통지의 대상은?

법원경매계는 배당기일을 정하고 이해관계인과 배당요구채권자에게 이를 통지하여야 한다(법 146조). 실무상 통지는 법원경매계장의 명의로 작성한 배당기일통지서를 송달하는 방법으로 한다.

② 배당기일통지의 시기는?

배당기일통지는 각 채권자와 채무자에 대하여 늦어도 배당기일 3일 전에 도달될 수 있도록 하여야 한다. 왜냐하면 배당기일 3일 전보다 뒤에 통지가 도달되면 법 149조 1항의 3일 간의 배당표열람기간을 지킬 수 없기 때문이다. 실무상으로는 배당기일의 지정과 통지를 동시에 하고 있으며, 채권자들로부터 채권계산서의 제출을 받아 배당표 원안을 작성해야 하므로 보통 배당기일의 2주 내지 3주전에는 도달된다.

③ 배당기일의 통지를 받을 채권자

이 통지를 받을 채권자에는 압류채권자(경매신청채권자)뿐 아니라 법 148조 각호의 배당받을 채권자의 범위에 해당하는 채권자가 모두 포함되며, 청구이의의 소, 제3자

이의의 소, 집행문부여에 대한 이의의 소의 피고로서 집행의 일시정지명령을 받은 채권자에게도 통지를 한다.

④ 매수인(낙찰자)에게도 배당기일을 통지해야 하는지?

매수인에게는 배당기일통지를 할 필요가 없으나, 매수인이 채무인수신청이나 차액지급신청(구 상계신청)을 한 때에는 매수인에게도 통지해야 한다.

⑤ 배당기일의 통지생략 불가 및 공시송달

배당기일의 통지는 통지받을 사람이 외국에 있거나 있는 곳이 분명하지 않은 때에도 통지를 생략할 수 없다. 다만 채무자가 외국에 있거나 있는 곳이 분명하지 않은 때에는 통지하지 않는다. 채권자 중 있는 곳이 분명하지 않아 기일통지가 불가능하게 되면 직권으로 공시송달을 하게 된다.

⑥ 배당기일의 통지누락에 대한 불복방법

배당기일의 통지누락에 대한 불복은 집행에 관한 이의로 다툴 수 있다.

[배당기일지정 예]

서 울 중 앙 지 방 법 원
배당기일지정

사　　건　2009타경67　부동산강제경매
채 권 자　○○○
채 무 자　○○○
소 유 자　채무자와 같음

위 사건의 배당기일을 2009. 10. 22. 16:00 로 지정한다.

2009. 9. 22.

사법보좌관　우 경 매

[배당기일통지서 예]

서 울 중 앙 지 방 법 원
배당기일통지서

사　　건　　2009타경67　부동산강제경매
채 권 자　　○○○
채 무 자　　○○○
소 유 자　　채무자와 같음

배당기일　　2009. 10. 22. 16:00 북관 2층 211호 경매법정

위와 같이 배당기일이　지정되었으니 이 법원에 출석하시기 바랍니다.

2009.　9.　22.

법원사무관　○ ○ ○　(직인생략)

◇ 유 의 사 항 ◇

1. 임차인을 제외한 채권자는 채권의 원금 · 배당기일까지의 이자, 그 밖의 부대채권 및 집행비용을 적은 계산서를 이 통지서를 받은 날로부터 1주 안에 법원에 제출하시기 바랍니다. 채권계산서 양식은 아래 1)과 같습니다(임차인은 아래 3.의 서류만 제출하시면 됩니다). 채권자가 채무자로부터 전부 변제받은 경우에도 채권계산서를 제출하여 주시기 바랍니다(이 경우 채권 원금, 이자, 비용, 합계를 각 "0원"으로 기재합니다).
2. 계산서에는 채권원인증서의 사본을 첨부하고, 채권원인증서의 원본은 배당요구서에 첨부한 경우가 아니면 배당당일에 제출하셔야 합니다.
3. 임차인이 배당금을 수령하려면 ① 임대차계약서원본, ② 주택임차인은 주민등록등본, 상가건물임차인은 등록사항등의 현황서 등본 ③ 매수인의 인감이 날인된 임차목적물명도(퇴거)확인서, ④ 매수인의 인감증명서를 각 1통씩 배당당일에 제출하셔야 합니다(단, 배당요구종기까지 배당요구한 임차인에 한하여 배당받을 수 있습니다.) 명도(퇴거)확인서 작성요령은 아래 2)에 있습니다.
4. 대리인이 배당금을 수령할 때에는 주민등록증 기타신분증을 지참하시고 위임장 2통, 위임자의 인감증명서 2통, 법인인 경우에는 법인 등(초)본 2통, 기타자격증

명서면(재직증명서등)을 제출하셔야 합니다. 위임장 작성 요령은 아래 3)에 있습니다.

5. 대리인이 배당기일에 출석하여 배당이의를 할 때에는 개인의 경우 배우자 또는 4촌 이내의 친족, 법인의 경우 피고용자로서 소송대리허가신청서와 관계 소명자료(주민등록등본, 호적등본, 재직증명서 등)를 작성, 제출하여 집행법원의 허가를 받아야 합니다.
6. 배당기일통지서를 받은 이해관계인일지라도 배당순위에 의하여 배당금이 없는 경우도 있습니다. 배당금 유무는 배당기일 3일 전부터 집행계에 확인하실 수 있습니다.
7. 채권자가 배당액을 입금할 예금계좌(예금통장사본 첨부) 및 채권자의 주민등록번호(법인인 경우 사업자등록번호)를 신고하면 그 예금계좌에 입금하여 드릴 수 있습니다. 이 경우 입금에 소요되는 수수료는 채권자 부담입니다.
8. 배당이의는 지정된 배당장소에서 배당기일 당일에 한하여 구술로만 가능합니다.(단, 채무자는 배당기일 3일전부터 서면으로도 가능)
9. 배당이의를 한 경우에는 배당기일로부터 7일 이내에 집행계에 배당이의의 소 제기증명서 및 그 소장 사본을 제출하거나 또는 청구이의의 소 제기증명서, 그 소장 사본 및 집행정지재판의 정본을 제출하여야 합니다.
10. 배당금이 공탁된 이후에는 본인이 직접 배당금을 수령하는 경우에도 인감도장을 지참하고, 인감증명서(관공서인 경우와 배당금 300만 원 이하를 청구하는 경우는 제외)를 공탁관에게 제출하여야 합니다(주소변동 있는 경우 주민등록초본 등도 필요).
11. 사건진행ARS는 지역번호 없이 1588-9100입니다. 바로 청취하기 위해서는 안내음성에 관계없이 '1'+'9'+[열람번호 000210 2006 013 40448] +'*'를 누르면 됩니다.

법원소재지	서울 서초구 서초동 1701-1
전 화[장소]	530-0000

1) 사건번호 2009타경67

	채 권 원 금	이 자 (20 . . .부터 배당기일까지)	기 타 (비용, 부대채권)	합 계
채권계산서				

20 . . .

채권자 (날인 또는 서명) ☎ :

2) 문서제목을 명도(퇴거)확인서로 하여 배당기일통지서상의 『사건번호, 사건명, 채권자, 채무자의 표시와 퇴거대상 부동산의 표시』를 한 다음, 『임차인 ○○○는 매수인 000에게 위 부동산을 0년 0월 0일 틀림없이 비워주었다』는 사실을 기재하시고 매수인의 인감날인을 받으면 됩니다. (임차인은 위 서류를 미리 준비해 두셨다가 배당기일 당일에 제출하시거나, 일단 본인의 배당금(배당표)을 최종 확인하신 후 이를 준비하여 배당기일로부터 가능한 한 1주일 내에 담당계에 들러 위 서류들을 제출하여 배당금출급명령을 수령하셔도 됩니다.)

3) 배당기일통지서상의 『사건번호, 사건명, 채권자, 채무자의 표시와 위임을 한 사람과 위임받은 사람을 기재하시고, 위임인 ○○○는 0년 0월 0일 수임인 ○○○에게 '배당금출급 및 수령에 관한 권한 일체를 위임해 주었다'』는 사실을 기재하고 인감도장을 날인한 위임장 2통을 작성하시면 됩니다.

2. 배당표의 작성

(1) 배당표 원안의 작성

1) 배당표원안의 작성시기와 작성자료

① 배당표원안의 의의

채권자들이 제출한 계산서와 기록을 기초로 하여 법원경매계에서 채권자들에 대한 배당액, 그 밖에 배당실시를 위하여 필요한 일정사항을 적은 문서로서, 배당기일에 채권자들로 하여금 배당에 관한 의견을 진술시키는 기초가 되는 것을 배당표원안이라 한다.

② 배당표의 확정시기

이 배당표는 법원경매계에서 작성하는 것만으로 그대로 확정되는 것이 아니고(배당계획안에 불과함) 배당기일에 채권자들 사이에 합의가 성립되거나 이의가 없을 때 비로소 배당표로서 확정된다.

③ **배당표의 작성시기와 작성자료**

배당표는 계산서 제출기간(보통 채권자들이 배당기일통지서를 받고 1주일 내에 경매계에 채권계산서를 제출함)이 지난 뒤에 작성한다. 채권자들이 계산서를 제출한 때에는 계산서에 적힌 채권액과 우선권을 기초로 하여 배당표를 작성한다. 또한 집행비용에 관하여는 법원경매계에서 계산서뿐만 아니라 소명자료, 경매기록 등을 참작하여 계산하게 된다.

④ **채권자가 계산서를 제출하지 않은 경우**

채권자가 계산서를 제출하지 않은 때에는 경매기록에 나타난 담보권이나 가압류의 내용, 배당요구서나 집행력 있는 정본의 취지와 그 증빙서류에 따라 경매계에서 채권자들의 채권을 계산하여 배당표원안을 작성한다.

⑤ **배당에서 제외하는 경우**

계산서의 제출도 없고 기록상으로도 채권액이 분명하지 않은 경우에는 그 채권은 배당에서 제외한다.

2) 배당표원안의 경정

배당표원안을 작성한 후라도 배당표원안에 기재된 내용에 관하여 잘못된 계산 등 분명한 잘못이 있는 때에는 신청 또는 직권에 의하여 경정할 수 있다.

3) 배당표원안의 비치와 열람

① **배당표원안의 비치시기**

법원경매계는 배당기일에 출석한 이해관계인과 배당을 요구한 채권자를 심문하여 배당표를 확정하여야 하나, 그에 앞서 채권자와 채무자에게 보여주기 위하여 늦어도 배당기일의 3일전까지는 배당표원안을 작성하여 이를 경매계에 비치하여야 한다(법 149조 1항, 2항). 배당표의 비치는 경매계장의 사무실에 하게 된다(배당표의 예는 후술 '3. 배당순위' 참조).

② **배당표의 비치 및 비치기간을 준수하지 않은 경우의 효과**

배당표를 비치하지 않거나 배당표 비치기간을 준수하지 않으면 배당기일의 변경 또는 연기의 사유가 되지만, 배당절차의 무효나 취소사유가 되지는 않는다.

③ **이해관계인 및 배당요구채권자들의 배당표에 대한 이의방법**

비치된 배당표원안을 열람한 이해관계인 및 배당을 요구한 채권자들은 배당표에 기재된 내용에 대하여 이의가 있을 경우에는 반드시 배당기일에 **출석**하여 이의를 진술하여야 하고 미리 서면으로 이의할 수 없다. 다만 **채무자**는 법원에 배당표원안이 비치된 이후 배당기일이 끝날 때까지 채권자의 채권 또는 그 채권의 순위에 대하여 서면으로도 이의할 수 있다(법 151조).

(2) 배당표에 적어야 할 사항

법 150조 1항은 배당표에 매각대금, 각 채권자의 채권의 원금, 이자, 비용, 배당의 순위와 배당비율을 적도록 규정하고 있으나 재판사무에 관한 문서양식에 관한 예규의 배당표양식에 의하면 배당표에는 위 사항 외에 배당법원의 표시, 사건번호, 배당할 금액, 매각부동산, 채권자의 이름, 배당순위와 이유, 배당액, 잔여액 등을 적도록 되어 있다.

(3) 배당표등본의 신청방법

매각부동산의 이해관계인 및 배당요구채권자들이 배당표등본을 신청하기 위하여 필요한 서류는 배당표등본신청서(양식은 경매계 접수대에 비치되어 있음), 인지대 1,000원, 대리인일 경우 위임장이다.

3. 배당순위

(1) 배당순위의 결정

배당순위는 민법 · 상법, 그 밖의 법률에 의한 우선순위에 따라 정하여진다(법 145조 2항). 배당참가채권이 모두 일반채권이면 평등한 비율로 배당을 받게 되지만, 우선변제채권이 있으면 민법 · 상법 기타 법률에 의한 우선순위에 따라서 배당하여야 한다.

(2) 배당원리의 기초

1) 물권상호간의 순위(물권과 물권끼리 만났을 때)

물권은 배타성(독점력)이 있다. 저당권(근저당권), 전세권, 가등기담보권 등의 상호간 권리의 우선순위는 설정등기의 선후에 의하여 정하여진다. 또한 등기부상 동구(갑구는 갑구대로, 을구는 을구대로 비교했을 때)에서는 순위번호에 의하고, 별구(갑구와 을구를 동시에 비교했을 때)에서는 접수번호에 의하여 우선순위를 정한다.

〈예〉 배당할 금액(배당재단) 8,000만원

배당순위	권리내용	채 권 자	원인(설정)일자	배 당 액
1	채권자(근저당권) 5,000만원	이소영	2009. 2. 3.	5,000만원
2	근저당권 2,500만원	신나라	2009. 6. 11.	2,500만원
3	전 세 권 4,500만원	김도만	2009. 11. 2.	500만원

▶ 말소기준권리는 이소영의 근저당권이다. 위의 권리들은 모두 물권으로서 상호간 권리의 우선순위는 설정등기의 선후에 의하여 정하여지므로 배당절차에서 이소영은 5,000만원을, 신나라는 2,500만원을, 김도만은 500만원을 배당받게 된다. 나아가 위의 권리들은 매각으로 모두 소멸된다.

2) 채권상호간의 순위(채권과 채권끼리 만났을 때)

채권상호간에는 우열이 없고 평등하므로 채권의 발생원인 및 발생시기의 선후에 관계없이 채권금액에 비례하여 동순위로 배당하게 되는 데, 이것을 실무상 안분배당이라고 한다.

〈예〉 배당할 금액(배당재단) 7,000만원

배당순위	권리내용	채 권 자	원인(설정)일자	배 당 액
1	채권자(판결) 4,000만원	이소영	2009. 2. 3. 경매개시결 정기입등기	2,800만원
1	가압류 3,500만원	신나라	2009. 6. 11.	2,450만원
1	가압류 2,500만원	김도만	2009. 11. 2.	1,750만원

▶ 말소기준권리는 신나라의 가압류이다. 위 사례는 채권자 이소영이 집행권원(판결)을 얻어 강제경매를 신청한 것인 데, 판결은 가압류와 같이 일반채권으로서 서로 우열이 없으므로 동순위로 각 채권액에 비례하여 안분배당을 받게 된다. 채권상호간의 안분배당 공식[**안분배당 = 배당재단 × 해당채권액 / 각 채권액의 합계**]에 따라 계산하면 다음과 같다.

❶ 채권자(판결) 이소영 : 7,000만원 (배당재단) × 4,000만원(해당채권액) / 1억원(각 채권액의 합계) = 배당액(28,000,000원)

❷ 가압류권자 신나라 : 7,000만원 (배당재단) × 3,500만원(해당채권액) / 1억원(각 채권액의

합계) = 배당액(24,500,000원)
❸ 가압류권자 김도만 : 7,000만원 (배당재단) × 2,500만원(해당채권액) / 1억원(각 채권액의 합계) = 배당액(17,500,000원)

3) 물권과 채권간의 순위

① **물권우선주의**

동일 물건 위에 물권과 채권이 성립한 경우 원칙적으로 그 성립시기와 선후에 관계없이 물권이 채권에 우선한다.

② **물권우선주의의 예외**

- **등기된 부동산임차권**
  부동산임차권에 등기를 하면 제3자에 대하여 대항력이 있으므로 그 후에 성립하는 물권에 우선한다. 주택(상가건물)임대차에 있어 대항요건을 갖춘 경우도 동일하다.
- **가 등 기**
  부동산소유권이전청구권 가등기를 해두고 후에 이에 기하여 본등기를 하게 되면 부동산물권의 효력이 가등기를 한 때로 소급하게 되므로 가등기 이후에 성립한 물권에 우선한다.
- **등기부상 최초의 가압류**
  등기부상에 물권(근저당권 등)보다 우선하여 기입된 가압류등기가 있으면 이후 설정된 물권보다 순위가 앞서지는 못하지만 물권보다 뒤지지도 않는다. 즉 최초의 가압류와 이후의 물권과는 동순위가 된다.
- **우선특권**
  법률이 정책적으로 특정채권을 물권에 우선시키는 경우가 있는데, 임금채권, 주택(상가건물)임대차보증금에 관한 우선특권이 그것이다.

〈예〉 배당할 금액(배당재단) 5,000만원

배당순위	권리내용	채 권 자	원인(설정)일자	배 당 액
1	근저당권 2,000만원	이소영	2009. 2. 3.	2,000만원
2	근저당권	신나라	2009. 6. 11.	2,500만원

	2,500만원			
3	가압류 3,000만원	김도만	2009. 11. 2.	500만원

▶ 말소기준권리는 이소영의 근저당권이다. 물권인 근저당이 채권인 가압류에 앞서므로 순차배당을 해야 하는 경우이다. 배당을 해보면, 가장 순위가 빠른 이소영의 근저당이 2,000만원 전액을 배당받게 되고, 그 다음 순위인 신나라가 근저당권에 기하여 2,500만원 전액을 배당받는다. 배당순위가 가장 느린 가압류권자인 김도만은 1, 2순위 근저당권자에게 배당하고 남은 금액 500만원을 배당받게 된다.

4) 특수배당(흡수배당 · 순환배당)의 문제

① 흡수배당(안분흡수배당)

㉠ 배당받을 채권자들 사이에 배당순위가 고정되지 않고 채권자들 사이에 우열관계가 상대에 따라 변동이 있는 경우에, 그에 관계된 각 채권자의 채권액에 비례하여 안분배당하여야 한다는 **안분배당설**과, ㉡ 위와 같이 안분한 후(1단계), 각각 자신의 채권액 중 1단계에서 안분배당 받지 못한 금액(부족액)에 달할 때까지 자신에게 열후(배당순위가 뒤지는)하는 채권자의 안분액으로부터 흡수(2단계)하여 그 결과를 배당하여야 한다는 **안분후흡수설**이 있는데, 판례(대판 91다44407 등)와 실무는 안분후흡수설에 따르고 있다.

☞ 다만 안분후흡수설의 경우 2단계로 후순위자의 안분배당액을 흡수함에 있어서 흡수할 금액은 자신의 채권액 중 1단계에서 **안분배당받지 못한 부족액**과 1단계에서 **후순위자에게 안분배당된 금액**을 각 한도로 하고, 또한 흡수는 각 흡수할 채권자마다 **한번으로 종결**시켜야 하고, 다시 위와 같은 절차를 반복하여서는 안 된다.

〈예〉 배당할 금액(배당재단) 6,000만원

배당순위	권리내용	채 권 자	원인(설정)일자	배 당 액
1	가압류 2,000만원	이소영	2009. 2. 3.	1,500만원
2	근저당 5,000만원	신나라	2009. 6. 11.	4,500만원
3	근저당 1,000만원	김도만	2009. 11. 2.	0원

㉠ **1차배당(안분배당)**

[안분배당식 = 배당재단 × 해당채권액 / 각 채권액의 합계]

- **가압류권자 이소영** : 1,500만원 [배당재단(6,000만원) × 이소영의 해당채권액

(2,000만원) / 각 채권액의 합계(8,000만원)]

- **근저당권자 신나라** : 3,750만원 [배당재단(6,000만원) × 신나라의 해당채권액 (5,000만원) / 각 채권액의 합계(8,000만원)]
- **근저당권자 김도만** : 750만원 [배당재단(6,000만원) × 김도만의 해당채권액 (1,000만원) / 각 채권액의 합계(8,000만원)]

ⓛ 2차배당(안분 후 흡수배당)

위와 같이 안분한 후(1차배당), 각각 자신의 채권액 중 1차배당(1단계)에서 안분받지 못한 금액(부족액)에 달할 때까지 자신에게 열후하는 채권자의 안분액으로부터 흡수(2차배당)하여 그 결과를 배당하여야 한다는 안분후흡수설에 따라 2차배당(2단계)을 실시한다.

- **가압류권자(이소영)의 경우**

먼저 우선채권자인 가압류권자 이소영의 배당액(1,500만원)은 법원에 공탁되고, 차후에 가압류권자가 채무자를 상대로 본안소송을 제기하여 승소하였을 때에 그 공탁금을 회수하는 절차를 밟게 된다.

즉 본안소송에서 가압류채권자가 승소하여 집행력 있는 종국판결을 취득한 때, 혹은 그에 준하는 화해조서, 그 밖의 집행권원을 취득한때 가압류채권자가 집행권원을 제출하면 법원사무관 등은 그 채권자에게 배당액을 지급하여야 한다.

그러나 가압류의 피보전채권의 부존재가 본안의 판결로 확정되거나 가압류결정 취소 등에 의하여 가압류집행이 취소된 때에는 공탁된 배당액은 아직 만족하지 못한 채권자가 있으면 추가배당을 하여야 하고(법 161조 2항 1호), 그렇지 않으면 채무자(강제경매), 소유자(임의경매) 또는 채무자 · 소유자 외의 항고인(강제 · 임의경매)에게 지급하여야 한다.

- **근저당권자(신나라)의 경우**

근저당권자 신나라는 근저당권자 김도만에 대하여 우선변제권이 있으므로 신나라의 피담보채권 중 1차배당(1단계)에서 배당받지 못한 부족분(1,250만원)을 김도만의 안분액(750만원)으로부터 흡수한다. 그 결과 4,500만원(3,750만원+750만원)을 최종적으로 배당받게 된다.

- **근저당권자(김도만)의 경우**

1차 배당액(750만원)을 안분후흡수설에 따라 2차배당에서 우선채권자인 신나라에게 모두 흡수당하였으므로 김도만의 최종적인 배당금액은 0원이 된다.

☞ **흡수의 방법**

㉠ 흡수하는 측 : 흡수하는 측(신나라)에서 흡수가능한 액수는 1차배당에서 안분비례한 금액(3,750만원)이 자신의 채권액(5,000만원)에 못 미치는 금액(1,250만원)만을 흡수할 수 있다.

㉡ 흡수당하는 측 : 반면에 흡수당하는 측(김도만)에서 빼앗기는 금액은 1차배당에서 안분비례한 금액(750만원)한도 내에서만 흡수를 당한다.

㉢ **최종배당액의 확정**

- **가압류권자(이소영)** : 1,500만원
- **근저당권자(신나라)** : 4,500만원
- **근저당권자(김도만)** : 0원

② 순환배당(순환흡수배당)

다음의 권리관계에서와 같이 서로 상호 순위가 모순되는 관계에 있는 경우에는 채권자들 사이의 관계에서 순환이 되풀이 되는데 이것을 **순환배당**이라 한다. 순환배당을 쉽게 말하면, '서로 잡아먹고 잡아먹히는 관계'라고 할 수 있다.

〈예〉 배당할 금액(배당재단) 6,000만원

배당순위	권리내용	채 권 자	원인(설정)일자	배 당 액
1	가압류 4,000만원	이소영	2009. 2. 3.	1.200만원
1	근저당 2,000만원	신나라	2009. 6. 11.	2,000만원
1	조세(당해세 아님) 3,000만원	강남세무서	2009. 11. 2. (법정기일)	2,800만원
1	가압류 1,000만원	김도만	2010. 1. 28.	0원

먼저 말소기준권리는 이소영의 가압류이다.

위 권리관계의 경우 이소영의 가압류는 신나라의 근저당권과 김도만의 가압류에 대하여 평등한 반면, 강남세무서의 조세에 대하여는 후순위이다. 그리고 신나라의 근저당권은 강남세무서의 조세와 김도만의 가압류에 대하여 우선하지만, 이소영의 가압류와는 동순위이다. 강남세무서의 조세는 이소영, 김도만의 각 가압류에 대하여 우선하지만, 신나라의 근저당권보다는 후순위이다.

또한 순환은 모든 채권자에 대하여 1회 발생하고 1회 순환하면 흡수과정도 종료된다.

㉠ **1차배당(안분배당)**

[안분배당식 = 배당재단 × 해당채권액 / 각 채권액의 합계]

- **가압류권자 이소영** : 2,400만원 [배당재단(6,000만원) × 이소영의 해당채권액(4,000만원) / 각 채권액의 합계(1억원)]
- **근저당권자 신나라** : 1,200만원 [배당재단(6,000만원) × 신나라의 해당채권액(2,000만원) / 각 채권액의 합계(1억원)]
- **조세권자 강남세무서** : 1,800만원 [배당재단(6,000만원) × 강남세무서의 해당채권액(3,000만원) / 각 채권액의 합계(1억원)]
- **가압류권자 김도만** : 600만원 [배당재단(6,000만원) × 김도만의 해당채권액(1,000만원) / 각 채권액의 합계(1억원)]

㉡ 2차배당(순환흡수배당)

먼저 흡수의 시작순서는 최선순위 근저당권부터 설정된 시간순으로 한다. 그리고 흡수를 할 때(잡아먹을 때) 뿐만이 아니라 흡수를 당할 때(잡아먹힐 때)에도 흡수당하는 채권자들 중에서 가장 열후한(배당순위가 가장 늦은 채권자) 채권자의 안분액부터 흡수를 당하게 된다.

- **근저당권자 신나라의 경우**

근저당권자 신나라는 조세채권자 강남세무서, 가압류권자 김도만으로부터 흡수를 할 수 있는데, 자기의 채권액에 부족한 800만원을 먼저 강남세무서와 가압류권자 김도만 중 순위가 뒤지는 가압류권자 김도만으로부터 600만원을 흡수하고, 나머지 200만원을 조세채권자 강남세무서로부터 흡수한다.

☞ **근저당권자 신나라의 최후배당액 = 2,000만원**(1차 안분배당액 : 1,200만원 + 김도만으로부터의 흡수액 600만원 + 강남세무서로부터의 흡수액 200만원)

결국 근저당권자 신나라는 자기의 청구채권액 2,000만원을 모두 배당받게 되고, 조세채권자 강남세무서는 1차에서 안분배당 받은 금액 중 200만원을 흡수당하여 1,600만원이 남게 되며, 가압류권자 김도만은 1차에서 안분배당 받은 금액 600만원을 모두 흡수당하여 0원이 된다.

- **조세권자 강남세무서의 경우**

조세권자 강남세무서는 가압류권자 이소영과 김도만에 우선하므로 그들로부터 흡수를 할 수 있는데, 가압류권자 김도만이 1차 안분배당 받은 600만원을 모두 근저당권자 신나라에게 흡수당하여 뺏겨 버렸으므로 가압류권자 이소영으로부터만 자기의 부족분 1,200만원을 흡수하게 된다.

이때 강남세무서가 가압류권자 이소영으로부터 흡수할 수 있는 금액의 기준은 원래의 안분액이다. 즉 1차의 안분배당액이 자기의 청구채권액에 부족한 금액 1,200만원(청구채권액 3,000만원 - 1차 안분배당액 1,800만원)을 흡수할 수 있을 뿐이고,

자기의 1차 안분배당액 중에서 근저당권자 신나라에게 흡수당한 200만원까지 추가로 가압류권자 이소영으로부터 흡수할 수 있는 것이 아니다. 다시 말하면 자기가 빼앗겼다고 해서 그 빼앗긴 부분까지 다시 후순위자로부터 흡수할 수 있는 것이 아니라는 것이다.

결국 조세권자 강남세무서는 2,800만원(1차 안분배당액 1,800만원－근저당권자 신나라에게 흡수당한 금액 200만원＋가압류권자 이소영으로부터의 흡수액 1,200만원)을 최종적으로 배당받게 된다.

- **가압류권자 이소영 · 김도만의 경우**

가압류권자 이소영 · 김도만은 다른 채권자들과의 사이에서 동순위이거나 혹은 후순위일 뿐이므로 흡수할 수 있는 금액이 없다. 따라서 가압류권자 이소영은 조세권자 강남세무서에게 흡수당한 1,200만원을 제외한 1,200만원을 배당받고 가압류권자 김도만은 배당액이 없다.

실전사례

Q 甲은 지인 乙에게 5,000만원을 빌려주면서 乙소유의 주택에 근저당권설정등기를 하였다. 그런데 나중에 알고 보니 근저당권설정등기 하루 전에 丙명의의 가압류등기가 있었고, 甲의 근저당권설정등기 이후에도 丁명의의 근저당권이 설정되었다. 그 후 乙의 사업이 망하여 乙의 주택이 경매신청 되었는데, 만일 위 주택이 경매절차에서 매각(낙찰)된다면 가압류보다 후순위로 근저당권설정등기를 완료한 甲은 매각대금에서 배당 받을 수 있는지?

A 위 사안은 부동산가압류 후 설정된 근저당권자, 즉 가압류 후에 1번 근저당권, 2번 근저당권이 순차적으로 설정된 경우로서 1번 근저당권의 배당순위를 물어보는 경우이다.

가압류는 금전채권의 집행을 보전하기 위한 보전처분으로서, 가압류 이후에 설정된 근저당권자는 가압류의 처분금지의 효력에 의하여 가압류채권자에게 대항할 수 없게 된다. 그러나 이것은 근저당권자가 선순위 가압류채권자에게 근저당권자로서의 우선변제권을 인정받지 못한다는 것이지, 가압류채권자가 근저당권자에게 우선하여 변제 받는다는 것은 아니다. 즉 선순위 가압류채권자와 후순위 근저당권자간의 배당관계는 **평등배당**의 관계에 있다(대결 94마417). 그리고 동일한 근저당권자간에는 먼저 설정등기를 마친 근저당권자가 우선변제를 받게 된다.

따라서 선순위 가압류채권자와 각 근저당권자는 같은 순위로서 각 채권액에 따라 1차적으로 안분배당을 받되, 2차적으로 1번 근저당권(甲)은 2번 근저당권(丁)에 우선하므로 1번 근저당권자 甲은 2번 근저당권자 丁이 받을 배당액으로부터 자기의 채권액을 충족시킬 때까지 2번 근저당권자 丁의 배당액에서 우선적으로 흡수를 하게 된다. 1차 안분배당 후 2차 흡수하는 관계를 법원경매 실무상 "안분후흡수"라고 한다. 위 사안의 경우에 판례도 실무와 같이 "안분후흡수설"을 취한다.

(3) 각 채권자의 배당순위

1) 매각재산에 조세채권의 법정기일 전에 설정된 저당권 · 전세권에 의하여 담보되는 채권이 있는 경우(법정기일 전 담보채권이 있는 경우)

- 제1순위 : 집행비용(공익비용)
- 제2순위 : 저당물의 제3취득자가 그 부동산의 보존 · 개량을 위하여 지출한 필요비 · 유익비(민법 367조)
- 제3순위 : 주택(상가건물)의 소액보증금, 최종 3개월분 임금 · 최종 3년간의 퇴직금 · 재해보상금
- 제4순위 : 당해세[집행의 목적물에 대하여 부과된 당해세(국세 · 지방세와 그 가산금)]
- 제5순위 : 국세 · 지방세의 법정기일 전에 설정등기된 저당권 · 전세권에 의하여 담보되는 채권
- 제6순위 : 근로관계채권 [제3순위(근로기준법 38조 2항) 임금채권에 해당 안되는 임금 기타 근로관계로 인한 채권]
- 제7순위 : 당해세가 아닌 조세 [국세 · 지방세 및 그 징수금(체납처분비 · 가산금 등)]
- 제8순위 : 조세 다음순위의 공과금 [국세 · 지방세의 다음으로 징수되는 공과금 중 산업재해보상보험료, 건강보험료, 국민연금보험료, 고용보험료, 의료보험료, 국민의료보험료]
- 제9순위 : 일반채권 [일반채권자의 채권, 재산형, 과태료, 국유재산법상의 사용료 · 대부료 · 변상금채권]

① **제1순위 : 집행비용**(공익비용)

② **제2순위 : 저당물의 제3취득자가 그 부동산의 보존 · 개량을 위하여 지출한 필요비 · 유익비**(민법 367조)

③ **제3순위 : 주택**(상가건물)**의 소액보증금, 최종 3개월분 임금 · 최종 3년간의 퇴직금 · 재해보상금**

- 주택(상가건물)임차인은 보증금 중 일정액을 담보권자 및 조세채권자보다 우선하

여 변제받는다(주보법 8조, 상보법 14조, 국세기본법 35조 1항 4호, 지방세법 31조 2항 4호).

- 근로기준법상의 근로자는 최종 3개월분의 임금과 최종 3년간의 퇴직금 및 재해보상금을 저당권에 의하여 담보되는 채권, 조세채권자보다 우선하여 변제받는다(근로기준법 38조 2항, 근로자퇴직급여보장법 11조, 국세기본법 35조 1항 5호, 지방세법 31조 2항 5호).
- 이들 채권이 서로 경합하는 경우에는 동등한 순위의 채권으로 보아 채권액에 비례하여 배당한다(예규).

④ **제4순위 : 당해세 [집행의 목적물에 대하여 부과된 당해세(국세 · 지방세와 그 가산금)]**

당해세란 집행목적물에 대하여 부과된 국세, 지방세와 그 가산금을 말하고, 이는 저당권 · 전세권으로 담보되는 채권보다 우선하여 징수한다(국세기본법 35조 1항 3호, 지방세법 31조 2항 3호).

- 지방세에 관하여 1992. 1. 1.부터 당해세우선원칙을 폐지(지방세 당해세의 폐지기간 : 1992.1.1.~1995.12.31)하였다가 다시 부활하여 1996. 1. 1.부터 시행하였으므로, **1996. 1. 1. 이후**에 납세의무가 성립된 당해세는 당해세 우선규정이 전혀 없는 시점 또는 그 이전에 등기된 저당권자의 피담보채권에 대하여 우선할 수 **없다**(대판 98다59125).
- 소유자의 취득일보다 저당권설정일이 앞서는 경우 소유자에 대한 당해세는 저당권보다 후순위가 된다(대판 2004다51153 참조).

⑤ **제5순위 : 국세 · 지방세의 법정기일 전에 설정등기된 저당권 · 전세권에 의하여 담보되는 채권**

- 저당권 · 전세권이 국세 등의 법정기일 전에 등기되어야 하고, 법정기일은 국세기본법(35조 1항 3호)과 지방세법에서 정하고 있다. 저당권 · 전세권의 설정일과 조세의 법정기일이 같은 경우에는 조세채권이 우선한다(다수설).
- 조세압류등기 후에 발생한 조세채권은 배당요구종기까지 **교부청구**가 있어야 배당을 받을 수 있고, 그 교부청구가 있는 경우 저당권 등과의 우열은 **법정기일**과 **설정등기일**을 비교하여 가리게 된다.
- 저당권, 전세권, 임차권, 담보가등기 등 권리의 상호간의 우열관계는 등기의 선후로 정하여 진다.

※ **당해세보다 〈 저당권이 우선하는 경우**

1. **저당부동산이 양도(상속)된 경우** : 양수인에 대하여 부과된 당해세를 포함한 조세채권보다 〈 저당권이 우선(대판 2004다51153 : 양도, 대판 2005다13257 : 상속).
2. **경매도중 저당부동산이 양도된 경우** : 양도인에 대하여 부과된 당해세를 포함한 조세채권보다 〈저

당권이 우선(대판 98다24396). 다만 체납세금 보전을 위한 압류를 한 경우에는 당해세가 〉저당권보다 우선.

3. **당해재산에 부과된 조세로서 당해세 요건인 저당권자의 예측가능성이 없는 경우** : 당해세보다 〈 저당권이 우선(대판 96다23184).

⑥ 제6순위 : 근로관계채권 [제3순위(근로기준법 38조 2항) 임금채권에 해당 안되는 임금 기타 근로관계로 인한 채권]

위 제3순위로 배당받는 임금 등 채권을 제외한 임금 기타 근로관계로 인한 채권은 저당권의 피담보채권보다는 **후순위**이나, 조세 등 공과금 및 다른 채권보다는 **선순위**이다. 다만 조세 등 공과금이 저당권에 우선하는 경우에는 조세 등 공과금 > 저당권의 피담보채권 > 임금의 순위로 배당받는다.

⑦ 제7순위 : 당해세가 아닌 조세 [국세 · 지방세 및 그 징수금(체납처분비 · 가산금 등)]

- 국세와 지방세 간에는 우열이 없으며, 교부청구된 조세상호간에도 교부청구의 선후에 관계없이 동순위이다(국세기본법 35조, 지방세법 31조).
- 조세채권과 일반채권 사이에는 조세채권 우선주의가 적용된다.
- 조세채권의 경우 경매개시결정기입등기 전 체납처분으로 압류시 교부청구의 효력이 있고, 경매기입등기 후에 비로소 압류한 경우는 배당요구의 종기까지 교부청구를 해야 한다.

⑧ 제8순위 : 조세 다음순위의 공과금 [국세 · 지방세의 다음으로 징수되는 공과금 중 산업재해보상보험료, 건강보험료, 국민연금보험료, 고용보험료, 의료보험료, 국민의료보험료]

배당실무에 있어 국민건강보험공단의 건강보험료, 근로복지공단의 산재 · 의료보험료 등의 공과금의 교부청구가 빈번한데, 위와 같은 공과금은 전술한바와 같이 다음과 같이 처리한다.

- 조세채권보다는 후순위이므로 조세채권을 우선 배당한다.

  조세채권 〉 보험료

- 근저당권 등의 담보물권과는 근저당권 등의 **설정일자**와 위 공과금의 **납부기한**을 비교하여 우열을 정한다. 즉 위 공과금의 납부기한 전에 설정된 저당권 등에 대하여는 우선하지 못하나, 그 납부기한 이후에 설정된 저당권 등에 대하여는 우선하여 배당한다.

  납부기한 전 근저당권 등 〉 보험료, 보험료 〉 납부기한 후 근저당권 등

- 일반채권보다는 항상 앞서므로 위 공과금을 일반채권보다 우선 배당한다.

  보험료 〉 일반채권

- 국민건강보험공단과 근로복지공단의 쌍방 보험료 등의 경합시 그 우열은 위 공과금의 **납부기한**으로 정한다.

⑨ **제9순위 : 일반채권 [판결 등의 집행권원을 가진 일반채권자의 채권, 재산형, 과태료, 국유재산법상의 사용료 · 대부료 · 변상금채권]**

2) 매각재산에 조세채권의 법정기일 후에 설정된 저당권 · 전세권에 의하여 담보되는 채권이 있는 경우(법정기일 후 담보채권이 있는 경우)

- 1, 2, 3순위 : 앞서 본 바와 같다.
- 4순위 : 당해세를 포함한 조세 기타 이와 동순위의 징수금
- 5순위 : 조세 다음 순위의 공과금 중 납부기한이 담보권(저당권 · 전세권)보다 선순위인 보험료 [조세 다음 순위의 공과금 중 납부기한이 저당권 · 전세권의 설정등기보다 앞서는 고용보험 및 산업재해보상보험의 보험료 징수 등에 관한 법률상의 보험료 그 밖의 징수금, 구 국민의료보험법상의 의료보험료, 국민건강보험법상의 건강보험료 및 국민연금법상의 연금보험료]
- 6순위 : 저당권 · 전세권에 의하여 담보되는 채권(법정기일 후에 설정된 담보채권)
- 7순위 : 근로관계채권[제3순위(근로기준법 38조 2항) 임금채권에 해당 안되는 임금 기타 근로관계로 인한 채권]
- 8순위 : 위 5순위 아닌 조세 다음 순위의 공과금[조세 다음 순위의 공과금 중 산업재해보상보험법상의 산업재해보상보험료 기타 징수금, 구 의료보험법에 의한 의료보험료, 구 국민연금법에 의한 연금보험료 및 납부기한이 저당권 · 전세권의 설정등기보다 후인 구 국민의료보험법상의 의료보험료, 국민건강보험법상의 건강보험료 및 국민연금법상의 연금보험료]
- 9순위 : 일반채권(여기에 해당하는 채권은 앞에서 설명한 1)의 일반채권과 같음)

3) 매각재산에 저당권 등에 의하여 담보되는 채권이 없는 경우

- 1, 2, 3순위 : 앞에서 본 바와 같다.
- 4 순위 : 근로관계채권
- 5 순위 : 당해세를 포함한 조세 기타 이와 동순위의 징수금
- 6 순위 : 조세 다음 순위의 공과금
- 7 순위 : 일반채권(앞에서 설명한 1)의 일반채권과 같음)

※ [이해관계인표의 작성과 배당사례]

"매각재산에 조세채권의 **법정기일 전**에 설정된 담보권(저당권 등)이 있는 경우"

서 울 중 앙 지 방 법 원
이해관계인표

사건 2008타경24411 부동산임의경매

기입등기일 2006. 7. 18.
배당요구종기일 2007. . .
매각허가결정일 2008. .

매각대금 91,000,000 원
지연이자 0 원
전경매보증금 0 원
매각대금이자 137,599 원
항고보증금 0 원
집행비용 2,017, 760 원
실제배당할 금액 89,119,839 원

서울 ○○구 ○○동 1234 ○층 ○○○호

교부순위	교부이유	채 권 자	원인일자	채권최고액	청 구 액	비 고
3	채권자 (근저당)	이소영	1999.11.18.	30,000,000	52,000,000	
/	채무자 겸 소유자	신나라	1993.6.15.			
/	임차인	○○○○교회				대상 안된 권리신고 없음
5	가압류권자	기술신용 보증기금	2000.12.21.	50,000,000	105,320,201	
5	가압류권자	신용보증기금	2000.12.21.	320,675,000	689,396,641	판결 (종기내)
5	가압류권자	(주)국민은행	2002.6.7.	92,226,711	92,226,711	
2	전세권자	정도만	1999.5.6.	25,000,000		
4	압류권자	남대문세무서 (법정기일)	2002,1.4.	9,836,000		
1	서울시 강남구 (당해세)			977,610	977,610	

위 이해관계인표는 배당실시 전 경매참여관이 배당을 위하여 작성하는 배당표 초안이다. 위 이해관계인표를 기초로 배당절차의 판결문이라 할 수 있는 배당표가 완성된다.

본 매각부동산은 근저당권자(경매신청채권자) 이소영의 임의경매신청으로 최고가매수신고인 甲에게 9,100만원에 매각되었다. 위 甲이 매각대금을 완납하자 법원경매계는 이해관계인들에게 배당기일을 통지하고, 위 표와 같이 이해관계인표를 작성하고 배당절차를 실시한 배당사례이다. 다음 장에 있는 배당표를 같이 비교하면서 읽어보기를 바란다.

- **배당 근거**

  본 배당사례는 "매각재산에 조세채권의 법정기일 전에 설정된 담보권(저당권 등)이 있는 경우"에 해당된다. 즉 압류권자인 남대문세무서의 조세채권의 법정기일인 2002. 1. 4.보다 앞선 담보권이 있는 경우이다. 배당순위에 따라 배당을 실시하여 보면 다음과 같다.

- **배당액 계산**

① **0순위 : 집행비용**

먼저 집행(경매)비용으로 2,017,760원이 경매신청채권자인 이소영에게 0순위로 배당된다.

② **1순위 : 당해세(서울시 강남구)**

당해세 977,610원을 청구한 강남구에게 1순위로 977,610원이 전액 배당된다. 당해세는 매각부동산 자체에 대하여 부과된 조세와 가산금으로서, 그 법정기일 전에 설정된 저당권 등으로 담보된 채권보다 우선하는 데(국세기본법 35조 1항 3호, 지방세법 31조 2항 3호)이를 당해세우선의 원칙이라 한다. 당해세의 종류로는 국세 당해세(상속세, 증여세, 종합부동산세가 있다)와 지방세 당해세[재산세, 자동차세, 도시계획세, 공동시설세 및 지방교육세(재산세와 자동차세에 한함)]가 있다.

"매각재산에 조세채권의 법정기일 전에 설정된 담보권(저당권 등)이 있는 경우"에 있어서 당해세는 소액임차보증금채권, 최종3개월분 임금 및 최종 3년간 퇴직금 · 재해보상금의 다음순위로 배당된다.

③ **2순위 : 전세권(정도만)**

다음 순위로 1999. 5. 6. 전세권을 설정한 전세권자 정도만에게 전세보증금 25,000,000원 전액이 2순위로 배당된다. 정도만은 매수인(낙찰인)의 인감증명서가 첨부된 명도확인서를 법원경매계에 제출하고 배당금에서 100% 만족을 얻게 되므로 매수인이 인수해야 할 부담은 없으며 전세권은 말소된다. 전세권에 있어서는 전세권 말소 외에 목적물의 인도도 동시이행관계에 있으므로 임차인과 마찬가지로 매수인의 명도확인서가 필요하다.

④ **3순위 : 근저당권(이소영)**

다음 순위로 1999. 11. 18. 근저당권을 설정한 이 사건 경매신청채권자인 이소영에게 그가 제출한 채권계산서(원금, 이자의 합계)에 의하여 30,000,000원 전액이 3순위로 배당된다. 이소영이 제출한 채권계산서상 합계는 52,000,000원이나 30,000,000원이 배당되는 이유는 배당액이 채권최고액의 범위 내에서 계산되기 때문이다. 또한 매수인(낙찰자)의 말소촉탁신청에 의하여 근저당권은 말소된다.

⑤ **4순위 : 법정기일(남대문세무서)**

다음 순위로 이 사건의 채무자 겸 소유자인 신나라가 미납한 양도소득세(법정기일 2002.1.4.) 9,836,000원이 압류권자인 남대문세무서에게 배당된다. 위 남대문세무서의 압류는 2002. 9. 23. 등기되어 첫 경매개시결정등기일인 2006. 7. 18.보다 빠르므로 첫 경매개시결정등기 전에 압류를 한 경우에 해당되어(법 148조 4호) 배당요구의 효력이 인정되므로 별도의 교부청구가 없더라도 배당을 받게 된다.

※ **첫 경매개시결정등기 후에 체납처분에 의한 압류등기를 한 경우** : 법원경매계에 배당요구종기까지 배당요구로서 교부청구를 하여야만 배당을 받을 수 있다(대판 99다22311 등)

여기서 5순위인 가압류권자인 기술신용보증기금과 신용보증기금의 가압류일자가 2000. 12. 21.로서 4순위 남대문세무서보다 더 빠른데도 불구하고 원인일자가 2002. 1. 4.로 훨씬 늦은 압류권자인 남대문세무서보다 배당순위가 뒤지는 이유는 "매각재산에 조세채권의 법정기일 전에 설정된 담보권(저당권 등)이 있는 경우"의 배당순위에서 조세채권이 > 가압류 등과 같은 일반채권보다 배당순위가 더 빠르기 때문이다.

⑥ **5순위 : 가압류(기술신용보증기금, 신용보증기금, 주식회사 국민은행)**

다음으로 가압류권자인 기술신용보증기금, 신용보증기금, 주식회사 국민은행에 각 1,401,249원, 19,320,328원, 2,584,652원이 안분배당된다. 가압류채권은 일반채권으로서 원인일자에 상관없이 평등한 관계에 있으므로 동순위로 안분배당되는 것이다.

다만 가압류권자인 신용보증기금은 배당요구종기 내에 집행권원(판결)을 제출하였으므로 등기부상 채권최고액이 아닌 집행권원상의 금액이 청구액이 되어 그 금액을 기준으로 하여 배당되는 것에 유의한다.

※ 임차인 ○○○○교회는 주택임대차보호법 등의 보호를 받는 대상이 되지 않으며, 권리신고 및 배당요구신청의 소명도 없으므로 배당에서 제외함은 당연하다.

위 이해관계인표를 토대로 다음과 같은 배당표를 완성하게 된다.

[배당표의 예]

<table>
<tr><td colspan="5">서 울 중 앙 지 방 법 원
배 당 표

2008타경24411 부동산강제(임의)경매</td></tr>
<tr><td colspan="2">배 당 할 금 액</td><td colspan="3">금 91,137,599</td></tr>
<tr><td rowspan="5">명세</td><td>매 각 대 금</td><td colspan="3">금 91,000,000</td></tr>
<tr><td>지 연 이 자</td><td colspan="3">금 0</td></tr>
<tr><td>전매수인의 매수보증금</td><td colspan="3">금 0</td></tr>
<tr><td>항고보증금</td><td colspan="3">금 0</td></tr>
<tr><td>매각대금이자</td><td colspan="3">금 137,599</td></tr>
<tr><td colspan="2">집 행 비 용</td><td colspan="3">금 2,017,760</td></tr>
<tr><td colspan="2">실 제 배 당 할 금 액</td><td colspan="3">금 89,119,839</td></tr>
<tr><td colspan="2">매 각 부 동 산</td><td colspan="3">서울 서초구 서초3동 ○○○ 대 200㎡</td></tr>
<tr><td colspan="2">채 권 자</td><td>서울시 강남구</td><td>정 도 만</td><td>이 소 영</td></tr>
<tr><td rowspan="4">채권금액</td><td>원 금</td><td>977,610</td><td>25,000,000</td><td>20,000,000</td></tr>
<tr><td>이 자</td><td>0</td><td></td><td>32,000,000</td></tr>
<tr><td>비 용</td><td>0</td><td>0</td><td>0</td></tr>
<tr><td>계</td><td>977,610</td><td>25,000,000</td><td>52,000,000</td></tr>
<tr><td colspan="2">배 당 순 위</td><td>1</td><td>2</td><td>3</td></tr>
<tr><td colspan="2">이 유</td><td>교부권자(당해세)</td><td>전세권자</td><td>채권자(근저당권자)</td></tr>
<tr><td colspan="2">채 권 최 고 액</td><td>977,610</td><td>25,000,000</td><td>30,000,000</td></tr>
<tr><td colspan="2">배 당 액</td><td>977,610</td><td>25,000,000</td><td>30,000,000</td></tr>
<tr><td colspan="2">잔 여 액</td><td>88,142,229</td><td>63,142,229</td><td>33,142,229</td></tr>
<tr><td colspan="2">배 당 비 율</td><td>100%</td><td>100%</td><td>100%</td></tr>
<tr><td colspan="2">공 탁 번 호
(공 탁 일)</td><td>금제 123호
(20 . . .)</td><td>금제 호
(20 . . .)</td><td>금제 호
(20 . . .)</td></tr>
</table>

채 권 자		남대문세무서	기술신용보증기금	신용보증기금
채권금액	원 금	9,836,000	52,116,095	328,566,354
	이 자	0	53,204,106	360,830,287
	비 용	0	0	0
	계	9,836,000	105,320,201	689,396,641
배 당 순 위		4	5	5
이 유		압류권자(법정기일)	가압류권자	가압류권자(판결)
채 권 최 고 액		9,836,000	50,000,000	689,396,641
배 당 액		9,836,000	1,401,249	19,320,328
잔 여 액		23,306,229	21,904,980	2,584,652
배 당 비 율		100%	2.80%	2.80%
공 탁 번 호 (공 탁 일)		금제 호 (. . .)	금제 호 (. . .)	금제 호 (. . .)
채 권 자		주식회사 국민은행		
채권금액	원 금	92,226,711		
	이 자	0		
	비 용	0		
	계	92,226,711		
배 당 순 위		5		
이 유		가압류권자		
채 권 최 고 액		92,226,711		
배 당 액		2,584,652		
잔 여 액		0		
배 당 비 율		2.80%	%	%
공 탁 번 호 (공 탁 일)		금제 호 (. . .)	금제 호 (. . .)	금제 호 (. . .)

2008. 8 . 1.

사 법 보 좌 관 우 경 매

제50강

부동산경매의 배당절차 ❹

배당기일의 실시, 배당표에 대한 이의와 배당이의의 소

〈강의 포인트〉

배당기일을 진행하다 보면 배당절차를 잘 몰라서 손해를 보는 사람들이 제법 나온다. 배당기일 전에 법원경매계장이 미리 배당표를 작성하고 채권자들에게 배당표를 열람시킨 후 빚잔치인 배당기일(배당재판)을 진행하게 된다. 법원은 배당기일에 출석한 이해관계인과 배당요구채권자들을 심문하여 그 의견을 듣고 또 즉시 조사할 수 있는 증거를 조사한 다음 이에 기하여 배당표원안에 추가, 정정할 것이 있으면 추가, 정정하여 배당표를 완성·확정한다. 배당기일에 출석한 채무자 및 각 채권자는 배당표의 작성, 확정 및 실시와 다른 채권자의 채권 또는 그 채권의 순위에 대하여 이의할 수 있다.

또한 배당기일에 이의를 한자는 이의의 상대방을 피고로 배당이의의 소를 제기하고, 배당기일로부터 1주 이내에 배당을 실시한 법원경매계가 속하는 지방법원에 배당이의의 소를 제기한 후 소제기증명원을 발급받아 소장부본과 함께 법원경매계에 제출하여야 한다. 배당이의의 소는 배당절차에 있어서 배당의 실시를 막는 데 필요불가결한 수단이 된다.

실무를 보면 근저당권자 등의 채권자가 임차인에 대한 배당금에 대하여 이의를 하기도 한다. 이 부분은 낙찰자와는 큰 관련이 없는 부분이므로 상식적인 수준에서 설명하고 넘어가기로 한다.

※ 경매법정에서의 배당재판의 개요

채권자 등의 경매법정에의 출석	
↓	
배당표 사본의 교부	
↓	
사법보좌관의 배당절차 진행 (1차 진행)	
↓ 〈이의없는 경우〉	• 사법보좌관 작성의 배당표에 대한 이의가 없으면 배당표는 확정되고 배당금 출급함.
배당표의 확정 · 배당금 출급	
↓ 〈불 복〉	• 사법보좌관 작성의 배당표에 대한 이의가 있으면 배당표는 불확정. • 이의가 있으면 사법보좌관은 이의사건을 판사에게 송부. • 2차로 판사가 배당표에 대한 이의절차를 진행.
판사의 배당절차 진행 (2차 진행)	
↓	• 이해관계인이 이의를 정당하다고 인정하거나 다른 방법으로 합의한 때에는 배당표를 경정하여 배당을 실시 • 배당표가 확정되었으므로 배당금 출급함.
배당표의 경정(이해관계인이 이의를 정당하고 인정한 경우 등)	
↓ 〈불 복〉	• 판사가 작성한 배당표에 대하여 이의가 있는 경우 이의가 없는 부분에 한하여 배당을 실시하고, 이의가 있는 부분은 배당이의의 소를 제기해야 함. • 이의가 있는 부분의 배당금은 공탁되고, 배당이의의 소 결과에 따라 공탁금을 찾을 수 있음. • 배당표에 대하여 이의를 한 자는 반드시 배당기일로부터 1주일 내에 배당이의의 소를 제기한 후 소제기증명원을 발급받아
이의한 배당금의 공탁	
↓	
배당이의의 소진행	

법원경매계에 제출해야 함. 만일 위 기간 내 소제기증명원을 미제출시는 배당금이 공탁되지 않고 바로 출급됨.

1. 배당기일의 실시

(1) 배당표의 확정

① 법원경매계는 미리 작성한 배당표원안을 배당기일에 출석한 이해관계인과 배당을 요구한 채권자에게 보여주고 그들을 심문하여 그 의견을 듣고 또 즉시 조사할 수 있는 증거를 조사한 다음 이에 기하여 배당표원안에 추가, 정정할 것이 있으면 추가, 정정하여 배당표를 완성 · 확정한다(법 149조 2항, 150조). 배당기일에 출석한 이해관계인과 배당을 요구한 채권자가 합의한 때에는 이에 따라 배당표를 작성하여야 한다(법 150조 2항).

② 배당표는 배당기일에 이해관계인의 이의가 없는 경우에는 배당표 원안대로, 이해관계인의 합의가 있으면 합의한 내용대로 확정된다. 배당표에 대하여 이의가 있으면 그 부분에 한하여 확정되지 않으며, 법원경매계에서 이의가 정당하다고 인정하거나 다른 방법으로 합의한 때에는 이에 따라 배당표를 **경정**하여 배당표를 확정하고 배당을 실시한다(법 152조 4항).

③ 배당표에 대하여 이해관계인 등의 이의가 없어 배당표가 **확정**되면 법원 및 각 채권자와 채무자는 이에 기속되고, 배당기일에 출석하지 않은 채권자는 배당표의 실시에 동의한 것으로 보며, 채무자가 이의서면을 제출하지 않고 또한 배당기일에 출석하지 않은 경우에도 마찬가지로 동의한 것으로 보게 된다.

2. 배당표에 대한 이의

(1) 이의의 진술

① 배당기일에 출석한 채무자 및 각 채권자는 배당표의 작성, 확정 및 실시와 다른 채권자의 채권 또는 그 채권의 순위에 대하여(단 채권자는 자기의 이해에 관계되는 범위 안에서) 이의할 수 있는데(법 151조 1항, 3항), 이의방법에 차이가 있다.

- **채무자의 이의**

  채무자는 배당기일에 출석하여 이의할 수 있을 뿐 아니라 법 149조 1항에 따라 법원에 배당표원안이 비치된 이후 배당기일이 끝날 때까지 서면으로도 이의할 수 있다. 여기서 말하는 채무자란 임의경매에 있어서는 담보부동산의 소유자를 포함하는 개념이다.

- **채권자의 이의**

  채권자는 반드시 배당기일에 출석하여 이의를 진술하여야 한다.

② 배당기일통지를 받고도 출석하지 않은 채권자는 배당표와 같이 배당을 실시하는 데에 **동의**한 것으로 보게 되므로 그 채권자에 관한 한 배당표는 확정되나, 채권자가 기일에 출석하지 않은 다른 채권자의 채권에 관하여 이의를 한 경우에는 출석하지 않은 채권자는 그 이의를 정당하다고 인정하지 않은 것으로 보게 된다(법 153조 1항, 2항).

③ 배당표에 대한 이의는 채무자를 제외하고는 반드시 기일에 출석하여 진술할 것을 요한다(판례). 따라서 채무자 외의 자가 이의서면을 제출하고 기일에 출석하지 않은 때에는 그 이의서면을 무시하고 배당을 실시한다.

(2) 절차상의 사유에 기한 이의(형식상의 이의)

① 이의사유

이해관계 있는 각 채권자와 채무자는 배당표의 작성방법이나 배당실시절차에 위법이 있음을 이유로 이의를 진술할 수 있다. 배당표상에 잘못된 계산이 있다는 것, 기일통지를 받지 못하였다는 것. 배당표열람기간이 준수되지 아니하였다는 것 등의 사유가 이에 속한다.

② 법원경매계의 이의에 대한 조치

- **이의가 정당한 경우**

  이의가 정당한 경우에는 그 절차의 위법을 시정하여 배당표원안에 적힌 내용을 경정하여야 한다.

- **이의가 부당한 경우**

  이의가 부당한 경우에는 이의에 응답하지 않은 채 배당표를 확정하여 배당을 실시할 수 있다. 이 경우에 이의를 한 자는 정식으로 집행에 관한 이의를 할 수 있다.

③ 이해관계인이 이의를 정당하다고 인정하거나 다른 방법으로 합의한 경우

이해관계인이 이의를 정당하다고 인정하거나 다른 방법으로 합의한 경우에 법원경매계는 이에 따라 배당표를 경정하고 배당을 실시하여야 한다(법 152조 2항).

(3) 실체상의 사유에 기한 이의

1) 이의사유 및 성질

① 이의사유

채무자는 각 채권자의 채권의 존부, 범위, 순위에 관하여 이의할 수 있고, 배당기일에 출석한 각 채권자는 자기의 이해에 관계되는 범위 안에서 다른 채권자의 채권의 존부, 범위, 순위에 관하여 이의할 수 있다(법 151조 1항, 2항, 3항). 위에서 설명한 절차상의 사유에 기한 이의가 배당절차상의 잘못을 이유로 한 것과는 달리, 실체상의 사유에 기한 이의는 배당받을 채권자의 채권 자체에 관한 사정을 이유로 한 것이다.

② 이의가능 채권자

이의를 할 수 있는 채권자는 집행력 있는 정본의 유무, 채권이 사법상의 것인지 공법상의 것인지 여부, 일반채권인지 우선권 있는 채권인지 여부, 그리고 배당표에 배당을 받는 것으로 기재되어 있는지 여부를 불문하고 배당에 참가한 모든 채권자를 포함하나, 배당에 참가하지 못하는 채권자(즉 법 148조 각 호에 해당하지 않은 자)의 이의는 부적법하다.

③ 이의상대방의 채권자범위

이의의 상대방이 되는 채권자도 그 채권의 우선권의 유무, 집행력 있는 정본의 유무를 불문하고 그 사건에서 배당표원안에 배당을 받는 것으로 적힌 채권자라면 누구라도 무방하다. 또한 배당표원안에 채무자에게 잉여금이 지급되는 것으로 적혀 있으면 채무자도 상대방이 될 수 있다.

④ 이의의 소명과 증거제출 요부

이의를 함에 있어서는 그 이유를 밝히거나 이유에 대한 증거를 제출할 필요는 없다.

⑤ 이의를 할 수 없는 경우

매각대금으로 모든 채권자를 만족시킬 수 있는 경우에는 이의를 할 수 없고, 채무자는 가압류채권자에 대하여 이의를 할 필요가 없다. 왜냐하면 법 160조 1항 2호에 의하여 가압류채권자에 대한 배당액은 공탁되고, 가압류채권자가 이를 지급받기 위해서는 채무자를 상대로 집행권원을 얻어야 하기 때문이다.

2) 이의방법

① 채무자 · 채권자의 이의

- **채 무 자**

  채무자는 배당기일에 출석하여 이의할 수 있을 뿐 아니라 배당표원안이 비치된 이후에는 배당기일이 끝날 때까지 서면으로도 이의할 수 있다(법 151조 1항, 2항).

- **채 권 자**

  채권자는 반드시 배당기일에 출석하여 이의를 진술하여야 한다(법 151조 3항).

② 이의의 요건 및 방법

이의는 어느 채권에 대하여 어느 한도에서 그 존재 또는 우선권을 다투는가, 즉 배당표원안에 적힌 내용을 어떻게 경정할 것을 구하는 것인지를 구체적으로 명시하여야 하고, 이의의 상대방과 그 범위를 명시하지 않은 이의는 부적법하다.

또한 채권자는 이의의 결과 자기의 배당액이 **증가**되는 경우에 한하여 이의할 수 있으므로(판례) 이의의 내용은 상대방의 배당액을 감액하고 감액분을 자기의 채권액의 한도에서 자기의 배당액에 더하여야 한다는 것을 주장하는 것이어야 한다.

③ 부적법 이의

채권자가 다른 채권자에 대하여 이의할 경우에는 자기의 이해에 관계되는 범위 안에서 이의할 수 있으므로 다른 채권자의 배당액에 관하여 이의하면서 그 채권액을 자기가 아닌 다른 채권자에게 배당해 줄 것을 요구하는 내용의 이의는 부적법하고, 채권자는 자기의 배당요구금액을 초과하여 이의할 수는 없으므로 그 초과하는 부분의 이의도 부적법하다.

3) 법원의 이의에 대한 조치

① 법원경매계(집행법원)의 심사범위

법원경매계는 그 이의의 적법여부만을 심사할 수 있고, 이의사유의 존부에 관하여는 배당이의의 소에서 판결절차에 따라 심리 · 판단되어야 한다(법 154조, 법 155조).

② 이의에 관계된 다른 채권자의 인부

적법한 이의에 대하여는 이의에 관계된 다른 채권자에게 인부의 진술을 하게 하여 그 채권자가 이의를 정당하다고 인정하거나 다른 방법으로 합의한 때에는 이에 따라 **배당표를 경정**하고 배당을 실시한다. 이의가 완결되지 않으면 이의가 없는 부분에 한하여 배당을 실시한다(법 152조 1항, 2항, 3항).

③ **불출석한 이해관계인의 취급**

기일에 출석하지 않은 채권자는 배당표와 같이 배당을 실시하는 데에 **동의**한 것으로 보나, 그 채권자가 다른 채권자가 제기한 이의에 관계되는 때에는 이의를 정당하다고 인정하지 않은 것으로 본다(법 153조 1항, 2항).

4) 이의의 효과

① **채무자가 이의한 경우**

채무자가 집행력 있는 집행권원의 정본을 가지지 않은 채권자(가압류채권자를 제외함)의 채권이나 부동산상의 담보권자의 채권(예 근저당권자의 피담보채권)에 대하여 이의를 한 경우에는 이의가 기일에 완결되지 않으면 그 부분에 대하여는 배당의 실시가 일시 유보되고 이의를 한 채무자가 배당이의의 소를 제기하여야 하고, 채무자가 1주일 내에 법원경매계에 소제기를 증명하면 그 부분의 배당액은 **공탁**된다(법 154조 1항, 대판 2004다72464).

채무자가 집행정본을 가진 채권자에 대하여 이의를 한 경우에 채무자는 청구이의의 소를 제기하고, 그 소에 관한 집행정지재판의 정본을 받아 1주일 내에 소제기증명과 집행정지결정정본 모두를 법원경매계에 제출하면 배당실시가 **중지**된다(법 154조 2항, 3항).

② **채권자가 이의한 경우**

채권자가 다른 채권자의 채권 또는 순위에 대하여 한 이의가 기일에 완결되지 않은 경우에 채권자는 배당이의의 소를 제기하고, 배당기일부터 1주일 내에 소제기증명을 하면 그 배당액은 **공탁**하여야 하나, 그 증명 없이 기간이 도과된 때에는 이의에 불구하고 **배당을 실시**한다(법 154조 1항, 3항).

소제기증명 또는 소제기증명과 집행정지결정정본을 제출하지 않은 경우에는 이의의 취하가 있는 것으로 간주하고, 법원경매계는 유보하였던 **배당을 실시**하여야 한다.

③ **실체법상의 이의와 배당의 저지**

적법한 실체법상의 이의가 있음에도 불구하고 법원경매계에서 이를 무시하고 배당을 실시하려고 하는 경우에는 집행에 관한 이의를 제기하고 집행정지의 잠정처분을 받아 그 실시를 저지하는 수밖에 없고, 그러한 조치를 취하기 전에 배당이 실시된 경우에는 부당이득반환을 구하는 수밖에 없다.

5) 배당이의의 소제기 등의 증명

① 소제기 증명서 접수와 심사

이의를 한 채권자나 채무자가 제출하여야 할 소제기의 증명은 수소법원(배당이의 소 등을 제기한 법원)의 소제기증명서, 변론기일통지서 등을 제출하는 방법으로 하면 된다. 법원경매계는 이의채권자가 소정 기간 내에 관할법원에 이의의 소를 제기하였는지, 그 소가 이의와 관계가 있는 적법한 소인지를 심사하여야 하며, 소의 내용이 위와 같은 사항을 흠결한 때에는 이를 무시하고 배당을 실시하게 된다.

② 법정기간의 준수 및 이의금액 범위의 조사 및 배당

1주의 법정기간은 법원이나 당사자가 연장할 수 없고 추후보완도 허용되지 않는다.

소제기 증명서가 접수되면 소제기 증명서뿐 아니라 소장 사본을 제출하도록 하여 이의 있는 금액 전부에 대하여 소가 제기되었는지를 조사하고, 이의 있는 금액 중 제소되지 않은 금액에 대하여는 배당을 실시하여야 한다.

③ 법원경매계에 소제기 증명을 제출하지 않은 경우의 효과(이의취하간주)

소제기 증명을 제출하지 않은 경우에는 이의가 취하된 것으로 보게 되므로 법원은 유보되었던 **배당을 실시**하여야 한다(법 154조 3항). 다만 이의한 채권자가 위 기간을 지키지 않은 경우에도 배당표에 따른 배당을 받은 다른 채권자에 대하여 부당이득반환 청구의 소 등의 방법으로 우선권 및 그 밖의 권리를 행사할 수 있다(법 155조).

6) 이의의 취하(철회)

이의를 한 채권자는 서면 또는 말로 이의를 취하(철회)할 수 있고, 이의가 취하되면 법원경매계는 유보되었던 배당을 실시하여야 한다.

3. 배당이의의 소

(1) 의　의

배당기일에 배당표에 대한 이의가 완결되지 않으면 이의를 한 채권자 또는 집행력 있는 집행권원의 정본을 가지지 않은 채권자에 대하여 이의를 한 채무자는 이의의 상대방을 피고로 배당이의의 소를 제기하고, 배당기일부터 1주 이내에 법원경매계에 그 사실을 증명하여야 하는바, 위에 해당하는 자가 배당기일부터 1주 이내에 배당이의의 소제기증명을 제출하지 못하면 이의가 취하된 것으로 보아, 일단 유보된 배당절차가 다시 속행되어 배당이 실시되기 때문에 이 소는 배당절차에 있어서 배당의 실시를 막는 데 필요불가결한 수단이다.

(2) 배당이의의 소와 부당이득반환청구의 소와의 관계

① 배당절차에서 실제로 배당을 받아야 할 채권자가 배당을 받지 못하고 배당을 받지 못할 자가 배당을 받은 경우에 배당을 받지 못한 채권자는 배당을 받지 못할 자이면서도 배당을 받은 자를 상대로 배당이의를 하고 나아가 배당이의의 소를 제기하여 구제를 받는 것이 원칙이겠지만, ㉠ 적법한 배당요구를 하지 못하였거나, ㉡ 배당기일에 적법하게 이의를 하지 못하였거나 또는 ㉢ 이의는 하였으나 배당이의의 소제기 및 증명기간을 준수하지 못하여 배당이의의 소를 통하여 구제받을 수 없게 된 경우에 배당을 받지 못한 채권자로서는 배당에 관하여 이의를 한 여부 또는 형식상 배당절차가 확정되었는가의 여부에 관계없이 배당을 받지 못할 자이면서도 배당을 받았던 자를 상대로 **부당이득반환청구권**을 갖는다(법 155조. 대판 99다26948, 대판 2006다39546 등).

② 이와 관련하여 **근저당권**(저당권도 같음)은 물권으로서 불법말소되었다고 하더라도 권리가 소멸되는 것은 아니어서, 첫 경매개시결정등기 전에 등기되어 있던 근저당권자는 불법말소 후 회복등기를 하지 않았다고 하더라도 배당요구 없이도 당연히 배당을 받을 수 있는 자에 해당하므로 경매절차에서 배당을 받지 못한 경우 그 근저당권자는 경매절차에서 실제로 배당받은 자에 대하여 **부당이득반환청구**를 할 수 있다(대판 2000다59678).

③ 다만 대법원은 실체법상 우선변제청구권이 있는 채권자(예 임차인, 임금채권자, 조세채권자 등) 라고 하더라도 그가 적법한 배당요구를 하지 않아 배당에서 제외된 경우에는 배당받은 후순위 채권자를 상대로 부당이득반환을 청구할 수 없다고 판시하고 있는데(대판 98다12379, 대판 2005다14595 등), 이 판결과 위 2000다59678 판결을 종합하면, 배당받은 후순위 채권자를 상대로 부당이득반환을 청구할 수 있는 채권자는 적어도 법 148조의 배당받을 채권자의 범위에 해당하여야 한다고 할 것이다.

☞ 즉 주택(상가건물)임차인, 임금채권자, 조세채권자 등의 **실체법상 우선변제청구권이 있는 채권자라도 배당요구**를 하지 않았다면 배당받아야 할 자가 아니므로 이러한 자들이 당해 경매절차에서 배당요구를 하지 않았다가 후에 부당이득반환청구를 하는 것은 허용되지 않는다.

(3) 소송요건

1) 관할법원 및 제소기간

배당이의의 소의 관할법원은 배당을 실시한 법원경매계가 속한 지방법원이다. 배당이의의 소는 이의를 한 배당기일부터 1주 이내에 제기하여야 한다.

2) 당사자적격

① 원고적격

원고적격이 있는 자는 배당표에 대한 실체상의 이의를 한 채권자 또는 채무자이다. 채권자는 반드시 배당기일에 출석한 자에 한하고, 채무자는 배당기일에 출석하여 이의를 한 경우뿐 아니라 배당기일에 불출석하였더라도 배당표원안이 비치된 이후에 배당기일이 끝날 때까지 서면으로 이의한 경우에는 원고적격이 인정된다.

채무자는 집행정본 없는 채권자에 대하여만 배당이의의 소를 제기할 수 있고, 집행정본 있는 채권자에 대하여는 청구이의의 소 등을 제기하여야 한다.

② 피고적격

피고적격이 있는 자는 보통 배당이의의 상대방 채권자 또는 채무자로서 그 이의를 정당한 것으로 승인하지 않은 자, 다시 말하면 배당이의에 의하여 자기에 대한 배당액(채무자의 경우에는 잉여금)이 줄어드는 자이다.

3) 심리 및 원고 불출석에 의한 소의 취하

배당이의의 소에 있어서 소를 제기한 원고가 **첫 변론기일**에 출석하지 않은 때에는 소를 취하한 것으로 본다(법 158조). 이 경우 소취하간주의 효력은 법률상 당연히 발생하므로 수소법원이 속행기일을 지정한 경우에도 그 간주의 효과가 소멸되지 않는다. 이러한 취하간주는 원고가 1심에서 첫 변론기일에 불출석한 경우를 말하므로 2회 이후의 변론기일이나 항소심의 기일에는 적용이 없다. 그러나 위 '첫 변론기일'에 '첫 변론준비기일'은 포함되지 않는다(대판 2005다41856, 대판 2007다34876).

또한 위 규정은 첫 변론기일에 원고가 불출석하고 피고가 출석한 경우뿐만 아니라 당사자 쌍방이 모두 불출석한 경우에도 적용된다(판례). 따라서 원고가 출석하지 않은 이상 피고의 출석여부를 따질 것도 없이 소취하간주로 볼 것이다.

4) 재판상 화해, 청구의 포기 · 인낙의 가능

배당이의의 소에서도 재판상 화해가 가능하고 청구의 포기나 인낙도 가능하다.

(4) 판　결

1) 판결의 형식

① 원고패소의 경우

배당이의의 소도 일반소송과 마찬가지로 소송요건이 갖추어져 있지 않으면 부적법한 소로서 각하하는 판결을 하고, 원고의 배당이의가 이유 없을 경우에는 청구기각의 판결을 한다. 이 판결이 확정되면 당초의 배당표가 그대로 확정되고 경매법원의 법원 사무관 등은 당초에 작성한 배당표에 따라 배당을 실시할 수 있게 된다.

② **원고승소의 경우**

채권자가 제기한 배당이의의 소에서 원고의 청구가 전부 또는 일부 이유 있는 경우에는 종국판결로써 그 이유 있는 한도에서 배당표상의 피고에 대한 배당액을 취소함과 동시에 그 배당액에 관하여 배당을 받을 채권자와 그 액수를 구체적으로 정하여야 한다(법 157조 전문). 배당이의소송을 인용하는 판결에는 가집행선고를 붙이지 못한다.

2) 판결의 효력

① **채권자가 제기한 배당이의의 소의 판결의 효력범위**

판결의 효력은 누가 소를 제기했느냐에 따라 다르다. **채권자**가 제기한 배당이의의 소의 판결의 효력은 원고와 피고 사이에만 미치고 그 밖의 채권자와 채무자에게는 미치지 않는다(상대효의 원칙). 이에 따라 경매법원이 다시 배당을 하는 것을 실무상 "재배당"이라고 한다.

② **채무자 제기의 배당이의의 소에서 채무자 승소판결의 효력범위**

위 ①과 달리 **채무자**가 제기한 배당이의의 소가 인용된 경우에는 이의를 제기하지 않은 채권자를 위하여도 배당표를 바꾸어야 한다(법 161조 2항 2호). 채무자 승소의 판결의 효력은 그 범위에서 절대효가 인정되므로 이의를 제기하지 않은 채권자에게도 그 판결의 효력이 미친다. 이 판결에 따라 경매법원이 이의를 했는지 여부에 관계없이 모든 채권자를 위하여 다시 배당하는 것을 실무상 "추가배당"이라고 한다(동조 2항, 3항).

4. 배당의 실시

(1) 배당을 실시하여야 할 경우

1) 배당이의가 없는 경우

채권자 및 채무자로부터 적법한 이의가 없거나 배당기일에 출석하지 않음으로 인하여 배당표와 같이 배당을 실시하는 데에 동의한 것으로 보는 경우(법 153조 1항)에는 법원경매계가 작성한 배당표원안이 그대로 확정되므로 이에 따라 배당을 실시한다.

2) 배당이의가 있는 경우

- 이의가 있었으나 이의가 완결된 경우, 즉 이해관계인이 이의를 정당하다고 인정하거나 다른 방법으로 합의가 있으면 배당표를 경정하여 배당을 실시한다(법 152조 2항).
- 이의가 있고 이의가 완결되지 않았으나 이의 없는 부분이 있는 경우에는 이의 없는 부분만 배당을 실시하고, 이의가 완결되지 않은 부분은 배당을 유보하고 공탁한다(법 152조 3항).
- 이의가 있었으나 이의가 철회된 경우에는 종전의 배당표에 따라 배당을 실시한다.
- 이의가 있었으나 이의한 채권자 또는 채무자가 배당이의의 소 등(채무자가 집행력 있는 집행권원을 가진 채권자에 대하여 제기하는 청구이의의 소 등을 포함함)의 제기증명 등을 제출하지 않은 경우(법 154조)에는 종전의 배당표에 따라 배당을 실시한다.
- 배당이의의 소 등이 취하 또는 취하간주되거나 그 소송에 있어서 소각하 또는 청구기각의 판결이 확정되었음이 증명된 경우(법 161조 1항 참조)에는 종전의 배당표에 따라 배당을 실시한다.
- 배당이의의 소 등의 승소판결이 확정되었음이 증명된 경우(법 161조 1항 참조)에는 그 판결내용에 따라 배당을 실시한다. 수개의 배당이의의 소가 제기된 때에는 모든 소송의 완결을 기다려야 하고 일부판결에 따라 배당을 실시하지 않는다.

(2) 집행정지서류의 제출과 배당

매수인(낙찰자)이 매각대금을 납부한 뒤에 법 49조 또는 법 266조 1항의 집행의 정지를 구하는 서류가 제출된 경우에도 경매절차의 진행에 영향을 미치지 않는다. 이 경우 배당절차가 실시되는 때에는 그 채권자에 대하여 그 사유에 따라 배당에서 제외(법 49조 1호, 3호, 5호 또는 6호의 서류, 법 266조 1항 1호, 2호, 3호의 서류가 제출된 때)하거나, 배당액을 공탁(법 49조 2호, 법 266조 5호의 일시정지정본서류가 제출된 때)하거나 배당액을 지급[법 49조 4호, 266조 4호(다만 변제유예서류가 화해조서의 정본 또는 공정증서의 정본인 경우에는 그 채권자를 배당에서 제외함)의 변제유예서류가 제출된 때)]하기도 한다.

(3) 배당의 실시절차

1) 배당실시의 주체

배당절차의 주체는 경매법원(법 159조~161조)이나, 채권자와 채무자에 대한 배당금의 교부절차, 법 160조의 규정에 따른 배당금의 공탁과 그 공탁금의 지급위탁절차는 법원경매계장이 그 이름으로 실시한다(규칙 82조 1항).

2) 배당액의 공탁

① 배당액을 공탁하여야 할 경우(법 160조 1항 · 2항의 사유)

배당을 받아야 할 채권자의 채권에 대하여 아래의 사유 가운데 어느 하나의 사유가 있으면 법원경매계장은 그 채권자에게 배당액을 직접 지급하지 않고 배당액을 공탁하여야 한다(법 160조).

- **채권에 정지조건 또는 불확정기한이 붙어 있는 때(법 160조 1항 1호)**
  배당금을 공탁한 후 조건성취 · 기한 도래에 의하여 지급 또는 추가배당을 하여야 한다(법 161조 2항 1호). 주택(상가건물)임차인에 대한 임차보증금의 반환은 임차목적물의 인도와 동시이행관계에 있으므로 임차물의 인도를 조건으로 배당액을 공탁하고 임차인이 목적물의 인도를 증명한 때에 이를 지급한다(예규). 대항력 있는 소액임차인이 배당요구를 하였으나 보증금 전액을 배당받지 못한 경우에도 같다.
- **가압류채권자의 채권인 때(법 160조 1항 2호)**
  가압류의 경우에 확정되지 않은 채권은 공탁하여야 한다. 그리고 본안소송에서 가압류채권자가 승소하여 집행력 있는 종국판결을 취득한 때, 혹은 그에 준하는 화해조서, 그 밖의 집행권원을 취득한때 가압류채권자가 집행권원을 제출하면 법원사무관 등은 그 채권자에게 배당액을 지급하여야 한다.
  그러나 가압류의 피보전채권의 부존재가 본안의 판결로 확정되거나 가압류결정 취소 등에 의하여 가압류집행이 취소된 때에는 공탁된 배당액은 아직 만족하지 못한 채권자가 있으면 원칙적으로 추가배당을 하여야 한다(법 161조 2항 1호).
- **강제집행의 일시정지를 명한 취지를 적은 재판의 정본 및 담보권실행을 일시정지 하도록 명한 재판의 정본의 문서가 제출되어 있는 때(법 49조 2호, 266조 1항 5호, 160조 1항 3호)**
- **압류의 효력발생 전에 저당권설정의 가등기가 마쳐져 있는 때(법 160조 1항 4호)**
- **배당이의의 소가 제기된 때(법 160조 1항 5호)**
  배당이의의 소가 제기되었음을 증명하면 배당액을 공탁한다. 그 소의 판결이 확정된 때, 소취하 또는 취하간주되었음을 이해관계인이 증명하면 법원은 판결내용에 따라 종전의 배당표를 경정하거나 추가배당 또는 재배당을 하여야 한다.
- **저당권자가 저당권의 목적부동산이 아닌 다른 부동산에 관한 배당절차에서 배당을 받을 경우 다른 채권자가 그 배당금의 공탁청구를 한 때(법 160조 1항 6호)**

- **배당받을 채권자가 배당기일에 출석하지 않은 경우(법 160조 2항)**
- **저당권자의 저당권부채권이 압류 또는 가압류된 경우**
- **배당금 또는 잉여금수령채권에 대하여 압류 · 가압류 또는 전부명령 · 추심명령이 발령된 경우**

② **공탁절차**

배당액 등의 공탁은 배당기일부터 10일 안에 각 채권자별로 공탁서 2통을 작성하여 공탁공무원에게 공탁한다.

(4) 추가배당

공탁된 배당액에 관하여 공탁사유의 소멸로 배당을 실시함에 있어서 법원은 배당에 이의하지 않은 채권자를 위하여서도 배당표를 바꾸어야 한다(법 161조 2항, 3항). 이와 같이 '당해 채권자에게 배당할 수 없게 되어 이의 여부에 관계없이 모든 채권자를 대상으로 배당순위에 따라 추가로 배당하는 것'을 실무상 '추가배당'이라고 한다.

1) 추가배당사유(법 161조 2항, 3항)

① 정지조건부채권, 가압류채권, 집행정지결정이 있는 채권의 채권자에게 배당을 실시할 수 없게 된 때

② 채무자가 제기한 배당이의의 소에서 채권자가 패소한 때

③ 저당권 등의 담보권자가 담보목적물 이외의 재산에서 배당받은 금액에 대하여 다른 채권자가 공탁을 청구한 후 그 담보권자가 담보목적물의 매각대가에서 배당을 받게 된 때

④ 채권자가 법원에 공탁금의 수령을 포기하는 의사를 표시한 때 등

2) 추가배당절차

① **추가배당의 신청**

추가배당을 구하는 채권자 또는 채무자는 추가배당사유가 생겼음을 증명하는 문서를 경매법원에 제출하면서 추가배당을 신청할 수 있다.

② **추가배당기일의 통지**

추가배당은 부동산집행절차에서 실시되었던 종전 배당절차의 계속이나, 다만 추가배당하여야 할 금액만을 배당재단으로 한 배당절차로서 경매법원은 추가배당기일을 정하여 각 채권자들에게 통지하여야 한다.

③ 추가배당의 실시

배당법원은 공탁된 금액에 관하여 배당표원안을 작성하고 배당기일의 3일 전에 법원에 비치하여 이를 관계채권자의 열람에 제공한 후 배당기일에 배당을 실시한다. 배당기일의 절차는 종전의 배당절차와 동일하다.

④ 배당이의

추가배당표에 대하여도 배당이의할 수 있으나 종전 배당기일에 주장할 수 없었던 사유만을 주장할 수 있다(법 161조 4항).

제51강

경매신청의 취하

〈강의 포인트〉

이번 강의는 낙찰자에게는 재수 없는 일(?)이지만 변수가 많은 법원경매의 절차에 있어 빈번하게 발생되는 경매신청의 취하에 대하여 알아본다. 1권에서 이미 설명하였듯이 법원경매에서 낙찰 받은 후 매각대금의 납부 전에 채무자가 경매신청을 취하하는 경우에는 최고가매수신고인 또는 매수인(차순위매수신고인)의 동의를 받아야 그 효력이 생긴다. 만약 이런 경우가 발생하여 채무자가 취하를 요구해 올 때는 물건의 선정에서 낙찰받기까지 들어갔던 적당한 선의 부대비용을 채무자에게 제시하여 원만하게 합의하는 것이 좋다. 낙찰자 등이 취하에 협조를 해주지 않을 때에 채무자가 취하는 조치는 1권에서 충분히 설명하였다. 입찰희망자가 상식적인 수준에서 알아야 할 부분 위주로 설명하기로 한다.

1. 경매신청의 취하와 효력

경매신청의 취하가 있으면 압류(경매개시결정)의 효력은 소멸하고, 경매절차는 당연히 종료되므로 법원경매계에서는 별도의 경매절차취소 또는 경매개시결정의 취소를 할 필요가 없다.

2. 취하권자

경매신청을 취하할 수 있는 자는 경매신청인(경매신청채권자)이다.

3. 취하의 방식

취하의 의사표시는 서면 또는 말로 법원경매계에 대하여 하여야 하며, 매각기일이 개시된 후라도 집행관에 대하여 취하할 수는 없다. 항고로 기록이 상소법원에 송부된 후에는 상소법원에 취하서를 제출하여야 한다.

경매신청의 취하에 최고가매수신고인 등의 동의를 필요로 하는 경우에 그 동의는 동의서를 제출하는 방법에 의하여 하여야 하고, 경매신청이 취하되면 법원경매계장은 경매개시결정을 송달받은 채무자에게 그 사실을 통지하게 된다. 물론 경매개시결정 전에 경매신청이 취하되면 통지할 필요가 없다.

4. 취하의 시기 및 요건

경매신청의 취하는 매수인이 **매각대금을 지급하기 전**까지 취하할 수 있다. 즉 매수인이 매각대금을 납부한 때에는 목적 부동산의 소유권이 매수인(낙찰자)에게 이전하기 때문에 그 후의 취하는 허용되지 않고 배당절차를 속행하면 된다. 취하를 한 시기에 따라 그 요건이 달라진다.

(1) 매수신고(낙찰)가 있기 전까지의 취하

경매신청 후 매각기일에 적법한 매수신고가 있기까지는 경매신청인은 임의로 경매신청을 취하할 수 있다. 경매신청인 외의 다른 채권자의 동의를 받을 필요가 없다.

(2) 매수신고가 있은 후의 취하

① 최고가매수신고인 등의 동의가 필요

매수신고가 있은 뒤(낙찰 받은 뒤) 경매신청을 취하하는 경우에는 **최고가매수신고인** 또는 **매수인**과 법 114조의 **차순위매수신고인**의 동의를 받아야 그 효력이 생긴다(법 93조 2항). 이해관계인의 동의는 요하지 않는다.

☞ 여기서의 최고가매수신고인 및 차순위매수신고인은 매각기일의 절차에서 집행관에 의하여 최고가매수신고인 및 차순위매수신고인으로 이름과 가격이 불리워진 자)를 말하는 것이고, 매수인은 최고가매수신고인 또는 차순위매수신고인 중 매각허가결정이 확정된 자를 말한다.

② 압류의 경합에 있어 선행사건의 압류채권자가 경매신청을 취하한 경우

이중경매개시결정이 된 때에는 선행사건의 압류채권자(경매신청인)가 신청을 취하하여도 후행사건에 따라 절차가 계속 진행된다(법 87조 2항). 후행사건이 배당요구의 종기가 지난 뒤의 신청에 의한 것인 경우에는 후행사건에 따라 진행하기 위해서는 다시 배당요구의 종기를 정하는 절차를 밟아야 하는 등 그 절차가 지연되고 복잡하여짐으로써 최고가매수신고인 등의 이익을 해할 우려가 있으므로 이때에는 선행사건의 취하에 최고가매수신고인 등의 동의를 받아야 한다(규칙 49조 1항).

(3) 재매각명령 후의 취하

재매각명령 후에 경매신청을 취하하는 경우 재매각절차를 야기한 전 매수인(이전 낙찰자)은 경매신청취하에 대한 동의권자에 해당하지 않는다(판례).

재매각을 명할 사유가 발생한 이후 실제로 재매각명령이 있기 전까지 사이에 경매신청을 취하하는 경우에도 마찬가지로 전 매수인의 동의가 필요 없다.

5. 취하 후의 조치

(1) 경매절차의 종료

앞에서 설명하였듯이 경매신청이 유효하게 취하되면 압류는 소멸한다. 즉 유효한 취하가 있으면 경매절차는 당연히 종료한다.

이중경매개시결정이 있는 경우에는 먼저(선행의) 경매개시결정한 경매신청의 취하가 있더라도 법 91조 1항(인수주의와 잉여주의)의 규정에 어긋나지 않은 한도 안에서 뒤의(후행의) 경매개시결정에 따라 절차를 속행하여야 한다(법 87조 2항).

취하가 있더라도 최고가매수신고인등의 동의가 없어 유효한 취하로 되지 못하는 경우에는 그대로 경매절차를 진행한다. 경매신청이 취하되면 그때까지 소요되었던 경매절차의 비용은 경매신청인이 부담하여야 한다.

(2) 경매개시결정등기의 말소 촉탁

경매신청이 취하되면 법원경매계장은 직권으로 등기관에게 경매개시결정등기의 말소를 촉탁하게 된다(법 141조). 경매신청인은 말소촉탁에 필요한 등록세와 지방교육세 3,600원에 해당하는 영수필확인서 및 영수필통지서를 첨부하여야 한다.

제52강

주택임대차보호법과 권리분석

〈강의 포인트〉

이번 강의부터는 권리분석의 핵심이라 할 수 있는 주택임대차보호법과 상가건물임대차보호법에 대하여 설명한다. 대부분의 경매물건에는 임차인이 점유하고 있으므로 우선적으로 임차인에 대한 권리분석을 통하여 인수와 소멸여부를 파악하고 응찰여부를 결정하여야 할 것이다. 임차인에 대한 정확한 권리분석을 제대로 하기 위하여는 임대차보호법의 내용을 잘 알고 숙지하게 되면 많은 도움이 될 것이다. 특히 이 단원에서는 경매절차와 관련하여 주택임대차보호법의 적용범위, 대항력, 우선변제권, 임차인과 관련한 배당사례가 중요하므로 철저히 학습하기 바란다.

❶ 주택임대차보호법 · 주택임대차보호법시행령의 연혁

1. 주택임대차보호법의 연혁

주택임대차보호법은 1981. 3. 5. 법률 3379호로 제정된 이후 1983년, 1989년, 1997년, 1999년, 2001년 및 2002년, 2005년, 2007년, 2008년, 2009년 등 10차에 걸쳐 개정되어 현재에 이르고 있다. 1997년의 3차 개정은 정부부처명칭변경으로, 2001년의 5차 개정은 보증금의 월차임전환시 산정율 제한규정의 신설로, 2002년의 6차 개정과 2005년 7차 개정은 각 민사집행법의 제정으로 개정되었다.

2007년의 8차 개정은 법인이 국민주택기금을 재원으로 하여 저소득층의 무주택자에게 주거생활안정을 목적으로 전세임대주택을 지원하는 경우에 법인에게 대항력 및 우선변제권을 부여하기 위하여 개정되었다.

2008년의 9차 개정을 거쳐, 2009년의 10차 개정은 법무부에 주택임대차 관련 전문가로 구성된 주택임대차위원회를 두고, 동 위원회의 심의를 거쳐 우선변제를 받을 임차인 및 보증금 중 일정액의 범위와 기준을 대통령령으로 정하도록 하며, 임대차계약이 묵시적으로 갱신된 경우에 임대차 존속기간을 2년으로 보도록 함으로써 소액임차인과 그 보증금을 보호하고 임대차 존속기간을 명확하게 알 수 있도록 하기 위하여 개정되었다.

2. 주택임대차보호법시행령의 연혁

주택임대차보호법시행령은 1984. 6. 14. 대통령령 제11441호로 제정된 이래 9차에 걸쳐 개정되었고, 소액보증금의 범위도 계속 변천되었다.

◉ **소액임차인의 기준 및 최우선변제액**

시행일자	지 역	소액임차인의 기준 및 최우선변제액
1984. 6. 14.부터 ~ 1987. 11. 30.까지	서울직할시	300만원 이하
	기타 지역	200만원 이하
1987. 12. 1.부터 ~ 1990. 2. 18.까지	서울직할시	500만원 이하
	기타 지역	400만원 이하
1990. 2. 19.부터	서울직할시	2,000만원 이하 임차인 중 700만원

~ 1995. 10. 18.까지	기타 지역	1,500만원 이하 임차인 중 500만원
1995. 10. 19.부터 ~ 2001. 9. 14.까지	서울 · 광역시(군지역은 제외)	3,000만원 이하 임차인 중 1,200만원
	기타 지역	2,000만원 이하 임차인 중 800만원
2001. 9. 15.부터 ~ 2008. 8. 20.까지	수도권 중 과밀억제권역	4,000만원 이하 임차인 중 1,600만원
	광역시 (군지역과 인천광역시 제외)	3,500만원 이하 임차인 중 1,400만원
	그 밖의 지역	3,000만원 이하 임차인 중 1,200만원
2008. 8. 21.부터 ~ 현 재	수도권 중 과밀억제권역	6,000만원 이하 임차인 중 2,000만원
	광역시 (군지역과 인천광역시 제외)	5,000만원 이하 임차인 중 1,700만원
	그 밖의 지역	4,000만원 이하 임차인 중 1,400만원

※ 수도권과밀억제권역(수도권정비계획법시행령 9조 별표)은 다음과 같다.
서울특별시, 인천광역시(강화군, 옹진군, 중구 운남동 · 운북동 · 운서동 · 중산동 · 남북동 · 덕교동 · 을왕동 · 무의동, 서구 대곡동 · 불노동 · 마전동 · 금곡동 · 오류동 · 왕길동 · 당하동 · 원당동, 연수구 송도매립지, 남동유치지역을 제외), 의정부시, 구리시, 남양주시(호평동, 평내동, 금곡동, 일패동, 이패동, 삼패동, 가운동, 수석동, 지금동 및 도농동에 한함), 하남시, 고양시, 수원시, 성남시, 안양시, 부천시, 광명시, 과천시, 의왕시, 군포시, 시흥시(반월 특수지역을 제외)

우계장님 질문요?

주택임대차보호법의 주택임차인 보호를 위한 여러 규정 중 가장 중요한 내용은 무엇인지요?

주보법상의 주택임차인 보호를 위한 중요한 내용은 대항요건을 갖춘 임차인의 대항력, 대항요건과 주택임대차계약서상에 확정일자를 갖춘 임차인의 우선변제권, 소액임차인의 최우선변제권의 3가지로 분류하여 설명드릴 수 있습니다.

❶ **첫째는 요건을 갖춘 임차인의 대항력입니다.**
선순위 근저당권 등(즉 말소기준권리)이 없는 임차주택에 주택임차인이 입주하고 주민등록전입신고를 마치면(이를 '대항요건'이라고 함) 그 다음날부터 임차주택이 다른 사람에게 양도되거나 매각되더라도 새로운 집주인(양수인 · 매수인 · 낙찰자 등)에게 임차권을 주장하여 임대기간이 끝날 때까지 거주할 수 있고, 또 임대기간이 만료되더라도 임대보증금 전액을 반환받을 때까지는 집을 비워 주지 않을 수 있습니다. 다만 대항력이 있어도 확정일자를 갖추지 않거나 소액임차인에 해당하지 않는 경우에는 경매절차에 참가하여 보증금을 우선 배당받을 수 없습니다.

❷ **둘째는 대항요건과 주택임대차계약서상에 확정일자를 갖춘 임차인의 우선변제권입니다.**
대항요건과 주택임대차계약서상에 확정일자를 갖춘 임차인(이하 '확정일자부 임차인'이라고 함)은 임차주택이 경매 · 공매되는 경우에 임차주택(대지 포함)의 환가대금에서 후순위담보권자나 기타 일반채권자에 우선하여 보증금을 변제받을 수 있습니다.

❸ 셋째는 소액임차인의 최우선변제권입니다.

임대보증금이 소액인 경우 임차주택이 매각(낙찰)되더라도 임차주택(대지 포함) 가액의 1/2 범위 안에서 일정 금액까지는 후순위 담보권자 및 일반채권자 뿐만 아니라 선순위 담보권자보다도 우선하여 변제받을 수 있습니다. 다만 이러한 보호를 받기 위하여는 임차주택에 대하여 경매개시결정의 등기가 경료되기 전에 입주 및 주민등록전입신고(즉 대항요건을 갖추어야 함)를 마쳐야 합니다.

위에서 '주택가액'이라 함은 매각대금에다가 매수신청보증금에 대한 배당기일까지의 이자, 몰수된 매수신청보증금 등을 포함한 금액에서 집행비용을 공제한 실제 배당할 금액을 말합니다.

❷ 적용범위

1. 주거용 건물

(1) 주거용 건물의 판단 방법

주택임대차보호법(이하 '주보법'이라 함)은 국민의 주거생활의 안정을 보장함을 목적으로 하고(동법 1조), 위 법은 주거용 건물의 전부 또는 일부의 임대차에 관하여 적용된다. 임차주택의 일부가 주거 외의 목적으로 사용되는 경우에는 주거용 건물에 해당하나(동법 2조), 비주거용 건물의 일부를 주거의 목적으로 사용하는 경우에는 이를 주거용 건물이라 할 수 없으므로 법의 보호 대상에서 제외된다.

주거용 건물, 즉 주택이란 토지에 정착된 공작물 중 지붕 및 기둥 또는 벽이 있는 것과 이에 부수되는 시설로서 사람의 일상생활인 기와침식에 사용되는 것을 말한다.

판례 **점포 및 사무실로 사용되던 건물에 근저당권이 설정된 후 그 건물이 주거용 건물로 용도변경된 경우, 이를 임차한 소액임차인이 근저당권자에 대하여 우선변제권이 있는지 여부(적극)**

주택임대차보호법은 주거용 건물의 임대차에 관하여 민법에 대한 특례를 규정함으로써 국민 주거생활의 안정을 보장함을 목적으로 하고 있으므로(제1조), 합리적 이유나 근거 없이 그 적용대상을 축소하거나 제한하는 것은 허용되지 않는다고 할 것인바, 주택임대차보호법 제2조가 주거용 건물의 전부 또는 일부의 임대차에 관하여 적용된다고 규정하고 있을 뿐 임차주택이 관할관청의 허가를 받은 건물인지, 등기를 마친 건물인지 아닌지를 구별하고 있지 아니하며, 건물 등기부상 '건물내역'을 제한하고 있지도 않으므로 점포 및 사무실로 사용되던 건물에 근저당권이 설정된 후 그 건물이 주거용 건물로 용도변경되어 이를 임차한 소액임차인도 특별한 사정이 없는 한 주택임대차보호법 제8조에 의하여 보증금 중 일정액을 근저당권자보다 우선하여 변제받을 권리가 있다(대판 2009.8.20. 2009다26879).

(2) 미등기 건물에의 적용여부

주보법은 전형적인 임대차계약은 물론 이른바 미등기전세계약에 관하여도 이를 준용하고(동법 12조), 주거용 건물이면 미등기건물이라도 상관없고 건축허가가 있었는지 여부도 묻지 않는다. 사용승인(준공검사)을 받지 않은 주택도 마찬가지이다.

위 법의 규정들은 강행규정이므로 이에 위반된 약정으로서 임차인에게 불리한 것은 그 효력이 없고, 일시사용을 위한 임대차임이 명백한 경우에는 그 적용이 없다(동법 10조, 11조).

부동산경매절차에서 주택임차인은 그 대항요건을 갖추고 법원경매계에 권리증명을 하면 그 경매절차의 이해관계인이 된다(법 90조 4호).

(3) 주거용 건물의 대지의 적용 여부

① 주택임차인의 경우

주보법상 주거용 건물이라 함은 주거용 건물 자체만을 말하는 것이 아니라 주거용 건물과 일체 불가분의 관계가 있는 대지부분을 포함한다(주보법 3조의 2 2항 · 8조 2항). 따라서 단독주택은 그 대지에 대하여, 공동주택은 소유권인 대지권에 대하여 우선변제권을 취득하게 된다(대판 96다7595).

판례 대판 1996. 6. 14, 96다7595

[1] 주택임대차보호법의 적용 대상인 '주거용 건물'의 의미는 대지를 제외한 건물만을 뜻하는지 여부(소극)

임차주택의 환가대금 및 주택가액에 건물뿐만 아니라 대지의 환가대금 및 가액도 포함된다고 규정하고 있는 주택임대차보호법 제3조의2 제1항 및 제8조 제3항의 각 규정과 같은 법의 입법 취지 및 통상적으로 건물의 임대차에는 당연히 그 부지 부분의 이용을 수반하는 것인 점 등을 종합하여 보면, 주택임대차보호법 제2조에서 같은 법의 적용 대상으로 규정하고 있는 '주거용 건물'의 임대차라 함은 임차목적물 중 건물의 용도가 점포나 사무실 등이 아닌 주거용인 경우의 임대차를 뜻하는 것일 뿐이지, 같은 법의 적용 대상을 대지를 제외한 건물에만 한정하는 취지는 아니다.

[2] 대지 및 건물이 경매개시되었다가 대지 부분만 낙찰된 경우에도, 그 주택의 소액임차인은 대지 낙찰대금 중에서 보증금을 우선변제받을 수 있다고 한 사례

다가구용 단독주택의 대지 및 건물에 관한 근저당권자가 그 대지 및 건물에 관한 경매를 신청하였다가 그 중 건물에 대한 경매신청만을 취하함으로써 이를 제외한 대지 부분만이 낙찰되었다고 하더라도, 그 주택의 소액임차인은 그 대지에 관한 낙찰대금 중에서 소액보증금을 담보물권자보다 우선하여 변제받을 수 있다.

② 전세권자의 경우

- **단독주택을 임차한 후 주택에 전세권설정등기를 완료한 경우**

  단독주택을 임차한 후 그 주택에만 전세권설정등기를 완료한 경우에는 전세권은 주택자체에만 미치기 때문에 전세권자는 경매절차의 매각대금으로부터 주택부분에 대한 우선변제만 받을 수 있고, **대지**지분에 대하여는 우선변제를 받을 수 없다.

- **집합건물의 전유부분에 전세권설정등기를 완료한 경우**

  아파트 등 집합건물의 전유부분에 대한 전세권자는 건물부분에 대하여만 전세권설정등기를 할 수 있고 대지사용권의 목적인 토지에 대하여는 전세권설정등기를 할 수 없어 전세권은 건물만에 관한 것이라는 취지의 부기등기를 하게 되나(등기선례 4-449), 전세권의 경우에도 대지사용권의 분리처분이 가능하도록 규약으로 정하는 등의 특별한 사정이 없는 한 전세권의 효력은 대지사용권에도 미치므로 전세권자는 **대지사용권**의 매각대금 중에서도 배당을 받게 된다(대판 2001다68389).

(4) 주거용 건물인지 여부의 판단기준시점

주거용 건물인지 여부를 판단하는 기준시점은 원칙적으로 **임대차계약의 체결시**이다. 비주거용 건물을 임차하여 임차인이 그 후 임의로 주거용으로 개조하여 사용한다거나 비주거용 건물에 주거용 건물을 증축하여 사용하는 경우에는 임대인이 이를 승낙하였다는 등의 특별한 사정이 없는 한 주거용 건물이라고 할 수 없다(대판 85다카1367).

(5) 판례에 나타난 주거용 건물의 판단기준

판례 **1. 주택임대차보호법 제2조에 정한 주거용 건물에 해당하는지 여부의 판단 기준**

주택임대차보호법 제2조 소정의 주거용 건물에 해당하는지 여부는 임대차목적물의 공부상의 표시만을 기준으로 할 것이 아니라 그 **실지용도**에 따라서 정하여야 하고, 건물의 일부가 임대차의 목적이 되어 주거용과 비주거용으로 겸용되는 경우에는 구체적인 경우에 따라 그 임대차의 목적, 전체 건물과 임대차목적물의 구조와 형태 및 임차인의 임대차목적물의 이용관계 그리고 임차인이 그곳에서 일상생활을 영위하는지 여부 등을 아울러 고려하여 합목적적으로 결정하여야 한다(대판 1996.3.12. 95다51953).

2. 구 주택임대차보호법(1981.3.5. 법률 제3379호) 제2조 소정의 "주거용건물"인지 여부의 판단기준

구 주택임대차보호법(1981.3.5. 법률 제3379호) 제2조 소정의 주거용 건물이란 공부상의 표시에 불구하고 그 **실지용도**에 따라서 정하여야 하고 또한 한 건물의 비주거용 부분과 아울러 주거용 부분이 함께 임대차의 목적이 되어 각기 그 용도에 따라 사용되는 경우 그 주거용 부분에 관하여 본법이 적용되느냐의 여부는 구체적인 경우에 따라 합목적적으로 결정하여야 하며, 더우기 위 주택임대차보호법이 적용되려면 먼저 **임대차계약 체결당시**를 기준으로 하여 그 건물의 구조상 주거용 또는 그와 겸용될 정도의 건물의 형태가 실질적으로 갖추어져 있어야 하고, 만일 그 당시에는 주거용 건물부분이 존재하지 아니하였는데 임차인이 그 후 **임의로 주거용으로 개조**하였다면 임대인이 그 개조를 승낙하였다는 등의 특별한 사정이 없는 한 위 법의 적용은 있을 수 **없다**(대판 1986.1.21. 85다카1367).

(6) 판례에 의한 구체적 적용 사례

① 겸용건물이 주거용으로 인정된 사례

- 공부상 근린생활시설 및 주택, 계약서상 부동산표시를 점포로 기재, 1층 일부를 주거 및 미용실경영 목적으로 임차, 1층의 다른 일부를 주거 및 과자점경영 목

적으로 임차한 경우(대판 87다카2024).

- 공부상 단층 작업소 및 근린생활시설, 실제는 주택으로도 사용, 일부를 주거 및 인쇄소경영 목적으로 임차, 다른 일부를 주거 및 슈퍼마켓경영 목적으로 임차한 경우(대판 94다52522).
- 공부상 소매점, 건축당시부터 방 2칸과 영업소를 위한 홀로 건축, 음식점 영업을 목적으로 임차한 경우[건물구조 · 주거용 면적(방2칸이 반 차지) · 방을 낮에는 손님용으로 그 외에는 가족과 함께 거주하고 달리 주택이 없는 사실 등을 고려하여 주거용으로 인정한 사안(대판 96다5971)].

② **겸용건물이 주거용으로 부정된 사례**

- 등기부상 점포, 동아전기라는 상호, 변압기용 절연유여과기 제작업을 목적으로 임차한 경우[건물구조 · 주거용 면적(방과 부엌이 적은 부분 차지) · 전입신고와 입주를 하고 생활하나 건물의 주된 목적이 영업용인 점 등을 고려하여 주거용이 아니라고 부정한 사안(대판 86다카823)].
- 등기부상 점포, 사무실 및 주택, 건물이 대로변에 위치, 커다란 양복점 간판 2개, 주거 및 양복점경영 목적으로 임차한 경우[건물의 위치와 구조 · 주거용 면적(방 1칸과 부엌이 아주 적은 부분 차지) · 입주하여 생활하나 이는 점포일부가 개조된 것 등을 고려하여 주거용이 아니라고 부정한 사안(대판 87다카3097)].
- 건물이 당초부터 지하1층 지상1 · 2층은 근린생활시설로, 지상3층은 주택용도로 건축되었고, 사무실로 사용된 2층을 임차하여 삼계탕집을 경영하면서 조그만 방 2개를 제외한 거의 대부분을 손님을 위한 홀로 방 3개, 주방으로 사용한 경우(대판 93다25738·25745).
- 공부상 근린생활시설, 임차하여 가족과 함께 전입신고와 입주를 하고 살다가 약 1년 후부터 교회로 사용한 경우(대판 2001다37828).
- 등기부상 위락시설 및 다방, 건물이 상가건물로서 시장변두리에 위치, 계약서상 용도 다방으로 기재, 계약종료 후 원상회복의무를 기재하고 임차한 경우(대판 95다51953).

(7) 전세권자에 대하여도 주택(상가건물)임대차보호법이 적용되는지 여부

이미 1권에서 설명하였듯이 전세권의 목적물이 주택이나 상가건물인 경우, 임차인으로서 우선변제를 받을 수 있는 권리와 전세권자로서 우선변제를 받을 수 있는 권리는 근거규정 및 성립요건을 달리하는 별개의 것이므로 전세권자가 주보법상의 우선변제요건도 갖춘 경우에는 주보법에 의한 보호도 받게 된다(대판 93다39676 등). 전세권자가 상보법의 우선변제요건을 갖춘 경우에도 같다.

따라서 전세권등기일자로는 매각으로 소멸하는 것처럼 보이는 전세권이라도 주보법 등의 소정의 **대항요건**을 갖춘 것으로서는 최선순위인 경우에는(즉 말소기준권리보다 대항력이 앞서는 경우) 임차권자로서 저당권 등에 대항할 수 있게 됨을 유의하여야 한다(대판 93다10552 · 10569).

(8) 주택임차인이 별도로 전세권등기를 완료 한 후 대항요건을 상실하여도 임차권등기가 된 것으로 보아 여전히 대항력 및 우선변제권을 유지하는지 여부

전세권설정등기의 효력을 주보법 3조의3에서 규정한 임차권등기나 같은 법 3조의4에서 규정한 주택임대차등기의 효력과 동일하게 볼 수 있는지 여부에 대하여 판례(대판 2004다69741)는, "① 주택임차인이 그 지위를 강화하고자 별도로 전세권설정등기를 마치더라도 주보법상 주택임차인으로서의 우선변제를 받을 수 있는 권리와 전세권자로서 우선변제를 받을 수 있는 권리는 근거규정 및 성립요건을 달리하는 별개의 것이라는 점, ② 주보법 3조의3 1항에서 규정한 임차권등기명령에 의한 임차권등기와 동법 3조의4 2항에서 규정한 주택임대차등기는 공통적으로 주보법상의 대항요건인 '주민등록일자', '점유개시일자' 및 '확정일자'를 등기사항으로 기재하여 이를 공시하지만 전세권설정등기에는 이러한 대항요건을 공시하는 기능이 없는 점, ③ 주보법 3조의4 1항에서 임차권등기명령에 의한 임차권등기의 효력에 관한 동법 3조의3 5항의 규정은 민법 621조에 의한 주택임대차등기의 효력에 관하여 이를 준용한다고 규정하고 있을 뿐 주보법 3조의3 5항의 규정을 전세권설정등기의 효력에 관하여 준용할 법적 근거가 없는 점 등을 종합하면, 주택임차인이 그 지위를 강화하고자 별도로 **전세권설정등기**를 마쳤더라도 주택임차인이 주보법 3조 1항의 **대항요건을 상실**하면 이미 취득한 주보법상의 **대항력 및 우선변제권을 상실**한다고 봄이 상당하다."고 판시하고 있다.

2. 임 대 인

(1) 적법한 임대권한 있는 자

임대차계약은 주택소유자인 임대인과 체결하는 것이 보통이나 반드시 이에 한하지 않고 임차주택에 대한 처분권한이 있거나 적법한 임대권한을 가진 자와 체결한 임대차계약은 그 효력이 있다(대판 2007다38908 · 38915).

예컨대 ① 명의신탁자와 임대차계약을 체결한 경우, ② 임차주택의 매수인이 매도인으로부터 임대권한을 위임받은 경우 그 명의신탁자 또는 매수인과의 사이에 체결된 임대차계약도 마찬가지로 유효하다.

1) 명의신탁자

① 예컨대 甲(신탁자)이 주택을 乙(수탁자)에게 소유권명의를 신탁한 후 丙(임차인)에게 임대하여 丙이 甲(신탁자)에게 임차보증금을 교부하고 입주, 전입신고를 마쳤고, 그 후 乙(수탁자)로부터 丁에게 소유권이전등기가 마쳐진 경우 임대인은 반드시 소유자에 한하지 않고 적법한 임대권한을 가진 자도 포함하므로 丙은 대항력을 취득한다.

판례(대판 2007다38908 · 38915)도 주택의 소유자는 아니지만 적법한 임대권한을 가진 명의신탁자와의 사이에 임대차계약을 체결한 경우 주보법의 보호를 받을 수 없는지 여부에 대하여, "주택임대차보호법이 적용되는 임대차로서는 반드시 임차인과 주택의 소유자인 임대인 사이에 임대차계약이 체결된 경우에 한정된다고 할 수는 없고, 나아가 주택의 소유자는 아니지만 주택에 관하여 적법하게 임대차계약을 체결할 수 있는 권한(적법한 임대 권한)을 가진 임대인과 사이에 임대차계약이 체결된 경우도 포함된다."고 한다.

② 주보법이 적용되는 임대차는 반드시 임차인과 주택의 소유자인 임대인 사이에 임대차계약이 체결된 경우에 한정된다고 할 수는 없고, 주택의 소유자는 아니지만 주택에 관하여 적법하게 임대차계약을 체결할 수 있는 권한(적법한 임대권한)을 가진 명의신탁자 사이에 임대차계약이 체결된 경우도 포함된다.

이 경우 **임차인**은 등기부상 주택의 소유자인 명의수탁자에 대한 관계에서도 적법한 임대차임을 주장할 수 있는 반면, **명의수탁자**는 임차인에 대하여 그 소유자임을 내세워 명도를 구할 수 없다(대판 98다49753).

또한 주택의 명의신탁자가 임대차계약을 체결한 후 명의수탁자가 명의신탁자로부터 주택을 임대할 권리를 포함하여 주택에 대한 처분권한을 종국적으로 이전받는 경우에 임차인이 주택의 인도와 주민등록(대항력)을 마친 이상 명의수탁자는 주보법 3조 3항의 규정에 의하여 임차인과의 관계에서 그 주택의 양수인으로서 임대인의 지위를 승계하였다고 보아야 한다(대판 98다49753).

2) 매 수 인

① 매수인 명의로 소유권이전등기가 완료되지 않은 경우

주택 매매계약에 부수하여 매매대금 수령 이전에 적법한 임대권한을 부여받은 임차주택의 매수인과 임대차계약을 체결한 다음 매수인에게 소유권이 이전된 경우에는 그 임대차의 효력에 문제가 없다. 그러나 매매계약이 매수인의 잔금미지급 등을 이유로 해제되면 위 매수인의 임대권한은 매매계약의 해제를 조건으로 부여된 것이어서 소급하여 소멸하므로 적법한 **임대권한이 없는 자**와 임대차계약을 체결한 것이 된다(대판 95다32037).

판례 대판 1995. 12. 12. 95다32037

[1] 주택 매매계약에 부수하여 매매대금 수령 이전에 매수인에게 임대 권한을 부여한 경우, 이는 매매계약의 해제를 해제조건으로 한 것이라고 본 사례

[2] [1]항의 매매계약이 해제된 경우, 매수인으로부터 주택을 임차한 임차인이 주택임대차보호법상의 대항요건을 구비하였음을 이유로 매도인에게 대항할 수 있는지 여부

매도인으로부터 매매계약의 해제를 해제조건부로 전세 권한을 부여받은 매수인이 주택을 임대한 후 매도인과 매수인 사이의 매매계약이 해제됨으로써 해제조건이 성취되어 그 때부터 매수인이 주택을 전세 놓을 권한을 상실하게 되었다면, 임차인은 전세계약을 체결할 권한이 없는 자와 사이에 전세계약을 체결한 임차인과 마찬가지로 매도인에 대한 관계에서 그 주택에 대한 사용수익권을 주장할 수 없게 되어 매도인의 명도청구에 대항할 수 없게 되는바, 이러한 법리는 임차인이 그 주택에 입주하고 주민등록까지 마쳐 주택임대차보호법상의 대항요건을 구비하였거나 전세계약서에 확정일자를 부여받았다고 하더라도 마찬가지이다.

② 매수인 명의로 소유권이전등기가 완료된 경우

임대인이 소유권을 취득하였다가 계약해제로 소유권을 상실하게 된 경우, 그 계약해제 전에 주보법 소정의 **대항요건**을 갖춘 임차인은 임대인의 임대권원의 바탕이 되는 계약의 해제에도 불구하고 자신의 임차권을 새로운 소유자에게 대항할 수 있다(대판 96다17653).

판례 **임대인이 소유권을 취득하였다가 계약해제로 소유권을 상실하게 된 경우, 그 계약해제 전에 주택임대차보호법 소정의 대항요건을 갖춘 임차인의 대항력 유무(적극)**

민법 제548조 제1항 단서의 규정에 따라 계약해제로 인하여 권리를 침해받지 않는 제3자라 함은 계약목적물에 관하여 권리를 취득한 자 중 계약당사자에게 권리취득에 관한 대항요건을 구비한 자를 말한다 할 것인바, 임대목적물이 주택임대차보호법 소정의 주택인 경우 같은 법 제3조 제1항이 임대주택의 인도와 주민등록이라는 대항요건을 갖춘 자에게 등기된 임차권과 같은 대항력을 부여하고 있는 점에 비추어 보면, 소유권을 취득하였다가 계

> 약해제로 인하여 소유권을 상실하게 된 임대인으로부터 그 계약이 해제되기 전에 주택을 임차받아 주택의 인도와 주민등록을 마침으로써 같은 법 소정의 대항요건을 갖춘 임차인은 등기된 임차권자와 마찬가지로 민법 제548조 제1항 단서 소정의 제3자에 해당된다고 봄이 상당하고, 그렇다면 그 계약해제 당시 이미 주택임대차보호법 소정의 **대항요건을 갖춘 임차인**은 임대인의 임대권원의 바탕이 되는 계약의 해제에도 불구하고 자신의 임차권을 새로운 소유자에게 대항할 수 있다(대판 1996.8.20. 96다17653)

3) 공 유 자

임차주택이 공유로 되어 있는 경우 **과반수**의 공유자와 체결한 임대차계약은 공유자 전원에 대한 관계에 있어서도 유효하고, 주택인도 등의 요건을 갖추면 대항력과 우선변제권이 인정된다.

건물의 공유자가 공동으로 건물을 임대하고 보증금을 수령한 경우, 특별한 사정이 없는 한 그 임대는 각자 공유지분을 임대한 것이 아니고 임대목적물을 다수의 당사자로서 공동으로 임대한 것이고 그 보증금반환채무는 성질상 불가분채무에 해당한다(대판 98다43137).

(2) 임대인지위를 승계한 양수인

1) 임대인의 지위승계

① 임차주택의 양수인(기타 임대할 권리를 승계한 자를 포함)은 임대인의 지위를 승계한 것으로 본다(주보법 3조 3항). 여기서 승계는 상속 등 포괄승계뿐만 아니라 매매, 증여, 교환, 대물변제 등 특정승계도 포함되고 경매, 공매도 포함된다. 임차주택은 반드시 등기되어 있을 필요가 없으므로 미등기건물의 양수인도 임대인의 지위를 승계한다.
임대인의 지위를 승계한 것으로 보게 되는 임차주택의 양수인이 되려면 주택을 임대할 권리나 이를 수반하는 권리를 종국적 · 확정적으로 이전받게 되는 경우라야 한다(대판 2000다70460).

② 임대차의 존속 중에 임차주택이 매매로 양도되는 경우 주보법 3조 3항에 의하여 그 임대차가 양수인에게 승계되고, 기간만료나 당사자의 합의 등으로 임대차가 종료된 후에 임차주택이 양도되는 경우에도 동법 4조 2항에 의하여 임차인이 보증금을 반환받을 때까지 임대차관계는 존속하는 것으로 의제되므로(즉 법정임대차관계가 존속함) 동법 3조 3항에 의하여 양수인에게 임대차가 종료된 상태에서의 임대인으로서의 지위가 **승계**된다(대판 2001다64615).

③ 위 ②의 설명은 대항력 있는 임대차에 있어서 임차주택이 민사집행법에 의한 경매로 양도되는 경우에도 마찬가지이다.
즉 경매절차에서 임차인의 배당요구에 의하여 대항력 있는 임대차는 해지되어 종료되고, 다만 동법 4조 2항에 의하여 임차인이 보증금의 잔액(경매절차에서 일부만 배당받음)을 반환받을 때까지 임대차관계가 존속하는 것으로 의제될 뿐이므로(즉 법정임대차관계가 존속함) 매수인(낙찰자)은 동법 3조 3항에 의하여 임대차가 종료된 상태에서의 임대인의 지위를 승계한다(대판 98다15545, 대판 96다53628, 대판 99다311).
이러한 법정임대차관계는 임차인이 보증금을 반환받을 때까지만 한시적 · 제한적으로 존속하는 것이므로 양수인(매수인, 낙찰자 등)은 언제든지 보증금을 반환하여 임대차관계를 종료시키고 주택의 명도를 청구할 수 있다.

④ 임대인의 지위가 승계되면 종전 임대인의 보증금반환채무는 **소멸**한다. 따라서 임차인이 계약기간만료 등으로 보증금반환을 구하는 경우에는 양수인을 상대로 하여야 한다.
임차인이 대항력을 갖춘 후 임차주택의 소유권이 양도되어 그 양수인이 임대인의 지위를 승계하는 경우에는 임대차보증금의 반환채무도 부동산의 소유권과 결합하여 일체로서 이전하는 것이므로 양도인의 임대인으로서의 지위나 보증금 반환 채무는 소멸하고, 임차주택에 대하여 임차인에 우선하는 다른 권리자가 있다고 하여 양수인의 임대인으로서의 지위의 승계에 임차인의 동의가 필요한 것은 아니다(대판 95다35616).

⑤ 그러나 임차인이 임차주택의 양도에 따른 임대차승계를 배제(저지)할 수 있는 경우에는 양도인의 보증금반환채무는 소멸하지 않는다.
즉 임차인의 보호를 위한 임대차보호법의 입법 취지에 비추어 임차인이 임대인의 지위승계를 원하지 않는 경우에는 임차인이 임차주택의 양도사실을 안 때로부터 상당한 기간 내에 **이의를 제기**함으로써 승계되는 임대차관계의 구속으로부터 벗어날 수 있다고 봄이 상당하고, 그와 같은 경우에는 양도인의 임차인에 대한 **보증금 반환채무**는 소멸하지 않는다(대판 2001다64615).

2) 양수인의 범위

① 매 수 인

- **대지 및 주택의 매수인(낙찰자)**

임차인이 **대항력**을 가지고 있는 경우에는 토지 및 주택을 함께 낙찰 받은 낙찰자는 양수인에 해당하나, 임차인이 대항력을 가지고 있지 않은 경우에는 양수인에 해당하지 않는다. 대지와 건물의 최선순위 담보권설정일자가 **다른** 경우에는 각 담보권설정일자와 임차인의 대항력구비일자를 비교하여 양수인에 해당하는지 여부를 판단하게 된다.

통상 신축한 주택의 사용승인(준공검사)이나 등기 전에 그 주택을 임차하여 입주와 전입신고를 마치기 전에 토지에 저당권이 설정된 경우를 종종 볼 수 있는데, 이 경우 임차인은 토지 · 건물을 함께 낙찰 받은 매수인(낙찰자)에 대하여는 대항력을 가지게 되나, 토지만의 경매에서 낙찰 받은 매수인에 대하여는 대항력을 주장할 수 없으므로 **토지**만의 매수인은 양수인에 해당하지 않는다.

- **대지만의 매수인(낙찰자)**

임대인의 지위를 승계한 것으로 보는 임차주택의 양수인이라 함은 임대차의 목적이 된 **주거용 건물**의 양수인을 의미하고, 확정일자임차인에게 경매 또는 공매에 의한 임차주택의 대지의 환가대금에서 후순위권리자들보다 보증금을 우선변제받을 권리를 인정하였다고 하여도 그 **대지**를 낙찰 받은 자를 위에서 말하는 임차주택의 양수인이라고 할 수는 없다(대판 98다3276).

실 전 사 례

Q 乙은 저당권 등 담보물권이 전혀 설정되어 있지 않은 甲소유 주택을 임차보증금 5,000만원에 임차하여 주민등록전입신고를 하고 거주하고 있다. 그런데 위 주택의 대지에는 甲이 대항력을 갖추기 전에 근저당권이 설정되어 있었고, 그 후 근저당권자의 대지에 대한 경매신청으로 대지는 丙에게 매각(낙찰)되었다. 이 경우 임차인 乙이 대지만을 위 경매절차에서 낙찰 받은 丙에 대하여 주택임차권을 주장할 수 있는지?

A 위 사례는 토지만을 낙찰 받은 자도 임대인의 지위를 승계하는지의 여부를 물어보는 경우이다.
위 판례(대판 98다3276)에서 보았듯이 대지만을 낙찰 받은 丙을 임차주택의 양수인이라고 할 수는 없으므로 임차인 乙은 매수인(낙찰자) 丙에 대하여 주택임차권을 주장할 수는 없다.

② 주택의 양도담보권자(등기상 소유자)

주택의 양도담보권자는 양수인에 해당하지 않는다. 임차주택의 양수인이라 함은 주택을 임대할 권리나 이를 수반하는 권리를 매매, 증여 등에 의하여 종국적 · 확정적으로 이전받은 자에 한하므로 주택의 양도담보권자(그 명의의 소유권보존등기를 완료함)는 이에 해당하지 않고, 따라서 임차보증금을 반환할 의무가 없다(대판 2001다80785).

③ 미등기 무허가건물의 사실상 양수인

건물이 미등기인 관계로 그 건물에 대하여 아직 소유권이전등기를 완료하지는 못하였지만 그 건물에 대하여 **사실상 소유자**로서의 권리를 행사하고 있는 자는 전소유자로부터 위 건물의 일부를 임차한 자에 대한 관계에서는 위 사실상 소유자가 임차주택의 양수인으로서 임대인의 지위를 승계하였다고 볼 수 있다(대판 86다카164).

④ 신탁법상의 수탁자

주택임차인이 임대인과 임대차계약을 체결하고 대항력을 갖춘 후 임대인이 임차주택을 담보목적으로 신탁법에 따라 신탁한 경우에도 수탁자는 임대인의 지위를 **승계**한 것이다(대판 2000다70460).

☞ 신탁법상의 신탁은 위탁자가 수탁자에게 특정의 재산권을 이전하거나 기타의 처분을 하여 수탁자로 하여금 신탁의 목적을 위하여 재산의 관리 또는 처분을 하도록 하는 것이므로(신탁법 1조 2항) 부동산의 신탁에 있어서 신탁자의 위탁에 의하여 수탁자 앞으로 소유권이전등기를 마치게 되면 대내외적으로 소유권이 **수탁자**에게 완전히 이전되고, 위탁자와의 내부관계에 있어서 소유권이 위탁자에게 유보되어 있는 것은 아니기 때문이다(대판 93다62119).

⑤ 임차주택을 매수(양수)한 임차인

대항력을 갖춘 임차인이 당해 주택을 양수한 때에는 임대인의 보증금반환채무는 소멸하고 양수인인 임차인이 임대인의 자신에 대한 보증금반환채무를 인수하게 되어, 결국 임차인의 보증금반환채권은 혼동으로 **소멸**한다(대판 96다38216). 그러나 임차권이 대항요건을 갖추고 있고 또한 그 대항요건을 갖춘 후에 **저당권이 설정**된 때에는 혼동으로 인한 물권소멸의 원칙의 예외규정인 민법 191조 1항 단서를 준용하여 임차권은 소멸하지 않는다(대판 2000다12693).

실 전 사 례

Q 임차인이 살고 있는 집이 경매가 진행되어 주택임대차보호법상 대항력과 우선변제권을 겸유한 임차인이 배당요구를 하였으나 보증금 전액을 배당받을 수 없었던 때에는 나머지 금액에 대하여 매수인에게 대항하여 이를 반환 받을 때까지 임대차의 존속을 주장할 수 있는데, 이러한 경우 매수인(낙찰자)이 임차인에게 나머지 보증금을 내어주고 부동산을 명도받았다면 내어준 보증금에 대하여 전소유자(채무자)에게 구상 내지 손해배상을 청구할 수 있는지?

A 위 사안의 경우는 대항력과 우선변제권을 겸유한 임차인에게 잔여 보증금을 지급한 매수인의 전소유자에 대한 구상권의 행사 가능 여부에 대하여 물어보는 경우이다.

❶ 판례는 주택임대차보호법상의 대항력을 갖춘 후 임대부동산의 소유권이 이전되어 그 양수인이 임대인의 지위를 승계하는 경우에는 임대차보증금 반환채무도 부동산의 소유권과 결합하여 일체로서 이전하는 것이며 이에 따라 양도인의 보증금반환채무는 소멸한다고 판시하고 있다(대판 86다카1114, 대판 96다38216).
따라서 매수인(낙찰자)이 임차인에게 보증금 전액 또는 그 일부를 부담 내지 반환하였다 하더라도 그것은 채무인수의 법률효과로 인하여 매수인이 자기의 채무를 이행한 것일 뿐 그로 인하여 원래의 임대인이 법률상 원인 없이 부담한 이득을 얻었다거나, 원래 임대인의 보증금반환채무를 매수인이 대위변제하였다거나, 매수인에게 손해가 발생하였다고 볼 수는 없다.

❷ 결론적으로 매수인(낙찰자)은 경매절차의 소유자인 전임대인에 대하여 부당이득반환청구, 대위변제로 인한 구상금 청구, 불법행위 내지 채무불이행에 기한 손해배상의 청구 등 그 어떤 것도 행사할 수 없다.

3. 임차보증금

(1) 성 질

부동산 임대차에 있어서 수수된 보증금은 임료채무, 목적물의 멸실 · 훼손 등으로 인한 손해배상채무 등 임대차관계에 따른 임차인의 모든 채무를 담보하는 것으로서 그 피담보채무 상당액은 임대차관계의 종료 후 목적물이 반환될 때에 특별한 사정이 없는 한 별도의 의사표시 없이 보증금에서 당연히 공제된다(대판 99다50729, 대판 2005다8323 · 8330 등). 따라서 임차인의 보증금반환청구권은 임대차종료 후에 임차인이 임차목적물을 임대인에게 반환할 때 연체차임 등 모든 피담보채무를 공제한 잔액이 있을 것을 조건으로 하여 그 잔액에 대하여만 발생한다.

(2) 임차보증금의 증액과 대항력

① 임대차계약의 체결 후 근저당권이 설정되고 임차보증금을 **증액**한 경우 그 증액부분은 기존의 근저당권자에 우선하여 배당받을 수 없고, 따라서 임차인은 그 증액부분을 가지고 매수인(낙찰자)에게도 대항할 수 없다.
예컨대 임차인(보증금 5,000만원)이 대항력을 갖춘 후 근저당권이 설정되고 그 후

보증금을 6,000만원으로 증액하기로 합의하고 증액한 1,000만원을 지급한 경우, 보증금증액의 합의는 당사자 사이에만 효력이 있고 근저당권자에게는 대항할 수 없으므로 그 임의경매의 매수인(낙찰자)의 명도청구에 대하여 증액 전의 보증금(5,000만원)을 상환받을 때까지 건물명도를 거절할 수 있을 뿐이고 증액된 보증금(1,000만원)으로써는 매수인에게 대항할 수 없다(대판 90다카11377).

② 임차인이 보증금을 증액하는 경우 **재계약서**를 작성하지 않고 임대인작성의 증액부분에 대한 **영수증**에 확정일자를 받은 때에는 그 효력을 인정할 수 없어 우선변제를 받을 수 없다. 이때에는 반드시 임대차관계(당사자, 목적물, 기간, 보증금 등)를 확인할 수 있는 방법(예 재계약서를 작성)으로 작성한 후 그 서면에 확정일자를 받아야 한다.

실 전 사 례

Q 乙은 甲과 2000. 5. 20. 전세보증금 3,200만원, 전세기간 2년의 전세계약을 체결하고, 2000. 6. 20. 입주와 전입신고를 마침과 동시에 계약서상에도 확정일자를 받았다. 그 후 2001. 7. 20. 임차주택에 근저당권이 설정되었는데, 2002. 5. 20. 위 계약을 갱신하면서 보증금액수를 3,700만원으로 인상하였다. 앞으로 만일 위 근저당권실행을 위한 경매(임의경매)가 개시되는 경우 乙은 위 인상된 보증금(500만원)을 포함한 3,700만원을 전부 받을 때까지 매수인(낙찰자)에게 주택을 비워 주지 않아도 되는지. 또 경매절차에서 위 근저당권자에 우선하여 인상된 보증금을 포함한 3,700만원을 전액 배당받을 수 있는지?

A 임대인과 임차인이 임대차계약을 갱신하면서 임대보증금을 인상하기로 합의한 경우, 인상된 금액은 인상되기 전에 설정된 근저당권에 기한 경매절차의 매수인(낙찰인)에 대하여 대항할 수 없을 뿐만 아니라 위 근저당권자에 우선하여 배당을 받을 수도 없다. 왜냐하면 위 근저당권자는 인상 전의 임대보증금을 전제로 근저당권을 취득하는 것이고 장래 임대보증금이 얼마 인상될지 예상할 수도 없기 때문에 인상된 보증금 전액에 대하여 대항력과 우선변제권을 인정한다면 근저당권자의 이익을 너무 침해하는 것이 되기 때문이다.
따라서 乙의 경우 근저당권 설정 전의 보증금액인 3,200만원에 한하여 매수인에게 대항력을 행사할 수 있고 배당절차에 참가하더라도 위 3,200만원에 한하여 근저당권자에 우선하여 변제받을 수 있다. 다만 위 인상된 보증금에 대하여 재계약서를 작성하고 이에 대하여 확정일자를 받았다면 증액된 500만원 부분은 이보다 후순위인 담보권자나 일반채권자에 대하여 우선변제권을 주장할 수는 있다.

(3) 임차보증금의 감액

① 경매개시결정 기입등기 전의 감액

경매개시결정 기입등기 전에 임대인과의 합의로 임차보증금을 감액함으로써 소액임차인에 해당하게 된 경우에는 소액보증금의 우선변제를 인정할 수 있을 것이다.

② 경매개시결정 기입등기 후의 감액

임차인이 그 임차주택에 대한 경매신청이 있은 후에 소액임차인으로 배당받기 위하여 임대인과 합의하에 소액임차인에 해당하는 금액으로 보증금을 **감액**하여 임대차계약서를 다시 작성하는 경우가 있다. 이러한 임차인이 경매절차에서 재작성된 임대차계약서(통상 작성일자를 소급하고, 따라서 확정일자가 없는 경우가 대부분임)를 첨부하여 배당요구를 할 경우 경매절차에서 그와 같은 사실이 판명이 되면 배당을 받을 수 없을 것이다.

그러나 실무상 임차인의 주민등록전입일자가 경매개시결정 기입등기 이전으로 되어 있으면 계약서사본만으로는 판단하기가 힘들고, 혹시 그러한 의심이 가면 심문을 한 후에 배당을 하거나 일단 배당에서 제외하고 임차인으로 하여금 배당이의의 소를 제기하도록 조치하기도 한다.

③ 감액에 의한 소액임차인으로서의 인정여부에 대한 판례의 입장

임대차보증금의 감액으로 주택임대차보호법상 소액임차인에 해당하게 된 경우 소액임차인으로서 보호받을 수 있는지 여부에 대하여 판례(대판 2008.5.15. 2007다23203)는, "실제 임대차계약의 주된 목적이 주택을 **사용 · 수익**하려는 것인 이상 처음 임대차계약을 체결할 당시에는 보증금액이 많아 주택임대차보호법상 소액임차인에 해당하지 않았지만 그 후 새로운 임대차계약에 의하여 임대인과의 사이에 정당하게 보증금을 감액하여 소액임차인에 해당하게 되었다면 그 임대차계약이 통정허위표시에 의한 계약이어서 무효라는 등의 특별한 사정이 없는 한 그러한 임차인은 같은 법상 소액임차인으로 보호받을 수 있다."고 판시하고 있다.

4. 임대차기간

(1) 기간의 정함이 없거나 2년 미만의 임대차의 존속기간 등

① 주택임대차나 상가건물임대차도 기간의 만료로 종료된다. 기간의 정함이 없거나 기간을 2년 미만으로 정한 임대차는 그 기간을 2년으로 본다(주보법 4조 1항

본문). 임대차가 종료한 경우에도 임차인이 보증금을 반환받을 때까지 임대차관계는 존속하는 것으로 본다(동법 4조 2항).

임차주택이 임대차기간의 만료 전에 경매가 행하여진 경우 임차권은 그 임차주택의 매각(낙찰)에 의하여 소멸한다. 다만 보증금이 전액 변제되지 않은 대항력이 있는 임차권은 매각에 의하여 소멸되지 않는다(동법 3조의 5).

② 임차주택의 양수인에게 대항할 수 있는 임차권자라고 할지라도 스스로 임대차관계의 승계를 원하지 않을 때에는 승계되는 임대차관계의 구속을 면할 수 있다고 보아야 하므로 임차주택이 임대차기간의 만료 전에 경매되는 경우 임대차계약을 해지함으로써 임대차 관계를 종료시키고 우선변제를 청구할 수 있고, 그 경우 임차인이 임대차기간이 만료되지 않았음에도 법원경매계에 배당요구를 하는 것은 임대차해지의 의사표시로 볼 수 있는바, 대항력과 우선변제권을 겸유한 임차인이 먼저 우선변제권을 선택하여 배당요구를 한 경우 임차인의 배당요구에 의하여 임대차는 해지되어 종료되고, 다만 주보법 4조 2항에 의하여 임차인이 보증금의 잔액을 반환받을 때까지 임대차관계가 존속하는 것으로 의제되며, 매수인(낙찰자)은 임대차가 종료된 상태에서의 임대인의 지위를 승계한다(대판 99다311).

(2) 2년 미만 약정의 유효주장 여부

① 임차인은 2년 미만으로 정한 기간이 유효함을 주장할 수 있다(주보법 4조 1항 단서). 주보법 10조('이 법에 위반된 약정으로서 임차인에게 불리한 것은 그 효력이 없다')는 임차인의 보호를 위한 규정이므로 이에 위반한 당사자의 약정은 모두 무효라고 할 것은 아니고 임차인에게 불리하지 않는 것은 유효하다. 따라서 임차기간을 1년으로 정한 경우 임차인은 약정기간의 만료를 주장하여 임차보증금의 반환을 구할 수 있다(대판 95다13258, 대판 2000다24078 등).

② 그러나 임차인이 2년 미만의 약정 임대차기간이 유효함을 주장할 수 없는 경우가 있다. 즉 임차인이 주보법 4조 1항의 적용을 배제하고 2년 미만으로 정한 임대차기간의 만료를 주장할 수 있는 것은 임차인 스스로 그 약정 임대차기간이 만료되어 임대차가 종료되었음을 이유로 그 종료에 터잡은 보증금반환채권 등의 권리를 행사하는 경우(예 보증금반환청구소송을 제기하거나 법원경매계에 배당요구를 하는 경우)에 한하고, 임차인이 2년 미만의 약정 임대차기간이 만료되고 다시 임대차가 묵시적으로 갱신되었다는 이유로 새로운 2년간의 임대차의 존속을 주장하는 경우에는 2년보다 짧은 약정 임대차기간을 주장할 수는 없다(대판 96다5551·5568).

(3) 묵시적 갱신

1) 묵시적 갱신의 요건과 존속기간

① 묵시적 갱신의 요건

기간이 만료된 때에 전임대차와 동일한 조건으로 다시 임대차한 것으로 보는 경우(주보법 6조 1항)는 다음과 같다.

- **임대인의 통지**
  임대인이 임대차기간 만료 전 6월부터 1월까지에 임차인에 대하여 갱신거절의 통지 또는 조건을 변경하지 않으면 갱신하지 않는다는 뜻의 통지를 하지 않은 경우
- **임차인의 통지**
  임차인이 임대차기간 만료 전 1월까지 임대인에 대하여 통지하지 않은 경우

☞ 예컨대 甲은 주택임차인인데 집주인으로부터 임대기간이 끝나기 불과 몇 일전에 임대보증금을 인상하여 주거나 그것이 불가능하면 기간 만료와 동시에 집을 비워 달라는 통고를 받았을 경우에 甲은 임차주택을 비워 줄 의무가 없다. 그 이유는 임대인이 계약이 묵시적으로 갱신되는 것을 막기 위하여는 임차인인 甲에게 임대기간 만료시 계약갱신거절 등의 통지를 임대 기간 만료 전 6월부터 1월까지 사이에 하여야 하는데 이를 하지 않았기 때문이다. 따라서 甲의 경우에는 계약이 종전과 동일한 조건으로 묵시적으로 갱신되었기 때문에 앞으로 2년간 임차인으로 계속 점유를 할 수 있다.

② 묵시적 갱신의 경우 임대차의 존속기간

임대차가 묵시적으로 갱신된 경우 임대차의 존속기간은 **2년**(2009.5.8. 개정, 2009.8.8. 시행)으로 간주된다(주보법 6조 2항). 다만 2기의 차임액에 달하도록 차임을 연체하거나 기타 임차인으로서의 의무를 현저히 위반한 임차인에 대하여는 위 묵시적 갱신의 규정을 적용하지 않는다(동법 6조 3항).

2) 묵시적 갱신의 경우 임차인의 계약해지 통지의 자유

임대차계약이 묵시적으로 갱신된 경우 임차인은 언제든지 임대인에 대하여 계약해지의 통지를 할 수 있고, 이 경우 해지는 임대인이 그 통지를 받은 날부터 3월이 경과하면 그 효력이 생긴다(주보법 6조의2 1항, 2항).

3) 묵시적 갱신 후 기간만료 전 임대인의 해지통고의 효력

위 규정에 따라 임대차계약이 묵시적으로 갱신되면 그 임대차기간은 주보법 6조 2항, 4조 1항에 따라 2년으로 되고, 묵시적으로 갱신된 뒤 2년의 임대차기간이 만료되기 전에 임대인이 임대차계약의 해지통고를 하였다고 하더라도 그 효력은 없다(대판 2002다41633).

4) 묵시적 갱신 후 임차인의 권리

임대차가 묵시적으로 갱신된 경우, 임차인은 기간만료를 이유로 보증금의 반환을 청구할 수도 있고 묵시갱신을 주장하여 갱신 후 2년 동안 임차주택에 거주할 수도 있다.

5) 묵시적 갱신으로 대항할 수 없는 경우

임대차의 존속기간 만료 전에 임차주택에 대하여 경매가 개시되어 압류의 기입등기가 된 경우에 임차인은 압류채권자(경매신청채권자)에 대하여는 묵시갱신으로 대항할 수 없다.

(4) 임차목적물에 대한 경매가 개시된 경우 임차인의 임대차계약의 해지가능 여부

임차목적물에 대하여 경매의 진행 중에 주택임차인이 임대인을 상대로 보증금반환청구소송을 제기하였는데 아직 임대차기간이 남아 있는 경우, 판례(대판 94다37646, 대판 98다1560 등)는 대항력 있는 임차인은 공평의 원칙 및 신의성실의 원칙에 기하여 임대차를 해지할 수 있고 통지 즉시 해지된다고 판시하고 있다. 이는 대항력 없는 임차인의 경우에도 동일하다. 따라서 임차주택에 관하여 경매가 개시된 때에 임차인은 이를 이유로 임대차계약을 해지할 수 있고 해지는 도달 즉시 효력이 발생한다.

③ 주택임차인의 권리

1. 부동산경매와 관련한 주택임차인의 권리

주택임대차보호법상 주택임차인은 여러 가지의 권리를 가지나 부동산경매와 관련하여서는 2가지의 권리, 즉 대항력과 우선변제권이 가장 중요하다.

- **대항력을 취득하기 위한 요건?**
  주택임차인이 대항력을 취득하기 위하여는 **주택인도**와 **주민등록**이라는 요건(대항요건)을 갖추어야 한다(주보법 3조 1항).
- **우선변제권을 취득하기 위한 요건?**
  주택임차인이 우선변제권을 취득하기 위하여는 **소액임차인** 또는 **확정일자임차인**에 해당되어야 한다.

  ※ **소액임차인의 요건** : 경매개시결정 기입등기 전에 **대항요건**을 갖추고, 또한 임차보증금이 **소정의 범위 내**이어야 한다(주보법 8조 1항).

  ※ **확정일자임차인의 요건** : 대항요건과 함께 임대차계약서에 소정의 **확정일자**를 부여받아야 한다(주보법 3조의2 2항).

(1) 대항력과 우선변제권의 차이

① 인정범위

- **대항력** : 경매 · 공매 외에 매매 · 대물변제 · 증여 · 상속 등에도 인정된다.
- **우선변제권** : 경매 · 공매에만 인정된다.

② 권리의 의의

- **대항력** : 임대인지위의 당연승계, 즉 임대기간동안 계속 거주할 수 있고 기간만료 후에는 임차주택의 양수인에 대하여 보증금반환시까지 주택명도를 거부할 수 있는 권리를 의미한다.
- **우선변제권** : 매각대금에서 순위에 따라 우선변제, 즉 배당을 받을 수 있는 권리를 의미한다.

③ 행사의 효과

- 동일주택에 대한 경매가 2차에 걸친 경우 대항력과 우선변제권을 모두 가지고 있는 임차인이 1차경매에서 배당요구를 하였다면(즉 우선변제권의 행사) 2차경매에서는 그 우선변제권은 매각(낙찰)으로 **소멸**하고 임차인에게 남아 있는 권리는 **대항력**뿐이다(대판 98다4552, 대판 2005다21166 참조).

판례 **대항력과 우선변제권을 겸유하고 있는 임차인이 임대인을 상대로 보증금반환청구소송을 제기하여 승소판결을 받고 그 확정판결에 기하여 강제경매를 신청하였으나 그 경매절차에서 보증금 전액을 배당받지 못한 경우, 후행 경매절차에서 우선변제권에 의한 배당을 받을 수 있는지 여부(소극)**

주택임대차보호법상의 대항력과 우선변제권의 두 가지 권리를 함께 가지고 있는 임차인이 우선변제권을 선택하여 제1경매절차에서 보증금 전액에 대하여 배당요구를 하였으나 보증금 전액을 배당받을 수 없었던 때에는 매수인에게 **대항**하여 이를 반환받을 때까지 임대차관계의 존속을 주장할 수 있을 뿐이고, 임차인의 **우선변제권**은 매각으로 인하여 소멸하는 것이므로 **제2경매절차에서 우선변제권에 의한 배당을 받을 수 없는바**, 이는 근저당권자가 신청한 1차 임의경매절차에서 확정일자 있는 임대차계약서를 첨부하거나 임차권등기명령을 받아 임차권등기를 하였음을 근거로 하여 배당요구를 하는 방법으로 우선변제권을 행사한 것이 아니라, 임대인을 상대로 보증금반환청구 소송을 제기하여 승소판결을 받은 뒤 그 확정판결에 기하여 1차로 강제경매를 신청한 경우에도 마찬가지이다(대판 2006.2.10. 2005다21166)

- 주보법상의 임차권은 경매절차에서 매각(낙찰)으로 소멸하나, 다만 대항력이 있는 경우에는 보증금 전액을 받을 때까지 소멸하지 않는다(주보법 3조의5).

(2) 대 항 력

임대차는 그 등기가 없는 경우에도 임차인이 주택의 인도와 주민등록을 마친 때에는 그 **다음날**부터 제3자에 대하여 효력이 있다. 이 경우 **전입신고**를 한 때에 주민등록이 된 것으로 본다(주보법 3조 1항).

한편 주보법 3조 2항에 의하여 대항력이 인정된 법인의 경우에는 법인이 주택을 임차한 후 지방자치단체의 장 또는 그 법인이 선정한 입주자가 그 주택을 인도받고 주민등록을 마쳤을 때에는 그 다음날부터 제3자에 대하여 효력이 있다.

대항력은 경매절차에서는 매각(낙찰)으로 소멸하는 최선순위의 권리자 및 매수인(낙찰자)에 대한 관계이다. 즉 임차인이 매각으로 소멸하는 최선순위의 권리자에 대항할 수 있으면(즉 말소기준권리에 대항할 수 있는 경우) 경매부동산의 매수인(낙찰자)에게 대항할 수 있게 되는 것이다.

◉ **중간임차인의 대항력에 관한 사례**

- **등기부상 권리관계**

순 위	권리내용 및 권리자	원인(설정)일자	비 고
1	가압류	2008. 2. 12.	말소기준권리 ★

	(이소영)		
2	임차권 (신나라)	2008. 5. 2. (전 입)	
3	강제경매개시결정 (1번 가압류의 본압류로의 이행)	2008. 11. 10.	1번 가압류권자 이소영이 집행권원을 취득하여 강제경매를 신청함
4	강제경매로 인한 매각	2009. 5. 15.	

• **사례의 해설**

2008. 2. 12. 이소영의 가압류, 2008. 5. 2. 임차인 신나라의 입주 및 전입신고 후에 가압류권자의 확정판결에 기하여 강제경매신청이 되어 매수인(낙찰자)이 매각대금을 납부하고 임차인에 대하여 명도청구시 임차인은 매수인에게 대항할 수 없게 된다.

판례(대판 83다카116)는, "임차인이 주민등록전입신고를 마치고 입주사용함으로써 그 임차권이 대항력을 갖는다 하더라도 부동산에 대하여 **가압류**등기가 마쳐진 후에 그 채무자로부터 그 부동산을 **임차한 자**는 가압류집행으로 인한 처분금지의 효력에 의하여 가압류사건의 본안판결의 집행으로 그 부동산을 취득한 매수인에게 그 임대차의 효력을 주장할 수 없다."라고 판시하고 있다.

☞ 즉 임차인의 대항요건일이 말소기준권리인 가압류의 설정일에 뒤지므로 가압류권자에게 대항할 수 없는 것이다.

• **등기부상 권리관계**

순 위	권리내용 및 권리자	원인(설정)일자	비 고
1	근저당 (S은행)	2008. 2. 12.	말소기준권리 ★
2	임차권 7,000만원 (신나라)	2008. 5. 2. (전입)	확정일자는 없음
3	근저당 (김도만)	2008. 11. 10.	
4	임의경매개시결정	2009. 5. 15.	3번 근저당권자 김도만이 근저당권에 기하여 임의경매를 신청함
5	임의경매로 인한 매각	2009. 11. 5.	

• 사례의 해설

2008. 2. 12. S은행의 1번 근저당, 2008. 5. 2. 임차인 신나라의 입주 및 전입신고(보증금 7,000만원, 확정일자는 없음), 2008. 11. 10. 김도만의 2번 근저당의 권리관계에서 2번 근저당권자가 임의경매를 신청한 경우, 신나라의 임차권이 S은행의 선순위 저당권과 함께 소멸하는 것은 확정적인 것으로서 그 임차주택의 매각대금에서 선순위 근저당권자에게 배당되고 남은 금액이 있다고 하여 그 범위 내에서 임차권자인 신나라가 매수인(낙찰자)에게 대항할 수 있다고 해석하여야 할 합리적인 근거를 발견할 수 없고, 가사 임차권자가 확정일자를 받아두지 않은 탓으로 선순위 근저당권자인 S은행에게 배당되고 남은 금액을 후순위 근저당권자 김도만이 배당을 받았다고 하더라도 이는 대항요건과 아울러 확정일자를 갖출 것을 우선변제권의 성립요건으로 하고 있는 현행 주택임대차보호법에서는 오로지 임차인의 책임으로 돌릴 수밖에 없는 것이다(대판 99다20377).

☞ 즉 말소기준권리 이후의 임차인은 **대항력**과 **확정일자**를 갖추어야만 선순위권리자에게 배당하고 남은 금원이 있을 경우에 순위에 따른 배당을 받을 수 있다(소액보증금의 최우선배당은 확정일자 불필요).

• 등기부상 권리관계

순 위	권리내용 및 권리자	원인(설정)일자	비 고
1	근저당 (K은행)	2008. 2. 12.	말소기준권리 ★ (2009. 4. 28. 말소됨)
2	임차권 (신나라)	2008. 5. 2. (전입)	보증금 5,000만원
3	강제경매개시결정 (김도만)	2008. 11. 10.	집행권원을 취득하여 강제경매를 신청함
4	강제경매로 인한 매각	2009. 5. 15.	

• 사례의 해설

위 권리관계는 경매대상 부동산의 매각(낙찰) 전에 선순위 근저당권이 말소되어 후순위 임차인의 대항력이 부활하는 경우이다. 2008. 2. 12. K은행의 근저당, 2008. 5. 2. 임차인 신나라의 입주 및 전입신고(보증금 5,000만원) 후 김도만의 강제경매신청으로 경매절차가 진행되어 매수인이 매각대금을 납부하였을 경우, 신나라의 임차권이 대항요건을 갖춘 후 경매대상 부동산이 강제경매에 의하여 매각되기 이전에 위 임차권보다 선순위인 K은행의 근저당권설정등기가 말소되었으므로 위 임차권은 대항요건을 갖춘 때로부터 **대항력**을 갖게 되었다 할 것이고 그 대항력이 존속하여도 담보가치가 손상될 선순위의 근저당권이 없는 이상, 이 사건 부동산의 매각(낙찰)을 이유로 위 임차권의 대항력이 소멸되지 않게 된다(대판 95다49523).

(3) 우선변제권

확정일자임차인과 소액임차인은 민사집행법에 의한 경매 또는 국세징수법에 의한 공매시 우선변제권을 가진다(주보법 3조의2 2항, 3조 1항).

확정일자임차인은 대항요건과 임대차계약서상의 확정일자를 구비하여야 하고, **소액임차인**은 보증금이 일정범위 내이어야 하고 또 경매개시결정 기입등기 **전**(배당요구종기까지가 아님)에 대항요건을 갖추어야 한다.

우선변제권은 **확정일자임차인** 또는 **소액임차인**에게만 인정된다. 경매절차에서는 다른 우선변제청구권자와의 사이에 우선순위가 문제된다.

㊎ **서울에서 보증금이 6,000만원을 초과하는 경우** : 임차인은 소액임차인에 해당하지 않는다. 만약 확정일자를 갖추었다면 확정일자임차인으로서 우선변제권이 있으나, 확정일자가 없는 경우에는 우선변제권을 인정할 수 없고, 따라서 배당요구를 하여도 배당받을 수가 없다.

㊎ **서울에서 보증금이 6,000만원 이하인 경우** : 임차인은 소액임차인에 해당하므로 소액우선변제권이 있다. 그런데 임차인이 확정일자를 갖추었다면 보증금전액에 대한 우선변제권을 가지게 되어 소액임차인 겸 확정일자임차인이 된다. 그러나 만약 확정일자가 없다면 소액임차인일 뿐이므로 소액보증금의 범위를 넘는 부분의 보증금은 우선변제권이 없고 따라서 배당요구를 하여도 그 채권에 관한 별도의 집행권원이 없는 한 배당받을 수 없다.

◉ **우선변제권의 요건의 정리**

구 분	내 용
❶ 소액보증금 최우선변제권의 요건	① 배당요구의 종기까지 **배당요구**를 하였을 것 ② 보증금 액수가 **소액보증금**(주보법시행령 4조, 상보법시행령 6조 참조)에 해당할 것 ③ **첫 경매개시결정등기 전에 대항요건**(임차목적물의 점유 및 주택의 경우 주민등록, 상가건물의 경우 사업자등록의 신청)을 갖췄을 것. ④ 배당요구의 종기까지(매각결정기일까지×) **대항력**을 유지할 것.

	☞ 만일 배당요구종기가 연기된 경우에는 연기된 배당요구종기까지 대항요건을 계속 구비하여야 한다(대판 2000다61466). ⑤ 임차목적물에 관하여 소유권보존등기가 되어 있어야 하는가에 관하여는 견해가 나뉘나, 최근의 판례는 이를 **부정**, 즉 소유권보존등기가 되어 있을 필요가 없다는 것이다(대판 2004다26133).
❷ 확정일자를 갖춘 임차보증금채권의 우선변제권의 요건	① 주보법 3조 1항의 **대항요건**을 갖출 것 ☞ 소액보증금 최우선변제권의 경우와는 달리 첫 경매개시결정등기 전에 대 항요건을 갖춰야 할 필요는 없고, 첫 경매개시결정등기 **이후**에 갖추어도 된다. ② 임대차계약서에 **확정일자**를 갖출 것 ③ 배당요구의 종기까지 **배당요구**를 하였을 것 ④ 배당요구의 종기까지 **대항력**을 유지할 것.
❸ 임차권등기를 한 자의 우선변제권의 요건	① 주보법 3조의 3 또는 상보법 6조에 따라 법원의 임차권등기명령에 의하여 등기되었거나 또는 민법 621조의 규정에 의하여 등기된 임차권일 것(주보법 3조의3 5항, 3조의4 1항, 상보법 6조 5항, 7조 1항) ② 첫 경매개시결정등기 후에 등기된 임차인은 배당요구의 종기까지 **배당요구**를 하였을 것 ☞ 등기된 임차권의 경우 법원의 임차권등기명령에 의하여 등기된 임차권인지, 민법 621조의 규정에 의하여 등기된 임차권인지를 묻지 않고 등기된 때를 기준으로 담보권과 유사한 우선변제권을 취득하며(다만 임차인이 임차권등기 전에 이미 위 ❷항의 우선변제권을 취득한 경우에는 그 우선변제권은 그대로 유지되며, 임차권등기 이후에는 대항요건을 상실하더라도 이미 취득한 우선변제권을 상실하지 아니한다.), 위 ❶의 각 요건을 갖출 필요가 없다(반대견해 있음).

2. 대 항 력

(1) 대항요건(주택의 인도+주민등록)

1) 대항요건의 의미

임차인은 주택의 인도와 주민등록(전입신고)을 갖추어야 한다. 대항요건을 갖춘 임차인이 법원경매계에 그 권리를 증명하면 경매절차의 이해관계인이 된다. 대항요건만 갖추면 되고 나아가 소액임차인에 해당하거나 확정일자까지 갖출 필요는 없다.

☞ 주보법 3조 1항 전문에서 말하는 '제3자에의 대항력'이라는 말은 임차인이 임차주택의 양수인, 임대할 권리를 승계한 자, 기타 임차주택에 관하여 이해관계를 가진 자에 대하여 임대차의 내용을 주장할 수 있는 법률상의 권능을 말하고, 대항력이 있다는 말은 그러한 권능을 가지고 있다는 의미이다.

2) 대항요건의 성질

주택의 인도와 주민등록은 임차권의 대항력의 **취득요건**일 뿐만 아니라, 주택의 점유와 주민등록의 계속은 대항력의 **존속요건**이다.

3) 대항요건의 구비시기

현행 민사집행법은 배당요구의 종기와 매각결정기일을 분리하고 있는바, 현행법하에서는 법원경매계가 정한 **배당요구의 종기**까지 위 요건을 유지하여야 할 것이다. 다만 임차인이 임차기간의 만료 후 **주택임차권등기**를 한 경우에는 그럴 필요가 없다.

판례 주택임대차보호법상 우선변제의 요건인 주택의 인도와 주민등록의 존속기간의 종기(= 민사집행법상 배당요구의 종기)

주택임대차보호법 제8조에서 임차인에게 같은 법 제3조 제1항 소정의 주택의 인도와 주민등록을 요건으로 명시하여 그 보증금 중 일정액의 한도 내에서는 등기된 담보물권자에게도 우선하여 변제받을 권리를 부여하고 있는 점, 위 임차인은 배당요구의 방법으로 우선변제권을 행사하는 점, 배당요구시까지만 위 요건을 구비하면 족하다고 한다면 동일한 임차주택에 대하여 주택임대차보호법 제8조 소정의 임차인 이외에 같은 법 제3조의2 소정의 임차인이 출현하여 배당요구를 하는 등 경매절차상의 다른 이해관계인들에게 피해를 입힐 수도 있는 점 등에 비추어 볼 때, 공시방법이 없는 주택임대차에 있어서 주택의 인도와 주민등록이라는 우선변제의 요건은 그 우선변제권 취득시에만 구비하면 족한 것이 아니고 민사집행법상 **배당요구의 종기**까지 계속 존속하고 있어야 한다(대판 2007.6.14. 2007다17475).

실 전 사 례

Q 임차인 甲은 살고 있는 임차주택이 경매가 진행되었으나 사정에 의하여 배당요구의 종기까지 배당요구를 한 후, 다른 주소로 전출을 하였는데 법원경매계에서 부득이한 사정에 의하여 배당요구종기를 연기하였다. 이에 甲은 다시 원래의 주소로 재전입을 하였을 때 그 임차인 甲에게 우선변제권에 따른 배당을 할 수 있는지?

A 위 사례는 연기된 배당요구 종기 이전에 전출한 임차인에 대한 우선변제권에 따른 배당여부를 물어보는 경우이다.

❶ 우선변제권 행사의 요건은 확정일자를 갖춘 임차인과 소액임차인 모두 배당요구종기까지 계속 갖추고 있어야 한다. 배당요구종기이전에 임차주택에서 다른 곳으로 이사가거나 주민등록을 전출하여 대항요건을 상실한 경

우에는 우선변제를 받을 수 없으므로 이런 경우에는 **임차권등기**를 완료한 후 다른 곳으로 이사를 가거나 주민등록을 전출하게 되면 우선변제를 받을 수 있다.

❷ 이와 관련하여 대법원 판례(대판 2000다61466)는 임차인이 주택임대차보호법에 의한 대항력과 우선변제권을 인정받기 위한 주택의 인도와 주민등록이라는 요건이 존속되어야 할 종기에 대하여 "배당요구의 종기가 연기된 경우에는 연기된 배당요구의 종기까지 대항요건을 계속 구비하여야 한다"고 판시하고 있다. 이것은 예규(재민 98-6)도 마찬가지이다.

❸ 결국 위 판례와 예규에 비추어, 임차인 甲은 연기된 배당요구 종기 이전에 다른 주소로 전출을 하였으므로 그 임차인 甲에게 우선변제권에 따른 배당을 할 수 없다.
참고로 배당요구종기의 연기는 임차인으로서는 전혀 예측할 수 없었던 사정이라는 점을 고려하면, 종전 배당요구의 종기를 고지받아 그에 따라 배당요구를 하고 그 종기 이후에 주민등록을 전출한 임차인을 배당에서 배제하는 것은 지나치게 가혹한 것으로 보이므로 대항력을 유지하고 있는 것으로 취급하는 것이 상당하다는 견해도 있다.

4) 기존의 채권을 임차보증금으로 전환하여 임대차계약을 체결한 경우 대항력을 취득할 수 있는지의 문제

① 처음부터 임차목적물(주택 또는 상가건물)을 주거용이나 영업용으로 사용 · 수익할 목적을 갖고 있지 않거나, 실제로도 주거용이나 영업용으로 사용 · 수익하지 않은 경우 임차인으로서의 보호 여부

- 주보법이나 상보법의 적용대상인 주택이나 상가건물의 임대차계약에 있어서는 임차인이 처음부터 목적물을 주거용이나 영업용으로 사용 · 수익할 목적을 갖고 있지 않거나 실제로도 주거용이나 영업용으로 사용 · 수익하지 않은 경우에는 주택(상가건물)임대차계약이 있었다고 할 수 없고, 그와 같은 계약이 있었다고 할지라도 임차인에게 대항력이나 우선변제권 및 최우선변제권을 인정할 수 없다.
- 임대차는 임차인으로 하여금 목적물을 사용 · 수익하게 하는 것이 계약의 기본 내용이므로 채권자가 주택(상가건물)임대차보호법상의 대항력을 취득하는 방법으로 기존 채권을 우선변제 받을 목적으로 주택(상가건물)임대차계약의 형식을 빌려 기존 채권을 임대차보증금으로 하기로 하고 주택의 인도와 주민등록(또는 상가건물의 인도와 사업자등록)을 마침으로써 주택(상가건물)임대차로서의 대항력을 취득한 것처럼 외관을 만들었을 뿐 실제 주택(상가건물)을 주거용(영업용)으로 사용 · 수익할 목적을 갖지 않은 계약은 주택(상가건물)임대차계약으로서는 통정허

위표시에 해당되어 **무효**라고 할 것이므로 이에 주택(상가건물)임대차보호법이 정하고 있는 대항력을 부여할 수는 없다."고 판시하고 있다(대판 2000다24184 · 24191 등).

※ 부모가 삼촌에 대하여 가지는 대여금채권을 임대차보증금으로 대체하기로 하고 삼촌이 건축한 빌라에 관하여 임대차계약을 체결한 사안에서, 그 주된 목적이 대항력 있는 임차인으로 보호받아 부모의 대여금채권을 우선변제받으려는 것인지에 관하여 더 심리해야 한다는 이유로 원심판결을 파기한 사례가 있다(대판 2007다55088).

- 채권자 甲이 기존채권을 보증금으로 채무자 乙소유의 주택(상가건물)에 관하여 채무자 乙과 임대차계약을 체결하고 전입신고(사업자등록)를 마친 다음 乙소유의 주택(상가건물)에 거주 또는 영업을 하였다고 하더라도, 임대차계약의 주된 목적이 주택을 사용 · 수익하려는 것에 있는 것이 아니고 소액임차인으로 보호받아 근저당권 등의 선순위 담보권자에 우선하여 **채권을 회수**하려는 것에 주된 목적이 있었던 경우에는 그러한 임차인을 주택(상가건물)임대차보호법상 소액임차인으로 보호할 수 없다(대판 2007다23203 등).
- 주택과 그 대지에 관한 자기의 공유지분을 다른 공유자에게 **명의신탁**한 공동소유자로서 그 주택의 일부분을 사용 · 수익해 오던 자가 그 주택 등이 경매되는 경우 자기의 지분을 제3자에게 대항할 수 없게 되는 것에 대비하여 다른 공유자와 사이에 임대차계약서를 작성하고 확정일자를 받아두었을 뿐인 경우에는 주보법이 정하고 있는 우선변제권이 인정되지 않는다(대판 2003다21445 등).

② 처음부터 임차목적물(주택 또는 상가건물)을 주거용이나 영업용으로 사용 · 수익할 목적으로 임차하였고, 실제로도 주거용이나 영업용으로 사용 · 수익하고 있는 경우 임차인으로서의 보호 여부

주택(상가건물)임차인이 처음부터 임차목적물을 주거용이나 영업용으로 사용 · 수익할 목적으로 임차하였고, 실제로도 주거용이나 영업용으로 사용 · 수익하고 있는 경우에는 임대차계약 당사자가 기존 채권을 임대차보증금으로 전환하여 임대차계약을 체결하였다는 사정만으로 임차인이 대항력을 갖지 못한다고 볼 수는 없다(대판 2001다47535).

5) 임차인의 금반언 및 신의성실의 원칙 위배와 대항력 등의 인정 여부

① 임차인이 금반언 및 신의성실의 원칙에 위배된 경우

임차주택을 매수하거나 근저당권 등의 담보권을 취득하려는 甲이 임차주택에 거주하고 있는 임차인 乙에게 임대차계약의 내용 등에 관하여 문의할 경우 임차인 乙은 **진실대로 고지**할 의무가 있고, 추후에 당시의 주장에 반하는 주장은 금반언 및 신의성실의 원칙에 위배되어 임차인에게 대항력이나 우선변제권이 인정되지 않는다(대판 86다카2788, 대판 2000다24078, 대판 2001다76427 등).

판례 1. **임차인이 전세보증금반환을 내세워 건물명도를 거부하는 것이 금반언 내지 신의칙에 위반된다고 한 사례**

甲이 乙의 소유건물을 보증금 34,000,000원에 채권적 전세를 얻어 입주하고 있던 중 乙이 은행에 위 건물을 담보로 제공함에 있어 乙의 부탁으로 은행직원에게 **임대차계약을 체결**하거나 그 **보증금을 지급한 바가 없다**고 하고 그와 같은 내용의 **각서까지 작성**해 줌으로써 은행으로 하여금 위 건물에 대한 담보가치를 높게 평가하도록 하여 乙에게 대출하도록 하였고, 은행 또한 위 건물에 대한 경매절차가 끝날 때까지도 乙과 甲사이의 위와 같은 채권적 전세관계를 알지 못하였다고 한다면 임차인 甲이 은행의 명도청구에 즈음하여 이를 번복하면서 위 전세금반환을 내세워 그 명도를 거부하는 것은 특단의 사정이 없는 한 금반언 내지 신의칙에 위반된다(대판 1987.11.24. 87다카1708).

☞ 임대인의 부탁으로 대항력 있는 임차인이 임대인의 주택을 담보취득하려는 은행직원에게 임차보증금 없이 살고 있다거나 임대차계약을 체결한 바가 없다고 말하고, 같은 취지의 확인서까지 써준 후 경매절차에서 위 은행이 그 주택을 경매에서 낙찰 받아 명도를 구하자 임대차보증금반환과의 동시이행을 주장한 경우이다.

2. **근저당권자가 담보로 제공된 건물에 대한 담보가치를 조사할 당시 대항력을 갖춘 임차인이 그 사실을 부인하고 임차보증금에 대한 권리주장을 않겠다는 내용의 확인서를 작성해 준 경우, 그 후 그 건물에 대한 경매절차에 참가하여 배당요구를 하는 것이 신의칙에 반한다고 본 사례**

근저당권자가 담보로 제공된 건물에 대한 담보가치를 조사할 당시 대항력을 갖춘 임차인이 그 **임대차 사실을 부인**하고 **임차보증금에 대한 권리주장을 않겠다는 내용의 확인서를 작성**해 준 경우, 그 후 그 건물에 대한 경매절차에서 이를 번복하여 대항력 있는 임대차의 존재를 주장함과 아울러 근저당권자보다 우선적 지위를 가지는 확정일자부 임차인임을 주장하여 그 임차보증금반환채권에 대한 배당요구를 하는 것은 특별한 사정이 없는 한 금반언 및 신의칙에 위반되어 허용될 수 없다(대판 1997.6.27. 97다12211).

3. 채무자가 동생 소유의 아파트에 관하여 근저당권을 설정하고 대출을 받으면서 채권자에게 자신은 **임차인이 아니고** 위 아파트에 관하여 **일체의 권리를 주장하지 않겠다는 내용**의 **확인서를 작성**하여 준 경우, 그 후 대항력을 갖춘 임차인임을 내세워 이를 낙찰 받은 채권자의 인도명령을 다투는 것은 금반언 및 신의칙에 위배되어 허용되지 않는다(대판 2000.1.5. 99마4307).

② 임차인이 금반언 및 신의성실의 원칙에 위배되지 않는 경우

은행직원이 행한 담보물건에 대한 임대차조사에서 임차인이 임대차 사실을 숨겼으나 그 경매절차에서는 임대차 관계의 존재를 분명히 한 경우, 은행의 건물명도청구에 대한 임차인의 임차보증금 반환과의 동시이행의 항변이 신의칙에 반하는지 여부에 대하여 판례(대판 86다카1852)는, "은행직원이 근저당권실행의 경매절차와는 아무런 관련도 없이 행한 담보건물에 대한 임대차 조사에서 임차인이 그 임차사실을 숨겼다고 하더라도 그 후의 **경매절차에서 임대차관계가 분명히 된 이상**은 은행이 경매가격을 결정함에 있어서 신뢰를 준 것이라고는 할 수 없는 것이므로, 위와 같이 일시 임대차관계를 숨긴 사실만을 가지고서 은행의 건물명도청구에 대하여 임차인이 주택임대차보호법 3조 소정의 임차권의 대항력에 기하여 하는 임차보증금 반환과의 동시이행의 항변이 신의성실의 원칙에 반하는 것이라고는 볼 수 없다."고 한다.

6) 대항력 취득을 위하여 임차보증금의 전액 지급이 필요한지의 여부

① 문제된 사례

乙은 甲의 주택을 임차하여 입주하고 주민등록전입신고를 마쳤다. 그런데 임차보증금은 임대차계약서상에 6,000만원으로 정하였으나, 乙은 그 중 500만원을 미처 마련하지 못하여 임대인 甲의 양해를 얻어 입주 후 2개월 후에 지급하였으며, 그 기간은 위 500만원에 대한 이자상당을 지급하였다. 이 경우 乙의 입주와 주민등록전입신고는 1순위였는데, 그 후 보증금잔액 500만원을 임대인에게 지급하기 이전에 丙의 근저당권이 설정되었다. 만일 위 임차주택이 경매가 된다면 임차인 乙은 위 보증금전액을 경매절차의 매수인(낙찰자)에 대하여 대항력을 주장할 수 있는지가 문제된다.

② 사례의 해결

위 사례의 경우에는 丙의 근저당권이 설정되기 이전에 임차인 乙과 임대인 甲 사이에 임차보증금을 6,000만원으로 정하여 계약이 성립된 경우이므로 丙의 근저당권에 기한 경매절차의 매수인(낙찰자)에게 6,000만원 전액에 대하여 대항력을 주장할 수 있는지의 문제이다.

임차인이 대항력을 취득하기 위하여 새로운 이해관계인이 생기기 전까지 보증금을 전부 지급하여야 하는지에 관하여 판례(대판 2000다61855)를 보면, "임차인이 주택의 인도와 전입신고를 마친 때에는 주택임대차보호법 3조에 의하여 그 다음날부터 임차주택의 양수인에 대하여 대항력을 취득하게 되므로, 보증금의 반환을 받을 때까지 임대차관계의 존속을 주장할 수 있는 권리를 가지게 되는 것이고, 여기서 임차인이라 함은 적법하게 임대차계약을 체결하여 그 **임대차관계가 유지**되고 있으면 족한 것이며, 반드시 새로운 이해관계인이 생기기 전까지 임대인에게 그 보증금을 전부 지급하여야 하는 것은 아니다."라고 판시하였다.

따라서 임차인 乙은 위 임차주택이 경매절차에서 매각(낙찰)되고, 배당요구를 하지 않고 경매절차의 매수인(낙찰자)에게 대항력을 주장할 경우 위 **임차보증금전액**에 대하여 대항력을 주장할 수 있게 된다.

(2) 주택의 인도

1) 주택인도의 의미

주택의 인도는 주택에 대한 점유, 즉 주택에 대한 사실상의 지배력을 이전하는 것을 말한다. 주택임차인의 경우 주보법 3조 1항의 대항력은 임차인이 당해 주택에 거주하면서 **직접점유**하는 경우뿐만 아니라 타인의 점유를 매개로 하여 **간접점유**하는 경우에도 인정된다(대판 2005다64255).

2) 임차인의 점유형태

① 간접점유

임차인은 직접점유뿐만 아니라 간접점유의 방법으로도 주택인도를 받을 수 있다(대판 2005다64255). 다만 임차인이 임차주택을 간접점유의 방법으로 인도받은 경우 주민등록은 간접점유자인 임차인의 주민등록이 아니라 **직접점유자**의 주민등록임을 요하고, 그 경우에 한하여 임차인이 대항력을 취득한다(대판 2000다55645). 즉 간접점유자에 불과한 임차인 자신의 주민등록은 대항력의 요건이 되지 못한다.

판례 간접점유자의 주민등록이 주택임대차의 유효한 공시방법이 되는지 여부(소극)

주택임대차보호법 제3조 제1항 소정의 대항력은 임차인이 당해 주택에 거주하면서 이를 **직접점유**하는 경우뿐만 아니라 타인의 점유를 매개로 하여 이를 **간접점유**하는 경우에도 인정될 수 있을 것이나, 그 경우 당해 주택에 실제로 거주하지 아니하는 간접점유자인 임차인은 주민등록의 대상이 되는 '당해 주택에 주소 또는 거소를 가진 자'(주민등록법 제6조 제1항)가 아니어서 그 자의 주민등록은 주민등록법 소정의 적법한 주민등록이라고 할 수 없고, 따라서 간접점유자에 불과한 임차인 자신의 주민등록으로는 대항력의 요건을 적법하게 갖추었다고 할 수 없으며, 임차인과의 점유매개관계에 기하여 당해 주택에 실제로 거주하는 **직접점유자**가 자신의 주민등록을 마친 경우에 한하여 비로소 그 임차인의 임대차가 제3자에 대하여 적법하게 대항력을 취득할 수 있다(대판 2001.1.19. 2000다55645).

② 적법한 임차권양도 또는 전대차

- 임차인이 임대차기간 중 **전대**하여 전차인(직접점유자)이 주택인도와 주민등록을 함으로써 점유 · 주민등록이 변경된 경우에는 임차인의 대항력이 유지된다. 대항력을 가지는 것은 **임차인**이고, 전차인은 임차인의 권리를 **원용**할 수 있다(대판 87다카2509, 대판 94다3155).

판례 대판 1988. 4. 25. 87다카2509

[1] 대항력을 갖춘 주택임차인이 그 임차권을 적법하게 양도 또는 임대한 경우 임차인이 갖는 위 임차권의 대항력의 존속여부(적극)

주택임대차보호법 제3조 제1항에 의한 대항력을 갖춘 주택임차인이 임대인의 동의를 얻어 적법하게 임차권을 양도하거나 전대한 경우에 있어서 양수인이나 전차인이 임차인의 주민등록퇴거일로부터 주민등록법상의 **전입신고 기간 내에 전입신고**를 마치고 주택을 인도받아 **점유를 계속**하고 있다면 비록 위 임차권의 양도나 전대에 의하여 임차권의 공시방법인 점유와 주민등록이 변경되었다 하더라도 원래의 임차인이 갖는 임차권의 대항력은 소멸되지 아니하고 동일성을 유지한 채로 존속한다고 보아야 한다.

[2] 주택임차인이 그 임차권의 대항력을 취득한 후에 경료된 근저당권의 실행으로 소유권을 취득한 자에 대하여 위 주택의 전차인이 위 임차인의 임대보증금반환청구권에 기한 동시이행항변권을 원용할 수 있는지 여부(적극)

주택의 임차인이 제3자에게 전대한 이후에도 그의 임차권의 대항력이 소멸되지 아니하고 그대로 존속하고 있다면 임차인은 그의 임차권의 대항력을 취득한 후에 경료된 근저당권의 실행으로 소유권을 취득하게 된 자에 대하여 임대보증금반환청구권에 기한 동시이행항변권을 행사하여 그 반환을 받을 때까지는 위 주택을 적법하게 점유할 권리를 갖게 되는 것이고, 따라서 그로부터 위 주택을 전차한 제3자 또한 그의 동시이행항변권을 **원용**하여 위 **임차인이 보증금의 반환을 받을 때까지** 위 주택을 적법하게 점유, 사용할 권리를 갖게 된다.

실 전 사 례

Q 甲은 주택소유자인 임대인 A의 동의를 받아 대항력 있는 임차인 乙로부터 임차권을 양도받았다. 그런데 원래의 임차인 乙이 대항력을 취득한 후 甲이 임차권을 양도받기 전에 임차주택에 관하여 근저당권이 설정되고 그 근저당권에 기한 경매절차가 현재 진행 중에 있다. 이때 임차권의 양수인 甲은 매수인(낙찰자)에 대하여 임대보증금을 반환받을 때까지 임차주택을 비워주지 않아도 되는지?

A 위 사안은 **임차권의 양도와 대항력**에 대하여 물어보는 경우이다. 甲이 임대인 A의 동의를 얻어 대항력을 갖춘 임차인 乙로부터 적법하게 임차권을 양도받은 경우 임차인의 주민등록 퇴거일부터 주민등록법상의 전입신고기간인 **14일 이내에 전입신고**를 마치고 주택에 입주하였다면 원래의 임차인이 갖고 있던 대항력을 주장할 수 있다. 따라서 甲이 위 요건을 갖추었다면 임차권을 양도받기 전에 근저당권이 설정되었어도 그 근저당권 실행을 위한 경매절차에서 매수한 자(낙찰자)에 대하여 임대보증금을 반환받을 때까지 임차주택을 비워주지 않아도 된다(대판 87다카2509, 대판 94다3155).

- **전차인의 전입신고 후 임차인이 소유권을 취득한 경우 전차인의 대항력 취득시기와 매수인에의 대항 여부**

전차인이 전입신고를 마치고 거주하던 중 임차인이 임대인으로부터 임차목적물의 소유권을 양도받고 근저당권을 설정한 경우에, 전차인은 임차인 명의로의 **소**

유권이전등기가 완료되는 즉시 대항력을 취득하였다고 할 것이므로 근저당권에 기한 임의경매절차에서 낙찰 받은 매수인(낙찰자)에게 대항할 수 있다(대판 2000다58026 · 58033).

- **임대인의 승낙을 받아 임차인이 임차주택을 전대하고, 전차인이 주택의 인도와 주민등록을 마친 경우, 임차인이 주보법상 대항력을 취득하는지 여부**

주택임차인이 임차주택을 직접점유하여 거주하지 않고 간접점유하여 자신의 주민등록을 이전하지 않은 경우라 하더라도 임대인의 **승낙**을 받아 임차주택을 전대하고 그 전차인이 주택을 인도받아 자신의 주민등록을 마친 때에는 그때로부터 임차인은 제3자에 대하여 대항력을 취득한다(대판 2005다64255 등). 즉 임차인이 임대차계약을 체결한 후 처음부터 **전차인**만이 주택인도와 주민등록을 갖춘 경우에도 임차인은 대항력을 취득한다.

판례 대판 2007. 11. 29. 2005다64255

[1] 주택임차인이 임대인의 승낙을 받아 임차주택을 전대하고, 그 전차인이 주택을 인도받아 자신의 주민등록을 마친 경우, 임차인이 주택임대차보호법상 대항력을 취득하는지 여부(적극)

주택임차인이 임차주택을 직접 점유하여 거주하지 않고 그곳에 주민등록을 하지 아니한 경우라 하더라도 임대인의 승낙을 받아 적법하게 임차주택을 전대하고 그 전차인이 주택을 인도받아 자신의 주민등록을 마친 때에는, 이로써 당해 주택이 임대차의 목적이 되어 있다는 사실이 충분히 공시될 수 있으므로 임차인은 주택임대차보호법에 정한 대항요건을 적법하게 갖추었다고 볼 것이다.

[2] 주택의 전대차가 임대인에 대하여도 적법, 유효하다고 평가되는 경우, 전차인이 주택을 인도받아 자신의 주민등록을 마침으로써 임차인의 대항요건이 유지, 존속하는지 여부(적극)

주택의 전대차가 그 당사자 사이뿐 아니라 임대인에 대하여도 주장할 수 있는 적법 · 유효한 것이라고 평가되는 경우에는, 전차인이 임차인으로부터 주택을 인도받아 자신의 주민등록을 마치고 있다면 이로써 주택이 임대차의 목적이 되어 있다는 사실은 충분히 공시될 수 있고 또 이러한 경우 다른 공시방법도 있을 수 없으므로 결국 임차인의 대항요건은 **전차인**의 **직접점유** 및 **주민등록**으로써 적법, 유효하게 유지 · 존속한다고 보아야 한다. 이와 같이 해석하는 것이 임차인의 주거생활의 안정과 임차보증금의 회수확보 등 주택임대차보호법의 취지에 부합함은 물론이고, 또 그와 같이 해석한다고 해서 이미 원래의 임대차에 의하여 대항을 받고 있었던 제3자에게 불측의 손해를 준다거나 형평에 어긋나는 결과가 되는 것도 아니다.

- **전차인도 우선변제권 있는 소액임차인에 해당하는지 여부**

전대인(임차인) 甲 자신이 주보법 8조에 의한 우선변제권 있는 **소액임차인**인 경우에 한하여 甲으로부터 적법하게 전차한 소액전차인 乙에게도 주보법 8조에 의한 우선변제권이 있다(재민 84-10).

이 점이 확정일자 있는 임차인의 경우와 다르다. 즉 확정일자 있는 임차인의 경우 우선변제권을 주장할 수 있는 사람은 **임차인**이고(임차인이 간접점유하는 경우 임차인의 점유나 주민등록은 전차인 등 직접점유자의 점유 및 주민등록을 포함한다), 전차인이나 양수인 자신은 우선변제권을 주장할 수 없다. 다만 전차인은 임차인의 권리를 **원용**할 수 있으므로 임차인의 동시이행항변권을 원용하여 임차인이 보증금의 반환을 받을 때까지 그 주택을 적법하게 점유 · 사용할 권리를 갖게 된다(대판 87다카 2509).

※ 주택임대차보호법 제8조에 관한 질의회답(재민 84-10)

[문. 9] 임차인으로 부터 목적물을 적법하게 전차한 소액전차인에게도 제8조에 의한 우선변제의 권리가 있는지 여부

❶ 갑설(적극설)

소액보증금에 관한 우선변제의 권리는 제8조에 의하여 물권적 성질을 가지는 강력한 권리로 승격되었다 할 것인바, 서민보호를 위한 이러한 강력한 입법취지에 비추어 소액전차권자도 보증금반환청구권에 관하여 소액임차권자와 동일한 권리를 가진다고 해석하여야 한다.

❷ 을설(소극설)

전대차의 경우에는 전차인이 임대인, 즉 목적물소유자에 대하여 직접 보증금반환을 청구할 권원이 없고, 따라서 전차인에게 목적물의 경매대금으로부터 우선변제의 권리를 인정하기는 해석론상 불가능하다.

❸ 결 론

갑설이 타당하다. 다만 전대인(임차인) 자신이 제8조에 의한 우선변제권 있는 소액임차인인 경우에 한한다.

③ **무단전대**

임차인이 임대인의 동의 없이 **무단전대**를 한 경우 전차인이 대항요건을 갖추었더라도 전차인은 임대인의 주택명도청구에 대항할 수 없고, 전대인(임차인)에 대하여만 보증금반환청구를 할 수 있다.

(3) 주민등록

1) 임차권의 공시방법으로서의 주민등록

① 주민등록은 임차권의 공시방법으로서 거래안전을 위하여 요구되는 것이다. 대항

력의 요건으로서의 주민등록은 원칙적으로 적법한 것이어야 한다. 적법한 주민등록이라는 의미는 주민등록이 주민등록법상의 절차에 따른 유효한 주민등록이어야 하고, 주민등록은 실제의 거주를 표상하는 것이어야 한다는 것을 의미한다.

② 판례에 의하면 임대차의 공시방법으로서의 주민등록이 유효한 것인지의 판단기준은 주민등록은 거래안전을 위하여 임대차의 존재를 제3자가 명백히 인식할 수 있게 하는 공시방법으로 마련된 것이므로 주민등록이 어떤 임대차를 공시하는 효력이 있는가 여부는 일반 사회통념상 그 주민등록으로 당해 임대차 건물에 임차인이 주소 또는 거소를 가진 자로 등록되어 있는지를 인식할 수 있는가의 여부에 따라 결정되고, 그 판단은 임차인이 전입신고를 한 당시의 **지번**을 기준으로 하여 일반 사회통념에 따라서 하여야 한다(대판 99다44762 · 44779, 대판 2006다70516, 대판 2007다33224 등).

즉 주민등록이 대항력의 요건을 충족시킬 수 있는 공시방법이 되려면 단순히 형식적으로 주민등록이 되어 있다는 것만으로는 부족하고, 주민등록에 의하여 표상되는 점유관계가 임차권을 매개로 하는 점유임을 제3자가 인식할 수 있을 정도는 되어야 한다(대판 2002다38361 · 38378).

③ 또한 주택의 인도와 주민등록이라는 임대차의 공시방법은 어디까지나 등기라는 원칙적인 공시방법에 갈음하여 마련된 것이고, 제3자는 주택의 표시에 관한 사항과 주택에 관한 권리관계에 관한 사항을 통상 등기부에 의존하여 파악하고 있으므로 임대차 공시방법으로서의 주민등록이 유효한 공시방법이 되기 위하여는 원칙적으로 주민등록이 **등기부상**의 **주택의 현황**과 일치하지 않으면 안된다(대판 2001.12.27. 2001다63216 등).

④ 주민등록 신고의 효력 발생시기 및 주보법 소정의 대항력취득을 위한 주민등록 신고 여부의 판단방법은 주민등록의 신고는 행정청에 도달함으로써 바로 신고로서의 효력이 발생하는 것이 아니라 행정청이 **수리한 경우**에 비로소 그 효력이 발생한다(대판 2006다9255, 대판 2006다17850 등).

판례 **1. 주택임대차보호법 소정의 대항력을 취득하기 위한 주민등록 신고 여부의 판단방법**

주민등록은 단순히 주민의 거주관계를 파악하고 인구의 동태를 명확히 하는 것 외에도 공법관계상의 여러 가지 법률효과를 발생시키는 것으로서 주민등록의 신고는 행정청에 도달함으로써 바로 신고로서의 효력이 발생하는 것이 아니라 **행정청이 수리한 경우**에 비로소 그 효력이 발생한다고 보아야 하고, 따라서 신고인이 전입신고서를 행정청에 제출하였다가 행정청이 이를 수리하기 전에 그 전입신고서의 내용을 수정함으로써 그 수정된 전입신고서가 행정청에 의하여 수리되었다면 수정된 사항에 따라서 그 전입신고가 이루어졌다고 봄이 타당하고, 신고인이 담당공무원의 요구에 의하여 전입신고서를 수정하였다 하더라도 마찬가지로 보아야 한다(대판 2009.1.30. 2006다9255).

2. 대판 2009. 1. 30. 2006다17850

[1] **주민등록 신고의 효력 발생시기(= 신고 수리시)**

주민등록은 단순히 주민의 거주관계를 파악하고 인구의 동태를 명확히 하는 것 외에도 주민등록에 따라 공법관계상의 여러 가지 법률상 효과가 나타나게 되는 것으로서, 주민등록의 신고는 행정청에 도달하기만 하면 신고로서의 효력이 발생하는 것이 아니라 **행정청이 수리한 경우**에 비로소 신고의 효력이 발생한다. 따라서 주민등록 신고서를 행정청에 제출하였다가 행정청이 이를 수리하기 전에 신고서의 내용을 수정하여 위와 같이 수정된 전입신고서가 수리되었다면 수정된 사항에 따라서 주민등록 신고가 이루어진 것으로 보는 것이 타당하다.

[2] 정확한 지번과 동, 호수로 주민등록 전입신고서를 작성 · 제출하였는데 담당공무원이 착오로 수정을 요구하여, 잘못된 지번으로 수정하고 동, 호수 기재를 삭제한 주민등록 전입신고서를 다시 작성 · 제출하여 그대로 주민등록이 된 사안에서, 그 주민등록이 임대차의 공시방법으로서 유효하지 않고 이것이 담당공무원의 요구에 기인한 것이라 하더라도 마찬가지라고 판단한 사례

2) 법인의 대항력 인정 여부

① 원 칙

법인이 사원주택으로 사용하기 위하여 그 명의로 임차하고 소속직원이 입주, 전입신고를 하였더라도 대항력이 인정되지 않는다(대판 96다7236, 대판 2003다2918).

② 예 외

다만 국민주택기금을 재원으로 하여 저소득층의 무주택자에게 주거생활안정을 목적으로 전세임대주택을 지원하는 법인이 주택을 임차한 후 지방자치단체의 장 또는 해당 법인이 선정한 입주자가 그 주택에 관하여 인도와 주민등록을 마친 때에는 대항력이 인정된다(주보법 3조 2항).

③ 2007년 주택임대차보호법의 개정

- 종전에는 경매절차에 있어서 주택임차인이 법인인 경우에는 주보법상 대항력 및 우선변제권 등이 인정되지 않았다. 그러나 주보법의 일부개정(법률 제8583호, 2007.8.3. 공포, 2007년 11월 4일 시행)으로 인하여 일정한 조건을 갖춘 법인에 대하여는 대항력과 우선변제권이 인정되고, 임차권등기명령에 따른 등기도 가능하게 되었다.
- 한편 상보법의 대항요건인 사업자등록신청은 법인도 할 수 있을 뿐 아니라 상보법 3조 1항이 대항요건으로 사업자등록신청을 규정하면서 법인세법 111조의 규정에 의한 사업자등록신청을 인정하고 있으므로 **법인**도 상보법의 적용대상이다(상보법 4조 1항 1호 참조).

※ 주택임대차보호법 및 임차권등기명령 절차에 관한 규칙 등의 개정에 따른 안내(2007. 10.18. 사법정책실) ....

❶ 개 요

(1) 그 동안 경매절차에 있어서 주택임차인이 법인인 경우에는 주택임대차보호법상 대항력 및 우선변제권 등이 인정되지 않았으나 최근 주택임대차보호법의 일부개정(법률 제8583호, 2007.8.3. 공포, 2007.11.4. 시행)으로 인하여 **일정한 조건을 갖춘 법인**에 대하여는 **대항력**과 **우선변제권**이 인정되고, **임차권등기명령에 따른 등기**도 가능하게 되었습니다.

(2) 이에 따라 임차권등기명령 절차에 관한 규칙과 경매절차진행사실의 주택임차인에 대한 통지(재민 98-6) 예규에 이를 반영하였는바, 주택임대차보호법과 대법원 규칙 및 예규의 주요개정내용을 안내하오니 업무에 참고하시기 바랍니다.

❷ 주택임대차보호법

1. 법인에 대한 대항력의 인정

(1) 대항력이 인정되는 법인의 범위

① 국민주택기금을 재원으로 하여 저소득층의 무주택자에게 주거생활안정을 목적으로 전세임대주택을 지원하는 법인으로서 대통령령으로 정한 법인(주보법 3조 2항).

주택임대차보호법 제3조 (대항력 등)

① 임대차는 그 등기가 없는 경우에도 임차인이 주택의 인도와 주민등록을 마친 때에는 그 다음 날부터 제삼자에 대하여 효력이 생긴다. 이 경우 전입신고를 한 때에 주민등록이 된 것으로 본다.

② 국민주택기금을 재원으로 하여 저소득층 무주택자에게 주거생활 안정을 목적으로 전세임대주택을 지원하는 법인이 주택을 임차한 후 지방자치단체의 장 또는 그 법인이 선정한 입주자가 그 주택을 인도받고 주민등록을 마쳤을 때에는 제1항을 준용한다. 이 경우 대항력이 인정되는 법인은 대통령령으로 정한다.

③ 임차주택의 양수인(그 밖에 임대할 권리를 승계한 자를 포함한다)은 임대인의 지위를 승계한 것으로 본다.

④ 이 법에 따라 임대차의 목적이 된 주택이 매매나 경매의 목적물이 된 경우에는 민법 제575조 제1항 · 제3항 및 같은 법 제578조를 준용한다.

⑤ 제4항의 경우에는 동시이행의 항변권에 관한 민법 제536조를 준용한다.
[전문개정 2008.3.21]

② 주택임대차보호법 시행령에서는 주택임대차보호법 3조 2항에서 규정한 "대항력이 인정되는 법인"의 범위를 대한주택공사법에 따른 "대한주택공사"와 지방공기업법 49조의 규정에 따라 "주택사업을 목적으로 설립된 지방공사"로 한정함(주보법 시행령안 1조의 2 신설).

주택임대차보호법 시행령 제1조의2 (대항력이 인정되는 법인)
법 제3조 제2항 후단에서 "대항력이 인정되는 법인"이란 다음 각 호의 법인을 말한다.
1. 대한주택공사법에 따른 대한주택공사
2. 지방공기업법 제49조에 따라 주택사업을 목적으로 설립된 지방공사

[본조신설 2007.10.23]

(2) 지방공기업법 49조의 규정에 따라 주택사업을 목적으로 설립된 지방공사
① 덧붙임과 같이 각 지방자치단체에 16개의 공사가 있음.
② 위 공사 중 현재 위 사업을 시행하고 있는 법인은 서울특별시에스에이치(SH)공사와 경기도지방공사 두 곳뿐임.

2. 대항력의 취득 시기

(1) 위 법 3조 2항에 해당되는 법인이 주택을 임차한 후 지방자치단체의 장 또는 해당 법인이 선정한 입주자가 그 주택에 관하여 인도와 주민등록을 마친 때에는 그 익일부터 제3자에 대하여 효력이 생김.
(2) 이 경우 선정된 입주자가 전입신고를 한 때에 주민등록이 된 것으로 봄(주보법 3조 1항).

3. 경매신청과 동시이행 관계

위 법 3조 2항의 법인이 임차주택에 대하여 보증금반환청구소송의 확정판결 기타 이에 준하는 집행권원에 기한 경매를 신청하는 경우에는 민사집행법 41조의 규정에 불구하고 반대의무의 이행 또는 이행의 제공을 집행개시의 요건으로 하지 아니함(주보법 3조의2 1항).

4. 우선변제권

위 법 3조 2항의 법인이 동조의 대항요건과 법인과 임대인 사이의 임대차계약증서상에 확정일자를 갖춘 경우에는 민사집행법에 의한 경매 또는 국세징수법에 의한 공매시 임차주택(대지 포함)의 환가대금에서 후순위권리자 기타 채권자보다 우선하여 보증금을 변제받을 권리가 있음(주보법 3조의2 2항).

5. 임차권등기명령

위 법인이 임대차가 종료된 후 보증금을 반환받지 못한 경우에는 임차주택의 소재지를 관할하는 지방법원 · 지방법원지원 또는 시 · 군 법원에 임차권등기명령을 신청할 수 있음(주보법 3조의2 1항).

6. 보증금 중 일정액의 보호 여부

위 법 3조 2항의 법인에 대해서는 동법 8조 1항이 적용되지 않으므로 **소액보증금의 최우선변제는 받을 수 없음**.

❸ 임차권등기명령 절차에 관한 규칙

1. 임차권등기명령신청서의 기재사항

(1) 임차인이 주택임대차보호법 3조 2항의 법인인 경우 규칙 2조 1항의 기재사항 중 임차인의 주소 · 성명 등은 법인명, 대표자, 법인등록번호, 본점, 사업장소재지를 기재하도록 함.

(2) 신청이유 중 위 법인이 법 3조 2항의 대항력을 취득한 경우에는 지방자치단체장 또는 해당 법인이 선정한 입주자가 그 주택을 점유하기 시작한 날과 주민등록을 마친 날을 기재하도록 함.

(3) 위 법인이 법 3조의2 2항의 우선변제권을 취득한 경우에는 위 선정한 입주자가 그 주택을 점유하기 시작한 날과 주민등록을 마친 날 및 법인과 임대인 사이의 임대차계약증서상에 확정일자를 받은 날을 각 기재하도록 함.

2. 임차권등기명령신청서의 첨부서류

위 법 3조 2항의 법인이 임차권등기명령을 신청하는 경우에는 첨부 서류 중 임대차계약증서는 법인과 임대인 사이의 임대차계약증서(확정일자를 받은 경우 포함)를, 법 3조 2항에 의한 대항력을 취득한 경우에는 선정한 입주자가 임차주택을 점유하기 시작한 날과 주민등록을 마친 날을 소명하는 자료를 각 제출하도록 함.

3. 주택임차권등기의 기재사항

등기관이 법원사무관 등의 촉탁에 의해 주택임차권등기를 하는 경우 임대차계약을 체결한 날과 임차보증금액은 임차인이 주택임대차보호법 3조 2항의 법인인 경우에는 법인과 임대인 사이에 임대차계약을 체결한 날 및 임차보증금액을 각 기재하도록 함.

4. 경매절차진행사실의 주택임차인에 대한 통지(재민 98-6)

주택임대차보호법 3조 2항의 법인에 대하여도 위 예규에 의한 임차인 통지를 하도록 함.

[덧붙임]

〈지방공기업법 제49조에 따라 설치된 지방공사〉

1. 「서울특별시에스에이치(SH)공사설립및운영에관한조례」에 따른 서울특별시에스에이치(SH)공사
2. 「부산도시공사 설치 조례」에 따른 부산도시공사
3. 「대구광역시 도시개발공사 설치 조례」에 따른 대구광역시 도시개발공사
4. 「인천광역시도시개발공사 설립 및 운영에 관한 조례」에 따른 인천광역시도시개발공사
5. 「광역광역시 도시공사 설치 조례」에 따른 광주광역시 도시공사
6. 「대전광역시도시개발공사 설치조례」에 따른 대전광역시도시개발공사
7. 「울산광역시도시개발공사 설치조례」에 따른 대전광역시도시개발공사
8. 「강원도개발공사 설치 및 관리 · 운영조례」에 따른 강원도개발공사
9. 「경기도지방공사의설립및운영조례」에 따른 경기도지방공사
10. 「경상남도개발공사설치조례」에 따른 경상남도개발공사
11. 「경상북도개발공사 설치조례」에 따른 경상북도개발공사
12. 「전남개발공사의 설립 및 운영조례」에 따른 전남개발공사
13. 「전북개발공사설치조례」에 따른 전북개발공사
14. 「충청남도개발공사 설립 및 운영에 관한 조례」에 따른 충청남도개발공사
15. 「충북개발공사 설치 및 운영에 관한 조례」에 따른 충북개발공사
16. 「제주특별자치도 개발공사 설치 조례」에 따른 제주특별자치도개발공사

3) 외국인의 대항력 인정요건

외국인도 주보법의 요건을 갖추면 이 법의 보호를 받을 수 있다. 즉 출입국관리법에 의하여 임차주택으로 체류지변경신고가 되어 있고, 주택의 인도를 받는 등 대항요건을 갖춘 다음 확정일자를 받으면 된다. 부언하면 외국인이 주택을 임차하여 그 주소가 외국인등록표 또는 거류지변경신고상에 나타나는 경우에는 대항력을 취득한다. 외국인의 경우 출입국관리법에 의한 외국인등록 및 체류지변경신고는 주민등록 및 전입신고에 갈음한다(출입국관리법 88조의2 2항).

4) 점유보조자의 주민등록과 대항력

주민등록은 반드시 임차인 본인의 주민등록에 한하지 않고 임차인의 **점유보조자**(예

배우자, 자녀, 동생, 부모 등 가족)의 주민등록을 포함한다.

예컨대 임차인이 주택에 처, 자녀, 동생 등 가족과 함께 입주하고 본인의 주민등록은 사업상 다른 곳에 그대로 둔 채 동생을 세대주로 하고 처와 자녀를 동거가족으로 하여 전입신고한 경우(대판 87다카3093 · 3094)나, 임차인이 아파트에 부모와 함께 입주하고 그 부모만 주민등록 전입신고를 한 경우(대판 2000다70804)에는 모두 유효한 주민등록이 된다.

5) 해외이주자의 주민등록과 대항력

해외이주자란 생업에 종사하기 위하여 외국에 이주하는 자와 그 가족, 외국인과 혼인(외국에서 영주권을 취득한 우리국민과 혼인하는 경우 포함) 및 연고관계로 이주하는 자를 말하는데, 해외이주를 포기한 후가 아니면 주민등록이 불가능하다.

6) 임차인만의 일시전출의 경우에도 대항력을 유지하는지 여부

임차인이 가족과 함께 전입신고를 한 후 가족의 주민등록은 그대로 두고 임차인 자신만의 주민등록을 일시 이전하더라도 임차인은 대항력을 상실하지 않는다(대판 95다30338 등).

예컨대 임차인이 단독주택의 방 1칸에 아들과 함께 먼저 전입신고를 하고 그 후 어머니도 전입신고를 한 다음에 임차인만 주민등록을 일시 퇴거하였다가 다시 전입신고한 경우는 전체적으로나 종국적으로 주민등록의 이탈이라고 볼 수 없으므로 대항력을 상실하지 않는다.

판례 입주 및 주민등록을 마친 주택 임차인이 가족의 주민등록은 그대로 둔 채 임차인만 주민등록을 일시 다른 곳으로 옮긴 경우, 대항력 상실 여부

주택에 대한 점유를 계속하고 있으면서 그 가족의 주민등록을 그대로 둔 채 임차인만 주민등록을 일시 다른 곳으로 옮긴 경우라면, 전체적으로나 종국적으로 주민등록의 이탈이라고 볼 수 없는 만큼, 임대차의 제3자에 대한 대항력을 상실하지 아니한다(대판 1996.1.26. 95다30338).

7) 가족 전부가 일시이전(전출) 후 재전입한 경우 대항력의 인정 여부

① 주택임차인이 대항력을 취득한 후 주민등록(단독세대주 또는 세대원 전원)을 일시 다른 곳으로 옮겼다가 다시 전입신고를 하였으나 그 사이에 새로운 권리자가 없는 경우라도 당초의 대항력이 회복되는 것은 아니다. 판례(대판 97다43468)는 임차인이 대항력 취득 후 가족과 함께 주민등록 전부를 일시 이전(전출)하였다가 재전입한 경우에는 종전에 취득한 대항력은 **상실**되고 **재전입신고 다음날**부터 새로운 대항력을 취득한다고 한다.

즉 주택의 임차인이 그 주택의 소재지로 전입신고를 마치고 그 주택에 입주함으로써 일단 임차권의 대항력을 취득한 후 어떤 이유에서든지 그 가족과 함께 일시적이나마 다른 곳으로 주민등록을 이전하였다면 이는 전체적으로나 종국적으로 주민등록의 이탈이라고 볼 수 있으므로 그 대항력은 그 전출 당시 이미 대항요건의 상실로 소멸되는 것이고, 그 후 그 임차인이 얼마 있지 않아 다시 원래의 주소지로 주민등록을 재전입하였다 하더라도 이로써 소멸되었던 대항력이 당초에 소급하여 회복되는 것이 아니라 그 **재전입한 때**부터 그와는 동일성이 없는 새로운 대항력이 재차 발생하는 것이다.

② 이 경우 전출 이전에 이미 임대차계약서상에 **확정일자**를 갖추었고 임대차계약도 재전입 전후를 통하여 그 **동일성을 유지**한다면, 임차인은 재전입시 임대차계약서상에 다시 확정일자를 받을 필요 없이 **재전입 이후**에 그 주택에 관하여 담보물권을 취득한 자(예 근저당권자)보다 우선하여 보증금을 변제받을 수 있다(대판 98다34584).

실 전 사 례

Q 甲은 주택을 임차하여 주민등록전입신고까지 마치고 거주하던 중 급한 사정이 생겨서 자기를 포함한 가족 전원의 주민등록만을 다른 곳으로 일시이전을 하였다가 다시 전입을 하였다. 그런데 그 사이에 근저당권이 설정되고 그에 따른 경매가 실시되어 현재 매수인(낙찰자) 乙이 甲에게 집을 비워 줄 것을 요구하고 있는데, 임대보증금의 반환을 받지 못한 채 甲이 무조건 비워 주어야 하는 것인지?

A 위 사례는 법원경매 실무에서도 빈번하게 발생하는 경우이다. 결론부터 말하면, 甲은 매수인 乙에게 무조건 집을 비워 주어야 한다. 왜냐하면 甲과 같이 임대기간 중에 주민등록을 옮기면 비록 그 집에서 가족과 함께 계속 거주하고 있었다고 하여도 대항력을 상실하고 그 후 다시 전입신고를 하더라도 그때부터 새로운 대항력이 다시 발생하므로 그 사이에 근저당권이 설정되면 그에 기한 경매절차에서의 매수인에 대하여 임차권을 주장할 수 없기 때문이다. 다만 甲이 가족의 주민등록은 그대로 둔 채 본인의 주민등록만을 일시적으로 옮겼다면 대항력을 상실하지 않기 때문에 매수인에게 임대보증금의 반환을 요구할 수 있다. 경매계장을 담당하다 보니 위와 같은 지식을 몰라 배당에서 낭패를 보는 임차인들을 자주 보았다.

8) 대항력의 유형별 유효여부에 대한 판례의 사례

① 특수주소변경과 대항력

특수주소변경의 경우에는 주민등록이 사실과 다르게 등재된 **이유**를 가려 대항력을 판단해야 한다.

- 사실과 다른 주민등록이 주민등록 의무자인 임차인의 **잘못된 신고**에 의한 경우에는 특수주소변경 등에 의하여 사실과 일치하는 주민등록이 **정정된 때** 대항력이 발생한다(대판 87다카1573, 대판 97다10024).
- 임차인이 사실과 일치하는 전입신고를 하였으나 **담당공무원의 실수**로 사실과 다른 사항이 등록되었던 경우에는 특수주소변경의 방법에 의하여 사실과 일치하는 주민등록이 정정된 것을 전제로 당초의 주민등록 **전입신고를 한 때**로 소급하여 대항력이 발생한다(대판 91다18118, 대판 2000다37012 등).

  따라서 특수주소변경의 경우에는 담당공무원의 실수로 사실과 다른 사항이 등록되었다가 정정된 것인지 여부에 관한 자료가 제출되지 않은 경우에는 주민등록이 정정된 때(특수주소변경이 된 때)를 기준으로 대항력을 판단한다.

  ※ 행정관서에서는 주민등록 전입신고시 주민등록 관리의 편의를 위하여 미리 만들어진 **'특수주소등록부'**를 전산상에 게시하여 이용하는 한편 **특수주소거주자(세대주)명부**를 만들어 이용하고 있다. 실무상 주로 공동주택, 특히 연립주택이나 다세대주택의 명칭과 동·호수를 정정하는 형태의 특수주소변경이 많고 특수주소변경이 있는 경우 주민등록표에 특수주소변경을 하였다는 취지를 기재하여 놓은 것이 일반적이다. 예컨대, 연립주택의 명칭과 동·호수의 기재를 누락하여 추가하는 경우에는 기존의 주민등록표 "○○동 ○○○번지의 5호"를, "○○동 ○○○번지의 5호 서광연립 2동 302호 특수주소변경"이라고 기재하고, 연립주택의 동·호수의 기재를 정정하는 경우에는 기존의 주민등록표 "○○동 ○○○번지의 5호 서광연립 2동 202호"를, "○○동 ○○○번지의 5호 서광연립 2동 302호 특수주소변경"이라고 기재한다.

② 주민등록이 직권말소된 경우 주보법상 주택임차인의 대항력이 상실되는지 여부

주민등록이 주택임차인의 의사에 기하지 않고 주민등록법 등 관련규정에 따라 직권말소된 경우 원칙적으로 그 대항력은 **상실**된다고 할 것이지만, 직권말소 후 같은 규정 소정의 이의절차에 따라 그 말소된 주민등록이 회복되거나 재등록이 이루어짐으로써 주택임차인에게 주민등록을 유지할 의사가 있었다는 것이 명백히 드러난 경우에는 소급하여 그 대항력이 유지된다고 할 것이고, 다만 그 직권말소가 관련규정 소정의 **이의절차**에 의하여 **회복**된 것이 아닌 경우에는 직권말소 후 **재등록**이 이루어지기 이전에 주민등록이 없는 것으로 믿고 임차주택에 관하여 새로운 이해관계를 맺은 **선의의 제3자**에 대하여는 임차인은 대항력의 유지를 주장할 수 없다(대판 2002다20957).

③ 임차인이 전입신고를 올바르게 하였는데 담당공무원의 착오로 주민등록표상에 신거주지 지번이 다소 틀리게 기재된 경우 임대차의 대항력이 생기는지 여부

임차인이 전입신고를 올바르게(즉 임차건물 소재지 지번으로) 하였다면 이로써 그 임대차의 대항력이 생기는 것이므로 설사 담당공무원의 **착오**로 주민등록표상에 신거주지 지번이 다소 틀리게(○○동 545의5가 ○○동 545의2로) 기재되었다 하여 그 대항력에 영향을 끼칠 수는 없다(대판 91다18118). 즉 임차인은 대항력을 가진다.

④ 임차인의 의사와 상관없는 주민등록의 이전과 대항력의 인정 여부

주민등록이 임차인의 의사에 의하지 않고 소유자 또는 제3자에 의하여 **임의로 이전**되었고 그와 같이 주민등록이 잘못 이전된 데 대하여 임차인에게 책임을 물을 만한 사유도 없는 경우는 임차인이 이미 취득한 대항력은 주민등록의 이전에도 불구하고 그대로 유지된다(대판 2000다37012).

실 전 사 례

Q 乙은 甲으로부터 주택을 전세보증금 5,000만원에 임차하여 입주와 주민등록전입신고를 마쳤다. 그런데 甲은 은행에서 유리한 조건으로 대출을 받을 목적으로 乙의 주민등록을 일방적으로 다른 곳으로 몰래 퇴거하였다가 은행의 근저당권이 설정된 후 다시 전입시켰다. 만일 이후 甲이 채무를 변제하지 않아 은행으로부터 경매가 신청되어 甲의 주택이 매각(낙찰)되었을 때 乙은 매수인(낙찰자)에게 대항할 수 있는 것인지?

A 위 사례는 임대인이 임의로 임차인의 주민등록을 일시 이전한 경우에 그 효력을 물어보는 경우이다. 임차인의 대항요건이 언제까지 유지되어야 하는 것인지에 관하여 판례는 "주택임대차보호법이 3조 1항에서 주택임차인에게 주택의 인도와 주민등록을 요건으로 명시하여 등기된 물권에 버금가는 강력한 대항력을 부여하고 있는 취지에 비추어 볼 때 달리 공시방법이 없는 주택임대차에 있어서 주택의 인도 및 주민등록이라는 대항요건은 그 대항력 취득시에만 구비하면 족한 것이 아니고 그 대항력을 유지하기 위하여서도 계속 존속하고 있어야 하는 것이다."라고 하였다(대판 2002다20957, 대판 97다43468 등).
그러므로 위 사안과 같이 소유자 甲이 근저당권을 설정하면서 임차인 몰래 임차인의 주민등록을 퇴거한 다음 근저당권설정등기가 완료되자 다시 전입신고를 한 경우 임차인의 대항력이 상실되는지가 문제된다.
이에 관한 판례(대판 2000다37012)를 보면, "주민등록이 주택임차인의 의사에 의하지 않고 제3자에 의하여 임의로 이전되었고 그와 같이 주민등록이 잘못 이전된 데 대하여 주택임차인에게 책임을 물을 만한 사유도 없는 경우, 주택임차인이 이미 취득한 대항력은 주민등록의 이전에도 불구하고 **그대로 유지**

된다."라고 판시하고 있다.
따라서 임차인 乙은 대항력을 상실하지 않았고 매수인(낙찰자)에게도 대항할 수 있게 된다.

⑤ 토지의 분할과 대항력의 인정 여부

㉠ 대항력이 인정되는 경우의 사례

- **전입신고를 "37-86"으로 할 당시 건축물대장 · 등기부가 없었고 그 후 토지분할로 지번이 "37-175"로 변경된 다음 건물보존등기가 된 경우**
  전입신고 당시를 기준으로 보면 건축물대장과 등기부가 작성되기 전이지만 전입신고 내용이 실제 건물의 소재지지번과 정확히 일치하므로 임차인은 대항력을 취득하였고, 그 후 토지분할로 지번이 변경되었다고 이미 취득한 대항력을 상실하지 않는다(대판 99다44762 · 44779).
- **전입신고를 "100-1"로 할 당시의 등기부는 "산 33-2"로, 지적도 · 토지대장 · 건축물대장은 "100-1"로 등재되어 있는 경우**
  제3자는 주택의 표시에 관한 사항과 권리관계에 관한 사항을 통상 등기부에 의존하여 파악하고 있으므로 임대차의 공시방법으로서의 주민등록이 등기부상의 주택의 현황과 일치하지 않는다면 원칙적으로 유효한 공시방법이라고 할 수 없으나, 다만 주택의 소유권보존등기 후에 토지의 분할 등으로 인하여 지적도, 토지대장, 건축물대장 등의 주택의 지번표시가 분할 후의 지번으로 등재되어 있으나 등기부에는 여전히 분할 전의 지번으로 등재되어 있는 경우, 임차인이 전입신고시에 토지대장 및 건축물대장에 일치하게 지번과 동 · 호수를 표시하였다면 설사 등기부의 기재와 다르더라도 그 주민등록은 유효하다(대판 2001다63216).

㉡ 대항력이 부정된 경우의 사례

- **전입신고를 "2007-10"으로 한 후 대지분할로 지번이 "2007-47"로 변경되었으나 재계약서만 정정하고 주민등록은 그대로 둔 경우**
  임차인이 적법한 전입신고를 마친 후에 대지가 분할됨으로써 주택의 지번이 변경되자 갱신된 임대차계약서에는 새로운 지번을 표시하였으나 주민등록상 주소는 주택에 대한 강제경매기입등기가 완료된 후에 변경한 경우에는 대항력이 없다(대판 2000다1549).

- **전입신고는 "166-1"로 하였으나 그 당시 건물지번이 "166-16"인 경우**

  일반 사회통념상 166-1에 등재된 주민등록으로 166-16 지상의 건물에 임차인이 주소를 가진 자로 등록되었다고 제3자가 인식할 수 있다고 단정할 수는 없다(대판 89다카3370). 즉 이 경우에는 대항력이 없다.

9) 공부상 지번 표시와 주민등록의 불일치의 경우와 대항력

① 단독주택(다가구용 단독주택 포함)의 경우

- **공부상과 주민등록상 지번이 불일치하는 경우**

  다가구용 단독주택(일가구용 단독주택 포함)의 경우에는 **공부상**(건축물관리대장, 부동산등기부) 지번과 **주민등록상** 지번이 일치하지 않은 경우에는 특단의 사정이 없는 한 대항력을 취득할 수 없다.

- **지번기재로 족하고 호수의 기재는 불필요**

  다가구용 단독주택(일가구용 단독주택 포함)의 전부나 일부를 임차하고 전입신고를 하는 경우에도 **지번**만 기재하는 것으로 충분하고, 건물 거주자의 편의를 위하여 구분하여 놓은 **호수**까지 기재할 의무나 필요는 없다. 즉 지번만 제대로 기재되어 있으면 대항력이 발생한다.

판례 **1. 다가구용 단독주택의 경우, 주택임대차보호법상 대항요건을 갖추기 위해 지번 외에 호수까지 기재해야 하는지 여부(소극) 및 지번을 정확히 기재했으나 호수를 잘못 기재한 경우 대항요건을 갖춘 것으로 볼 수 있는지 여부(적극)**

다가구용 단독주택에 전입신고를 하는 경우는 지번만 기재하면 충분하고, 등기부상의 호수는 소유자의 편의를 위한 것에 불과하여 임차인이 지번을 정확히 기재하여 전입신고를 한 이상 유효하고, 설사 소유자나 거주자가 부르는 대로 지층 1호를 1층 1호로 잘못 알고 전입신고를 "연립 - 101"로 하였더라도 마찬가지이다(대판 1997.11.14. 97다29530).

2. 다가구용 단독주택의 경우, 주택임대차보호법상의 대항요건을 갖추기 위해서 지번 외에 호수까지 기재해야 하는지 여부(소극) 및 임차인이 같은 건물 내에서 이사를 하면서 호수를 변경한 전입신고를 다시 한 경우에도 원래의 전입신고가 유효한 공시방법이 되는지 여부(적극)

다가구용 단독주택의 경우 건축법이나 주택건설촉진법상 이를 공동주택으로 볼 근거가 없어 단독주택으로 보아야 하는 이상 주민등록법시행령 제5조 제5항에 따라 임차인이 위 건물의 일부나 전부를 임차하여 전입신고를 하는 경우 지번만 기재하는 것으로 충분하고, 나아가 위 건물 거주자의 편의상 구분하여 놓은 호수까지 기재할 의무나 필요가 있다고 할 수 없으며, 임차인이 실제로 위 건물의 어느 부분을 임차하여 거주하고 있는지 여부의 조사는 단독주택의 경우와 마찬가지로 위 건물에 담보권 등을 설정하려는 이해관계인의 책임 하에 이루어져야 하므로 임차인이 위 건물의 지번으로 전입신고를 한 이상 일반 사회통념상 그 주민등록으로 위 건물에 위 임차인이 주소 또는 거소를 가진 자로 등록되어 있는지를 인식할 수 있어 임대차의 공시방법으로 유효하고, 그 임차인이 위 건물 중 종전에 임차하고 있던 부분에서 다른 부분으로 옮기면서 그 옮긴 부분으로 다시 전입신고를 하였다고 하더라도 이를 달리 볼 것은 아니다(대판 1998.1.23. 97다47828).

- **임차인의 유효한 전입신고 후 나중에 지번이 변경되거나 동 · 호수가 새로이 부여된 경우**
  임차인이 유효하게 전입신고를 한 후 나중에 임차주택의 지번이 등록전환이나 분필 · 합필 등으로 인하여 변경된 경우에는 이미 발생한 대항력에 문제가 없다(대판 99다15597, 대판 99다44762 · 44779).
  주택을 인도받은 임차인이 등기부나 건축물관리대장상의 주택의 현황과 일치하게 주민등록을 하였다면 유효한 공시방법을 취한 것이어서 대항력을 취득한다고 할 것이고, 그 후 건물의 구분 · 합병 등으로 인하여 지번이 변경되거나 동 · 호수가 새로이 부여되었다고 하여도 그 취지는 부동산등기법 104조 내지 108조의2에 의하여 등기부에 나타나는 것이어서 그로 인하여 임차인이 한 종전의 주민등록이 더 이상 유효한 공시방법이 되지 못한다거나 임차인이 이미 취득한 대항력을 상실하게 되는 것은 아니다(대판 2006다55715).
- **다가구용 단독주택에 구분등기가 완료된 후 소관청이 집합건물관리대장을 작성하지 않은 경우 대항력의 인정 여부**
  다가구용 단독주택에 구분건물로서의 구분등기가 완료되었으나 건축물대장 소관청이 집합건물관리대장을 작성하지 않은 경우, 위 건물의 임차인은 전유부분의 표시 없이 **지번**만을 신고하여도 임대차의 공시방법으로 유효하므로 대항력이 있다(대판 99다25600 등).

판례 원래 단독주택으로 건축허가를 받아 건축되고, 건축물대장에도 구분소유가 불가능한 건물로 등재된 이른바 다가구용 단독주택에 대하여 나중에 집합건물의 소유 및 관리에 관한 법률(이하 집합건물법이라고 한다)에 의하여 구분건물로의 구분등기가 경료되었음에도 불구하고, 건축물대장 소관청이 종전에 단독주택으로 등록한 일반건축물대장을 그대로 둔 채 집합건축물대장을 작성하지 아니한 경우에는, 주민등록법 시행령 제5조 제5항에 따라 임차인이 위 건물의 일부나 전부를 임차하여 전입신고를 하는 경우 지번만 기재하는 것으로 충분하고, 나아가 그 전유부분의 표시까지 기재할 의무나 필요가 있다고 할 수 없으며, 임차인이 실제로 위 건물의 어느 부분을 임차하여 거주하고 있는지 여부의 조사는 단독주택의 경우와 마찬가지로 위 건물에 담보권 등을 설정하려는 이해관계인의 책임 아래 이루어져야 할 것이므로, 임차인이 위 건물의 지번으로 전입신고를 한 이상 일반 사회통념상 그 주민등록으로 위 건물에 위 임차인이 주소 또는 거소를 가진 자로 등록되어 있는지를 인식할 수 있는 경우에 해당한다 할 것이고, 따라서 임대차의 공시 방법으로 유효하다고 할 것이다(대판 1999.9.7. 99다25600).

• **부동산등기부상 지번과 건축물관리대장상의 지번이 서로 틀린 경우 대항력의 인정 여부**

주택의 소유권보존등기가 이루어진 후 토지의 분할 등으로 인하여 지적도, 토지대장, 건축물대장 등의 주택의 지번 표시가 분할 후의 지번으로 등재되어 있으나 **부동산등기부**에는 여전히 분할 전의 지번으로 등재되어 있는 경우, 임차인이 주민등록을 함에 있어 토지대장 및 건축물대장에 일치하게 주택의 지번과 동 · 호수를 표시하였다면 설사 그것이 부동산등기부의 기재와 다르다고 하여도 일반의 사회통념상 임차인이 그 지번에 주소를 가진 것으로 제3자가 인식할 수 있다고 봄이 상당하므로 유효한 임대차의 공시방법이 된다(대판 2001다63216).

☞ 정리하면 건축물대장이 먼저 정리되고 부동산등기부가 정리되지 않은 상태에서 건축물대장의 표시대로 하여도 유효한 공시방법이 되므로 임차인은 대항력을 가지게 된다.

또한 주택임차인이 주민등록 전입신고를 할 당시는 건물등기부가 작성되기 전이지만 그 전입신고 내용이 실제 **건물의 소재지 지번**과 정확히 일치하는 경우라면, 그 후 토지분할 등의 사정으로 지번이 변경되었다고 하더라도 주보법 3조 1항에 규정된 주민등록으로서 여전히 유효하다고 보아야 하며(대판 99다44762 · 44779, 대판 2003다7647 등), 그 임대차계약의 내용에 변동이 없는 이상 비록 임차인이 주택의 부지가 분할된 사정을 알고 있었음에도 불구하고 뒤늦게 주민등록상의 지번 정정신고를 하였다고 하더라도 이와 달리 볼 것은 아니다(대결 2004마600).

② **다가구용 단독주택으로 소유권보존등기를 완료한 건물로 전입신고를 한 후 다세대주택으로 변경된 경우 대항력의 인정 여부**

처음에 다가구용 단독주택으로 소유권보존등기가 완료된 건물의 일부를 임차한 임차인은 이를 인도받고 임차 건물의 지번을 정확히 기재하여 전입신고를 하면 주보법 소정의 대항력을 적법하게 취득하고, 나중에 다가구용 단독주택이 다세대 주택으로 변경되었다는 사정만으로 임차인이 이미 취득한 대항력을 상실하게 되는 것은 아니다(대판 2006다70516).

③ **다세대주택(공동주택)의 경우**

㉠ **공동주택의 경우는 동 · 호수의 일치가 필요**

공동주택에 대한 주민등록의 경우 지번만 표시하고 동 · 호수를 누락하거나 주민등록상 동 · 호수와 다르게 기재되어 있는 경우에는 그 주민등록은 공시방법으로서 유효한 것이 아니다(대판 89다카18648, 대판 99다4207 등).

원칙적으로 공동주택인 임차주택에 대한 주민등록이 대항력을 취득하기 위해서는 적어도 주민등록법 5조 5항에 따른 **동 · 호수**를 반드시 기재하여야 하고 부동산등기부등본상의 그것과 정확하게 일치할 것이 요구된다. 그러나 일반의 사회통념상 임차주택에 임차인이 주소 또는 거소를 가진 자로 등록되어 있는지를 인식할 수 있을 정도라는 추상적인 기준을 적용함에 있어서 전혀 융통성이 없는 것은 아니다(다음의 구체적 사례 참조).

ⓛ **유효한 공시방법인 구체적 사례**

- **우성빌라 "402호"로 전입신고 하였으나 등기부상에는 "2층 402호"로, 건축물관리대장상에는 "402호"로 기재된 경우**
  주민등록법상 주민등록관계 서류의 주소는 공동주택의 경우에는 지번 다음에 건축물관리대장 등에 의한 공동주택의 명칭과 동 · 호수를 표시하도록 규정한 점에 비추어 유효한 공시방법이다(대판 2001다1119).
- **등기부상 기재된 '서울 성동구 중곡동 75-46 지층 01호'를, '서울 성동구 중곡동 75번지 46호 영일빌라 B01호'로 전입신고한 경우**
  등기부상의 기재 및 실제 현황과 임차인의 주민등록 주소를 비교하여 볼 때, 통상적인 주의력을 가진 사람이라면 어렵지 않게 주민등록상의 'B01호'가 부동산 등기부상의 '지층 01호'를 의미한다고 인식할 수 있다고 봄이 상당하므로 유효한 공시방법이다(대판 2003다6590).
- **부동산등기부상 '에이(A)동'이라고 표시된 연립주택의 임차인이 '가'동이라고 전입신고를 한 경우**
  임차인의 주민등록이 임대차의 공시방법으로 유효하다(대판 2002다59351).
- **등기부상 주소인 '서울 노원구 상계동 1087-8 상계동빌라 103호'를, '서울 노원구 상계동 1087-8 수락빌라트 103호'로 전입신고한 경우**
  유효한 공시방법이다(대판 2004다46502).

ⓒ **유효한 공시방법이 아닌 구체적 사례**

- **연립주택 가동 1층 102호를 임차하면서 동 · 호수 기재 없이 지번만으로 전입신고하여 주민등록을 마친 경우**
  공시효력이 없다(대판 95다46104).
- **현관문 표시(302호)대로 계약서작성 · 전입신고 하였으나, 등기부상에는 2층 202호로 기재된 경우**
  대항력과 우선변제권이 없다(대판 95다55474).
- **건물외벽 표시대로 "봉화연립 라동 103호"로 전입신고 하였으나 등기부상에는 "다동 103호"로 기재된 경우**
  공시효력이 없다(대판 99다4207).

㉣ **임대차계약서상 동 · 호수 표시의 누락과 대항력의 인정 여부**

• **주택임대차의 경우**

확정일자를 받은 임대차계약서가 당사자 사이에 체결된 당해 임대차계약에 관한 것으로서 **진정하게 작성**된 이상, 임대차계약서에 임대차 목적물을 표시하면서 아파트의 명칭과 그 전유 부분의 동 · 호수의 기재를 누락하였다는 사유만으로 주보법 3조의2 2항에 규정된 확정일자의 요건을 갖추지 못하였다고 볼 수는 없다(대판 99다7992).

☞ 실무에서도 주민등록과 달리 임대차계약서에는 임차주택의 목적물의 표시를 정확하게 표시하지 않은 것이 많고, 임대차계약서는 임대차계약사실을 입증하는 증거서류에 불과할 뿐 아니라 대항요건이나 우선변제권의 취득요건도 아니므로 임대차계약서에 임차주택을 특정하는 표시가 누락되었다 하더라도 **주민등록**과 **실제 거주하는 주택**이 동일하다면 대항요건이나 우선변제권에 아무런 문제가 없다.

• **상가건물임대차의 경우**

주택임대차와는 달리 상가건물임대차의 경우에는 임대차계약서가 사업자등록의 첨부서류로서 공시되는 것이므로 임대차계약서의 목적물의 표시가 건축물관리대장 또는 부동산등기부등본상의 목적물의 표시와 **정확히 일치**하여야만 비로소 대항력이 발생한다.

㉤ **공시방법으로서 유효한 주민등록의 판단기준**

주보법 3조가 정한 대항력의 요건인 주민등록은 공시방법이므로 일반 사회통념상 그 주민등록으로 임대차의 목적물에 임차인이 주소 또는 거소를 가진 자로 등록되어 있는 것으로 인식할 수 있는지 여부에 따라 공시방법으로서의 유효 여부가 결정되어야 한다.

그러므로 다세대주택의 동 · 호수를 누락한 경우(대판 95다46104, 대판 99다66212 등), 다세대주택의 동 · 호수를 등기부 표시와 다르게 기재한 경우(대판 94다27427, 대판 2003다10940 등), 지번이 명백하게 불일치하는 경우(대판 97다10024, 대판 20003다8069 등)에는 그 주민등록은 공시방법으로서 유효한 것이 아니다. 다만 주민등록이 올바르게 정정되었을 때에는 그 다음날부터 대항력이 생긴다(대판 87다카1573).

(4) 대항력의 발생시점

1) 대항요건을 갖춘 다음날부터 대항력이 발생

① 임차인이 대항요건(주택인도+주민등록)을 갖추면 그 **다음날**(익일)부터 대항력이 발

생(주보법 3조 1항 본문)하고, 그 발생 시점은 **다음날 오전 영시**이다. 주택인도와 주민등록을 마친 '다음날(익일)'이라는 의미는 주택인도와 주민등록을 '모두 마친 다음 날'이라는 뜻이다(대판 98다46938). 임차인이 **전입신고**를 한 때에 주민등록이 된 것으로 간주한다(주보법 3조 1항 후문).

☞ **취지** : 주보법 3조 1항이 인도와 주민등록을 갖춘 다음날부터 대항력이 발생한다고 규정한 것은 인도나 주민등록이 등기와 달리 간이한 공시방법이어서 인도 및 주민등록과 제3자 명의의 등기가 같은 날 이루어진 경우에 그 선후관계를 밝혀 선순위 권리자를 정하는 것이 사실상 곤란한 데다가, 제3자가 인도와 주민등록을 마친 임차인이 없음을 확인하고 등기까지 경료하였음에도 그 후 같은 날 임차인이 인도와 주민등록을 마침으로 인하여 입을 수 있는 불측의 피해를 방지하기 위하여 임차인보다 등기를 경료한 권리자를 우선시키고자 하는 것이다(대판 97다22393).

② '다음날(익일)'부터 대항력이 생긴다고 함은 다음날 오전 영시부터 대항력이 생긴다는 취지이므로 다음날 주간(낮의 근무시간 : 오전 9시부터 오후 6시까지)에 등기가 완료된 저당권에 기한 경매절차의 매수인(낙찰자)에게 대항할 수 있다(대판 99다9981, 2001다30902).

예컨대 甲(2009.11.3. 주택인도+주민등록), 乙(2009.11.4. 근저당권설정), 丙(2009.12.7. 전세권설정)의 권리관계가 있을 때 甲 · 乙 · 丙 사이의 우열은 甲 ➡ 乙➡ 丙의 순이다. 甲의 임차권은 주택의 인도와 주민등록상 전입신고를 마친 익일인 2009. 11. 4. 영시부터 대항력이 있고, 근저당권은 빨라야 11. 4. 공무원의 근무시간인 오전 9시 이후로 등기소에 접수하여 등기부에 기입할 수 있으므로 甲의 임차권은 매수인에게 대항할 수 있게 되는 것이다.

2) 대항력의 발생시점과 관련한 구체적 사례

① 소유자가 주택을 매도함과 동시에 당해 주택을 임차한 경우 대항력의 발생시점

甲이 주택에 관하여 자기 명의로 소유권이전등기를 완료하고 주민등록 전입신고까지 마친 다음 처와 함께 거주하다가 乙에게 **매도**함과 동시에 乙로부터 위 주택을 다시 **임차**하여 임차인으로 계속 거주하기로 약정하고 처 명의의 임대차계약을 체결한 후에야 乙명의의 소유권이전등기가 완료된 경우, 甲의 처가 주택임대차보호법상 임차인으로서 대항력을 갖는 시기는 乙명의의 **소유권이전등기일 다음날**부터이다(대판 99다59306).

② 수분양권자인 임차인으로부터 임차한 경우 대항력의 발생시점

수분양권자인 임차인으로부터 임차한 경우에는 수분양권자인 임차인명의로의 **소유권이전등기**가 완료되는 즉시 대항력이 생긴다(전술 대판 2000다58026 · 58033 참조).

예컨대 甲회사가 임대아파트를 乙에게 임대(임대기간만료 후 乙에게 분양하기로 약정함)

한 후 乙이 다시 丙에게 임대하여 1996. 1. 2. 丙은 보증금을 乙에게 지급하고 입주(1996.1.12. 전입신고), 1997. 3. 19. 乙명의로 소유권등기 ➡ 丁의 근저당권설정등기 ➡ 戊의 근저당권설정등기가 같은 날 순차로 등기된 경우, 丙의 주민등록은 제3자가 임차권을 매개로 하는 점유라는 것을 인식할 수 있었으므로 1996. 1. 12.부터 임대차를 공시하는 기능을 수행하고 있었다고 할 수 있고, 丙은 乙명의의 소유권이전등기가 완료되는 즉시 대항력을 취득한 것이다.

③ **매수인(낙찰자)이 주민등록은 되어 있으나 대항력은 없는 종전 임차인과의 사이에 새로이 임대차계약을 체결하고 매각대금을 완납한 경우 대항력의 발생시점**

경매절차에서 낙찰자가 주민등록은 되어 있으나 대항력은 없는 종전 임차인과의 사이에 새로이 **임대차계약**을 체결하고 매각대금을 납부한 경우, 종전 임차인의 주민등록은 낙찰자의 소유권취득 이전부터 낙찰자와 종전 임차인 사이의 임대차관계를 공시하는 기능을 수행하고 있었으므로 종전 임차인은 당해 부동산에 관하여 낙찰자가 매각대금을 납부하여 **소유권을 취득**하는 즉시 임차권의 대항력을 취득한다(대판 2002다38361 · 38378).

3) 주민등록이 정정된 경우의 대항력 발생시점

주민등록정정(주민등록법 13조)의 경우에는 올바른 주소로 **정정**했을 때 대항력이 발생한다. 즉 단독주택의 경우에는 주민등록상의 주소가 임차주택의 지번과 정확하게 일치하는 것으로 정정된 때 대항력이 발생하고, 공동주택의 경우에는 주민등록상의 주소가 공동주택의 동 · 호수와 정확하게 일치하는 것으로 정정되는 때 비로소 대항력이 발생한다.

(5) 대항력의 범위

1) 대항력 범위의 의미

- 대항력을 가진 임차인은 등기된 임대차와 동일한 권리, 즉 임대차가 종료될 때까지 주택을 사용 · 수익할 권리, 기타 임차인이 가지는 부수적인 모든 권리(㉮ 보증금반환청구권, 부속물매수청구권 등)를 임대인 기타 제3자에 대하여 주장할 수 있다.

  경매절차에서 임차인이 매수인(낙찰자)에게 대항할 수 있는 범위는 결국 매각(낙찰)으로 소멸하는 최선순위권리자에게 대항할 수 있는 범위와 같다. 매수인의 입장에서 보면 인수하여야 할 부담의 범위가 된다.

- 대항력 있는 임차인이 경매절차에서 배당요구를 하여 그 순위에 따른 배당이 실시될 경우 보증금 전액을 배당받을 수 없었던 때에는 보증금 중 경매절차에서 배당받을 수 있었던 금액을 공제한 잔액에 관하여 매수인에게 대항하여 이를 반환받을 때까지 임대차관계의 존속을 주장할 수 있고, 여기서 매수인에게 대항할 수 있는 보증금 잔액은 올바른 배당순위에 따른 배당이 실시될 경우의 배당액을 공제한 나머지 잔액을 의미하는 것이지 현실로 배당받은 금액을 공제한 나머지 금액을 의미하는 것이 아니다(대판 2000다30165).
- 근저당권설정 후에 보증금을 증액한 경우에는 임차인은 증액부분에 관하여 근저당권자에게 대항할 수 없고, 따라서 매수인(낙찰자)도 증액부분에 대하여는 인수할 의무가 없다(대판 2001다76427 참조).

2) 가등기권자와 임차권의 대항력

① 소유권이전등기청구권 보전을 위한 가등기(채권가등기)의 경우

- 가등기에 기하여 본등기를 완료한 경우에는 물권취득의 효력이 가등기시로 소급하는 것은 아니지만 가등기가 갖는 순위보전의 효력에 의하여 중간처분이 실효되는 효과를 가져 오게 된다. 그 결과 가등기 이후에 행하여진 **임차권**의 설정도 가등기와 저촉되는 중간처분에 해당하므로 가등기에 기한 본등기가 된 이상에는 그 임차권으로써 가등기권자 등에 대항할 수 없다.

  따라서 주보법의 적용을 받는 임대목적 부동산에 관하여 제3자가 가등기를 하고 그 가등기에 기하여 본등기가 완료된 경우에는 임대인과 임차인 사이에 그 가등기 후 임차보증금을 **인상**하기로 약정하였다 하더라도 그 인상분에 대하여는 그 등기권리자에게 대항하지 못한다(대판 86다카757).

  ☞ 그 이유는 가등기를 하고 그에 기하여 본등기를 마친 경우에는 비록 물권취득의 효력이 가등기시에 소급하는 것은 아니지만 가등기가 갖는 순위보전의 효력에 의하여 중간처분이 실효되는 효과를 가져오게 되므로 이와 같은 가등기권자는 임대인의 권리를 승계하는 물권의 취득자와 동일하게 보아야 할 뿐만 아니라 가등기후에 임대인과 임차인 사이에 보증금을 마음대로 올릴 수 있다면 가등기권리자에게 뜻하지 않은 손해를 주어 가등기의 목적을 달성할 수 없게 될 우려가 있기 때문이다.

- **주택의 소유자(A) ➡ 근저당권설정(甲) ➡ 소유권이전등기청구권 보전을 위한 가등기(乙) ➡ 주택임대(임차인 丙) ➡ 가등기에 기한 본등기 완료(乙)**

먼저 말소기준권리는 甲의 근저당권이다. A가 자기 주택에 대하여 甲 앞으로 근저당권을 설정해준 후에 乙명의의 소유권이전등기청구권 보전을 위한 가등기가 완료되고 나서 위 주택을 丙에게 임대하였다. 그 후 乙명의의 가등기에 기한 본등기가 완료된 경우에는 중간처분에 해당하는 위 丙의 **임대차계약**은 실효되므로 甲이 근저당권에 기하여 임의경매를 실행하더라도 임차인 丙은 아무런 배당을 받을 수 없으며, 만일 근저당권자 甲에게 배당하고 남은 배당금이 있다면 주택의 소유자 乙에게 지급된다. 위와 같은 결과는 丙이 확정일자 있는 임차인이건 소액임차인이건 마찬가지이다.

- 상가건물임대차의 경우에도 동일하다. 즉 소유권이전등기청구권 보전을 위한 가등기가 완료된 후에 상보법상 대항력을 취득한 임차인이 그 가등기에 기하여 본등기를 완료한 자에 대하여 임대차의 효력으로써 대항할 수 없다.

② 담보가등기의 경우

소유권이전등기청구권 보전을 위한 가등기와 달리 담보가등기인 경우에는 가등기담보 등에 관한 법률(5조 5항. 이하 '가담법'이라 칭함)에 특칙을 두어 **담보가등기 후**에 대항력을 갖춘 임차인에게 청산금의 범위 안에서 동시이행의 항변을 할 수 있도록 정하여 임차인을 보호하고 있다.

즉 위 ① 항의 사례에서 가등기에 기한 본등기가 가담법의 규정 및 절차에 따라 유효하게 완료된 것이라면 丙이 확정일자 있는 임차인이건 소액임차인이건 그 임차권은 이미 소멸하였으므로 그 상태에서 甲의 근저당권이 실행된다고 하여 임차인 丙에게 배당이 돌아가지는 않는다.

다만 담보가등기 후에 대항력을 갖춘 임차인 丙은 가담법의 규정 및 절차(귀속 청산)에 따라 乙의 담보가등기에 기한 본등기가 이루어지는 과정에서 청산금의 범위 안에서 동시이행의 항변권(민법 536조)을 행사할 수 있을 뿐이다(가담법 5조 5항).

3) 가처분권자와 임차권의 대항력

① 소유권이전등기청구권 보전을 위한 가처분권자

처분금지가처분권자가 본안판결(소유권이전등기청구소송)에서 승소하여 소유권이전등기를 완료한 경우에도 **가처분등기일자**와 임차인의 **대항력 발생시기**의 선후에 따라 대항력 유무를 결정하여야 한다.

예컨대 주택의 양수인 乙이 전 소유자 甲으로부터 주택을 양도받기로 약정하였음을 이유로 **처분금지가처분**등기를 완료한 이후에 甲과 丙사이에 **임대차계약**이 체결되었다. 이후 가처분권자 乙이 본안판결에서 승소하여 소유권이전등기를 완료하였다면, 임차인 丙은 자신의 임대차를 가지고 가처분권자 乙에게 대항할 수는 없다.

이것은 **점유이전금지가처분**의 경우에도 동일하다. 즉 임차인이 점유이전금지가처분이 집행된 주택을 임차하여 대항요건을 갖추었다고 하더라도 가처분채권자가 본안소송(목적물의 인도 또는 명도 청구소송)에서 승소하게 되면 임차인의 대항력은 상실된다.

② **소유권이전등기말소등기청구권 보전을 위한 가처분권자**

- **처분금지가처분 후의 임차인이 소액보증금을 우선배당 받을 수 있는지 여부**

  주택의 소유자인 乙이 자기 주택에 대하여 근저당권이 설정된 이후에 丙앞으로 소유권이전등기를 완료하였다. 그 후 乙의 채권자 甲이 사해행위취소를 원인으로 하여 丙의 주택에 **처분금지가처분**(피보전권리 : 사해행위취소를 원인으로 한 소유권이전등기말소등기청구권)을 하였고, 그 후 임차인 丁이 丙과 **임대차계약**(소액임차인)을 체결하였다.

  이후 丙의 주택이 근저당권자의 임의경매신청으로 매각되었는데, 임차인 丁이 법원경매계에 배당요구를 하였고 甲이 사해행위취소소송을 통하여 丙명의의 소유권이전등기를 말소한 다음 乙에 대한 집행권원으로 배당요구를 하였다.

  위 사례에서 처분금지가처분이 된 주택을 임차한 丁에 대하여 소액보증금을 우선배당할 수 있는지 여부가 문제된다.

- **사례의 해결**

  주보법에 있어 소액임차인의 우선변제권도 대항력을 갖춘 임대차일 것이 전제요건이다. 그런데 대항력 있는 임대차는 주민등록의 이전과 주택의 인도를 등기에 갈음하여 등기가 없더라도 등기한 임대차와 같이 취급하자는 것이지 등기한 임대차나 저당권 등 담보권보다 더 보호하자는 것은 아니다. 따라서 위 사례의 경우 甲의 **처분금지가처분 이후**에 대항력을 갖춘 소액임차인 丁은 우선배당을 받을 수 없게 된다.

  ☞ 처분금지가처분의 경우 가처분명령 주문에서 금지하는 것의 대표적인 것이 '양도, 저당권, 전세권, 임차권의 설정'인데, 이러한 가처분 이후에 등기된 임대차가 있다면 물론 **가처분에 위배되는 처분행위**가 되므로 주보법상의 소액임대차라고 하더라도 가처분에 위배된다.

4) 가압류권자와 임차권의 대항력

판례(대판 83다카116)는 가압류등기 후 부동산을 임차한 자의 매수인(낙찰자)에 대한 대항력 유무에 대하여, "임차인이 주민등록전입신고를 마치고 입주사용함으로써 주택임대차보호법 3조에 의하여 그 임차권이 대항력을 갖는다 하더라도 부동산에 대하여 **가압류**등기가 마쳐진 후에 그 채무자로부터 그 부동산을 **임차한 자**는 가압류집행으로 인한 **처분금지의 효력**에 의하여 가압류사건의 본안판결의 집행으로 그 부동산을 취득한 매수인(낙찰자)에게 그 임대차의 효력을 주장할 수 없다."고 한다. 즉 가압류는 말소기준권리가 되므로 가압류 이후의 임차인은 매수인에 대하여 대항력이 없는 것이다.

(6) 대항력이 인정된 사례

1) 임차권보다 선순위의 저당권이 말소된 경우

① 근저당권설정 이후에 대항요건을 갖춘 임차인이 매각 전 선순위 근저당권이 말소된 경우 대항력을 갖게 되는지 여부

주택임차권은 주보법 3조 소정의 대항요건을 갖추면 대항력을 갖게 되고, 매수인이 낙찰받기 전에 선순위의 근저당권이 말소된 경우, 위 임차권은 대항요건을 갖춘 때로부터 대항력을 갖게 되었고 그 대항력이 존속하여도 담보가치가 손상될 선순위의 근저당권이 없는 이상 매각을 이유로 위 임차권의 대항력이 소멸되지 않는다(대판 95다49523).

실 전 사 례

Q 甲은 2004년 주택을 보증금 5,000만원에 임차하여 입주 및 전입신고를 마쳤는데, 그 당시에 이미 임차주택에 A은행 명의로 채권최고액 1,200만원의 근저당권등기가 되어 있었고, 그 후 2005년 임대인(집주인)이 B은행으로부터 다시 대출을 받으면서 B은행 명의로 채권최고액 5,000만원의 근저당권설정등기를 하였다. 그런데 현재 임차주택에 관하여 B은행이 경매를 신청하여 절차가 진행 중에 있을 때 甲은 어떠한 방법으로 보호받을 수 있는지?

A 甲의 경우처럼 1순위 근저당권과 2순위 근저당권 사이에 주택임차인의 대항요건이 구비된 경우에 매수인(낙찰자)의 지위는 말소기준권리인 1순위 근저당권을 기준으로 정하여지기 때문에 매수인에게 대항할 수 없다. 다만 위 주택이 매각(낙찰)되기 전에 임차인 甲이 선순위인 A은행의 근저당채무 1,200만원을 대위변제하여 그 근저당권설정등기를 말소하면 매수인에 대하여 대항력을 행사할 수 있게 되어(대판 95다49523, 대판 2002다70075 참조) 임대보증금 5,000만원을 회수할 수 있으므로 입찰희망자는 선순위 근저당채무가 소액인 경우에는 위와 같은 대위변제의 가능성이 있음을 주의할 필요가 있다. 또한 임차인 甲은 대항요건 이외에 계약서에 확정일자를 갖추었다면 배당요구종기 내에 법원경매계에다 '권리신고 및 배당요구' 신청을 하여 매각대금 중 1순위 근저당권자의 변제에 충당하고 남은 금액이 있을 경우 2순위 근저당권자보다 우선하여 임대보증금의 변제를 받을 수도 있다.

② 매각대금지급기한 이전에 선순위 근저당권이 소멸함으로써 원래는 소멸할 예정이던 후순위 임차권의 대항력이 소멸하지 않고 존속하는 것으로 변경된 경우 매수인(낙찰자)의 구제 방법

• 권리관계

1번 근저당권 ➡ 임차권 ➡ 2번 근저당권 ➡ 2번 근저당권에 기한 임의경매신청 ➡ 2009. 3. 5. 매각허가결정 ➡ 2009. 3. 24. 1번 근저당권 말소 ➡ 2009. 4. 16. 매각대금지급기한

• 해 결

말소기준권리인 선순위 근저당권의 존재로 후순위 임차권의 대항력이 소멸하는 것으로 알고 부동산을 매각(낙찰)받았으나, 그 이후 선순위 근저당권의 소멸로 인하여 임차권의 대항력이 **존속**하는 것으로 변경됨으로써 매각부동산의 부담이 현저히 증가하는 경우에는 매수인(낙찰자)으로서는 매각대금의 납부 전이면 법 127조 1항의 유추적용에 의하여 **매각허가결정의 취소신청**을 할 수 있다(대판 98마1031).

2) 대항력 있는 임차인의 점유부분이 선순위 전세권자와 다른 경우

건물의 일부를 목적으로 하는 전세권이 매각으로 인하여 소멸되는 경우, 그 전세권의 목적물과 다른 부분을 목적물로 한 임차권이 영향을 받는지 여부에 대하여 판례(대판 96다53628 등)는, "건물의 **일부**를 목적으로 하는 전세권은 그 목적물인 건물부분에 한하여 그 효력을 미치므로 건물 중 일부(2층 부분)를 목적으로 하는 전세권이 임차인이 대항력을 취득하기 이전에 설정되었다가 매각으로 인하여 소멸하였다고 하더라도, 임차인의 임차권이 전세권의 목적물로 되어 있지 않은 주택 부분(1층의 일부)을 그 목적물로 하고 있었던 이상 매각으로 인하여 소멸한다고 볼 수는 없다."고 한다.

실전사례

Q 乙은 甲소유인 2층 주택의 1층 부분을 전세보증금 7,000만원에 계약기간 2년으로 하여 임대차계약을 체결하고 입주하여 주민등록의 전입신고를 하였다. 乙이 입주 당시 위 주택에는 유일한 선순위 권리로서 2층에 거주하는 丙의 전세권등기(2층 부분만 등기함)가 있었다. 그런데 乙이 입주한 후 위 주택에 은행의 대출금채무에 관한 근저당권이 설정되었고, 이후 그 근저당권에 기한 경매가 개시되어 위 주택이 매각(낙찰)되었으나 乙은 확정일자를 받아두지 못하여 위 경매절차에서는 전혀 배당을 받을 수 없었는데, 경매절차의 매수인(낙찰자)인 丁이 乙에게 위 주택의 1층에 대하여 명도를

요구하자 乙은 대항력을 주장하였다. 이에 매수인 丁은 丙의 전세권은 위 경매절차에서 배당요구를 하여 소멸되었으므로 그 전세권보다 후순위인 乙의 임차권은 소멸하여 자기에게 대항력을 주장할 수 없다고 하는데 그것이 타당한 것인지?

A 위 사례는 주택 경매로 2층의 선순위전세권 소멸시 1층의 후순위 임차권이 매각으로 소멸되는지 여부를 물어보는 경우이다. 위 사안에서 丙의 선순위 전세권이 그 목적물인 부동산에 대한 경매절차에서 매각(낙찰)으로 인하여 소멸된 경우 丙의 전세권보다는 후순위이고 은행의 근저당권보다는 선순위인 乙의 주택임차권이 소멸된다고 보아야 할 것인지가 문제된다.
이에 관한 판례(대판 96다53628, 대판 98다50869, 대결 2001마212 등)를 보면, "건물의 일부를 목적으로 하는 전세권은 그 목적물인 건물부분에 한하여 그 효력을 미치므로 가령, 건물 중 일부(2층 부분)를 목적으로 하는 전세권이 주택임차인이 대항력을 취득하기 이전에 설정되었다가 매각으로 인하여 소멸하였다고 하더라도, 주택임차인의 임차권이 전세권의 목적물로 되어 있지 아니한 주택부분(1층의 일부)을 그 목적물로 하고 있었던 이상 위와 같은 사정만으로 이 사건 매각으로 인하여 소멸한다고 볼 수는 없다."라고 판시 하였다.
따라서 위 사례에서 乙의 주택임차권은 경매절차에서의 매각(낙찰)으로 인하여 소멸하지 않고, 乙은 경매절차의 매수인(낙찰자) 丁에게 대항력을 주장할 수 있게 된다.

3) 대항력 있는 임차인이 전세권등기를 한 경우

• **권리관계**

3. 10. 임대차계약(임차보증금 4,000만원, 3. 20 : 주택인도, 3. 27. : 전입신고) ➡ 5. 8. 근저당권설정등기 ➡ 8. 28. 임차인의 전세권등기(전세금 4,000만원) ➡ 12. 14. 매각(낙찰) ➡ 임차인이 전세권자로서 일부 배당 받음

• **해 결**

주보법상 대항력을 갖춘 임차인이 전세권자로서 배당절차에 참가하여 전세금의 일부에 대하여 우선변제를 받은 경우 나머지 보증금에 기한 대항력의 행사 가능 여부에 대하여 판례(대판 93다39676)는, "**주택임차인**으로서의 우선변제를 받을 수 있는 권리와 **전세권자**로서 우선변제를 받을 수 있는 권리는 근거규정 및 성립요건을 달리하는 별개의 것이므로 주택임대차보호법상 대항력을 갖춘 임차인이 임차주택에 관하여 전세권설정등기를 완료하였다거나, 전세권자로서 배당절차에

참가하여 전세금의 일부에 대하여 우선변제를 받은 사유만으로는 변제받지 못한 나머지 보증금에 기한 대항력 행사에 어떤 장애가 있다고 볼 수 없다."고 판시하고 있다. 즉 전세권으로 배당을 못 받은 부분은 주택임차권의 대항력을 행사할 수 있다는 것으로 앞에서 이미 설명한 바와 같다.

4) 기존채권을 임대차보증금으로 전환한 경우

기존채권을 임대차보증금으로 전환하여 임대차계약을 체결한 경우, 그 사정만으로 임차인의 주보법상의 대항력이 부정되는지 여부에 대하여 판례(대판 2001다47535)는, "주택임차인이 대항력을 갖는지 여부는 주택임대차보호법 3조 1항에서 정한 요건, 즉 임대차계약의 성립, 주택의 인도, 주민등록의 요건을 갖추었는지 여부에 의하여 결정되는 것이므로 당해 임대차계약이 통정허위표시에 의한 계약이어서 무효라는 등의 특별한 사정이 있는 경우는 별론으로 하고 임대차계약 당사자가 기존채권을 임대차보증금으로 전환하여 임대차계약을 체결하였다는 사정만으로 임차인이 같은 법 3조 1항 소정의 대항력을 갖지 못한다고 볼 수는 없다."고 한다.

(7) 대항력과 우선변제권을 겸유한 임차인의 지위

1) 대항력과 우선변제권을 모두 가지고 있는 임차인이 보증금 전액을 배당받지 못한 경우 매수인(낙찰자)에게 대항할 수 있는 보증금 잔액의 범위

주보법상의 대항력과 우선변제권의 두 가지 권리를 모두 가지고 있는 임차인이 먼저 우선변제권을 선택하여 임차주택에 대하여 진행되고 있는 경매절차에서 보증금 전액에 대하여 배당요구를 하였으나 그 순위에 따른 배당이 실시될 경우 보증금 **전액**을 배당받을 수 없었던 때에는 보증금 중 경매절차에서 배당받을 수 있었던 금액을 공제한 잔액에 관하여 매수인(낙찰자)에게 대항하여 이를 반환받을 때까지 임대차관계의 존속을 주장할 수 있는바, 여기서 매수인에게 대항할 수 있는 보증금잔액은 보증금 중 경매절차에서 '올바른 배당순위에 따른 배당이 실시될 경우의 배당액을 공제한 나머지 금액'을 의미하는 것이지 임차인이 '배당절차에서 현실로 배당받은 금액을 공제한 나머지 금액'을 의미하는 것은 아니다(대판 2000다30165).

실 전 사 례

Q 2007년 10월에 서울 소재 甲소유 주택을 乙이 임차보증금 4,000만원에 임차하여 입주와 전입신고를 마치고 확정일자를 받아 대항력과 우선변제권을 구비하여 거주하고 있었다. 그런데 위 주택은 乙의 주택임차권보다 늦게 설정된 1번 근저당권의 실행으로 매각(낙찰)되었고, 乙의 주택임차권은 위 근저당권자보다 우선하여 보증금 전액을 배당받아야 함에도 불구하고 법원경매계에서 배당표를 잘못 작성하는 바람에 乙은 소액임차인으로서 인정되는 최우선변제금 1,600만원만 배당을 받았다. 그러나 乙은 임차보증금 전액이 1순위로 배당될 것으로 믿고 배당기일에 출석하지 않았다가 배당이의의 기회를 놓쳤고, 배당기일이 끝난 수일 후 배당표를 확인한 후에야 그러한 사실을 알게 되었다. 위 경우에 乙은 대항력도 가지고 있으므로 경매절차의 매수인(낙찰자) 丙에 대하여 보증금 중 배당받지 못한 2,400원을 반환받을 때까지 대항할 수 있는 것인지?

A 위 사례는 매수인에게 대항할 수 있는 배당받지 못한 보증금 잔액의 범위를 물어보는 경우이다.

대항력과 우선변제권을 겸유하고 있는 임차인이 배당받을 수 있었던 금액이 현실로 배당받은 금액보다 많은 경우 경매절차의 매수인(낙찰자)을 상대로 그 차액의 반환을 구할 수 있는지에 관하여 판례(대판 2000다30165)는 "주택임대차보호법상의 대항력과 우선변제권의 두 가지 권리를 겸유하고 있는 임차인이 먼저 우선변제권을 선택하여 임차주택에 대하 여 진행되고 있는 경매절차에서 보증금전액에 대하여 배당요구를 하였으나 그 순위에 따른 배당이 실시될 경우 보증금전액을 배당받을 수 없었던 때에는 보증금 중 경매절차에서 배당받을 수 있었던 금액을 공제한 잔액에 대하여 매수인(낙찰자)에게 대항하여 이를 반환받을 때까지 임대차관계의 존속을 주장할 수 있는바, 여기서 매수인에게 대항할 수 있는 보증금잔액은 보증금 중 경매절차에서 '올바른 배당순위에 따른 배당이 실시될 경우의 배당액(4,000만원)을 공제한 나머지 금액'(4,000만원 − 4,000만원 = 0원)을 의미하는 것이지, 임차인이 '배당절차에서 현실로 배당 받은 금액(1,600만원)을 공제한 나머지 금액'(4,000만원 − 1,600만원 = 2,400만원)을 의미하는 것은 아니라 할 것이고, 따라서 임차인이 배당받을 수 있었던 금액(4,000만원)이 현실로 배당받은 금액(1,600만원)보다 많은 경우에는 임차인이 그 차액(2,400만원)에 관하여는 과다 배당받은 후순위 배당채권자를 상대로 부당이득의 반환을 구하는 것은 별론으로 하고 매수인을 상대로 그 반환을 구할 수는 없다고 할 것이다."라고 판시하였다.

따라서 임차인 乙은 보증금 4,000만원 중 위 경매절차에서 배당받을 수 있었던 금액인 4,000만원을 공제한 잔액은 없는 것이므로 경매절차의 매수인 丙에게 대항할 수 없을 것이다.

다만 乙은 배당요구를 한 보증금 중 올바른 순위에 의한 배당금 4,000만원에서 현실로 배당받은 1,600만원을 공제한 2,400만원에 대하여는 후순위 배당채권자들을 상대로 **부당이득반환청구권**을 행사해야 할 것이다.

2) 임차인의 동시이행의 항변

임대차는 임차인의 주택명도의무와 임대인의 연체차임 등을 공제하고 남은 임차보증금의 반환과 동시이행관계에 있다. 따라서 보증금을 반환받기까지 임차인의 점유는 적법한 점유이다(대판 2000다24078, 대판 98다15545 등 참조).

① 임대차 종료 후 임차보증금을 반환받지 못한 임차인이 동시이행의 항변권에 기하여 임차목적물을 계속 점유하는 경우, 손해배상의무 · 부당이득반환의무의 존부

임대차 종료 후 임차인의 **임차목적물 명도의무**와 임대인의 연체임료 기타 손해배상금을 공제하고 남은 **임차보증금 반환의무**와는 동시이행의 관계에 있으므로 임차인이 동시이행의 항변권에 기하여 임차목적물을 점유하고 사용 · 수익한 경우 그 점유는 불법점유라 할 수 없어 그로 인한 손해배상책임은 지지 않되, 다만 사용 · 수익으로 인하여 실질적으로 얻은 이익이 있으면 부당이득으로서 반환하여야 한다(대판 98다15545 등).

② 대항력과 우선변제권을 모두 가지고 있는 임차인이 배당요구를 하여 배당표에 전액 배당받는 것으로 기재된 후 후순위채권자가 배당이의소송을 제기하는 바람에 배당금을 받지 못하고 있는 경우, 임차인은 매수인(낙찰자)에 대하여 임차주택의 명도를 거부할 수 있는지 여부

대항력과 우선변제권을 모두 가지고 있는 임차인이 우선변제권을 선택하여 임차주택에 대하여 진행되고 있는 경매절차에서 보증금에 대하여 배당요구를 하였다고 하더라도, 순위에 따른 배당이 실시될 경우 보증금 전액을 배당받을 수 없는 때에는 보증금 중 경매절차에서 배당받을 수 있는 금액을 공제한 잔액에 관하여 매수인에게 대항하여 이를 반환받을 때까지 임대차관계의 존속을 주장할 수 있고, 보증금 전액을 배당받을 수 있는 때에는 매수인에게 대항하여 보증금을 반환받을 때까지 임대차관계의 존속을 주장할 수는 없다고 하더라도 다른 특별한 사정이 없는 한 임차인이 경매절차에서 보증금 상당의 배당금을 지급받을 수 있는 때, 즉 임차인에 대한 **배당표가 확정될 때까지**는 매수인에 대하여 임차주택의 명도를 거절할 수 있는바, 매수인의 임차주택의 명도청구에 대하여 임차인이 동시이행의 항변을 한 경우 동시이행의 항변 속에는 임차인에 대한 배당표가 확정될 때까지 매수인의 명도청구에 응할 수 없다는 주장이 포함되어 있는 것으로 볼 수 있다(대판 97다11195).

3) 임차인의 배당요구의 철회 또는 포기와 매수인(낙찰자)의 보증금 인수

대항력과 우선변제권을 모두 가지고 있는 임차인이 배당요구를 하였다가 이를 **철회**하였다고 하여 대항력의 포기라고는 볼 수 없다.

또한 대항력과 우선변제권을 모두 가지고 있는 임차인이 배당요구를 한 후에 배당요구종기가 지나서 철회하는 것은 허용되지 않는다(법 88조 2항).

즉 대항력과 우선변제권의 2가지 권리를 모두 가지고 있는 임차인이 임차주택에 대한 경매절차에서 먼저 우선변제권을 주장하여 보증금 전액에 대하여 **배당요구**를 하였으나 그 후 법원경매계의 계약서 제출요구를 받고 다시 제출한 배당요구신청서에 확정일자가 없다고 명백히 밝혔고, 이에 법원경매계에서 임차권자가 우선변제권의 행사를 포기한 것으로 보고 종전의 매각을 불허가한 다음 매각물건명세서에 위와 같은 사실을 기재하여 새매각을 진행한 결과 매각허가결정이 확정되었다면 우선변제권을 포기한 것으로 처리된 위 임차인은 매각대금에서 그 보증금을 우선변제받을 수 없고, 위와 같이 진행된 경매절차에서 낙찰 받은 매수인(낙찰자)은 임대인의 지위를 승계하여 임차인의 **보증금을 인수**하는 것으로 보아야 한다(대판 2001다51725).

4) 임차인의 배당요구와 신의칙 등 위반 사례

근저당권자가 담보로 제공된 건물에 대한 담보가치를 조사할 당시 대항력을 갖춘 임차인이 그 임대차 사실을 부인하고 임차보증금에 대한 권리주장을 않겠다는 내용의 **확인서**를 작성해 준 경우, 그 후 그 건물에 대한 경매절차에서 이를 번복하여 대항력 있는 임대차의 존재를 주장함과 아울러 근저당권자보다 우선적 지위를 가지는 확정일자부 임차인임을 주장하여 그 임차보증금반환채권에 대한 배당요구를 하는 것은 특별한 사정이 없는 한 금반언 및 신의칙에 위반되어 허용될 수 없다(대판 97다12211). 위와 같은 사례의 경우 법원경매계에서는 근저당권자가 확인서를 첨부하여 임차인에 대한 '배당배제신청서'를 제출하게 되면 그 임차인을 배당에서 제외시키고 있다.

5) 임차인의 제2경매에서의 배당요구 가능 여부

대항력과 우선변제권을 모두 가진 임차인이 임차주택에 관한 경매절차에서 보증금에 대하여 배당요구를 함으로써 임대차계약이 해지되어 종료되고 그 주택이 매각(낙찰)된 이상, 매수인(낙찰자)은 임대차가 종료된 상태에서의 임대인의 지위를 승계하고 임차인의 우선변제권은 매각으로 인하여 소멸하므로 그 임차인이 전혀 배당을 받지 못한 채 계속하여 그 주택에 거주하고 있었다고 하더라도, 그 후 그 주택에 관하여 새로이 완료된 근저당권설정등기에 기한 제2차 경매절차에서 그 매각대금으로부터 우선변제를 받을 권리는 없고, 다만 매수인(낙찰자)에 대하여 임차보증금을 반환받을 때까지 임대차관계의 **존속을 주장**할 수 있을 뿐이다(대판 98다2754 등).

6) 배당요구신청의 취하와 대항력의 상실 여부

예컨대 甲이 주택을 임차하여 입주와 동시에 전입신고를 하고 확정일자까지 갖추었는데, 그 후 설정된 저당권에 기한 경매가 진행되었다. 이에 甲은 법원경매계에 배당요구를 하였다가 사정상 배당요구의 종기 이전에 배당요구를 **취하**하였는데, 이 경우 대항력이 없어지는 것이 아닌지가 문제된다.

이와 관련한 판례(대판 86다카2076)는 “주보법 소정의 요건을 갖춘 임차인은 임차인의 보호를 위한 동법의 취지에 비추어 볼 때, 임차주택의 양수인에게 대항하여 보증금의 반환을 받을 때까지 임대차관계의 존속을 주장할 수 있는 권리와 소액의 보증금에 관하여 임차주택의 가액으로부터 우선변제를 받음과 동시에 임차목적물을 명도할 수 있는 권리를 모두가지고 있다고 해석되고 이 두가지 권리중 하나를 선택하여 행사할 수 있다고 보아야 하며, 임차인이 경매절차에서 배당요구신청을 하였다가 이를 취하하였다 하여 이를 그 권리의 포기라고 볼 수는 없다.”고 판시 하였다. 결국 甲은 경매절차의 매수인(낙찰자)에게 **대항력**을 행사할 수 있으므로 위 임차권은 매수인의 인수부담이 된다.

※ 임차주택의 경매와 담보책임의 문제

1. 의 의

주보법(상보법)은 임차권의 등기 이외에도 주택(상가건물)의 인도와 주민등록(상가건물은 사업자등록)이라는 간이한 방법으로 임차권의 대항력을 인정하고 있다. 이러한 제도가 그 동안 주택(상가건물)임차인의 보호에 지대한 공헌을 하여 온 것은 부인할 수 없는 사실이다. 그러나 주택(상가건물)의 인도와 주민등록(상가건물은 사업자등록)은 등기와는 달리 공시방법으로서 완벽한 것이 아니기 때문에, 당해 주택이 경매될 때 매수인(낙찰자)이 위와 같은 대항요건을 갖춘 임차인이 경매대상 부동산에 존재한다는 사실을 모르고 낙찰을 받는 경우가 생기고, 그 결과 매수인은 임차보증금반환채무의 승계 등 뜻하지 않는 손해를 입게 되며, 더 나아가서는 거주나 영업 등의 목적으로 낙찰을 받고도 그 목적을 달성할 수 없는 사태가 일어날 수 있다.

여기서 이러한 경우에 매수인의 보호대책을 강구함으로써 거래의 안전을 도모할 수 있는 방안의 모색이 요청되며, 그러한 요청에 부응하여 주보법 3조 4항(상보법 3조 3항)은 주택(상가건물)의 경매의 경우에 담보책임에 관한 민법 578조를 준용하게 함으로써 매수인을 보호하고 있는 것이다. 이하의 설명은 주보법에 한정하여 설명하지만 상보법의 경우에도 동일하게 적용된다.

민법 578조 (경매와 매도인의 담보책임)
① 경매의 경우에는 경락인은 전8조의 규정에 의하여 채무자에게 계약의 해제 또는 대금감액의 청구를 할 수 있다.
② 전항의 경우에 채무자가 자력이 없는 때에는 경락인은 대금의 배당을 받은 채권자에 대하여 그 대금전부나 일부의 반환을 청구할 수 있다.
③ 전2항의 경우에 채무자가 물건 또는 권리의 흠결을 알고 고지하지 아니하거나 채권자가 이를 알고 경매를 청구한 때에는 경락인은 그 흠결을 안 채무자나 채권자에 대하여 손해배상을 청구할 수 있다.

2. 담보책임의 요건

(1) 임차주택(상가건물)이 경매에 의하여 양도되었을 것

경매는 집행권원에 기한 경매(강제경매)이든, 담보권 실행을 위한 경매(임의경매)이든 불문한다.

(2) 주택(상가건물)에 인도와 주민등록(상가건물은 사업자등록)에 의하여 대항력 있는 임차인이 있을 것

임차권의 등기에 의하여 대항력을 취득한 임차인이 있는 경우에도 역시 담보책임이 문제될 수 있으나 이러한 임차인의 임차권은 원칙적으로 배당을 받고 소멸하고, 그 존재가 등기에 의하여 공시되므로 선의의 매수인(낙찰자)을 보호하기 위한 담보책임이 역시 문제로 되지 않는다.

인도와 주민등록은 주보법 3조 1항이 요구하는 대항요건이기는 하나, 임차인이 위 요건을 구비하였다고 하여 다 대항력을 취득하는 것은 아니다. 일반적으로 임차인이 임차주택에 관하여 인도와 주민등록이라는 대항요건을 구비하면 그 후 당해 주택을 매매 등으로 매수한 자에 대하여 자기의 임차권을 가지고 대항할 수 있으나, 임차주택이 경매됨으로써 소유자가 달라지게 되는 경우에는 그와 같은 일반론이 적용되지 않는다. 경매로 인하여 소멸하는 선순위권리자가 있게 되면 그들의 이익을 보호하여야 하기 때문이다. 요컨대 경매절차에서는 임차인의 대항요건의 구비시기에 따라 대항력의 취득 여부가 달라지는 것이다.

그러면 임차주택이 경매된 때 임차인이 어느 시기까지 대항요건을 구비하고 있었어야 매수인(낙찰자)에 대하여 대항력을 주장할 수 있는가? 이는 사안에 따라 다르다.

① **임차주택에 저당권(근저당권)이나 가압류 · 압류 등이 등기되어 있는 경우**

- **말소기준권리에 앞서 대항요건을 구비한 임차인만이 임차권주장이 가능**

  임차주택에 저당권이나 가압류 · 압류 등이 등기되어 있는 경우에는 그 중 가장 빠른 등기(말소기준권리)가 완료된 시점을 기준으로 하여, 그보다 앞서 대항요건을 구비한 임차인만이 매수인(낙찰자)에 대하여 자기의 임차권을 주장할 수 있다(대판 99다59306 등). 저당권이나 가압류 · 압류의 등기는 말소기준권리로서 낙찰로 인하여 원칙적으로 말소의 대상이 되고, 매수인은 그들의 권리를 기준으로 하여 임차주택의 소유권을 취득하기 때문이다.

- **선순위 전세권의 경우**

  가장 빠른 등기가 전세권인 경우에는 전세권자가 배당요구의 종기까지 배당요구를 한 여부에 따라 달라진다. 즉 선순위 전세권자가 배당요구종기 내에 배당요구를 하면 말소기준권리가 되어 낙찰로 전세권이 소멸하므로(민집법 91조 4항 단서) 그 전세권등기보다 뒤에 대항요건을 구비한 임차인의 임차권은 매수인에게 대항할 수 없으나, 만일 전세권자가 배당요구를 하지 않으면 말소기준권리가 되지 않고 전세권이 낙찰로 소멸하지 않으므로(동조 4항 본문) 그 전세권등기보다 뒤에 대항요건을 구비한 임차인의 임차권이 말소기준권리보다 빠른 경우에는 매수인에게 대항할 수 있게 된다.

- **대항요건 구비 ➟ 저당권설정 ➟ 임차기간의 만료 ➟ 임대차갱신의 경우 임차인의 대항력 존속 여부**

  임차인이 대항요건을 구비한 후에 저당권이 설정되고, 그 후에 임대차기간이 만료하더라도 임대차를 갱신하면 임대차의 동일성이 계속 유지되기 때문에 대항력도 여전히 존속한다.

  예컨대 임차인이 2008. 12. 1. 임대차계약을 체결하고 2008. 12. 5. 대항요건을 모두 갖추었고, 그 후 2009. 1. 2. 저당권이 설정되었는데, 2010. 12. 1. 임대차계약을 갱신한 경우에는 처음의 대항요건을 갖춘 다음 날인 2008. 12. 6을 기준으로 임차인의 대항력 여부를 결정하여야 한다. 후순위 저당권자는 임대차계약의 갱신을 항상 예견하여야 하기 때문이다.

  다만 임대차계약의 갱신과 더불어 보증금을 증액한 경우에는 저당권 설정 전의 보증금액에 한하여 매수인(낙찰자)에게 대항할 수 있을 뿐, 저당권설정 후에 증액된 부분에 관하여는 대항력이 생기지 않는다.

- **1순위 저당권 ➟ 대항요건을 갖춘 임차인 ➟ 2순위 저당권이 존재하는 주택의 경매시 1순위 저당권이 소멸한 경우 1순위 저당권이 어느 시점까지 소멸하면 임차권이 대항력을 갖게 되어 매수인(낙찰자)이 임차권을 인수한다고 볼 것인가의 문제**

  1순위 저당권자, 대항요건을 갖춘 임차인, 2순위 저당권자(2순위 저당권은 없어도 상관없음)가 있는 주택에 관하여 2순위 저당권자나 일반채권자의 신청에 의하여 개시된 경매절차에서 임차인이나 채무자(소유자)가 1순위 저당채무를 변제하게 되면, 매수인(낙찰자)는 1순위 저당권의 존재로 그보다 후순위인 임차권이 소멸하는 것으로 알고 매수신고(응찰)를 하여 낙찰을 받은 것인데, 그 후 매각대금을 납부할 때까지의 사이에 위 변제로 인하여 1순위 저당권이 소멸함으로써 매수인이 뜻하지 않게 임차권을 인수하여야 하는 사태가 발생하는 경우가 있다.

그러면 이러한 경우에 1순위 저당권이 어느 시점까지 소멸하면 임차권이 대항력을 갖게 되어 매수인이 임차권을 인수한다고 볼 것인가를 두고 견해가 대립하나, 판례(대결 98마1031, 대판 2002다70075 등)는 "담보권의 실행을 위한 부동산의 경매절차에 있어, 주택임대차보호법 3조에 정한 대항요건을 갖춘 임차권보다 선순위의 근저당권이 있는 경우에는, 낙찰로 인하여 선순위 근저당권이 소멸하면 그보다 후순위의 임차권도 선순위 근저당권이 확보한 담보가치의 보장을 위하여 그 대항력을 상실하는 것이지만, 낙찰로 인하여 근저당권이 소멸하고 매수인이 소유권을 취득하게 되는 시점인 **매각대금지급기한 이전**에 선순위 근저당권이 다른 사유로 소멸한 경우에는, 대항력 있는 임차권의 존재로 인하여 담보가치의 손상을 받을 선순위 근저당권이 없게 되므로 임차권의 대항력이 소멸하지 아니한다." 고 판시하여 매각대금납부시설을 따르고 있다.

② 주택에 저당권(근저당권)이나 가압류 · 압류 등의 등기가 되어 있지 않은 경우

주택에 저당권이나 가압류 · 압류 등의 등기가 되어 있지 않은 경우에는 경매개시결정에 의한 **압류의 효력**이 발생하기 전까지만 대항요건을 구비하면 임차인은 매수인(낙찰자)에 대하여 자기의 임차권을 대항할 수 있다. 즉 저당권, 가압류, 압류, 담보가등기가 존재하지 않을 경우에 말소기준권리는 경매기입등기가 된다.

☞ 여기서 한 가지 유의할 점은, 경매개시결정에 의한 압류의 효력 발생(경매개시결정 기입등기 : 말소기준권리) 후에 비로소 완료된 저당권, 가압류 또는 압류의 등기 등은 위와 같은 대항력 여부 판정에 있어 아무런 기준이 되지 못한다는 것이다. 그러한 저당권자, 가압류권자 또는 압류권자 등은 이미 경매신청채권자에게 대항할 수 없기 때문이다.

③ 임차인이 전세권등기까지 한 경우 전세권등기가 선순위의 저당권 실행(임의경매)으로 말소된 경우 대항력 상실여부의 판단

주택의 인도와 주민등록에 의하여 대항요건을 구비한 임차인(채권적 전세임차인)이 다시 **전세권등기**를 한 경우에 전세권등기가 선순위의 저당권 실행으로 말소되더라도 **대항요건**을 구비한 시점이 저당권설정등기 일자에 앞서는 한 임차인은 대항력을 상실하지 않는다(대판 93다10552 등). 이 경우의 전세권등기는 채권적 전세의 효력을 강화하려는 데 불과한 것이기 때문이다.
따라서 배당절차에서 전세권에 기하여 전세보증금의 일부를 배당받았다 하더라도 임차인으로서의 나머지 보증금에 관하여는 여전히 대항력이 존속하게 된다(대판 93다39676, 대판 2004다69741 등).

④ **주택의 인도와 주민등록은 대항력 취득의 요건인 동시에 존속요건**
주택의 인도와 주민등록은 대항력 취득의 요건인 동시에 존속요건이기도 하다(대판 2000다37012 등). 따라서 대항력의 취득 후 주민등록을 다른 곳으로 옮기거나 주택을 인도하면 대항력을 상실하기 때문에, 그 후에 설정된 저당권에 기하여 당해 주택을 낙찰 받은 자에 대하여는 대항력을 주장할 수 없다(대판 97다43468).
다만 인도와 주민등록에 의하여 대항력을 취득한 후에 임차권등기(임차권등기명령에 의한 것이든, 임대인과 임차인의 합의에 의한 것이든)를 하면 그 후 주민등록을 다른 곳으로 옮기거나 주택을 인도하더라도 처음 취득하였던 대항력이 계속 유지된다(주보법 3조의3 5항 단서, 3조의4 1항).

⑤ **대항력을 주장하기 위한 대항요건의 존속기한의 문제**
대항력을 주장하기 위한 대항요건은 언제까지 존속하고 있어야 하는가? 이 점을 명백히 판시한 판례는 아직 없으나, 경매절차에서 매수인(낙찰자)에게 대항하기 위하여는 매수인에게 주택의 소유권이 이전되는 시점, 즉 매각대금 납부시 현재 대항요건이 존속하고 있어야 주보법 3조 3항(상보법 3조 2항)이 적용되어 매수인이 임대인의 지위를 승계할 것이기 때문에 **매각대금 납부시까지** 계속 존속하고 있어야 할 것이다.
다만 **우선변제권**의 행사를 위한 대항요건 존속기한에 관하여는 판례(대판 2007다17475 등)가 **배당요구의 종기까지**로 보고 있다.

⑥ **대항력 있는 임차인이 보증금을 전부 배당받아 가는 경우의 담보책임의 문제**
대항력 있는 임차인이 우선변제권을 행사하여 보증금을 전부 배당받아 가는 경우에는 매수인이 임차권의 부담을 승계하지 않으므로 담보책임이 문제될 여지가 없다.

(3) 매수인(낙찰자)이 대항력이 있는 임차인이 존재한다는 사실을 몰랐을 것

- 매수인(낙찰자)이 선의인 이상 선의인 데 과실이 있느냐 여부는 묻지 않는다(대판 63다663). 임차주택을 경매함에 있어서는 임대차의 기간, 차임, 보증금, 주민등록 전입신고일자 등이 매각물건명세서에 기재되어 일반인의 열람에

제공될 뿐만 아니라 매각기일의 공고 내용에 포함되므로(민집법 105조, 106조), 이와 같이 임대차가 공고된 경우에는 매수인이 임차인의 존재를 알고 경매에 참여하는 것이 통상적이다.

- 위와 달리 만일 대항력 있는 임대차가 매각물건명세서 및 매각기일의 공고내용에서 누락(집행관의 임대차조사보고서가 부실한 경우 등에 이런 일이 발생가능)된 채 경매가 진행되어 매각허가결정이 확정되었다면 이때에는 매수인(낙찰자)의 선의가 사실상 추정된다고 할 것이고, 따라서 담보책임의 추궁이 가능할 것이다.

  즉 매각물건명세서 및 매각기일의 공고에 공신력이 있는 것이 아니므로 이를 신뢰한 매수인으로서는 뜻하지 않은 손해를 입게 되는바, 바로 이런 경우에 담보책임에 의하여 매수인을 구제할 수 있다.

- 또한 임차권보다 선순위인 저당권이 이미 소멸하였으나 등기부상 말소되지 않고 그대로 방치된 상태인데, 법원경매계가 이를 모른 채 경매개시결정을 하고, 경매신청서에 첨부된 등기부등본에 의하여 이 선순위 저당권자를 이해관계인으로 취급하여 이를 매각물건명세서에 기재한 경우에도 매수인은 선순위 저당권자가 있어 임차권에 대항력이 없는 것으로 판단하고 낙찰을 받았는데, 사실은 선순위 저당권이 존재하지 않아 임차권이 대항력을 갖는다면 매수인은 그 임차권을 인수해야 하는 불측의 손해를 입게 되므로 그 구제책으로 담보책임의 추궁이 가능할 것이다.

- 나아가 1순위 저당권자➡대항요건을 갖춘 임차인(임차권등기를 한 임차인도 포함)➡2순위 저당권자가 있는 임차주택에 관하여 제2순위 저당권자나 일반채권자의 신청에 의하여 개시된 경매절차에서 1순위 저당권의 존재로 그보다 후순위인 임차권이 소멸하는 것으로 알고 매수신고(응찰)를 하여 낙찰까지 받았는데, 매각대금 납부 전에 1순위 근저당권이 변제 등의 사유로 소멸하면 매수인(낙찰자)이 뜻하지 않게 임차권을 인수하게 되는바, 매수인이 그러한 사실을 알지 못하여 매각대금을 납부한 후에 비로소 그 사실을 알게 되었다면 역시 담보책임의 추궁이 가능하다(대판 2002다70075).

(4) 매각대금의 납부 후 배당이 실시되었을 것

위 (3)에서 본바와 같이 임차권이 소멸하는 것으로 알고 고가로 낙찰 받은 매수인(낙찰자)으로서는 임차보증금반환채무의 인수는 날벼락인 셈인데, 매수인을 구제하는 방법이 문제된다. 이때 매수인은 매각허가결정이 확정되기 전이라면 매각물건명세서 작성의 하자를 이유로 즉시항고를 함으로써 구제 받을 수 있고, 매각허가결정이 확정이 확정된 후 매각대금의 납부 전이면 매각허가결정의 취소신청을 하면 된다(민집법 127조).

위와 같이 매각대금 납부 전에 임차권의 인수 사실을 안 경우에는 민집법 127조 1항에 의하여 매수인이 구제받을 수 있는 길이 있는데, 문제가 되는 것은 매각대금 납부 전에 그 사실을 알지 못하여 매수인이 **매각대금을 납부한 후**에 비로소 그 사실을 알게 되었다면 어떻게 할 것인가이다. 이에 관하여는 다음과 같이 견해(담보책임설, 매각허가결정취소설)가 나뉜다.

① **담보책임설**

매수인(낙찰자)이 부동산의 훼손을 이유로 매각허가결정의 취소를 신청할 수 있는 것은 매각대금 납부 전까지임이 민집법 127조 1항의 규정상 명백하므로 매수인은 민법상의 담보책임의 법리에 의하여 구제받을 수밖에 없다는 견해이다.

② **매각허가결정취소설**

매수인이 매각대금을 납부하였다 하더라도 배당이 실시되기 전까지는 민집법 127조 1항을 유추적용하여 매수인에게 매각허가결정의 취소신청을 인정하여야 한다는 견해이다. 다만 매각(낙찰)의 목적을 달성할 수 없을 정도까지는 아닌 경우(예 임차보증금의 부담을 감수하고라도 경매대상 주택을 취득할 의사가 있는 경우)에는 매각대금의 감액을 신청할 수 있다고 한다.

그리하여 매각허가결정이 취소되면 매수인은 매각대금을 법원경매계로부터 돌려받으면 되고, 매수인 앞으로의 소유권이전등기는 법원경매계의 직권에 의한 촉탁으로 말소하고, 저당권 등 말소되었던 등기들은 역시 법원경매계의 직권에 의한 촉탁으로 회복등기를 함으로써(대판 94다27205) 모든 것이 매각(낙찰) 이전의 단계로 되돌아가 매각기일을 새로 지정하는 등 경매절차를 다시 진행하면 된다는 것이다.

③ **결 론**

경매절차의 안정이라는 측면에서 민집법 127조 1항의 법문상으로는 담보책임설에 의할 수밖에 없을 것이나, 경매에 적용되는 담보책임의 내용은 매수인(낙찰자)이 채무자에 대하여 계약의 해제 또는 대금감액의 청구를 하는 것이고, 그 채무자가 자력이 없는 때에는 그 대금의 배당을 받은 채권자에 대하여 그 대금의 전부나 일부의 반환을 청구하는 것이다(민법 578조).

그런데 채무자는 많은 경우 무자력일 것이므로 매수인(낙찰자)으로 하여금 담보책임의 법리에 의하여 구제받으라고 하는 것은 곧 법원경매계가 채권자들에게 매각대금을 배당할 것이니 매수인은 배당의 실시를 기다렸다가 그 배당금을 다시 회수하라고 하는 것과 다를 바 없다.

그럴 바에는 차라리 매각대금을 아직 배당하기 전까지는 민집법 127조 1항을 유추 적용하여 매수인에게 매각허가결정의 취소신청권을 인정하는 것이 합리적이라 본다. 매수인의 담보책임의 추궁은 최후의 구제수단이므로 경매절차에서 해결할 수 있는 한에서는 그렇게 하는 것이 보다 간명한 권리구제방법일 것이기 때문이다.

④ **관련판례**

이와 관련하여 판례(대결 96그64)는 "소유권에 관한 가등기의 목적이 된 부동산을 낙찰 받아 매각대금까지 납부하여 소유권을 취득한 매수인이 그 뒤 **가등기에 기한 본등기**가 완료됨으로써 일단 취득한 소유권을 상실하게 된 때에는 매각으로 인하여 소유권의 이전이 불가능하였던 것이 아니므로 민사집행법 96조에 따라 집행법원(법원경매계)으로부터 그 경매절차의 취소결정을 받아 납부한 매각대금을 반환받을 수는 없다고 할 것이나, 이는 매매의 목적 부동산에 설정된 저당권 또는 전세권의 행사로 인하여 매수인이 취득한 소유권을 상실한 경우와 유사하므로 민법 578조, 576조를 유추적용하여 **담보책임**을 추급할 수는 있다고 할 것인바, 이러한 담보책임은 매수인이 경매절차 밖에서 별소에 의하여 채무자 또는 채권자를 상대로 추급하는 것이 원칙이라고 할 것이나 아직 **배당이 실시되기 전**이라면, 이러한 때에도 매수인으로 하여금 배당이 실시되는 것을 기다렸다가 경매절차 밖에서 별소에 의하여 담보책임을 추급하게 하는 것은 가혹하므로, 이 경우 매수인은 민사집행법 96조를 유추적용하여 집행법원(법원경매계)에 대하여 경매에 의한 매매계약을 해제하고 납부한 **매각대금의 반환**을 청구하는 방법으로 담보책임을 추급할 수 있다."고 판시 하였는바, 이 판례는 유추적용하는 법조문으로 민집법 127조 1항이 아닌 민집법 96조를 들고 있는 것만 다를 뿐 배당이 실시되기 전에는 매각허가결정의 취소에 의할 것이라는 점에서 매각허가결정취소설과 궤도를 같이하는 것으로 보인다.

⑤ 결국 매수인(낙찰자)의 구제를 위한 담보책임의 법리가 적용되는 것은 배당이 실시된 후만으로 국한된다.

3. 담보책임의 효과

선의의 매수인(낙찰자)은 채무자에게 계약의 해제, 대금의 감액을 청구할 수 있고(민법 578조 1항), 채무자가 무자력일 때에는 매각대금을 배당받은 채권자에 대하여 그 대금의 전부 또는 일부의 반환을 청구할 수 있으며(동조 2항), 채무자가 대항력 있는 임대차의 존재를 알고 고지하지 않거나 채권자가 이를 알고 경매를 청구한 때에는 그 사실을 알고 있던 채무자나 경매신청채권자에 대하여 손해배상을 청구할 수 있다(동조 3항). 다만 이러한 권리는 매수인(낙찰자)가 대항력 있는 임차권의 존재 사실을 안 날로부터 1년 내에 행사하여야 한다(민법 578조 1항, 575조 3항).

---

3. 우선변제권

(1) 우선변제권의 의의와 법적 성질 등

① 우선변제권이란?

우선변제권이란 특정채권자가 채무자의 전재산 또는 특정재산으로부터 다른 채권자보다 우선하여 채권의 변제(만족)를 받을 수 있는 권능 내지 효력을 말한다.

② 법적 성질

• **법정담보물권이다.**

주보법 3조의2 2항에서 규정하고 있는 임차보증금의 우선변제권은 담보목적을 위하여 임차주택을 직접 지배할 수 있다는 의미에서 물권성을 가지고, 다른 경합채권에 대하여 우선권을 갖는다는 면에서 배타성을 지닌 법정담보물권이다(대판 92다30597, 대판 2001다66291).

판례 1. 주택임대차보호법 제3조의2 제1항은 대항요건(주택인도와 주민등록전입신고)과 임대차계약증서상의 확정일자를 갖춘 주택임차인은 후순위권리자 기타 일반채권자보다 우선하여 보증금을 변제받을 권리가 있음을 규정하고 있는바, 이는 임대차계약증서에 확정일자를 갖춘 경우에는 부동산 담보권에 유사한 권리를 인정한다는 취지이다(대판 1992. 10.13. 92다30597).

2. 주택임대차보호법 제8조에 규정된 소액보증금반환청구권은 임차목적 주택에 대하여 저당권에 의하여 담보된 채권, 조세 등에 우선하여 변제받을 수 있는 이른바 법정담보물권이다(대판 2003.9.5. 2001다66291).

• **공시방법의 불완전성**

임차보증금의 우선변제권은 공시방법으로 주택인도와 주민등록을 요구하는 점에서 등기를 요건으로 하는 저당권 등 약정담보물권과 비교하여 공시방법이 불완전하다.

• **물권으로서의 불완전성**

임차보증금의 우선변제권은 경매 등에 참가하여 우선변제권을 주장할 수 있을 뿐 직접 임차목적물에 대한 경매신청권이 없으므로 물권으로서의 불완전성을 가지고 있다.

- **특정목적물에 대한 우선특권이다.**

  임차보증금의 우선변제권은 임차주택 및 그 대지라는 특정목적물에 한정적으로만 인정되고 채무자의 다른 재산에 대하여는 인정되지 않는다.

③ 우선변제권의 인정 범위 등

임차인의 우선변제권은 경매와 공매에서만 인정되고, 확정일자를 갖춘 임차인은 부동산담보권에 유사한 권리를 취득한다. 이러한 우선변제권은 대항력과 마찬가지로 배당요구의 종기까지 계속하여 대항요건을 구비하고 있어야 인정된다.

④ 확정일자임차인과 소액임차인의 우선변제권 인정을 위한 대항요건의 취득시기

소액임차인은 경매기입등기 **전**까지 대항요건을 갖추어야 우선변제권이 인정되나, **확정일자임차인**은 경매기입등기 **후**에 대항요건을 갖추어도 우선변제권을 가지는 것으로 해석되며, 소액임차인이 확정일자를 갖춘 경우에는 양 지위를 겸하게 되므로 우선변제의 순위도 그에 따라 결정된다.

판례 주택임대차보호법상 대항요건과 확정일자를 갖춘 임차인들이 소액임차인의 지위를 겸하는 경우, 그 배당방법

주택임대차보호법 제3조의2 제2항은 대항요건(주택인도와 주민등록전입신고)과 임대차계약증서상의 확정일자를 갖춘 주택임차인에게 부동산 담보권에 유사한 권리를 인정한다는 취지로서, 이에 따라 대항요건과 확정일자를 갖춘 임차인들 상호간에는 대항요건과 확정일자를 최종적으로 갖춘 순서대로 우선변제받을 순위를 정하게 되므로 만일 대항요건과 확정일자를 갖춘 임차인들이 주택임대차보호법 제8조 제1항에 의하여 보증금 중 일정액의 보호를 받는 소액임차인의 지위를 겸하는 경우, 먼저 소액임차인으로서 보호받는 일정액을 우선 배당하고 난 후의 나머지 임차보증금채권액에 대하여는 대항요건과 확정일자를 갖춘 임차인으로서의 순위에 따라 배당을 하여야 하는 것이다(대판 2007.11.15. 2007다45562)

(2) 확정일자임차인의 우선변제권

1) 규 정

주택인도와 **주민등록**이라는 요건과 임대차계약증서상의 **확정일자**를 갖춘 임차인은 민사집행법에 의한 경매 또는 국세징수법에 의한 공매시 임차주택(대지를 포함함)의 환가대금에서 후순위권리자 기타 채권자보다 우선하여 보증금을 변제받을 권리가 있다(주보법 3조의2 2항). 그리고 임차인은 임차주택을 양수인에게 인도하지 아니하면 위 규정에 의한 보증금을 수령할 수 없다(동조 3항). 위 규정에 의한 우선변제의 순위와 보증금에 대하여 이의가 있는 이해관계인은 경매법원 또는 체납처분청에 이의를 신청할 수 있다(동조 4항).

2) 확정일자임차인의 우선변제권의 요건

① 주보법 3조 1항의 **대항요건**을 갖출 것

☞ 소액보증금 최우선변제권의 경우와는 달리 첫 경매개시결정등기 전에 대항요건을 갖추어야 할 필요는 없고, 첫 경매개시결정등기 **이후**에 갖추어도 된다.

② 임대차계약서에 **확정일자**를 갖출 것

③ 배당요구의 종기까지 **배당요구**를 하였을 것

☞ 확정일자임차인이 경매절차에서 배당을 받으려면 반드시 배당요구의 종기까지 배당요구를 하여야 한다.

④ 배당요구의 종기까지 **대항력을 유지**할 것.

실전사례

[사례 1]

Q 甲은 주택을 임차하여 입주 및 주민등록을 마치고 계약서에 확정일자까지 받았다. 그런데 그 후 임차주택에 대한 경매가 개시되자 甲은 배당요구를 한 후 배당요구종기 이전에 자녀들의 진학 편의를 위하여 다른 곳으로 주민등록을 옮겼다. 위와 같은 경우에 주민등록을 전출하였기 때문에 확정일자부 임차인이라도 우선변제를 받을 수 없는 것인지?

A 위 사례는 확정일자부 임차인이 배당요구 후 배당요구종기 전에 주민등록을 다른 곳으로 이전한 경우 우선변제를 받을 수 있는지를 물어보는 경우이다. 甲처럼 배당요구종기 이전에 주민등록을 다른 곳으로 이전한 경우에는 우선변제를 받을 수 없게 된다. 그 이유는 확정일자부 임차인으로서 경매절차상 배당요구를 하였더라도 우선변제를 받기 위하여는 주택의 점유와 주민등록을 **배당요구종기**까지(배당요구종기가 연기된 경우에는 그때까지) 계속 갖추고 있어야 하기 때문이다. 이것은 소액임차인의 경우에도 마찬가지이다.

[사례 2]

Q 甲은 2008. 2. 1. 임차보증금 8,000만원, 임차기간을 2년으로 하는 주택임대차계약을 체결하고 입주한 후 2008. 2. 25. 전입신고를 마치고 같은 날 확정일자도 받았다. 그런데 위 주택에 2008. 3. 3. 채권최고액 1억원의 근저당권이 설정되었고 그 근저당권에 따른 경매절차가 개시되어 2009. 12. 10. 매각되었다. 그런데 甲은 배당요구종기가 경과한 후에야 비로소 법원경매계에 배당요구를 하였는데, 위 8,000만원의 임차보증금에 대하여 우선변제를 받을 수 있는지?

A 위 사안은 대항력 있는 확정일자부 임차인이 배당요구종기가 지난 이후에야 배당요구를 하였을 때 우선변제를 받을 수 있는지의 여부를 물어보는 경우이다. 배당요구는 배당요구종기까지 하여야 하므로 甲은 우선변제를 받을 수 없다. 다만 甲은 말소기준권리인 근저당권설정등기 전에 대항요건을 구비하여 매수인(낙찰자)에게 임차권을 대항할 수 있기 때문에 매수인으로부터 보증금을 반환받을 때까지는 임차주택을 비워 주지 않아도 된다.

3) 확정일자

① 확정일자의 의미

확정일자란 어떤 증서에 관하여 그 작성한 일자에 관한 완전한 증거가 될 수 있는 것으로 법률상 인정되는 일자로서 당사자가 나중에 임의로 변경하는 것이 불가능한 확정된 일자를 가리킨다. 또 확정일자 있는 증서란 위와 같은 일자가 있는 증서로서 민법 부칙 3조 소정의 증서를 말하고, 확정일자는 동 부칙에 의하여 부여한다(대판 98다28879).

☞ 민법 부칙 3조에 의하면 공증인 또는 법원서기의 확정일자인 있는 사문서는 그 작성일자에 대한 공증력이 있고(1항), 공정증서에 기입한 일자 또는 공무소에서 사문서에 어느 사항을 증명하고 기입한 일자는 확정일자로 한다(4항).

② 확정일자의 기능

확정일자의 요건을 갖추도록 규정한 것은 당해 임대차의 존재사실을 제3자에게 공시하고자 하는 것이 아니라, 임대인과 임차인 사이의 담합으로 임차보증금의 액수를 사후에 변경하는 것을 방지하고자 하는 것이다.

③ 확정일자로 보는 경우

법무법인이 사서증서인 임대차계약서에 대하여 공증인법의 규정에 따라 사서증서 인증절차를 마쳤다면 그 **인증일자**가 곧 확정일자이고(대판 98다28879), 주택에 관하여 임대차계약을 체결한 임차인이 자신의 지위를 강화하기 위한 방편으로 따로 전세권설정계약서를 작성하고 전세권설정등기를 한 경우 양자의 동일성을 인정할 수 있다면 그 전세권설정계약서를 임대차계약서로 볼 수 있고, 전세권설정계약서가 첨부된 **등기필증에 날인된 접수인**은 주보법 소정의 **확정일자**에 해당한다(대판 2001다51725).

참고로 주택임차인이 그 지위를 강화하고자 별도로 **전세권설정등기**를 마치더라도 주택임차인이 주보법 3조 1항의 **대항요건**을 상실하면 이미 취득한 주보법상의 대항력 및 우선변제권을 상실한다(대판 2004다69741).

※ **주택임대차계약서에 확정일자를 갖추는 방법**
- 공증기관(공증인사무소, 법무법인 또는 공증인가 합동법률사무소)에서 임대차계약서를 공정증서로 작성하는 방법
- 사문서로 된 임대차계약서에 위 공증기관에서 확정일자를 찍어주는 방법
- 사문서로 된 임대차계약서에 법원이나 등기소, 읍 · 면 · 동사무소의 공무원이 확정일자를 찍어주는 방법

※ 주보법과는 달리 상보법상의 확정일자는 '**관할세무서장**'으로부터 받아야 한다(상보법 5조 2항).

④ 임차인이 임대차계약서를 분실 · 멸실한 경우의 입증방법

실무를 담당하다 보면 임차인이 임대차계약서를 분실하는 경우가 많은데, 확정일자를 받은 사실은 반드시 임대차계약서로만 입증해야 하는 것은 아니고 공정증서대장 등 다른 방법으로도 입증이 가능하다.

즉 확정일자를 받아 우선변제권을 취득한 임차인이 나중에 그 임대차계약서를 분실하거나 그 임대차계약서가 멸실되었다고 하여 우선변제권이 소멸된다고는 볼 수 없고(대판 96다12474), 임차인이 분실 등의 사정으로 법원경매계에 배당요구의 과정에서 확정일자를 부여 받은 임대차계약서를 제출하지 못하더라도 다른 사정에 의하여 확정일자를 부여받은 사실이 입증된다면 우선변제권의 주장에는 문제가 없다.

따라서 임차인이 임대차계약서를 제출할 수 없는 경우에는 당초 확정일자를 부여받은 지방법원 등기과, 등기소, 읍 · 면 · 동사무소, 공증인사무소, 법무법인 또는 공증인가 합동법률사무소 등에서 확정일자부 또는 확정일자발급대장 사본을 교부받고, 부동산중개업소에 보관중인 임대차계약서 부본을 교부받아 법원경매계에 제출하는 등의 방법으로 우선변제권을 소명하면 된다.

만일 임대차계약서 사본마저도 없어 임차보증금의 액수를 특정할 수 없는 경우에는 대신 계약서 원본의 분실신고접수증(파출소나 경찰서)이나 보증인의 인우보증서와 계약 당시 지불방법, 내역(예 무통장입금증 등)에 대하여 소명자료를 같이 제출하면 된다.

⑤ 임대차계약서가 아닌 곳에 확정일자를 부여받은 경우의 효력

임차인이 임차보증금의 지급 후 임대인으로부터 받은 영수증이나 현금보관증은 임대차관계를 특정할 수 있는 임대차계약증서라고 할 수 없으므로 그곳에 확정일자를 받아도 우선변제권은 발생하지 않는다. 다시 말하면 반드시 **임대차계약서**에 확정일자를 받아야만 우선변제권의 효력이 있다.

4) 우선변제권의 발생시기

① 확정일자를 입주 · 전입신고일과 같은 날 또는 그 이전에 갖춘 경우

주택의 임차인이 주택의 인도와 주민등록을 마친 당일 또는 그 이전에 임대차계약증서상에 확정일자를 갖춘 경우의 우선변제권은 대항력과 마찬가지로 주택의 인도와

주민등록을 마친 **다음날**을 기준으로 발생한다(대판 98다26002). 예컨대 2009. 5. 20. 임대차계약, 2009. 6. 19. 입주, 2009. 6. 26. 전입신고 및 확정일자, 같은 날인 2009. 6. 26. 근저당설정등기를 한 경우에 임차인의 우선변제권은 2009. 6. 27.을 기준으로 발생한다.

② **대항요건을 갖춘 후에 확정일자를 갖춘 경우**

대항요건을 먼저 갖추고 나서 확정일자를 받은 경우에는 **확정일자일**을 기준으로 다른 우선변제청구권자와 우선순위를 가린다. 예컨대 2009. 5. 20. 임대차계약, 2009. 6. 19. 입주 및 전입신고, 2009. 7. 3. 확정일자를 받은 경우에 임차인의 우선변제권은 2009. 7. 3.을 기준으로 발생한다.

5) 임차인이 우선변제권을 갖춘 경우의 배당순위

확정일자를 갖춘 임차인은 후순위권리자 그 밖의 일반채권자보다 우선하여 보증금을 변제받을 권리가 있는바, 이는 배당절차에 있어 확정일자를 갖춘 임차인은 저당권 등 담보물권자와 유사한 지위를 갖는다는 의미이다. 따라서 확정일자를 갖춘 임차인이 여러 명 있고 이들이 모두 저당권자에 우선하는 경우에는 각 임차인별로 우선변제권을 인정하되, 그들 상호간에는 대항력 및 확정일자를 **최종적**으로 갖춘 순서대로 우열관계를 정하게 된다(대판 92다30597).

6) 임대차의 종료가 보증금의 우선변제청구의 요건인지 여부

주보법 3조의5는 "임차권은 임차주택에 대하여 민사집행법에 따른 경매가 행하여진 경우에는 그 임차주택의 경락에 따라 소멸한다. 다만 보증금이 모두 변제되지 아니한 대항력이 있는 임차권은 그러하지 아니하다."라고 규정하여 **소멸주의** 원칙을 택하고 있다. 따라서 우선변제권 행사에 있어서 임대차의 종료여부를 묻지 않고 경매에서 우선변제권이 있는 주택임차인에게 배당을 하게 된다.

7) 다른 채권자와의 배당사례

① **가압류권자와 주택임차권**

㉠ **권리관계 [가압류 ➡ 임차권]**

[서울 기준, 배당금액 8,000만원]

배당순위	권리내용 및 권리자	원인(설정)일자	배 당 액
1	가압류(甲) 4,000만원	2008. 2. 10.	35,555,555원

1	임차권(乙) 5,000만원 (배당요구)	2008. 5. 2. (확정일자)	44,444,445원

말소기준권리는 甲의 가압류이다. 가압류권은 채권보전효력이 있으나 피보전채권에 대한 우선변제권이 없고, 가압류 후 대항력을 갖는 확정일자부 임차인은 담보권에 유사한 권리가 인정된다. 따라서 확정일자부 임차권이 가압류권보다 선순위이면 임차보증금은 가압류권자보다 우선하여 배당받게 되나, 임차권이 가압류권보다 후순위이면 가압류권자에게는 우선권을 주장할 수 없고 보증금채권과 가압류의 피보전채권은 동순위로 **안분배당**하게 된다. 안분배당식은 앞에서 설명했듯이 배당재단(배당금액) × 자기 채권액의 합계 ÷ 총채권액이다.

계산하여 보면 가압류권자 甲은 35,555,555원을, 확정일자부 임차인 乙은 44,444,445원을 각 배당받게 된다. 참고적으로 2008. 8. 21.부터는 서울시의 경우 소액임차인의 최우선변제액이 6,000만원 이하 임차인 중 2,000만원까지로 상향 조정되었음에 유의한다.

- **가압류권자(甲)** : 배당재단(8,000만원) × 4,000만원 / 9,000만원 = 35,555,555원
- **확정일자부 임차권자(乙)** : 배당재단(8,000만원) × 5,000만원 / 9,000만원 = 44,444,445원(반올림)

판례 대판 1992. 10. 13. 92다30597

[1] 주택임대차보호법 제3조의2 제2항의 규정취지 및 같은 규정에 의하여 우선변제권을 갖는 임차보증금채권자와 선순위의 가압류채권자와의 배당관계(= 평등배당)

주택임대차보호법 제3조의2 제2항은 **대항요건**(주택인도와 주민등록전입신고)과 임대차계약증서상의 **확정일자**를 갖춘 주택임차인은 후순위권리자 기타 일반채권자보다 우선하여 보증금을 변제받을 권리가 있음을 규정하고 있는바, 이는 임대차계약증서에 확정일자를 갖춘 경우에는 부동산 담보권에 유사한 권리를 인정한다는 취지이므로 부동산 담보권자보다 선순위의 가압류채권자가 있는 경우에 그 담보권자가 선순위의 가압류채권자와 채권액에 비례한 평등배당을 받을 수 있는 것과 마찬가지로 위 규정에 의하여 우선변제권을 갖게 되는 임차보증금채권자도 선순위의 가압류채권자와는 **평등배당**의 관계에 있게 된다.

[2] 가압류채권자가 주택임차인보다 선순위인지 여부의 판단기준(= 확정일자부여일)

가압류채권자가 주택임차인보다 선순위인지 여부는 주택임대차보호법 제3조의 2의 법문상 임차인이 확정일자 부여에 의하여 비로소 우선변제권을 가지는 것으로 규정하고 있음에 비추어, 임대차계약증서상의 **확정일자 부여일**을 기준으로 삼는 것으로 해석함이 타당하므로 대항요건을 미리 갖추었다고 하더라도 **확정일자를 부여받은 날짜**(확정일자 부여일)가 가압류일자보다 늦은 경우에는 가압류채권자가 선순위라고 볼 수밖에 없다.

실전사례

Q 甲은 가압류등기가 된 주택을 임차하여 입주한 후 주민등록을 마쳤다. 그런데 그 후 가압류채권자가 본안소송에서 승소판결을 받아 임차주택에 관한 강제경매신청을 하였다. 이때 임차인 甲은 그 경매절차에서 임차주택을 매수한(낙찰받은) 乙에게 대항할 수 있는지?

A 甲은 매수인(낙찰자) 乙에게 대항할 수 없다. 왜냐하면 甲이 가압류등기시보다 나중에 대항요건을 갖춘 이상 매수인에게 대항할 수 없기 때문이다. 다만 甲이 확정일자를 갖추었다면 선순위 가압류채권자보다 우선변제를 받을 수는 없지만, 위 배당사례에서 보았듯이 채권액에 비례하여 가압류와 동순위로 안분배당(평등배당)을 받게 된다.

㉡ 가압류 ➡ 임차권 ➡ 가압류

[서울 기준, 배당금액 6,000만원]

배당순위	권리내용 및 권리자	원인(설정)일자	배당액
1	가압류(甲) 3,000만원	2008. 2. 10.	1,800만원
1	임차권(乙) 5,000만원 (배당요구)	2008. 5. 2. (확정일자)	4,200만원
1	가압류(丙) 2,000만원	2008. 8. 18.	0원(없음)

먼저 말소기준권리는 甲의 가압류이다. 乙의 임차권은 소액보증금이 아니므로 최우선변제의 대상이 아니다. 가압류권자 甲은 확정일자부 임차권자 乙 및 가압류권자 丙과 동순위이고, 乙은 甲과는 동순위이지만 丙보다는 우선한다. 丙은 채권평등의 원칙에 의하여 甲과는 동순위가 되나 확정일자부 임차인은 담보권에 유사한 권리가 인정되므로 乙에 대하여는 배당에서 뒤진다. 결론적으로 채권이 물권보다 빠른 권리관계가 되었으므로 1차적으로 **안분배당**을 하고 2차적으로 **안분 후 흡수배당**을 하게 된다.

- 1차 - 안분배당
  - **가압류권자(甲)** : 배당재단(6,000만원) × 3,000만원 / 1억원 = 1,800만원
  - **확정일자부 임차권자(乙)** : 배당재단(6,000만원) × 5,000만원 / 1억원 = 3,000만원
  - **가압류권자(丙)** : 배당재단(6,000만원) × 2,000만원 / 1억원 = 1,200만원

- 2차 - 안분 후 흡수배당
  - **가압류권자 甲 · 丙** : 가압류권자 甲과 丙은 누구에게도 우선하지 못하므로 흡수하는 액이 없다. 결국 甲은 확정일자부 임차권자 乙보다 가압류설정일이 빠르므로 1차 안분배당액 1,800만원을 그대로 배당받고, 가압류권자 丙은 확정일자부 임차권자 乙의 부족한 배당금을 만족시키기 위하여 1차 안분배당액 1,200만원을 모두 乙에게 흡수당하였으므로 배당액은 0원이 된다.
  - **확정일자부 임차권자(乙)** : 확정일자부 임차권자 乙은 1차 안분배당액(3,000만원)이 자기 청구채권액(5,000만원)에 못 미치므로 후순위 가압류권자인 丙의 1차 안분배당액 1,200만원을 전부 흡수하여 빼앗아 온다. 결국 乙은 자기의 1차 안분배당액 3,000만원과 빼앗아 온 丙의 1차 안분배당액 1,200만원을 합쳐 4,200만원을 최종적으로 배당받게 된다.

ⓒ 임차권(대항력) ➡ 가압류 ➡ 임차권(확정일자)

[서울 기준, 배당금액 6,000만원]

배당순위	권리내용 및 권리자	원인(설정)일자	배당액
	임차권(甲) 5,000만원 (대항력)	2008. 2. 10.	
1	가압류(乙) 4,000만원	2008. 5. 2.	26,666,667원
1	임차권(甲) 5,000만원 (배당요구)	2008. 8. 18. (확정일자)	33,333,333원

먼저 말소기준권리는 乙의 가압류이다. 임차권자 甲은 가압류보다 먼저 대항력을 갖추었지만 확정일자의 부여일이 가압류보다 늦어 배당에 있어서 가압류가 선순위가 되므로 가압류와는 안분배당을 하게 된다. 甲의 임차권은 소액보증금이 아니므로 최우선변제의 대상이 아니다. 위 권리관계에서 임차권자 甲은 배당요구를 하였지만 가압류와의 안분배당결과 임차보증금을 전부 회수할 수 없게 되나, 가압류보다 먼저 대항력을 갖추었기 때문에 배당을 못 받은 16,666,667원(50,000,000원 − 33,333,333)에 대하여는 매수인(낙찰자)에게 임차권을 주장할 수 있는 것이다. 안분배당을 하면 다음과 같다.

- **가압류권자(乙)** : 배당재단(6,000만원) × 4,000만원 / 9,000만원 = 26,666,667원 (반올림)
- **확정일자부 임차권자(甲)** : 배당재단(6,000만원) × 5,000만원 / 9,000만원 = 33,333, 333원

② (근)저당권자와 주택임차권

확정일자부 임차권과 저당권과의 우선변제순위는 확정일자와 등기실행일(등기소 접수일)을 기준하여 판단한다. 다만 확정일자부 임차권의 우선변제적 효력 판단에 있어서는 대항요건과 확정일자를 갖춘 시기에 따라 차이가 있다.

즉 임차인이 대항요건이 갖추어진 후에 확정일자를 받은 경우에는 **확정일자**를 기준으로 판단하나, 확정일자를 대항요건 취득 전에 받은 경우에는 임차권의 **대항요건 효력 발생일**(다음날 0시)을 기준으로 저당권과의 우선순위가 정하여진다. 이해를 돕기 위하여 정리해보면 다음과 같다.

[사례 1] 우선변제권의 발생시점이 (근)저당권보다 빠른 경우

(근)저당권등기	주택의 인도	전입신고	확정일자
2009. 5. 22.	2009. 4. 2.	2009. 4. 2.	2009. 4. 2.

이 경우 확정일자부 임차인의 우선변제적 효력은 대항요건 효력 발생일인 2009. 4. 3. 발생하게 되므로 이보다 더 늦은 (근)저당권에 우선하여 대항력이 있고 보증금의 배당도 (근)저당권자보다 우선하여 배당받게 된다.

[사례 2] 대항요건 취득일 = 확정일자 취득일 = (근)저당권 설정일이 모두 동일한 경우

(근)저당권등기	주택의 인도	전입신고	확정일자
2009. 4. 2.	2009. 4. 2.	2009. 4. 2.	2009. 4. 2.

위 사례의 경우에 확정일자의 효력은 2009. 4. 2.부터 발생하나 임차인의 우선변제적 효력은 다음날인 2009. 4. 3. 오전 0시를 기준으로 발생하므로 (근)저당권이 임차권보다 우선하여 배당순위도 앞서게 된다.

[사례 3] 우선변제권의 발생시점이 (근)저당권보다 뒤진 경우

(근)저당권등기	주택의 인도	전입신고	확정일자
2009. 4. 17.	2009. 4. 10.	2009. 4. 2.	2009. 5. 5.

위 사례의 경우에 임차인이 전입신고를 주택의 인도 전에 마쳤으므로 주택인도시인 2009. 4. 10.에 임차권의 대항력이 발생하고, 이후 확정일자를 2009. 5. 5.에 받았으므로 우선변제적 효력의 발생시점도 2009. 5. 5.을 기준으로 한다. 따라서 대항력은

(근)저당권보다 앞서나 우선변제적 효력의 발생시점이 뒤져 배당순위에서는 (근)저당권이 앞서게 된다(소액보증금의 배당은 별론으로 함).

[사례 4] 우선변제권의 발생시점이 (근)저당권과 동일한 경우

(근)저당권등기	주택의 인도	전입신고	확정일자
2009. 5. 15.	2009. 4. 2.	2009. 4. 10.	2009. 5. 15.

위 사례의 경우에 임차권은 (근)저당권에 우선하는 선순위 권리로 대항력은 있으나 확정일자와 (근)저당권등기가 같은 날에 이루어졌으므로 임차인의 우선변제적 효력의 발생시점은 2009. 5. 15. 기준이 되고, 배당에 있어서는 (근)저당권과 동순위로 **안분**하여 우선변제를 받게 된다.

㉠ 권리관계 [근저당 ➡ 임차권 ➡ 근저당]

[서울 기준, 배당금액 6,000만원]

배당순위	권리내용 및 권리자	원인(설정)일자	배 당 액
1	근저당(甲) 3,000만원	2008. 2. 11.	3,000만원
2	임차권(乙) 5,000만원 (배당요구)	2008. 5. 2. (확정일자)	3,000만원
3	근저당(丙) 5,000만원	2008. 8. 18.	0원

말소기준권리는 甲의 근저당권이고 甲, 乙, 丙 모두 물권이므로 원인일자의 시간순에 따른 순서 배당을 받게 된다. 따라서 1순위인 근저당권자 甲에게 청구금액 전부인 3,000만원을, 2순위인 확정일자 있는 임차권자 乙에게 1순위권자 甲이 배당받아 가고 남은 3,000만원을, 3순위자인 근저당권자 丙은 배당잔액이 없으므로 배당액은 0원이 된다.

㉡ 권리관계 [임차권 ➡ 근저당 ➡ 임차권]

[서울 기준, 배당금액 7,000만원]

배당순위	권리내용 및 권리자	원인(설정)일자	배 당 액
2	임차권(甲) 5,000만원	2008. 2. 11.	4,000만원

	(배당요구)	(전입신고+확정일자)	
1	근저당(乙) 3,000만원	2008. 2. 11.	3,000만원
3	임차권(丙) 6,000만원 (배당요구)	2008. 8. 18. (확정일자)	0원

말소기준권리는 乙의 근저당권이다. 위 권리관계를 보면 임차권자 甲이 확정일자를 갖춘 날은 2. 11.로 근저당권설정일과 동일하지만 甲의 임차권의 대항력은 2. 12. 발생하므로 우선변제권이 근저당권자 乙보다 뒤지게 되고(대판 98다26002), 배당의 방법은 순서배당에 의한다.

따라서 1순위로 근저당권자 乙에게 청구 금액 전부인 3,000만원을 배당하고, 2순위로 남은 금액 4,000만원을 임차권자 甲에게 배당하게 된다. 확정일자부 임차권자 사이에서는 확정일자의 취득순서에 의하여 우열이 정해지므로 임차권자 丙의 배당액은 0원이 된다.

또한 임차권자 甲이 자기 보증금 5,000만원 중 4,000만원(부족분 1,000만원) 밖에 배당받지 못하였더라도 말소기준권리인 乙의 근저당권에 뒤져 대항력이 없으므로 매수인(낙찰자)에게 인수되지 않고 소멸한다.

ⓒ 권리관계 [근저당 ➡ 임차권 ➡ 가압류 ➡ 임차권]

[서울 기준, 배당금액 6,000만원]

배당순위	권리내용 및 권리자	원인(설정)일자	배 당 액
1	근저당(甲) 3,000만원	2008. 2. 11.	3,000만원
	임차권(乙) 5,000만원	2008. 3. 5. (전입신고)	
2	가압류(丙) 3,000만원	2008. 3. 18.	1,125만원
2	임차권(乙) 5,000만원 (배당요구)	2008. 4. 2. (확정일자)	1,875만원

말소기준권리는 甲의 근저당권이다. 甲의 근저당권보다 빠른 권리가 없으므로 甲은 먼저 1순위로 배당을 받게 된다. 임차권과 가압류는 임차권이 대항력과 확정일자를 갖춘 날짜와 가압류설정일을 기준으로 우열을 정하므로 임차권자 乙이 먼저 대항력을 갖추었다 하더라도 가압류설정일보다 나중에 확정일자를 취

득하였으므로 확정일자에 의한 우선변제권으로 가압류권자 丙에게 대항할 수 없다(대판 92다30597). 결국 근저당권자 甲에게 청구금액 전부인 3,000만원을 우선배당하고 남은 3,000만원을 가지고 가압류권자와 임차권자가 안분배당을 받게 된다.

- **가압류권자(丙)** : 배당재단(3,000만원) × 3,000만원 / 8,000만원 = 1,125만원
- **임차권자(乙)** : 배당재단(3,000만원) × 5,000만원 / 8,000만원 = 1,875만원

③ 조세와 주택임차권

㉠ 권리관계[임차권 ➟ 당해세 ➟ 근저당]

[서울 기준, 배당금액 6,000만원]

배당순위	권리내용 및 권리자	원인(설정)일자	배 당 액
2	임차권(甲) 5,000만원 (배당요구)	2008. 2. 11. (전입신고+확정일자)	5,000만원
1	당해세(乙) 500만원 (교부청구)	2008. 5. 8. (법정기일)	500만원
3	근저당(丙) 5,000만원	2008. 8. 18.	500만원

먼저 말소기준권리는 丙의 근저당권이다. 조세인 당해세는 원칙적으로 법정기일에 불구하고 근저당권 등의 담보물권에 우선한다. 즉 임차권자 甲의 확정일자가 조세권자 乙의 법정기일보다 빠르지만 배당순위에서는 당해세보다 후순위이다. 따라서 조세채권자 乙이 1순위로 500만원을 배당받고, 2순위로 근저당권설정일보다 더 빠른 임차권자 甲이 보증금 전액인 5,000만원을 배당받게 된다. 3순위로 근저당권자 丙에게는 甲과 乙이 배당받아 가고 남은 500만원이 배당된다.

㉡ 권리관계[임차권 ➟ 당해세 아닌 조세 ➟ 근저당]

[서울 기준, 배당금액 6,000만원]

배당순위	권리내용 및 권리자	원인(설정)일자	배 당 액
1	임차권(甲) 5,000만원 (배당요구)	2008. 2. 11. (전입신고+확정일자)	5,000만원
2	당해세 아닌 조세(乙) 500만원 (교부청구)	2008. 5. 8. (법정기일)	500만원

3	근저당(丙) 5,000만원	2008. 8. 18.	500만원

말소기준권리는 丙의 근저당권이다. 당해세 아닌 조세채권자와 확정일자부 임차인과의 사이에서는 **법정기일**과 **확정일자**의 선후에 의하여 그 우열을 정하게 되므로, 위 권리관계에서 보듯이 확정일자가 법정기일보다 빨라 임차권자가 조세채권자보다 우선한다. 또한 당해세 아닌 조세채권자와 근저당권자 사이에서는 **법정기일**과 **근저당권설정일**의 선후에 의하여 그 우열을 정하게 되므로 조세채권자가 근저당권자에게 우선한다.

따라서 1순위로 임차권자 甲에게 5,000만원 전액을, 2순위로 조세채권자 乙에게 500만원을 배당하고, 3순위로 남은 500만원을 근저당권자 丙에게 배당한다.

④ **확정일자부 임차권의 상호관계**

확정일자부 임차권의 상호 간 순위에 있어서는 대항요건과 확정일자를 최종적으로 취득한 시점을 기준으로 우선변제권의 우열을 가려야 한다.

(3) 소액임차인의 우선변제권

1) 소액임차인의 의의 등

① **소액임차인의 의의**

소액임차인이란 보증금이 2008. 8. 21. 현재 ① 수도권정비계획법에 의한 수도권(서울특별시, 인천광역시 및 경기도 일원의 지역 : 수도권정비계획법 2조 1호, 동법 시행령 2조) 중 과밀억제권역(인구 및 산업이 과도하게 집중되었거나 집중될 우려가 있어 그 이전 또는 정비가 필요한 지역 : 수도권정비계획법 6조 1항 1호, 범위는 동법 시행령 9조 별표 1 참조)에서는 6,000만원 이하, ② 광역시(군지역과 인천광역시 지역을 제외)에서는 5,000만원, ③ 그 밖의 지역에서는 4,000만원 이하인 임차인(2인 이상의 임차인이 가정공동생활시 이들의 보증금을 합산하여 계산)을 말한다. 소액임차인의 경우 주보법 8조에 따라 보증금 중 일정액을 보호받게 된다.

② **전차인도 소액임차인에 해당하는지?**

전대인(임차인)자신이 주보법 8조에 의한 우선변제권이 있는 소액임차인인 경우에 한하여 임차인으로부터 적법하게 전차한 소액전차인에게도 주보법 8조에 의한 우선변제권이 있다(재민 84-10, 문 9.).

이 점이 확정일자 있는 임차인의 경우와 다르다. 즉 확정일자 있는 임차인의 경우 우선변제권을 주장할 수 있는 자는 임차인이고(임차인이 간접점유하는 경우 임차인의 점유나 주민등록은 전차인 등 직접점유자의 점유 및 주민등록을 포함함), 전차인이나 양수인 자신은 우선변제권을 주장할 수 없다. 다만 전차인은 임차인의 권리를 원용할 수 있다(대판 87다카2509).

③ **임차인이 2인 이상인 경우 보증금의 인정범위?**

하나의 주택에 임차인이 2인 이상이고 이들이 그 주택에서 가족공동생활을 하는 경우에는 이들을 1인의 임차인으로 보아 이들의 각 보증금을 합산하여 소액임차인에 해당하는지 여부를 판단하여야 한다(주보법시행령 3조 4항).

실 전 사 례

Q 甲은 甲과 처 명의로 각각 별도의 소액보증금 주택임대차계약서를 작성하였으나 실제로는 하나의 주택에 함께 살고 있다. 이러한 경우에도 甲과 처가 각각 소액임차인으로 보호받을 수 있는지?

A 위 사례의 경우는 甲과 처를 1인의 임차인으로 보아야 하므로 소액임차인으로 각각 보호를 받을 수 없다. 왜냐하면 하나의 주택에 임차인이 2인 이상인데 이들이 그 주택에서 가정공동생활을 하는 경우에는 1인의 임차인으로 보아 각 보증금을 합산한 금액을 기준으로 소액보증금에 해당하는지 여부를 판단하여야 하기 때문이다(주보법시행령 3조 4항).

④ **공동임대인 중 일부의 공유지분이 경매되는 경우 소액임차인 해당 여부의 판단기준?**

공동임대인 甲, 乙 중 甲의 공유지분이 매각(낙찰)되는 경우에 공동임대인 甲, 乙의 보증금반환채무는 성질상 불가분채무이므로 공동임대인 중 1인인 甲의 공유지분에 대하여 경매가 진행되는 경우 소액임차인에 해당하는지 여부는 '경매대상 공유지분에 상응하는 금액'(즉 甲의 공유지분 금액)이 아니라 **'임차보증금 전액'**을 기준으로 하여 판단하여야 하고, 배당절차에 있어서도 임차보증금 전액을 기준으로 배당한다.

⑤ **기존채권의 회수가 주목적인 소액임차인도 소액임차인으로 보호받을 수 있는지?**

채권자가 채무자 소유의 주택에 관하여 채무자와 임대차계약을 체결하고 전입신고를 마친 다음 그곳에 거주하였다고 하더라도 임대차계약의 주된 목적이 주택을 **사용·수익**하려는 것에 있는 것이 아니고 소액임차인으로 보호받아 선순위 담보권자에 우선하여 **채권을 회수**하려는 것에 주된 목적이 있었던 경우에는 그러한 임차인을 주보법상 소액임차인으로 보호할 수 없다(대판 2007다23203).

⑥ **소액임차권설정행위가 사해행위인 경우에도 소액임차인으로 보호받을 수 있는지?**

채무자가 채무초과상태에서 채무자 소유의 유일한 주택에 대하여 주보법 소정의 **임차권**을 설정해 준 행위는 채무초과상태에서의 담보제공행위로서 채무자의 총재산의 감소를 초래하는 행위가 되는 것이고, 따라서 그 임차권설정행위는 사해행위취소의 대상이 된다(대판 2003다50771).

2) 소액임차인이 우선변제 받을 수 있는 금액의 한도

2008. 8. 21. 현재 ① 수도권정비계획법에 의한 수도권 중 과밀억제권역에서는 2,000만원, ② 광역시(군지역과 인천광역시 지역을 제외)에서는 1,7000만원, ③ 그 밖의 지역에서는 1,400만원을 우선변제 받는다.

3) 제한적 우선변제권

① 우선변제를 받을 임차인 및 보증금 중 일정액의 범위와 기준은 주택가액(대지의 가액을 포함함)의 2분의 1의 범위 안에서 인정된다(주보법 8조 3항).

여기서 말하는 '주택가액'이란 실제거래가액인 매각가액(낙찰가액)이 아니라 매각대금에다가 매수신청보증금에 대한 배당기일까지의 이자, 반환하지 않은 매수신청보증금(몰수된 매수신청보증금) 등을 포함한 금액에서 집행비용을 공제한 실제 배당할 금액을 말한다(대판 2001다8974).

☞ 주택가액 = 매각대금 + 매수신청보증금에 대한 배당기일까지의 이자 + 몰수된 매수신청보증금 등 - 집행비용

② 건물과 대지가 따로 매각되는 경우 소액임차인은 먼저 매각되는 목적물의 매각대금의 1/2 한도 안에서 우선변제를 받고, 만일 잔여보증금이 있으면 후에 매각되는 목적물의 매각대금 1/2의 한도 안에서 다시 우선변제를 받는다(재민 84-10).

실 전 사 례

Q 2005년 서울 소재의 주택에 甲은 보증금 3,500만원, 乙은 3,200만원, 丙은 800만원으로 임차하였고, 그 후 임차주택이 경매로 7,000만원에 매각(낙찰)되었다. 甲, 乙, 丙 모두 경매개시결정의 등기 전에 대항요건을 구비한 경우 어느 정도의 금액을 배당받을 수 있는지?

A 우선변제를 받을 보증금은 甲, 乙은 각각 1,600만원, 丙은 800만원이다. 다만 그 합산액(4,000만원)이 매각가액의 1/2(3,500만원)을 초과하는 경우에는 그 각 우선변제를 받을 보증금의 합산액에 대한 각 임차인의 우선변제를 받을 보증금의 비율로 그 주택 가액의 1/2에 해당하는 금액을 분할한 금액을 우선변제 받는다(주보법시행령 3조 3항). 즉 甲, 乙은 각각 1,400만원(3,500만×1,600만원÷4,000만원), 丙은 700만원(3,500만×800만원÷4,000만원)을 실제로 배당받게 된다.

☞ 안분배당식 = 배당할 금액(3,500만) × 자기 채권액의 합계 / 총채권액의 합계(4,000만원)

4) 소액임차인의 우선변제권 행사의 요건

① 요　건

- 소액임차인의 최우선변제권 행사의 요건은 ㉠ 배당요구의 종기까지 **배당요구**를 하였을 것, ㉡ 보증금 액수가 **소액보증금**(주보법시행령 4조, 상보법시행령 6조 참조)에 해당할 것, ㉢ **첫 경매개시결정등기 전에 대항요건**(임차목적물의 점유 및 주택의 경우 주민등록, 상가건물의 경우 사업자등록의 신청)을 갖췄을 것, ㉣ 배당요구의 종기까지(매각결정기일까지×) **대항력**을 유지할 것이다.
- 대항요건 구비의 시한은 경매신청의 등기(경매개시결정 기입등기)전까지이다(주보법 8조 1항 후단). 여기서 말하는 경매신청의 등기는 민사집행법에 따른 기입등기뿐 아니라 체납처분에 의한 공매절차에서의 기입등기도 포함한다(대판 2003다65940). 나아가 대항요건의 지속은 법원경매계가 정한 배당요구의 종기까지 계속 되어야 한다.

  결국 소액임차인으로서 최우선변제를 받기 위하여는 **첫 경매개시결정등기 전에 위 요건을 갖추어야 하고**(주보법 8조 1항, 상보법 14조 1항), 배당요구의 종기까지 위 요건을 유지해야 한다(대판 95다44597). 이와 달리 확정일자를 갖춘 임차인으로서 배당받는 경우에는 소액임차인으로서 배당받는 경우(주보법 8조 1항)와는 달리 경매개시결정등기 이후 위 요건을 갖추어도 무방하다.
- 소액임차권자가 소액보증금의 우선변제를 받기 위하여는 반드시 배당요구의 종기 내에 배당요구를 하여야 하며, 단순히 이해관계인으로 권리신고를 한 것만으로는 배당요구를 한 것으로 볼 수 없다(재판예규 866-41호 : 주보법 8조에 관한 질의회답 5번). 배당절차에 있어 소액임차인이 배당금을 교부받으려면 매수인(낙찰자)의 명도확인서를 첨부하여야 한다.

임대차의 종료나 임차건물의 명도는 소액임차인의 우선변제권행사의 요건이 아님은 확정일자부 임차인의 경우와 동일하다.

② **최우선변제권의 성립시기**

주택의 경우 소액임차인의 최우선변제권은 소액임차인으로서 대항력이 생긴 때, 즉 주택의 인도와 주민등록을 마친 다음날 오전 영시에 발생한다(대판 99다9981). 상가건물의 경우에도 같다(상보법 3조 1항). 즉 상가건물의 인도와 사업자등록을 신청한 다음날부터이다.

5) 소액전차인의 우선변제권의 인정요건

전대차가 적법하고, 전대인(임차인)이 우선변제권이 있는 소액임차인인 경우에 한하여 소액전차인에게 우선변제권을 인정한다.

6) 소액임차인이 배당요구를 하지 않아 배당에서 제외된 경우 배당받은 후순위채권자를 상대로 부당이득반환을 청구할 수 있는지 여부

소액임차인도 반드시 **배당요구**의 **종기**까지 배당요구를 하여야 배당받을 수 있는 채권자가 되므로, 경매절차에서 배당요구를 하지 않고 있다가 후에 배당받은 채권자를 상대로 **부당이득반환청구**를 하는 것은 허용되지 않는다(대판 2001다70702, 대판 2005다14595).

7) 소액임차인의 결정기준

① 임차인이 소액임차인에 해당하는지 여부는 근저당권 등의 담보물권 설정일자와 비교하여 그 **담보물권 설정당시**를 기준으로 결정하여야 한다. 소액보증금의 범위에 관한 개정법의 부칙에서 '이 법 시행 전에 임차주택에 대하여 담보물권을 취득한 자에 대하여는 종전의 규정에 의한다'고 규정하고 있기 때문이다.

㉮ 서울시 소재 주택에 1999. 7. 22. 근저당권이 설정되어 있고, 임차인 甲이 2005. 6. 2. 전입신고를 하고 임차보증금 3,000만원에 임차관계를 맺고 있을 때, 위 부동산이 낙찰되어 배당절차에서 임차인 甲이 소액임차인으로서 배당을 받게 될 때에는 2005. 6. 2.을 기준으로 하는 것이 아니라 근저당권설정일자인 1999. 7. 22.를 기준으로 하여 소액임차인에 해당되어야만 소액임차인으로서 우선변제 받게 된다. 즉 1999. 7. 22. 서울 · 광역시(군지역은 제외) 소액임차인의 기준 및 최우선변제액은 3,000만원 이하 임차인 중 1,200만원까지이므로 임차인 甲은 소액임차인에 해당되고, 1,200만원을 배당절차에서 우선변제 받게 되는 것이다.

② 여기서의 '담보물권을 취득한 자'에 저당권자, 전세권자, 가등기담보권자는 포함되나, 가압류채권자나 조세채권자는 포함되지 않는다. 확정일자임차인이 이에 포함되는지에 관하여는 견해가 나뉘나, 서울중앙지방법원 실무례는 확정일자임차인은 부동산 담보권자와 유사한 지위에 있다는 판례를 근거로

긍정설이 우세하다.

8) 우선변제권이 미치는 매각대금의 범위

소액임차인은 대지와 주택의 소유자가 **동일**한 경우에는 **대지**만의 매각대금에서 우선변제를 받을 수 있고, 임대차 성립 당시 임대인의 소유였던 대지가 타인에게 양도되어 임차주택과 대지의 소유자가 서로 달라지게 된 경우에도 마찬가지이다(대판 2004다26133).

① 대지 및 건물이 경매개시되었다가 대지 부분만 매각(낙찰)된 경우에도, 그 주택의 소액임차인은 대지의 매각대금 중에서 보증금을 우선변제받을 수 있는지?

대지 및 건물에 관한 근저당권자가 그 대지 및 건물에 관한 경매를 신청하였다가 그 중 **건물**에 대한 경매신청만을 취하함으로써 이를 제외한 대지부분만이 매각되었다고 하더라도, 그 주택의 소액임차인은 그 **대지**에 관한 매각대금 중에서 소액보증금을 담보물권자보다 우선하여 변제받을 수 있다(대판 96다7595).

② 대지의 저당권설정 후 신축된 건물이 일괄경매된 경우 소액임차인은 대지의 매각대금에서 우선변제를 받을 수 있는지?

대지에 관한 저당권 설정 후 지상에 건물이 신축된 경우 건물의 소액임차인은 저당권 실행에 따른 대지의 매각대금에 대하여는 우선변제를 받을 수 없다. 저당권 설정 후에 비로소 건물이 신축된 경우에까지 공시방법이 불완전한 소액임차인에게 우선변제권을 인정한다면 저당권자가 예측할 수 없는 손해를 입게 되는 범위가 지나치게 확대되어 부당하기 때문이다(대판 99다25532).

다만 소액임차인의 존재를 예측할 수 없었던 대지의 저당권자 등의 권리자가 자기 청구금액을 전액 배당받고도 배당금이 남았다면 그 나머지 금액을 우선변제권 있는 소액임차인에게 배당하여야 한다. 즉 소액임차인의 존재를 예측할 수 없었던 권리자에게 소액임차인의 우선변제권을 들어 대항할 수 없다는 취지이지, 소액임차인이 대지의 매각대금에서 전혀 배당을 받을 수 없다는 취지가 아니다.

판례 대지에 관한 저당권 설정 후 지상에 건물이 신축된 경우, 건물의 소액임차인에게 그 저당권 실행에 따른 환가대금에 대한 우선변제권이 있는지 여부(소극)

임차주택의 환가대금 및 주택가액에 건물뿐만 아니라 대지의 환가대금 및 가액도 포함된다고 규정하고 있는 주택임대차보호법(1999.1.21. 법률 제5641호로 개정되기 전의 것) 제3조의2 제2항 및 제8조 제1항의 각 규정과 같은 법의 입법 취지 및 통상적으로 건물의 임대차에는 당연히 그 부지 부분의 이용을 수반하는 것인 점 등을 종합하여 보면, 대지에 관한 저당권의 실행으로 경매가 진행된 경우에도 그 지상 건물의 소액임차인은 대지의 환가대금 중에서 소액보증금을 우선변제받을 수 있다고 할 것이나, 이와 같은 법리는 **대지에 관한**

저당권 설정 당시에 이미 그 지상 건물이 존재하는 경우에만 적용될 수 있는 것이고, 저당권 설정 후에 비로소 건물이 신축된 경우에까지 공시방법이 불완전한 소액임차인에게 우선변제권을 인정한다면 저당권자가 예측할 수 없는 손해를 입게 되는 범위가 지나치게 확대되어 부당하므로 이러한 경우에는 소액임차인은 대지의 환가대금에 대하여 우선변제를 받을 수 없다고 보아야 한다(대판 1999.7.23. 99다25532).

③ 미등기 주택의 임차인이 임차주택 대지의 매각대금에 대하여 우선변제권을 행사할 수 있는지 여부

대항요건 및 확정일자를 갖춘 임차인과 소액임차인에게 우선변제권을 인정한 주보법 3조의2 및 8조가 미등기 주택을 달리 취급하는 특별한 규정을 두고 있지 않으므로 대항요건 및 확정일자를 갖춘 임차인과 소액임차인의 임차주택 대지에 대한 우선변제권에 관한 법리는 임차주택이 **미등기**인 경우에도 그대로 적용된다(대판 <전 · 합>2004다26133).

따라서 대항요건 및 확정일자를 갖춘 임차인과 소액임차인은 미등기 임차주택과 그 대지가 함께 경매될 경우뿐만 아니라 미등기 임차주택과 별도로 대지만이 경매될 경우에도 대지의 매각대금에 대하여 우선변제권을 행사할 수 있다. 이와 같은 우선변제권은 임대차 성립 당시 임대인의 소유였던 대지가 타인에게 양도되어 임차주택과 대지의 소유자가 서로 달라지게된 경우에도 동일하다.

☞ 상가건물의 임차인에 대하여도 위의 내용이 그대로 적용된다.

9) 소액임차인이 확정일자까지 받은 경우의 대항력 등

소액임차인이 주보법 3조의 2의 요건을 갖춘 경우 보증금 중 소액보증금은 주보법 8조에 의하여 최우선순위로, 나머지는 주보법 3조의 2의 요건을 갖춘 시기에 따라 각각 배당을 받을 수 있다. 최선순위의 대항력과 우선변제권을 모두 가진 임차인이 소액보증금에 대한 **우선변제권**을 행사하고 나서도 임차권의 대항력을 주장하여 나머지 보증금을 반환받을 때까지 인도를 거절할 수 있다.

10) 소액임차인과 매수인(낙찰자)과의 관계

소액임차인이 매수인에게 대항할 수 없는 경우에 임차주택의 경매절차에서 임차보증금을 지급받지 못한 이상 임차주택의 매수인에 대하여 임차보증금의 우선변제를 요구할 수는 없다(대판 87다카844).

소액임차인이 매수인에게 대항할 수 있는 경우 임대차존속 주장과 우선변제권을 선택적으로 행사할 수 있으므로 임차인이 당해 경매절차에서 우선변제권을 행사하지 않았다고 하여 매수인에게 그 임대차로써 대항할 수 없다거나 임차보증금반환채권을 포기한 것으로 볼 수는 없다(대판 92다12827).

11) 소액임차권자와 다른 채권자와의 배당사례

① 소액임차권과 가압류

• **권리관계 [가압류 ➡ 임차권]**

[서울 기준, 배당금액 6,000만원]

배당순위	권리내용 및 권리자	원인(설정)일자	배 당 액
1	가압류(甲) 3,000만원	2008. 2. 7.	24,444,444원
1	임차권(乙) 4,000만원 (배당요구)	2008. 5. 2. (확정일자)	35,555,556원

• **배 당**

먼저 말소기준권리는 甲의 가압류이다. 당시 서울시의 경우 **소액임차인의 기준 및 최우선변제액**이 4,000만원 이하 임차인 중 1,600만원까지이다. 임차권자 乙은 소액임차인이므로 1순위로 1,600만원을 배당받고, 나머지 2,400만원에 대하여는 가압류권자 甲과 동순위이므로 **안분배당** 받게 된다.

안분배당을 해보면 다음과 같다.

- **가압류권자(甲)** : 배당재단(4,400만원) × 3,000만원 / 5,400만원 = 24,444,444원
- **임차권자(乙)** : 배당재단(4,400만원) ×2,400만원 / 5,400만원 = 19,555,556원(반올림)

결국 가압류권자 甲은 24,444,444원을, 임차권자 乙은 35,555,556원(16,000,000원+19,555,556원)을 각 배당받게 된다.

② 소액임차권과 근저당

㉠ **권리관계 [임차권 ➡ 근저당]**

[서울 기준, 배당금액 6,000만원]

배당순위	권리내용 및 권리자	원인(설정)일자	배 당 액
1	임차권(甲) 4,000만원 (대항력+배당요구)	2008. 2. 7. (확정일자)	소액 : 1,600만원 확정일자 : 2,400만원
2	근저당(乙) 3,000만원	2008. 5. 2.	2,000만원

말소기준권리는 乙의 근저당이고 甲은 소액임차인이다. 甲이 배당요구를 하였

으므로 1,600만원을 1순위로 배당받게 되고, 나머지 2,400만원에 대하여는 甲의 확정일자가 乙의 근저당보다 우선하므로 甲에게 배당하게 된다. 근저당권자 乙은 임차인 甲에게 배당하고 남은 2,000만원을 배당받는다.

결국 임차인 甲은 4,000만원 전액을 배당받게 되고 근저당권자 乙은 채권 중 일부인 2,000만원을 배당받는다.

☞ 만일 위 사례에서 甲이 확정일자가 없다면 1,600만원만 우선 배당받게 되고, 나머지 2,400만원에 대하여는 매수인(낙찰자)에게 대항력을 행사할 수 있어 매수인이 2,400만원 전액을 인수해야 한다.

ⓛ 권리관계 [근저당 ➡ 임차권 ➡ 저당]

[서울 기준, 배당금액 6,000만원]

배당순위	권리내용 및 권리자	원인(설정)일자	배 당 액
1	근저당(甲) 3,000만원	2000. 2. 7.	3,000만원
2	임차권(乙) 4,000만원 (확정일자 없음+배당요구)	2008. 5. 2. (전입신고)	1,600만원
3	저당(丙) 5,000만원	2008. 6. 25	1,400만원

먼저 말소기준권리는 甲의 근저당이다. 임차권자 乙은 근저당권자 甲에 대하여는 소액임차인이 아니다. 왜냐하면 甲의 근저당권이 설정된 2000년에는 서울시의 경우 3,000만원 이하 임차인 중 1,200만원까지가 소액임차인의 기준 및 최우선변제액이었다. 따라서 1순위로 근저당권자 甲에게 3,000만원을 배당하게 된다. 그런데 乙은 저당권자 丙에 대하여는 소액임차인이므로 근저당권자 甲에게 배당하고 남은 3,000만원 중에서 1,600만원을 우선배당받은 후 소멸한다. 마지막으로 저당권자 丙은 나머지 1,400만원을 배당받게 된다.

☞ 만일 위 사례에서 임차권자 乙이 확정일자까지 갖추었다면 소액임차인으로서 1,600만원을 우선 배당받고 다시 저당권자 丙의 설정일자보다 확정일자가 빠르므로 나머지 1,400만원도 배당받게 되어 합계 3,000만원을 배당받게 된다.

ⓒ 권리관계 [근저당 ➡ 임차권 ➡ 임차권 ➡ 임차권]

[서울 기준, 배당금액 4,000만원]

배당순위	권리내용 및 권리자	원인(설정)일자	배 당 액
2	근저당(甲) 1,000만원	1996. 2. 1.	1,000만원

1	임차권(乙) 2,000만원 (배당요구)	1996. 4. 10. (확정일자)	1,705만원
1	임차권(丙) 3,000만원 (배당요구)	1996. 6. 28.	705만원
1	임차권(丁) 1,000만원 (배당요구)	1997. 3. 20. (확정일자)	588만원

말소기준권리는 甲의 근저당이다. 甲이 근저당권을 설정할 당시 서울시의 경우 3,000만원 이하 임차인 중 1,200만원까지가 소액임차인의 기준 및 최우선변제액이었으므로 乙·丙·丁은 모두 소액임차인에 해당된다. 그러나 소액임차인에 대하여 최우선변제가 가능한 금액은 배당할 금액 4,000만원의 1/2인 2,000만원이므로 최우선변제액은 다음과 같다.

- **1순위 배당 : 소액임차인에 대한 최우선변제액(안분배당)**
  - **임차권자(乙)** : 배당재단(2,000만원) × 1,200만원 / 3,400만원(1,200만원 + 1,200만원 + 1,000만원) = 705만원
  - **임차권자(丙)** : 배당재단(2,000만원) × 1,200만원 / 3,400만원 = 705만원
  - **임차권자(丁)** : 배당재단(2,000만원) × 1,000만원 / 3,400만원 = 588만원
- **2순위 배당**

  다음으로 물권의 시간순으로 순차배당을 실시하면 다음과 같다.
  - **근저당권자(甲)** : 청구금액인 1,000만원 전액을 배당받는다.
  - **임차권자(乙)** : 확정일자가 가장 빠른 임차권자 乙에게는 1순위로 최우선변제받고 모자라는 부족분 1.295만원(2,000만원 – 705만원)을 배당해야 하는데, 근저당권자 甲에게 배당하고 남은 금액이 1,000만원이므로 이를 乙에게 배당하게 되면 乙은 결국 1,705만원을 최종적으로 배당받는다.
- **최종 배당액**
  - **근저당권자(甲)** : 1,000만원
  - **임차권자(乙)** : 1,705만원
  - **임차권자(丙)** : 705만원
  - **임차권자(丁)** : 588만원

③ 소액임차권과 조세

㉠ 권리관계 [당해세 ➡ 임차권]

[서울 기준, 배당금액 6,000만원]

배당순위	권리내용 및 권리자	원인(설정)일자	배 당 액
2	당해세(甲) 500만원 (교부청구)	2008. 2. 7. (법정기일)	500만원
1	임차권(乙) 4,000만원 (대항력+배당요구)	2008. 5. 2. (확정일자)	소액 : 1,600만원 확정일자 : 2,400만원
3	근저당(丙) 5000만원	2008. 5. 15.	1,500만원

말소기준권리는 丙의 근저당이다. 임차권자 乙은 소액임차인이므로 乙에게 먼저 1,600만원을 배당하고, 당해세인 조세채권자 甲에게 교부청구 금액인 500만원을 전액 배당한다. 나머지 3,900만원 중에서 乙의 확정일자가 丙의 설정일자보다 앞서므로 乙에게 2,400만원을 더 배당하고 나머지 1,500만원은 丙에게 배당하게 된다.

㉡ 권리관계 [임차권 ➡ 당해세 ➡ 당해세 아닌 조세 ➡ 근저당]

[서울 기준, 배당금액 6,000만원]

배당순위	권리내용 및 권리자	원인(설정)일자	배 당 액
1	임차권(甲) 4,000만원 (대항력+배당요구)	2008. 2. 7. (확정일자)	소액 : 1,600만원 확정일자 : 2,400만원
2	당해세(乙) 500만원 (교부청구)	2008. 5. 2. (법정기일)	500만원
3	조세(丙) 300만원 (교부청구)	2008. 5. 30. (압류)	300만원
4	근저당(丁) 5000만원	2008. 7. 10.	1,200만원

말소기준권리는 丁의 근저당이다. 甲은 소액임차인이므로 1순위로 1,600만원을 배당받는다. 다음으로 배당순위에 의하여 조세채권자 乙은 법정기일이 임차권자 甲의 확정일자보다 늦지만 당해세이므로 우선적으로 500만원을 배당받는다.

당해세 아닌 조세채권자 丙은 압류를 하였음에 반해 당해세인 조세채권자 乙은 압류를 하지 않았으나 압류선착주의는 당해세에 대하여는 적용되지 않으므로 乙과 丙 사이에서는 乙이 우선하게 된다.
다음으로 남은 배당금 3,900만원 중에서 甲의 확정일자가 丙의 법정기일 및 丁의 설정일보다 우선하므로 甲에게 2,400만원을 더 배당하게 된다. 丙은 법정기일이 丁의 설정일보다 앞서므로 남은 배당금 1,500만원 중에서 교부청구액인 300만원 전액을 배당받는다. 근저당권자 丁은 남은 배당금 1,200만원을 배당받게 된다.

※ 주택임대차보호법 제8조에 관한 질의회답(재민 84-10) (개정 2002.06.26 재판예규 제866-41호)

주택임대차보호법 제8조에 관하여 서울지방법원으로부터 질의가 있어 별첨과 같이 회신하였으니 업무에 참고하시기 바랍니다.

[문 1. 2] (삭제)

[문 3] 소액임차권자는 민사집행법 90조 4호의 이해관계인에 해당되는지 여부

❶ 갑설(적극설) : 소액임차권자는 보증금반환청구권에 관하여 담보권자보다도 우선하는 일종의 선취특권과 같은 물권적 권리를 가지는 자이므로 그에 관한 권리신고를 하면 위 각 법조에 의한 이해관계인으로 됨이 이론상 당연하다.

❷ 을설(소극설) : 소액임차권자에게 보증금반환청구권에 관한 우선변제의 권리를 주는 것만으로 그 보호에 충분하므로 굳이 법률상 이해관계인으로 포함시킬 필요가 없고, 실무처리에 있어서도 번거러우므로 소액임차권자는 위 각 법조에서 규정하는 이해관계인으로 취급하지 아니한다.

❸ 병설(절충설) : 소액임차권자가 경매절차상 이해관계인으로 취급됨은 이론상 타당하다 할 것이나, 그 법적지위의 특수성이나 경매실무의 번거러움 등을 고려하여 이의신청권, 항고권 기타 이해관계인으로서의 전반적인 권리는 인정하지 아니하고 단지 배당절차에서 그 권리를 주장할 수 있는 범위 안에서만 이해관계인으로 취급한다.

➡ **갑설이 타당하다.**

[문 4] 소액임차권자가 경매절차에서 소액보증금의 우선변제를 받기 위하여는 반드시 배당요구를 하여야 하는지 여부

❶ 갑설(불필요설) : 이 법은 사회보장적 견지에서 소액임차권자를 특별히 보호하자는 취지이므로 배당요구가 없더라도 임대차조사 결과 기타 어떠한 방식에 의하든 경매절차에서 소액임차권의 존재가 밝혀지면 그 보증금 해당금액을 우선 배당하여야 한다.

❷ 을설(필요설) : 임대차조사만으로 소액임차권의 여부를 분명히 알 수 없고, 달리 경매법원이 경매절차상 소액임차권의 존재를 확실히 알 수 있는 방법이 없고, 경매절차 진행

중에 소액임대차 관계가 소멸 또는 종료되는 경우도 많으며, 대항력 있는 소액임차권자는 임대차가 종료한 경우 보증금의 우선변제청구를 할 수도 있고 양수인에게 보증금의 반환청구를 할 수도 있으므로 소액임차권자도 배당요구를 하여야만 경매절차에서 우선배당을 받을 수 있다.

➡ 을설이 타당하다.

[문 5] 이해관계인으로 권리신고를 한 경우에는 배당요구를 한 것으로 볼 수 있는지 여부

❶ 갑설(적극설) : 소액임차권자로서의 권리신고가 있으면 우선변제의 권리가 있음이 명백히 되므로 그로써 배당요구가 있은 것으로 볼 것이고 따로이 배당요구를 할 필요가 없다.

❷ 을설(소극설) : 권리신고가 있더라도 다시 배당요구를 하여야 한다.

➡ 을설이 타당하다.

[문 6. 7. 8] (삭제)

[문 9] 임차인으로부터 목적물을 적법하게 전차한 소액전차인에게도 8조에 의한 우선변제의 권리가 있는지 여부

❶ 갑설(적극설) : 소액보증금에 관한 우선변제의 권리는 8조에 의하여 물권적 성질을 가지는 강력한 권리로 승격되었다 할 것인바, 서민보호를 위한 이러한 강력한 입법취지에 비추어 소액전차권자도 보증금반환청구권에 관하여 소액임차권자와 동일한 권리를 가진다고 해석하여야 한다.

❷ 을설(소극설) : 전대차의 경우에는 전차인이 임대인, 즉 목적물소유자에 대하여 직접 보증금반환을 청구할 권원이 없고, 따라서 전차인에게 목적물의 경매대금으로부터 우선변제의 권리를 인정하기는 해석론상 불가능하다.

➡ 갑설이 타당하다. 다만 전대인(임차인) 자신이 8조에 의한 우선변제권 있는 소액임차인인 경우에 한한다.

[문 10] 소액임차인에게 배당액을 교부하는 방법 여하

❶ 갑설(공탁설) : 임차보증금의 반환은 임차목적물의 인도와 동시이행관계에 있으므로 임차권자의 의무이행 전에 배당액을 지급할 수는 없고, 정지조건부 채권에 대한 배당액 교부방법과 마찬가지로 임차물의 인도를 조건으로 배당액을 공탁하고 임차인이 목적물의 인도를 증명한 때에 이를 지급하도록 한다(임차인이 미리 목적물을 인도한 때에는 공탁함이 없이 바로 배당금을 지급할 수 있음은 물론임).

❷ 을설(즉시교부설) : 갑설에 의하면 임차인이 사실상 선이행을 강요당하는 결과가 되므로 배당액은 즉시 임차인에게 지급하고 다만 경락인에게 바로 인도명령을 발부하여 주는 방법에 의하여 동시이행관계와의 조화를 꾀한다(따라서 압류 전에 점유를 취득한 임차인에 대하여도 널리 인도명령을 인정하여야 한다).

➡ 갑설이 타당하다.

[문 11] 소액보증금의 우선변제권의 한도가 되는 주택가액의 1/2의 산정기준 여하

❶ 갑설(매각대금설) : 주택의 가액은 그 시가를 뜻하므로 경매절차에 있어서는 실제 거래가액인 매각가액이 주택가액이 된다.

❷ 을설(실제 배당할 금액설) : 주택가액은 매각대금에 입찰보증금에 대한 배당기일까지의 이자, 몰수된 입찰 · 항고보증금 등을 포함한 금액에서 집행비용을 공제한 실제 배당할 금액을 말한다.

➡ 을설이 타당하다.

[문 12] 소액임차인은 임차건물의 대지의 매각대금에 대하여도 우선변제를 청구할 수 있는지 여부

❶ 갑설(적극설) : 입법취지 및 8조가 소액보증금의 범위를 정함에 있어 대지의 가액을 포함하는 주택가액의 1/2을 기준으로 하도록 정한 명문의 취지에 비추어 주택과 대지의 소유자가 동일한 경우에는 주택뿐만 아니라 대지의 매각대금 중에서도 우선변제를 받을 수 있는 것으로 보아야 한다.

❷ 을설(소극설) : 주택임대차는 건물에 대한 권리일 뿐이고(2조도 주거용 건물 의 임대차에 대하여 이 법을 적용한다고 규정하고 있음), 건물에 대한 전세권이나 등기권, 임차권보다 소액임차권을 더 강하게 보호할 이유가 없으므로 대지에 관한 매각대금으로부터는 우선변제를 받을 수 없다.

➡ 갑설이 타당하다.

[문 13] 질의 12.에서 대지의 매각대금 중에서도 우선변제를 받을 수 있다는 견해에 설 경우, 건물과 대지가 시기를 달리하여 따로 경매되는 경우에 소액임차권자는 각 경매절차에 모두 참가하여 우선변제를 받을 수 있는지 여부

❶ 갑설(적극설) : 만일 각 절차에 모두 참가할 수 없다면 건물과 대지중 어느 하나에 대하여 먼저 담보권실행 또는 강제집행을 함으로써 쉽게 소액임차권자의 권리를 무력화 또는 약화시킬 수 있으므로 건물과 대지에 대한 경매절차가 따로 진행되는 때에는 소액보증금 반환청구권이 남아있는 한 소액임차권자는 각 경매절차에 모두 참가하여 우선변제를 구할 수 있다 할 것이다.

❷ 을설(소극설) : 8조는 대지와 건물이 동시에 경매되는 경우를 예상한 규정이므로 따로이 경매되는 경우에는 건물에 대한 경매절차에만 참가하여 우선변제를 받을 수 있을 뿐 대지에 대한 경매절차에는 참가할 수 없다.

➡ 갑설이 타당하다.

[문 14] 질의 13.에서 갑설을 취하는 경우 각 경매절차에 모두 참가한 소액임차인이 우선변제를 받는 방법 여하

❶ 갑설(매각대금 1/2 기준설) : 먼저 경매되는 목적물의 매각대금의 1/2 한도안에서 우선변제를 받고, 만일 잔여 보증금이 있으면 후에 경매되는 목적물의 매각대금 1/2의 한도안

에서 다시 우선변제를 받는다.

❷ 을설(주택, 대지 전액기준설) : 주택, 대지중의 어느 하나만이 먼저 경매되더라도 일단 감정 등에 의해 그 전체의 가액을 평가하고, 그 1/2범위 안에서 먼저 경매되는 목적물의 매각가액 전부로부터 소액보증금의 우선변제를 받을 수 있고, 잔여 보증금이 있으면 후에 경매되는 목적물의 매각대금 중에서 우선변제를 받는다.

➡ 갑설이 타당하다.

부 칙

1. (경과조치) 이 예규 시행 당시 종전의 예에 의하여 이미 인쇄된 양식이 남아 있는 경우에는 이 예규에 정한 문서양식의 취지에 맞게 이를 적절히 변경하여 사용할 수 있다.
2. 주택임대차보호법시행령 제4조의 개정에 의하여 우선변제권이 있는 임차인의 범위를 정하는 기준이 되는 임차보증금의 액수가 변동되는 때에는 통지서양식 중 금액부분을 이에 맞게 변경하여 사용할 수 있다.

부 칙(2002.06.26 제866호)

이 예규는 2002. 7. 1.부터 시행한다. 다만, 2002. 7. 1. 전에 접수된 사건에 대하여는 이 예규를 적용하지 아니한다.

4. 임차권등기명령제도

(1) 제도의 취지

임차권등기를 한 경우, 임차인이 점유를 이전(이사를 가거나 주민등록을 옮긴 경우)하더라도 기존의 대항력과 우선변제청구권의 효력을 유지하도록 하여 임차인에게 거주이전의 자유를 보장하고 보호하려는 제도이다(주보법 3조의3). 다시 말하면 임차인이 임대차계약 종료 후 보증금을 반환받지 못한 경우에 임차인 단독으로 임차권등기를 할 수 있게 함으로써 대항요건 없이도 대항력과 우선변제권을 유지하게 하여 임차보증금의 회수를 가능하도록 하는 제도라고 할 수 있다.

(2) 임차권등기명령 대상의 주택범위

① 등기된 임차주택에 한하여 임차권등기명령의 대상이 되는지?

임차권등기명령 신청의 대상이 되는 임차주택은 원칙적으로 **등기된 건물**이어야 한다. 다만 건축물관리대장이 존재하는 미등기건물은 임차인이 임대인을 대위하여 보존등기 및 임차권등기촉탁이 가능하다.

즉 임차주택이 준공검사가 필하여지고 건축물관리대장이 작성되어 있어 즉시 임대인 명의로 소유권보존등기가 가능한 경우에는 임대인을 대위하여 소유권보존등기를 마친 다음 주택임차권등기를 할 수 있으므로 예외적으로 임차권등기명령의 대상이 된다. 그러므로 위와 같은 주택에 대한 임차권등기명령신청서에는 즉시 임대인 명의로 소유권보존등기를 할 수 있음을 증명할 서면(㉠ 건축물관리대장 등)을 첨부하여야 한다(임차권등기명령절차에 관한 규칙 3조).

② 주택의 일부가 임차목적물이 된 경우에도 임차권등기명령의 대상이 되는지?

예컨대 단독주택의 일부분을 임차한 경우에도 각 그 일부에 대하여는 임차권등기명령의 대상이 된다. 다만 이 경우에는 임차권등기명령신청서에 그 임차목적인 부분을 표시한 도면을 첨부하여야 한다(주보법 3조의 2 2항, 임차권등기명령절차에 관한 규칙 2조 1항).

③ 임차목적물의 판단 범위

- 임차목적물이 주거용이냐 비주거용이냐의 판단은 건물의 현황 · 용도 등에 비추어 일상생활인 기와침식에 사용하느냐의 여부에 따라 **실질적**으로 판단하여야 하며, 등기부나 건축물관리대장 등 공부상의 표시에 의하여 형식적으로 판단할 일이 아니다. 따라서 등기된 건물의 여부 또는 허가받은 건물이냐의 여부와는 전혀 무관하며, 공부상으로는 공장이나 사무실로 등재되어 있어도 내부구조를 주거용으로 변경하여 기와침식에 사용하고 있다면 주거용 건물에 해당하는 것으로 보아야 한다는 것이 학설 · 판례의 일치된 견해이다.
- 단독주택(다가구용 단독주택포함)의 지하실이나 공동주택의 공용부분(㉠ 다세대주택의 지하실 등을 주거용으로 임차하여 사용하는 경우)도 주보법의 적용대상이 된다고 해석되므로 임차권등기명령의 대상이 된다.
  공장이나 사무실 등으로 되어 있는 경우에도 주거용으로 임차하여 사용하고 있다면 주거용 건물로 보아 임차권등기명령의 대상이 된다. 다만 이 경우에는 임대차계약 체결시부터 임차권등기명령신청 당시까지 주거용으로 사용하고 있음을 증명하여야 한다(임차권등기명령절차에 관한 규칙 3조). 이 경우 임차목적물의 사진, 도면 등은 이용현황을 증명하는 유력한 자료가 될 수 있다.

④ 무허가건축물(불법건축물)도 임차권등기명령 신청이 허용되는지?

임차권등기명령은 등기제도를 전제로 하는 것이므로 무허가건축물(불법건축물)에 관하여는 임차권등기명령이 허용될 수 없다.

(3) 임차권등기명령 신청의 요건

임대차가 종료된 후 보증금을 반환받지 못한 임차인만이 임차권등기명령 신청을 할 수 있다.

1) 임대차가 종료되었을 것

임대차가 종료되어야 하고 그 종료이유는 묻지 않는다. **합의해지**된 경우에도 임차권등기명령을 신청할 수 있다.

2) 보증금(전액 또는 일부 포함)을 반환받지 못하였을 것

3) 신청당사자

대항력 및 우선변제권을 취득한 임차인은 물론, 신청당시 대항력이 없거나 이미 취득한 대항력을 상실한 임차인도 신청이 가능하다. 임차권의 양수인도 양수사실을 입증하여 신청할 수 있다. 또한 대항력이 없는 임차인은 양수인을 상대로 신청할 수 없으나, 대항력이 있는 임차인은 임차건물의 양수인에게 신청할 수 있다.

(4) 관할법원

- 임대차가 종료된 후 보증금을 반환받지 못한 주택임차인은 임차주택의 소재지를 관할하는 지방법원 · 지방법원 지원 또는 시 · 군법원에 임차권등기명령을 신청할 수 있다(주보법 3조의 3 1항).
- 임대차가 종료된 후 보증금을 반환받지 못한 상가건물임차인은 임차건물의 소재지를 관할하는 지방법원 · 지방법원 지원 또는 시 · 군법원에 임차권등기명령을 신청할 수 있다(상보법 6조 1항).

(5) 신청절차

1) 신청서의 기재사항

① 임차권등기명령신청서의 기재사항

임차권등기명령신청서에는 ㉠ 사건의 표시, ㉡ 임차인과 임대인의 성명, 주소, 임차인의 주민등록번호(주택임차권등기명령 신청의 경우에 임대인이, 상가건물임차권등기명령신청의 경우에 임차인이나 임대인이 법인 또는 법인 아닌 단체인 경우에는 법인명 또는 단체명, 대표자, 법인등록번호, 본점 · 사업장소재지), ㉢ 대리인에 의하여 신청할 때에는 그 성명과 주소, ㉣ 임대차의 목적인 주택 또는 건물의 표시(임대차의 목적이 주택 또는 건물의 일부인 경우에는 그 목적인 부분을 표시한 도면을 첨부한다), ㉤ 반환받지 못한 임차보증금액 및 차임(주보법 12조 또는 상보법 17조의 등기하지 아니한 전세계약의 경우에는 전세금), ㉥ 신청의 취지와 이유, ㉦ 첨부서류의 표시, ㉧ 연월일, ㉨ 법원의 표시를 기재하고 임차인 또는 대리인이 기명날인 또는 서명하여야 한다(임차권등기명령절차에 관한 규칙 2조 1항).

② 신청이유

신청이유에는 임대차계약의 체결 사실 및 계약내용과 그 계약이 종료한 원인 사실을 기재하고, 임차인이 신청 당시에 이미 주보법 3조 1항의 규정에 의한 대항력을 취득한 경우에는 임차주택을 점유하기 시작한 날과 주민등록을 마친 날을, 3조의2 2항의 규정에 의한 우선변제권을 취득한 경우에는 임차주택을 점유하기 시작한 날, 주민등록을 마친 날과 임대차계약증서상의 확정일자를 받은 날을, 상보법 3조 1항의 규정에 의한 대항력을 취득한 경우에는 임차건물을 점유하기 시작한 날과 사업자등록을 신청한 날을, 5조 2항의 규정에 의한 우선변제권을 취득한 경우에는 임차건물을 점유하기 시작한 날, 사업자등록을 신청한 날과 임대차계약서상의 확정일자를 받은 날을 각 기재하여야 한다(동 규칙 2조 2항).

③ 인지첩부

임차권등기명령신청서에는 2,000원의 인지를 붙여야 한다(동 규칙 2조 3항).

2) 신청서의 첨부서류(동 규칙 3조)

① 임대인의 소유로 등기된 주택 또는 건물에 대하여는 등기부등본

② 임대인의 소유로 등기되지 않은 주택 또는 건물에 대하여는 즉시 임대인의 명의로 소유권보존등기를 할 수 있음을 증명할 서면

③ 주택임차권등기명령신청의 경우에는 임대차계약증서, 상가건물임차권등기명령신청의 경우에는 임대차계약서

④ ㉠ 주택임차인의 경우 : 임차인이 신청 당시에 이미 대항력을 취득한 경우에는 임차주택을 점유하기 시작한 날과 주민등록을 마친 날을 소명하는 서류, 우선변제권을 취득한 경우에는 임차주택을 점유하기 시작한 날과 주민등록을 마친 날을 소명하는 서류 및 공정증서로 작성되거나 확정일자가 찍혀있는 임대차계약증서 ㉡ 상가건물임차인의 경우 : 이미 대항력을 취득한 경우에는 임차건물을 점유하기 시작한 날과 사업자등록을 신청한 날을 소명하는 서류, 우선변제권을 취득한 경우에는 임차건물을 점유하기 시작한 날과 사업자등록을 신청한 날을 소명하는 서류 및 관할 세무서장의 확정일자가 찍혀있는 임대차계약서

⑤ 주택임차권등기명령신청의 경우 임대차목적물에 관한 등기부상의 용도가 주거

시설이 아닌 경우에는 임대차계약체결시부터 현재까지 주거용으로 사용하고 있음을 증명하는 서류, 상가건물임차권등기명령신청의 경우 임대차목적물의 일부를 영업용으로 사용하지 아니하는 경우에는 임대차계약체결시부터 현재까지 그 주된 부분을 영업용으로 사용하고 있음을 증명하는 서류

(6) 법원의 심리와 재판절차

① 임차권등기명령의 효력발생

임차권등기명령은 판결에 의한 때에는 선고를 한 때에, 결정에 의한 때에는 상당한 방법으로 임대인에게 고지를 한 때에 그 효력이 발생한다(동 규칙 4조).

② 임차권등기의 촉탁

법원사무관 등은 임차권등기명령의 효력이 발생하면 지체없이 촉탁서에 재판서등본을 첨부하여 등기관에게 임차권등기의 기입을 촉탁하여야 한다(동 규칙 5조).

※ **임차권등기의 기재사항** : 등기관은 법원사무관 등의 촉탁에 의하여 임차권등기를 하는 경우에 주택임차권등기는 임대차계약을 체결한 날, 임차보증금액, 임차주택을 점유하기 시작한 날, 주민등록을 마친 날, 임대차계약증서상의 확정일자를 받은 날을 기재하고, 등기의 목적을 주택임차권이라고 기재하며, 상가건물임차권등기는 임대차계약을 체결한 날, 임차보증금액, 임차건물을 점유하기 시작한 날, 사업자등록을 신청한 날, 임대차계약서상의 확정일자를 받은 날을 기재하고, 등기의 목적을 상가건물임차권이라고 기재하여야 한다. 이 경우 차임의 약정이 있는 때에는 이를 기재하여야 한다.

[임차권등기명령에 의한 임차권등기 기재례]

<table>
<tr><td colspan="5">[을 구] (소유권 이외의 권리에 관한 사항)</td></tr>
<tr><td>순위번호</td><td>등기목적</td><td>접 수</td><td>등기원인</td><td>권리자 및 기타사항</td></tr>
<tr><td>2</td><td>주택임차권</td><td>2008년 9월 19일
제105호</td><td>2008년 9월 16일
서울중앙지방법원의 임차권등기명령
(2008카기132)</td><td>임차보증금 금 40,000,000원
차 임 월 금 150,000원
범 위 주택 전부
임대차계약일자 2006년 9월 2일
주민등록일자 2006년 9월 5일
점유개시일자 2006년 9월 5일
확정일자 2006년 9월 5일
임차권자
김응돌 661015-1652342
서울 관악구 봉천동 123-12</td></tr>
</table>

③ **등기필증의 송부**

등기관은 법원사무관 등의 촉탁에 의하여 임차권등기의 기입을 마친 후에 등기필증을 작성하여 촉탁법원에 송부하여야 한다(동 규칙 7조).

④ **심리와 재판절차**

임차권등기명령신청에 대한 심리는 변론없이 할 수 있고 이때에는 결정의 형식으로 재판한다(법원의 임차권등기명령에 대한 세부절차는 가압류명령절차를 준용함). 임차권등기의 결정에 대하여는 임대인은 기간의 제한없이 이의신청을 할 수 있고, 임차권등기명령신청을 기각하는 결정에 대하여는 임차인이 항고할 수 있다.

⑤ **미등기부동산에 대한 임차권등기명령의 촉탁이 있는 경우**

미등기부동산에 대한 주택임차권등기명령 또는 상가건물임차권등기명령의 촉탁이 있는 경우에 등기관은 부동산등기법 134조의 규정을 준용하여 직권으로 소유권보존등기를 하고 을구에 임차권등기를 하여야 한다.

(7) 임차권등기명령의 효과

① **대항력 및 우선변제권의 취득**

임차권등기명령의 집행에 의한 임차권등기가 완료되면 임차인은 그 **등기시점**을 기준으로 대항력 및 우선변제권을 취득한다. 다만 소액임차인에 해당하면 소액보증금의 범위 내에서 최우선변제를 받게 된다. 임차권등기가 완료된 시점부터 효력이 생기므로 **임차권등기 후**에 이사나 전출을 해야만 법에 의한 보호를 받게 되고, 이사 후에는 임차보증금에 대한 지연이자도 임대인에게 청구할 수 있다.

② **이미 취득한 대항력 및 우선변제권의 유지**

임차인이 임차권등기 이전에 이미 대항력 또는 우선변제권을 취득한 경우에는 그 대항력 또는 우선변제권은 **그대로 유지**되며, 임차권등기 이후에는 대항요건을 상실하더라도 이미 취득한 대항력 또는 우선변제권을 상실하지 않는다.

③ **임차인이 임차권등기에 기하여 경매신청을 할 수 있는지 여부**

임차권등기명령은 임차인이 주택의 점유를 상실하거나 주민등록을 전출하더라도 종전에 취득하였던 대항력 및 우선변제권을 그대로 유지하는 제도일 뿐이고 임차권등기에 물권을 부여하는 취지는 아니므로 임차인은 주택임차권등기에 기하여 직접 경매의 신청은 **불가능**하다. 따라서 임차권등기를 마친 임차인이라도 실제로 보증금을 반환받기 위해서는 임차보증금반환청구소송 등을 제기하여 **집행권원**을 확보한 후 임차주택의 강제경매를 신청하여야 한다.

④ **대항력 또는 우선변제권을 취득하지 못한 상태에서의 임차권등기명령의 효력**

임차인이 아직 대항력 또는 우선변제권을 취득하지 못한 상태에서 임차권등기가 완료되면 그때 대항력과 우선변제권을 취득한다. 대항력을 취득하였다가 점유 또는 주민등록의 요건을 상실한 임차인도 임차권등기명령을 할 수 있고(대판 2003다62255 · 62262), 임차권등기 완료시에 다시 새로운 대항력과 우선변제권을 취득하게 된다.

⑤ **임차권등기가 완료된 주택(또는 상가건물)을 그 이후에 임차한 임차인은 소액보증금 우선변제를 받을 수 있는지의 여부**

임차권등기명령의 집행에 따른 **임차권등기**가 끝난 주택(임대차의 목적이 주택의 일부분인 경우에는 해당 부분으로 한정함)을 그 이후에 임차한 임차인은 주보법 8조에 따른 우선변제를 받을 권리가 **없다**(주보법 3조의3 6항). 즉 소액임차인의 우선변제권이 전면적으로 부정된다. 상보법 6조 6항, 7조 1항도 위와 동일한 취지로 규정하고 있다.

⑥ **전세권등기가 완료된 주택(또는 상가건물)을 그 이후에 임차한 임차인은 소액보증금 우선변제를 받을 수 있는지의 여부**

전세권등기가 완료된 주택(또는 상가건물)을 그 이후에 임차한 임차인은 소액보증금 우선변제를 받을 수 있는지 여부가 문제되나, 전세권이 기간만료로 종료하거나 또는 전세계약이 합의해제되어 전세권자가 이사를 한 경우 전세권이 당연 소멸하는 것이 아니지만, 이때 전세권 중 용익물권적 권능은 소멸(대결 95마684)하기 때문에 그 전세권은 담보물권적 성격만을 가지므로 저당권 등의 담보물권과 달리 볼 이유가 없고, 따라서 전세권자가 이사를 한 후에 주택 또는 상가건물을 임차한 임차인은 소액보증금 우선변제를 받을 수 **있다**.

⑦ **임대인의 임대차보증금 반환의무와 임차인의 임차권등기 말소의무가 동시이행관계에 있는지 여부**

임대인의 임대차보증금 반환의무와 임차인의 주보법 3조의3에 의한 임차권등기 말소의무는 동시이행관계에 있지 않고, 임대인의 **임대차보증금의 반환의무**가 임차인의 임차권등기 말소의무보다 먼저 이행되어야 할 의무이다(대판 2005다4529).

⑧ **등기된 임차권등기명령권자의 배당순위**

- 임차인이 임차권등기명령 신청 당시에 이미 주보법 3조의 2 2항의 **우선변제권**을 취득한 경우에는 처음의 대항력 및 우선변제권이 그대로 유지되므로 주보법상의 우선변제권의 취득순위에 따라 결정된다.
- 임차인이 아직 대항력과 우선변제권을 취득하지 못한 상태에서 임차권등기가

된 경우에는 그 **등기시점**을 기준으로 대항력과 우선변제권을 취득하므로 대항력 및 우선변제권은 **등기순위**에 따라 결정된다.

- 임차권등기에 의하여 공시된 내용이 소액보증금이고 경매신청기입의 등기 전에 주보법 3조 1항의 대항요건이 등기부상 기재되어 있으면, 임대차보증금 중 일부를 담보물권자보다 우선하여 변제받을 권리가 있다.

(8) 경매절차에서의 임차권등기권자의 지위

① 임차권등기명령에 의한 임차권자가 경매절차의 이해관계인인지 여부

- 경매개시결정 등기 전에 임차권등기가 되어 있는 자는 민법상 등기된 임차권자의 지위와 다를 바 없고, 등기부상 알 수 있는 부동산 위의 권리자이므로 경매절차에서 권리신고여부와 상관없이 법 90조 3호(등기부에 기입된 부동산 위의 권리자)에 따라 이해관계인에 해당된다.
- 경매개시결정 등기 후에 임차권등기를 한 임차인의 경우에는 법 90조 4호(부동산위의 권리자로서 그 권리를 증명한 자)에 의하여 법원경매계에 배당요구의 종기까지 권리신고를 하여야 이해관계인이 될 수 있다.
- 경매개시결정 등기 후 임차권등기명령에 의하여 비로소 대항력을 취득하고 이해관계인 신고를 한 임차인도 이해관계인에 해당된다.

② 임차권등기권자는 배당요구를 해야만 배당을 받을 수 있는지 여부

경매개시결정 등기 전에 임차권등기명령에 의한 등기를 한 임차인은 법률상 당연히 배당요구를 한 것으로 보아야 하므로 우선변제를 받기 위하여 법원경매계에 배당요구를 할 필요가 없다(대판 2005다33039).

(9) 민법에 의한 주택임대차등기를 완료한 임차인도 대항력과 우선변제권이 인정되는지 여부

민법 621조의 규정에 의하여 임차인이 임대인의 협력을 얻어 임대차등기를 한 경우에도 주보법 3조의3 5항 및 6항이 준용(주보법 3조의4 1항)되므로 임차권등기명령에 의하여 등기를 한 임차인과 동일하게 대항력과 우선변제권을 취득 또는 유지할 수 있고, 그 후의 소액임차인은 우선변제권이 없다.

☞ 위 규정(주보법 3조의4)은 민법에 의한 주택임대차등기에 대항력 이외에 우선변제권도 부여하려는 취지에서 신설된 조문이다. 다만 이 법 시행 전에 이미 완료된 임대차등기에 대하여는 이를 적용하지 않는다(주보법 부칙 3항). 참고로 **주보법의 임차권등기명령에 의한 주택임차권등기**는 그 대상이 주택

임대차에 한정되어 있고, 임대인의 동의 없이 법원의 결정을 받아 단독으로 등기를 할 수 있으나, **민법 621조에 의한 임차권등기**는 그 대상이 모든 부동산임대차이고, 당사자 간에 반대약정이 있으면 그 등기절차에 협력할 것을 청구할 수 없다는 점 등에서 차이가 있다. 또한 그 효력에 있어 양자가 모두 경매신청권이 없는 점이 동일하다.

(10) 임차권등기명령권자와 배당사례

① 권리관계 [근저당 ➟ 등기된 임차권]

[서울 기준, 배당금액 5,000만원]

배당순위	권리내용 및 권리자	원인(설정)일자	배 당 액
2	근저당(甲) 4,000만원	2008. 5. 2.	1,000만원
1	등기된 임차권(乙) 4,000만원	2008. 5. 16.(등기일) 2007. 3. 5.(전입신고) 2007. 3. 6.(확정일자)	소액 : 1,600만원 확정일자 : 2,400만원

말소기준권리는 甲의 근저당권이다. 먼저 등기된 임차권자는 당해 경매절차에서 배당요구를 하지 않더라도 확정일자 순으로 매각대금에서 우선변제를 받게 된다. 그리고 등기된 임차권자와 저당권 등 담보물권과의 우열기준은 그 임차권이 등기된 때가 아니라 등기된 임차권의 내용 중에 있는 **대항력 및 확정일자 취득일** 등과의 선후에 의하여 결정된다.

위 사례를 보면 임차권자 乙이 임차권등기를 완료한 날이 근저당권자 甲의 설정일보다 더 늦지만 乙의 임차권등기의 내용 중에 있는 전입신고 및 확정일자 취득일이 우선하므로 임차권자 乙은 근저당권자 甲에 대하여 대항력을 가지고 있고 또한 확정일자부 우선변제권도 갖게 된다.

또한 임차권자 乙은 근저당권자 甲에 대하여 소액임차인이다. 따라서 배당을 실시하여 보면 우선 乙에게 소액임차인으로서 1,600만원을 최우선변제한 후 확정일자도 甲의 근저당권설정일보다 더 빠르므로 나머지 2,400만원을 추가로 배당함으로써 乙은 결국 4,000만원 전액을 배당받게 된다.

근저당권자 甲은 임차권자 乙에게 배당하고 남은 1,000만원을 최종적으로 배당받게 된다.

② 권리관계 [근저당 ➟ 등기된 임차권 ➟ 임차권]

[서울 기준, 배당금액 5,000만원]

배당순위	권리내용 및 권리자	원인(설정)일자	배 당 액
2	근저당(甲) 4,000만원	2008. 5. 2.	1,000만원
1	등기된 임차권(乙) 4,000만원	2008. 5. 16.(등기일) 2007. 3. 5.(전입신고) 2007. 3. 6.(확정일자)	소액임차인 : 1,600만원 확정일자 : 2,400만원
	임차권(丙) 3,000만원 (배당요구)	2008. 5. 30.(확정일자)	0원

말소기준권리는 甲의 근저당권이다. 근저당권자 甲에 대하여 임차권자 乙, 丙은 소액임차인이다. 그러나 임차인 丙은 소액임차인으로서의 우선변제권이 없다. 왜냐하면 임차권등기명령에 기한 임차권등기가 완료된 주택 또는 상가건물을 그 이후에 임차한 임차인은 주보법 8조에 의한 우선변제권 또는 상보법 14조에 의한 우선변제를 받을 권리가 없기 때문이다(주보법 3조의3 6항).

따라서 위 사례에서 임차인 乙은 소액임차인으로서 1,600만원과 확정일자가 근저당권자 甲보다 앞서므로 확정일자에 의하여 2,400만원을 우선변제받게 되고, 남은 배당금 1,000만원은 근저당권자 甲에게 배당한다.

제53강

상가건물임대차보호법과 권리분석

〈강의 포인트〉

주택임대차보호법에 이어 상가건물임대차보호법과 권리분석에 대하여 설명한다. 상보법도 주택임차인의 임차보증금 우선변제권이나 상가건물임차인의 임차보증금 우선변제권은 그 요건이나 효력이 주보법과 대동소이하고, 다만 임차한 건물이 주거용 건물인지 상가용건물인지, 보호대상인 임차보증금의 상한에 제한이 있는지 여부, 소액보증금 최우선변제의 범위가 목적물가액의 2분의 1인지 3분의 1인지 및 법인도 적용대상인지에 차이가 있을 뿐이다.

상가건물의 임차인도 우선변제권을 취득하기 위하여 임대차계약서상에 **확정일자**를 받거나 **소액임차인**에 해당하여야 함은 주택임차인과 같고, 경매절차에서 배당을 받기 위해서는 배당요구의 종기까지 **배당요구**를 하여야 한다. 그리고 특이한 것은 보증금액을 정함에 있어서 보증금(차임이 없는 경우에는 보증금액만을 기준으로 함) 외에 차임이 있는 경우에는 차임액은 월 단위의 차임액으로 하고, 그 차임액에 1분의 100을 곱하여 환산한 금액을 포함하여야 한다는 것이다.

1. 상가건물임대차보호법의 제정 및 개정

상가건물의 임대차에서 일반적으로 경제적 · 사회적 약자인 임차인들을 보호함으로써 임차인들의 경제생활의 안정을 도모하기 위하여 민법에 대한 특례로 2001. 12. 29. 법률 6542호로 제정된 상가건물임대차보호법(이하 '동법' 또는 '상보법'이라 한다)은 당초 2003. 1. 1.부터 시행예정이었으나, 임대인의 과도한 임대료인상과 계약해지권 남발 등 폐단이 있어서 2002. 8. 26. 법률 6718호로 개정하여 그 시행시기를 2002. 11. 1.로 2개월 앞당겼다.

이에 따라 이 법에서 위임한 사항과 그 시행에 관하여 필요한 사항을 정하기 위하여 상가건물임대차보호법시행령(이하 '동법 시행령' 또는 '상보법 시행령'이라 한다)도 2002. 10. 14. 대통령령 17757호로 제정되어 2002. 11. 1.부터 시행되었으며 2008. 8. 21. 1차 개정되었다.

이후 상보법은 2005. 1. 27. 2차 개정과 2009. 1. 30. 3차 개정을 거쳐 2009. 5. 8. 4차 개정이 있었다.

◉ **2009 상가건물임대차보호법 일부개정 주요내용**

[2009.5.8. 개정, 2009.5.8. 시행, 법률 제9649호]

상가건물임대차보호법 일부를 다음과 같이 개정한다.

- 제10조 제4항 후단 중 "정하지 아니한 것"을, "1년"으로 한다.
- 부 칙

  이 법은 공포한 날부터 시행한다.

☞ 상가건물임대차보호법 개정이유 및 주요내용

임대차계약이 묵시적으로 갱신된 경우에 임대차 존속기간을 1년으로 보도록 함으로써 일반인이 명확하게 알 수 있게 하며, 임대차기간에 대한 분쟁을 방지하려는 것임.

2. 적용범위

(1) 상가건물의 의의

① 상가건물이란 부가가치세법 5조, 소득세법 168조 또는 법인세법 111조의 규정에 의한 사업자등록의 대상이 되는 건물을 말한다. 즉 임차인이 사업 또는 영업을 영위하기 위하여 임차한 건물을 의미하므로 사업 또는 영업이 이루어지는

사업장(영업용 또는 사업용으로 사용되는 건물)으로 이해하면 될 것이다.

② 상보법의 적용을 받는 상가건물이 되려면 법 3조 1항에 따른 사업자등록의 대상이 되는 장소(사업장) 중에서 최소한 건물이어야 한다.

③ 상보법 5조 2항 및 14조 3항에서 임차건물의 환가대금 또는 가액에 임대인 소유의 대지가액을 포함한다고 규정하고 있고, 통상적으로 건물의 임대차에는 그 부지부분의 이용이 당연히 수반되므로 상보법의 적용대상인 상가건물의 의미에는 **건물자체**뿐만 아니라 그 건물과 불가분의 관계를 가지는 임대인 소유의 **대지부분**을 포함하는 것으로 해석된다.

(2) 상가건물의 판단기준 및 시기

① 판단기준

- 상보법의 적용대상인 상가건물에 해당하는지 여부는 부동산등기부나 건축물관리대장 등 공부상의 표시에 의하여 형식적으로 판단할 것이 아니라 건물의 객관적 용도 · 실제의 이용현황 · 주변의 상황 등 여러 가지의 제반사정에 비추어 실질적으로 사업 또는 영업의 전부 또는 일부를 행하는 장소(사업장)인지 여부에 따라 판단하여야 한다. 예컨대 주택 1채를 임차하여 놀이방 등으로 사용하는 경우는 주보법의 적용대상이 아니라 상보법의 적용대상인 상가건물이 된다.
- 상가건물이 사회통념상 건물로 인정하기에 충분한 요건을 갖추고 실질적으로 사업용 또는 영업용으로 사용되고 있는 것이라면 건물의 종류 · 용도나 구조는 물론 본건물이든 부속건물이든 묻지 않는다. 또 관할관청으로부터 허가를 받지 않고 건축한 무허가 건물인 경우, 건축허가는 받았으나 아직 사용승인을 받지 못한 경우, 사용승인은 받았으나 아직 소유권보존등기가 완료되지 않은 경우라도 상보법의 적용대상이 될 수 있다.

② 판단시기

- 상가건물인지의 여부를 판단하는 기준시기는 원칙적으로 **임대차계약 체결시**이다. 임대차계약 체결 당시에 반드시 사업 또는 영업 목적으로 실제 사용되고 있을 것을 요하는 것은 아니나 적어도 임대차 목적물인 건물을 사업 또는 영업 목적으로 사용할 것이 예정되어 있어야 한다.
- 다만 원래 주거용 건물이었으나 임대차계약 체결시 사업용으로 개조하여 사용하기로 임대인과 합의를 하고 이후 개조하여 실제로 사업목적으로 사용하고 있다면 상보법의 적용대상이 된다고 보며, 임대차 기간 도중이라도 임대인의 승낙을

얻어 사업용으로 개조한 경우에는 마찬가지로 상보법이 적용된다고 할 것이다. 그러나 사업 또는 영업용으로의 개조가 임대인의 동의 없는 불법개조이거나 동의가 있었다고 하더라도 계약 종료시 원상회복을 전제로 한 개조인 경우에는 적용대상이 되지 않는다고 본다.

(3) 요건 및 적용대상 목적물

① 상보법은 **상가건물**의 임대차에 대하여 적용한다. 다만 대통령령이 정하는 **보증금액**을 **초과**하는 임대차에 대하여는 적용하지 않는다(상보법 2조). 따라서 상보법이 적용되기 위해서는 사업자등록의 대상이 되는 건물(상가건물)에 대한 임대차로서 보증금액이 상보법시행령 2조에 규정된 금액의 범위 내의 것이어야 한다(동법 2조 1항, 동법시행령 2조 1항).

기존 임차인과 새로운 임차인 사이에 수수한 이른바 **권리금**은 보증금이 아니므로 상보법의 적용 여부를 결정하는 기준이 되는 보증금액에 영향을 주지 않는다. 주택임차인은 주보법의 적용을 받는데 있어서 임차보증금의 상한에 제한이 없지만, 상가건물임차인은 그 상한에 제한이 있어 임차보증금이 상보법의 상한을 넘는 경우에는 처음부터 위 법의 적용대상이 아니다.

상보법은 상가건물의 전부뿐만 아니라 그 일부에 대한 임대차에도 적용된다. 즉 상보법의 적용대상이 되는 건물은 반드시 물리적으로 독립한 건물의 전체일 필요는 없고 그 일부라도 무방하다. 또한 건물의 일부가 굳이 구분건물일 것이 요구되지 않으며 독립성을 가져야 할 필요도 없고 4면이 벽인 칸막이로 둘러싸일 것도 요구되지 않는다.

② 사업자등록은 신규로 사업을 개시하는 경우에 하는 것이므로 상보법의 적용대상이 되는 건물은 **사업용** 내지 **영업용** 건물이어야 하고 비사업용 내지 비영업용 건물이어서는 안 된다. 여기에서 사업 내지 영업이라는 개념은 사업자등록을 위한 개념으로 상보법의 적용을 위한 최소한의 요건이다. 사업 내지 영업의 종류는 묻지 않는다.

부언하면 모든 상가임차인이 예외없이 상보법에 의한 보호를 받는 것이 아니라 상가임차인 중 영업용건물에 일정금액 이하의 보증금을 내고 입주한 영세상인만 동법의 보호를 받을 수 있다.

다만 종중이나 동창회 사무실 등 **비사업용 건물**(예 종중, 교회나 사찰 등 종교단체, 정당, 자선단체, 향우회 · 동호회 · 동창회 등 친목단체가 임차한 사무실)과 동법 시행령이 정하는 **보증금액을 초과**하는 상가건물은 제외된다.

③ 임차한 부분 전체가 영업용으로 사용되는 경우는 물론 “주된 부분을 영업용으로 사용하는 경우”에도 그 적용이 있다. 주된 부분을 영업용으로 사용하는 경우에 해당하는 지의 여부에 관하여는 주보법의 적용범위에 관한 해석이 그대로 적용될 수 있다.

(4) 적용대상 보증금액

대통령령이 정하는 보증금액의 범위는 보증금만 있는 경우에는 서울특별시에서 2억 6천만원 이하, 수도권정비계획법에 의한 수도권 중 과밀억제권역(서울특별시 제외)에서 2억 1천만원 이하, 광역시(군지역과 인천광역시 제외)에서 1억 6천만원 이하, 그 밖의 지역에서 1억 5천만원 이하인 상가임대차이고(상보법시행령 2조 1항), 위 보증금액을 정함에 있어서 보증금 외에 차임이 있는 경우에는 차임액은 월 단위의 차임액으로 하고, 그 차임액에 1분의 100을 곱하여 환산한 후 여기에 임차보증금액을 더한 금액이 적용 여부의 기준이 된다(동법 2조 2항, 동법 시행령 2조 2 · 3항).

◉ **보호대상 상가임대차 보증금 요약표**

구 분	지 역	금 액
2002. 11. 1.부터 ~ 2008. 8. 20.까지	서울특별시	2억 4천만원 이하
	수도권정비계획법에 의한 수도권 중 과밀억제권역(서울특별시 제외)	1억 9천만원 이하
	광역시(군지역과 인천광역시 제외)	1억 5천만원 이하
	그 밖의 지역	1억 4천만원 이하
2008. 8. 21.부터 ~ 현 재	서울특별시	2억 6천만원 이하
	수도권정비계획법에 의한 수도권 중 과밀억제권역(서울특별시 제외)	2억 1천만원 이하
	광역시(군지역과 인천광역시 제외)	1억 6천만원 이하
	그 밖의 지역	1억 5천만원 이하

(5) 환산보증금 산정방법

보증금액을 정함에 있어서 **보증금**(차임이 없는 경우에는 보증금액만을 기준으로 함) 외에

차임이 있는 경우에는 차임액은 월 단위의 차임액으로 하고, 그 차임액에 1분의 100을 곱하여 환산한 금액을 포함하여야 한다(동법 2조 2항, 동법시행령 2조 2 · 3항).

▶ **환산보증금의 계산방법(보증금 외에 월세가 있는 경우 보증금액 산정방법)**
환산보증금 = 보증금 + (월세액×100)

㉠ 서울의 경우 : 보증금 5천만원, 월세 100만원에 임차한 경우는 1억 5,000만원 [5,000만원 + (1,000,000 × 100)]이 되므로 상가건물임대차보호법의 적용대상이 된다.

실 전 사 례

Q 甲은 서울시 소재 상가건물을 보증금 4,000만원에 월세 50만원으로 임차하여 조그마한 분식점을 운영하려고 한다. 그런데 평소에 잘 알고 지내는 乙이 상가건물임대차보호법은 보증금의 액수에 따라 적용되지 않는 경우가 있다고 하며, 월세가 있는 경우는 월세를 환산하여 보증금액에 합산해서 기준보증금을 산정한다고 하는데, 이 경우 甲이 상가건물임대차보호법의 보호를 받을 수 있는지?

A 위 사안은 보증금 외에 월세가 있는 경우 보증금액 산정방법을 물어보는 경우로 다시 설명하여 보면 다음과 같다.

❶ 임대료는 보증금에 월세를 보증금으로 환산한 금액이 되는데 월세를 보증금으로 전환할 때는 연 12%(월 1%)의 전환율이 적용된다. 따라서 12개월 ÷ 0.12(12%) = 100이므로 월세의 보증금 환산비율은 100이 된다. 즉 월세에 100을 곱하고 여기에 보증금을 더하면 되는 것이다.

❷ 따라서 위 사안의 경우 甲이 상가건물임대차보호법에 의한 보호를 받기 위해서는 건물의 인도(입점)와 관할세무서에서의 사업자등록신청이라는 대항요건을 갖추고, 월세를 환산한 임차보증금액이 위 법의 적용범위에 해당되어야 한다.

따라서 보증금 4,000만원에 월세 50만원을 내는 계약을 체결하게 된다면 월세 50만원에 1백을 곱한 5,000만원에 보증금을 더한 9,000만원이 기준보증금으로 되는 것이므로(4000 + 50 × 100 = 9,000), 현행 같은 법 시행령상 서울지역(2억 6,000만원 이하)에서 상가건물임대차보호법의 적용을 받게 된다.

❸ 또한 계약체결 후 입점 및 사업자등록을 신청한 때에는 그 다음 날부터 제3자에 대하여 효력(대항력)이 생기며, 아울러 임대차계약서상에 확정일자까지 받아 둔다면 임차건물에 대하여 민사집행법에 의한 경매 또는 국세징수법에 의한 공매시 임차건물(임대인 소유의 대지를 포함함)의 환가대금에서 후순위권리자 그 밖의 채권자보다 우선하여 보증금을 변제받을 권리가 있게 된다.

(6) 적용시기와 효력범위

이 법은 원칙적으로 시행일 이후 체결되거나 갱신된 임대차부터 적용하되(동법 부칙 2항 본문), 다만 대항력(동법 3조), 보증금의 우선변제권(동법 5조) 및 소액임차인의 최우선변제권(동법 14조)에 관한 규정은 시행 당시 존속중인 임대차에 대하여도 적용되나, 시행 전에 물권을 취득한 제3자(㉑ 시행 전의 근저당권자)에 대하여는 그 효력이 없다(동법 부칙 2항 단서).

3. 대 항 력

(1) 대항요건(상가건물의 인도+사업자등록신청) 등

1) 대항요건과 대항력발생시기

임대차는 그 등기가 없는 경우에도 임차인이 **상가건물의 인도**(현실인도는 물론 간이인도, 점유개정에 의한 인도, 목적물반환청구권에 의한 인도 등도 포함됨)와 부가가치세법 5조, 소득세법 168조 또는 법인세법 111조의 규정에 의한 **사업자등록**을 **신청한 때**에는 그 **다음날**부터 제3자에 대하여 효력이 생긴다(동법 3조 1항).

그리고 임차건물의 양수인(그 밖에 임대할 권리를 승계한 자를 포함함)은 임대인의 지위를 승계한 것으로 본다(동법 3조 2항).

즉 본법의 적용을 받기 위하여는 임차인이 건물을 인도받고 관할세무서에 사업자등록을 신청한 그 다음날부터 제3자에 대하여 효력이 발생한다. 사업자등록은 주보법상의 주민등록전입신고와 유사한 것으로서 주보법 3조의 대항력 있는 주택의 경우와 동일한 요건이며, 효력발생의 시점도 동일하다.

☞ 임차인은 2002 .11. 1. 이전에 위 대항요건을 갖춘 경우에도 그 시행일부터 이 법에 의하여 대항력을 취득하는 것이므로 2002. 11. 1. 당시 이미 그 전에 완료된 가압류등기 또는 압류등기에 기하여 강제경매절차가 진행 중인 사건의 매수인에 대하여는 대항할 수 없다. 또한 위 대항력은 이 법 시행 전에 물권을 취득한 제3자에 대하여는 그 효력이 없으므로 2002. 11. 1. 당시 이미 그 전에 완료된 담보권에 기하여 경매절차가 진행 중인 사건의 매수인에 대하여는 대항할 수 없다.

2) 사업자등록과 존속요건 등

상가건물의 임차인이 임차보증금 반환채권에 대하여 상보법 3조 1항 소정의 대항력 또는 같은 법 5조 2항 소정의 우선변제권을 가지려면 임대차의 목적인 상가건물의 인도 및 부가가치세법 등에 의한 **사업자등록**을 구비하고, 관할세무서장으로부터 **확정일자**를 받아야 하며, 그 중 사업자등록은 대항력 또는 우선변제권의 취득요건일 뿐만 아니라 존속요건이기도 하므로 **배당요구의 종기**까지 존속하고 있어야 한다(대판 2005다

64002, 대판 2006다56299).

판례 1. 대판 2006. 1. 13. 2005다64002

[1] 상가건물의 임차인이 임대차보증금 반환채권에 대하여 상가건물임대차보호법상 대항력 또는 우선변제권을 가지기 위한 요건

상가건물의 임차인이 임대차보증금 반환채권에 대하여 상가건물임대차보호법 제3조 제1항 소정의 대항력 또는 같은 법 제5조 제2항 소정의 우선변제권을 가지려면 임대차의 목적인 상가건물의 인도 및 부가가치세법 등에 의한 사업자등록을 구비하고, 관할 세무서장으로부터 확정일자를 받아야 하며, 그 중 사업자등록은 대항력 또는 우선변제권의 취득요건일 뿐만 아니라 존속요건이기도 하므로 **배당요구의 종기**까지 존속하고 있어야 한다.

[2] 상가건물을 임차하고 사업자등록을 마친 사업자가 임차 건물의 전대차 등으로 당해 사업을 개시하지 않거나 사실상 폐업한 경우, 임차인이 상가건물임대차보호법상의 대항력 및 우선변제권을 유지하기 위한 방법

부가가치세법 제5조 제4항, 제5항의 규정 취지에 비추어 보면, 상가건물을 임차하고 사업자등록을 마친 사업자가 임차 건물의 전대차 등으로 당해 사업을 개시하지 않거나 사실상 폐업한 경우에는 그 사업자등록은 부가가치세법 및 상가건물임대차보호법이 상가임대차의 공시방법으로 요구하는 적법한 사업자등록이라고 볼 수 없고, 이 경우 임차인이 상가건물임대차보호법상의 대항력 및 우선변제권을 유지하기 위해서는 건물을 직접 점유하면서 사업을 운영하는 **전차인**이 그 명의로 사업자등록을 하여야 한다.

2. 대판 2008. 9. 25. 2008다44238

[1] 상가건물임대차보호법 제3조 제1항에서의 '사업자등록'이 임대차를 공시하는 효력이 있는지 여부의 판단 기준

상가건물임대차보호법 제3조 제1항에서 건물의 인도와 더불어 대항력의 요건으로 규정하고 있는 사업자등록은 거래의 안전을 위하여 임차권의 존재를 제3자가 명백히 인식할 수 있게 하는 공시방법으로서 마련된 것이므로 사업자등록이 어떤 임대차를 공시하는 효력이 있는지 여부는 일반 사회통념상 그 사업자등록으로 당해 임대차건물에 사업장을 임차한 사업자가 존재하고 있다고 인식할 수 있는지 여부에 따라 판단하여야 한다.

[2] 상가건물임대차보호법상 대항력을 인정받기 위하여 사업자등록이 갖추어야 할 요건

상가건물임대차보호법 제4조와 그 시행령 제3조 및 부가가치세법 제5조와 그 시행령 제7조(소득세법 및 법인세법상의 사업자등록에 준용)에 의하면, 건물의 임대차에 이해관계가 있는 자는 건물의 소재지 관할 세무서장에게 임대차와 사업자등록에 관한 사항의 열람 또는 제공을 요청할 수 있고, 사업자가 사업장을 임차한 경우에는 사업자등록신청서에 임대차계약서 사본을 첨부하도록 하여 임대차에 관한 사항의 열람 또는 제공은 첨부한 임대차계약서의 기재에 의하도록 하고 있으므로, 사업자등록신청서에 첨부한 임대차계약서상의 임대차목적물 소재지가 당해 상가건물에 대한 등기부상의 표시와 불일치하는 경우에는 특별한 사정이 없는 한 그 사업자등록은 제3자에 대한 관계에서 유효한 임대차의 공시방법이 될 수 없다. 또한 위 각 법령의 위 각 규정에 의하면, 사업자가 상가건물의 일부분을 임차하는 경우에는 사업자등록신청서에 해당 부분의 도면을 첨부하여야 하고, 이해관계인은 임대차의 목적이 건물의 일부분인 경우 그 부분 도면의 열람 또는 제공을 요청할 수 있도록 하고 있으므로 건물의 일부분을 임차한 경우 그 사업자등록이 제3자에 대한 관계에서 유효한 임대차의 공시방법이 되기 위해서는 사업자등록신청시 그임차 부분을 표시한 도면을 첨부하여야 한다.

3) 소유권이전등기청구권을 보전하기 위한 가등기가 완료된 후에 상보법상 대항력을 취득한 임차인이 그 가등기에 기하여 본등기를 완료한 자에 대하여 임대차의 효력으로써 대항할 수 있는지 여부

소유권이전등기청구권을 보전하기 위하여 가등기를 완료한 자가 그 가등기에 기하여 **본등기**를 완료한 경우에 가등기의 순위보전의 효력에 의하여 중간처분이 실효되는 효과를 가져오므로 가등기가 완료된 후 비로소 상보법 소정의 대항력을 취득한 상가건물의 임차인으로서는 그 가등기에 기하여 본등기를 완료한 자에 대하여 임대차의 효력으로써 대항할 수 없다(대판 2007다25599).

4) 상가건물임차인과 배당사례

① 권리관계 [임차권 ➟ 임차권 ➟ 근저당]

[서울 기준, 배당금액 7,000만원]

배당순위	권리내용 및 권리자	원인(설정)일자	배 당 액
1	임차권(甲) 2,500만원 ※ 차임 15만원 (배당요구)	2007. 1. 5. (건물인도 + 사업자등록 + 확정일자)	2,500만원
1	임차권(乙) 1,500만원 ※ 차임 20만원 (배당요구)	2007. 4. 6. (건물인도 + 사업자등록 + 확정일자)	11,666,666원
2	근저당(丙) 5,000만원	2007. 4. 6.	33,333,334원

② 해 설

- 말소기준권리는 2007. 4. 6. 丙의 근저당권이다. 위 권리관계에서 임차인 甲과 乙은 모두 상보법의 적용대상이자 소액임차인이다. 즉 상보법의 경우에 보증금액을 정함에 있어서 보증금 외에 차임이 있는 경우에는 차임액은 월 단위의 차임액으로 하고, 그 차임액에 1분의 100을 곱하여 환산한 금액을 포함하여야 하므로 먼저 보증금액을 환산해보면 甲의 경우 4,000만원 [2,500 + (15만원 ×

100)], 乙은 3,500만원 [1,500만원＋(20만원×100)]이 된다.

서울시의 소액임차보증금액과 최우선변제액은 4,500만원 이하의 보증금 중 1,350만원까지 이므로 환산보증금에 의하여 甲, 乙은 각 소액임차인으로서 최우선변제권의 대상이다.

• **甲, 乙에 대한 소액보증금의 최우선배당**

甲, 乙에 대한 최우선변제금액에 대하여 배당을 해보면 다음과 같다.

배당금액이 7,000만원이므로 甲, 乙은 그 **3분의** 1인 23,333,333원의 범위 내에서 최우선변제를 받을 수 있는데, 甲, 乙이 최우선변제를 받을 수 있는 금액은 각 1,350만원씩(합계 2,700만원)인 반면 甲, 乙에 대한 최우선변제금액의 한도는 23,333,333원으로 위 임차인들에 대한 최우선변제금액을 충족시킬 수 없기 때문에(3,666,667원이 부족하므로) 서로 간에 안분비례하여 배당해야 한다(임차권자 甲·乙의 배당금이 동일하나 甲에 대하여 반올림 함).

- **임차권자 甲** : 23,333,333원(배당재단) × 1,350만원 / 2,700만원(1,350만원＋1,350만원) = 11,666,667원(반올림)
- **임차권자 乙** : 23,333,333원(배당재단) × 1,350만원 / 2,700만원(1,350만원＋1,350만원) = 11,666,666원

• **확정일자부 임차인 甲에 대한 배당**

소액임차인들에 대한 배당이 끝났으므로 이어서 확정일자와 설정일자를 비교하여 더 빠른 甲에 대하여 13,333,333원(2,500만원－11,666,667원)을 추가로 배당하게 되면 결국 甲은 자기 청구금액인 2,500만원 전액을 배당받게 된다.

• **근저당권자 丙에 대한 배당**

이어서 다음순위로 배당을 해야할 자가 문제되는데, 임차권자 乙은 사업자등록을 2007. 4. 6.하였고, 근저당권자 丙의 근저당권설정일도 2007. 4. 6.로 서로 동일하다.

乙과 丙의 우선순위를 정해보면 임차권자 乙의 대항력은 2007. 4. 6. 다음날인 2007. 4. 7. 오전 0시에 발생하고, 그 확정일자에 의한 우선변제권도 대항력을 전제로 하는 것이므로 마찬가지로 2007. 4. 7. 오전 0시에 발생한다.

따라서 근저당권자 丙은 임차권자 乙의 대항력 및 우선변제권에 모두 앞서게 되므로 소액보증금의 배당을 제외하고는 배당에서 乙보다 우선하여 배당받게 된다.

결국 근저당권자 丙에게는 남은 배당금 33,333,334원 [7,000만원－36,666,666원(甲의 배당금 : 2,500만원＋乙의 배당금 : 11,666,666원)]을 모두 배당하고, 임차권자 乙

은 소액배당금 11,666,666원만을 배당받게 된다.

설령 임차권자 乙이 자기 배당금을 다 변제받지 못하였더라도 말소기준권리(丙의 근저당권)에 대항할 수 없으므로 매수인(낙찰자)에게 인수되지 않고 매각으로 소멸한다.

(2) 사업자등록의 신청

1) 사업자등록의 의의

사업자등록이란 정부(과세관청)가 조세채권을 확보함에 있어서 필요한 납세의무자의 인적사항, 즉 상호 · 성명 · 주소 · 주민등록번호 · 사업장 소재지 및 사업의 종류 등과 사업의 개시일 기타 과세자료를 파악하는데 필요한 사실을 납세의무자로부터 신청을 받아 세무관서의 대장에 등재하는 것을 말한다. 상가임차인이 임차권의 대항력을 취득하려면 상가건물을 인도받고 법률(부가가치세법 5조, 소득세법 168조, 법인세법 11조)에 따른 사업자등록을 신청하여야 한다(상보법 3조 1항).

사업자등록은 거래의 안전을 위하여 임차권의 존재를 제3자가 명백히 인식할 수 있게 하는 공시방법으로서 마련된 것이므로 사업자등록이 어떤 임대차를 공시하는 효력이 있는지 여부는 일반 사회통념상 그 사업자등록으로 당해 임대차건물에 사업장을 임차한 사업자가 존재하고 있다고 인식할 수 있는지 여부에 따라 판단하여야 한다(대판 2008다44238).

2) 사업자등록의 신청절차

① 등록신청

사업자는 원칙적으로 사업장마다 사업개시일부터 20일 이내에 사업장 관할세무서장에게 등록하여야 한다. 다만 신규사업자는 사업개시일 전이라도 등록이 가능하다(부가세법 5조 1항).

② 사업자등록신청서의 기재사항 및 첨부서류

사업자등록을 하고자 하는 사업자는 ㉠ 사업자의 인적사항, ㉡ 사업자등록신청사유, ㉢ 사업개시연월일 또는 사업장설치 착수연월일, ㉣ 기타 참고사항을 기재한 사업자등록신청서를 관할세무서장에게 제출하여야 한다(부가가치세법시행령 7조 1항).

사업자등록신청서에는 ㉠ 법령에 의하여 허가를 받거나 등록 또는 신고를 하여야 하는 사업의 경우에는 사업허가증 사본 · 사업등록증 사본 또는 신고필증 사본 ㉡ 사업장을 임차한 경우에는 임대차계약서 사본 ㉢ 상보법 2조 1항의 규정에 의한 상가건물을 임차한 경우 해당 부분의 도면(상가건물의 일부분을 임차하는 경우에 한함) 등의 서류를 첨부하여야 한다. 해당 법인의 설립등기 전 또는 사업의 허가 · 등록이나 신고 전에 등록을 하는 때에는 법인설립을 위한 사업허가신청서 사본, 사업등록신청서 사본, 사업신고서 사본이나 사업계획서로 이에 갈음할 수 있다(동조 2항).

3) 신청의 수리와 등록거부

① 신청의 수리(사업자등록증의 교부)

사업자등록을 신청 받은 세무서장은 사업자의 인적사항과 그 밖에 필요한 사항을 기재한 사업자등록증을 신청일부터 3일(토요일, 공휴일 또는 근로자의 날은 제외) 이내에 신청자에게 교부하여야 한다. 다만 사업장시설이나 사업현황을 확인하기 위하여 국세청장이 필요하다고 인정하는 경우에는 교부기한을 5일 이내에서 연장하고 조사한 사실에 따라 사업자등록증을 교부할 수 있다(부가가치세법시행령 7조 3항).

관할세무서장은 등록신청의 내용을 보정할 필요가 있다고 인정되는 때에는 10일 이내의 기간을 정하여 보정을 요구할 수 있다(동조 10항).

② 등록거부

신규로 사업을 개시하려는 자가 사업개시일 전에 사업자등록을 신청한 경우 등록의 신청을 받은 세무서장은 신청자가 사업을 사실상 개시하지 않을 것이라고 인정되는 때에는 등록을 거부할 수 있다(부가가치세법시행령 7조 5항). 세무서장이 신청자가 사업을 사실상 개시하지 않을 것이라고 인정하여 사업자등록을 정당하게 거부함에 따라 신청자가 재차 사업자등록을 신청하여 사업자등록증을 교부받은 경우에는 '재차 사업자등록을 신청한 날'을 사업자등록신청일로 보아야 한다.

4) 사업자등록 신청일의 확인

① 문 제 점

경매실무상 경매대상 부동산이 상가건물인 경우 임차인들이 '권리신고 및 배당요구신청서'의 첨부서류로 제출하는 사업자등록증에는 개업연월일과 사업자등록증 발급일만 기재되어 있어 '사업자등록 신청일'을 알기가 어려운 것이 현실이다. 상가건물의 인도와 사업자등록의 신청이라는 요건을 갖춘 임차인을 일정한 기준에 따라 보호하고자 하는 상보법 규정(3조 1항)의 취지에 비추어 볼 때, 사실상 사업자등록증의 기재만으로는 정확한 사업자등록 신청일자를 알기 어려우므로 사업자등록증상의 개업연월일이나 사업자등록증 발급일을 사업자등록신청일자로 볼 수는 없다.

② 사업자등록 신청일의 확인방법

상보법 4조 1항은 건물의 임대차에 이해관계 있는 자는 건물의 소재지 관할 세무서장에게 등록사항 등의 열람 또는 제공요청을 할 수 있고 관할세무서장은 정당한 사유 없이 이를 거부할 수 없도록 규정하고 있다. 따라서 현재 실무상 법원경매계에서 집행관에 대한 현황조사명령시 상가건물인 경우 **'임차인 등록사항 등의 현황서'**를 현황조사보고서의 첨부서류로 제출할 것을 요구하고 있으므로 입찰희망자는 매각기일 전에 현황조사보고서를 통하여 사업자등록신청일을 확인할 수 있다.

5) 공시방법으로서의 사업자등록의 유효성 판단기준

경매절차에 있어서 임대차의 공시방법으로서 사업자등록이 유효한지 여부는 당해 건물의 주관적인 사정이나 임차인의 의도가 아니라 이해관계인인 제3자의 입장에서 열람 등을 통하여 사회통념상 그 사업자등록으로 당해 임차건물에 사업장을 임차한 사업자가 존재하고 있다고 명백하게 인식할 수 있는지 여부에 따라 판단해야 할 것이다.

(3) 사업자등록 효력발생시기와 종기

1) 효력발생시기와 종기의 문제

상보법은 사업자등록을 신청한 때에 그 다음날부터 대항력을 가진다고 규정하고 있다(동법 3조 1항). 그런데 그 정확한 의미가 무엇인지, 또 사업자등록을 신청하였으나 불수리된 경우 또는 사업자등록이 말소되는 경우 사업자등록이 유효한 시점과 종료되는 시점이 언제부터인지 등이 문제된다.

2) 사업자등록의 효력발생시기

① 사업개시 이후에 사업자등록을 신청한 경우

부가가치세법상의 납세의무는 실제로 사업을 개시한 날을 기준으로 발생하지만, 상보법에 의한 임차권의 대항력은 '사업자등록 신청일 다음날'부터 효력을 발생한다(상보법 3조 1항). 따라서 실제로 사업을 개시하였다고 하더라도 사업자등록을 신청하지 않고 있는 동안에는 대항력이 발생하지 않는다.

② 사업개시일 이전에 사업자등록을 신청한 경우

부가가치세법에 의하면 사업개시일(재화 또는 용역의 공급을 개시하는 날, 동법 시행규칙 3조) 이전에 사업자등록을 할 수 있다(동법 5조 1항 단서). 이러한 경우 사업을 개시하였는지 여부는 이해관계인이 상보법의 적용을 받는 임차인이 존재하는지를 판단하는 기준이 아니므로 결국 사업개시 이전에 등록신청을 한 경우에도 상보법 3조 1항이 규정하고 있는 바에 따라 '사업자등록 신청일 다음날'부터 효력을 발생한다.

③ 사업을 폐지하였으나 사업자등록을 말소하지 않은 경우

사업을 폐지하여 사업자의 지위를 상실했다 하여 기존에 발생한 대항력이 상실되지는 않는다는 견해가 있지만, 상보법의 제정취지에 따르면 **사업을 폐지**한 경우는 이미 사업자의 지위를 상실하였다 할 것이므로 사업자등록이 형식적으로 존속한다 하더라도 대항력을 인정할 수 없다(대판 2005다64002). 이 경우 임차인이 상보법의 대항력 및 우선변제권을 유지하기 위해서는 건물을 직접 점유하면서 사업을 운영하는 **전차인**이 그 명의로 사업자등록을 하여야 한다.

판례 상가건물을 임차하고 사업자등록을 마친 사업자가 임차 건물의 전대차 등으로 당해 사업을 개시하지 않거나 사실상 폐업한 경우, 임차인이 상가건물임대차보호법상의 대항력 및 우선변제권을 유지하기 위한 방법

부가가치세법 제5조 제4항, 제5항의 규정 취지에 비추어 보면, 상가건물을 임차하고 사업자등록을 마친 사업자가 임차 건물의 전대차 등으로 당해 사업을 개시하지 않거나 사실상 폐업한 경우에는 그 사업자등록은 부가가치세법 및 상가건물 임대차보호법이 상가임대차의 공시방법으로 요구하는 적법한 사업자등록이라고 볼 수 없고, 이 경우 임차인이 상가건물 임대차보호법상의 대항력 및 우선변제권을 유지하기 위해서는 건물을 직접 점유하면서 사업을 운영하는 전차인이 그 명의로 사업자등록을 하여야 한다(대판 2006.1.13. 2005다64002).

④ 폐업신고 후 다시 사업자등록을 신청한 경우

- 사업은 계속 유지하면서도 사업기간이 길어짐에 따라 세금액이 증가하는 것을 방지할 목적으로 **폐업신고**를 하였다가 다시 신규로 사업자등록을 취득하는 경우, 폐업신고로 인하여 대항력이 소멸하게 되므로 '새로이 사업자등록을 신청한 때로부터' 대항력이 발생한다.
- 사업자등록은 대항력 또는 우선변제권의 취득요건일 뿐만 아니라 존속요건이기도 하므로 배당요구의 종기까지 존속하고 있어야 하는 것이며, 상가건물을 임차하고 사업자등록을 마친 사업자가 **폐업**한 경우에는 그 사업자등록은 상보법이 상가임대차의 공시방법으로 요구하는 적법한 사업자등록이라고 볼 수 없으므로(대판 2005다64002) 그 사업자가 폐업신고를 하였다가 다시 같은 상호 및 등록번호로 사업자등록을 하였다고 하더라도 상보법상의 대항력 및 우선변제권이 그대로 존속한다고 할 수 없다(대판 2006다56299).

3) 사업자등록을 신청하였으나 불수리된 경우

① 적법한 사업자등록 신청의 경우

사업자가 사업자등록에 필요한 요건을 갖추어 신청하였으나 관할세무서장이 이를 불수리한 경우에는 **최초 신청시**에 사업자등록 신청이 있었던 것으로 보아야 할 것이다. 사업자등록 신청이 **적법**함에도 관할세무서장이 사업자등록 신청을 불수리하거나 반려하는 경우에는 관할세무서장을 상대로 사업자등록 거부처분의 취소 내지 사업자등록 신청 반려처분의 취소를 행정소송의 형태로 구할 수 있다고 할 것이다.

② **부적법한 사업자등록 신청의 경우**

- 사업자등록신청서에 기재하여야 할 사항을 기재하지 않은 때, 필요한 서류를 첨부하지 않은 때 또는 신규로 사업을 개시하고자 하는 자가 사업개시일 전에 사업자등록 신청을 하였으나 신청자가 사업을 사실상 개시하지 않을 것이라고 인정되는 때 등 사업자등록에 필요한 요건을 갖추지 못한 경우에는 관할세무서장이 그 신청을 거부 또는 반려하거나 보완을 명할 수 있다. 이와 같이 요건의 흠결로 사업자등록이 거부된 때에는 신청일 다음날부터 대항력이 발생한다고 볼 수 없게 된다.
  이 경우에는 신청자가 요건을 갖추어 '재차 사업자등록을 신청한 날' 또는 '보완을 한 날'을 사업자등록 신청일로 보아야 할 것이다.
- 사업자등록 신청이 부적법하다면 그 등록신청이 수리되지 않은 근거에 관하여 설사 관계공무원이 잘못 설시하였다고 하더라도 이를 적법한 등록신청이 있는 경우와 같이 볼 것은 아니다(대판 99두6903).

4) 사업자등록이 정정된 경우

① **사업자등록정정**

사업자등록정정이라 함은 사업자등록사항 중 사업장 소재지, 상호, 대표자 등의 변경이 있을 때 이를 관할세무서장에게 제출하여 그 변경사항을 사업자등록에 반영하는 절차이다(부가가치세법 5조 5항, 동법 시행령 11조). 건물의 임대차에 이해관계가 있는 자는 건물의 소재지 관할 세무서장에게 임대차계약이 변경되거나 갱신된 경우에는 변경·갱신된 날짜, 보증금 및 차임, 임대차기간, 새로운 확정일자를 받은 날 등의 사항의 열람 또는 제공을 요청할 수 있다(상보법 4조 1항 6).

☞ 만일 임차한 상가건물을 사업장으로 하여 사업자등록을 한 사업자가 사업장을 다른 장소로 변경하는 사업자등록정정을 한 경우에는 정정된 사업자등록은 종전의 사업장에 관한 임대차를 공시하는 효력이 없다. 결국 이 경우에 사업자는 종전의 사업장에 관하여 취득한 임차권의 대항력을 상실하게 된다.

② **사업자등록정정의 효력**

사업자등록정정일은 사업자등록정정신청서가 관할세무서장에게 접수된 때를 말하므로 사업자등록정정신청을 한 때에는 그때부터 변경된 사항에 관한 사업자등록이 사업자등록으로서의 효력을 가지게 된다. 사업자등록정정신청이 신청요건에 하자가 있어 이를 보정하거나 정정신청이 불수리되는 경우의 효력은 사업자등록신청시의 경우와 동일하다.

5) 사업자등록이 말소되는 경우

사업자등록이 말소되는 경우로는 다음의 2가지 경우가 있다(부가가치세법 5조 6항).

- 폐업신고를 하여 이에 따라 관할세무서장이 사업자등록을 말소하는 경우(폐업신청에 의한 말소)
- 사업자가 사업개시일 전에 등록한 후 사실상 사업을 개시하지 않아 관할세무서장이 사업자등록을 말소하는 경우(직권말소)

① 폐업신청에 의한 말소의 경우

사업자가 해산, 사업부진 등을 이유로 폐업신고를 하여 그에 따라 관할세무서장이 사업자등록을 말소하는 경우에는 그 때부터 사업자등록이 효력을 상실한다. 따라서 위와 같은 사정에 의한 폐업신고로 인하여 사업자등록이 말소되면 대항력도 상실된다고 보아야 한다.

판례(대판 2006다56299 등)도 "상가건물을 임차하고 사업자등록을 마친 사업자가 **폐업**한 경우에는 그 사업자등록은 상가건물임대차보호법이 상가임대차의 공시방법으로 요구하는 적법한 사업자등록이라고 볼 수 없으므로, 그 사업자가 폐업신고를 하였다가 다시 같은 상호 및 등록번호로 사업자등록을 하였다고 하더라도 상가건물임대차보호법상의 대항력 및 우선변제권이 그대로 존속한다고 할 수 없다."고 판시하고 있다.

☞ 위 판례에 의하여 '**폐업신고 후 다시 사업자등록을 신청한 경우**'에도 상보법상의 대항력 및 우선변제권이 그대로 존속한다고 할 수 없다. 즉 **다시 사업자등록을 한 시점**을 기준으로 새로운 대항력이 발생한다.

② 직권말소의 경우

- 사업자등록이 되어 있다가 관할세무서장에 의하여 직권말소된 경우 직권말소된 때부터는 사업자등록이 효력을 상실한다(대항력의 상실시점이 일률적으로 결정될 수 없고 직권말소의 사유에 따라 다르다는 견해가 있음).

  다만 직권말소처분이 **부적법**하여 관할세무서장이 위 말소처분을 철회하거나 또는 취소소송에 의하여 위 처분이 취소되는 때에는 주보법(대판 91다18118, 대판 2000다37012 등 참조)에서와 마찬가지로 당초 사업자등록신청일로 **소급**하여 효력을 유지하는 것이 타당하다.
- 등록신청이 요건을 흠결하여 부적법하였으나 관할세무서장이 이를 수리하여 등록이 된 경우에는 위 등록이 사후에 말소되더라도 말소시까지는 대항력을 갖춘

것으로 보아야 한다.

(4) 사업자등록의 적법 여부 판단기준과 관련한 문제

① 사업자등록상의 주소와 공부상 주소가 불일치한 경우

사업장의 주소는 주민등록과 동일하게 제3자에 대한 공시기능을 담당하고 있다. 주보법의 경우 당해 주택의 등기부상 지번과 다른 주소로 전입신고를 마친 경우 이해관계인이 그 주민등록사항을 파악할 수 없게 되는 것과 마찬가지로 상보법에서도 **사업자등록상**의 지번이 건물의 **등기부상** 지번과 일치하여야만 적법한 사업자등록이라고 할 수 있다.

주보법상의 판례취지를 준용하여 **등기부등본상의 지번**으로 사업자등록을 하였으나 관할세무서가 담당공무원의 실수로 다른 사항이 등록되었던 경우에는 사업자등록 정정의 방법 등에 의하여 사실과 일치하는 사업자등록이 정정된 것을 전제로 당초의 사업자등록을 신청한 때로 소급하여 공시방법을 갖춘 것이라고 할 것이다.

② 임대차계약서상의 지번과 공부상 지번이 불일치한 경우

주보법의 경우는 주민등록에 의하여 당해 지번에 임차인이 존재하는지의 여부를 판단하게 되므로 임대차계약서상의 지번 기재가 부정확하더라도 주민등록이 유효하면 되나, 상보법의 경우에는 사업자등록 자체가 주민등록을 대신하여 공시방법으로서의 역할을 담당하고 사업자등록에 있어서의 주소는 임대차계약서의 기재를 원용하게 되므로 결국 '**임대차계약서상의 지번**'이 공시의 유효 여부를 판단하는 기준이 되는 것이다. 따라서 임대차계약서상의 지번이 등기부상의 지번과 불일치하는 경우라면 그 임차인은 대항력을 갖추지 못한 것이 된다.

③ 사업자등록상의 명의인과 임차인이 다른 경우 대항력의 인정 여부

- 상보법 3조 1항은 '임대차는 그 등기가 없는 경우에도 임차인이 건물의 인도와 사업자등록을 신청하면 그 다음날부터 제3자에 대하여 효력이 생긴다.'라고 규정하고 있으므로 사업자등록인과 임차인이 동일인이 아닌 경우에는 대항력을 인정할 수 없다.

  즉 상보법의 경우에는 실질적인 사업자인지의 여부와 관계없이 임차인이 자기의 이름으로 사업자등록을 하여야만 이해관계인이 열람하여 그 동일성 여부를 판단할 수 있으므로 **사업자등록인**과 **임차인**이 동일인이 아닌 경우에는 공시방법을 갖추지 못한 것으로 된다.

부언하면 상보법은 사업자등록인과 임차인이 동일인일 것을 요건으로 하고 있으므로 임차인인 사업자가 다른 사람 명의로 사업자등록을 한 경우(또는 사업자등록은 자기의 명의로 하였으나 다른 사람의 명의로 임차한 경우)에는 공시방법을 갖추지 못한 것이다.

- 다만 임대차계약서상의 임차인은 다른 사람의 명의로 되어 있으나 사업자등록인이 실질적인 임차인이고 명의상 임차인은 사업자등록인의 동거가족에 해당하는 경우는 입증을 통하여 대항력을 인정받을 수 있을 것이다.

4. 우선변제권

- 주택임차인의 임차보증금 우선변제권(주보법 3조의2 2항 · 8조 1항)이나 상가건물 임차인의 임차보증금 우선변제권(상보법 5조 2항 · 14조)은 그 요건이나 효력이 대동소이하고, 다만 임차한 건물이 주거용건물인지 상가용건물인지, 보호대상인 임차보증금의 상한에 제한이 있는지 여부, 소액보증금 최우선변제의 범위가 목적물가액의 2분의 1인지 3분의 1인지 및 법인도 적용대상인지에 차이가 있을 뿐이다.
- 상가건물의 임차인도 우선변제권을 취득하기 위하여 임대차계약서상에 **확정일자**를 받거나 **소액임차인**에 해당하여야 함은 주택임차인과 같고, 경매절차에서 배당을 받기 위해서는 배당요구의 종기까지 **배당요구**를 하여야 한다.
- 배당요구의 종기가 2002. 11. 1. 이전인 사건에 있어서는 배당요구를 할 수 없으므로(상보법의 시행이 2002.11.1.부터 이므로) 우선변제권을 행사할 수 없고, 소액임차인으로서 최우선변제를 받기 위해서는 경매기입등기 전에 대항력을 갖추고 있어야 하므로 2002. 11. 1. 당시 이미 경매가 진행 중인 사건에 있어서 최우선변제권은 인정되지 않는다.

(1) 확정일자부 임차인

1) 확정일자에 의한 우선변제권

대항요건을 갖추고 **관할세무서장**으로부터 임대차계약서상에 **확정일자**를 받은 임차인은 민사집행법에 의한 경매 또는 국세징수법에 의한 공매시 임차건물(임대인 소유의 대지를 포함함)의 환가대금에서 후순위권리자 그 밖의 채권자보다 우선하여 보증금을 변제받을 권리가 있다(동법 5조 2항).

▶ 우선변제권의 요건(5조 2항)

상가의 인도	+	사업자 등록	+	확정 일자	➡	경매·공매시 환가대금에서 우선변제권을 취득

2) 임차건물의 인도와 이의신청

임차인은 임차건물을 양수인에게 인도하지 않으면 보증금을 수령할 수 없고, 임차인의 우선순위와 보증금에 대하여 이의가 있는 이해관계인은 법원경매계 또는 체납처분청에 이의를 신청할 수 있다(동법 5조 3항, 4항).

3) 확정일자를 갖춘 임차보증금채권의 우선변제권 행사의 요건

- 상보법 3조 1항의 **대항요건**(임차목적물의 점유 및 사업자등록의 신청)을 갖출 것
  ☞ 소액보증금 최우선변제권의 경우와는 달리 첫 경매개시결정등기 전에 대항요건을 갖춰야 할 필요는 없고, 첫 경매개시결정등기 **이후**에 갖추어도 된다.
- 임대차계약서에 **확정일자**를 갖출 것
- 배당요구의 종기까지 **배당요구**를 하였을 것
- 배당요구의 종기까지 **대항력을 유지**할 것

(2) 소액임차인

1) 소액임차인의 최우선변제권

임차인은 보증금 중 일정액을 다른 담보물권자보다 우선하여 변제받을 권리가 있다. 이 경우 임차인은 건물에 대한 경매신청의 등기 전에 대항요건을 갖추어야 한다(동법 14조 1항).

위 규정에 의하여 우선변제를 받을 임차인 및 보증금 중 일정액의 범위와 기준은 임대건물 가액(임대인 소유의 대지 가액을 포함함)의 3분의 1의 범위 안에서 당해지역의 경제여건, 보증금 및 차임 등을 고려하여 대통령령으로 정한다(동법 14조 3항).

2) 최우선변제금의 범위

소액임차인으로서 최우선변제를 받기 위해서는 보증금과 차임이 있는 경우 법 2조 2항의 규정에 따라 환산한 금액의 합계가 다음 각 호의 구분에 의한 금액 이하이어야 하고(동법시행령 6조), 그에 상응하여 최우선변제를 받을 보증금 중 일정액의 범위는 다음 각 호의 구분에 의한 금액 이하로 한다(동법시행령 7조).

지 역	소액임차보증금액	최우선변제 일정액
서울특별시	4,500만원 이하	1,350만원
수도권정비계획법에 의한 수도권 중 과밀억제권역(서울특별시 제외)	3,900만원 이하	1,170만원
광역시(군지역과 인천광역시제외)	3,000만원 이하	900만원
그 밖의 지역	2,500만원 이하	750만원

※ 최우선변제권 있는 소액임차인은 보증금과 차임이 있는 경우 환산한 금액의 합계가 이에 해당하여야 한다(동법시행령 6조). 환산보증금의 계산방법은 앞에서 설명한 바와 같다.

3) 최우선변제의 한계

① 임차인의 보증금 중 일정액이 상가건물의 가액의 **3분의** 1을 초과하는 경우에는 상가건물의 가액의 3분의 1에 해당하는 금액에 한하여 우선변제권이 있다(동법시행령 7조 2항).

☞ 여기서 말하는 **건물가액**은 건물의 시가가 아니라 **실제 배당할 금액**(매각대금에다가 매수신청보증금에 대한 배당기일까지의 이자, 몰수된 매수신청보증금 등을 포함한 금액에서 집행비용을 공제한 나머지 금액)을 말한다.

② 하나의 상가건물에 임차인이 2인 이상이고, 그 각 보증금 중 일정액의 합산액이 상가건물의 가액의 3분의 1을 초과하는 경우에는 그 각 보증금 중 일정액의 합산액에 대한 각 임차인의 보증금 중 일정액의 비율로 그 상가건물의 가액의 3분의 1에 해당하는 금액을 분할한 금액을 각 임차인의 보증금 중 일정액으로 본다(동법시행령 7조 3항).

4) 소액보증금 최우선변제권 행사의 요건

- 배당요구의 종기까지 **배당요구**를 하였을 것
- 보증금 액수가 **소액보증금**(상보법시행령 6조 참조)에 해당할 것
- **첫 경매개시결정등기 전에 대항요건**(임차목적물의 점유 및 사업자등록의 신청)을 갖췄을 것
- 배당요구의 종기까지(매각결정기일까지×) **대항력을 유지**할 것

5. 임대차기간 등

① 기간의 정함이 없거나 기간을 1년 미만으로 정한 임대차는 그 기간을 1년으로 본다. 다만 임차인은 1년 미만으로 정한 기간이 유효함을 주장할 수 있다. 또 임대차가 종료한 경우에도 임차인은 보증금을 반환받을 때까지는 임대차관계는

존속하는 것으로 본다(동법 9조).

② 임차권은 임차건물에 대하여 민사집행법에 의한 경매가 행하여진 경우에는 그 임차건물의 매각에 의하여 소멸한다. 다만 보증금이 전액 변제되지 아니한 대항력 있는 임차권은 매각에 의하여 소멸되지 않는다(동법 8조).

③ 건물의 임대차에 이해관계가 있는 자는 건물의 소재지 관할세무서장에게 일정한 자료의 열람 또는 제공을 요청할 수 있으며, 이때 관할세무서장은 정당한 이유 없이 이를 거부할 수 없다(동법 4조).

④ 임대차가 종료된 후 보증금을 반환받지 못한 임차인은 임차건물의 소재지를 관할하는 지방법원 · 지방법원지원 또는 시 · 군법원에 임차권등기명령을 신청할 수 있다(동법 6조).

⑤ 민법의 규정에 의한 임대차등기의 효력에 관하여 임차권등기명령의 규정 일부를 준용하여 그 등기가 완료되면 대항력 및 우선변제권을 취득하거나 유지한다(동법 7조).

⑥ 차임 또는 보증금이 임차건물에 관한 조세, 공과금 그밖에 부담의 증감이나 경제사정의 변동으로 인하여 상당하지 아니하게 된 때에는 당사자는 장래에 대하여 그 증감을 청구할 수 있다(동법 11조).

⑦ 그 외에 임차인에게 불리한 약정의 무효(동법 15조), 미등기전세에의 준용(동법 17조), 소액사건심판법의 준용(동법 18조) 등은 주택임대차와 같다.

6. 주택 및 상가임대차보호법의 비교 요약표

<table>
<tr><th rowspan="3">구 분</th><th colspan="3">주택임대차(1981.3.5.시행)</th><th colspan="3">상가건물임대차(2002.11.1.시행)</th></tr>
<tr><th rowspan="2">보호대
상금액</th><th colspan="2">소액보증금
(2008.8.21.개정시행)</th><th rowspan="2">보호대상금액
(2008.8.21.
개정시행)</th><th colspan="2">소액보증금</th></tr>
<tr><th>대상금액</th><th>최우선변제액</th><th>대상금액</th><th>최우선변제액</th></tr>
<tr><td>서 울</td><td rowspan="2">제한없음</td><td rowspan="2">6,000만원
이하</td><td rowspan="2">2,000만원
까지</td><td>2억 6천만원
이하</td><td>4,500만원
이하</td><td>1,350만원
까지</td></tr>
<tr><td>수도권
과밀지역</td><td>2억 1천만원
이하</td><td>3,900만원
이하</td><td>1,170만원
까지</td></tr>
<tr><td>광역시
(인천·군
지역제외)</td><td>제한없음</td><td>5,000만원
이하</td><td>1,700만원
까지</td><td>1억 6천만원
이하</td><td>3,000만원
이하</td><td>900만원
까지</td></tr>
</table>

기타지역	제한없음	4,000만원 이하	1,400만원 까지	1억 5천만원 이하	2,500만원 이하	750만원까지
보호대상	주거용건물 전부 또는 일부			영업용건물(동창회 등 비영리단체 제외)		
임대차 최단기간	2년 (임차인은 2년미만으로 정한 기간 유효주장 가능)			1년 (임차인은 1년미만으로 정한 기간 유효주장 기능)		
계약갱신 요구권	• 임대인이 기간만료 6월부터 1월까지 갱신거절통지 않으면 묵시적 갱신 인정 [다만 존속기간은 2년(2009. 5. 8. 개정, 2009. 8. 8. 시행)으로 봄] • 임차인은 계약갱신요구권이 불인정 (2년간만 보장됨)			• 임차인이 기간만료 6월부터 1월까지 계약갱신 요구 가능(5년간 보장) • 임대인은 임대료 3회연체 등 법정사유 없으면 갱신거절 불가능(5년간)		
차임증액 청구	차임의 5%이하 (1년 내에는 불가능)			차임의 연9%이하 (1년 내에는 불가능)		
보증금의 월차임 전환	연14%이하			연15%이하		
보호대상 금액계산	보증금만 해당(월세는 제외)			환산보증[보증금 + 월세 × 100]		
보호장치	주민등록전입신고, 입주, 계약서확정일자(동사무소)			사업자등록신고, 확정일자(세무서)		
비 고	※ 수도권과밀지역(수도권정비계획법시행령 별표1) 서울시, 의정부시, 구리시, 하남시, 고양시, 수원시, 성남시, 안양시, 부천시, 광명시, 과천시, 의왕시, 군포시 전지역, 인천시일부, 남양주시일부, 시흥시일부지역			2002.11.1.이후 체결되거나 갱신된 임대차부터 적용 (다만 대항력, 우선변제권, 최우선변제권은 기 존속 중인 임대차에도 적용하되, 이 법 시행 전의 물권에 대하여는 대항력이 없음)		

※ [보충] 주보법과 상보법의 비교해설

❶ 공 통 점

구 분	주 보 법	상 보 법
양수인의 임대인 지위의 승계	임차주택의 양수인(기타 임대할 권리를 승계한 자를 포함함)은 "임대인의 지위"를 승계한 것으로 간주(주보법 3조 2항)	임차건물의 양수인(그 밖의 임대할 권리를 승계한자를 포함함)은 "임대인의 지위"를 승계한 것으로 간주(상보법 3조 2항)
추탈담보의 준용	대항력 있는 임차권이 존재하는지	민법 575조 1항 · 3항(제한물권 있

	를 모르고 임차주택을 매수하거나 매각받은 매수인은 이로 인하여 매매의 목적을 달성할 수 없으면 추탈담보의 규정에 따라 계약해제, 대금감액, 손해배상을 청구할 수 있고, 이 경우의 쌍방의 채무는 동시이행관계가 있다(동법 3조 4항, 5항). ☞ **추탈담보** : 매매의 목적물인 권리에 흠이 있는 경우에 매도인이 부담하는 담보책임을 말한다. 즉 매매의 목적물인 재산권의 전부 또는 일부가 매도인에게 속하지 않거나, 또는 매도인에게 속하지만 타인의 권리에 의하여 제한되어 있어서 매수인이 완전한 재산권을 취득할 수 없는 경우이다. 이를 매수인이 목적물을 제3자로부터 '추탈'당한 경우의 책임이라 하여 '추탈담보'라고 부른다. 그러나 이 용어는 정확하지 못하고, '권리의 하자에 대한 담보책임' 이라고 부르는 것이 일반적이고 또 타당하다.	는 경우와 매도인의 담보책임) 및 578조(경매와 매도인의 담보책임) 의 규정은 임대차의 목적인 건물이 매매 또는 경매의 목적물이 된 경우에 이를 준용하고, 민법 536조(동시이행의 항변권)의 규정은 위의 경우에 이를 준용한다(동법 3조 3항, 4항).
보증금판결에 기한 경매신청	보증금의 확정판결에 기한 경매를 신청하는 경우에는 "집행개시요건의 예외"로서 임차주택의 인도를 요하지 않는다(동법 3조의2 1항).	보증금의 확정판결에 기한 경매를 신청하는 경우에는 "집행개시요건의 예외"로서 임차건물의 인도를 요하지 않는다(동법 5조 1항).
보증금의 수령조건	임차인은 임차주택을 양수인에게 "인도"하지 않으면 확정일자부 보증금을 수령할 수 없다(동법 3조의2 3항).	임차인은 임차건물을 양수인에게 "인도"하지 않으면 확정일자부 보증금을 수령할 수 없다(동법 5조 3항).
보증금에 대한 이의	임차인의 보증금과 그 우선순위에 대하여 이의가 있는 이해관계인은 경매법원 또는 체납처분청에 이의신청할 수 있고, 이의신청자는 7일 이내에 임차인을 상대로 "소를 제기한 증명"(소제기증명)을 제출하여야 한다(동법 3조의2 4항, 5항, 6항).	임차인의 보증금과 그 우선변제의 순위에 대하여 이의가 있는 이해관계인은 경매법원 또는 체납처분청에 이의신청할 수 있고, 이의신청자는 7일 이내에 임차인을 상대로 "소를 제기한 증명"(소제기증명)을 제출하여야 한다(동법 5조 4항, 5항, 6항).
임차권등기명령	임대차가 종료된 후 보증금을 반환받지 못한 임차인은 관할법원에 임차권등기명령을 신청할 수 있고,	임대차가 종료된 후 보증금을 반환받지 못한 임차인은 관할법원에 임차권등기명령을 신청할 수 있고,

	임차권등기 이후에는 이사 등으로 대항요건을 상실하더라도 이미 취득한 "대항력" 또는 "우선변제권"을 상실하지 아니한다(동법 3조의3).	임차권등기 이후에는 대항요건을 상실하더라도 이미 취득한 "대항력" 또는 "우선변제권"을 상실하지 아니한다(동법 6조).
임차권설정등기	주택임차권설정등기를 신청하는 경우에는 "주민등록 일자", "점유개시일자", "확정일자" 등을 기재한다(동법 3조의4).	건물임차권설정등기를 신청하는 경우에는 "사업자등록신청일자", "점유개시일자", "확정일자" 등을 기재한다(동법 7조).
경매에 의한 임차권의 소멸	임차권은 그 임차주택의 경락(매각)에 의하여 "소멸"한다. 다만 보증금이 전액 변제되지 아니한 대항력 있는 임차권은 그러하지 아니한다(동법 3조의 5).	임차권은 그 임차주택의 경락에 의하여 "소멸"한다. 다만 보증금이 전액 변제되지 아니한 대항력 있는 임차권은 그러하지 아니한다(동법 8조).
법정임대차관계	임대차가 종료한 경우에 보증금반환청구와 목적물의 인도는 동시이행관계에 있어 약정임차권이 소멸한 후에도 법정임차권이 생긴다 (동법 4조 2항).	임대차가 종료한 경우에도 임차인이 보증금을 반환 받을 때까지는 임대차관계는 존속한 것으로 본다 (동법 9조 2항).
차임의 증감청구	약정한 차임 또는 보증금이 임차주택에 대한 조세 · 공과금 그 밖에 부담의 증감이나 경제사정의 변동으로 인하여 상당하지 아니하게 된 때에는, 당사자는 장래에 대하여 그 증감을 청구할 수 있다. 그러나 증액은 대통령령이 정하는 기준에 따라 1년 이내에는 하지 못하며, 20분의 1의 금액을 초과하지 못한다(동법 7조, 영2조).	차임 또는 보증금이 임차건물에 대한 조세 · 공과금 그 밖에 부담의 증감이나 경제사정의 변동으로 인하여 상당하지 아니하게 된 때에는, 당사자는 장래에 대하여 그 증감을 청구할 수 있다. 다만 증액은 1년 이내에는 하지 못하며, 대통령령이 정하는 기준(100분의 9)에 따른 비율을 초과하지 못한다 (동법 11조).
월차임 전환시 산정율의 제한	임대인의 과다한 월세로 인한 임차인의 피해를 방지하기 위하여 보증금을 월차임으로 전환하는 경우, 대통령령이 정하는 비율(연 1할 4푼)을 곱한 "월차임의 범위"를 초과할 수 없다[(법 개정으로 2002. 6.30.부터 시행(동법 7조의2)].	보증금의 전부 또는 일부를 월단위의 차임으로 전환하는 경우에는 그 전환되는 금액에 은행법에 의한 금융기관에서 적용하는 대출금리 및 당해지역의 경제여건 등을 감안하여 대통령령이 정하는 비율(연 1할 5푼)을 곱한 "월차임의 범위"를 초과할 수 없다(동법 12조).
강행규정	이 법의 규정에 위반된 약정으로서 임차인에게 "불리한 것"은 그 효력이 없다(동법 10조)	이 법의 규정에 위반된 약정으로서 임차인에게 "불리한 것"은 그 효력이 없다(동법 15조).

일시사용을 위한 임대차	이 법은 일시사용을 위한 임대차임이 명백한 경우에는 이를 적용하지 않는다(동법 11조).	이 법은 일시사용을 위한 임대차임이 명백한 경우에는 이를 적용하지 않는다(동법 16조).
미등기전세에의 준용	이 법은 주택의 등기하지 아니한 전세계약, 이른바 채권적 전세에 관하여 이를 준용한다. 이 경우 "전세금"은 "임대차의 보증금"으로 본다(동법 12조).	이 법은 목적건물의 등기하지 아니한 전세계약에 관하여 이를 준용한다. 이 경우 "전세금"은 "임대차의 보증금"으로 본다(동법 17조).
소액사건심판법의 준용	보증금반환소송을 신속히 진행할 수 있도록 "소가에 관계없이" 소장의 송달과 기일지정, 증거조사와 판결에 관한 특칙 등 소액사건심판법의 일부조항을 "준용"한다(동법 13조).	소액사건심판법 6조(소장의 송달과 준비명령) · 7조(기일지정 등) · 10조(증거조사에 관한 특칙) 및 11조의2(판결에 관한 특례)의 규정은 임차인이 임대인에 대하여 제기하는 보증금반환청구소송에 관하여 이를 준용한다(동법 18조).
경과조치	이 법은 1981.3.5.이후 체결되거나 갱신된 임대차에 적용한다. 다만 3조(대항력 등)의 규정은 이법 시행 당시 존속 중인 임대차에 대하여도 적용하되, 이 법 시행 전에 "물권을 취득한 제3자"에 대하여는 그 효력이 없다(동법 부칙 2항).	이 법은 2002.11.1.이후 체결되거나 갱신된 임대차에 적용한다. 다만 3조(대항력 등) · 5조(보증금의 회수) 및 14조(보증금 중 일정액의 보호)의 규정은 이 법 시행 당시 존속 중인 임대차에 대하여도 적용하되, 이 법 시행 전에 "물권을 취득한 제3자"에 대하여는 그 효력이 없다(동법 부칙 2항).

❷ 차 이 점

구 분	주 보 법	상 보 법
목 적	주택의 임대차에 관하여 민법에 대한 특례를 규정함으로써 "국민의 주거생활의 안정"을 보장함을 목적으로 한다(주보법 1조).	상가건물의 임대차에 관하여 민법에 대한 특례를 규정함으로써 "국민의 경제생활의 안정"을 보장함을 목적으로 한다(상보법 1조).
적용범위	"주거용 건물(주택)의 전부 또는 일부"의 임대차에 관하여 적용한다. 그 임대주택의 일부가 "주거 외의 목적으로 사용되는 경우"도 포함한다(동법 2조).	"사업자등록"의 대상이 되는 건물로서, 목적물의 "주된 부분"을 영업용으로 사용하는 임대차에 대하여 적용한다. 다만 "일정한 보증금액을 초과하는 임대차"는 제외한다(동법 2조).
대 항 력	"주택의 인도"와 "주민등록(전입신	"건물의 인도"와 "사업자등록"을

	고)"를 마친 그 다음 날부터 제3자에 대하여 효력이 생긴다(동법 3조 1항).	마친 그 다음 날부터 제3자에 대하여 효력이 생긴다(동법 3조 1항).
등록사항 등의 열람	"정당한 이해관계가 있는 자"는 읍·면·동사무소에 임차인의 주민등록표를 열람하거나 그 등본 또는 초본의 교부를 청구할 수 있다(주민등록법 18조 1항 2호, 동법시행령 43조 4항 3호).	건물의 임대차에 "이해관계가 있는 자"는 관할세무서에 임대인·임차인의 성명, 주소, 주민등록번호, 사업자등록신청일, 확정일자를 받은 날 등을 열람 또는 제공을 요청할 수 있다(동법 4조).
확정일자부 보증금의우선변제권	"대항요건"과 임대차계약서상의 "확정일자"를 갖추면 후순위권리자보다 우선하여 보증금을 변제받을 권리가 있다(동법 3조의2 2항).	"대항요건"을 갖추고 관할세무서장으로부터 임대차계약서상의 "확정일자"를 받으면 후순위권리자보다 우선하여 보증금을 변제받을 권리가 있다(동법 5조 2항).
소액보증금의 우선특권	경매신청등기 전에 대항요건을 갖추면 "보증금중 일정액"을 선순위권리자보다 우선하여 변제받을 권리가 있다. 그 범위는 대지의 가액을 포함한 주택가액의 "2분의1의 범위"안에서 대통령령으로 정한다(동법 8조).	경매신청등기 전에 대항요건을 갖추면 "보증금중 일정액"을 선순위권리자보다 우선하여 변제받을 권리가 있다. 그 범위는 임대인 소유의 대지가액을 포함한 임대건물가액의 "3분의 1의 범위"안에서 대통령령으로 정한다(동법 14조).
최단기간	기간의 정함이 없거나 기간을 2년 미만으로 정한 임대차는 그 기간을 "2년"으로 간주(동법 4조 1항).	기간의 정함이 없거나 기간을 1년 미만으로 정한 임대차는 그 기간을 "1년"으로 간주(동법 9조 1항).
임차권의승계	임차인이 사망하면, ㉠ "상속인"이 임차권의 권리의무를 승계하나, ㉡ 상속인이 없으면 사실상의 혼인관계에 있는 자, 즉 "내연의 처"가 승계하고, ㉢ 상속인이 같이 살지 않으면 "내연의 처"와 "2촌 이내의 친족"이 같이 승계한다(동법 9조).	임차권의 승계에 관한 특별법 규정이 없으므로 일반 원칙에 따라 "상속인"이 임차권의 권리의무를 승계한다(민법 1005조).
계약의 갱신	임대인이 임대차 기간 만료 전 "6월부터 1월까지" 사이에 임차인에 대하여 갱신거절의 통지 또는 조건을 변경하지 아니하면 갱신하지 아니한다는 뜻의 통지를 하지 아니한 경우에는, 그 기간이 만료된 때에 전임대차와 동일한 조건으로 다시 임대차한 것으로 본다. 다만	임차인이 임대차 기간 만료전 "6월부터 1월까지" 사이에 행하는 계약갱신요구에 대하여 임대인은 이 법에 규정된 정당한 사유 없이는 이를 거절하지 못하고, 임차인의 갱신요구권은 최초의 임대차기간을 포함한 전체 임대차기간이 "5년"을 초과하지 않는 범위 내에

	존속기간은 2년(2009.5.8. 개정, 2009. 8.8. 시행)으로 본다(동법 6조).	서만 행사할 수 있다(동법 10조).
전대차관계	전대차관계에 관한 규정은 없으나, 주택임차인으로부터 적법하게 전대 받은 주택전차인은 주택임차인의 대항력을 원용하여 행사할 수 있다고 해석한다(대판 87다카2509).	계약갱신요구권, 차임 등 증감청구권, 월차임전환시산정율의 제한규정은 전대인과 전차인의 전대차관계에 적용하고, 임대인의 동의를 받고 전대차계약을 체결한 전차인은 임차인의 계약갱신요구권 행사기간 범위 내에서 임차인을 대위하여 임대인에게 계약갱신요구권을 행사할 수 있다(동법 13조).
시 행 일	1981.3.5(동법 부칙 1항)	2002.11.1(동법 부칙 1항)
기존 임차인의 확정일자신청에 대한 경과조치	주보법이 제정되어 1981.3.5. 처음 시행될 당시에는 임차권의 대항력밖에 없었으나, 1984.1.1. 시행된 제1차 개정시에 "소액보증금의 우선특권"이, 1990.12.30. 시행된 제2차 개정시에 "확정일자부 보증금의 우선변제권"이 각 신설되었다(동법 3조 1항, 3조의2 2항, 8조).	이 법 시행 당시의 임차인으로서 보증금 우선변제의 보호를 받고자 하는 자는, 이 법 "시행 전에" 대통령령이 정하는 바에 따라 건물의 소재지 관할 세무서장에게 임대차 계약서상의 "확정일자"를 신청할 수 있다(동법 부칙 3항).

부 록

❶ 주택임대차보호법

❷ 주택임대차보호법시행령

❸ 상가건물임대차보호법

❹ 상가건물임대차보호법 시행령

❺ 민사집행법(부동산 경매 관련 부분)

❻ 전국법원 관할구역표

❶ 주택임대차보호법

[일부개정 2009.5.8. 법률 제9653호]

제1조 (목적)

이 법은 주거용 건물의 임대차에 관하여 민법에 대한 특례를 규정함으로써 국민 주거생활의 안정을 보장함을 목적으로 한다. [전문개정 2008.3.21]

제2조 (적용 범위)

이 법은 주거용 건물(이하 "주택"이라 한다)의 전부 또는 일부의 임대차에 관하여 적용한다. 그 임차주택의 일부가 주거 외의 목적으로 사용되는 경우에도 또한 같다. [전문개정 2008.3.21]

제3조 (대항력 등)

① 임대차는 그 등기가 없는 경우에도 임차인이 주택의 인도와 주민등록을 마친 때에는 그 다음 날부터 제삼자에 대하여 효력이 생긴다. 이 경우 전입신고를 한 때에 주민등록이 된 것으로 본다.

② 국민주택기금을 재원으로 하여 저소득층 무주택자에게 주거생활 안정을 목적으로 전세임대주택을 지원하는 법인이 주택을 임차한 후 지방자치단체의 장 또는 그 법인이 선정한 입주자가 그 주택을 인도받고 주민등록을 마쳤을 때에는 제1항을 준용한다. 이 경우 대항력이 인정되는 법인은 대통령령으로 정한다.

③ 임차주택의 양수인(그 밖에 임대할 권리를 승계한 자를 포함한다)은 임대인의 지위를 승계한 것으로 본다.

④ 이 법에 따라 임대차의 목적이 된 주택이 매매나 경매의 목적물이 된 경우에는 민법 제575조 제1항 · 제3항 및 같은 법 제578조를 준용한다.

⑤ 제4항의 경우에는 동시이행의 항변권에 관한 민법 제536조를 준용한다.

[전문개정 2008.3.21]

제3조의2 (보증금의 회수)

① 임차인(제3조 제2항의 법인을 포함한다. 이하 같다)이 임차주택에 대하여 보증금반환청구소송의 확정판결이나 그 밖에 이에 준하는 집행권원에 따라서 경매를 신청하는 경우에는 집행개시요건에 관한 민사집행법 제41조에도 불구하고 반대의무의 이행이나 이행의 제공을 집행개시의 요건으로 하지 아니한다.

② 제3조 제1항 또는 제2항의 대항요건과 임대차계약증서(제3조 제2항의 경우에는 법인과 임대인 사이의 임대차계약증서를 말한다)상의 확정일자를 갖춘 임차인은 민사집행법에 따른 경매 또는 국세징수법에 따른 공매를 할 때에 임차주택(대지를 포함한다)의 환가대금에서 후순위권리자나 그 밖의 채권자보다 우선하여 보증금을 변제받을 권리가 있다.

③ 임차인은 임차주택을 양수인에게 인도하지 아니하면 제2항에 따른 보증금을 받을 수 없다.

④ 제2항에 따른 우선변제의 순위와 보증금에 대하여 이의가 있는 이해관계인은 경매법원이나 체납처분청에 이의를 신청할 수 있다.

⑤ 제4항에 따라 경매법원에 이의를 신청하는 경우에는 민사집행법 제152조부터 제161조까지의 규정을 준용한다.
⑥ 제4항에 따라 이의신청을 받은 체납처분청은 이해관계인이 이의신청일부터 7일 이내에 임차인을 상대로 소를 제기한 것을 증명하면 해당 소송이 끝날 때까지 이의가 신청된 범위에서 임차인에 대한 보증금의 변제를 유보하고 남은 금액을 배분하여야 한다. 이 경우 유보된 보증금은 소송의 결과에 따라 배분한다.
[전문개정 2008.3.21]

제3조의3 (임차권등기명령)

① 임대차가 끝난 후 보증금을 반환받지 못한 임차인은 임차주택의 소재지를 관할하는 지방법원 · 지방법원지원 또는 시 · 군 법원에 임차권등기명령을 신청할 수 있다.
② 임차권등기명령의 신청서에는 다음 각 호의 사항을 적어야 하며, 신청의 이유와 임차권등기의 원인이 된 사실을 소명하여야 한다.
  1. 신청의 취지 및 이유
  2. 임대차의 목적인 주택(임대차의 목적이 주택의 일부분인 경우에는 해당 부분의 도면을 첨부한다)
  3. 임차권등기의 원인이 된 사실(임차인이 제3조 제1항 또는 제2항에 따른 대항력을 취득하였거나 제3조의2 제2항에 따른 우선변제권을 취득한 경우에는 그 사실)
  4. 그 밖에 대법원규칙으로 정하는 사항
③ 다음 각 호의 사항 등에 관하여는 민사집행법 제280조 제1항, 제281조, 제283조, 제285조, 제286조, 제288조 제1항 · 제2항 본문, 제289조, 제290조 제2항 중 제288조 제1항에 대한 부분, 제291조 및 제293조를 준용한다. 이 경우 "가압류"는 "임차권등기"로, "채권자"는 "임차인"으로, "채무자"는 "임대인"으로 본다.
  1. 임차권등기명령의 신청에 대한 재판
  2. 임차권등기명령의 결정에 대한 임대인의 이의신청 및 그에 대한 재판
  3. 임차권등기명령의 취소신청 및 그에 대한 재판
  4. 임차권등기명령의 집행
④ 임차권등기명령의 신청을 기각하는 결정에 대하여 임차인은 항고할 수 있다.
⑤ 임차인은 임차권등기명령의 집행에 따른 임차권등기를 마치면 제3조 제1항 또는 제2항에 따른 대항력과 제3조의2 제2항에 따른 우선변제권을 취득한다. 다만, 임차인이 임차권등기 이전에 이미 대항력이나 우선변제권을 취득한 경우에는 그 대항력이나 우선변제권은 그대로 유지되며, 임차권등기 이후에는 제3조 제1항 또는 제2항의 대항요건을 상실하더라도 이미 취득한 대항력이나 우선변제권을 상실하지 아니한다.
⑥ 임차권등기명령의 집행에 따른 임차권등기가 끝난 주택(임대차의 목적이 주택의 일부분인 경우에는 해당 부분으로 한정한다)을 그 이후에 임차한 임차인은 제8조에 따른 우선변제를 받을 권리가 없다.
⑦ 임차권등기의 촉탁, 등기공무원의 임차권등기 기입 등 임차권등기명령을 시행하는 데에 필요한 사항은 대법원규칙으로 정한다.
⑧ 임차인은 제1항에 따른 임차권등기명령의 신청과 그에 따른 임차권등기와 관련하여 든 비용을 임대인에게 청구할 수 있다.
[전문개정 2008.3.21]

제3조의4 (민법에 따른 주택임대차등기의 효력 등)

① 민법 제621조에 따른 주택임대차등기의 효력에 관하여는 제3조의3 제5항 및 제6항을 준용한다.

② 임차인이 대항력이나 우선변제권을 갖추고 민법 제621조 제1항에 따라 임대인의 협력을 얻어 임대차등기를 신청하는 경우에는 신청서에 부동산등기법 제156조의 사항 외에 다음 각 호의 사항을 적어야 하며, 이를 증명할 수 있는 서면(임대차의 목적이 주택의 일부분인 경우에는 해당 부분의 도면을 포함한다)을 첨부하여야 한다.

1. 주민등록을 마친 날
2. 임차주택을 점유한 날
3. 임대차계약증서상의 확정일자를 받은 날

[전문개정 2008.3.21]

제3조의5 (경매에 의한 임차권의 소멸)

임차권은 임차주택에 대하여 민사집행법에 따른 경매가 행하여진 경우에는 그 임차주택의 경락에 따라 소멸한다. 다만, 보증금이 모두 변제되지 아니한, 대항력이 있는 임차권은 그러하지 아니하다.

[전문개정 2008.3.21]

제4조 (임대차기간 등)

① 기간을 정하지 아니하거나 2년 미만으로 정한 임대차는 그 기간을 2년으로 본다. 다만, 임차인은 2년 미만으로 정한 기간이 유효함을 주장할 수 있다.

② 임대차기간이 끝난 경우에도 임차인이 보증금을 반환받을 때까지는 임대차관계가 존속되는 것으로 본다.

[전문개정 2008.3.21]

제5조

삭제<1989.12.30>

제6조 (계약의 갱신)

① 임대인이 임대차기간이 끝나기 6개월 전부터 1개월 전까지의 기간에 임차인에게 갱신거절의 통지를 하지 아니하거나 계약조건을 변경하지 아니하면 갱신하지 아니한다는 뜻의 통지를 하지 아니한 경우에는 그 기간이 끝난 때에 전 임대차와 동일한 조건으로 다시 임대차한 것으로 본다. 임차인이 임대차기간이 끝나기 1개월 전까지 통지하지 아니한 경우에도 또한 같다.

② 제1항의 경우 임대차의 존속기간은 2년으로 본다.<개정 2009.5.8>

③ 2기의 차임액에 달하도록 연체하거나 그 밖에 임차인으로서의 의무를 현저히 위반한 임차인에 대하여는 제1항을 적용하지 아니한다.

[전문개정 2008.3.21]

제6조의2 (묵시적 갱신의 경우 계약의 해지)

① 제6조 제1항에 따라 계약이 갱신된 경우 같은 조 제2항에도 불구하고 임차인은 언제든지 임대인에게 계약해지를 통지할 수 있다. <개정 2009.5.8>

② 제1항에 따른 해지는 임대인이 그 통지를 받은 날부터 3개월이 지나면 그 효력이 발생한다.

[전문개정 2008.3.21]

제7조 (차임 등의 증감청구권)

당사자는 약정한 차임이나 보증금이 임차주택에 관한 조세, 공과금, 그 밖의 부담의 증감이나 경제사정의 변동으로 인하여 적절하지 아니하게 된 때에는 장래에 대하여 그 증감을 청구할 수 있다. 다만, 증액의 경우에는 대통령령으로 정하는 기준에 따른 비율을 초과하지 못한다.

[전문개정 2008.3.21]

제7조의2 (월차임 전환 시 산정률의 제한)

보증금의 전부 또는 일부를 월 단위의 차임으로 전환하는 경우에는 그 전환되는 금액에 은행법에 따른 금융기관에서 적용하는 대출금리와 해당 지역의 경제 여건 등을 고려하여 대통령령으로 정하는 비율을 곱한 월차임의 범위를 초과할 수 없다.

[전문개정 2008.3.21]

제8조 (보증금 중 일정액의 보호)

① 임차인은 보증금 중 일정액을 다른 담보물권자보다 우선하여 변제받을 권리가 있다. 이 경우 임차인은 주택에 대한 경매신청의 등기 전에 제3조 제1항의 요건을 갖추어야 한다.

② 제1항의 경우에는 제3조의2 제4항부터 제6항까지의 규정을 준용한다.

③ 제1항에 따라 우선변제를 받을 임차인 및 보증금 중 일정액의 범위와 기준은 제8조의2에 따른 주택임대차위원회의 심의를 거쳐 대통령령으로 정한다. 다만, 보증금 중 일정액의 범위와 기준은 주택가액(대지의 가액을 포함한다)의 2분의 1을 넘지 못한다. <개정 2009.5.8>

[전문개정 2008.3.21]

제8조의2 (주택임대차위원회)

① 제8조에 따라 우선변제를 받을 임차인 및 보증금 중 일정액의 범위와 기준을 심의하기 위하여 법무부에 주택임대차위원회(이하 "위원회"라 한다)를 둔다.

② 위원회는 위원장 1명을 포함한 9명 이상 15명 이하의 위원으로 구성한다.

③ 위원회의 위원장은 법무부차관이 된다.

④ 위원회의 위원은 다음 각 호의 어느 하나에 해당하는 사람 중에서 위원장이 위촉하되, 다음 제1호부터 제5호까지에 해당하는 위원을 각각 1명 이상 위촉하여야 하고, 위원 중 2분의 1 이상은 제1호 · 제2호 또는 제6호에 해당하는 사람을 위촉하여야 한다.

1. 법학 · 경제학 또는 부동산학 등을 전공하고 주택임대차 관련 전문지식을 갖춘 사람으로서 공인된 연구기관에서 조교수 이상 또는 이에 상당하는 직에 5년 이상 재직한 사람
2. 변호사 · 감정평가사 · 공인회계사 · 세무사 또는 공인중개사로서 5년 이상 해당 분야에서 종사하고 주택임대차 관련 업무경험이 풍부한 사람
3. 기획재정부에서 물가 관련 업무를 담당하는 고위공무원단에 속하는 공무원
4. 법무부에서 주택임대차 관련 업무를 담당하는 고위공무원단에 속하는 공무원(이에 상당하는 특정직 공무원을 포함한다)
5. 국토해양부에서 주택사업 또는 주거복지 관련 업무를 담당하는 고위공무원단에 속하는 공무원
6. 그 밖에 주택임대차 관련 학식과 경험이 풍부한 사람으로서 대통령령으로 정하는

사람

⑤ 그 밖에 위원회의 구성 및 운영 등에 필요한 사항은 대통령령으로 정한다.

[본조신설 2009.5.8]

제9조 (주택 임차권의 승계)

① 임차인이 상속인 없이 사망한 경우에는 그 주택에서 가정공동생활을 하던 사실상의 혼인 관계에 있는 자가 임차인의 권리와 의무를 승계한다.

② 임차인이 사망한 때에 사망 당시 상속인이 그 주택에서 가정공동생활을 하고 있지 아니한 경우에는 그 주택에서 가정공동생활을 하던 사실상의 혼인 관계에 있는 자와 2촌 이내의 친족이 공동으로 임차인의 권리와 의무를 승계한다.

③ 제1항과 제2항의 경우에 임차인이 사망한 후 1개월 이내에 임대인에게 제1항과 제2항에 따른 승계 대상자가 반대의사를 표시한 경우에는 그러하지 아니하다.

④ 제1항과 제2항의 경우에 임대차 관계에서 생긴 채권 · 채무는 임차인의 권리의무를 승계한 자에게 귀속된다.

[전문개정 2008.3.21]

제10조 (강행규정)

이 법에 위반된 약정으로서 임차인에게 불리한 것은 그 효력이 없다.

[전문개정 2008.3.21]

제11조 (일시사용을 위한 임대차)

이 법은 일시사용하기 위한 임대차임이 명백한 경우에는 적용하지 아니한다.

[전문개정 2008.3.21]

제12조 (미등기 전세에의 준용)

주택의 등기를 하지 아니한 전세계약에 관하여는 이 법을 준용한다. 이 경우 "전세금"은 "임대차의 보증금"으로 본다.

[전문개정 2008.3.21]

제13조 (소액사건심판법의 준용)

임차인이 임대인에 대하여 제기하는 보증금반환청구소송에 관하여는 소액사건심판법 제6조, 제7조, 제10조 및 제11조의2를 준용한다.

[전문개정 2008.3.21]

부칙 〈제3379호, 1981.3.5〉

① (시행일) 이 법은 공포한 날로부터 시행한다.

② (경과조치) 이 법은 이 법 시행 후 체결되거나 갱신된 임대차에 이를 적용한다. 다만, 제3조의 규정은 이 법 시행당시 존속중인 임대차에 대하여도 이를 적용하되 이 법 시행 전에 물권을 취득한 제3자에 대하여는 그 효력이 없다.

부칙 〈제3682호, 1983.12.30〉

① (시행일) 이 법은 1984년 1월 1일부터 시행한다.

② (경과조치의 원칙) 이 법은 특별한 규정이 있는 경우를 제외하고는 이 법 시행 전에 생긴 사항에 대하여도 이를 적용한다. 그러나 종전의 규정에 의하여 생긴 효력에는 영향을 미치지 아니한다.

③ (차임 등의 증액청구에 관한 경과조치) 제7조 단서의 개정규정은 이 법 시행 전에 차임등의 증액청구가 있은 경우에는 이를 적용하지 아니한다.
④ (소액보증금의 보호에 관한 경과조치) 제8조의 개정규정은 이 법 시행전에 임차주택에 대하여 담보물권을 취득한 자에 대하여는 이를 적용하지 아니한다.

부칙(정부부처명칭 등의 변경에 따른 건축법 등의 정비에 관한 법률) 〈제5454호, 1997.12.13〉

이 법은 1998년 1월 1일부터 시행한다. <단서 생략>

부칙 〈제5641호, 1999.1.21〉

① (시행일) 이 법은 1999년 3월 1일부터 시행한다.
② (존속중인 임대차에 관한 경과조치) 이 법은 특별한 규정이 있는 경우를 제외하고는 이 법 시행당시 존속중인 임대차에 대하여도 이를 적용한다.
③ (임대차등기에 관한 경과조치) 제3조의4의 개정규정은 이 법 시행 전에 이미 경료된 임대차등기에 대하여는 이를 적용하지 아니한다.

부칙 〈제6541호, 2001.12.29〉

이 법은 공포 후 6월이 경과한 날부터 시행한다.

부칙(민사집행법) 〈제6627호, 2002.1.26〉

제1조 (시행일)

이 법은 2002년 7월 1일부터 시행한다.

제2조

내지 제5조 생략

제6조 (다른 법률의 개정)

①내지 <41>생략

<42> 주택임대차보호법 중 다음과 같이 개정한다.

제3조의2 제1항 중 “채무명의”를 “집행권원”으로, “민사소송법 제491조의2”를 “민사집행법 제41조”로 하고, 같은 조 제2항 중 “민사소송법”을 “민사집행법”으로 하며, 같은 조 제5항 중 “민사소송법 제590조 내지 제597조”를 “민사집행법 제152조 내지 제161조”로 한다.

제3조의3 제3항 중 “민사소송법 제700조 제1항, 제701조, 제703조, 제704조, 제706조 제1항 · 제3항 · 제4항 전단, 제707조, 제710조”를 “민사집행법 제280조 제1항, 제281조, 제283조, 제285조, 제286조, 제288조 제1항 · 제2항 · 제3항 전단, 제289조 제1항 내지 제4항, 제290조 제2항 중 제288조 제1항에 대한 부분, 제291조, 제293조”로 한다.

제3조의5 본문 중 “민사소송법”을 “민사집행법”으로 한다.

<43>내지 <55>생략

제7조

생략

부칙(민사집행법) 〈제7358호, 2005.1.27〉

제1조 (시행일)

이 법은 공포 후 6월이 경과한 날부터 시행한다.

제2조

생략

제3조 (다른 법률의 개정)

① 생략

② 주택임대차보호법 중 다음과 같이 개정한다.

제3조의3 제3항 전단 중 "민사집행법 제280조 제1항, 제281조, 제283조, 제285조, 제286조, 제288조 제1항 · 제2항 · 제3항 전단, 제289조 제1항 내지 제4항"을 "민사집행법 제280조 제1항, 제281조, 제283조, 제285조, 제286조, 제288조 제1항 · 제2항 본문, 제289조"로 한다.

③ 생략

제4조

생략

부칙 〈제8583호, 2007.8.3〉

이 법은 공포 후 3개월이 경과한 날부터 시행한다.

부칙 〈제8923호, 2008.3.21〉

이 법은 공포한 날부터 시행한다.

부칙 〈제9653호, 2009.5.8〉

이 법은 공포 후 3개월이 경과한 날부터 시행한다.

❷ 주택임대차보호법시행령

[일부개정 2009.9.21 대통령령 제21744호]

제1조 (목적)

이 영은 주택임대차보호법에서 위임된 사항과 그 시행에 관하여 필요한 사항을 정함을 목적으로 한다.

[전문개정 2008.8.21]

제1조의2 (대항력이 인정되는 법인)

주택임대차보호법(이하 "법"이라 한다) 제3조 제2항 후단에서 "대항력이 인정되는 법인"이란 다음 각 호의 법인을 말한다. <개정 2009.9.21>

1. 한국토지주택공사법에 따른 한국토지주택공사
2. 지방공기업법 제49조에 따라 주택사업을 목적으로 설립된 지방공사

[전문개정 2008.8.21]

제2조 (차임 등 증액청구의 기준 등)

① 법 제7조에 따른 차임이나 보증금(이하 "차임 등"이라 한다)의 증액청구는 약정한 차임 등의 20분의 1의 금액을 초과하지 못한다.

② 제1항에 따른 증액청구는 임대차계약 또는 약정한 차임 등의 증액이 있은 후 1년 이내에는 하지 못한다.

[전문개정 2008.8.21]

제2조의2 (월차임 전환 시 산정률)

법 제7조의2에서 "대통령령으로 정하는 비율"이란 연 1할4푼을 말한다.

[전문개정 2008.8.21]

제3조 (보증금 중 일정액의 범위 등)

① 법 제8조에 따라 우선변제를 받을 보증금 중 일정액의 범위는 다음 각 호의 구분에 의한 금액 이하로 한다.

1. 수도권정비계획법에 따른 수도권 중 과밀억제권역: 2천만원
2. 광역시(군지역과 인천광역시지역은 제외한다): 1천700만원
3. 그 밖의 지역: 1천400만원

② 임차인의 보증금 중 일정액이 주택가액의 2분의 1을 초과하는 경우에는 주택가액의 2분의 1에 해당하는 금액까지만 우선변제권이 있다.

③ 하나의 주택에 임차인이 2명 이상이고, 그 각 보증금 중 일정액을 모두 합한 금액이 주택가액의 2분의 1을 초과하는 경우에는 그 각 보증금 중 일정액을 모두 합한 금액에 대한 각 임차인의 보증금 중 일정액의 비율로 그 주택가액의 2분의 1에 해당하는 금액을 분할한 금액을 각 임차인의 보증금 중 일정액으로 본다.

④ 하나의 주택에 임차인이 2명 이상이고 이들이 그 주택에서 가정공동생활을 하는 경우에는 이들을 1명의 임차인으로 보아 이들의 각 보증금을 합산한다.

[전문개정 2008.8.21]

제4조 (우선변제를 받을 임차인의 범위)

법 제8조에 따라 우선변제를 받을 임차인은 보증금이 다음 각 호의 구분에 의한 금액 이하인 임차인으로 한다.

1. 수도권정비계획법에 따른 수도권 중 과밀억제권역: 6천만원
2. 광역시(군지역과 인천광역시지역은 제외한다): 5천만원
3. 그 밖의 지역: 4천만원

[전문개정 2008.8.21]

제5조 (주택임대차위원회의 구성)

법 제8조의2 제4항 제6호에서 “대통령령으로 정하는 사람”이란 다음 각 호의 어느 하나에 해당하는 사람을 말한다.

1. 특별시 · 광역시 · 도 및 특별자치도(이하 “시 · 도”라 한다)에서 주택정책 또는 부동산 관련 업무를 담당하는 주무부서의 실 · 국장
2. 법무사로서 5년 이상 해당 분야에서 종사하고 주택임대차 관련 업무 경험이 풍부한 사람

[본조신설 2009.7.30]

제6조 (위원의 임기 등)

① 법 제8조의2에 따른 주택임대차위원회(이하 “위원회”라 한다)의 위원의 임기는 2년으로 한다. 다만, 공무원인 위원의 임기는 그 직위에 재직하는 기간으로 한다.

② 위원장은 위촉된 위원이 부득이한 사유로 직무를 수행할 수 없게 되거나, 직무를 현저히 게을리하는 등 위원으로 적합하지 않다고 인정된 경우에는 해촉할 수 있다.

[본조신설 2009.7.30]

제7조 (위원장의 직무)

① 위원장은 위원회를 대표하고, 위원회의 업무를 총괄한다.

② 위원장이 부득이한 사유로 인하여 직무를 수행할 수 없을 때에는 위원장이 미리 지명한 위원이 그 직무를 대행한다.

[본조신설 2009.7.30]

제8조 (간사)

① 위원회에 간사 1명을 두되, 간사는 주택임대차 관련 업무에 종사하는 법무부 소속의 고위공무원단에 속하는 일반직 공무원(이에 상당하는 특정직 · 별정직 공무원을 포함한다) 중에서 위원회의 위원장이 지명한다.

② 간사는 위원회의 운영을 지원하고, 위원회의 회의에 관한 기록과 그 밖에 서류의 작성과 보관에 관한 사무를 처리한다.

③ 간사는 위원회에 참석하여 심의사항을 설명하거나 그 밖에 필요한 발언을 할 수 있다.

[본조신설 2009.7.30]

제9조 (위원회의 회의)

① 위원회의 회의는 매년 1회 개최되는 정기회의와 위원장이 필요하다고 인정하거나 위원 3분의 1 이상이 요구할 경우에 개최되는 임시회의로 구분하여 운영한다.

② 위원장은 위원회의 회의를 소집하고, 그 의장이 된다.

③ 위원회의 회의는 재적위원 과반수의 출석으로 개의하고, 출석위원 과반수의 찬성으로 의결한다.

④ 위원회의 회의는 비공개로 한다.
⑤ 위원장은 위원이 아닌 자를 회의에 참석하게 하여 의견을 듣거나 관계 기관 · 단체 등에게 필요한 자료, 의견 제출 등 협조를 요청할 수 있다.
[본조신설 2009.7.30]

제10조 (실무위원회)

① 위원회에서 심의할 안건의 협의를 효율적으로 지원하기 위하여 위원회에 실무위원회를 둔다.
② 실무위원회는 다음 각 호의 사항을 협의 · 조정한다.
1. 심의안건 및 이와 관련하여 위원회가 위임한 사항
2. 그 밖에 위원장 및 위원이 실무협의를 요구하는 사항
③ 실무위원회의 위원장은 위원회의 간사가 되고, 실무위원회의 위원은 다음 각 호의 사람 중에서 그 소속기관의 장이 지명하는 사람으로 한다.
1. 기획재정부에서 물가 관련 업무를 담당하는 5급 이상의 국가공무원
2. 법무부에서 주택임대차 관련 업무를 담당하는 5급 이상의 국가공무원
3. 국토해양부에서 주택사업 또는 주거복지 관련 업무를 담당하는 5급 이상의 국가공무원
4. 시 · 도에서 주택정책 또는 부동산 관련 업무를 담당하는 5급 이상의 지방공무원
[본조신설 2009.7.30]

제11조 (전문위원)

① 위원회의 심의사항에 관한 전문적인 조사 · 연구업무를 수행하기 위하여 5명 이내의 전문위원을 둘 수 있다.
② 전문위원은 법학, 경제학 또는 부동산학 등에 학식과 경험을 갖춘 사람 중에서 법무부장관이 위촉하고, 임기는 2년으로 한다.
[본조신설 2009.7.30]

제12조 (수당)

위원회 또는 실무위원회 위원에 대해서는 예산의 범위에서 수당을 지급할 수 있다. 다만, 공무원인 위원이 그 소관 업무와 직접적으로 관련되어 위원회에 출석하는 경우에는 그러하지 아니하다.
[본조신설 2009.7.30]

제13조 (운영세칙)

이 영에서 규정한 사항 외에 위원회의 운영에 필요한 사항은 법무부장관이 정한다.
[본조신설 2009.7.30]

부칙 〈제11441호, 1984.6.14〉

이 영은 공포한 날로부터 시행한다.

부칙 〈제12283호, 1987.12.1〉

① (시행일) 이 영은 공포한 날로부터 시행한다.
② (소액보증금의 범위변경에 따른 경과조치) 이 영 시행 전에 임차주택에 대하여 담보물권을 취득한 자에 대하여는 종전의 규정을 적용한다.

부칙 〈제12930호, 1990.2.19〉

이 영은 공포한 날부터 시행한다.

부칙 〈제14785호, 1995.10.19〉

① (시행일) 이 영은 공포한 날부터 시행한다.
② (경과조치) 이 영 시행 전에 임차주택에 대하여 담보물권을 취득한 자에 대하여는 종전의 규정에 의한다.

부칙 〈제17360호, 2001.9.15〉

① (시행일) 이 영은 공포한 날부터 시행한다.
② (경과조치) 이 영 시행 전에 임차주택에 대하여 담보물권을 취득한 자에 대하여는 종전의 규정에 의한다.

부칙 〈제17627호, 2002.6.19〉

이 영은 2002년 6월 30일부터 시행한다.

부칙 〈제20334호, 2007.10.23〉

이 영은 2007년 11월 4일부터 시행한다.

부칙 〈제20971호, 2008.8.21〉

제2조(경과조치)
이 영 시행 전에 임차주택에 대하여 담보물권을 취득한 자에 대하여는 종전의 규정에 따른다.

부칙 〈제21650호, 2009.7.30〉

이 영은 2009년 8월 9일부터 시행한다.

부칙(한국토지주택공사법 시행령) 〈제21744호, 2009.9.21〉

제1조(시행일)
이 영은 2009년 10월 1일부터 시행한다.

제2조 및 제3조
생략

제4조(다른 법령의 개정)
① 부터 <42> 까지 생략
<43> 주택임대차보호법 시행령 일부를 다음과 같이 개정한다.
제1조의2 제1호를 다음과 같이 한다.
1. 한국토지주택공사법에 따른 한국토지주택공사
<44> 부터 <54> 까지 생략

제5조
생략

③ 상가건물임대차보호법

[일부개정 2009.5.8 법률 제9649호]

제1조 (목적)

이 법은 상가건물 임대차에 관하여 민법에 대한 특례를 규정하여 국민 경제생활의 안정을 보장함을 목적으로 한다.

[전문개정 2009.1.30]

제2조 (적용범위)

① 이 법은 상가건물(제3조 제1항에 따른 사업자등록의 대상이 되는 건물을 말한다)의 임대차(임대차 목적물의 주된 부분을 영업용으로 사용하는 경우를 포함한다)에 대하여 적용한다. 다만, 대통령령으로 정하는 보증금액을 초과하는 임대차에 대하여는 그러하지 아니하다.

② 제1항 단서에 따른 보증금액을 정할 때에는 해당 지역의 경제 여건 및 임대차 목적물의 규모 등을 고려하여 지역별로 구분하여 규정하되, 보증금 외에 차임이 있는 경우에는 그 차임액에 은행법에 따른 금융기관의 대출금리 등을 고려하여 대통령령으로 정하는 비율을 곱하여 환산한 금액을 포함하여야 한다.

[전문개정 2009.1.30]

제3조 (대항력 등)

① 임대차는 그 등기가 없는 경우에도 임차인이 건물의 인도와 부가가치세법 제5조, 소득세법 제168조 또는 법인세법 제111조에 따른 사업자등록을 신청하면 그 다음 날부터 제3자에 대하여 효력이 생긴다.

② 임차건물의 양수인(그 밖에 임대할 권리를 승계한 자를 포함한다)은 임대인의 지위를 승계한 것으로 본다.

③ 이 법에 따라 임대차의 목적이 된 건물이 매매 또는 경매의 목적물이 된 경우에는 민법 제575조 제1항 · 제3항 및 제578조를 준용한다.

④ 제3항의 경우에는 민법 제536조를 준용한다.

[전문개정 2009.1.30]

제4조 (등록사항 등의 열람 · 제공)

① 건물의 임대차에 이해관계가 있는 자는 건물의 소재지 관할 세무서장에게 다음 각 호의 사항의 열람 또는 제공을 요청할 수 있다. 이때 관할 세무서장은 정당한 사유 없이 이를 거부할 수 없다.

1. 임대인 · 임차인의 성명, 주소, 주민등록번호(임대인 · 임차인이 법인이거나 법인 아닌 단체인 경우에는 법인명 또는 단체명, 대표자, 법인등록번호, 본점 · 사업장 소재지)
2. 건물의 소재지, 임대차 목적물 및 면적
3. 사업자등록 신청일
4. 사업자등록 신청일 당시의 보증금 및 차임, 임대차기간
5. 임대차계약서상의 확정일자를 받은 날

6. 임대차계약이 변경되거나 갱신된 경우에는 변경 · 갱신된 날짜, 보증금 및 차임, 임대차기간, 새로운 확정일자를 받은 날
7. 그 밖에 대통령령으로 정하는 사항

② 제1항에 따른 자료의 열람 및 제공과 관련하여 필요한 사항은 대통령령으로 정한다.
[전문개정 2009.1.30]

제5조 (보증금의 회수)

① 임차인이 임차건물에 대하여 보증금반환청구소송의 확정판결, 그 밖에 이에 준하는 집행권원에 의하여 경매를 신청하는 경우에는 민사집행법 제41조에도 불구하고 반대의무의 이행이나 이행의 제공을 집행개시의 요건으로 하지 아니한다.

② 제3조 제1항의 대항요건을 갖추고 관할 세무서장으로부터 임대차계약서상의 확정일자를 받은 임차인은 민사집행법에 따른 경매 또는 국세징수법에 따른 공매 시 임차건물(임대인 소유의 대지를 포함한다)의 환가대금에서 후순위권리자나 그 밖의 채권자보다 우선하여 보증금을 변제받을 권리가 있다.

③ 임차인은 임차건물을 양수인에게 인도하지 아니하면 제2항에 따른 보증금을 받을 수 없다.

④ 제2항에 따른 우선변제의 순위와 보증금에 대하여 이의가 있는 이해관계인은 경매법원 또는 체납처분청에 이의를 신청할 수 있다.

⑤ 제4항에 따라 경매법원에 이의를 신청하는 경우에는 민사집행법 제152조부터 제161조까지의 규정을 준용한다.

⑥ 제4항에 따라 이의신청을 받은 체납처분청은 이해관계인이 이의신청일부터 7일 이내에 임차인을 상대로 소를 제기한 것을 증명한 때에는 그 소송이 종결될 때까지 이의가 신청된 범위에서 임차인에 대한 보증금의 변제를 유보하고 남은 금액을 배분하여야 한다. 이 경우 유보된 보증금은 소송 결과에 따라 배분한다.

[전문개정 2009.1.30]

제6조 (임차권등기명령)

① 임대차가 종료된 후 보증금을 돌려받지 못한 임차인은 임차건물의 소재지를 관할하는 지방법원, 지방법원지원 또는 시 · 군법원에 임차권등기명령을 신청할 수 있다.

② 임차권등기명령을 신청할 때에는 다음 각 호의 사항을 기재하여야 하며, 신청 이유 및 임차권등기의 원인이 된 사실을 소명하여야 한다.

1. 신청 취지 및 이유
2. 임대차의 목적인 건물(임대차의 목적이 건물의 일부분인 경우에는 그 부분의 도면을 첨부한다)
3. 임차권등기의 원인이 된 사실(임차인이 제3조 제1항에 따른 대항력을 취득하였거나 제5조 제2항에 따른 우선변제권을 취득한 경우에는 그 사실)
4. 그 밖에 대법원규칙으로 정하는 사항

③ 임차권등기명령의 신청에 대한 재판, 임차권등기명령의 결정에 대한 임대인의 이의신청 및 그에 대한 재판, 임차권등기명령의 취소신청 및 그에 대한 재판 또는 임차권등기명령의 집행 등에 관하여는 민사집행법 제280조 제1항, 제281조, 제283조, 제285조, 제286조, 제288조 제1항 · 제2항 본문, 제289조, 제290조 제2항 중 제288조 제1항에 대한 부분, 제291조, 제293조를 준용한다. 이 경우 "가압류"는 "임차권등기"로, "채권자"는 "임차인"으로, "채무자"는 "임대인"으로 본다.

④ 임차권등기명령신청을 기각하는 결정에 대하여 임차인은 항고할 수 있다.
⑤ 임차권등기명령의 집행에 따른 임차권등기를 마치면 임차인은 제3조 제1항에 따른 대항력과 제5조 제2항에 따른 우선변제권을 취득한다. 다만, 임차인이 임차권등기 이전에 이미 대항력 또는 우선변제권을 취득한 경우에는 그 대항력 또는 우선변제권이 그대로 유지되며, 임차권등기 이후에는 제3조 제1항의 대항요건을 상실하더라도 이미 취득한 대항력 또는 우선변제권을 상실하지 아니한다.
⑥ 임차권등기명령의 집행에 따른 임차권등기를 마친 건물(임대차의 목적이 건물의 일부분인 경우에는 그 부분으로 한정한다)을 그 이후에 임차한 임차인은 제14조에 따른 우선변제를 받을 권리가 없다.
⑦ 임차권등기의 촉탁, 등기관의 임차권등기 기입 등 임차권등기명령의 시행에 관하여 필요한 사항은 대법원규칙으로 정한다.
⑧ 임차인은 제1항에 따른 임차권등기명령의 신청 및 그에 따른 임차권등기와 관련하여 든 비용을 임대인에게 청구할 수 있다.
[전문개정 2009.1.30]

제7조 (민법에 따른 임대차등기의 효력 등)
① 민법 제621조에 따른 건물임대차등기의 효력에 관하여는 제6조 제5항 및 제6항을 준용한다.
② 임차인이 대항력 또는 우선변제권을 갖추고 민법 제621조 제1항에 따라 임대인의 협력을 얻어 임대차등기를 신청하는 경우에는 신청서에 부동산등기법 제156조에 규정된 사항 외에 다음 각 호의 사항을 기재하여야 하며, 이를 증명할 수 있는 서면(임대차의 목적이 건물의 일부분인 경우에는 그 부분의 도면을 포함한다)을 첨부하여야 한다.
1. 사업자등록을 신청한 날
2. 임차건물을 점유한 날
3. 임대차계약서상의 확정일자를 받은 날

[전문개정 2009.1.30]

제8조 (경매에 의한 임차권의 소멸)
임차권은 임차건물에 대하여 민사집행법에 따른 경매가 실시된 경우에는 그 임차건물이 매각되면 소멸한다. 다만, 보증금이 전액 변제되지 아니한 대항력이 있는 임차권은 그러하지 아니하다.
[전문개정 2009.1.30]

제9조 (임대차기간 등)
① 기간을 정하지 아니하거나 기간을 1년 미만으로 정한 임대차는 그 기간을 1년으로 본다. 다만, 임차인은 1년 미만으로 정한 기간이 유효함을 주장할 수 있다.
② 임대차가 종료한 경우에도 임차인이 보증금을 돌려받을 때까지는 임대차 관계는 존속하는 것으로 본다.
[전문개정 2009.1.30]

제10조 (계약갱신 요구 등)
① 임대인은 임차인이 임대차기간이 만료되기 6개월 전부터 1개월 전까지 사이에 계약갱신을 요구할 경우 정당한 사유 없이 거절하지 못한다. 다만, 다음 각 호의 어느 하

나의 경우에는 그러하지 아니하다.
1. 임차인이 3기의 차임액에 해당하는 금액에 이르도록 차임을 연체한 사실이 있는 경우
2. 임차인이 거짓이나 그 밖의 부정한 방법으로 임차한 경우
3. 서로 합의하여 임대인이 임차인에게 상당한 보상을 제공한 경우
4. 임차인이 임대인의 동의 없이 목적 건물의 전부 또는 일부를 전대한 경우
5. 임차인이 임차한 건물의 전부 또는 일부를 고의나 중대한 과실로 파손한 경우
6. 임차한 건물의 전부 또는 일부가 멸실되어 임대차의 목적을 달성하지 못할 경우
7. 임대인이 목적 건물의 전부 또는 대부분을 철거하거나 재건축하기 위하여 목적 건물의 점유를 회복할 필요가 있는 경우
8. 그 밖에 임차인이 임차인으로서의 의무를 현저히 위반하거나 임대차를 계속하기 어려운 중대한 사유가 있는 경우

② 임차인의 계약갱신요구권은 최초의 임대차기간을 포함한 전체 임대차기간이 5년을 초과하지 아니하는 범위에서만 행사할 수 있다.

③ 갱신되는 임대차는 전 임대차와 동일한 조건으로 다시 계약된 것으로 본다. 다만, 차임과 보증금은 제11조에 따른 범위에서 증감할 수 있다.

④ 임대인이 제1항의 기간 이내에 임차인에게 갱신 거절의 통지 또는 조건 변경의 통지를 하지 아니한 경우에는 그 기간이 만료된 때에 전 임대차와 동일한 조건으로 다시 임대차한 것으로 본다. 이 경우에 임대차의 존속기간은 1년으로 본다. <개정 2009.5.8>

⑤ 제4항의 경우 임차인은 언제든지 임대인에게 계약해지의 통고를 할 수 있고, 임대인이 통고를 받은 날부터 3개월이 지나면 효력이 발생한다.

[전문개정 2009.1.30]

제11조 (차임 등의 증감청구권)

① 차임 또는 보증금이 임차건물에 관한 조세, 공과금, 그 밖의 부담의 증감이나 경제 사정의 변동으로 인하여 상당하지 아니하게 된 경우에는 당사자는 장래의 차임 또는 보증금에 대하여 증감을 청구할 수 있다. 그러나 증액의 경우에는 대통령령으로 정하는 기준에 따른 비율을 초과하지 못한다.

② 제1항에 따른 증액 청구는 임대차계약 또는 약정한 차임 등의 증액이 있은 후 1년 이내에는 하지 못한다.

[전문개정 2009.1.30]

제12조 (월 차임 전환 시 산정률의 제한)

보증금의 전부 또는 일부를 월 단위의 차임으로 전환하는 경우에는 그 전환되는 금액에 은행법에 따른 금융기관의 대출금리 및 해당 지역의 경제 여건 등을 고려하여 대통령령으로 정하는 비율을 곱한 월 차임의 범위를 초과할 수 없다.

[전문개정 2009.1.30]

제13조 (전대차관계에 대한 적용 등)

① 제10조부터 제12조까지의 규정은 전대인과 전차인의 전대차관계에 적용한다.

② 임대인의 동의를 받고 전대차계약을 체결한 전차인은 임차인의 계약갱신요구권 행사기간 이내에 임차인을 대위하여 임대인에게 계약갱신요구권을 행사할 수 있다.

[전문개정 2009.1.30]

제14조 (보증금 중 일정액의 보호)

① 임차인은 보증금 중 일정액을 다른 담보물권자보다 우선하여 변제받을 권리가 있다. 이 경우 임차인은 건물에 대한 경매신청의 등기 전에 제3조 제1항의 요건을 갖추어야 한다.

② 제1항의 경우에 제5조 제4항부터 제6항까지의 규정을 준용한다.

③ 제1항에 따라 우선변제를 받을 임차인 및 보증금 중 일정액의 범위와 기준은 임대건물가액(임대인 소유의 대지가액을 포함한다)의 3분의 1 범위에서 해당 지역의 경제 여건, 보증금 및 차임 등을 고려하여 대통령령으로 정한다.

[전문개정 2009.1.30]

제15조 (강행규정)

이 법의 규정에 위반된 약정으로서 임차인에게 불리한 것은 효력이 없다.

[전문개정 2009.1.30]

제16조 (일시사용을 위한 임대차)

이 법은 일시사용을 위한 임대차임이 명백한 경우에는 적용하지 아니한다.

[전문개정 2009.1.30]

제17조 (미등기전세에의 준용)

목적건물을 등기하지 아니한 전세계약에 관하여 이 법을 준용한다. 이 경우 "전세금"은 "임대차의 보증금"으로 본다.

[전문개정 2009.1.30]

제18조 (소액사건심판법의 준용)

임차인이 임대인에게 제기하는 보증금반환청구소송에 관하여는 소액사건심판법 제6조 · 제7조 · 제10조 및 제11조의2를 준용한다.

[전문개정 2009.1.30]

부칙 〈제6542호, 2001.12.29〉

① (시행일) 이 법은 2002년 11월 1일부터 시행한다.<개정 2002.8.26>

② (적용례) 이 법은 이 법 시행 후 체결되거나 갱신된 임대차부터 적용한다. 다만, 제3조 · 제5조 및 제14조의 규정은 이 법 시행당시 존속중인 임대차에 대하여도 이를 적용하되, 이 법 시행 전에 물권을 취득한 제3자에 대하여는 그 효력이 없다.

③ (기존 임차인의 확정일자 신청에 대한 경과조치) 이 법 시행당시의 임차인으로서 제5조의 규정에 의한 보증금 우선변제의 보호를 받고자 하는 자는 이 법 시행 전에 대통령령이 정하는 바에 따라 건물의 소재지 관할 세무서장에게 임대차계약서상의 확정일자를 신청할 수 있다.

부칙 〈제6718호, 2002.8.26〉

이 법은 공포한 날부터 시행한다.

부칙(민사집행법) 〈제7358호, 2005.1.27〉

제1조 (시행일)

이 법은 공포 후 6월이 경과한 날부터 시행한다.

제2조

생략

제3조 (다른 법률의 개정)

① 상가건물임대차보호법 중 다음과 같이 개정한다.
제6조 제3항 전단 중 “민사집행법 제280조 제1항, 제281조, 제283조, 제285조, 제286조, 제288조 제1항 · 제2항 · 제3항 본문, 제289조 제1항 내지 제4항”을 “민사집행법 제280조 제1항, 제281조, 제283조, 제285조, 제286조, 제288조 제1항 · 제2항 본문, 제289조”로 한다.

② 및 ③ 생략

제4조

생략

부칙 〈제9361호, 2009.1.30〉

이 법은 공포한 날부터 시행한다.

부칙 〈제9649호, 2009.5.8〉

이 법은 공포한 날부터 시행한다.

④ 상가건물임대차보호법시행령

[일부개정 2008.8.21 대통령령 제20970호]

제1조 (목적)

이 영은 상가건물임대차보호법에서 위임된 사항과 그 시행에 관하여 필요한 사항을 정하는 것을 목적으로 한다. <개정 2008.8.21>

제2조 (적용범위)

① 상가건물임대차보호법(이하 "법"이라 한다) 제2조 제1항 단서에서 "대통령령이 정하는 보증금액"이라 함은 다음 각 호의 구분에 의한 금액을 말한다. <개정 2008.8.21>

1. 서울특별시 : 2억6천만원
2. 수도권정비계획법에 따른 수도권 중 과밀억제권역(서울특별시를 제외한다) : 2억1천만원
3. 광역시(군지역과 인천광역시지역을 제외한다) : 1억6천만원
4. 그 밖의 지역 : 1억5천만원

② 법 제2조 제2항의 규정에 의하여 보증금 외에 차임이 있는 경우의 차임액은 월 단위의 차임액으로 한다.

③ 법 제2조 제2항에서 "대통령령이 정하는 비율"이라 함은 1분의 100을 말한다.

제3조 (등록사항 등의 열람 · 제공)

① 상가건물의 임대차에 이해관계가 있는 자는 법 제4조 제1항의 규정에 의하여 등록사항 등의 열람 또는 제공을 요청하는 때에는 별지 제1호 서식에 의한 요청서에 이해관계가 있는 자임을 입증할 수 있는 서류를 첨부하여 당해 건물의 소재지를 관할하는 세무서장에게 제출하여야 한다.

② 법 제4조 제1항의 규정에 의한 등록사항 등의 열람 또는 제공은 사업자등록신청서·사업자등록정정신고서 및 그 첨부서류와 확정일자를 기재한 장부 중 열람을 요청한 사항을 열람하게 하거나, 별지 제2호 서식에 의한 현황서나 건물도면의 등본을 교부하는 방법에 의한다.

③ 법 제4조 제1항의 규정에 의한 등록사항 등의 열람 또는 제공은 전자적 방법에 의할 수 있다.

④ 법 제4조 제1항 제7호에서 "그 밖에 대통령령이 정하는 사항"이라 함은 임대차의 목적이 건물의 일부분인 경우 그 부분의 도면을 말한다.

제4조 (차임 등 증액청구의 기준)

법 제11조 제1항의 규정에 의한 차임 또는 보증금의 증액청구는 청구당시의 차임 또는 보증금의 100분의 9의 금액을 초과하지 못한다. <개정 2008.8.21>

제5조 (월차임 전환시 산정률)

법 제12조에서 "대통령령이 정하는 비율"이라 함은 연 1할5푼을 말한다.

제6조 (우선변제를 받을 임차인의 범위)

법 제14조의 규정에 의하여 우선변제를 받을 임차인은 보증금과 차임이 있는 경우 법 제2조 제2항의 규정에 의하여 환산한 금액의 합계가 다음 각 호의 구분에 의한 금액 이

하인 임차인으로 한다. <개정 2008.8.21>
1. 서울특별시 : 4천500만원
2. 수도권정비계획법에 의한 수도권 중 과밀억제권역(서울특별시를 제외한다) : 3천900만원
3. 광역시(군지역과 인천광역시지역을 제외한다) : 3천만원
4. 그 밖의 지역 : 2천500만원

제7조 (우선변제를 받을 보증금의 범위 등)

① 법 제14조의 규정에 의하여 우선변제를 받을 보증금중 일정액의 범위는 다음 각 호의 구분에 의한 금액 이하로 한다. <개정 2008.8.21>
1. 서울특별시 : 1천350만원
2. 수도권정비계획법에 의한 수도권 중 과밀억제권역(서울특별시를 제외한다) : 1천170만원
3. 광역시(군지역과 인천광역시지역을 제외한다) : 900만원
4. 그 밖의 지역 : 750만원

② 임차인의 보증금중 일정액이 상가건물의 가액의 3분의 1을 초과하는 경우에는 상가건물의 가액의 3분의 1에 해당하는 금액에 한하여 우선변제권이 있다.

③ 하나의 상가건물에 임차인이 2인 이상이고, 그 각 보증금중 일정액의 합산액이 상가건물의 가액의 3분의 1을 초과하는 경우에는 그 각 보증금중 일정액의 합산액에 대한 각 임차인의 보증금중 일정액의 비율로 그 상가건물의 가액의 3분의 1에 해당하는 금액을 분할한 금액을 각 임차인의 보증금중 일정액으로 본다.

부칙 〈제17757호, 2002.10.14〉

① (시행일) 이 영은 2002년 11월 1일부터 시행한다.

② (기존 임차인의 확정일자 신청에 대한 경과조치) 이 영 공포 후 법 부칙 제3항의 규정에 의하여 임대차계약서상의 확정일자를 신청하고자 하는 자는 임대차계약서와 함께 사업자등록증을 제시하여야 한다.

부칙(행정정보의 공동이용 및 문서감축을 위한 국가채권관리법 시행령 등 일부개정령) 〈제19507호, 2006.6.12〉

이 영은 공포한 날부터 시행한다.

부칙 〈제20970호, 2008.8.21〉

제1조(시행일)

이 영은 공포한 날부터 시행한다.

제2조(경과조치)

이 영 시행 당시 존속 중인 상가건물임대차계약에 대하여는 종전의 규정에 따른다. 다만, 제4조의 개정규정은 그러하지 아니하다.

※ 상가건물임대차보호법시행령 [서식 1]

[별지 제1호서식] 〈개정 2006.6.12〉

등록사항 등의 열람 · 제공 요청서	처리기간
접수번호	즉시

요청인	상 호 (법인명)		사업자등록번호			
	성 명 (대표자)		주민등록번호 (법인등록번호)			
	주소 또는 본점소재지		전화번호	휴대전화	사업장	주소지
	이해관계인 해당사유	1. 임대인 2. 임차인 3. 근저당설정권자 등 4. 그 밖의 이해관계인(　　　　　)				

요청내용	열람(제공) 범위			임차인 전부, 임차인 일부	
	건물소재지(건물명, 동, 열, 층, 호수까지 구체적으로 기재)				
	임대인			임차인	
	구 분	사업자등록번호	주민등록번호 (법인등록번호)	사업자등록번호	주민등록번호 (법인등록번호)
	등기부상 소유자				
	사용용도				
	구 분	1. 열람　　2. 제공			

「상가건물임대차보호법」 제4조에 따라 위 상가건물의 임대차내용에 대한 등록사항 등의 열람(제공)을 요청합니다.

20 년 월 일

요청인　　　　　　(서명 또는 인)

세무서장 귀하

<table>
<tr><td rowspan="2">구비서류</td><td>요청인(대표자) 제출서류</td><td>담당 공무원 확인사항
(부동의하는 경우 요청인이 직접 제출하여야 하는 서류)</td></tr>
<tr><td>1. 요청인의 신분을 확인할 수 있는 서류 1부(주민등록증 등 신분증의 제시로 갈음할 수 있음)
2. 그 밖의 이해관계인인 경우에는 이해관계를 입증할 수 있는 서류 1부
3. 요청인의 대리인이 요청하는 경우에는 위임장 1부(요청인의 인감증명서가 첨부되어야 함)</td><td>등기부 등본(근저당설정권자 등이 요청하는 경우에 한한다)(1부)</td></tr>
<tr><td colspan="3">본인은 이 건 업무처리와 관련하여 「전자정부구현을 위한 행정업무 등의 전자화촉진에 관한 법률」 제21조 제1항에 따른 행정정보의 공동이용을 통하여 담당 공무원이 위의 담당 공무원 확인사항을 확인하는 것에 동의합니다.

요청인(대표자) (서명 또는 인)</td></tr>
<tr><td colspan="3">유의사항 : 등록사항 등의 열람 또는 제공은 「상가건물임대차보호법」 제4조에 따라 이해관계인에게만 허용됩니다.</td></tr>
</table>

210×297㎜(일반용지 60g/㎡(재활용품))

※ **상가건물임대차보호법시행령 [서식 2]**

[별지 제2호서식] (앞쪽)

<table>
<tr><td colspan="2">발급번호</td><td colspan="5" rowspan="2">등록사항 등의 현황서</td><td>처리기간</td></tr>
<tr><td colspan="2"></td><td>즉시</td></tr>
<tr><td rowspan="4">현재의 임대인 (임대법인)</td><td>상 호
(법인명)</td><td colspan="6"></td></tr>
<tr><td>성 명
(대표자)</td><td colspan="2"></td><td colspan="3">주민등록번호
(법인등록번호)</td><td></td></tr>
<tr><td>사업장소재지</td><td colspan="6"></td></tr>
<tr><td>주 소
(본점소재지)</td><td colspan="6"></td></tr>
<tr><td colspan="2" rowspan="2">임대차 부동산</td><td colspan="6">건물소재지(번지 · 호수까지 표시)</td></tr>
<tr><td colspan="6"></td></tr>
<tr><td colspan="8">임차인별 현황(임차인 전부, 임차인 일부)</td></tr>
<tr><td rowspan="3">구 분</td><td>상 호
(법인명)</td><td>성 명
(대표자)</td><td colspan="4">주 소
(본점소재지)</td><td>주민(법인)
등록번호</td></tr>
<tr><td>사업자등록신청
(정정신고)일</td><td>위치(건물명·
층·열·호수)</td><td>면적
(㎡)</td><td>임대차
기간</td><td>보증금</td><td>월차임</td><td>계약서상임대인의
주민(법인)등록번호</td></tr>
<tr><td colspan="7">확정일자를 받은 날</td></tr>
<tr><td rowspan="3">1</td><td></td><td></td><td></td><td></td><td></td><td></td><td></td></tr>
<tr><td></td><td></td><td></td><td></td><td></td><td></td><td></td></tr>
<tr><td colspan="7"></td></tr>
<tr><td rowspan="3">2</td><td></td><td></td><td></td><td></td><td></td><td></td><td></td></tr>
<tr><td></td><td></td><td></td><td></td><td></td><td></td><td></td></tr>
<tr><td colspan="7"></td></tr>
<tr><td rowspan="3">3</td><td></td><td></td><td></td><td></td><td></td><td></td><td></td></tr>
<tr><td></td><td></td><td></td><td></td><td></td><td></td><td></td></tr>
<tr><td colspan="7"></td></tr>
<tr><td rowspan="3">4</td><td></td><td></td><td></td><td></td><td></td><td></td><td></td></tr>
<tr><td></td><td></td><td></td><td></td><td></td><td></td><td></td></tr>
<tr><td colspan="7"></td></tr>
<tr><td colspan="8">상가건물임대차보호법 제4조의 규정에 의하여 요청한 상가건물에 대한 등록사항 등의 현황은 위와 같습니다.
20 년 월 일
세무서장 (인)</td></tr>
</table>

(뒤쪽)

<table>
<tr><td rowspan="2">임대차 부동산</td><td colspan="7">건물소재지(번지 · 호수까지 표시)</td></tr>
<tr><td colspan="7"></td></tr>
<tr><td colspan="8">임차인별 현황</td></tr>
<tr><td rowspan="3">구 분</td><td>상 호
(법인명)</td><td>성 명
(대표자)</td><td colspan="4">주 소
(본점소재지)</td><td>주민등록번호
(법인등록번호)</td></tr>
<tr><td>사업자등록신청
(정정신고)일</td><td>위치(건물명·
층·열·호수)</td><td>면적
(㎡)</td><td>임대차
기간</td><td>보증금</td><td>월차임</td><td>계약서상임대인의
주민(법인)등록번호</td></tr>
<tr><td colspan="7">확정일자를 받은 날</td></tr>
<tr><td rowspan="3">6</td><td></td><td></td><td></td><td></td><td></td><td></td><td></td></tr>
<tr><td></td><td></td><td></td><td></td><td></td><td></td><td></td></tr>
<tr><td colspan="7"></td></tr>
<tr><td rowspan="3">7</td><td></td><td></td><td></td><td></td><td></td><td></td><td></td></tr>
<tr><td></td><td></td><td></td><td></td><td></td><td></td><td></td></tr>
<tr><td colspan="7"></td></tr>
<tr><td rowspan="3">8</td><td></td><td></td><td></td><td></td><td></td><td></td><td></td></tr>
<tr><td></td><td></td><td></td><td></td><td></td><td></td><td></td></tr>
<tr><td colspan="7"></td></tr>
<tr><td rowspan="3">9</td><td></td><td></td><td></td><td></td><td></td><td></td><td></td></tr>
<tr><td></td><td></td><td></td><td></td><td></td><td></td><td></td></tr>
<tr><td colspan="7"></td></tr>
<tr><td rowspan="3">10</td><td></td><td></td><td></td><td></td><td></td><td></td><td></td></tr>
<tr><td></td><td></td><td></td><td></td><td></td><td></td><td></td></tr>
<tr><td colspan="7"></td></tr>
<tr><td rowspan="3">11</td><td></td><td></td><td></td><td></td><td></td><td></td><td></td></tr>
<tr><td></td><td></td><td></td><td></td><td></td><td></td><td></td></tr>
<tr><td colspan="7"></td></tr>
<tr><td rowspan="3">12</td><td></td><td></td><td></td><td></td><td></td><td></td><td></td></tr>
<tr><td></td><td></td><td></td><td></td><td></td><td></td><td></td></tr>
<tr><td colspan="7"></td></tr>
<tr><td rowspan="3">13</td><td></td><td></td><td></td><td></td><td></td><td></td><td></td></tr>
<tr><td></td><td></td><td></td><td></td><td></td><td></td><td></td></tr>
<tr><td colspan="7"></td></tr>
<tr><td rowspan="3">14</td><td></td><td></td><td></td><td></td><td></td><td></td><td></td></tr>
<tr><td></td><td></td><td></td><td></td><td></td><td></td><td></td></tr>
<tr><td colspan="7"></td></tr>
<tr><td rowspan="3">15</td><td></td><td></td><td></td><td></td><td></td><td></td><td></td></tr>
<tr><td></td><td></td><td></td><td></td><td></td><td></td><td></td></tr>
<tr><td colspan="7"></td></tr>
</table>

⑤ 민사집행법(부동산경매 관련 부분)

[일부개정 2009.3.25 법률 제9525호]

제2절 부동산에 대한 강제집행

제1관 통 칙

제78조 (집행방법)

① 부동산에 대한 강제집행은 채권자의 신청에 따라 법원이 한다.

② 강제집행은 다음 각 호의 방법으로 한다.

1. 강제경매
2. 강제관리

③ 채권자는 자기의 선택에 의하여 제2항 각호 가운데 어느 한 가지 방법으로 집행하게 하거나 두 가지 방법을 함께 사용하여 집행하게 할 수 있다.

④ 강제관리는 가압류를 집행할 때에도 할 수 있다.

제79조 (집행법원)

① 부동산에 대한 강제집행은 그 부동산이 있는 곳의 지방법원이 관할한다.

② 부동산이 여러 지방법원의 관할구역에 있는 때에는 각 지방법원에 관할권이 있다. 이 경우 법원이 필요하다고 인정한 때에는 사건을 다른 관할 지방법원으로 이송할 수 있다.

제2관 강제경매

제80조 (강제경매신청서)

강제경매신청서에는 다음 각 호의 사항을 적어야 한다.

1. 채권자 · 채무자와 법원의 표시
2. 부동산의 표시
3. 경매의 이유가 된 일정한 채권과 집행할 수 있는 일정한 집행권원

제81조 (첨부서류)

① 강제경매신청서에는 집행력 있는 정본 외에 다음 각 호 가운데 어느 하나에 해당하는 서류를 붙여야 한다.

1. 채무자의 소유로 등기된 부동산에 대하여는 등기부등본
2. 채무자의 소유로 등기되지 아니한 부동산에 대하여는 즉시 채무자명의로 등기할 수 있다는 것을 증명할 서류. 다만, 그 부동산이 등기되지 아니한 건물인 경우에는 그 건물이 채무자의 소유임을 증명할 서류, 그 건물의 지번 · 구조 · 면적을 증명할 서류 및 그 건물에 관한 건축허가 또는 건축신고를 증명할 서류

② 채권자는 공적 장부를 주관하는 공공기관에 제1항제2호 단서의 사항들을 증명하여 줄 것을 청구할 수 있다.

③ 제1항 제2호 단서의 경우에 건물의 지번 · 구조 · 면적을 증명하지 못한 때에는, 채권자는 경매신청과 동시에 그 조사를 집행법원에 신청할 수 있다.

④ 제3항의 경우에 법원은 집행관에게 그 조사를 하게 하여야 한다.

⑤ 강제관리를 하기 위하여 이미 부동산을 압류한 경우에 그 집행기록에 제1항 각호 가운데 어느 하나에 해당하는 서류가 붙어 있으면 다시 그 서류를 붙이지 아니할 수 있다.

제82조 (집행관의 권한)

① 집행관은 제81조 제4항의 조사를 위하여 건물에 출입할 수 있고, 채무자 또는 건물을 점유하는 제3자에게 질문하거나 문서를 제시하도록 요구할 수 있다.

② 집행관은 제1항의 규정에 따라 건물에 출입하기 위하여 필요한 때에는 잠긴 문을 여는 등 적절한 처분을 할 수 있다.

제83조 (경매개시결정 등)

① 경매절차를 개시하는 결정에는 동시에 그 부동산의 압류를 명하여야 한다.

② 압류는 부동산에 대한 채무자의 관리 · 이용에 영향을 미치지 아니한다.

③ 경매절차를 개시하는 결정을 한 뒤에는 법원은 직권으로 또는 이해관계인의 신청에 따라 부동산에 대한 침해행위를 방지하기 위하여 필요한 조치를 할 수 있다.

④ 압류는 채무자에게 그 결정이 송달된 때 또는 제94조의 규정에 따른 등기가 된 때에 효력이 생긴다.

⑤ 강제경매신청을 기각하거나 각하하는 재판에 대하여는 즉시항고를 할 수 있다.

제84조 (배당요구의 종기결정 및 공고)

① 경매개시결정에 따른 압류의 효력이 생긴 때(그 경매개시결정전에 다른 경매개시결정이 있은 경우를 제외한다)에는 집행법원은 절차에 필요한 기간을 감안하여 배당요구를 할 수 있는 종기를 첫 매각기일 이전으로 정한다.

② 배당요구의 종기가 정하여진 때에는 법원은 경매개시결정을 한 취지 및 배당요구의 종기를 공고하고, 제91조 제4항 단서의 전세권자 및 법원에 알려진 제88조 제1항의 채권자에게 이를 고지하여야 한다.

③ 제1항의 배당요구의 종기결정 및 제2항의 공고는 경매개시결정에 따른 압류의 효력이 생긴 때부터 1주 이내에 하여야 한다.

④ 법원사무관 등은 제148조 제3호 및 제4호의 채권자 및 조세, 그 밖의 공과금을 주관하는 공공기관에 대하여 채권의 유무, 그 원인 및 액수(원금 · 이자 · 비용, 그 밖의 부대채권을 포함한다)를 배당요구의 종기까지 법원에 신고하도록 최고하여야 한다.

⑤ 제148조 제3호 및 제4호의 채권자가 제4항의 최고에 대한 신고를 하지 아니한 때에는 그 채권자의 채권액은 등기부등본 등 집행기록에 있는 서류와 증빙에 따라 계산한다. 이 경우 다시 채권액을 추가하지 못한다.

⑥ 법원은 특별히 필요하다고 인정하는 경우에는 배당요구의 종기를 연기할 수 있다.

⑦ 제6항의 경우에는 제2항 및 제4항의 규정을 준용한다. 다만, 이미 배당요구 또는 채권신고를 한 사람에 대하여는 같은 항의 고지 또는 최고를 하지 아니한다.

제85조 (현황조사)

① 법원은 경매개시결정을 한 뒤에 바로 집행관에게 부동산의 현상, 점유관계, 차임 또는 보증금의 액수, 그 밖의 현황에 관하여 조사하도록 명하여야 한다.

② 집행관이 제1항의 규정에 따라 부동산을 조사할 때에는 그 부동산에 대하여 제82조에 규정된 조치를 할 수 있다.

제86조 (경매개시결정에 대한 이의신청)

① 이해관계인은 매각대금이 모두 지급될 때까지 법원에 경매개시결정에 대한 이의신청을 할 수 있다.

② 제1항의 신청을 받은 법원은 제16조 제2항에 준하는 결정을 할 수 있다.

③ 제1항의 신청에 관한 재판에 대하여 이해관계인은 즉시항고를 할 수 있다.

제87조 (압류의 경합)

① 강제경매절차 또는 담보권 실행을 위한 경매절차를 개시하는 결정을 한 부동산에 대하여 다른 강제경매의 신청이 있는 때에는 법원은 다시 경매개시결정을 하고, 먼저 경매개시결정을 한 집행절차에 따라 경매한다.

② 먼저 경매개시결정을 한 경매신청이 취하되거나 그 절차가 취소된 때에는 법원은 제91조 제1항의 규정에 어긋나지 아니하는 한도 안에서 뒤의 경매개시결정에 따라 절차를 계속 진행하여야 한다.

③ 제2항의 경우에 뒤의 경매개시결정이 배당요구의 종기 이후의 신청에 의한 것인 때에는 집행법원은 새로이 배당요구를 할 수 있는 종기를 정하여야 한다. 이 경우 이미 제84조 제2항 또는 제4항의 규정에 따라 배당요구 또는 채권신고를 한 사람에 대하여는 같은 항의 고지 또는 최고를 하지 아니한다.

④ 먼저 경매개시결정을 한 경매절차가 정지된 때에는 법원은 신청에 따라 결정으로 뒤의 경매개시결정(배당요구의 종기까지 행하여진 신청에 의한 것에 한한다)에 기초하여 절차를 계속하여 진행할 수 있다. 다만, 먼저 경매개시결정을 한 경매절차가 취소되는 경우 제105조 제1항 제3호의 기재사항이 바뀔 때에는 그러하지 아니하다.

⑤ 제4항의 신청에 대한 재판에 대하여는 즉시항고를 할 수 있다.

제88조 (배당요구)

① 집행력 있는 정본을 가진 채권자, 경매개시결정이 등기된 뒤에 가압류를 한 채권자, 민법 · 상법, 그 밖의 법률에 의하여 우선변제청구권이 있는 채권자는 배당요구를 할 수 있다.

② 배당요구에 따라 매수인이 인수하여야 할 부담이 바뀌는 경우 배당요구를 한 채권자는 배당요구의 종기가 지난 뒤에 이를 철회하지 못한다.

제89조 (이중경매신청 등의 통지)

법원은 제87조 제1항 및 제88조 제1항의 신청이 있는 때에는 그 사유를 이해관계인에게 통지하여야 한다.

제90조 (경매절차의 이해관계인)

경매절차의 이해관계인은 다음 각 호의 사람으로 한다.

1. 압류채권자와 집행력 있는 정본에 의하여 배당을 요구한 채권자
2. 채무자 및 소유자
3. 등기부에 기입된 부동산 위의 권리자
4. 부동산 위의 권리자로서 그 권리를 증명한 사람

제91조 (인수주의와 잉여주의의 선택 등)

① 압류채권자의 채권에 우선하는 채권에 관한 부동산의 부담을 매수인에게 인수하게 하거나, 매각대금으로 그 부담을 변제하는 데 부족하지 아니하다는 것이 인정된 경우가 아니면 그 부동산을 매각하지 못한다.

② 매각부동산 위의 모든 저당권은 매각으로 소멸된다.
③ 지상권 · 지역권 · 전세권 및 등기된 임차권은 저당권 · 압류채권 · 가압류채권에 대항할 수 없는 경우에는 매각으로 소멸된다.
④ 제3항의 경우 외의 지상권 · 지역권 · 전세권 및 등기된 임차권은 매수인이 인수한다. 다만, 그중 전세권의 경우에는 전세권자가 제88조에 따라 배당요구를 하면 매각으로 소멸된다.
⑤ 매수인은 유치권자에게 그 유치권으로 담보하는 채권을 변제할 책임이 있다.

제92조 (제3자와 압류의 효력)

① 제3자는 권리를 취득할 때에 경매신청 또는 압류가 있다는 것을 알았을 경우에는 압류에 대항하지 못한다.
② 부동산이 압류채권을 위하여 의무를 진 경우에는 압류한 뒤 소유권을 취득한 제3자가 소유권을 취득할 때에 경매신청 또는 압류가 있다는 것을 알지 못하였더라도 경매절차를 계속하여 진행하여야 한다.

제93조 (경매신청의 취하)

① 경매신청이 취하되면 압류의 효력은 소멸된다.
② 매수신고가 있은 뒤 경매신청을 취하하는 경우에는 최고가매수신고인 또는 매수인과 제114조의 차순위매수신고인의 동의를 받아야 그 효력이 생긴다.
③ 제49조 제3호 또는 제6호의 서류를 제출하는 경우에는 제1항 및 제2항의 규정을, 제49조 제4호의 서류를 제출하는 경우에는 제2항의 규정을 준용한다.

제94조 (경매개시결정의 등기)

① 법원이 경매개시결정을 하면 법원사무관등은 즉시 그 사유를 등기부에 기입하도록 등기관에게 촉탁하여야 한다.
② 등기관은 제1항의 촉탁에 따라 경매개시결정사유를 기입하여야 한다.

제95조 (등기부등본의 송부)

등기관은 제94조에 따라 경매개시결정사유를 등기부에 기입한 뒤 그 등기부의 등본을 법원에 보내야 한다.

제96조 (부동산의 멸실 등으로 말미암은 경매취소)

① 부동산이 없어지거나 매각 등으로 말미암아 권리를 이전할 수 없는 사정이 명백하게 된 때에는 법원은 강제경매의 절차를 취소하여야 한다.
② 제1항의 취소결정에 대하여는 즉시항고를 할 수 있다.

제97조 (부동산의 평가와 최저매각가격의 결정)

① 법원은 감정인에게 부동산을 평가하게 하고 그 평가액을 참작하여 최저매각가격을 정하여야 한다.
② 감정인은 제1항의 평가를 위하여 필요하면 제82조 제1항에 규정된 조치를 할 수 있다.
③ 감정인은 제7조의 규정에 따라 집행관의 원조를 요구하는 때에는 법원의 허가를 얻어야 한다.

제98조 (일괄매각결정)

① 법원은 여러 개의 부동산의 위치 · 형태 · 이용관계 등을 고려하여 이를 일괄매수하게 하는 것이 알맞다고 인정하는 경우에는 직권으로 또는 이해관계인의 신청에 따라 일괄매각하도록 결정할 수 있다.

② 법원은 부동산을 매각할 경우에 그 위치 · 형태 · 이용관계 등을 고려하여 다른 종류의 재산(금전채권을 제외한다)을 그 부동산과 함께 일괄매수하게 하는 것이 알맞다고 인정하는 때에는 직권으로 또는 이해관계인의 신청에 따라 일괄매각하도록 결정할 수 있다.

③ 제1항 및 제2항의 결정은 그 목적물에 대한 매각기일 이전까지 할 수 있다.

제99조 (일괄매각사건의 병합)

① 법원은 각각 경매신청된 여러 개의 재산 또는 다른 법원이나 집행관에 계속된 경매사건의 목적물에 대하여 제98조 제1항 또는 제2항의 결정을 할 수 있다.

② 다른 법원이나 집행관에 계속된 경매사건의 목적물의 경우에 그 다른 법원 또는 집행관은 그 목적물에 대한 경매사건을 제1항의 결정을 한 법원에 이송한다.

③ 제1항 및 제2항의 경우에 법원은 그 경매사건들을 병합한다.

제100조 (일괄매각사건의 관할)

제98조 및 제99조의 경우에는 민사소송법 제31조에 불구하고 같은 법 제25조의 규정을 준용한다. 다만, 등기할 수 있는 선박에 관한 경매사건에 대하여서는 그러하지 아니하다.

제101조 (일괄매각절차)

① 제98조 및 제99조의 일괄매각결정에 따른 매각절차는 이 관의 규정에 따라 행한다. 다만, 부동산 외의 재산의 압류는 그 재산의 종류에 따라 해당되는 규정에서 정하는 방법으로 행하고, 그 중에서 집행관의 압류에 따르는 재산의 압류는 집행법원이 집행관에게 이를 압류하도록 명하는 방법으로 행한다.

② 제1항의 매각절차에서 각 재산의 대금액을 특정할 필요가 있는 경우에는 각 재산에 대한 최저매각가격의 비율을 정하여야 하며, 각 재산의 대금액은 총대금액을 각 재산의 최저매각가격비율에 따라 나눈 금액으로 한다. 각 재산이 부담할 집행비용액을 특정할 필요가 있는 경우에도 또한 같다.

③ 여러 개의 재산을 일괄매각하는 경우에 그 가운데 일부의 매각대금으로 모든 채권자의 채권액과 강제집행비용을 변제하기에 충분하면 다른 재산의 매각을 허가하지 아니한다. 다만, 토지와 그 위의 건물을 일괄매각하는 경우나 재산을 분리하여 매각하면 그 경제적 효용이 현저하게 떨어지는 경우 또는 채무자의 동의가 있는 경우에는 그러하지 아니하다.

④ 제3항 본문의 경우에 채무자는 그 재산 가운데 매각할 것을 지정할 수 있다.

⑤ 일괄매각절차에 관하여 이 법에서 정한 사항을 제외하고는 대법원규칙으로 정한다.

제102조 (남을 가망이 없을 경우의 경매취소)

① 법원은 최저매각가격으로 압류채권자의 채권에 우선하는 부동산의 모든 부담과 절차비용을 변제하면 남을 것이 없겠다고 인정한 때에는 압류채권자에게 이를 통지하여야 한다.

② 압류채권자가 제1항의 통지를 받은 날부터 1주 이내에 제1항의 부담과 비용을 변제하고 남을 만한 가격을 정하여 그 가격에 맞는 매수신고가 없을 때에는 자기가 그 가격으로 매수하겠다고 신청하면서 충분한 보증을 제공하지 아니하면, 법원은 경매절차를 취소하여야 한다.

③ 제2항의 취소 결정에 대하여는 즉시항고를 할 수 있다.

제103조 (강제경매의 매각방법)

① 부동산의 매각은 집행법원이 정한 매각방법에 따른다.

② 부동산의 매각은 매각기일에 하는 호가경매, 매각기일에 입찰 및 개찰하게 하는 기일입찰 또는 입찰기간 이내에 입찰하게 하여 매각기일에 개찰하는 기간입찰의 세 가지 방법으로 한다.

③ 부동산의 매각절차에 관하여 필요한 사항은 대법원규칙으로 정한다.

제104조 (매각기일과 매각결정기일 등의 지정)

① 법원은 최저매각가격으로 제102조 제1항의 부담과 비용을 변제하고도 남을 것이 있다고 인정하거나 압류채권자가 제102조 제2항의 신청을 하고 충분한 보증을 제공한 때에는 직권으로 매각기일과 매각결정기일을 정하여 대법원규칙이 정하는 방법으로 공고한다.

② 법원은 매각기일과 매각결정기일을 이해관계인에게 통지하여야 한다.

③ 제2항의 통지는 집행기록에 표시된 이해관계인의 주소에 대법원규칙이 정하는 방법으로 발송할 수 있다.

④ 기간입찰의 방법으로 매각할 경우에는 입찰기간에 관하여도 제1항 내지 제3항의 규정을 적용한다.

제105조 (매각물건명세서 등)

① 법원은 다음 각 호의 사항을 적은 매각물건명세서를 작성하여야 한다.

1. 부동산의 표시
2. 부동산의 점유자와 점유의 권원, 점유할 수 있는 기간, 차임 또는 보증금에 관한 관계인의 진술
3. 등기된 부동산에 대한 권리 또는 가처분으로서 매각으로 효력을 잃지 아니하는 것
4. 매각에 따라 설정된 것으로 보게 되는 지상권의 개요

② 법원은 매각물건명세서 · 현황조사보고서 및 평가서의 사본을 법원에 비치하여 누구든지 볼 수 있도록 하여야 한다.

제106조 (매각기일의 공고내용)

매각기일의 공고내용에는 다음 각 호의 사항을 적어야 한다.

1. 부동산의 표시
2. 강제집행으로 매각한다는 취지와 그 매각방법
3. 부동산의 점유자, 점유의 권원, 점유하여 사용할 수 있는 기간, 차임 또는 보증금약정 및 그 액수
4. 매각기일의 일시 · 장소, 매각기일을 진행할 집행관의 성명 및 기간입찰의 방법으로 매각할 경우에는 입찰기간 · 장소
5. 최저매각가격
6. 매각결정기일의 일시 · 장소
7. 매각물건명세서 · 현황조사보고서 및 평가서의 사본을 매각기일 전에 법원에 비치하여 누구든지 볼 수 있도록 제공한다는 취지
8. 등기부에 기입할 필요가 없는 부동산에 대한 권리를 가진 사람은 채권을 신고하여야 한다는 취지
9. 이해관계인은 매각기일에 출석할 수 있다는 취지

제107조 (매각장소)

매각기일은 법원 안에서 진행하여야 한다. 다만, 집행관은 법원의 허가를 얻어 다른 장소에서 매각기일을 진행할 수 있다.

제108조 (매각장소의 질서유지)

집행관은 다음 각 호 가운데 어느 하나에 해당한다고 인정되는 사람에 대하여 매각장소에 들어오지 못하도록 하거나 매각장소에서 내보내거나 매수의 신청을 하지 못하도록 할 수 있다.

1. 다른 사람의 매수신청을 방해한 사람
2. 부당하게 다른 사람과 담합하거나 그 밖에 매각의 적정한 실시를 방해한 사람
3. 제1호 또는 제2호의 행위를 교사한 사람
4. 민사집행절차에서의 매각에 관하여 형법 제136조 · 제137조 · 제140조 · 제140조의2 · 제142조 · 제315조 및 제323조 내지 제327조에 규정된 죄로 유죄판결을 받고 그 판결확정일부터 2년이 지나지 아니한 사람

제109조 (매각결정기일)

① 매각결정기일은 매각기일부터 1주 이내로 정하여야 한다.

② 매각결정절차는 법원안에서 진행하여야 한다.

제110조 (합의에 의한 매각조건의 변경)

① 최저매각가격 외의 매각조건은 법원이 이해관계인의 합의에 따라 바꿀 수 있다.

② 이해관계인은 배당요구의 종기까지 제1항의 합의를 할 수 있다.

제111조 (직권에 의한 매각조건의 변경)

① 거래의 실상을 반영하거나 경매절차를 효율적으로 진행하기 위하여 필요한 경우에 법원은 배당요구의 종기까지 매각조건을 바꾸거나 새로운 매각조건을 설정할 수 있다.

② 이해관계인은 제1항의 재판에 대하여 즉시항고를 할 수 있다.

③ 제1항의 경우에 법원은 집행관에게 부동산에 대하여 필요한 조사를 하게 할 수 있다.

제112조 (매각기일의 진행)

집행관은 기일입찰 또는 호가경매의 방법에 의한 매각기일에는 매각물건명세서 · 현황조사보고서 및 평가서의 사본을 볼 수 있게 하고, 특별한 매각조건이 있는 때에는 이를 고지하며, 법원이 정한 매각방법에 따라 매수가격을 신고하도록 최고하여야 한다.

제113조 (매수신청의 보증)

매수신청인은 대법원규칙이 정하는 바에 따라 집행법원이 정하는 금액과 방법에 맞는 보증을 집행관에게 제공하여야 한다.

제114조 (차순위매수신고)

① 최고가매수신고인 외의 매수신고인은 매각기일을 마칠 때까지 집행관에게 최고가매수신고인이 대금지급기한까지 그 의무를 이행하지 아니하면 자기의 매수신고에 대하여 매각을 허가하여 달라는 취지의 신고(이하 "차순위매수신고"라 한다)를 할 수 있다.

② 차순위매수신고는 그 신고액이 최고가매수신고액에서 그 보증액을 뺀 금액을 넘는 때에만 할 수 있다.

제115조 (매각기일의 종결)

① 집행관은 최고가매수신고인의 성명과 그 가격을 부르고 차순위매수신고를 최고한

뒤, 적법한 차순위매수신고가 있으면 차순위매수신고인을 정하여 그 성명과 가격을 부른 다음 매각기일을 종결한다고 고지하여야 한다.

② 차순위매수신고를 한 사람이 둘 이상인 때에는 신고한 매수가격이 높은 사람을 차순위매수신고인으로 정한다. 신고한 매수가격이 같은 때에는 추첨으로 차순위매수신고인을 정한다.

③ 최고가매수신고인과 차순위매수신고인을 제외한 다른 매수신고인은 제1항의 고지에 따라 매수의 책임을 벗게 되고, 즉시 매수신청의 보증을 돌려 줄 것을 신청할 수 있다.

④ 기일입찰 또는 호가경매의 방법에 의한 매각기일에서 매각기일을 마감할 때까지 허가할 매수가격의 신고가 없는 때에는 집행관은 즉시 매각기일의 마감을 취소하고 같은 방법으로 매수가격을 신고하도록 최고할 수 있다.

⑤ 제4항의 최고에 대하여 매수가격의 신고가 없어 매각기일을 마감하는 때에는 매각기일의 마감을 다시 취소하지 못한다.

제116조 (매각기일조서)

① 매각기일조서에는 다음 각 호의 사항을 적어야 한다.

1. 부동산의 표시
2. 압류채권자의 표시
3. 매각물건명세서 · 현황조사보고서 및 평가서의 사본을 볼 수 있게 한 일
4. 특별한 매각조건이 있는 때에는 이를 고지한 일
5. 매수가격의 신고를 최고한 일
6. 모든 매수신고가격과 그 신고인의 성명 · 주소 또는 허가할 매수가격의 신고가 없는 일
7. 매각기일을 마감할 때까지 허가할 매수가격의 신고가 없어 매각기일의 마감을 취소하고 다시 매수가격의 신고를 최고한 일
8. 최종적으로 매각기일의 종결을 고지한 일시
9. 매수하기 위하여 보증을 제공한 일 또는 보증을 제공하지 아니하므로 그 매수를 허가하지 아니한 일
10. 최고가매수신고인과 차순위매수신고인의 성명과 그 가격을 부른 일

② 최고가매수신고인 및 차순위매수신고인과 출석한 이해관계인은 조서에 서명날인하여야 한다. 그들이 서명날인할 수 없을 때에는 집행관이 그 사유를 적어야 한다.

③ 집행관이 매수신청의 보증을 돌려 준 때에는 영수증을 받아 조서에 붙여야 한다.

제117조 (조서와 금전의 인도)

집행관은 매각기일조서와 매수신청의 보증으로 받아 돌려주지 아니한 것을 매각기일부터 3일 이내에 법원사무관등에게 인도하여야 한다.

제118조 (최고가매수신고인 등의 송달영수인신고)

① 최고가매수신고인과 차순위매수신고인은 대한민국안에 주소 · 거소와 사무소가 없는 때에는 대한민국안에 송달이나 통지를 받을 장소와 영수인을 정하여 법원에 신고하여야 한다.

② 최고가매수신고인이나 차순위매수신고인이 제1항의 신고를 하지 아니한 때에는 법원은 그에 대한 송달이나 통지를 하지 아니할 수 있다.

③ 제1항의 신고는 집행관에게 말로 할 수 있다. 이 경우 집행관은 조서에 이를 적어야 한다.

제119조 (새 매각기일)

허가할 매수가격의 신고가 없이 매각기일이 최종적으로 마감된 때에는 제91조 제1항의 규정에 어긋나지 아니하는 한도에서 법원은 최저매각가격을 상당히 낮추고 새 매각기일을 정하여야 한다. 그 기일에 허가할 매수가격의 신고가 없는 때에도 또한 같다.

제120조 (매각결정기일에서의 진술)

① 법원은 매각결정기일에 출석한 이해관계인에게 매각허가에 관한 의견을 진술하게 하여야 한다.

② 매각허가에 관한 이의는 매각허가가 있을 때까지 신청하여야 한다. 이미 신청한 이의에 대한 진술도 또한 같다.

제121조 (매각허가에 대한 이의신청사유)

매각허가에 관한 이의는 다음 각 호 가운데 어느 하나에 해당하는 이유가 있어야 신청할 수 있다.

1. 강제집행을 허가할 수 없거나 집행을 계속 진행할 수 없을 때
2. 최고가매수신고인이 부동산을 매수할 능력이나 자격이 없는 때
3. 부동산을 매수할 자격이 없는 사람이 최고가매수신고인을 내세워 매수신고를 한 때
4. 최고가매수신고인, 그 대리인 또는 최고가매수신고인을 내세워 매수신고를 한 사람이 제108조 각 호 가운데 어느 하나에 해당되는
5. 최저매각가격의 결정, 일괄매각의 결정 또는 매각물건명세서의 작성에 중대한 흠이 있는 때
6. 천재지변, 그 밖에 자기가 책임을 질 수 없는 사유로 부동산이 현저하게 훼손된 사실 또는 부동산 에 관한 중대한 권리관계가 변동된 사실이 경매절차의 진행 중에 밝혀진 때
7. 경매절차에 그 밖의 중대한 잘못이 있는 때

제122조 (이의신청의 제한)

이의는 다른 이해관계인의 권리에 관한 이유로 신청하지 못한다.

제123조 (매각의 불허)

① 법원은 이의신청이 정당하다고 인정한 때에는 매각을 허가하지 아니한다.

② 제121조에 규정한 사유가 있는 때에는 직권으로 매각을 허가하지 아니한다. 다만, 같은 조 제2호 또는 제3호의 경우에는 능력 또는 자격의 흠이 제거되지 아니한 때에 한한다.

제124조 (과잉매각되는 경우의 매각불허가)

① 여러 개의 부동산을 매각하는 경우에 한 개의 부동산의 매각대금으로 모든 채권자의 채권액과 강제집행비용을 변제하기에 충분하면 다른 부동산의 매각을 허가하지 아니한다. 다만, 제101조 제3항 단서에 따른 일괄매각의 경우에는 그러하지 아니하다.

② 제1항 본문의 경우에 채무자는 그 부동산 가운데 매각할 것을 지정할 수 있다.

제125조 (매각을 허가하지 아니할 경우의 새 매각기일)

① 제121조와 제123조의 규정에 따라 매각을 허가하지 아니하고 다시 매각을 명하는 때에는 직권으로 새 매각기일을 정하여야 한다.

② 제121조 제6호의 사유로 제1항의 새 매각기일을 열게 된 때에는 제97조 내지 제105조의 규정을 준용한다.

제126조 (매각허가여부의 결정선고)

① 매각을 허가하거나 허가하지 아니하는 결정은 선고하여야 한다.

② 매각결정기일조서에는 민사소송법 제152조 내지 제154조와 제156조 내지 제158조 및 제164조의 규정을 준용한다.

③ 제1항의 결정은 확정되어야 효력을 가진다.

제127조 (매각허가결정의 취소신청)

① 제121조 제6호에서 규정한 사실이 매각허가결정의 확정 뒤에 밝혀진 경우에는 매수인은 대금을 낼 때까지 매각허가결정의 취소신청을 할 수 있다.

② 제1항의 신청에 관한 결정에 대하여는 즉시항고를 할 수 있다.

제128조 (매각허가결정)

① 매각허가결정에는 매각한 부동산, 매수인과 매각가격을 적고 특별한 매각조건으로 매각한 때에는 그 조건을 적어야 한다.

② 제1항의 결정은 선고하는 외에 대법원규칙이 정하는 바에 따라 공고하여야 한다.

제129조 (이해관계인 등의 즉시항고)

① 이해관계인은 매각허가여부의 결정에 따라 손해를 볼 경우에만 그 결정에 대하여 즉시항고를 할 수 있다.

② 매각허가에 정당한 이유가 없거나 결정에 적은 것 외의 조건으로 허가하여야 한다고 주장하는 매수인 또는 매각허가를 주장하는 매수신고인도 즉시항고를 할 수 있다.

③ 제1항 및 제2항의 경우에 매각허가를 주장하는 매수신고인은 그 신청한 가격에 대하여 구속을 받는다.

제130조 (매각허가여부에 대한 항고)

① 매각허가결정에 대한 항고는 이 법에 규정한 매각허가에 대한 이의신청사유가 있다거나, 그 결정절차에 중대한 잘못이 있다는 것을 이유로 드는 때에만 할 수 있다.

② 민사소송법 제451조 제1항 각호의 사유는 제1항의 규정에 불구하고 매각허가 또는 불허가결정에 대한 항고의 이유로 삼을 수 있다.

③ 매각허가결정에 대하여 항고를 하고자 하는 사람은 보증으로 매각대금의 10분의 1에 해당하는 금전 또는 법원이 인정한 유가증권을 공탁하여야 한다.

④ 항고를 제기하면서 항고장에 제3항의 보증을 제공하였음을 증명하는 서류를 붙이지 아니한 때에는 원심법원은 항고장을 받은 날부터 1주 이내에 결정으로 이를 각하하여야 한다.

⑤ 제4항의 결정에 대하여는 즉시항고를 할 수 있다.

⑥ 채무자 및 소유자가 한 제3항의 항고가 기각된 때에는 항고인은 보증으로 제공한 금전이나 유가증권을 돌려 줄 것을 요구하지 못한다.

⑦ 채무자 및 소유자 외의 사람이 한 제3항의 항고가 기각된 때에는 항고인은 보증으로 제공한 금전이나, 유가증권을 현금화한 금액 가운데 항고를 한 날부터 항고기각결정이 확정된 날까지의 매각대금에 대한 대법원규칙이 정하는 이율에 의한 금액(보증으로 제공한 금전이나, 유가증권을 현금화한 금액을 한도로 한다)에 대하여는 돌려 줄 것을 요구할 수 없다. 다만, 보증으로 제공한 유가증권을 현금화하기 전에 위의 금액을 항고인이 지급한 때에는 그 유가증권을 돌려 줄 것을 요구할 수 있다.

⑧ 항고인이 항고를 취하한 경우에는 제6항 또는 제7항의 규정을 준용한다.

제131조 (항고심의 절차)

① 항고법원은 필요한 경우에 반대진술을 하게 하기 위하여 항고인의 상대방을 정할 수 있다.

② 한 개의 결정에 대한 여러 개의 항고는 병합한다.

③ 항고심에는 제122조의 규정을 준용한다.

제132조 (항고법원의 재판과 매각허가여부결정)

항고법원이 집행법원의 결정을 취소하는 경우에 그 매각허가여부의 결정은 집행법원이 한다.

제133조 (매각을 허가하지 아니하는 결정의 효력)

매각을 허가하지 아니한 결정이 확정된 때에는 매수인과 매각허가를 주장한 매수신고인은 매수에 관한 책임이 면제된다.

제134조 (최저매각가격의 결정부터 새로할 경우)

제127조의 규정에 따라 매각허가결정을 취소한 경우에는 제97조 내지 제105조의 규정을 준용한다.

제135조 (소유권의 취득시기)

매수인은 매각대금을 다 낸 때에 매각의 목적인 권리를 취득한다.

제136조 (부동산의 인도명령 등)

① 법원은 매수인이 대금을 낸 뒤 6월 이내에 신청하면 채무자 · 소유자 또는 부동산 점유자에 대하여 부동산을 매수인에게 인도하도록 명할 수 있다. 다만, 점유자가 매수인에게 대항할 수 있는 권원에 의하여 점유하고 있는 것으로 인정되는 경우에는 그러하지 아니하다.

② 법원은 매수인 또는 채권자가 신청하면 매각허가가 결정된 뒤 인도할 때까지 관리인에게 부동산을 관리하게 할 것을 명할 수 있다.

③ 제2항의 경우 부동산의 관리를 위하여 필요하면 법원은 매수인 또는 채권자의 신청에 따라 담보를 제공하게 하거나 제공하게 하지 아니하고 제1항의 규정에 준하는 명령을 할 수 있다.

④ 법원이 채무자 및 소유자 외의 점유자에 대하여 제1항 또는 제3항의 규정에 따른 인도명령을 하려면 그 점유자를 심문하여야 한다. 다만, 그 점유자가 매수인에게 대항할 수 있는 권원에 의하여 점유하고 있지 아니함이 명백한 때 또는 이미 그 점유자를 심문한 때에는 그러하지 아니하다.

⑤ 제1항 내지 제3항의 신청에 관한 결정에 대하여는 즉시항고를 할 수 있다.

⑥ 채무자 · 소유자 또는 점유자가 제1항과 제3항의 인도명령에 따르지 아니할 때에는 매수인 또는 채권자는 집행관에게 그 집행을 위임할 수 있다.

제137조 (차순위매수신고인에 대한 매각허가여부결정)

① 차순위매수신고인이 있는 경우에 매수인이 대금지급기한까지 그 의무를 이행하지 아니한 때에는 차순위매수신고인에게 매각을 허가할 것인지를 결정하여야 한다. 다만, 제142조 제4항의 경우에는 그러하지 아니하다.

② 차순위매수신고인에 대한 매각허가결정이 있는 때에는 매수인은 매수신청의 보증을 돌려 줄 것을 요구하지 못한다.

제138조 (재매각)

① 매수인이 대금지급기한 또는 제142조 제4항의 다시 정한 기한까지 그 의무를 완전히 이행하지 아니하였고, 차순위매수신고인이 없는 때에는 법원은 직권으로 부동산의 재매각을 명하여야 한다.

② 재매각절차에도 종전에 정한 최저매각가격, 그 밖의 매각조건을 적용한다.

③ 매수인이 재매각기일의 3일 이전까지 대금, 그 지급기한이 지난 뒤부터 지급일까지의 대금에 대한 대법원규칙이 정하는 이율에 따른 지연이자와 절차비용을 지급한 때에는 재매각절차를 취소하여야 한다. 이 경우 차순위매수신고인이 매각허가결정을 받았던 때에는 위 금액을 먼저 지급한 매수인이 매매목적물의 권리를 취득한다.

④ 재매각절차에서는 전의 매수인은 매수신청을 할 수 없으며 매수신청의 보증을 돌려줄 것을 요구하지 못한다.

제139조 (공유물지분에 대한 경매)

① 공유물지분을 경매하는 경우에는 채권자의 채권을 위하여 채무자의 지분에 대한 경매개시결정이 있음을 등기부에 기입하고 다른 공유자에게 그 경매개시결정이 있다는 것을 통지하여야 한다. 다만, 상당한 이유가 있는 때에는 통지하지 아니할 수 있다.

② 최저매각가격은 공유물 전부의 평가액을 기본으로 채무자의 지분에 관하여 정하여야 한다. 다만, 그와 같은 방법으로 정확한 가치를 평가하기 어렵거나 그 평가에 부당하게 많은 비용이 드는 등 특별한 사정이 있는 경우에는 그러하지 아니하다.

제140조 (공유자의 우선매수권)

① 공유자는 매각기일까지 제113조에 따른 보증을 제공하고 최고매수신고가격과 같은 가격으로 채무자의 지분을 우선매수하겠다는 신고를 할 수 있다.

② 제1항의 경우에 법원은 최고가매수신고가 있더라도 그 공유자에게 매각을 허가하여야 한다.

③ 여러 사람의 공유자가 우선매수하겠다는 신고를 하고 제2항의 절차를 마친 때에는 특별한 협의가 없으면 공유지분의 비율에 따라 채무자의 지분을 매수하게 한다.

④ 제1항의 규정에 따라 공유자가 우선매수신고를 한 경우에는 최고가매수신고인을 제114조의 차순위매수신고인으로 본다.

제141조 (경매개시결정등기의 말소)

경매신청이 매각허가 없이 마쳐진 때에는 법원사무관등은 제94조와 제139조 제1항의 규정에 따른 기입을 말소하도록 등기관에게 촉탁하여야 한다.

제142조 (대금의 지급)

① 매각허가결정이 확정되면 법원은 대금의 지급기한을 정하고, 이를 매수인과 차순위매수신고인에게 통지하여야 한다.

② 매수인은 제1항의 대금지급기한까지 매각대금을 지급하여야 한다.

③ 매수신청의 보증으로 금전이 제공된 경우에 그 금전은 매각대금에 넣는다.

④ 매수신청의 보증으로 금전 외의 것이 제공된 경우로서 매수인이 매각대금중 보증액을 뺀 나머지 금액만을 낸 때에는, 법원은 보증을 현금화하여 그 비용을 뺀 금액을 보증액에 해당하는 매각대금 및 이에 대한 지연이자에 충당하고, 모자라는 금액이 있으면 다시 대금지급기한을 정하여 매수인으로 하여금 내게 한다.

⑤ 제4항의 지연이자에 대하여는 제138조 제3항의 규정을 준용한다.

⑥ 차순위매수신고인은 매수인이 대금을 모두 지급한 때 매수의 책임을 벗게 되고 즉시 매수신청의 보증을 돌려 줄 것을 요구할 수 있다.

제143조 (특별한 지급방법)

① 매수인은 매각조건에 따라 부동산의 부담을 인수하는 외에 배당표의 실시에 관하여 매각대금의 한도에서 관계채권자의 승낙이 있으면 대금의 지급에 갈음하여 채무를 인수할 수 있다.

② 채권자가 매수인인 경우에는 매각결정기일이 끝날 때까지 법원에 신고하고 배당받아야 할 금액을 제외한 대금을 배당기일에 낼 수 있다.

③ 제1항 및 제2항의 경우에 매수인이 인수한 채무나 배당받아야 할 금액에 대하여 이의가 제기된 때에는 매수인은 배당기일이 끝날 때까지 이에 해당하는 대금을 내야 한다.

제144조 (매각대금 지급 뒤의 조치)

① 매각대금이 지급되면 법원사무관등은 매각허가결정의 등본을 붙여 다음 각호의 등기를 촉탁하여야 한다.

1. 매수인 앞으로 소유권을 이전하는 등기
2. 매수인이 인수하지 아니한 부동산의 부담에 관한 기입을 말소하는 등기
3. 제94조 및 제139조 제1항의 규정에 따른 경매개시결정등기를 말소하는 등기

② 제1항의 등기에 드는 비용은 매수인이 부담한다.

제145조 (매각대금의 배당)

① 매각대금이 지급되면 법원은 배당절차를 밟아야 한다.

② 매각대금으로 배당에 참가한 모든 채권자를 만족하게 할 수 없는 때에는 법원은 민법 · 상법, 그 밖의 법률에 의한 우선순위에 따라 배당하여야 한다.

제146조 (배당기일)

매수인이 매각대금을 지급하면 법원은 배당에 관한 진술 및 배당을 실시할 기일을 정하고 이해관계인과 배당을 요구한 채권자에게 이를 통지하여야 한다. 다만, 채무자가 외국에 있거나 있는 곳이 분명하지 아니한 때에는 통지하지 아니한다.

제147조 (배당할 금액 등)

① 배당할 금액은 다음 각 호에 규정한 금액으로 한다.

1. 대금
2. 제138조 제3항 및 제142조 제4항의 경우에는 대금지급기한이 지난 뒤부터 대금의 지급 · 충당까지의 지연이자
3. 제130조 제6항의 보증(제130조 제8항에 따라 준용되는 경우를 포함한다.)
4. 제130조 제7항 본문의 보증 가운데 항고인이 돌려 줄 것을 요구하지 못하는 금액 또는 제130조 제7항 단서의 규정에 따라 항고인이 낸 금액(각각 제130조 제8항에 따라 준용되는 경우를 포함한다.)
5. 제138조 제4항의 규정에 의하여 매수인이 돌려줄 것을 요구할 수 없는 보증(보증이 금전 외의 방법으로 제공되어 있는 때에는 보증을 현금화하여 그 대금에서 비용을 뺀 금액)

② 제1항의 금액 가운데 채권자에게 배당하고 남은 금액이 있으면, 제1항 제4호의 금액의 범위 안에서 제1항 제4호의 보증 등을 제공한 사람에게 돌려준다.

③ 제1항의 금액 가운데 채권자에게 배당하고 남은 금액으로 제1항제4호의 보증 등을 돌려주기 부족한 경우로서 그 보증 등을 제공한 사람이 여럿인 때에는 제1항제4호의 보증 등의 비율에 따라 나누어 준다.

제148조 (배당받을 채권자의 범위)

제147조 제1항에 규정한 금액을 배당받을 채권자는 다음 각 호에 규정된 사람으로 한다.

1. 배당요구의 종기까지 경매신청을 한 압류채권자
2. 배당요구의 종기까지 배당요구를 한 채권자
3. 첫 경매개시결정등기 전에 등기된 가압류채권자
4. 저당권 · 전세권, 그 밖의 우선변제청구권으로서 첫 경매개시결정등기 전에 등기되었고 매각으로 소멸하는 것을 가진 채권자

제149조 (배당표의 확정)

① 법원은 채권자와 채무자에게 보여 주기 위하여 배당기일의 3일전에 배당표원안을 작성하여 법원에 비치하여야 한다.

② 법원은 출석한 이해관계인과 배당을 요구한 채권자를 심문하여 배당표를 확정하여야 한다.

제150조 (배당표의 기재 등)

① 배당표에는 매각대금, 채권자의 채권의 원금, 이자, 비용, 배당의 순위와 배당의 비율을 적어야 한다.

② 출석한 이해관계인과 배당을 요구한 채권자가 합의한 때에는 이에 따라 배당표를 작성하여야 한다.

제151조 (배당표에 대한 이의)

① 기일에 출석한 채무자는 채권자의 채권 또는 그 채권의 순위에 대하여 이의할 수 있다.

② 제1항의 규정에 불구하고 채무자는 제149조 제1항에 따라 법원에 배당표원안이 비치된 이후 배당기일이 끝날 때까지 채권자의 채권 또는 그 채권의 순위에 대하여 서면으로 이의할 수 있다.

③ 기일에 출석한 채권자는 자기의 이해에 관계되는 범위 안에서는 다른 채권자를 상대로 그의 채권 또는 그 채권의 순위에 대하여 이의할 수 있다.

제152조 (이의의 완결)

① 제151조의 이의에 관계된 채권자는 이에 대하여 진술하여야 한다.

② 관계인이 제151조의 이의를 정당하다고 인정하거나 다른 방법으로 합의한 때에는 이에 따라 배당표를 경정하여 배당을 실시하여야 한다.

③ 제151조의 이의가 완결되지 아니한 때에는 이의가 없는 부분에 한하여 배당을 실시하여야 한다.

제153조 (불출석한 채권자)

① 기일에 출석하지 아니한 채권자는 배당표와 같이 배당을 실시하는 데에 동의한 것으로 본다.

② 기일에 출석하지 아니한 채권자가 다른 채권자가 제기한 이의에 관계된 때에는 그 채권자는 이의를 정당하다고 인정하지 아니한 것으로 본다.

제154조 (배당이의의 소 등)

① 집행력 있는 집행권원의 정본을 가지지 아니한 채권자(가압류채권자를 제외한다)에

대하여 이의한 채무자와 다른 채권자에 대하여 이의한 채권자는 배당이의의 소를 제기하여야 한다.

② 집행력 있는 집행권원의 정본을 가진 채권자에 대하여 이의한 채무자는 청구이의의 소를 제기하여야 한다.

③ 이의한 채권자나 채무자가 배당기일부터 1주 이내에 집행법원에 대하여 제1항의 소를 제기한 사실을 증명하는 서류를 제출하지 아니한 때 또는 제2항의 소를 제기한 사실을 증명하는 서류와 그 소에 관한 집행정지재판의 정본을 제출하지 아니한 때에는 이의가 취하된 것으로 본다.

제155조 (이의한 사람 등의 우선권 주장)

이의한 채권자가 제154조 제3항의 기간을 지키지 아니한 경우에도 배당표에 따른 배당을 받은 채권자에 대하여 소로 우선권 및 그 밖의 권리를 행사하는 데 영향을 미치지 아니한다.

제156조 (배당이의의 소의 관할)

① 제154조 제1항의 배당이의의 소는 배당을 실시한 집행법원이 속한 지방법원의 관할로 한다. 다만, 소송물이 단독판사의 관할에 속하지 아니할 경우에는 지방법원의 합의부가 이를 관할한다.

② 여러 개의 배당이의의 소가 제기된 경우에 한 개의 소를 합의부가 관할하는 때에는 그 밖의 소도 함께 관할한다.

③ 이의한 사람과 상대방이 이의에 관하여 단독판사의 재판을 받을 것을 합의한 경우에는 제1항 단서와 제2항의 규정을 적용하지 아니한다.

제157조 (배당이의의 소의 판결)

배당이의의 소에 대한 판결에서는 배당액에 대한 다툼이 있는 부분에 관하여 배당을 받을 채권자와 그 액수를 정하여야 한다. 이를 정하는 것이 적당하지 아니하다고 인정한 때에는 판결에서 배당표를 다시 만들고 다른 배당절차를 밟도록 명하여야 한다.

제158조 (배당이의의 소의 취하간주)

이의한 사람이 배당이의의 소의 첫 변론기일에 출석하지 아니한 때에는 소를 취하한 것으로 본다.

제159조 (배당실시절차 · 배당조서)

① 법원은 배당표에 따라 제2항 및 제3항에 규정된 절차에 의하여 배당을 실시하여야 한다.

② 채권 전부의 배당을 받을 채권자에게는 배당액지급증을 교부하는 동시에 그가 가진 집행력 있는 정본 또는 채권증서를 받아 채무자에게 교부하여야 한다.

③ 채권 일부의 배당을 받을 채권자에게는 집행력 있는 정본 또는 채권증서를 제출하게 한 뒤 배당액을 적어서 돌려주고 배당액지급증을 교부하는 동시에 영수증을 받아 채무자에게 교부하여야 한다.

④ 제1항 내지 제3항의 배당실시절차는 조서에 명확히 적어야 한다.

제160조 (배당금액의 공탁)

① 배당을 받아야 할 채권자의 채권에 대하여 다음 각 호 가운데 어느 하나의 사유가 있으면 그에 대한 배당액을 공탁하여야 한다.

1. 채권에 정지조건 또는 불확정기한이 붙어 있는 때

2. 가압류채권자의 채권인 때
3. 제49조 제2호 및 제266조 제1항 제5호에 규정된 문서가 제출되어 있는 때
4. 저당권설정의 가등기가 마쳐져 있는 때
5. 제154조 제1항에 의한 배당이의의 소가 제기된 때
6. 민법 제340조 제2항 및 같은 법 제370조에 따른 배당금액의 공탁청구가 있는 때

② 채권자가 배당기일에 출석하지 아니한 때에는 그에 대한 배당액을 공탁하여야 한다.

제161조 (공탁금에 대한 배당의 실시)

① 법원이 제160조 제1항의 규정에 따라 채권자에 대한 배당액을 공탁한 뒤 공탁의 사유가 소멸한 때에는 법원은 공탁금을 지급하거나 공탁금에 대한 배당을 실시하여야 한다.

② 제1항에 따라 배당을 실시함에 있어서 다음 각 호 가운데 어느 하나에 해당하는 때에는 법원은 배당에 대하여 이의하지 아니한 채권자를 위하여서도 배당표를 바꾸어야 한다.

1. 제160조 제1항 제1호 내지 제4호의 사유에 따른 공탁에 관련된 채권자에 대하여 배당을 실시할 수 없게 된 때
2. 제160조 제1항 제5호의 공탁에 관련된 채권자가 채무자로부터 제기당한 배당이의의 소에서 진 때
3. 제160조 제1항 제6호의 공탁에 관련된 채권자가 저당물의 매각대가로부터 배당을 받은 때

③ 제160조 제2항의 채권자가 법원에 대하여 공탁금의 수령을 포기하는 의사를 표시한 때에는 그 채권자의 채권이 존재하지 아니하는 것으로 보고 배당표를 바꾸어야 한다.

④ 제2항 및 제3항의 배당표변경에 따른 추가 배당기일에 제151조의 규정에 따라 이의할 때에는 종전의 배당기일에서 주장할 수 없었던 사유만을 주장할 수 있다.

제162조 (공동경매)

여러 압류채권자를 위하여 동시에 실시하는 부동산의 경매절차에는 제80조 내지 제161조의 규정을 준용한다.

제3편 담보권 실행 등을 위한 경매

제264조 (부동산에 대한 경매신청)

① 부동산을 목적으로 하는 담보권을 실행하기 위한 경매신청을 함에는 담보권이 있다는 것을 증명하는 서류를 내야 한다.

② 담보권을 승계한 경우에는 승계를 증명하는 서류를 내야 한다.

③ 부동산 소유자에게 경매개시결정을 송달할 때에는 제2항의 규정에 따라 제출된 서류의 등본을 붙여야 한다.

제265조 (경매개시결정에 대한 이의신청사유)

경매절차의 개시결정에 대한 이의신청사유로 담보권이 없다는 것 또는 소멸되었다는 것을 주장할 수 있다.

제266조 (경매절차의 정지)

① 다음 각 호 가운데 어느 하나에 해당하는 문서가 경매법원에 제출되면 경매절차를

정지하여야 한다.
1. 담보권의 등기가 말소된 등기부의 등본
2. 담보권 등기를 말소하도록 명한 확정판결의 정본
3. 담보권이 없거나 소멸되었다는 취지의 확정판결의 정본
4. 채권자가 담보권을 실행하지 아니하기로 하거나 경매신청을 취하하겠다는 취지 또는 피담보채권을 변제받았거나 그 변제를 미루도록 승낙한다는 취지를 적은 서류
5. 담보권 실행을 일시정지하도록 명한 재판의 정본

② 제1항 제1호 내지 제3호의 경우와 제4호의 서류가 화해조서의 정본 또는 공정증서의 정본인 경우에는 경매법원은 이미 실시한 경매절차를 취소하여야 하며, 제5호의 경우에는 그 재판에 따라 경매절차를 취소하지 아니한 때에만 이미 실시한 경매절차를 일시적으로 유지하게 하여야 한다.

③ 제2항의 규정에 따라 경매절차를 취소하는 경우에는 제17조의 규정을 적용하지 아니한다.

제267조 (대금완납에 따른 부동산취득의 효과)
매수인의 부동산 취득은 담보권 소멸로 영향을 받지 아니한다.

제268조 (준용규정)
부동산을 목적으로 하는 담보권 실행을 위한 경매절차에는 제79조 내지 제162조의 규정을 준용한다.

제269조 (선박에 대한 경매)
선박을 목적으로 하는 담보권 실행을 위한 경매절차에는 제172조 내지 제186조, 제264조 내지 제268조의 규정을 준용한다.

제270조 (자동차 등에 대한 경매)
자동차 · 건설기계 · 소형선박(자동차 등 특정동산 저당법 제3조 제2호에 따른 소형선박을 말한다) 및 항공기를 목적으로 하는 담보권 실행을 위한 경매절차는 제264조 내지 제269조, 제271조 및 제272조의 규정에 준하여 대법원규칙으로 정한다. <개정 2007.8.3, 2009.3.25>

제271조 (유체동산에 대한 경매)
유체동산을 목적으로 하는 담보권 실행을 위한 경매는 채권자가 그 목적물을 제출하거나, 그 목적물의 점유자가 압류를 승낙한 때에 개시한다.

제272조 (준용규정)
제271조의 경매절차에는 제2편 제2장 제4절 제2관의 규정과 제265조 및 제266조의 규정을 준용한다.

제273조 (채권과 그 밖의 재산권에 대한 담보권의 실행)
① 채권, 그 밖의 재산권을 목적으로 하는 담보권의 실행은 담보권의 존재를 증명하는 서류(권리의 이전에 관하여 등기나 등록을 필요로 하는 경우에는 그 등기부 또는 등록원부의 등본)가 제출된 때에 개시한다.

② 민법 제342조에 따라 담보권설정자가 받을 금전, 그 밖의 물건에 대하여 권리를 행사하는 경우에도 제1항과 같다.

③ 제1항과 제2항의 권리실행절차에는 제2편 제2장 제4절 제3관의 규정을 준용한다.

제274조 (유치권 등에 의한 경매)

① 유치권에 의한 경매와 민법 · 상법, 그 밖의 법률이 규정하는 바에 따른 경매(이하 "유치권 등에 의한 경매"라 한다)는 담보권 실행을 위한 경매의 예에 따라 실시한다.

② 유치권 등에 의한 경매절차는 목적물에 대하여 강제경매 또는 담보권 실행을 위한 경매절차가 개시된 경우에는 이를 정지하고, 채권자 또는 담보권자를 위하여 그 절차를 계속하여 진행한다.

③ 제2항의 경우에 강제경매 또는 담보권 실행을 위한 경매가 취소되면 유치권 등에 의한 경매절차를 계속하여 진행하여야 한다.

제275조 (준용규정)

이 편에 규정한 경매 등 절차에는 제42조 내지 제44조 및 제46조 내지 제53조의 규정을 준용한다.

❻ 전국법원 관할구역표

고 등	본 원	지 원	시·군	관할 구역	법원 주소
서울 고등 법원	서울 중앙			강남구·관악구·동작구·서초구·종로구·중구·성북구	서울 서초구 서초 3동 1701-1 02) 530-1114
	서울 동부			성동구·광진구·강동구·송파구	서울 광진구 자양 2동 680-22 02) 2204-2114
	서울 남부			영등포구·강서구·양천구·구로구·금천구	서울 양천구 신정 1동 313-1 02) 2192-1114
	서울 북부			동대문구·중랑구·도봉구·강북구·노원구	서울 노원구 공릉 1동 622 02) 3399-7114
	서울 서부			서대문구·마포구·은평구·용산구	마포구 공덕동 105-1 02) 3271-1114
	의정부 지방 법원			의정부시·동두천시·구리시·남양주시·양주시·연천군·포천시·가평군·철원군	경기 의정부시 가능 1동 364 031) 828-0114
			포천시	포천시	경기 포천시 포천읍 신북리 33-4 031) 535-6765
			가평군	가평군	경기 가평군 가평읍 읍내리 685-1 031) 582-9747
			남양주시	남양주시	경기 남양주시 지금동 158-4 031) 553-6098
			연천군	연천군	경기 연천군 연천읍 차탄리 57-45 031) 834-3673
			철원군	철원군	강원 철원군 갈말읍 신철원리 615-1 033) 452-2783
			동두천시	동두천시	경기 동두천시 지행동 284-20 031) 862-2411
		고 양 *2003.3 개 원		고양시	경기 고양시 일산구 장항동 885-1 031) 920-6114
			파주시	파주시	경기 파주시 금촌동 78 031) 945-8668

	인천지방법원			인천광역시	인천 남구 학익동 278-2 032) 860-1113～4
			강화군	강화군	인천 강화군 강화읍 갑곶리 340-2 032) 934-8947
		부 천	김포시	김포시	인천 김포시 김포읍 사우리 240-2 031) 210-1114
				부천시	경기 부천시 원미구 상동 445-1 032) 210-1114
서울고등법원	수원지방법원			수원시·오산시 용인시·화성군	경기 수원시 팔달구 원천동 80 031) 210-1114
			오산시	오산시·화성군	경기 오산시 오산동 884-11 031) 374-0329
			용인시	용인시	경기 용인시 역북동 391-28 031) 338-2213
		안 양 2009. 3. 개 원		안양시·과천시 의왕시·군포시	경기도 안양시 동안구 관양동
		성 남		성남시·하남시· 광주군	경기 성남시 수정구 단대동 031) 737-1111
			광주군	광주군·하남시	경기 광주군 광주읍 경안리 63-1 031) 763-2188
		여 주		여주시·이천시· 양평군	경기 여주군 여주읍 홍문리 146-3 031) 884-8610
			양평군	양평군	경기 양평군 양평읍 양근리 448-7 031) 772-5998
			이천시	이천시	경기 이천시 안흥동 116 031) 635-7040
		평 택		평택시·안성군	경기 평택시 동삭동 152-3 031) 650-3114
			안성시	안성시	경기 안성시 안성읍 구포동 8 031) 673-8596
		안 산 2002. 9.1.		안산시·시흥시	경기 안산시 고잔동 711 031) 481-1114, 1112
			광명시	광명시	경기 광명시 철산동 252 02) 681-6390

고등법원	지방법원	지원	시·군법원	관할구역	소재지 및 전화
	춘천지방법원			춘천시·화천군·양구군·인제군·홍천군	강원 춘천시 효자2동 033) 253-4156
			인제군	인제군	강원 인제군 인제읍 상동1리 345-8 033) 462-6222
			홍천군	홍천군	강원 홍천군 홍천읍 신장대리 67-12 033) 434-7243
			양구군	양구군	강원 양구군 양구읍 중리 5-2 033) 481-1544
			화천군	화천군	강원 화천군 화천읍 상1리 033) 442-0124
서울고등법원	춘천지방법원	강 릉		강릉시·동해시·삼척시	강원 강릉시 교동 846-7 033) 643-7371
			삼척시	삼척시	강원 삼척시 성내동 12-1 033) 574-8256
			동해시	동해시	강원 동해시 천곡동 219 033-531-8929
			※강릉지원 합의부 : 강릉시, 동해시, 삼척시, 속초시, 양양군, 고성군		
		원 주		원주시 횡성군	강원 원주시 학성동 1008-91 033) 742-4104
			횡성군	횡성군	강원 횡성군 횡성읍 읍상리 300-1 033) 343-5281
		속 초		속초시·양양군·고성군	강원 속초시 동명동 300 033) 633-2182
			고성군	고성군	강원 고성군 간성읍 상리 202 033) 681-4131
			양양군	양양군	강원 양양군 양양읍 성내리 7 033) 672-2081
		영 월		태백시·영월군 정선군·평창군	강원 영월군 영월읍 영흥리 876 033) 372-4922
			정선군	정선군	강원 정선군 정선읍 봉양리 145-3 033) 563-7401
			태백시	태백시	강원 태백시 황지 1동 49-220

					033) 553-3628
			평창군	평창군	강원 평창군 평창읍 중리 334 033) 333-0397
대전 고등 법원	대전 지방 법원			대전광역시·연기군·금산군	대전시 서구 둔산1동 1390 042) 470-1114
			연기군	연기군	충남 연기군 조치원읍 교리8-11 041) 867-4500
			금산군	금산군	충남 금산군 금산읍 상리 91-12 041) 754-1722
		홍 성		보령시·홍성군 예산군·서천군	충남 홍성군 홍성읍 오관리 108 041) 634-6700∼4
			서천군	서천군	충남 서천군 장항읍 원수리 893-5 041) 956-7550
			보령시	보령시	충남 보령시 대천동 423-14 041) 931-0341
			예산군	예산군	충남 예산군 예산읍 예산리 696-1 041) 334-2826
		공 주		공주시·청양군	충남 공주시 반죽동 332 041) 855-2255
			청양군	청양군	충남 청양군 청양읍 읍내리 216-3 041) 942-0486
		논 산		논산시·부여군	충남 논산시 강경읍 대흥동 46-1 041) 745-2035
			부여군	부여군	충남 부여읍 동남리 689 041) 745-2035
		서 산		서산시·태안군·당진군	충남 서산시 동문동 804-8 041) 665-4300
			태안군	태안군	충남 태안읍 남문리 300-6 041) 672-6745
			당진군	당진군	충남 당진읍 읍내리 171-1 041) 355-9436
		천 안		천안시·아산시	충남 천안시 신부동 72-16 041) 551-3802
			아산시	아산시	충남 아산시 온천동 1418 041) 549-0698

대전 고등법원 원외 재판부 2008.2. 설치	청주 지방법원			청주시·청원군·진천군·보은군·괴산군	충북 청주시 흥덕구 수곡 1동 93-1 043) 270-7114
			괴산군	괴산군	충북 괴산군 괴산읍 동부리 673-3 043) 834-9922
			진천군	진천군	충북 진천군 진천읍 교성리 237-2 043) 534-0855
			보은군	보은군	충북 보은군 보은읍 교사리 54-13 043) 543-2520
		충 주		충주시·음성군	충북 충주시 교현 2동 720-2 043) 843-2003～7
			음성군	음성군	충북 음성군 음성읍 읍내리 725-2 043) 872-0881
		제 천		제천시·단양군	충북 제천시 중앙로 2가 16-2 043) 643-2002
			단양군	단양군	충북 단양군 단양읍 별곡리 303 043) 423-3166
		영 동		영동군·옥천군	충북 영동군 영동읍 계산리 681-4 043) 742-3702～3
			옥천군	옥천군	충북 옥천군 옥천읍 금구리 3-1 043) 731-2025
대구 고등법원	대구 지방법원			대구광역시 : 중구·동구·남구·북구·수성구, 영천시, 경산시, 칠곡군, 청도군	대구시 수성구 범어2동 053) 757-6600
			영천시	영천시	경북 영천시 창구동 89 054) 332-2365
			칠곡군	칠곡군	경북 칠곡군 왜관읍 왜관리 777-10 054) 973-2867
			경산시	경산시	경북 경산시 사동 택지개발지구 29블럭내 053) 816-3719
			청도군	청도군	경북 청도군 화양읍 범곡리 124-1 054) 373-6794
				대구광역시 : 서구·달서구, 달성군, 고령군, 성주군	대구시 달성구 용산동 053) 570-2114

대구 고등 법원	대구 지방 법원	서 부 2007. 3.1. 개 원	고령군	고령군	경북 고령군 고령읍 지산리 2-4 054) 955-9999
			성주군	성주군	경북 성주군 성주읍 경산리 661-3 054) 931-8400
		안 동		안동시·영주시·봉화군	경북 안동시 동부동 447-8 054) 856-3204
			영주시	영주시	경북 영주시 영주동 19-2 054) 634-3885
			봉화군	봉화군	경북 봉화군 봉화읍 포저 1리 350-1 054) 672-6644
		경 주		경주시	경북 경주시 동부동 203 054) 741-5005～9
		포 항		포항시·울릉군	경북 포항시 북구 양덕동 산97-1 054) 251-1882
		김 천		김천시·구미시	경북 김천시 삼락동 1224 054) 420-2114
			구미시	구미시	경북 구미시 송정동 46 054) 455-6660
		상 주		상주시·문경시·예천군	경북 상주시 만산동 652-2 054) 533-1503
			문경시	문경시	경북 문경시 모전동 63-3 054) 555-9485
			예천군	예천군	경북 예천군 예천읍 서본리 44-5 054) 652-0608
		의 성		의성군·군위군·청송군	경북 의성군 의성읍 중리동 748-7 054) 834-1882
			군위군	군위군	경북 군위군 군위읍 서부리 30-2 054) 383-1271
			청송군	청송군	경북 청송군 청송읍 월막리 385 054) 783-6043
		영 덕		영덕군·영양군·울진군	경북 영덕군 영덕읍 남석동 311-2 054) 733-3311
			영양군	영양군	경북 영양군 영양읍 서부1리 333 054) 683-1698

고등법원	지방법원	지원	시·군법원	관할구역	소재지·전화
			울진군	울진군	경북 울진군 울진읍 읍내리 658-2 054) 783-8011
부산고등법원	부산지방법원			부산광역시 : 동구·서구·중구·영도구·진구·금정구·연제구·금정구 <2001. 10>	부산 연제구 거제동 1500 051) 590-1114
		동 부		남구·수영구·기장군·해운대구 <2001. 10>	부산 해운대구 재송동 1133 051) 780-1114
	울산지방법원			울산광역시, 양산시	경남 울산시 남구 옥동 635-3 052) 228-8000～2
			양산시	양산시	경남 양산시 북부동 373 055) 388-4072
	창원지방법원			창원시·진해시·김해시·마산시·함안군·의령군	경남 창원시 사파동 1 055) 266-2200～1
			김해시	김해시	경남 김해시 부원동 619-1 055) 322-6221
			진해시	진해시	경남 진해시 중앙동11-1 055) 222-5463
		마 산 2011. 3.1. 개 원 예 정		마산시	경남 마산시 내서읍 평성리 140
			함안군	함안군	경남 함안군 가야읍 590-3 055) 583-8260～1
			의령군	의령군	경남 의령군 의령읍 중동리 261-3 055) 572-5320～1
		진 주		진주시·사천시·남해군·하동군·산청군	경남 진주시 상대동 295-4 055) 752-4146
			사천시	사천시	경남 사천시 동금동 83-9 055) 833-9485
			남해군	남해군	경남 남해군 남해읍 북변리 235-2 055) 864-6904
			하동군	하동군	경남 하동군 하동읍 읍내리 237-3 055) 884-0603
			산청군	산청군	경남 산청군 산청읍 산청리 181-1 055) 973-5608
		통 영		통영시·거제시	경남 통영시 용남면 동달리 857

				·고성군	055) 649-1500～4
			거제시	거제시	경남 거제시 신현읍 고현리721-11 055) 637-3096, 8
			고성군	고성군	경남 고성군 고성읍 동외리 509-1 055) 672-4792
		밀 양		밀양시·창녕군	경남 밀양시 삼문동 220-547 055) 354-3101
			창녕군	창녕군	경남 창녕군 창녕읍 말흘리 318-1 055) 533-8104
		거 창		거창군·함양군 ·합천군	경남 거창군 거창읍 중앙리 443 055) 944-1214
			함양군	함양군	경남 함양군 함양읍 운림리 39-3 055) 963-8682
			합천군	합천군	경남 합천군 합천읍 합천리 325-1 055) 934-0071, 963-8682
광주 고등 법원	광주 지방 법원	목 포		광주광역시·나주시 화순군·장성군·담양 군·곡성군·영광군	광주시 동구 지산 2동 342-1 062) 239-1114
			나주시	나주시	전남 나주시 송월동 1126 061) 336-0044
			화순군	화순군	전남 화순군 화순읍 훈리 26-4 061) 374-6124
			장성군	장성군	전남 장성군 장성읍 영천리 1090-4 061) 393-3138
			담양군	담양군	전남 담양군 담양읍 지침리 56-1 061) 381-0852
			곡성군	곡성군	전남 곡성군 곡성읍 읍내리 160 061) 363-0073
			영광군	영광군	전남 영광군 영광읍 무령리 363 061) 351-2546
				목포시·무안군· 신안군·함평군· 영암군	전남 목포시 용해동 061) 276-2131～4
			무안군	무안군	전남 무안군 무안읍 성남리 175-4 061) 452-8692

			함평군	함평군	전남 함평군 함평읍 함평리 122 061) 324-2343
			영암군	영암군	전남 영암군 영암읍 서남리 70-1 061) 473-4560
		장 흥		장흥군·강진군	전남 장흥군 장흥읍 남동리 88 061) 863-7351
			강진군	강진군	전남 강진군 강진읍 동성리 19-4 061) 433-6199
		순 천		순천시·여수시·여천시·광양시·여천군·구례군·고흥군·보성군	전남 순천시 매곡동 412 061) 752-2103
			보성군	보성군	전남 보성군 보성읍 보성리 770 061) 852-1660
			고흥군	고흥군	전남 고흥군 고흥읍 옥하리 190 061) 833-0180
			여수시	여수시	여수시 학동 97-1 061) 681-1688
			구례군	구례군	전남 구례군 구례읍 봉암리 218-2 061) 782-8440
			광양시	광양시	전남 광양시 중동1314-1 061) 791-8018
				해남군·완도군·진도군	전남 해남군 해남읍 구료리 390-1 061) 534-9151
			완도군	완도군	전남 완도군 완도읍 군내리 341 061) 554-9809
			진도군	진도군	전남 진도군 진도읍 성내리 53-1 061) 544-4890
광주 고등 법원	전주 지방 법원	해 남		전주시·김제시·완주군·임실군·진안군·무주군	전북전주시 덕진구 덕진동 1가 1416-1 063) 259-5400～3
			김제시	김제시	전북 김제시 신풍동 190-1 063) 547-2806
			임실군	임실군	전북 임실군 임실읍 이도리 266-5 063) 642-1991
			진안군	진안군	전북 진안군 진안읍 군하리 81-4 063) 433-2810

원외 재판부 (전주, 제주) 2008.2. 설치			무주군	무주군	전북 무주군 무주읍 읍내리 831-2 063) 322-0591
		군 산		군산시·익산시	전북 군산시 조촌동 880 063) 450-5080
			익산시	익산시	전북 익산시 주현동 127 063) 854-5592
		정 읍		정읍시·부안군·고창군	전북 정읍시 수성동 610 063) 535-5101
			부안군	부안군	전북 부안군 부안읍 서외리 301-14 063) 584-8608
			고창군	고창군	전북 고창군 고창읍 교촌리 70-1 063) 561-2011
		남 원		남원시·장수군·순창군	전북 남원시 동충동 141 063) 625-2015
			장수군	장수군	전북 장수군 장수읍 장수리 454-10 063) 351-4385
			순창군	순창군	전북 순창군 순창읍 순화리 292 063) 653-6203
	제주 지방 법원			제주시·서귀포시·남제주군 · 북제주군	제주 제주시 이도2동 950-1 064) 729-2000
			서귀포시	서귀포시	제주 서귀포시 서흥동 441-15 064) 762-3881

저 자 약 력

우 금 도(禹 金 到)

법원공개채용시험 합격(1995)
서울중앙지방법원 · 서울동부지방법원 · 서울북부지방법원 · 서울행정법원
민사과, 형사과, 등기과, 호적과, 민사신청과, 민사집행과, 행정과 각 근무
서울중앙지방법원 민사 참여관
서울중앙지방법원 형사 참여관
서울중앙지방법원 경매 참여관

[법원경매 특강]
한국자산관리공사
명지대학교 등 각 부동산대학원
한국부동산경매투자분석사협회(코라)
'공·경매를 알면 돈이 보인다' 협회
(주) 정상의 중개사협회
알파옥션
서광 경매아카데미 등

[주요저서]
- F·M 법원경매 특강(2008)
- (우계장의) 유치권·법정지상권 실무(예정)
- (우계장의) 궁 안의 경매! 무엇이든지 물어보세요!(예정)
- (이론·판례·사례·실무) 민사집행법(2009)
- 공탁 이론과 실무(2004)
- 法院 民事訴訟法(2004)
- 法務士 民事執行法(2005)
- 民事執行法 최종정리(2007)
- (우계장의) 특급 경매실무 ❶ ❷(2009)
- (우계장의) 부동산경매 실무제요(예정)
- 민사집행 이론과 실무(근간)
- 民法 최종정리(2003)
- 法院 民法(2004)
- 法院 民事執行法(2005)
- (法務士 · 法院昇進) 民事執行法(2006)

[주요 논문]
- 국민에 대한 서비스 & 법원경매 활성화를 위한 부동산경매 제도의 개선(2009)
  - 서울중앙지방법원 민사실무연구회

우계장의 **특급 경매실무 ❷**

저 자 우 금 도
발행인 양 진 수
발행처 진 원 사

2010년 1월 4일 초 판 인쇄
2010년 1월 12일 초 판 발행

서울시 노원구 공릉동 493-33
전화 : 02)916-1850 / 팩스 : 02)916-3442
등록번호 제2005-6호
http://www.jinwonsa.co.kr
http://www.lawbookstore.co.kr

ISBN : 978-89-6346-015-4 94360
978-89-6346-016-1 94360 (전2권)

정가 32,000원